最高人民法院新建设工程施工合同司法解释（一）

【图解四十五讲】

杨唐全——著

法律出版社
LAW PRESS·CHINA
——北京——

图书在版编目(CIP)数据

最高人民法院新建设工程施工合同司法解释(一)图解四十五讲 / 杨唐全著. -- 北京 : 法律出版社, 2021
ISBN 978-7-5197-5856-1

Ⅰ. ①最… Ⅱ. ①杨… Ⅲ. ①建筑工程-经济合同-法律解释-中国 Ⅳ. ①D923.65

中国版本图书馆 CIP 数据核字(2021)第 169382 号

最高人民法院新建设工程施工合同司法解释(一)图解四十五讲
ZUIGAO RENMIN FAYUAN XIN JIANSHE GONGCHENG SHIGONG HETONG SIFA JIESHI(YI) TUJIE SISHIWU JIANG

杨唐全 著

责任编辑 邢艳萍 张 颖
装帧设计 汪奇峰

出版发行 法律出版社
编辑统筹 法律应用出版分社
责任校对 晁明慧
责任印制 吕亚莉
经 销 新华书店

开本 710 毫米×1000 毫米 1/16
印张 43.5 **字数** 696 千
版本 2021 年 11 月第 1 版
印次 2021 年 11 月第 1 次印刷
印刷 中煤(北京)印务有限公司

地址:北京市丰台区莲花池西里 7 号(100073)
网址:www.lawpress.com.cn
投稿邮箱:info@lawpress.com.cn
举报盗版邮箱:jbwq@lawpress.com.cn
销售电话:010-83938349
客服电话:010-83938350
咨询电话:010-63939796

书号:ISBN 978-7-5197-5856-1
定价:138.00 元
凡购买本社图书,如有印装错误,我社负责退换。电话:010-83938349

序　一

建设工程案件纷繁复杂，其牵涉主体之多、政策性之强，非其他类型纠纷可比。2020年12月29日发布的《最高人民法院关于审理建设工程施工合同纠纷案件适用法律问题的解释（一）》在承继原来两个司法解释的同时，又基于司法实践经验及建筑市场环境进行了部分修订，进一步完善各权利主体之利益平衡，也为建筑行业健康发展提供了司法方面的有益指引。

唐全律师的这本新作对《最高人民法院关于审理建设工程施工合同纠纷案件适用法律问题的解释（一）》的各条文作了详细、有见地、有针对性的全面解读。每一讲下设"法条原文""思维导图""条文释义""实务难点""操作要点""实务案例裁判要旨""相关规定指引"七个板块。"条文释义"结合理论阐释条文本意；"实务难点"针对条文中未明确，但又与本条文相关的制度、规范或争议问题进行论述；"操作要点"针对特定的工程实务作了风险提示与风控防范建议；"实务案例裁判要旨"是就特定问题对各地法院审判观点的类型化整理，为争议的处理提供翔实、可靠的案例支撑；最后提供相关法条索引以方便读者法律检索。本书为建筑企业管理人员及法律从业人员全面、准确理解《最高人民法院关于审理建设工程施工合同纠纷案件适用法律问题的解释（一）》提供了非常有价值的指引与参考，可谓实操宝典。

唐全律师兼具工程管理与法律的双重知识背景，是难得的跨界人才。他从业多年，专注于建设工程法律业务，拥有丰富的执业经验。正所谓能闲世人之所忙者，方能忙世人之所闲，唐全律师在日常办案之余，常以笔墨为餐、以学问饱肚。在《最高人民法院关于审理建设工程施工合同纠纷案件适用法律问题的解释（一）》发布后的短短时间内，唐全律师即能成书，与其多年的积累密不可分。他也是常设中国建设工程法律论坛第八、第十、第十六工作组成员、观察委员会委员，一直关心常设中国建设工程法律论坛的发展。

我与唐全相识多年，他真诚、谦逊、刻苦、热情。谓之"星斗其文，赤子其心"，亦不过也。“苟日新,日日新,又日新”,盼唐全更多作品问世,以飨读者。愿唐全在律师业务日益精进之时仍能投身公益,更多地参加常设中国建设工程法律论坛的调研及成果宣传活动。

是为序。

常设中国建设工程法律论坛秘书长

中伦律师事务所合伙人

孙　巍

2021 年 5 月 10 日

序　二

经过多年的积累、规范和发展，建筑行业的规模不断壮大，无论是企业数量还是从业人数都实现了快速增长。建筑业的迅猛发展，为拉动国民经济增长作出了重要的贡献，但建设工程施工过程中的利益纠纷也随之增多。不仅建筑行业各方主体面临着维护自身合法权益、提前做好风险防控的考验，司法机关进行民事审判时也面临着如何分析复杂法律关系、如何进行司法裁判的考验。

随着《民法典》的颁布，为确保法律适用的统一，最高人民法院于2020年12月29日正式公布了《最高人民法院关于审理建设工程施工合同纠纷案件适用法律问题的解释（一）》，共计45个条文。《最高人民法院关于审理建设工程施工合同纠纷案件适用法律问题的解释（一）》为适应《民法典》的施行，在《最高人民法院关于审理建设工程施工合同纠纷案件适用法律问题的解释》《最高人民法院关于审理建设工程施工合同纠纷案件适用法律问题的解释（二）》的基础上，对其中与《民法典》不一致的规定予以清理，同时也根据审判实践中的新情况，对部分规定进行了实质性修改。

即便《最高人民法院关于审理建设工程施工合同纠纷案件适用法律问题的解释（一）》已对很多实务中的争议问题制定了相应的裁判规则，但仍然很有可能存在法律适用混乱、概念不清、同案不同判等问题。以往各地法院在部分问题的认定上存在巨大差异，导致裁判尺度不一，严重影响了司法权威，也不利于构建健康、稳定的建设工程市场秩序。在此背景下，杨唐全律师结合多年从事建设工程法律服务的实践经验，深入研究建设工程案件司法适用疑难问题，结合各地法院典型案例，综合考虑学界多种理论，对建设工程施工合同领域的重点法律问题做出全面而深入的阐述，颇具指导意义。

本书的特点主要有以下几个方面：

第一，每一条解析下均设思维导图与操作要点，更为直观。法律语言与日常用语的差异，是法律语言需要解释的关键原因之一。形式上，作者创造性地运用了思维导图和表格的表现形式，顺应当前读者碎片化的阅读习惯，提升了本书的可读性；内容上，本书在兼具理论性的同时，具有明显的实务性。众所周知，经验是律师最重要的武器，然而令人惊讶的是，本书作者杨唐全律师非但没有“藏私”，反而是将自己从业多年积累的宝贵经验毫无保留地写进书中。如是一位建设工程法律领域的素人，只需翻开本书的“操作要点”部分，即可找到确切的风险防控操作方法以及合法权益保护方法。思维导图更是对条文中复杂的法律关系抽丝剥茧后形成的，条文中冷漠的文字，在一幅幅思维导图中变得鲜活起来，读者可以快速且直观地把握条文所涉法律关系。

第二，全面和丰富的各地法院裁判案例及裁判要旨。“司法割据”是建设工程领域纠纷在中国的司法现状。在某些法律问题上，各地司法机关有不同的认定，比如，单方委托形成的咨询报告是否可以作为结算依据，各地法院就存在同案不同判的情况。本书大量收集最高人民法院及各地法院的裁判案例，提炼裁判要旨，全面阐述建设工程施工合同纠纷的法律适用现状。个中心血，跃然纸上。

本书兼具专业性与实务性的特点，条文释义与实务难点部分从专业深度探究相关法律问题，思维导图与操作要点部分又通俗易懂，既对学理研究有借鉴价值，又是建设工程行业的相关从业人员的实务操作指南。

《最高人民法院关于审理建设工程施工合同纠纷案件
适用法律问题的解释(二)》主要起草人
原最高人民法院法官
李　琪
2021年5月8日

前　言

建设工程具有建设周期长、涉及范围广、法律关系主体多等复杂特点，不同的工程类别的质量、造价、工期等问题尤为突出，这也是建设工程领域一直是法律风险高发领域的原因。《民法典》发布后，为保证国家法律统一正确适用，最高人民法院启动并全面清理新中国成立以来现行的司法解释及相关规范性文件，2020 年 12 月 29 日出台了《最高人民法院关于废止部分司法解释及相关规范性文件的决定》，废止了 2004 年 10 月 25 日发布的《最高人民法院关于审理建设工程施工合同纠纷案件适用法律问题的解释》、2018 年 12 月 29 日发布的《最高人民法院关于审理建设工程施工合同纠纷案件适用法律问题的解释(二)》，并于同日发布《最高人民法院关于审理建设工程施工合同纠纷案件适用法律问题的解释(一)》(以下简称《建设工程施工合同司法解释(一)》)。2021 年 1 月 1 日起，正式进入《民法典》语境下的建设工程司法解释时代。

自从业以来，笔者始终以“当勤精进，如救头燃”为信条，常常总结积累办案经验，与同行交流心得，在这样的一个过程中，形成了大量的笔记、文章以及对建设工程行业的思考。在加入常设中国建设工程法律论坛后，笔者结识了一群建设工程法律领域的有志之士，共同探讨建设工程法律领域的疑难问题。正如一片雪花含有无数的结晶，笔者也是站在巨人的肩膀上，得以出版个人首部专著《最高人民法院建设工程施工合同纠纷司法解释(二)图解二十五讲》。

今值《建设工程施工合同司法解释(一)》出台之际，本书不揣浅陋，将新司法解释的条文，结合《民法典》的相关规定、最高人民法院及地方法院的裁判要旨，对建设工程的实务操作难点进行分析与思考，试图准确把握建设工程合同纠纷案件的裁判规则、价值取向和实操方法。

本书具有以下特点：

1. 注重实务可操作性。在探讨学术争论的同时，本书着眼于解决建设工程领域实际发生的复杂疑难法律问题。学问之道，以各人自用得著者为真。本书中实务部分的内容占本书篇幅的六成以上,针对实践中违法建筑、明招暗定、“黑白合同”、非法转包、违法分包等违法操作行为以及诉讼中的合同效力、鉴定、损失赔偿、优先权行使条件、实际施工人权利保护等问题为建设工程企业提出切实可行的操作建议及解决方案。

2. 法律条文可视化。法律工作的本质是信息的传递与处理,对人类来说,传递与处理图形信息的效率要显著高于文字,简单、明了的法律关系图相对于法律条文更便于读者理解,故笔者在本书中注重新技术在法律实务研究中的应用,将大量的文字信息转化为思维导图及表格的形式,以提升本书阅读的舒适性。

3. 案件大数据化。建设工程实务具体到诉讼中归根结底是一个“怎么判”的问题,中国虽非判例法国家,但最高人民法院和地方法院的司法判例显然对相应法律问题的处理有着重要的参考价值。脱离司法裁判谈实务,恰似“无源之水,无本之木”。故笔者以最高人民法院和地方法院司法裁判要旨为核心,通过对案件大数据化的使用检索了数千案例,并从中精选了部分司法裁判要旨制作成表格,附于本书。由于该司法解释于2021年1月1日起施行,在本书所举的案例中,法院适用的大都是原司法解释的有关条款,本书配合过往案例对该司法解释的具体内容进行解释与说明。

笔者虽从事建设工程法律实务工作已10年有余,仍时常感于建设工程领域之膏腴待辟者,正自广阔。希望本书能够抛砖引玉,对法官、建设工程企业、律界同人起到一定的参考、启发作用。本书系一家之言,难免有不足之处,希望广大读者批评指正。

在这里,特别感谢家人对工作的理解与支持。感谢蒋旭峰、褚攀、潘韦虹、罗荧律师在本书成稿中所给予的支持。此外,在写作的过程中,还得到了很多老师、同行的帮助与鼓励,在此一并致谢。

杨唐全

2021年5月1日

对　照　表

全　称	简　称
《最高人民法院关于审理建设工程施工合同纠纷案件适用法律问题的解释(一)》	《建设工程施工合同司法解释(一)》
《最高人民法院关于审理建设工程施工合同纠纷案件适用法律问题的解释》	原《建设工程施工合同司法解释》
《最高人民法院关于审理建设工程施工合同纠纷案件适用法律问题的解释(二)》	原《建设工程施工合同司法解释(二)》
《最高人民法院关于适用〈中华人民共和国民事诉讼法〉的解释》	《民事诉讼法解释》
《最高人民法院关于民事诉讼证据的若干规定》	《民事诉讼证据规定》
《最高人民法院关于建设工程价款优先受偿权问题的批复》	原《最高院优先受偿权批复》
《最高人民法院关于适用〈中华人民共和国民法典〉时间效力的若干规定》	《时间效力规定》
最高人民法院	最高院
高级人民法院	高院

目　　录

第一讲　施工合同无效的情形

第二讲　建设工程施工合同实质性内容的判断

第六讲 施工合同无效后的损失赔偿

第七讲　挂靠情形下的相关责任承担

第八讲　开工日期的认定

第十讲　工期顺延的认定

第十一讲 质量鉴定合格的法律后果

第十二讲 承包人拒绝修复的处理

第十四讲　擅自使用建设工程的法律后果

第十五讲　质量纠纷以谁为被告

第十六讲　发包人主张建设工程质量问题的处理

第十七讲　质量保证金返还期限的认定

第二十讲 工程量的确定

第二十一讲　逾期不进行工程价款结算的法律后果

第二十二讲　与工程价款结算相关的不同文件以何者为准

第二十三讲 非必须招标的建设工程招标后工程价款的结算

第二十四讲　多份建设工程施工合同均无效时工程价款的结算

第二十五讲　垫资条款的效力

第二十六讲　拖欠工程款时利息支付标准如何确定

第二十七讲　工程欠款利息起算点的确定

第二十八讲　固定总价不予鉴定

第二十九讲　诉前建设工程价款结算协议的效力

第三十讲　诉前工程造价咨询意见的法律效力

第三十一讲　对争议事实进行鉴定

第三十二讲　一审未申请鉴定的法律后果

第三十三讲　委托鉴定的规范及鉴定材料的质证

第三十七讲 装饰装修工程承包人的优先受偿权

第三十八讲 建设工程价款优先受偿权行使的条件

第四十讲　建设工程价款优先受偿权的范围

第四十一讲　建设工程价款优先受偿权的期限及起算时间

第四十二讲 建设工程价款优先受偿权放弃的效力

第四十三讲 实际施工人的权利救济

第四十四讲　实际施工人代位权的行使

第四十五讲 生效时间

第一讲

施工合同无效的情形

法条原文

第 1 条　建设工程施工合同具有下列情形之一的，应当依据民法典第一百五十三条第一款的规定，认定无效：

（一）承包人未取得建筑业企业资质或者超越资质等级的；

（二）没有资质的实际施工人借用有资质的建筑施工企业名义的；

（三）建设工程必须进行招标而未招标或者中标无效的。

承包人因转包、违法分包建设工程与他人签订的建设工程施工合同，应当依据民法典第一百五十三条第一款及第七百九十一条第二款、第三款的规定，认定无效。

思维导图

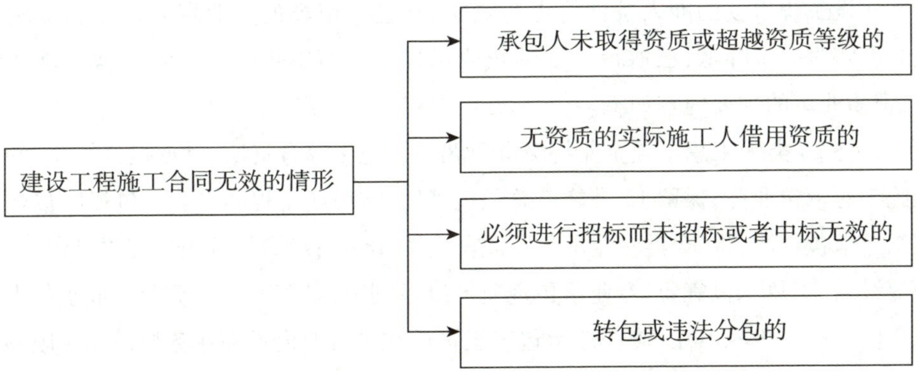

图 1－1　建设工程施工合同无效的情形

条文释义

本条是关于建设工程施工合同应被认定无效的情形的规定。《建设工程施工合同司法解释（一）》保留了原《建设工程施工合同司法解释》第 1 条第 1 款的内容；将原《建设工程施工合同司法解释》第 4 条完善后作为《建设工程施工合同司法解释（一）》的第 2 款；将原《建设工程施工合同司法解释》第 4 条中的“非法转包”修改为“转包”，增加认定合同无效的依据：“应当依据民法典第一百五十三条第一款及第七百九十一条第二款、第三款的规定”,把认定行为无效修改为认定合同无效,删除“人民法院可以根据民法通则第一百三十四条规定,收缴当事人已经取得的非法所得”。

一、没有资质、超越资质签订的建设工程施工合同无效

建筑业企业资质的标准主要依据是2014年11月6日住建部公布的《住房城乡建设部关于印发〈建筑业企业资质标准〉的通知》(建市〔2014〕159号)。根据《建筑业企业资质标准》的规定,建筑业企业资质分为施工总承包、专业承包和施工劳务三个序列。其中施工总承包序列设有12个类别,一般分为4个等级(特级、一级、二级、三级);专业承包序列设有36个类别,一般分为3个等级(一级、二级、三级);施工劳务序列不分类别和等级。

当前关于建筑业企业资质标准的改革正在进行,根据2020年11月30日住建部正式发布的《建设工程企业资质管理制度改革方案》(建市〔2020〕94号)的内容,未来建设工程市场的准入条件将更为宽松,新进入市场的企业资质取得和资质升级难度将进一步降低,已取得资质的企业承揽业务范围也将进一步放宽。具体而言,资质改革的主要内容如下。

1. 将10类施工总承包企业特级资质调整为施工综合资质,可承担各行业、各等级施工总承包业务;保留12类施工总承包资质,将民航工程的专业承包资质整合为施工总承包资质;将36类专业承包资质整合为18类;综合资质和专业作业资质不分等级;施工总承包资质、专业承包资质等级原则上压减为甲、乙两级(部分专业承包资质不分等级),其中,施工总承包甲级资质在本行业内承揽业务规模不受限制。

2. 部分专业承包资质整合并入施工总承包资质,如现有的钢结构工程专业承包资质被并入了施工总承包资质,铁路铺轨架梁工程专业承包资质被并入了铁路工程施工总承包资质。

3. 部分专业资质取消,劳务资质由审批制改为备案制,如邮政工程专业设计资质,海洋行业和专业设计资质,水利水电工程、公路工程、港口与航道工程、农林工程专业监理资质等均被取消,放开了相关领域的资质准入限制。

没有取得建筑施工企业资质或者超越资质相应资质等级的,签订的相应承包范围内的施工合同将被认定为无效。关于施工资质的规定,从法律基础分析,有观点认为是对施工企业民事权利能力的限制;也有观点认为是对施工企业民事行为能力的限制,施工企业无施工资质则不具备签订合同的主体资格;也有观点从强制

性规定的角度分析，认为施工资质为强制性规定。对施工资质属于管理性强制性规定还是效力性强制性规定，在学界还是存有争议的。

二、借用资质签订的建设工程施工合同无效

没有资质的实际施工人借用有资质的建筑施工企业名义在施工实践中主要表现为挂靠，其本质是单位或个人以其他有资质的施工单位的名义承揽工程的行为。挂靠本身并非规范的法律术语，目前我国现行法规中并没有对挂靠的含义作出明确的规定。

关于挂靠的认定，可以参考2019年1月1日起施行的《建筑工程施工发包与承包违法行为认定查处管理办法》第10条的规定："存在下列情形之一的，属于挂靠：

（一）没有资质的单位或个人借用其他施工单位的资质承揽工程的；

（二）有资质的施工单位相互借用资质承揽工程的，包括资质等级低的借用资质等级高的，资质等级高的借用资质等级低的，相同资质等级相互借用的；

（三）本办法第八条第一款第（三）至（九）项规定的情形，有证据证明属于挂靠的。"

挂靠是一种规避法律禁止性规定的行为，破坏了建筑业市场的规范管理秩序。发包人对挂靠关系不知情的情形下，挂靠行为损害了发包人的信赖利益，有违诚实信用原则。《建筑法》第26条第2款规定："禁止建筑施工企业超越本企业资质等级许可的业务范围或者以任何形式用其他建筑施工企业的名义承揽工程。禁止建筑施工企业以任何形式允许其他单位或者个人使用本企业的资质证书、营业执照，以本企业的名义承揽工程。"也有观点认为不能一概认定为无效。如果发包人不知道挂靠事实，善意相对人的权益应优先保护，应认定施工合同有效；如果发包人在签订合同时对挂靠事实是明知的，根据《民法典》第146条的规定，施工合同应认定无效。

三、应招未招、中标无效而签订的建设工程施工合同无效

对于属于依法必须招标的项目，不得规避招标投标程序，如果应当招标而不招标或者因违法行为而中标无效，将导致签订的建设工程施工合同无效。关于必须招标的工程项目，在《招标投标法》第3条以及《必须招标的工程项目规定》、《必须招标的基础设施和公用事业项目范围规定》中有详细的规定。2020年10月19日实施的《国家发展改革委办公厅关于进一步做好〈必须招标的工程项目规定〉和〈必

须招标的基础设施和公用事业项目范围规定〉实施工作的通知》对必须依法进行公开招标的情形进行了进一步的解释和说明。具体内容在第二十三讲中予以详述。

四、转包情形下签订的建设工程施工合同无效

转包,是指承包单位承包工程后,不履行合同约定的责任和义务,将其承包的全部工程或者将其承包的全部工程支解后以分包的名义分别转给其他单位或个人施工的行为,其存在形式主要有两种:整体转包和以分包之名行转包之实的转包。《民法典》第791条第2款规定:"……承包人不得将其承包的全部建设工程转包给第三人或者将其承包的全部建设工程支解以后以分包的名义分别转包给第三人。"《建筑法》第28条规定:"禁止承包单位将其承包的全部建筑工程转包给他人,禁止承包单位将其承包的全部建筑工程肢解以后以分包的名义分别转包给他人。"

转包具有如下法律特征:(1)转包的法律关系形成于建设工程施工合同签订之后;(2)转包人未履行施工合同的义务;(3)转包人未退出与发包人之间的合同关系;(4)转包人通过转包行为获利;(5)转包人向发包人就工程质量承担连带责任。①

关于转包的认定,可以参考住建部于2019年1月1日起施行的《建筑工程施工发包与承包违法行为认定查处管理办法》第8条的规定,该条规定:"存在下列情形之一的,应当认定为转包,但有证据证明属于挂靠或者其他违法行为的除外:

"(一)承包单位将其承包的全部工程转给其他单位(包括母公司承接建筑工程后将所承接工程交由具有独立法人资格的子公司施工的情形)或个人施工的;

"(二)承包单位将其承包的全部工程肢解以后,以分包的名义分别转给其他单位或个人施工的;

"(三)施工总承包单位或专业承包单位未派驻项目负责人、技术负责人、质量管理负责人、安全管理负责人等主要管理人员,或派驻的项目负责人、技术负责人、质量管理负责人、安全管理负责人中一人及以上与施工单位没有订立劳动合同且没有建立劳动工资和社会养老保险关系,或派驻的项目负责人未对该工程的施工活动进行组织管理,又不能进行合理解释并提供相应证明的;

"(四)合同约定由承包单位负责采购的主要建筑材料、构配件及工程设备或租赁的施工机械设备,由其他单位或个人采购、租赁,或施工单位不能提供有关采购、

---

① 参见曾碧漪:《我国建设工程转包法律问题研究》,湘潭大学2016年硕士学位论文,第12~13页。

租赁合同及发票等证明，又不能进行合理解释并提供相应证明的；

“（五）专业作业承包人承包的范围是承包单位承包的全部工程，专业作业承包人计取的是除上缴给承包单位“管理费”之外的全部工程价款的；

“（六）承包单位通过采取合作、联营、个人承包等形式或名义，直接或变相将其承包的全部工程转给其他单位或个人施工的；

“（七）专业工程的发包单位不是该工程的施工总承包或专业承包单位的，但建设单位依约作为发包单位的除外；

“（八）专业作业的发包单位不是该工程承包单位的；

“（九）施工合同主体之间没有工程款收付关系，或者承包单位收到款项后又将款项转拨给其他单位和个人，又不能进行合理解释并提供材料证明的。

“两个以上的单位组成联合体承包工程，在联合体分工协议中约定或者在项目实际实施过程中，联合体一方不进行施工也未对施工活动进行组织管理的，并且向联合体其他方收取管理费或者其他类似费用的，视为联合体一方将承包的工程转包给联合体其他方。”

五、违法分包情形下签订的建设工程施工合同无效

违法分包，是指承包单位承包工程后违反法律法规规定，把单位工程或分部分项工程分包给其他单位或个人施工的行为。《建筑法》第 29 条规定：“建筑工程总承包单位可以将承包工程中的部分工程发包给具有相应资质条件的分包单位；但是，除总承包合同中约定的分包外，必须经建设单位认可。施工总承包的，建筑工程主体结构的施工必须由总承包单位自行完成……禁止总承包单位将工程分包给不具备相应资质条件的单位。禁止分包单位将其承包的工程再分包。”《民法典》第 791 条第 3 款及《建设工程质量管理条例》亦有类似规定。

关于违法分包的认定，可以参考住建部于 2019 年 1 月 1 日起施行的《建筑工程施工发包与承包违法行为认定查处管理办法》第 12 条的规定，该条规定：“存在下列情形之一的，属于违法分包：

（一）承包单位将其承包的工程分包给个人的；

（二）施工总承包单位或专业承包单位将工程分包给不具备相应资质单位的；

（三）施工总承包单位将施工总承包合同范围内工程主体结构的施工分包给其他单位的，钢结构工程除外；

（四）专业分包单位将其承包的专业工程中非劳务作业部分再分包的；

(五)专业作业承包人将其承包的劳务再分包的;

(六)专业作业承包人除计取劳务作业费用外,还计取主要建筑材料款和大中型施工机械设备、主要周转材料费用的。"

除了以上明确列举的建设工程施工合同无效情形外,关于合同的效力问题,应根据《民法典》《建筑法》《建设工程质量管理条例》《招标投标法》等法律、行政法规的相关规定进行判断。

实务难点

一、没收非法所得的法律基础

没收非法所得实际上是一种民事制裁手段,源于原《民法通则》第134条的规定。原《民法通则》第134条规定:"承担民事责任的方式主要有:(一)停止侵害;(二)排除妨碍;(三)消除危险;(四)返还财产;(五)恢复原状;(六)修理、重作、更换;(七)赔偿损失;(八)支付违约金;(九)消除影响、恢复名誉;(十)赔礼道歉。以上承担民事责任的方式,可以单独适用,也可以合并适用。人民法院审理民事案件,除适用上述规定外,还可以予以训诫、责令具结悔过、收缴进行非法活动的财物和非法所得,并可以依照法律规定处以罚款、拘留。"后来,原《最高人民法院关于贯彻执行〈中华人民共和国民法通则〉若干问题的意见(试行)》,对实施民事制裁的适用程序、救济途径作了简单规定。原《民法通则》与上述意见实施后,实施过程中出现很多问题,各地法院对实施程序理解不同,导致存在滥用、错用、不用民事制裁的现象。

民事制裁是法院基于其集司法权与行政权于一身的地位,在无控告、无辩护的情形下主动引起的程序。其裁判事实超出诉请范围,突破了"不告不理"原则,对当事人自由处分诉讼权利和实体权利造成侵害,不符合程序正义的要求。

因此,2017年10月1日起施行的原《民法总则》第179条删除了原《民法通则》第134条中关于民事制裁的规定,包括收缴非法所得。但是由于原《民法总则》施行后,原《民法通则》并未失效,在原《民法总则》未规定的情形下,仍可适用原《民法通则》。《民法典》生效后,原《民法通则》失效,故原《建设工程施工合同司法解释》第4条中关于"收缴当事人已经取得的非法所得"的规定失去了法律适用基础,在《建设工程施工合同司法解释(一)》第1条中取消了这一规定。

取消司法机关民事制裁的权力后,违法所得应当如何处理。《民法典》生效后,法院不再有权对当事人进行制裁，而由行政机关依据法律法规的规定进行处罚。如转包、违法分包的情形中，法院已无权没收管理费等违法所得，但依据《建筑法》第67条、第76条规定及其他相关法律、行政法规或者规章的规定，建设行政主管部门仍可对违法分包、转包的承包单位处以没收违法所得。

二、发包人支解发包情形下的合同效力问题

如果发包人存在支解发包的情形，其签订的施工合同效力如何，《建设工程施工合同司法解释（一）》未予以明确。

2019年1月1日起施行的《建筑工程施工发包与承包违法行为认定查处管理办法》第6条规定："存在下列情形之一的，属于违法发包：（一）建设单位将工程发包给个人的；（二）建设单位将工程发包给不具有相应资质的单位的；（三）依法应当招标未招标或未按照法定招标程序发包的；（四）建设单位设置不合理的招标投标条件，限制、排斥潜在投标人或者投标人的；（五）建设单位将一个单位工程的施工分解成若干部分发包给不同的施工总承包或专业承包单位的。"

从上述条文规定的情形看，除了其中的第5种情形外，其他几种情形签订的建设工程施工合同都被《建设工程施工合同司法解释（一）》认定为无效。对于支解发包是否会导致合同无效的问题，根据《建筑法》第24条的规定，建筑工程的发包单位禁止将建筑工程肢解发包，不得将应当由一个承包单位完成的建筑工程肢解成若干部分发包给几个承包单位。《民法典》第791条明确发包人不得将应当由一个承包人完成的建设工程支解成若干部分发包给数个承包人。虽然存在争议，但是主流观点认为此二者均为效力性强制性法律规定，因此支解发包签署的施工合同是无效的。《建设工程施工合同司法解释（一）》为何唯独未对支解发包签署的施工合同效力进行明确呢？笔者认为，主要原因可能在于我国法律法规对于何为支解发包没有明确规定，甚至存在矛盾条文，导致各地法院在认定支解发包时存在很大争议。

何为"应当由一个承包单位完成"的建设工程，建筑市场监管司发布的《〈建筑工程施工转包违法分包等违法行为认定查处管理办法（试行）〉释义》结合《建设工程分类标准》（GB/T 50841—2013）作出了如下解释：本办法单位工程是指具备独立施工条件并能形成独立使用功能的建筑物或构筑物。除单独立项的专业工程外，建设单位不得将一个单位工程的分部工程施工发包给专业承包单位。虽然《建筑法》层面与住建部部门规章对于"支解发包"最小发包单位有了原则性规定，但具体

到各地的地方法规中，有的地方法规如《江苏省建筑市场管理条例》认为单项工程是建设工程的“最小标的”，有的地方法规如《云南省建筑市场管理条例》认为单位工程才是其最小标的，有的地方法规如《福建省建筑市场管理条例》认为特殊情形下可以将专业工程或专业性较强的分部分项工程作为最小发包单位，而《住房和城乡建设部市场监督司关于基坑工程单独发包问题的复函》(建市施函〔2017〕35 号)则认为将非单独立项的基坑工程单独发包属于肢解发包行为。

从以上内容可以看出，对于支解发包，无论是在司法领域还是建设工程领域，均没有清晰明确的定义。因此，可能正是基于此原因，《建设工程施工合同司法解释(一)》才暂时回避这一争议问题。《建筑法》修改在即，我们期待在修改后的《建筑法》中对支解发包作出进一步明确的界定。

操作要点

1. 在建设工程施工合同的效力认定问题上，除本条明确列举的情形外，还应结合《建设工程施工合同司法解释(一)》第 2 条、第 3 条、第 4 条、第 5 条及相关合同效力方面的法律法规进行综合考量。

2. 在挂靠、转包、违法分包等情形的认定方面，一些地方法院制定了具体的认定标准，在判断某个施工合同的效力时，应结合工程所在地法院关于如何认定该类行为的规定。

3. 无论施工合同效力存在何种瑕疵，在保证施工过程安全的情况下按照合同约定的工期和质量履行合同，是确保获得相应工程价款的前提。为此，承包人应注意以下问题。

(1)在资质不完全具备，但发包人愿意将工程交由己方施工的情况下，应在相关专业人士的指导下采用一定的变通措施，避免不必要的法律风险。如果有取得相应资质的可能，承包人可以充分利用施工工期，争取在工程竣工前取得相应资质。

(2)工程质量符合约定时，承包人在工程完工后或者返修后应及时要求发包方签字盖章，确认工程质量、工程量以及其他相关事项。

4. 作为发包人，应审查承包人的资质范围、资质等级是否与拟建工程项目相匹配。在签订合同时，对分包、挂靠等情形应加以规范和限制，即使在这些情形已经形成客观事实的情形下，也应注意规避其中的法律风险。例如，发现承包人无资质或超越资质的，根据合同的实际履行情况，考虑是否依法终止合同的履行，以避免损失的进一步扩大。

5. 在发现建设工程施工合同可能被认定无效时，应积极主动收集相关证据，其主要有：施工合同无效与自己无关；导致无效的主要过错在对方；因施工合同被认定无效给自己造成的损失。这样一旦发生纠纷，在处理纠纷时会处于相对主动的地位。

6. 工程主体部分在任何情况下都不能分包。可以分包的工程项目子项应征得业主的书面同意。若施工合同没有具体约定相关手续，施工方应及时采取措施以书面形式得到业主的认可。

实务案例裁判要旨

表 1－1　应认定施工合同无效的情形

序号	法院及案号	法院观点	证明观点
1	最高院（2017）最高法民申 2611 号	因高某龙无建筑施工企业资质，违反本院原《建设工程施工合同司法解释》第 1 条第 1 款规定，原审判决确认《施工劳务合同》无效，不属于超出诉讼请求判决	没有资质、超越资质签订的建设工程施工合同无效
2	最高院（2019）最高法民申 1916 号	依照原《建设工程施工合同司法解释》第 1 条第 2 款之规定，因郑某军不具备施工资质，与联腾公司系挂靠关系，《合同协议书》《合作意向协议》均应被认定为无效	挂靠签订的建设工程施工合同无效
3	最高院（2018）最高法民申 2394 号	本院经审查认为，首先，福州华电公司系国有公司，根据《招标投标法》第 3 条的规定，涉案“友谊大厦”工程涉及使用国有资金投资建设且工程规模属于必须招标的工程项目。原《建设工程施工合同司法解释》第 1 条第 3 款规定，建设工程必须进行招标而未招标或者中标无效的，应当根据原《合同法》第 52 条第 5 项的规定，认定合同无效。福州华电公司与中关村公司签订的《建设工程施工合同》是在未进行招投标的情况下签订的，原审法院认定涉案施工合同无效，是正确的。福州华电公司主张涉案工程采用议标形式进行，即使经相关政府部门核准，亦不能成为不履行招投标程序的理由	应招标而未招标签订的建设工程合同无效

续表

序号	法院及案号	法院观点	证明观点
4	最高院(2018)最高法民终587号	被告七冶公司作为承包人与发包人业主方永丰公司于2014年2月24日签订了《协议书》(建设工程施工合同)后,原告周某军作为案涉工程的实际施工人与七冶公司于2014年6月18日签订了《建设工程内部承包合同》,其行为构成违法转包,依据原《建设工程施工合同司法解释》第1条、第4条以及原《合同法》第52条之规定,七冶公司与周某军签订的《建设工程内部承包合同》因违反法律强制性规定,为无效合同	转包情形下签订的建设工程施工合同无效
5	最高院(2017)最高法民申965号	中铁十五局与华夏军安公司签订的《劳务协作合同》《补充协议》《终止协议》《建设工程施工劳务分包合同》等,名为劳务合同,实为工程分包合同,由于中铁十五局未经建设单位同意,将国家重点建设工程分包给华夏军安公司,违反法律禁止性规定,属无效合同	违法分包情形下签订的建设工程施工合同无效

相关规定指引

《民法典》

第153条 违反法律、行政法规的强制性规定的民事法律行为无效。但是,该强制性规定不导致该民事法律行为无效的除外。

违背公序良俗的民事法律行为无效。

第791条 发包人可以与总承包人订立建设工程合同,也可以分别与勘察人、设计人、施工人订立勘察、设计、施工承包合同。发包人不得将应当由一个承包人完成的建设工程支解成若干部分发包给数个承包人。

总承包人或者勘察、设计、施工承包人经发包人同意,可以将自己承包的部分工作交由第三人完成。第三人就其完成的工作成果与总承包人或者勘察、设计、施工承包人向发包人承担连带责任。承包人不得将其承包的全部建设工程转包给第三人或者将其承包的全部建设工程支解以后以分包的名义分别转包给第三人。

禁止承包人将工程分包给不具备相应资质条件的单位。禁止分包单位将其承包的工程再分包。建设工程主体结构的施工必须由承包人自行完成。

《建筑法》

第24条 提倡对建筑工程实行总承包,禁止将建筑工程肢解发包。

建筑工程的发包单位可以将建筑工程的勘察、设计、施工、设备采购一并发包给一个工程总承包单位，也可以将建筑工程勘察、设计、施工、设备采购的一项或者多项发包给一个工程总承包单位；但是，不得将应当由一个承包单位完成的建筑工程肢解成若干部分发包给几个承包单位。

第 67 条　承包单位将承包的工程转包的，或者违反本法规定进行分包的，责令改正，没收违法所得，并处罚款，可以责令停业整顿，降低资质等级；情节严重的，吊销资质证书。

承包单位有前款规定的违法行为的，对因转包工程或者违法分包的工程不符合规定的质量标准造成的损失，与接受转包或者分包的单位承担连带赔偿责任。

第 76 条　本法规定的责令停业整顿、降低资质等级和吊销资质证书的行政处罚，由颁发资质证书的机关决定；其他行政处罚，由建设行政主管部门或者有关部门依照法律和国务院规定的职权范围决定。

依照本法规定被吊销资质证书的，由工商行政管理部门吊销其营业执照。

《招标投标法》

第 3 条　在中华人民共和国境内进行下列工程建设项目包括项目的勘察、设计、施工、监理以及与工程建设有关的重要设备、材料等的采购，必须进行招标：

（一）大型基础设施、公用事业等关系社会公共利益、公众安全的项目；

（二）全部或者部分使用国有资金投资或者国家融资的项目；

（三）使用国际组织或者外国政府贷款、援助资金的项目。

……

《建设工程施工合同司法解释（一）》

第 2 条　招标人和中标人另行签订的建设工程施工合同约定的工程范围、建设工期、工程质量、工程价款等实质性内容，与中标合同不一致，一方当事人请求按照中标合同确定权利义务的，人民法院应予支持。

招标人和中标人在中标合同之外就明显高于市场价格购买承建房产、无偿建设住房配套设施、让利、向建设单位捐赠财物等另行签订合同，变相降低工程价款，一方当事人以该合同背离中标合同实质性内容为由请求确认无效的，人民法院应予支持。

第 3 条　当事人以发包人未取得建设工程规划许可证等规划审批手续为由，请求确认建设工程施工合同无效的，人民法院应予支持，但发包人在起诉前取得建设工程规划许可证等规划审批手续的除外。

发包人能够办理审批手续而未办理，并以未办理审批手续为由请求确认建设工程施工合同无效的,人民法院不予支持。

第4条 承包人超越资质等级许可的业务范围签订建设工程施工合同,在建设工程竣工前取得相应资质等级,当事人请求按照无效合同处理的,人民法院不予支持。

第5条 具有劳务作业法定资质的承包人与总承包人、分包人签订的劳务分包合同,当事人请求确认无效的,人民法院依法不予支持。

《住房和城乡建设部建筑市场监管司关于基坑工程单独发包问题的复函》

广东省住房城乡建设厅:

你厅《关于基坑工程施工单独发包问题的请示》(粤建市〔2017〕111号)收悉。经研究,现函复如下:

《〈建筑工程施工转包违法分包等违法行为认定查处管理办法〉释义》(建市施函〔2014〕163号),明确规定:"单位工程是指具备独立施工条件并能形成独立使用功能的建筑物或构筑物"。按照现行的《建筑工程施工质量验收统一标准》(GB 50300—2013),建筑工程包括地基与基础工程、主体结构工程、建筑屋面工程建筑装饰装修工程等共10个分部工程。按照《建设工程分类标准》(GB/T 50841—2013)分类,基坑工程(桩基、土方等)属于地基与基础分部工程的分项工程。鉴于基坑工程属于建筑工程单位工程的分项工程,建设单位将非单独立项的基坑工程单独发包属于肢解发包行为。

中华人民共和国住房和城乡建设部建筑市场监管司

2017年6月19日

《福建省建筑市场管理条例》

第16条 建筑工程的勘察、设计、施工三个阶段可以合并发包给一个承包方,也可以按阶段分别发包。除经县级以上建设行政主管部门认定属专业性强的分部分项工程外,发包方不得将一个单位工程中的分部、分项工程分别发包。

第二讲

建设工程施工合同实质性内容的判断

法条原文

第2条　招标人和中标人另行签订的建设工程施工合同约定的工程范围、建设工期、工程质量、工程价款等实质性内容，与中标合同不一致，一方当事人请求按照中标合同确定权利义务的，人民法院应予支持。

招标人和中标人在中标合同之外就明显高于市场价格购买承建房产、无偿建设住房配套设施、让利、向建设单位捐赠财物等另行签订合同，变相降低工程价款，一方当事人以该合同背离中标合同实质性内容为由请求确认无效的，人民法院应予支持。

思维导图

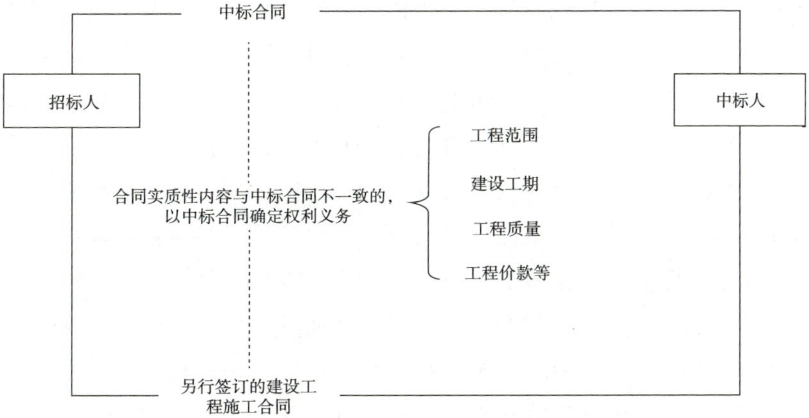

图2－1　建设工程施工合同实质性内容的判断

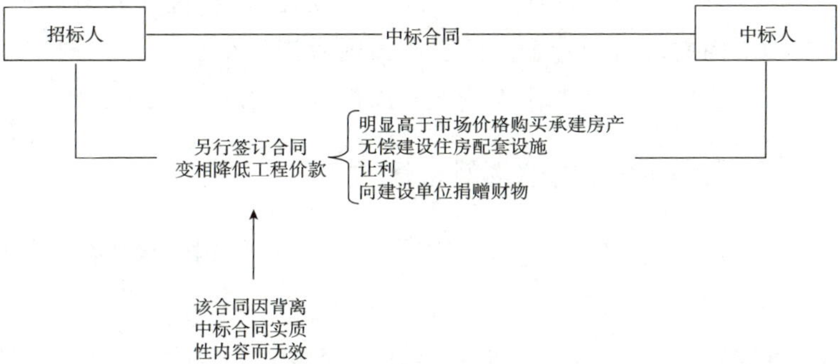

图2－2　变相降低工程价款的约定无效

条文释义

本条第1款规定了建设工程施工合同实质性内容以及依照哪份合同确定当事人的权利和义务,本条第2款规定了变相降低工程价款的约定无效。

一、建设工程施工合同实质性内容及权利义务的确定依据

《招标投标法》第46条、原《建设工程施工合同司法解释》第21条(该条现已删除)均使用了“合同实质性内容”的概念,但未明确何为“合同实质性内容”。《最高人民法院建设工程施工合同司法解释的理解与适用》一书将该条款中合同实质性内容界定为质量、工期、价款。“之所以将合同实质性内容列为影响合同性质的范围,是因为工程价款、工程质量和工程期限三方面内容对当事人的利益影响甚大。当事人经过协商在上述三个方面以外对合同内容进行修改、变更的行为,都不会涉及利益的重大调整,不对合同的性质产生影响。”①

《建设工程施工合同司法解释(一)》采用列举的方式明确规定了工程范围、建设工期、工程质量和工程价款为实质性内容,同时还用了一个“等”字。这表明除列举的4项内容外,实质性内容还应包括其他内容。那么还有哪些内容可以作为实质性内容,如工程内容、计价方式、支付方式、工程款付款时间、违约责任是否属于实质性内容?根据文义理解,该条并没有排除,须根据建设工程施工合同签订及履行过程中的合同价款、工程性质、施工工艺、实质性内容变更程度等具体情况进行综合确定,总的确定原则应当是那些在招标投标过程中对中标结果会产生实质性影响的内容。但无论如何,这些问题在司法实践中如何具体适用仍难免出现争议。

若当事人背离中标合同的实质性内容另行签订建设工程施工合同,在履行过程中发生争议,其中一方当事人请求依中标合同确定双方权利义务的,人民法院应予以支持。但若中标合同在实际履行过程中,工程由于设计变更、规划调整等客观原因导致工程量增减、质量标准或施工工期发生变化,发承包双方通过签订补充协议、会谈纪要等书面文件对中标合同的实质性内容进行变更和补充的,属于正常行使合同变更权,仍应以上述文件作为确定发承包双方权利义务的依据。

二、变相降低工程价款的情形及法律效力

在工程项目管理实践中,招标人和中标人为了规避《招标投标法》第46条及相

① 参见最高人民法院民事审判第一庭编著:《最高人民法院建设工程施工合同司法解释的理解与适用》,法律出版社2015年版,第158页。

关法律、法规的规定，往往不是采取直接签订与中标合同实质性内容不一致的合同的方式，而是采取让利、赠予财物、高价购买承建房产、无偿承建部分工程等变相降低工程价款的方式。《建设工程施工合同司法解释（一）》明确否定了此类变相降低工程价款方式的效力，即发承包方中一方以该合同背离中标合同实质性内容为由请求确认无效的，人民法院应予支持。实务中，容易发生的是承包方以此请求确认该类约定无效。

三、以中标合同有效为前提

本条第 1 款、第 2 款之规定适用的前提就是招标人和投标人签订的中标合同合法有效，没有违反《民法典》《招标投标法》《建设工程施工合同司法解释（一）》等法律法规、司法解释的强制性规定。如果中标合同无效，当然不能作为确定当事人权利义务的依据。

四、"黑白合同"之效力与是否备案无关

"黑白合同"又称"阴阳合同"，"白合同"是指发包方与承包方按照《招标投标法》及其实施条例的规定，签订价款、质量、工期等实质性内容与招投标文件一致的建设工程施工合同；"黑合同"则是承包方与发包方为规避政府管理，私下签订的未履行规定的招投标程序的建设工程施工合同。

实务中，存在"黑白合同"中白合同有效、黑合同无效的观点。实际上这种观点是不严谨的，也缺乏法律依据。不应简单地认为黑合同无效，白合同有效。"黑白合同"的效力认定应结合个案情况进行具体分析。

原《建设工程施工合同司法解释》第 21 条强调了备案的中标合同，所谓"备案的中标合同"必须是通过真实合法的招投标活动，并根据有效的中标结果由招标人与投标人签订并备案的合同。但《建筑法》《招标投标法》《招标投标法实施条例》等法律法规并没有规定建设工程施工合同的备案制度。原《建设工程施工合同司法解释》第 21 条之所以规定备案，主要原因在于 2001 年 6 月 1 日施行的《房屋建筑和市政基础设施工程施工招标投标管理办法》第 47 条第 1 款的规定，该条规定："……订立书面合同后 7 日内，中标人应当将合同送工程所在地的县级以上地方人民政府建设行政主管部门备案。"但是随着市场经济的发展和行政管理措施的逐步完善，政府职能转向减审批、强监管、优服务，建设工程施工合同备案制度也就失去了存在的意义。2018 年 5 月 14 日发布的《国务院办公厅关于开展工程建设项目审批制

度改革试点的通知》在“精简审批环节”第8条中规定:“……取消施工合同备案、建筑节能设计审查备案等事项。社会投资的房屋建筑工程,建设单位可以自主决定发包方式。”《房屋建筑和市政基础设施工程施工招标投标管理办法》也于2018年9月28日进行了修正,删除了建设工程施工合同备案的相关规定。在这样的背景下,《建设工程施工合同司法解释(一)》第1条没有再规定“备案”这一要件。

五、对另行签订的建设工程施工合同的理解

对该条“另行订立的建设工程施工合同”不能狭义地理解为仅限于“合同书”的形式。建设工程施工周期长,可变因素多,在施工管理过程中发承包双方可能以会议纪要、签证单、联系单等“合同”形式对中标合同实质性内容进行变更。这些以会议纪要、签证单、联系单等形式达成的当事人合意均应视为“另行订立的建设工程施工合同”。

实务难点

一、相关概念

(一)工程内容与工程范围

工程范围一般是以分部工程进行划分的,如工程包括单项工程(或单体工程)、主体结构、土建工程、装饰装修工程(不包括内部装修)。建筑工程划分为地基与基础、主体结构、建筑装饰装修、建筑屋面、建筑给排水及采暖、建筑电气、智能建筑、通风与空调、电梯、建筑节能10个分部工程。

相对而言,工程内容要比工程范围更加具体。工程内容更多的是从工艺角度进行阐述,如混凝土工程、预应力混凝土工程、砌体、屋面防水、外墙防水、轻质隔墙安装、饰面板(砖)粘贴、墙地面抹灰、门窗安装等。

施工单位的资质不同其承包的工程范围也不同,以建筑工程施工总承包资质的承包范围为例,级别不同承包工程的范围不同。取得施工总承包特级资质的企业可承担本类别各等级工程施工的总承包、设计及开展工程总承包和项目管理业务。一级资质施工总承包企业可承担单项合同额3000万元以上的下列建筑工程的施工:(1)高度200米以下的工业、民用建筑工程;(2)高度240米以下的构筑物工程。二级资质施工总承包企业可承担下列建筑工程的施工:(1)高度100米以下的工业、民用建筑工程;(2)高度120米以下的构筑物工程;(3)建筑面积4万平方米

以下的单体工业、民用建筑工程;(4)单跨跨度39米以下的建筑工程。三级资质施工总承包企业可承担下列建筑工程的施工:(1)高度50米以下的工业、民用建筑工程;(2)高度70米以下的构筑物工程;(3)建筑面积1.2万平方米以下的单体工业、民用建筑工程;(4)单跨跨度27米以下的建筑工程。

在签订建设工程施工合同时,应对工程内容、工程范围进行正确的区分,以分清工作界面,厘清应履行的合同义务。《建设工程施工合同(示范文本)》(GF—2017—0201)第一部分合同协议书"工程概况"中将工程内容、工程承包范围也是并行列出的,这也说明了在实务中应将两者进行区分。

(二)建设工期

建设工期,是指工程项目从正式破土动工、按设计文件规定全部建成到竣工验收交付所用的全部时间,包括建筑、安装、试车、验收、交付等所需要的时间,但不包括施工准备时间。工期是一个期间概念,即开工之日至竣工之日的期间。《建设工程施工合同(示范文本)》(GF—1999—0201)第1.14款将工期定义为"发包人承包人在协议书中约定,按总日历天数(包括法定节假日)计算的承包天数"。《建设工程施工合同(示范文本)》(GF—2013—0201)第1.1.4.3目将工期定义为:"在合同协议书中约定的承包人完成工程所需的期限,包括按照合同约定所作的期限变更。"工期属于建设工程施工合同的实质性内容之一,建设工程发包单位不得迫使承包方任意压缩合理工期。司法实务中,在承包人提出工程款支付请求时,工期延误往往成为发包人抗辩或反诉的重要理由之一。实际上,工期问题涉及确定承包人是否违约及计算违约金的数额、给付工程款的本金及利息的起算时间、建设工程交付及风险转移、工程质量保修期的起算、保修金的返还等诸多问题。由此可见,工期的法律意义不容小觑。此外,工期的确定离不开开工日期、竣工日期、工期顺延等相关问题的确定。

(三)工程质量

工程质量,是指在国家现行有效的有关法律、法规、技术标准、设计文件和合同中,对工程的安全、适用、经济、环保、美观等特性的综合要求。建设单位不得明示或者暗示设计单位或者施工单位违反工程建设强制性标准,降低建设工程质量。建设工程质量的特性主要表现为适用性、耐久性、安全性、可靠性、经济性、与环境的协调性。质量是建设工程项目管理的主要控制目标之一,项目质量的管理与控制会涉及项目各参与方的质量管理责任。以引起责任的行为性质为标准,项目管理因质量问题引发的法律责任可能涉及民事责任、行政责任,还有可能涉及刑事责任。

在许多建设工程施工合同纠纷案件中,一旦施工单位以诉讼的方式主张拖欠的工程款,建设单位一般会以工程存在质量问题进行抗辩或者反诉。国家对质量问题的治理力度也在不断加大,《工程质量治理两年行动方案》《建筑工程五方责任主体项目负责人质量终身责任追究暂行办法》《建筑施工项目经理质量安全责任十项规定(试行)》等文件的出台就是很好的例证。对于施工单位而言,由于质量问题而引发的法律责任很多。

(四)工程价款

工程价款是发包人依据合同约定和相关规定支付给承包人的价款,如预付款、进度款、竣工结算价款等。其应包括发承包双方在工程合同中约定的工程造价,既包括分部分项工程费、措施项目费、其他项目费、规费和税金的合同总金额,也应包括发承包双方根据合同约定对合同价款进行变更和调整的部分。

二、实质性内容不应与主要实质性条款、主要条款等同

关于合同实质性内容的范围,《民法典》第488条规定:"……有关合同标的、数量、质量、价款或者报酬、履行期限、履行地点和方式、违约责任和解决争议方法等的变更,是对要约内容的实质性变更。"该条主要是对合同的主要实质性条款进行的抽象,但不同类型合同的实质性条款必然存在差异。特别是建设工程施工合同,鉴于其特殊性,其实质性条款应与《民法典》第488条的规定进行区分,不能等同。

此外,对于建设工程施工合同的实质性内容也不能与《民法典》第795条规定的主要条款相混同,该条规定:"施工合同的内容包括工程范围、建设工期、中间交工工程的开工和竣工时间、工程质量、工程造价、技术资料交付时间、材料和设备供应责任、拨款和结算、竣工验收、质量保修范围和质量保证期、相互协作等条款。"

三、招标文件、中标人投标文件、中标合同不一致时如何处理

《招标投标法》第46条第1款规定:"招标人和中标人应当自中标通知书发出之日起三十日内,按照招标文件和中标人的投标文件订立书面合同。招标人和中标人不得再行订立背离合同实质性内容的其他协议。"据此,理论上,招标人和中标人依据招标文件和中标人的投标文件签订的建设工程施工合同,即签订的中标合同至少在实质性核心条款上应与招标文件和中标人的投标文件相吻合。但在实务中,存在很多中标合同与招标文件、投标文件不一致的情形。此时,以哪份文件作为工程价款结算的依据存在争议。根据《建设工程施工合同司法解释(一)》第2条的

规定,应以招标文件、中标人的投标文件为依据进行结算。如果招标文件与中标人的投标文件不一致应以哪份文件为依据?《建设工程工程量清单计价规范》(GB 50500—2013)第7.1.1项规定:“实行招标的工程合同价款应在中标通知书发出之日起30天内,由发承包双方依据招标文件和中标人的投标文件在书面合同中约定。合同约定不得违背招标、投标文件中关于工期、造价、质量等方面的实质性内容。招标文件与中标人投标文件不一致的地方,应以投标文件为准。”虽有此规定,但其不能直接作为裁判的依据,故在司法实践中仍然存有争议。

四、“黑白合同”形成的基础性法律依据

《招标投标法》第46条第1款规定:“招标人和中标人应当自中标通知书发出之日起三十日内,按照招标文件和中标人的投标文件订立书面合同。招标人和中标人不得再行订立背离合同实质性内容的其他协议。”

《招标投标法实施条例》第57条第1款规定:“招标人和中标人应当依照招标投标法和本条例的规定签订书面合同,合同的标的、价款、质量、履行期限等主要条款应当与招标文件和中标人的投标文件的内容一致。招标人和中标人不得再行订立背离合同实质性内容的其他协议。”

根据法律的规定,结合实践,虽然“黑白合同”的内容、表现形式具有多样性,但究其本质,认定“黑白合同”的主要标准有以下几种:

1. 不同的合同是否针对同一工程项目,施工内容、范围是否相同;

2. 白合同是否依法经过招标投标程序,合法中标;

3. 不同的合同是否存在实质性的区别,即合同的标的、工程价款、工程质量、工程期限等与招标文件、投标文件的内容是否一致。

关于何为建设工程施工合同实质性内容的变更,结合《招标投标法实施条例》以及各地法院的相关规定,大致可以总结为如下几点:(1)改变工期、工程价款、工程项目性质、工程质量、计价方式等中标结果的约定,应当认定为变更中标合同的实质性内容;(2)以明显高于市场价格购买承建房产、无偿建设住房配套设施、让利、向建设方捐款等承诺,应认定为变更中标合同的实质性内容;(3)建设工程开工后,发包方与承包方由于设计变更、建设工程规划指标调整等原因,通过补充协议、会谈纪要、往来函件、签证等形式变更工期、工程价款、工程项目性质的,不应认定为变更中标合同的实质性内容;(4)应综合中标合同价款、工程性质、施工工艺、实质性内容变更的程度,依据诚实信用原则认定另行订立的建设工程施工合同是否背

离中标合同实质性内容。

操作要点

1. 合同文件是招标文件的重要组成部分,招标人在拟定建设工程施工合同条款时,往往让承包人一方承担较多的风险义务,约定很多不对等的条款,对某些不利于自己的条款故意约定不清或者直接不予约定。有的承包人为了承建项目,被动按照招标文件中的施工合同进行投标,中标后也未能就一些不平等条款达成共识,导致在实际履行过程中履行不能,双方争议加剧,给后期施工、结算带来较大风险。因此,设置合同条款应考虑公平合理性和可操作性,一味偏袒某一方的施工合同条款不利于双方友好合作,难以实现订立合同的目的。

2. 承包人的项目管理人员应增强法律意识、证据意识,将法律的思维融入项目的经营管理过程中。承包人作为投标人在准备投标时,可聘请专业人员进行指导,分析招标文件、合同条款,收集对己方有利的证据。如果发现招标人、评标委员会、其他投标人的行为违反法律的规定,损害了自身的合法权益,应及时向相应主管部门进行反映、投诉。

3. 在进行投标前,承包人应对业主方的基本情况和项目本身的现场情况进行客观、全面、细致的了解。核实清楚建设工程报建手续是否完善,项目资金是否已经到位,履约信用能力是否良好等问题;了解招标文件所提供的相关图纸是否与现场吻合,工程量清单是否准确、完整。对招投标过程中存在的文件(包括来往函件)全部予以留存。

4. 为了降低工程项目成本,减少项目建设总投资,部分发包人在承包方中标后,在中标合同的基础上,要求承包人签订比中标标底合理低价更低合同价、更短工期、更大违约责任的黑合同。承包人有时出于压力,违背意愿及违反《民法典》《建筑法》《招标投标法》等相关规定,与发包人签订了黑合同。如此,不仅极易损害承包人自身的利益,还有可能给建设工程质量埋下隐患。若发包人利用其市场优势地位强制要求承包人签订与中标合同实质性内容相悖的合同,产生争议后,承包人可以要求按中标合同履行合同义务。

5. 在合同签订过程中,要尽量对工程项目的名称、地址、工程内容、技术要求、施工方案、工程质量要求、工程工期、安全防护措施、双方权利义务、付款方式、违约责任、工程竣工结算、解决争议方式等内容进行明确约定,准确、清晰地以书面形式进行表述,避免容易产生歧义的条款出现。如果采用国家《建设工程施工合同(示范文本)》签订施工合同,应在“专用条款”部分对“通用条款”中与项目具体情况不符的条款进行专门约定和完善。

6. 发包人、承包人均应重视招投标文件以及中标合同中有关工程范围、建设工期、工程质量、工程价款等实质性内容的约定,争取从源头上防范法律风险。在合同条款或补充协议中约定明显高于市场价格购买承建房产、无偿建设住房配套设施、让利、向建设单位捐赠财物等内容,都有可能导致签订的建设工程施工合同或相关协议无效,发包人、承包人均应注意这方面的法律风险。

实务案例裁判要旨

表 2-1　实质性内容变更的认定

序号	法院及案号	法院观点	证明观点
1	最高院(2017)最高法民申3589号	根据原《建设工程施工合同司法解释》第21条的规定,当事人就同一工程另行订立的建设工程施工合同与经过备案的中标合同实质性内容不一致的,应当以备案的中标合同作为结算工程价款的根据。所谓变更合同实质性内容,通常是指对工期、工程价款、工程项目性质等重大事项进行的变更	实质性内容变更的认定
2	最高院(2017)最高法民终437号	原《建设工程施工合同司法解释》第21条规定:“当事人就同一建设工程另行订立的建设工程施工合同与经过备案的中标合同实质性内容不一致的,应当以备案的中标合同作为结算工程价款的根据。”以上规定中所谓合同实质性内容不一致,是指合同在工程价款、工程质量和工程期限等方面与备案合同不一致,因为这三个方面涉及招标人和中标人的基本权利义务	实质性内容变更的认定
3	最高院(2013)民申字第876号	《招标投标法》第46条第1款规定:“招标人和中标人应当自中标通知书发出之日起三十日内,按照招标文件和中标人的投标文件订立书面合同。招标人和中标人不得再行订立背离合同实质性内容的其他协议。”上述规定属于法律的强制性规定。所谓“背离合同实质性内容”,是指在工程价款、工程期限以及工程质量等内容方面有所违背,而不是一般的合同内容变更或者其他条款的修改	实质性内容变更的认定

续表

序号	法院及案号	法院观点	证明观点
4	最高院(2016)最高法民申784号	一般而言,招标人与中标人另行签订改变工期、工程价款等影响中标结果实质性内容的协议,导致合同当事人就实质性内容享有的权利义务发生较大变化的,应认定为变更中标合同实质性内容	实质性内容变更的认定
5	最高院(2014)民申字第842号	对实质性变更的判断,一方面需要把握变更的内容,另一方面也需要把握变更的量化程度。《建设工程施工合同》约定合同价款采用固定综合单价方式确定,确实属于变更《比选文件》确定的固定总价方式的情形,但本案事实表明,按照两种方式得出的案涉工程款差额仅为11万余元,没有达到法律所禁止的"实质性变更"的严重程度,也不会导致合同当事人之间权利义务关系的显失平衡,故不应认定《建设工程施工合同》构成对《比选文件》的实质性变更	实质性内容变更的认定
6	江苏高院(2014)苏民终字第0100号	根据原《建设工程施工合同司法解释》第21条的规定,当事人就同一工程另行订立的建设工程施工合同与经过备案的中标合同实质性内容不一致的,应当以备案的中标合同作为结算工程价款的根据。所谓变更合同实质性内容,通常是指对工期、工程价款、工程项目性质等重大事项进行的变更	实质性内容变更的认定

表2-2　变相降低工程价款的情形及法律效力

序号	法院及案号	法院观点	证明观点
1	最高院(2013)桂民一终字第51号	《全国民事审判工作会议纪要》(2011年)第23条第1款规定:"……中标人作出的以明显高于市场价格购买承建房产、无偿建设住房配套设施、让利、向建设方捐款等承诺,亦应认定为变更中标合同的实质性内容。"建工集团作为中标人,在履行建设工程施工合同且梧州学院尚欠其工程款的情况下,向建设方梧州学院进行巨额捐款,应认定为变更中标合同的实质性内容,是无效的	另行签订变相降低工程价款的合同因变更了合同实质性内容而无效

续表

序号	法院及案号	法院观点	证明观点
2	重庆二中院(2018)渝02民终2925号	上诉人双方在专用合同条款24中特别约定了捐赠条款,根据原《建设工程施工合同司法解释(二)》第1条第2款规定“招标人和中标人在中标合同之外就明显高于市场价格购买承建房产、无偿建设住房配套设施、让利、向建设单位捐赠财物等另行签订合同,变相降低工程价款,一方当事人以该合同背离中标合同实质性内容为由请求确认无效的,人民法院应予支持”,云阳县双江人民医院称是接受的公益捐赠,本院认为实质是通过捐赠,实质是变相降低工程价款,云阳县双江人民医院的辩称不能成立,中澳建工集团有限公司认为该条无效的上诉理由成立。因为该条款无效,云阳县双江人民医院应该将捐赠款286,006元作为工程款支付给中澳建工集团有限公司	另行签订变相降低工程价款的合同因变更了合同实质性内容而无效

表2-3　以中标合同有效为适用前提

序号	法院及案号	法院观点	证明观点
1	最高院(2014)民申字第1922号	史某主张依据原《建设工程施工合同司法解释》第21条的规定,应当以2009年5月25日备案的中标合同作为结算工程价款的根据。但该条款适用于另行订立的建设工程施工合同与经过备案的中标合同均有效的情况,而本案两份《建设工程施工合同》均因违反原《建设工程施工合同司法解释》第1条第2项的规定而认定为无效,因此,不具备适用该条款的前提条件	以中标合同有效为前提
2	最高院(2013)民一终字第117号	圣华建设公司提出,按照原《建设工程施工合同司法解释》第21条的规定,应以备案的中标合同即《建设工程施工合同》作为结算依据。然而,上述司法解释第21条的适用,是建立在备案的中标合同有效的前提之下,如果因招标、投标违法导致中标无效,即使中标的合同经过有关部门备案,该合同也不能作为结算工程价款的法定依据	以中标合同有效为前提
3	山东高院(2017)鲁民终948号	原《建设工程施工合同司法解释》第21条规定:“当事人就同一建设工程另行订立的建设工程施工合同与经过备案的中标合同实质性内容不一致的,应当以备案的中标合同作为结算工程价款的根据。”该法适用的前提是中标合同有效,本案中标合同被认定无效,故青岛即建公司请求以中标的2011年6月20日施工合同(备案合同)作为双方结算工程款依据的主张不能成立	以中标合同有效为前提

续表

序号	法院及案号	法院观点	证明观点
4	新疆高院(2016)新民终728号	根据《招标投标法》第55条关于"依法必须进行招标的项目,招标人违反本法规定,与投标人就投标价格、投标方案等实质性内容进行谈判的,给予警告,对单位直接负责的主管人员和其他直接责任人员依法给予处分。前款所列行为影响中标结果的,中标无效"的规定,按照原《建设工程施工合同司法解释》第1条第3项的规定,2013年10月24日的《建设工程施工合同》亦应认定为无效,原审法院认定该合同合法有效有误,本院予以纠正。根据原《建设工程施工合同司法解释》第21条的规定,以备案的中标合同作为结算工程款的依据,但该条适用的前提是中标合同有效	以中标合同有效为前提

表2-4 "黑白合同"的认定

序号	法院及案号	法院观点	证明观点
1	最高院(2014)民申字第952号	《招标投标法》第46条规定的"黑白合同",仅指招投标阶段由招标人与中标人订立的"背离合同实质性内容的其他协议",合同主体为招标人和中标人,内容为背离中标合同实质性内容的约定	"黑白合同"的认定
2	最高院(2013)民申字第876号	原《建设工程施工合同司法解释》第21条规定:"当事人就同一建设工程另行订立的建设工程施工合同与经过备案的中标合同实质性内容不一致的,应当以备案的中标合同作为结算工程价款的根据。"该条解释的内容是"黑白合同"的认定问题。由于本案不存在备案的中标合同("白合同"),新星公司与二建公司签订的施工合同就不属于一般意义上的"黑合同",故二审判决并未适用原《建设工程施工合同司法解释》第21条的规定来认定施工合同无效	"黑白合同"的认定
3	最高院(2016)最高法民再304号	双方签订的《施工补充合同》并不是通说的"黑白合同",没有对《建设工程施工合同》进行实质性变更,应认定合法有效	"黑白合同"的认定

表 2－5　部分法院对招标文件、中标人投标文件、中标合同不一致的处理

序号	法院及案号	法院观点	证明观点
1	最高院（2013）民申字第 876 号	《招标投标法》第 46 条第 1 款规定："招标人和中标人应当自中标通知书发出之日起三十日内，按照招标文件和中标人的投标文件订立书面合同。招标人和中标人不得再行订立背离合同实质性内容的其他协议。"上述规定属于法律的强制性规定。所谓"背离合同实质性内容"，是指在工程价款、工程期限以及工程质量等内容方面有所违背，而不是一般的合同内容变更或者其他条款的修改。本案新星公司与二建公司在工程招投标后签订的施工合同，有关工程价款、工程质量的约定与经过备案的招投标文件的内容不一致，属于招标人和中标人再行订立的背离合同实质性内容的其他协议。该合同违反了《招标投标法》第 46 条的强制性规定，应认定为无效合同。施工合同未经备案，只是二审判决认定本案不存在备案的中标合同的理由，并非否定合同效力的理由。因施工合同违反法律的强制性规定而无效，二审判决依据备案的招投标文件结算工程价款，并无不当	中标合同与招标文件、投标文件不一致，应以招标文件、中标人的投标文件为依据进行结算
2	最高院（2014）民一终字第 259 号	本院认为，虽然双方签订的《建设工程施工合同》中有关于中铁兴都公司向华远公司让利结算工程款 2% 的约定，但在中标文件以及中标通知中均没有关于让利的内容，《建设工程施工合同》中约定的让利条款实际上改变了中标文件对工程价款的约定，构成了对中标文件内容的实质性改变，根据《建筑法》第 18 条以及《招标投标法》第 45 条、第 46 条的规定，该约定应属无效，故对此不应从工程款中进行扣除，一审判决的认定是正确的	中标合同与中标文件及中标通知不一致，应以中标文件及中标通知为依据进行结算
3	最高院（2016）最高法民再 123 号	原《合同法》第 13 条规定，当事人订立合同，采取要约、承诺方式。投标人响应招标、参加竞争投标为要约，招标人发出中标通知书为承诺。根据《招标投标法》的规定，招标人和中标人应当自中标通知书发出之日起 30 日内，按照招标文件和中标人的投标文件订立书面合同。招标文件与中标人投标文件不一致的地方，以投标文件为准	招标文件与中标人投标文件不一致的地方，以投标文件为准

相关规定指引

《民法典》

第488条 承诺的内容应当与要约的内容一致。受要约人对要约的内容作出实质性变更的,为新要约。有关合同标的、数量、质量、价款或者报酬、履行期限、履行地点和方式、违约责任和解决争议方法等的变更,是对要约内容的实质性变更。

第539条 债务人以明显不合理的低价转让财产、以明显不合理的高价受让他人财产或者为他人的债务提供担保,影响债权人的债权实现,债务人的相对人知道或者应当知道该情形的,债权人可以请求人民法院撤销债务人的行为。

第795条 施工合同的内容包括工程范围、建设工期、中间交工工程的开工和竣工时间、工程质量、工程造价、技术资料交付时间、材料和设备供应责任、拨款和结算、竣工验收、质量保修范围和质量保证期、相互协作等条款。

《招标投标法》

第19条第1款 招标人应当根据招标项目的特点和需要编制招标文件。招标文件应当包括招标项目的技术要求、对投标人资格审查的标准、投标报价要求和评标标准等所有实质性要求和条件以及拟签订合同的主要条款。

第27条第1款 投标人应当按照招标文件的要求编制投标文件。投标文件应当对招标文件提出的实质性要求和条件作出响应。

第41条 中标人的投标应当符合下列条件之一:

(一)能够最大限度地满足招标文件中规定的各项综合评价标准;

(二)能够满足招标文件的实质性要求,并且经评审的投标价格最低;但是投标价格低于成本的除外。

第46条第1款 招标人和中标人应当自中标通知书发出之日起三十日内,按照招标文件和中标人的投标文件订立书面合同。招标人和中标人不得再行订立背离合同实质性内容的其他协议。

《招标投标法实施条例》

第57条第1款 招标人和中标人应当依照招标投标法和本条例的规定签订书面合同,合同的标的、价款、质量、履行期限等主要条款应当与招标文件和中标人的投标文件的内容一致。招标人和中标人不得再行订立背离合同实质性内容的其他协议。

第73条 依法必须进行招标的项目的招标人有下列情形之一的,由有关行政监督部门责令改正,可以处中标项目金额10‰以下的罚款;给他人造成损失的,依法承担赔偿责任；对单位直接负责的主管人员和其他直接责任人员依法给予处分：

（一）无正当理由不发出中标通知书；

（二）不按照规定确定中标人；

（三）中标通知书发出后无正当理由改变中标结果；

（四）无正当理由不与中标人订立合同；

（五）在订立合同时向中标人提出附加条件。

第74条　中标人无正当理由不与招标人订立合同，在签订合同时向招标人提出附加条件，或者不按照招标文件要求提交履约保证金的，取消其中标资格，投标保证金不予退还。对依法必须进行招标的项目的中标人，由有关行政监督部门责令改正，可以处中标项目金额10‰以下的罚款。

《房屋建筑和市政基础设施工程施工招标投标管理办法》

第46条　招标人和中标人应当自中标通知书发出之日起30日内，按照招标文件和中标人的投标文件订立书面合同；招标人和中标人不得再行订立背离合同实质性内容的其他协议。

中标人不与招标人订立合同的，投标保证金不予退还并取消其中标资格，给招标人造成的损失超过投标保证金数额的，应当对超过部分予以赔偿；没有提交投标保证金的，应当对招标人的损失承担赔偿责任。

招标人无正当理由不与中标人签订合同，给中标人造成损失的，招标人应当给予赔偿。

《国务院办公厅关于开展工程建设项目审批制度改革试点的通知》

“精简审批环节”第8条中规定：“……取消施工合同备案、建筑节能设计审查备案等事项。社会投资的房屋建筑工程，建设单位可以自主决定发包方式。”

《第八次全国法院民事商事审判工作会议（民事部分）纪要》

31.招标人和中标人另行签订改变工期、工程价款、工程项目性质等影响中标结果实质性内容的协议，导致合同双方当事人就实质性内容享有的权利义务发生较大变化的，应认定为变更中标合同实质性内容。

《全国民事审判工作会议纪要》（2011年）

四、关于建设工程合同纠纷案件

……

（一）关于工程价款结算问题

要依法维护通过招投标方式所签订的中标合同的法律效力。对以低于工程建设成本的工程项目标底订立的施工合同,应当依据招标投标法第四十一条第(二)项的规定认定无效;当事人违反工程建设强制性标准,任意压缩合理工期、降低工程质量标准的约定,也应认定无效。对于约定无效后的工程价款结算,应依据《关于审理建设工程施工合同纠纷案件适用法律问题的解释》的相关规定处理。

招标人和中标人另行签订改变工期、工程价款、工程项目性质等中标结果的协议,应认定为变更中标合同实质性内容,中标人作出的以明显高于市场价格购买承建房产、无偿建设住房配套设施、让利、向建设方捐款等承诺,亦应认定为变更中标合同的实质性内容。对于变更中标合同实质性内容的工程价款结算,应按照《关于审理建设工程施工合同纠纷案件适用法律问题的解释》第二十一条规定,以备案的中标合同作为结算工程价款的根据。

协议变更合同是法律赋予合同当事人的一项基本权利。建设工程开工后,因涉及变更、建设工程规划指标调整等客观原因,发包人与承包人通过补充协议、会议纪要、来往函件、签证等洽商记录形式变更工期、工程价款、工程项目性质的,不应认定为变更中标合同的实质性内容。

依法有效地建设工程施工合同,双方当事人均应依约履行。除合同另有约定,当事人请求以审计机关作出的审计报告、财政评审机构作出的评审结论作为工程价款结算依据的,一般不予支持。

《北京市高级人民法院关于审理建设工程施工合同纠纷案件若干疑难问题的解答》

第16条 “黑白合同”中如何认定实质性内容变更?

招投标双方在同一工程范围下另行签订的变更工程价款、计价方式、施工工期、质量标准等中标结果的协议,应当认定为《解释》第二十一条规定的实质性内容变更。中标人作出的以明显高于市场价格购买承建房产、无偿建设住房配套设施、让利、向建设方捐款等承诺,亦应认定为变更中标合同的实质性内容。

备案的中标合同实际履行过程中,工程因设计变更、规划调整等客观原因导致工程量增减、质量标准或施工工期发生变化,当事人签订补充协议、会谈纪要等书面文件对中标合同的实质性内容进行变更和补充的,属于正常的合同变更,应以上述文件作为确定当事人权利义务的依据。

《浙江省高级人民法院民事审判第一庭关于审理建设工程施工合同纠纷案件若干疑难问题的解答》

第15条 如何认定“黑白合同”?

认定“黑白合同”时所涉的“实质性内容”，主要包括合同中的工程价款、工程质量、工程期限三部分。对施工过程中，因设计变更、建设工程规划指标调整等客观原因，承、发包双方以补充协议、会谈纪要、往来函件、签证等洽商记录形式，变更工期、工程价款、工程项目性质的书面文件，不应认定为《中华人民共和国招标投标法》第46条规定的“招标人和中标人再行订立背离合同实质性内容的其他协议”。

第三讲

相关行政审批手续对建设工程施工合同效力的影响

法条原文

第 3 条　当事人以发包人未取得建设工程规划许可证等规划审批手续为由，请求确认建设工程施工合同无效的，人民法院应予支持，但发包人在起诉前取得建设工程规划许可证等规划审批手续的除外。

发包人能够办理审批手续而未办理，并以未办理审批手续为由请求确认建设工程施工合同无效的，人民法院不予支持。

思维导图

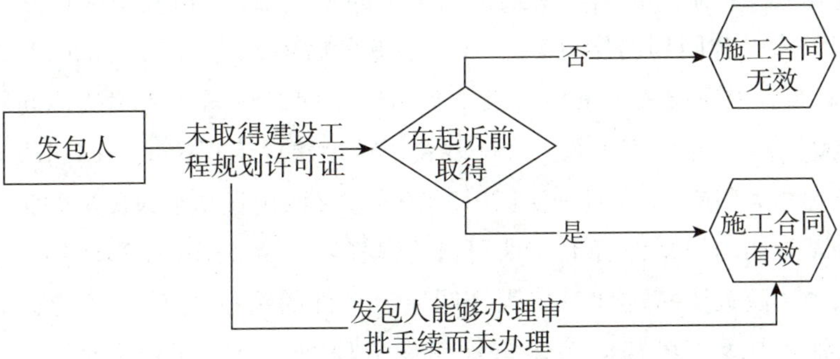

图 3－1　相关行政审批手续对建设工程施工合同效力的影响

条文释义

本条第 1 款规定了相关行政审批文件对建设工程施工合同效力的影响，第 2 款规定了发包人阻却行政审批文件取得的法律后果。

一、“四证”对建设工程施工合同效力的影响

行政审批与合同效力的关系，不能一概而论，需要区分行政审批的对象是合同本身还是权利变动，是事前审批还是事后审批。如果审批的对象是交易或者合同本身的事项，则未经审批的效果是合同未生效；如果是权利变动的事后审批，则未经审批的效果是合同已生效，未经审批，影响合同履行及权利变动，但并不影响合

同的生效。①

“四证”即建设用地规划许可证、建设工程规划许可证、国有土地使用权证、施工许可证。在原《建设工程施工合同司法解释(二)》出台以前,对于未取得除施工许可证以外的其他三证对建设工程施工合同效力的影响问题,各地法院曾有不同观点。

1. 未取得建设用地规划许可证、建设用地使用权证、建设工程规划许可证等行政审批手续对建设工程施工合同效力的影响

从《全国民事审判工作会议纪要》(2015 年)、《江苏省高级人民法院建设工程施工合同案件审理指南》(2010 年)、《盐城市中级人民法院关于审理建设工程施工合同纠纷案件若干问题的指导意见》(2010 年)、《徐州市中级人民法院进一步规范关于审理建设工程施工合同纠纷案件的若干问题》、《北京市高级人民法院关于审理建设工程施工合同纠纷案件若干疑难问题的解答》(京高法发〔2012〕245 号)、《安徽省高级人民法院关于审理建设工程施工合同纠纷案件适用法律问题的指导意见》(2009 年)、《宣城市中级人民法院关于审理建设工程施工合同纠纷案件若干问题的指导意见(试行)》(宣中法〔2013〕19 号)、《四川省高级人民法院关于审理建设工程施工合同纠纷案件若干疑难问题的解答》(川高法民一〔2015〕3 号)、《广东省高级人民法院关于审理建设工程合同纠纷案件的暂行规定》(粤高法〔2000〕31 号)、《深圳市中级人民法院关于审理建设工程施工合同纠纷案件的指导意见》(2007 年 1 月 1 日起试行,2010 年 3 月 9 日修订)等一系列规定看,不难得出以下的结论:发包人未取得建设用地规划许可证、建设用地使用权证、建设工程规划许可证,与承包人签订的建设工程施工合同,原则上应被认定为无效。

当然,关于该问题,浙江省高级人民法院存在一个不同的规定,其认为:“发包人未取得建设用地使用权证的,不影响建设工程施工合同的效力。”《浙江省高级人民法院民事审判第一庭关于审理建设工程施工合同纠纷案件若干疑难问题的解答》(2012 年)第 2 条规定:“发包人未取得建设用地使用权证或建筑工程施工许可证的,不影响建设工程施工合同的效力……”

2. 未取得施工许可证对建设工程施工合同效力的影响

关于该问题,司法实践中各方基本已达成共识,认为:建设工程施工许可证的取得与否,不影响发包人与承包人签订的建设工程施工合同的效力。其理由主要

① 参见贺小荣主编:《最高人民法院民事审判第二庭法官会议纪要》,人民法院出版社 2018 年版,第 93 页。

为:在建设工程正式施工前发放施工许可证应是建设行政主管部门对建设工程项目加强监管的一种行政手段,其属于管理性规范,非影响合同效力的效力性规范。要求工程施工前领取建设工程施工许可证的主要目的是审查建设单位或者承包单位是否具备法律规定的建设或者施工条件,如果建设单位或者施工单位违反该管理规定,应当受到相应的行政处罚。

二、《建设工程施工合同司法解释(一)》关于“四证”对建设工程施工合同效力影响的规定

《建设工程施工合同司法解释(一)》明确规定,“未取得建设工程规划许可证等规划审批手续”的情况会影响合同效力,但对未取得国有土地使用权证、建设用地规划许可证是否影响合同效力未明确规定。此处理应不涉及建设工程施工许可证,如前所述,建设工程施工许可证的取得与否,不影响发包人与承包人签订的建设工程施工合同效力。

第3条仅明确了建设工程规划许可证,未规定国有土地使用权证、建设用地规划许可证,主要是因为从法律规定和办证程序上看,工程建设行政许可的“四证”办理有先后顺序要求。发包人取得建设用地规划许可证,是取得建设用地使用权证的前提;取得建设用地使用权证,是取得建设工程规划许可证的前提;取得建设工程规划许可证是取得建设工程施工许可证的前提;由此推断,如果将四证进行排序的话,排在前面的行政许可证件是排在后面的行政许可证件的前提条件。该条作出这样的规定,笔者认为其隐含了一个重要前提,即没有建设用地规划许可证肯定是无法办理国有土地使用权证的,没有国有土地使用权证、建设用地规划许可证肯定是无法办理建设工程规划许可证的,没有国有土地使用权证、建设用地规划许可证、建设工程规划许可证肯定是无法办理施工许可证的。取得了建设工程规划许可证必然取得了建设用地规划许可证,故仅需规定建设工程规划许可证即可。遗憾的是现实未必如此,如果发包人在没有取得国有土地使用权证、建设用地规划许可证的情形下取得了建设工程规划许可证(如行政机关违规核发),那么建设工程施工合同是否有效?笔者认为应当有效。首先,该条并没有规定国有土地使用权证、建设用地规划许可证、建设工程规划许可证须同时具备;其次,前述各项行政许可均应是彼此独立的具体行政行为,具体行政行为一经作出就应具有法律效力,不能因为行政行为违规而否定民事主体之间合同行为的效力,且行政许可是否违规并非民事案件审理必须审查的对象;最后,承包人合理审查相关行政审批文件后与

发包人签订建设工程施工合同,对建设工程施工合同的有效性及履行产生合理信赖,若由于发包人或者其他第三人在办理建设工程规划许可证方面的不当行为判定建设工程合同无效,将有损承包人对依约履行行为的合理预期,不利于激励民事主体遵守民事活动的诚实信用原则,对承包人来说也是不公平的。

三、建设工程施工合同效力的补正

所谓合同效力的补正,是指当事人签订的合同欠缺有效要件,当事人可以通过事后行为补正而使合同满足有效之条件,促使合同有效。关于合同的效力问题,人民法院应主动审查,根据《民法典》及相关司法解释的规定,合同无效应为自始无效、当然无效,对当事人始终不具有法律拘束力。出于鼓励交易的考虑,我国法律同时规定对于部分在效力上有瑕疵的合同可以通过一定的行为予以补正,从而使原本无效的合同或效力待定的合同转化为有效合同。

在建设工程施工合同效力补正的时间节点上,在原《建设工程施工合同司法解释(二)》出台前,各地法院的观点不尽相同。有的规定在一审庭审辩论终结前取得,有的规定在起诉或开庭前取得。《建设工程施工合同司法解释(一)》将建设工程施工合同效力补正时间限定在"起诉前",这主要是考虑建设工程施工合同纠纷案件一般具有复杂性,可能会涉及质量、工期、价款等诸多问题的审查,审理期限一般较长。若将建设工程施工合同效力补正时间节点确定为"一审法庭辩论终结前",会使正在审理的建设工程施工合同纠纷案件在进入实质性审理的很长一段时间内处于不确定状态,随意性较大。在提起诉讼时可能无效的建设工程施工合同,在诉讼过程中建设工程施工合同若补正为有效,起诉时基于建设工程施工合同无效而提出的合法的诉讼请求在诉讼过程中将不得不变更。将建设工程施工合同效力规定在"起诉前"补正,相较于规定在"一审辩论终结前",从公平、维护当事人诉讼预期、法律价值判断、提高法院审理施工合同纠纷案件的效率等角度判断更为合理,也有利于当事人在启动诉讼程序时合理评估相应的诉讼风险。当然,也有观点认为:将"补正"时点定于"起诉前"而不是"一审辩论终结前",不利于尽力维持合同效力及关系的原则。合同效力维持的保护价值排序更高,且当事人诉讼预期的调整可通过诉讼请求的变更予以解决。

本条规定的意义还在于统一了全国法院在审理建设工程类案件中,对发包人补救合同效力的时间规定了统一的认定标准,不再出现地域偏差,理论上在此问题上不会再有同案不同判的可能性了。

四、发包人恶意阻却建设工程审批手续完成的法律后果

（一）发包人恶意阻却建设工程审批手续完成并以此为由主张建设工程施工合同无效的，不应得到支持

违反法律强制性规定未办理建设工程规划审批手续，依法应认定建设工程施工合同无效，这属于人民法院依职权主动审查的范畴，而不论是否由于发包人的原因而未办理，排除当事人的意思自治。这实际上也是一个客观事实判断和法律适用的问题。

（二）发包人恶意阻却，承担赔偿责任

《建设工程施工合同司法解释（一）》第 3 条第 2 款规定"主要限定的是发包人的权利，并不涉及承包人"，[①]目的在于防止发包人恶意利用本条第 1 款之规定获得额外利益，发包人不应因其违反法律规定的行为而获利。《建设工程施工合同司法解释（一）》根据《民法典》第 159 条的规定，对发包人利用恶意反悔获利的行为作出了否定性评价，规定不支持发包人恶意主张合同无效的请求，并对因发包人迟延办理相关审批手续而给承包人造成损失的，令其承担赔偿责任。[②] 据此解释，此款的本意应是：若发包人能够办理审批手续而未办理审批手续，并以此为由主张建设工程施工合同无效而不应承担相应责任的，人民法院不予支持。应当说，此条文的表述难以直接解读出此意。

《民法典》第 158 条规定："民事法律行为可以附条件，但是根据其性质不得附条件的除外。附生效条件的民事法律行为，自条件成就时生效。附解除条件的民事法律行为，自条件成就时失效。"

《民法典》第 159 条规定："附条件的民事法律行为，当事人为自己的利益不正当地阻止条件成就的，视为条件已经成就；不正当地促成条件成就的，视为条件不成就。"

《建设工程施工合同司法解释（一）》第 3 条第 2 款关于发包人能够办理审批手续而不办理属于一种"恶意阻止条件成就"的行为，但不能类推适用"恶意阻止条件成就，条件视为成就"的规定，这点须特别予以说明。有观点认为："如果发包人办

---

① 参见最高人民法院民事审判第一庭编著：《最高人民法院建设工程施工合同司法解释（二）理解与适用》，人民法院出版社 2019 年版，第 75 页。

② 参见最高人民法院民事审判第一庭编著：《最高人民法院建设工程施工合同司法解释（二）理解与适用》，人民法院出版社 2019 年版，第 74 页。

理相关审批手续的条件已成就,其一方面未积极办理审批手续,另一方面又以未办理审批手续主张合同无效,人民法院不应支持其主张,相反应认定合同有效。"笔者认为此观点值得商榷。

(三)举证责任

最高院民一庭认为:对于办理建设工程规划许可证等规划审批手续的条件成就,发包人能办理而不办理相关手续,承包人应负举证责任。①

将该举证责任分配给承包人,对承包人的举证要求过高,在实际操作层面难以实现。《城乡规划法》第40条规定:"在城市、镇规划区内进行建筑物、构筑物、道路、管线和其他工程建设的,建设单位或者个人应当向城市、县人民政府城乡规划主管部门或者省、自治区、直辖市人民政府确定的镇人民政府申请办理建设工程规划许可证。申请办理建设工程规划许可证,应当提交使用土地的有关证明文件、建设工程设计方案等材料。需要建设单位编制修建性详细规划的建设项目,还应当提交修建性详细规划……"承包人难以查实申请办理建设工程规划许可证所需的书面材料,即使这些资料承包人举证证明已经齐备,是否就一定能够办理也是一个问题。何为能够办理审批手续而未办理,这里还涉及由行政机关认定是否达到能够办理的程度,不是由司法机关进行认定。

《民事诉讼证据规定》第95条规定:"一方当事人控制证据无正当理由拒不提交,对待证事实负有举证责任的当事人主张该证据的内容不利于控制人的,人民法院可以认定该主张成立。"在承包人有证据证明发包人持有这些证据或者法院查明发包人控制这些证据而没有提供的情况下,是否可以据此直接推定承包人的主张成立。答案应是否定的,正如前文述及,这里还涉及行政机关的认定问题。

故,此款可能因缺乏实务操作的可行性而沦为"僵尸条文"。

实务难点

一、相关概念

建设用地规划许可证是城乡规划主管部门向建设单位核发的、确认建设项目位置和范围、允许的建设面积、建筑高度、容积率等相关规划条件的许可证,是建设单位申请用地的法律凭证。未取得建设用地规划许可证,建设单位不能取得建设

① 参见最高人民法院民事审判第一庭编著:《最高人民法院建设工程施工合同司法解释(二)理解与适用》,人民法院出版社2019年版,第74页。

用地。在城市、镇规划区内以划拨方式提供国有土地使用权的建设项目，经有关部门批准、核准、备案后，建设单位应当向城市、县人民政府城乡规划主管部门提出建设用地规划许可申请，由城市、县人民政府城乡规划主管部门依据控制性详细规划核定建设用地的位置、面积、允许建设的范围，核发建设用地规划许可证。建设单位在取得建设用地规划许可证后，方可向县级以上地方人民政府土地主管部门申请用地，经县级以上人民政府审批后，由土地主管部门划拨土地。以出让方式取得国有土地使用权的建设项目，在签订国有土地使用权出让合同后，建设单位应当持建设项目的批准、核准、备案文件和国有土地使用权出让合同，向城市、县人民政府城乡规划主管部门领取建设用地规划许可证。

国有土地使用权证是指经土地使用者申请，由城市各级人民政府颁发的国有土地使用权的法律凭证。该证主要载明土地使用者名称，土地坐落、用途，土地使用权面积、使用年限和范围。我国土地实行社会主义公有制，根据《宪法》第 11 条，《民法典》第 249 条及《土地管理法》第 8 条、第 11 条的规定，我国的建设用地可以划分为国有建设用地和集体建设用地。城市市区的土地属于国家所有，单位和个人依法使用的国有土地，由县级以上人民政府登记造册，核发证书，确认使用权。农村和城市郊区的土地，除由法律规定属于国家所有的以外，属于农民集体所有。农民集体所有的土地依法用于非农业建设的，由县级人民政府登记造册，核发证书，确认建设用地使用权。土地分为农用地、建设用地和未利用地。其中，建设用地指建造建筑物、构筑物的土地，包括城乡住宅和公共设施用地、工矿用地、交通水利设施用地、旅游用地、军用设施用地等。

建设工程规划许可证是城市规划行政主管部门和有相应权限的人民政府依法核发的确认建设单位的建设工程符合城市、镇规划要求的法律凭证。在城市、镇规划区内进行建筑物、构筑物、道路、管线和其他工程建设的，建设单位或者个人应当向城市、县人民政府城乡规划主管部门或者省、自治区、直辖市人民政府确定的镇人民政府申请办理建设工程规划许可证。申请办理建设工程规划许可证，应当提交使用土地的有关证明文件、建设工程设计方案等材料。需要建设单位编制修建性详细规划的建设项目，还应当提交修建性详细规划。对符合控制性详细规划和规划条件的，由城市、县人民政府城乡规划主管部门或者省、自治区、直辖市人民政府确定的镇人民政府核发建设工程规划许可证。

建设工程施工许可证是确认建设单位符合施工条件、允许开工，由建设行政主管部门颁发的批准文件，是建设单位进行工程合法施工的法律凭证。《建筑法》第 7

条规定:“建筑工程开工前,建设单位应当按照国家有关规定向工程所在地县级以上人民政府建设行政主管部门申请领取施工许可证;但是,国务院建设行政主管部门确定的限额以下的小型工程除外。按照国务院规定的权限和程序批准开工报告的建筑工程,不再领取施工许可证。”建设单位申请领取施工许可证,应当具备下列条件,并提交相应的证明文件:(1)依法应当办理用地批准手续的,已经办理该建筑工程用地批准手续。(2)在城市、镇规划区的建筑工程,已经取得建设工程规划许可证。(3)施工场地已经基本具备施工条件,需要征收房屋的,其进度符合施工要求。(4)已经确定施工企业。按照规定应当招标的工程没有招标,应当公开招标的工程没有公开招标,或者肢解发包工程,以及将工程发包给不具备相应资质条件的企业的,所确定的施工企业无效。(5)有满足施工需要的技术资料,施工图设计文件已按规定审查合格。(6)有保证工程质量和安全的具体措施。施工企业编制的施工组织设计中有根据建筑工程特点制定的相应质量、安全技术措施。建立工程质量安全责任制并落实到人。专业性较强的工程项目编制了专项质量、安全施工组织设计,并按照规定办理了工程质量、安全监督手续。(7)建设资金已经落实。建设单位应当提供建设资金已经落实承诺书。[①] (8)法律、行政法规规定的其他条件。

二、建设工程项目行政审批制度

2018 年 5 月 14 日公布的《国务院办公厅关于开展工程建设项目审批制度改革试点的通知》(国办发〔2018〕33 号)。2019 年 3 月 13 日公布的《国务院办公厅关于全面开展工程建设项目审批制度改革的实施意见》(国办发〔2019〕11 号)。针对工程建设项目审批手续多、办事难、耗时长等问题,主要明确了以下几方面的改革任务和措施。

(一)统一审批流程

一是按照工程建设程序将工程建设项目审批流程划分为项目立项用地规划许可、工程建设许可、施工许可、竣工验收 4 个阶段,相关审批事项归入相应阶段。二是对工程建设项目实施分类管理,根据工程建设项目类型、投资类别、规模大小等,分类细化审批流程,确定审批阶段和审批事项。三是推行并联审批,每个审批阶段

---

① 根据 2018 年 9 月 28 日住建部令第 42 号修正的《建筑工程施工许可管理办法》的条文为“建设资金已经落实。建设工期不足一年的,到位资金原则上不得少于工程合同价的 50%,建设工期超过一年的,到位资金原则上不得少于工程合同价的 30%。建设单位应当提供本单位截至申请之日无拖欠工程款情形的承诺书或者能够表明其无拖欠工程款情形的其他材料,以及银行出具的到位资金证明,有条件的可以实行银行付款保函或者其他第三方担保”。

确定一家牵头部门,实行一家牵头、并联审批、限时办结。

(二)精简审批环节

采取"减、放、并、转、调"等措施,实现工程建设项目审批能减则减、能放则放、能并则并、能转则转、能调则调。一是"减",取消不合法、不合理、不必要的审批事项和前置条件。比如,取消施工合同备案、建筑节能设计审查备案等事项。二是"放",按照方便企业和群众办事的原则,扩大下放或委托下级机关审批的事项范围,并确保下级机关接得住、管得好。三是"并",由同一部门实施的管理内容相近或者属于同一办理阶段的多个审批事项,应整合为一个审批事项。推行联合勘验、联合测绘、联合审图、联合验收等。如将消防设计审核、人防设计审查等技术审查并入施工图设计文件审查,相关部门不再进行技术审查。四是"转",审批机关能够通过征求相关部门意见解决的事项,转变为政府内部协作事项。推行告知承诺制,由政府公布实行告知承诺制的审批事项清单及具体要求,申请人按照要求作出书面承诺,审批部门直接作出审批决定并监督申请人切实履行承诺。五是"调",完善相应制度设计,让审批时序更加符合工作实际。如将供水、供电等市政公用基础设施报装提前到施工许可证核发后办理等。

(三)统一审批管理体系

统一审批管理体系是工程建设项目审批制度改革的基础,进行一张蓝图、一个窗口、一张表单、一套机制建设。一是"一张蓝图"统筹项目实施,以"多规合一"的"一张蓝图"为基础,统筹协调各部门提出项目建设条件。二是"一个窗口"提供综合服务,建立前台受理、后台审核机制,实现一个窗口对外服务和管理。三是"一张表单"整合申报材料,每一个审批阶段用一份办事指南、一张申请表单、一套申请材料完成多项审批。四是"一套机制"规范审批运行,建立健全配套制度,明确部门职责、工作规程和协调督查机制等,确保审批各阶段、各环节无缝衔接。

2020 年 12 月,住建部又发布了《关于进一步深化工程建设项目审批制度改革推进全流程在线审批的通知》(建办〔2020〕97 号),该规定的出台为持续破解堵点问题推动关键环节改革,全面推行工程建设项目分级分类管理,加快推进工程建设项目全流程在线审批,健全推进改革工作长效机制提供有力的支持。

操作要点

1.《招标投标法》第 9 条规定:"招标项目按照国家有关规定需要履行项目审批手续的,应当先履行审批手续,取得批准。招标人应当有进行招标项目的相应资金或者资金来源已经落实,并应当在招标文件中如实载明。”据此,招标人在具备履行审批手续、资金已经落实的条件下才能开始招标。但在实践中,招标人在不满足招标条件的情况下即开始招标的情况也屡见不鲜。如果项目最终没有获得批准,招标人前期投入的费用将由自己承担。招标人将可能承担招标无效的法律风险,还有可能面临被行政监督部门责令改正、处以罚款的风险。从民事责任的承担角度看,由此可能发生的风险主要表现为:如果在中标通知书发出后或与中标人签订合同后,因未履行审批手续被认定建设工程施工合同无效,招标人还要向中标人承担缔约过失责任,甚至是违约责任。因此,招标人在进行招标前,应当办理所有相关行政审批手续,避免因项目未获批准,造成招标人前期费用的损失以及其他可能需要承担的法律风险。

2. 合理利用法律规定的合同效力补正制度。起诉前取得建设工程规划许可证等规划审批文件,建设施工合同仍然有效。

3. 在具体建设工程项目中,发包人应及时办理各项规划审批手续。若非由于发包人原因无法办理相关手续,应通过可以确认的方式及时向承包人说明,双方可协商进一步的计划方案并形成书面确认文件。

4. 承包人在签订建设工程施工合同时,如果发现发包人未办理建设工程规划许可证等规划审批手续,可以向发包人书面询问原因、是否在办理、办理的进度,也可向行政主管部门查询。对于可以确认无法办理相关规划审批文件的建设工程项目,应慎签署合同、慎入资金,避免因建设工程合同无效造成损失而又无法获得足额赔偿。

5. 实践中存在以下类似情形:发包人故意拖延办理建设工程规划许可证等行政审批手续,事后在发生争议时又以此为由要求法院认定建设工程合同无效,并要求承包人退场。根据《建设工程施工合同司法解释(一)》的规定,发包人故意拖延办理建设工程规划许可证并以此为由要求确认合同无效的,人民法院将不再支持。

实务案例裁判要旨

表 3-1　发包人未取得建设用地规划许可证，施工合同无效

序号	法院及案号	法院观点	证明观点
1	最高院（2016）最高法民申2689号	《工程承包协议书》的效力如何认定。根据《城乡规划法》（2007年）第40条第1款“在城市、镇规划区内进行建筑物、构筑物、道路、管线和其他工程建设的，建设单位或者个人应当向城市、县人民政府城乡规划主管部门或者省、自治区、直辖市人民政府确定的镇人民政府申请办理建设工程规划许可证”的规定以及第64条“未取得建设工程规划许可证或者未按照建设工程规划许可证的规定进行建设的，由县级以上地方人民政府城乡规划主管部门责令停止建设……”的规定，取得建设工程规划许可证是进行合法建设的前提。根据一审、二审法院查明的事实，案涉工程的建设未办理规划许可及施工报建手续，已经违反上述法律规定，依据原《合同法》第52条规定，《工程承包协议书》应当认定无效	发包人未取得建设用地规划许可证，施工合同无效
2	山东高院（2014）鲁民一终字第104号	发包人未取得建设用地规划许可证或建设工程规划许可证，与承包人签订的建设工程施工合同，应认定为无效	发包人未取得建设用地规划许可证或建设工程规划许可证，施工合同无效
3	浙江高院（2013）浙民申字第1040号	发包人未取得建设用地规划许可证或建设工程规划许可证，与承包人签订建设工程施工合同的，应依法认定无效。因案涉工程未取得建设工程规划许可证，故深装公司与维多利亚公司签订的《宁波维多利亚广场幕墙装饰工程承包合同》应属无效	发包人未取得建设用地规划许可证或建设工程规划许可证，施工合同无效

续表

序号	法院及案号	法院观点	证明观点
4	青海高院(2017)青民终211号	原浙江金茂钢结构有限公司与安飞公司自2013年8月签订案涉建设工程施工合同至本案一审法庭辩论终结前,不仅未办理建设用地土地使用权证及建筑工程施工许可证,亦未办理建设用地规划许可证和建设工程规划许可证。没有依法获取建设用地规划许可证、建设工程规划许可证的情况下就签订的施工合同的行为,属于干扰国家对建设工程的调控和监督,存在较大的法律风险及安全隐患,应该被归入会直接影响国家利益和社会公共利益的范畴。因此,原浙江金茂钢结构有限公司与安飞公司签订案涉建设工程施工合同之时适用的《城乡规划法》第38条第2款规定的"以出让方式取得国有土地使用权的建设项目,在签订国有土地使用权出让合同后,建设单位应当持建设项目的批准、核准、备案文件和国有土地使用权出让合同,向城市、县人民政府城乡规划主管部门领取建设用地规划许可证"及该法律第40条第1款规定的"在城市、镇规划区内进行建筑物、构筑物、道路、管线和其他工程建设的,建设单位或者个人应当向城市、县人民政府城乡规划主管部门或者省、自治区、直辖市人民政府确定的镇人民政府申请办理建设工程规划许可证"应属效力性强制性法律规定,违反上述法律规定的建设工程施工合同应属无效	发包人未取得建设用地土地使用权证、建设用地规划许可证或建设工程规划许可证,施工合同无效
5	河南高院(2015)豫法民三终字第00198号	内乡旅游公司与安阳建设公司于2012年12月18日签订工程施工合同时,涉案项目未办理建设用地及建设工程规划审批手续,未取得建设工程施工许可证,至本案二审开庭时,涉案项目仍未取得上述手续,工程不具备建设条件,双方签订的工程施工合同应确认无效,原审法院认定合同有效并判决解除不当	发包人未取得建设用地土地使用权证、建设用地规划许可证或建设工程规划许可证,施工合同无效

表3-2 发包人未取得建设用地使用权证,不影响建设工程施工合同的效力

序号	法院及案号	法院观点	证明观点
1	绍兴中院(2011)浙绍民终字第1242号	在本案中,发包人未取得建设用地使用权证或建筑工程施工许可证,由于并未违反国家效力性规范,故当事人提出建设工程施工合同无效的主张不成立	发包人未取得建设用地使用权证不影响施工合同的效力

续表

序号	法院及案号	法院观点	证明观点
2	重庆高院(2015)渝高法民申字第01548号	在建设用地使用权合同中,转让方未取得建设用地使用权证书或未经过有批准权的人民政府同意转让的,合同并非因此而无效。在我国现行法律法规中,并无建设用地转让方未取得建设用地使用权证书或未经过有批准权的人民政府同意的转让行为无效的强制性规定	发包人未取得建设用地使用权证不影响施工合同的效力

表3－3　未取得建设工程施工许可证不影响施工合同效力

序号	法院及案号	法院观点	证明观点
1	贵州高院(2016)黔民终265号	反诉原告贵州万盛达公司辩称该工程在开工前未取得建设工程施工许可证属于违法施工,系行政管理范畴,不影响双方签订的《土建工程施工合同》及其附件的效力,故上述合同的签订并未违反法律的效力性禁止性规定,是真实有效的	未取得建设工程施工许可证不影响合同效力
2	吉林高院(2016)吉民申998号	《建筑法》第64条规定:“违反本法规定,未取得施工许可证或者开工报告未经批准擅自施工的,责令改正,对不符合开工条件的责令停止施工,可以处以罚款。”以上规范为管理性规范,不是效力性强制规范。故建设单位是否无商品房开发资质开发商品房、未领取施工许可证而擅自施工,属于行政管理范畴,依法不影响施工合同的效力	未取得建设工程施工许可证不影响合同效力

表3－4　合同效力的补正

序号	法院及案号	法院观点	证明观点
1	最高院(2015)民申字第3325号	《最高人民法院关于审理城镇房屋租赁合同纠纷案件具体应用法律若干问题的解释》第2条规定,出租人就未取得建设工程规划许可证或者未按照建设工程规划许可证的规定建设的房屋,与承租人订立的租赁合同无效。但在一审法庭辩论终结前取得建设工程规划许可证或者经主管部门批准建设的,人民法院应当认定租赁合同有效	合同效力的补正

续表

序号	法院及案号	法院观点	证明观点
2	江苏高院(2015)苏审二民申字第01742号	《最高人民法院关于审理城镇房屋租赁合同纠纷案件具体应用法律若干问题的解释》第2条规定:“出租人就未取得建设工程规划许可证或者未按照建设工程规划许可证的规定建设的房屋,与承租人订立的租赁合同无效。但在一审法庭辩论终结前取得建设工程规划许可证或者经主管部门批准建设的,人民法院应当认定有效。”第3条规定:“出租人就未经批准或者未按照批准内容建设的临时建筑,与承租人订立的租赁合同无效。但在一审法庭辩论终结前经主管部门批准建设的,人民法院应当认定有效。”本案中,新光供销社不能提供案涉租赁房屋相关建设规划审批手续,亦无相应产权证书,一审、二审法院据此认定案涉租赁合同无效并无不当	合同效力的补正
3	山西高院(2017)晋民申1044号	《最高人民法院关于审理城镇房屋租赁合同纠纷案件具体应用法律若干问题的解释》第2条规定,“出租人就未取得建设工程规划许可证或者未按建设工程规划许可证的规定建设的房屋,与承租人订立的租赁合同无效。但在一审法庭辩论终结前取得建设工程规划许可证或者经主管部门批准建设的,人民法院应当认定有效”,因此涉及无建设工程规划许可证房屋的租赁合同并非必然无效,双方讼争的房屋已取得国有土地使用证和房屋所有权证,应视为经主管部门批准建设	合同效力的补正

注:应注意“在一审法庭辩论终结前取得”与“起诉前取得”的区别。

表3-5 发包人主张合同无效具有恶意因素,法院认定合同有效

法院及案号	法院观点	证明观点
最高院(2014)民一终字第181号	本案虽然存在南通六建进场施工后,长实公司方将案涉工程进行招投标的事实,但一审判决基于长实公司、晋豪公司并未提供证据证明上述招投标具有《招标投标法》规定的中标无效情形,同时结合案涉工程属于太原市杏花岭区政府招商引资项目“希尔顿大酒店”的相关配套工程,长实公司作为发包方为获得南通六建垫资施工利益,未经招投标即允许南通六建进场施工,诉讼中为避免承担合同风险,主张合同无效,具有恶意的因素,认定案涉《施工合同》及《补充合同条款》有效,并无不妥	发包人主张合同无效具有恶意因素,法院认定合同有效

相关规定指引

《民法典》

第158条　民事法律行为可以附条件，但是根据其性质不得附条件的除外。附生效条件的民事法律行为，自条件成就时生效。附解除条件的民事法律行为，自条件成就时失效。

第159条　附条件的民事法律行为，当事人为自己的利益不正当地阻止条件成就的，视为条件已经成就；不正当地促成条件成就的，视为条件不成就。

第249条　城市的土地，属于国家所有。法律规定属于国家所有的农村和城市郊区的土地，属于国家所有。

《城乡规划法》

第40条　在城市、镇规划区内进行建筑物、构筑物、道路、管线和其他工程建设的，建设单位或者个人应当向城市、县人民政府城乡规划主管部门或者省、自治区、直辖市人民政府确定的镇人民政府办理建设工程规划许可证。

……

第66条　建设单位或者个人有下列行为之一的，由所在地城市、县人民政府城乡规划主管部门责令限期拆除，可以并处临时建设工程造价一倍以下的罚款：（一）未经批准进行临时建设的；（二）未按照批准内容进行临时建设的；（三）临时建筑物、构筑物超过批准期限不拆除的。

《最高人民法院关于审理城镇房屋租赁合同纠纷案件具体应用法律若干问题的解释》

第2条　出租人就未取得建设工程规划许可证或者未按照建设工程规划许可证的规定建设的房屋，与承租人订立的租赁合同无效。但在一审法庭辩论终结前取得建设工程规划许可证或者经主管部门批准建设的，人民法院应当认定有效。

《全国民事审判工作会议纪要》（2015年）

42. 就尚未取得建设工程规划许可审批手续的工程，发包人与承包人签订的建设工程施工合同无效。但在一审法庭辩论终结前发包人取得相应审批手续或者经主管部门批准建设的，应当认定合同有效。

《山东省高级人民法院2005年民事审判工作会议纪要》

二、（一）关于施工许可证对合同效力的影响问题。会议认为，在建设工程正式施工前发放施工许可证应是建设行政主管部门对建设工程项目加强监管的一种行政手段,主要目的是审查建设单位或者承包单位是否具备法律规定的建设或者施工条件,具有行政管理的性质,如果建设单位或者施工单位违反该管理规定,应当受到相应的行政处理。因此施工许可证应属于管理性规范,非影响合同效力性的规范,而且领取施工许可证时,施工合同已经签订,因此,施工许可证不是建设工程施工合同的有效要件,是否取得施工许可证不影响合同的效力。

《重庆市高级人民法院关于建设工程施工合同纠纷案件处理的指导意见》

二、关于建设工程施工合同纠纷案件的处理

10.施工许可证对合同效力的影响。有关施工许可证的规范属于管理性规范,不是影响合同效力性的规范,是否取得施工许可证不影响合同的效力。

《安徽省高级人民法院关于审理建设工程施工合同纠纷案件适用法律问题的指导意见(一)》

二、建设工程施工合同效力的认定

7.发包人未取得建设工程规划许可证,与承包人签订建设工程施工合同的,应认定合同无效,但起诉前取得规划许可证的,应认定合同有效。

违反建设工程规划许可证规定超规模建设的,所签订的建设工程施工合同无效,但起诉前补办手续的,应认定合同有效。

《北京市高级人民法院关于审理建设工程施工合同纠纷案件若干疑难问题的解答》

1.未取得建设审批手续的施工合同的效力如何认定?

发包人就尚未取得建设用地规划许可证、建设工程规划许可证等行政审批手续的工程,与承包人签订的建设工程施工合同无效。但在一审法庭辩论终结前发包人取得相应审批手续或者经主管部门批准建设的,应当认定合同有效。

发包人未取得建筑工程施工许可证的,不影响施工合同的效力。

《浙江省高级人民法院民事审判第一庭关于审理建设工程施工合同纠纷案件若干疑难问题的解答》

二、如何认定未取得“四证”而签订的建设工程施工合同的效力?

发包人未取得建设用地规划许可证或建设工程规划许可证,与承包人签订建设工程施工合同的,应认定合同无效;但在一审庭审辩论终结前取得建设用地规划许可证和建设工程规划许可证或者经主管部门予以竣工核实的,可认定有效。发包人未取得建设用地使用权证或建筑工程施工许可证的,不影响建设工程施工合同的效力。

《广东省高级人民法院全省民事审判工作会议纪要》

二、关于建设工程施工合同纠纷案件

（二）关于合同效力问题

18. 建设工程没有取得建设工程规划许可证，属于违法建筑，就该违法建筑所签订的施工合同无效。但在一审法庭辩论终结前取得建设工程规划许可证或者经主管部门批准建设的，应当认定该施工合同有效。

《湖北省高级人民法院民事审判工作座谈会会议纪要》（2013年）

四、关于建设工程施工合同纠纷案件

34. 建设工程应办理施工许可证的规范属于管理性规范，不是效力性规范，是否取得施工许可证不影响建设工程施工合同的效力。

《四川省高级人民法院关于审理建设工程施工合同纠纷案件若干疑难问题的解答》

一、建设工程施工合同效力的认定

2. 未取得建设审批手续的建设工程施工合同的效力何认定？

未取得建设用地规划许可证、建设工程规划许可证签订的建设工程施工合同无效。但在审理期间取得建设用地使用权，办理了相应审批手续或者经行政主管部门批准建设且已经竣工验收合格的，应当认定为有效。

建设单位未领取施工许可证的，不影响建设工程施工合同的效力。

《江苏省高级人民法院关于审理建设工程施工合同纠纷案件若干问题的解答》（2018年）

二、建设工程施工合同效力

3. 未取得建设工程规划许可证、施工许可证所签订的建设工程施工合同的效力如何认定？

发包人未取得建设工程规划许可证，与承包人签订的建设工程施工合同，应认定为无效。但在一审法庭辩论终结前取得建设工程规划许可证或者经规划部门认可的，可以认定有效。

发包人未取得建设工程施工许可证的，不影响建设工程施工合同的效力。

《河北省高级人民法院建设工程施工合同案件审理指南》

一、建设工程施工合同的效力认定问题

1. 发包人未取得建设用地规划许可证或建设工程规划许可证，与承包人签订的建设工程施工合同，应认定为无效。但在一审法庭辩论终结前取得两证或者经主管部门批准建设的,可以认定有效。

发包人已经办理建设用地使用权手续,但尚未取得建设用地使用权证,不影响合同效力。

发包人未取得建设工程施工许可证的,不影响合同效力。

《盐城市中级人民法院关于审理建设工程施工合同纠纷案件若干问题的指导意见》(2010 年)

一、合同效力及主体

1. 人民法院认定建设工程施工合同的效力,应当严格按照《最高人民法院关于审理建设工程施工合同纠纷案件适用法律问题的解释》(以下简称《解释》)第一条、第四条规定的情形,结合《中华人民共和国合同法》(以下简称《合同法》)第五十二条的规定,依法作出认定。

发包人未取得土地使用权证、建设工程规划许可证或未办理建设用地审批手续、建设工程规划审批手续而签订的施工合同,一般也应当认定无效。但在一审法庭辩论终结前补办相关手续的,可以认定有效。

《宣城市中级人民法院关于审理建设工程施工合同纠纷案件若干问题的指导意见(试行)》

第 8 条 发包人或承包人以未取得建筑工程施工许可证为由,主张双方签订的建设工程施工合同无效的,人民法院不予支持。

第四讲

建设工程施工合同效力的补正

法条原文

第 4 条　承包人超越资质等级许可的业务范围签订建设工程施工合同，在建设工程竣工前取得相应资质等级，当事人请求按照无效合同处理的，人民法院不予支持。

思维导图

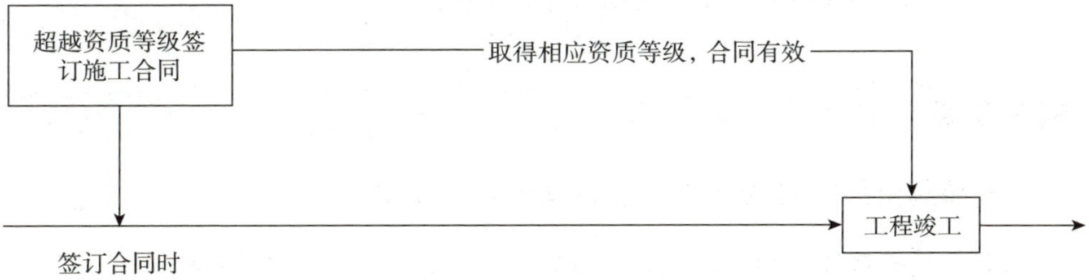

图 4－1　建设工程施工合同效力的补正

条文释义

本条是关于超越资质等级许可的业务范围签订的建设工程施工合同效力补正的规定，是原《建设工程施工合同司法解释》第 5 条的内容，仅在“不予支持”前增加了“人民法院”，其他内容没有变化。

一、合同效力补正的范围

在签订建设工程施工合同时超越资质等级要求，但在一定时期内取得相应资质等级的，建设工程施工合同可以进行效力补正。其他诸如无资质、借用资质等违反法律、行政法规禁止性规定的建设工程施工合同，不能进行效力补正，不能随意扩大合同效力补正的范围。承包人实际没有资质与超越资质等级许可的业务范围之间存在本质的区别。

二、合同效力补正的时间

本条规定合同效力补正时间为建设工程竣工前。建设工程竣工，一般指承包人将工程竣工的相关资料提交给发包人,发包人对承包人工程竣工的事实予以认可,承包人将建设工程实际交付发包人的事实。对于未交付但已经实际竣工的建设工程,承包人有证据证明工程已经实际竣工的,可以认定工程竣工的事实,并依据竣工的事实作出竣工时间的认定。

对于尚未完成的工程,应当以停止建设的时间、工程实际交付的时间、发包人擅自使用的时间等确定是否取得相应资质等级许可的业务范围,进而确定施工合同的效力。

关于未取得规划审批手续施工合同效力的补正参见第三讲中的相关论述,关于竣工日期的认定规则参见第九讲中的相关论述。

实务难点

一、超越资质或经营范围订立合同的法律效力

超越资质签署的合同无效主要原因是其违反了《建筑法》第 26 条中"禁止建筑施工企超越企业资质等级许可的业务范围承揽工程"的规定。这与企业超越营业范围订立合同不同。原《最高人民法院关于适用〈中华人民共和国合同法〉若干问题的解释(一)》第 10 条规定:"当事人超越经营范围订立合同,人民法院不因此认定合同无效。但违反国家限制经营、特许经营以及法律、行政法规禁止经营规定的除外。"在一般情形下,当事人超越经营范围订立的合同并不必然无效,只有在违反效力性强制性规定的时候,合同才无效。建筑行业关乎人民群众生命财产,一旦发生安全质量事故,损失巨大。从维护国家以及社会公共利益的目的出发,《建筑法》第 26 条乃属于效力性强制性规定,而非管理性强制性规定。因此,超越资质等级签订的施工合同无效。

二、合同效力的补正

如前所述,由于建设工程涉及重要的社会公共利益,因此合同主体超越资质订立的建设工程施工合同无效。我国传统民法认为合同无效是自始、绝对、确定的无效,但本条司法解释规定合同主体若能在竣工前取得相应资质,则该建设工程施工合同为有效合同。对此,学界的解释方法不一。

有学者认为,合同主体缺乏相关资质的合同应当是无效的,其因资质的嗣后取

得而有效的情形只能为特例。[①] 也有学者通过法律行为的补正制度来解释。法律行为的补正源于德国民法理论，虽然在我国法律体系中未明确规定法律行为的补正制度，不乏学者将我国法律中的一些规定解释为法律行为的补正制度。但我国学术界对法律行为补正制度的理解尚存在分歧，代表性观点有追认说、确认说、成立说、有效说4种。追认说将效力待定法律行为的追认解释为补正制度；确认说认为，补正是在引起法律行为无效的原因消除后，行为人确认无效法律行为的效力，或法院认定合同有效，或者当事人自行补足民事法律行为欠缺的有效要件或自行消除无效原因，使之成为有效的民事法律行为；成立说主张履行治愈合同不成立的瑕疵，这种学说是目前的通说；有效说，坚持德国法的补正制度，认为我国《民法典》第490条的规定属于通过履行使因违反法定形式而无效的合同变为有效。[②]

着眼于本条司法解释，笔者认为，无效合同不是一个静态的概念，它深受一定的法律价值和政策的影响。各国民法对无效合同的制度设计主要是基于对一定社会秩序和善良风俗维护的考虑，但同时也得维护交易稳定、促进交易效益并最大化兼顾合同当事人和社会公共利益的平衡的价值目标。正是基于这种价值目标，一些国家民法才规定了无效合同的补正制度，准许当事人通过自己的行为弥补合同中存在的瑕疵，从而发生法律效力。[③] 因此，对无效合同的理解不应过于绝对，在一定情况下无效合同完全可以通过一定的补救方式使其生效。

在我国现有法律制度中，除本条规定之外，还有其他因嗣后取得主体资质而使本为无效的合同变为有效的规定。如《最高人民法院关于审理商品房买卖合同纠纷案件适用法律若干问题的解释》第2条规定："出卖人未取得商品房预售许可证明，与买受人订立的商品房预售合同，应当认定无效，但是在起诉前取得商品房预售许可证明的，可以认定有效。"同时，司法实践中有法院已将本条规定的做法类推适用在其他案件中，如认为主体超越设计资质而签订设计合同，在合同履行中成果交付前又取得了相应资质的，设计合同有效；在合同签订时未取得相关监理资质，但于工程竣工前取得相应资质的，监理合同有效。在不违反法律规定的条件下，可对合同的效力状态进行调整，使其转化为有效状态，符合促进交易的价值追求。[④]

---

① 参见李有星、高放：《主体资质影响合同效力之理论探析——以建设工程合同为例》，载《浙江大学学报（人文社会科学版）》2015年第5期。

② 参见鲁春雅：《论法律行为补正制度的建构》，载《清华法学》2011年第4期。

③ 参见杨佳、郑春玉：《论无效合同的效力补救》，载《前沿》2006年第9期。

④ 参见程国林：《合同效力状态及其转化》，载《法学杂志》2006年第3期。

操作要点

应该说该条在实践中应用得不是太多,但施工企业也应充分利用该规定维护自身利益。

1. 资质管理是政府对施工企业管理中的重中之重。在司法实践上,部分施工企业尚未取得相应资质即承建了某一建设工程项目。这可能导致由于超越资质或没有资质而无法保障工程质量和建设安全。所以发包人在选择承包人时应该确定承包人是否具有相应的资质。

2. 就承包人而言,应及时取得相应的建设工程的施工资质,注意学习关于资质的相关规定。

3. 对于承包人而言,一定要注意留存好工程实际竣工的证据,如《工程质量验收会议纪要》《工程移交证书》《市建设工程竣工验收备案证明书》等。如果工程已经交付,应当注意交付日期,并保存好工程移交证书。若发包人拖延验收,承包人应按时提交竣工验收报告,并保留好送达的证据。对于发包人擅自使用的情形,承包人应注意保存工程项目转移占有日期的证明。

4. 对于效力性强制性规范性质的认定不是简单地以"禁止""不得"等否定性表达作为判断标准,应符合如下因素进行综合判断,如相关法律、行政法规的立法目的,相关行为是否属于严重侵害国家、集体和社会公共利益,相关行为是否需要国家权力对当事人意思自治进行干预。

实务案例裁判要旨

表 4-1 法院通常认为超越资质范围签订的建设工程合同可嗣后补正其效力

序号	法院及案号	法院观点	证明观点
1	山西省高院(2018)晋民终687号	在原审审理中宇兴伟业公司出具了2016年1月25日,山西省住房和城乡建设厅向原告宇兴伟业公司颁发的《建筑业企业资质证书》,资质类别及等级为建筑工程施工总承包贰级。依据原《建设工程施工合同司法解释》第5条的规定:承包人超越资质等级许可的业务范围签订建设工程施工合同,在建设工程竣工前取得相应资质	承包人超越资质等级许可的业务范围签订建设工程施工合同,在建设工程竣工前

续表

序号	法院及案号	法院观点	证明观点
		等级，当事人请求按照无效合同处理的，不予支持。鑫梓公司请求依照解释第1条第1款认定《建设工程合同补充协议》无效的理由不充分	取得相应资质等级的，合同有效
2	吉林中院(2016)吉02民终1556号	一、关于合同效力问题。中原石化监理公司虽然在《工程监理委托合同》签订时未取得市政公用工程监理资质，但其于涉案工程竣工前取得相应资质，参照原《建设工程施工合同司法解释》第5条之规定，应认定双方当事人签订的《工程监理委托合同》有效	监理单位在竣工前取得相应资质等级的，监理合同有效
3	无锡中院(2010)锡商再终字第0003号	关于本案建设工程设计合同的效力问题，华电公司在签订合同时仅具有乙级设计资质，但合同约定设计的人防工程和地下车库的工程总面积约11,000平方米，超越了其资质等级许可的范围，该合同不满足有效条件。但原《建设工程施工合同司法解释》第5条规定："承包人超越资质等级许可的业务范围签订建设工程施工合同，在建设工程竣工前取得相应资质等级，当事人请求按照无效合同处理的，不予支持。"这表明，对于签订建设工程施工合同时承揽人不符合相应资质等级要求，但在一定时期内取得相应资质等级的，司法解释认定此种合同效力可以补正。我国法律对建设工程施工企业和工程设计单位的从业资格作出规定，目的是一致的，都是为确保建设工程质量，在审理建设工程施工合同和建设工程设计合同纠纷案件中，有关资质问题对合同效力的影响，其判断方法和标准应是相同的，因此，原《建设工程施工合同司法解释》第5条所采取的法律适用规则，可以在本案中类推适用	建设工程设计合同纠纷中，因超越资质而导致无效的设计合同可以补正
4	深圳中院(2019)粤03民终3150号	原《建设工程施工合同司法解释》第5条规定，"承包人超越资质等级许可的业务范围签订建设工程施工合同，在建设工程竣工前取得相应资质等级，当事人请求按照无效合同处理的，不予支持。"根据这条规定，超越资质包括无资质的承包人如在建设工程竣工前取得相应资质的，合同应属有效；但反之，未在建设工程竣工前取得相应资质的，合同仍然无效。本案博奥公司在法庭辩论终结后，2018年7月19日才获得资质证书，距离工程竣工时间已经长达三年多，此时取得的资质与竣工工程的建设已经没有技术上的意义	未在工程竣工前取得资质的，建设工程施工合同无效

相关规定指引

《民法典》

第153条 违反法律、行政法规的强制性规定的民事法律行为无效。但是,该强制性规定不导致该民事法律行为无效的除外。

违背公序良俗的民事法律行为无效。

第791条 发包人可以与总承包人订立建设工程合同,也可以分别与勘察人、设计人、施工人订立勘察、设计、施工承包合同。发包人不得将应当由一个承包人完成的建设工程支解成若干部分发包给数个承包人。

总承包人或者勘察、设计、施工承包人经发包人同意,可以将自己承包的部分工作交由第三人完成。第三人就其完成的工作成果与总承包人或者勘察、设计、施工承包人向发包人承担连带责任。承包人不得将其承包的全部建设工程转包给第三人或者将其承包的全部建设工程支解以后以分包的名义分别转包给第三人。

禁止承包人将工程分包给不具备相应资质条件的单位。禁止分包单位将其承包的工程再分包。建设工程主体结构的施工必须由承包人自行完成。

《建筑法》

第26条 承包建筑工程的单位应当持有依法取得的资质证书,并在其资质等级许可的业务范围内承揽工程。禁止建筑施工企业超越本企业资质等级许可的业务范围或者以任何形式用其他建筑施工企业的名义承揽工程。禁止建筑施工企业以任何形式允许其他单位或者个人使用本企业的资质证书、营业执照,以本企业的名义承揽工程。

《城乡规划法》

第37条 在城市、镇规划区内以划拨方式提供国有土地使用权的建设项目,经有关部门批准、核准、备案后,建设单位应当向城市、县人民政府城乡规划主管部门提出建设用地规划许可申请,由城市、县人民政府城乡规划主管部门依据控制性详细规划核定建设用地的位置、面积、允许建设的范围,核发建设用地规划许可证。

建设单位在取得建设用地规划许可证后,方可向县级以上地方人民政府土地主管部门申请用地,经县级以上人民政府审批后,由土地主管部门划拨土地。

第38条 在城市、镇规划区内以出让方式提供国有土地使用权的,在国有土地使用权出让前,城市、县人民政府城乡规划主管部门应当依据控制性详细规划,提出出让地块的位置、使用性质、开发强度等规划条件,作为国有土地使用权出让合同的组成部分。未确定规划条件的地块,不得出让国有土地使用权。

以出让方式取得国有土地使用权的建设项目，建设单位在取得建设项目的批准、核准、备案文件和签订国有土地使用权出让合同后，向城市、县人民政府城乡规划主管部门领取建设用地规划许可证。

城市、县人民政府城乡规划主管部门不得在建设用地规划许可证中，擅自改变作为国有土地使用权出让合同组成部分的规划条件。

第 39 条　规划条件未纳入国有土地使用权出让合同的，该国有土地使用权出让合同无效；对未取得建设用地规划许可证的建设单位批准用地的，由县级以上人民政府撤销有关批准文件；占用土地的，应当及时退回；给当事人造成损失的，应当依法给予赔偿。

第 40 条　在城市、镇规划区内进行建筑物、构筑物、道路、管线和其他工程建设的，建设单位或者个人应当向城市、县人民政府城乡规划主管部门或者省、自治区、直辖市人民政府确定的镇人民政府申请办理建设工程规划许可证。

申请办理建设工程规划许可证，应当提交使用土地的有关证明文件、建设工程设计方案等材料。需要建设单位编制修建性详细规划的建设项目，还应当提交修建性详细规划。对符合控制性详细规划和规划条件的，由城市、县人民政府城乡规划主管部门或者省、自治区、直辖市人民政府确定的镇人民政府核发建设工程规划许可证。

城市、县人民政府城乡规划主管部门或者省、自治区、直辖市人民政府确定的镇人民政府应当依法将经审定的修建性详细规划、建设工程设计方案的总平面图予以公布。

第五讲

劳务分包合同的效力

法条原文

第 5 条 具有劳务作业法定资质的承包人与总承包人、分包人签订的劳务分包合同，当事人请求确认无效的，人民法院依法不予支持。

思维导图

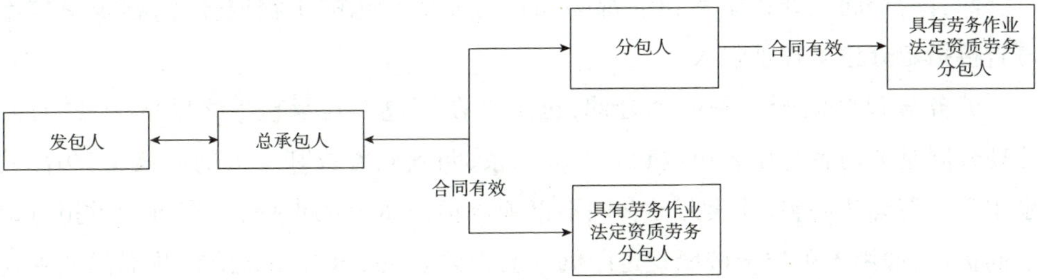

图 5－1 劳务分包合同的效力

条文释义

本条是关于劳务分包合同效力的规定。《建设工程施工合同司法解释（一）》保留了原《建设工程施工合同司法解释》第 7 条的主要内容，删去了“以转包建设工程违反法律规定为由”的表述。

根据《民法典》第 791 条第 3 款的规定，工程建设项目只能实行一次分包，分包单位不得将其承包的工程再分包。法律如此规定的目的乃是因为分包单位承包的工程一般具有较强的专业性，再分包一方面不利于施工计划安排和现场管理，另一方面可能导致再分包人为了获取利润，从而进一步不合理地降低施工成本，难以保证工程质量。

《民法典》第 791 条规定看似与本条规定相冲突，其实不然。劳务作业是将简单劳动从复杂劳动剥离出来单独进行承包施工的劳动。实践中，经常出现总承包人或者分包人将承包工程的劳务作业部分分包给劳务单位，这并不违背《民法典》第 791 条的立法目的。在此种情况下，如符合《民法典》第 143 条关于民事法律行为效力的规定，不应认定劳务分包合同无效。

一、劳务分包的概念

劳务分包,又称劳务作业分包,是指施工总承包企业或者专业承包企业将其承包工程中的劳务作业分包给劳务分包企业完成的活动。劳务作业发包人包含两个主体:施工总承包人和专业分包的承包人。

劳务分包与专业分包的不同之处在于劳务作业分包无须经过发包人或总承包人的同意,而专业工程分包除了在施工总承包合同中有约定外,必须经建设单位认可。两者的相同之处在于承包人都必须自行完成承包的工程或任务,建设单位不得直接指定分包工程承包人。

劳务分包合同既不是劳动合同,也不是在发包人与承包人之间的劳务合同。劳动合同是劳动者与用人单位确立劳动关系、明确双方权利义务的协议,其法律关系主要由劳动法调整,违反劳动合同不仅须承担民事上的责任,也有可能承担行政上的责任,如用人单位未按照规定缴纳社会保险费的,由劳动保险行政部门或者税务机关责令限期缴纳。实践中,通常将提供劳动服务的过程称为劳务,劳务合同是指一切与提供劳动服务(劳务)有关的协议。其法律关系主要由民法调整,是双务合同、非要式合同。劳务分包合同主要由民法调整,但同时也要遵守行政主管部门关于资质标准的规定。

二、劳务作业法定资质标准

2014 年 11 月 6 日,住建部公布了《关于印发〈建筑业企业资质标准〉的通知》(建市〔2014〕159 号),根据《建筑业企业资质标准》的规定,施工劳务序列不分类别和等级。《建筑业企业资质标准》进一步规定取得施工劳务资质的企业可承担各类施工劳务作业。这一规定取消了施工劳务企业的承包业务范围限制。《建筑业企业资质标准》在取消了劳务资质类别、等级划分以及承包业务范围限制的同时,为了增强施工劳务企业的履约能力和风险承担能力,相较于以往标准,适当提高了施工劳务企业的资质标准要求。

关于劳务企业资质的改革,根据住建部发布的《关于培育新时期建筑产业工人队伍的指导意见》(征求意见稿)(建办市函〔2017〕763 号)的规定,未来应当取消建筑施工劳务资质审批,设立专业作业企业资质,实行告知备案制。专业作业企业取得工商登记后,应到县级住房城乡建设主管部门备案其基本情况、联系人等信息,并明确所从事的主要工种;县级住房城乡建设部门根据备案信息核发专业作业企业资质证书，专业作业企业在资质证书许可范围内从事专业作业分包。2020 年 11 月 30 日，住建部正式发布《建设工程企业资质管理制度改革方案》（建市〔2020〕94 号），将施工劳务企业资质调整为专业作业资质，由审批制改为备案制，不分等级。对劳务企业资质等级压减，简化资质申请流程，有利于中小企业进一步扩大业务承揽范围，促进中小企业的发展。

实务难点

一、如何认定劳务分包合同的效力

首先，从本条规定来看，承包人具有劳务作业法定资质是劳务分包合同有效的前提条件。根据《建筑法》《建设工程质量管理条例》等相关规定，承包建设工程的单位应当持有依法取得的资质证书，并在其资质等级许可的业务范围内承揽工程。劳务分包企业资质虽未划分等级，但也要满足当前行政部门关于劳务作业资质的基本要求。

其次，劳务分包合同内容应当仅限于建设工程中的劳务作业，不应涉及工程主要材料、大型机械设备等，但劳务作业承包人可以提供一些小型机械或者辅料。实践中经常出现名为劳务分包，实为转包、违法分包或支解分包的情形，其根本原因在于劳务分包的承包人承担了超出劳务作业范围之外的工作任务。法律允许劳务分包的原因在于劳务作业本身技术含量较低并且劳动力需求大，如砌筑、混凝土、钢筋、木工等劳务作业，将此类劳务作业单独分包出去一般不会影响建设工程的质量。如果劳务作业承包人超出自身资质进行工程施工或诸如主材在内的采购工作，一方面违反了资质标准要求，另一方面将极易导致违法分包、转包以及支解分包的出现。《北京市高级人民法院关于审理建设工程施工合同纠纷案件若干疑难问题的解答》第 4 条规定："……同时符合下列情形的，所签订的劳务分包合同有效：……分包作业的范围是建设工程中的劳务作业（包括木工、砌筑、抹灰、石制作、油漆、钢筋、混凝土、脚手架、模板、焊接、水暖、钣金、架线）……合同约定劳务作业承包人负责与工程有关的大型机械、周转性材料租赁和主要材料、设备采购等内容的，不属于劳务分包。"

二、劳务分包与挂靠、转包、违法分包

1. 名为劳务分包,实为挂靠

实践中,许多“包工头”以内部承包或者挂靠的形式,借用劳务企业资质,承接工程项目,并向劳务企业缴纳管理费,这种情形属于法律所禁止的劳务挂靠行为。我国法律禁止个人承揽分包工程业务。根据《建筑法》第26条的规定,禁止建筑施工企业以任何形式允许其他单位或者个人使用本企业的资质证书、营业执照,以本企业的名义承揽工程。个人借用劳务企业资质承揽工程属于挂靠,根据《建设工程施工合同司法解释(一)》第1条的规定,挂靠的合同无效。例如,最高院在薛某杰等与重庆交通建设(集团)有限责任公司等公司建设工程施工合同纠纷一案①中认为:薛某杰、陈某与荣邦公司之间属于挂靠关系,其与重庆交建签订的名为协作,实为分包的《劳务协作合同》应属无效。

挂靠不仅导致施工合同无效,还可能面临行政处罚。《建筑法》第66条规定:“建筑施工企业转让、出借资质证书或者以其他方式允许他人以本企业的名义承揽工程的,责令改正,没收违法所得,并处罚款,可以责令停业整顿,降低资质等级;情节严重的,吊销资质证书。对因该项承揽工程不符合规定的质量标准造成的损失,建筑施工企业与使用本企业名义的单位或者个人承担连带赔偿责任。”《建设工程质量管理条例》第61条规定:“违反本条例规定……对施工单位处工程合同价款2%以上4%以下的罚款;可以责令停业整顿,降低资质等级;情节严重的,吊销资质证书。”《建筑工程施工发包与承包违法行为认定查处管理办法》第15条规定:“县级以上人民政府住房和城乡建设主管部门对本行政区域内发现的违法发包、转包、违法分包及挂靠等违法行为,应当依法进行调查,按照本办法进行认定,并依法予以行政处罚……”

2. 名为劳务分包,实为转包、违法分包

许多企业并无施工总承包资质或专业工程承包资质,只有劳务企业资质,实践中存在劳务企业以签订《劳务分包合同》的形式承揽专业工程的情形。根据劳务企业承揽的工程范围大小,可以分为转包和违法分包。如果劳务企业承揽了发包人全部工程施工内容,仅向发包人支付管理费的,应当认定为转包。如果劳务企业承担部分工程施工内容,但除了计取劳务作业费用外,还计取主要建筑材料款和大中

① 最高人民法院民事判决书,(2014)民一终字第88号。

型机械设备、主要周转材料费用的，应当认定为违法分包。例如，《北京市高级人民法院关于审理建设工程施工合同纠纷案件若干疑难问题的解答》第 4 条、《四川省高级人民法院关于审理建设工程施工合同纠纷案件若干疑难问题的解答》第 4 条等对劳务企业分包内容进行了明确。

司法实践中，法院在判断当事人之间的合同关系是否属于劳务分包时，还是以双方真实的意思表示、具体的权利义务约定、合同实际履行情况综合予以认定。

三、劳务分包再分包合同无效

我国法律禁止分包单位将其承包的工程再分包。《民法典》第 791 条第 3 款规定："……禁止分包单位将其承包的工程再分包。……"《建筑工程施工发包与承包违法行为认定查处管理办法》第 12 条也规定："存在下列情形之一的，属于违法分包：……（五）专业作业承包人将其承包的劳务再分包的。……"西藏自治区高级人民法院在四川金达盛建筑劳务有限公司、中国葛洲坝集团市政工程有限公司与江西世登建设工程有限公司建设工程施工合同纠纷案[①]中即以劳务企业存在多次分包行为而认定劳务分包企业与再次分包的劳务企业之间的劳务分包合同无效。

操作要点

1. 签订劳务分包合同时，应审查劳务承包企业是否具备相应资质。

2. 不要与劳务分包企业订立名为劳务分包实为工程分包的合同以及名为劳务分包实为工程再分包的合同。因为签订这些合同的法律后果与签订劳务分包合同的法律后果是截然不同的。

3. 一般情况下，对合同性质进行认定的标准主要有：是包工包料还是包工不包料；合同中价款结算对象是劳务报酬还是工程款；材料和设备是谁负责购买等。通俗点来说就是：包工又包料为工程分包；包工不包料则为劳务分包。因此，施工管理过程中，有一条重要的管理经验：作为劳务分包人的总承包人或工程分包人，必须收集保存自己提供建设项目所需材料和设备的有效凭证，否则可能会产生相应的法律风险。

---

① 西藏自治区高级人民法院民事判决书，（2020）藏民终 49 号。

实务案例裁判要旨

表 5－1　劳务分包合同无效的典型情形

序号	法院及案号	法院观点	证明观点
1	最高院(2014)民一终字第 88 号	合同签订后,重庆交建先后与荣邦公司、辰升公司签订合同,将该工程劳务分包给荣邦公司和辰升公司。根据荣邦公司和薛某杰、陈某的陈述,以及荣邦公司退出该工程时重庆交建与荣邦公司未进行结算,未有协议,荣邦公司与辰升公司之间也无协议和结算的事实,荣邦公司进入该工程应属出借账户性质。薛某杰、陈某与荣邦公司之间属挂靠关系。根据原《建设工程施工合同司法解释》第 1 条第 1 款第 2 项关于没有资质的实际施工人借用有资质的建筑施工企业名义的建设工程施工合同无效的规定,双方之间的挂靠关系无效。 综合上述情况,辰升公司与薛某杰、陈某之间存在转包合同关系。薛某杰、陈某主张与辰升公司不存在实质的转包关系,与重庆交建存在事实上的转包关系,但《劳务协作合同》系重庆交建与辰升公司所签,薛某杰、陈某并未举证证明其与重庆交建之间存在合同关系,因此,其主张缺乏依据,本院不予支持	无资质的个人通过挂靠与分包人签订合同的,挂靠关系无效,劳务分包合同也无效
2	江苏高院(2016)苏民终 267 号	正邦公司与文庆公司、文庆公司与曹乾公司签订的合同虽名为《劳务合作协议书》,但合同内容系对南通港吕四港区区域用海项目 B 标充泥管袋吹填及堤芯砂施工项目进行承包,相关合同约定曹乾公司不仅应保障充足的施工人员,还要保障现场充足的施工机械,文庆公司仅提供袋子,其余管袋运输费、装卸费、铺排费、机械燃料费全部由曹乾公司负担。因此,曹乾公司承包的内容并非仅为工程项目提供劳务,而是对整个项目进行承包,其上诉主张自己与文庆公司之间系劳务分包关系缺乏依据,原审法院认定其与文庆公司之间的转包合同无效,并无不当	当事人签订名为劳务分包合同,实际工作内容是对整个项目进行施工,属于转包,合同无效

续表

序号	法院及案号	法院观点	证明观点
3	最高院(2014)民提字第 80 号	一、关于案涉合同的效力问题。对比皇华公司与水电八局签订的《施工分包协议书》及皇华公司与清江公司签订的《劳务分包协议书》的内容可知,两份协议书在工程内容、工程承包范围上是相同的。《劳务分包协议书》约定的工程单价包括劳务、材料、机械、质检(自检)、安装、缺陷修复、管理、税费、利润等费用。该约定与《施工分包协议书》的约定也是一致的。因此,案涉合同所涉交易的实质是,皇华公司将其承包的合同再次分包给清江公司。该合同违反了《建筑法》第 28 条、原《合同法》第 272 条的规定,应认定为无效合同。皇华公司以清江公司仅限于劳务作业、工程主料由业主统一采购和供应、皇华公司提供了工程施工的大型设备以及承担了工程的管理、计量、协调等工作,案涉合同属于劳务分包合同进而有效的观点不能成立。原审判决对此认定正确,予以维持	名为劳务分包,实为违法分包的合同无效
4	最高院(2018)最高法行再 151 号	本案中,重庆兴平公司对蔺某全由董某儿聘用并在铺设琉璃瓦时因工受伤一节事实不持异议,但认为其不属于违法分包。原《住房和城乡建设部建筑工程施工转包违法分包等违法行为认定查处管理办法(试行)》(建市〔2014〕118 号)第 9 条明确规定:“存在下列情形之一的,属于违法分包:……(六)劳务分包单位将其承包的劳务再分包的……”该条规定不违反《建筑法》的相关规定,可以作为判断重庆兴平公司是否属于违法分包的参考依据。中铁二十五局集团第五分公司将其承建项目工程的劳务部分分包给重庆兴平公司。重庆兴平公司属于具有建筑劳务资质的企业,其应使用自有劳务工人完成所承接的劳务项目,但其却又将铺设琉璃瓦劳务分包给自然人董某儿,该行为属于违法分包。 重庆兴平公司作为具备用工主体资格的承包单位,违法将其所承包的业务分包给自然人董某儿,董某儿聘用的工人蔺某全在铺设琉璃瓦时因工受伤,重庆兴平公司依法应当承担蔺某全所受事故伤害的工伤保险责任	劳务分包再分包的属于违法分包,职工发生工伤事故时,应由违法转包、分包的用工单位承担工伤保险责任

相关规定指引

《民法典》

第 791 条　……禁止承包人将工程分包给不具备相应资质条件的单位。禁止分包单位将其承包的工程再分包。……

《建筑法》

第67条 承包单位将承包的工程转包的,或者违反本法规定进行分包的,责令改正,没收违法所得,并处罚款,可以责令停业整顿,降低资质等级;情节严重的,吊销资质证书。

……

《建筑工程施工发包与承包违法行为认定查处管理办法》

第12条 存在下列情形之一的,属于违法分包:……(五)专业作业承包人将其承包的劳务再分包的。……

《北京市高级人民法院关于审理建设工程施工合同纠纷案件若干疑难问题的解答》

4. 劳务分包合同的效力如何认定?

同时符合下列情形的,所签订的劳务分包合同有效:(1)劳务作业承包人取得相应的劳务分包企业资质等级标准;(2)分包作业的范围是建设工程中的劳务作业(包括木工、砌筑、抹灰、石制作、油漆、钢筋、混凝土、脚手架、模板、焊接、水暖、钣金、架线);(3)承包方式为提供劳务及小型机具和辅料。

合同约定劳务作业承包人负责与工程有关的大型机械、周转性材料租赁和主要材料、设备采购等内容的,不属于劳务分包。

《四川省高级人民法院关于审理建设工程施工合同纠纷案件若干疑难问题的解答》

4. 如何认定违法分包?

……(六)劳务分包企业除计取劳务作业费用外,还计取主要建筑材料款、周转材料款和大中型施工机械设备费用的;

……

第六讲

施工合同无效后的损失赔偿

法条原文

第 6 条　建设工程施工合同无效，一方当事人请求对方赔偿损失的，应当就对方过错、损失大小、过错与损失之间的因果关系承担举证责任。

损失大小无法确定，一方当事人请求参照合同约定的质量标准、建设工期、工程价款支付时间等内容确定损失大小的，人民法院可以结合双方过错程度、过错与损失之间的因果关系等因素作出裁判。

思维导图

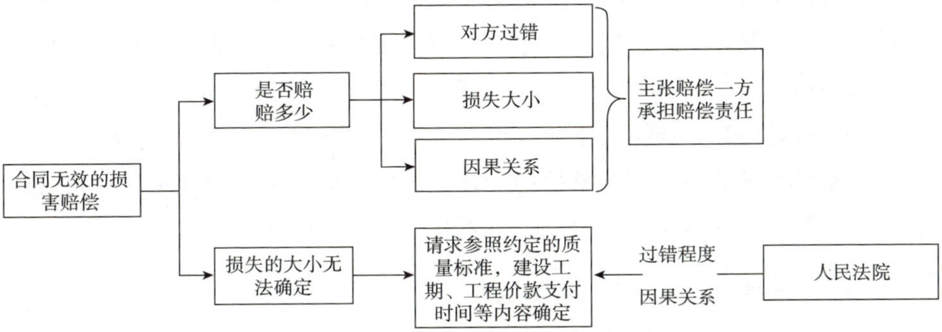

图 6－1　施工合同无效后的损失赔偿

条文释义

本条是在建设工程施工合同无效的情况下，当事人的损失赔偿责任如何认定的规定。第 1 款规定了建设工程施工合同无效时损失赔偿请求成立的构成要件及举证责任，第 2 款规定了损失大小确定的依据。

一、损失赔偿的性质

本条第 1 款主要针对合同无效之损失性质、举证责任进行了阐释。

本条所规定之“损失”，明确指合同无效而产生的损失，这就与一般合同履行过程之违约行为导致的损害有所区别。权利人不能直接援引合同约定条款中的违约责任条款来主张违约责任或损失赔偿，而应当基于《民法典》中关于“缔约过失责任”之相关规定,就过失方原因导致合同无效而产生的损失进行主张,并承担相应的举证责任。

《民法典》第500条对承担缔约过失责任的情形进行了规定:“当事人在订立合同过程中有下列情形之一,给对方造成损失的,应当承担损害赔偿责任:(一)假借订立合同,恶意进行磋商;(二)故意隐瞒与订立合同有关的重要事实或者提供虚假情况;(三)有其他违背诚实信用原则的行为。”第157条规定:“民事法律行为无效、被撤销或者确定不发生效力后,行为人因该行为取得的财产,应当予以返还;不能返还或者没有必要返还的,应当折价补偿。有过错的一方应当赔偿对方由此所受到的损失;各方都有过错的,应当各自承担相应的责任。法律另有规定的,依照其规定。”由此可知合同无效后,承担缔约过失责任为过错责任,并且可适用损益相抵规则,双方对订立无效合同都有过错的,应当根据过错程度,各自承担相应的责任,即应根据各方主观恶意和违背诚实信用原则的程度来确定各自责任大小,按照各自的责任分担损失。如《山东省高级人民法院关于审理建筑工程承包合同纠纷案件若干问题的意见》第41条规定:“建筑工程承包合同被确认无效后,应按合同当事人缔约过错程度确定各自应当承担的责任。合同被确认无效后尚未履行的,由此造成的经济损失,根据双方当事人的过错程度,予以合理负担。”

二、举证责任

《民事诉讼法》第64条第1款规定:“当事人对自己提出的主张,有责任提供证据。”此即我国民诉法规定的一般举证规则。《民事诉讼证据规定》第1条和《民事诉讼法解释》第90条亦对举证责任分配规则作出规定。

本条款明确,建设工程施工合同无效后,一方当事人请求对方赔偿损失的,损害赔偿请求权人应当承担以下方面的举证责任:过错、损失大小,以及过错与损失之间的因果关系等。对发包人而言,可能存在的过错有:按照法律规定须招标的建设工程,发包人规避招标、虚假招标;应取得的行政审批文件没有办理;违反国家规定的工程建设程序等。对承包人而言,可能存在的过错有:承包人无资质或超越资质等级签订合同、承包人借用资质签订合同、承包人非法转包、违法分包等。民事主体只为自己实施的行为承担责任,因果关系是损害赔偿责任的前提。在建设工程施工合同无效导致的损害赔偿责任中,发包人或承包人的违法行为须与另一方当事人因合同无效造成的损失之间具有必然的因果关系。

三、损失的确定

因合同无效导致的赔偿责任为缔约过失责任，缔约过失责任的赔偿范围限于信赖利益（或称实际损失），不包括尚未实现之履行利益（可得利益）。缔约过失责任的目的在于使当事人的利益状态恢复至合同签订之前，这也是缔约过失责任与违约责任的重要区别之一。履行利益以合同有效为前提，并不适用于此处合同无效的情形。例如，合同无效后，承包人向发包人请求的工程欠款利息就不属于本条的赔偿范围。工程欠款利息在性质上属于法定孳息，若工程款按时支付，则不会产生工程欠款利息，故工程欠款利息不属于本条合同无效后损害赔偿的范围。

可赔偿的信赖利益既包括直接利益，如为缔约支出的费用、准备履行或履行合同所支出的费用、与第三方所签订协议的违约赔偿损失，亦包括间接利益，如由于信赖合同将要成立而与对方订立无效合同，从而丧失与第三人订立有效合同的机会而产生的损失。但实践中，丧失缔约机会的损失数额往往难以举证。

本条第 2 款适用的前提是“损失大小无法确定”，也即只有通过一般方法不能确定前述合同无效导致的损失时，应当采取何种方式确认该种损失之规定。同时该款规定了相应的参照方式：即使合同由于各种原因被确认无效，一方当事人仍然可以请求法院参照被确认无效合同中，关于工程质量标准、建设工期、工程价款支付时间等约定内容，予以确定损失大小。人民法院可以结合双方过错程度、过错与损失之间的因果关系等因素作出裁判。对于受害人损失大小的计算，在不考虑非财产损失的情况下，有一种方法系采“差额说”的观点，即根据无侵害事故发生时的总财产（假设财产状态）与目前总财产（现实财产状态）的差额，计算确定损失大小。所谓“损失大小无法确定”，实际是指无法准确估计假设财产状态。区别于在通常情况下通过收集市场信息能较为准确地估计财产损失，利用合同约定的内容，如约定的质量标准、建设工期、工程价款支付时间等确定的损失，可能与实际情况相差较大，此应属解决实践中关于建设工程的损失通常难以确定的无奈之举。

该条款实际给上给予了法官较大的自由裁量权。一方面，对于合同的无效，可能存在发包人与承包人双方的原因，在过错比例的确定上，法官可自由裁量，酌情确定；另一方面，在损失大小的确定上，在该等损失无法通过直观计价评估方式予以确认的前提下，人民法院可以基于合同约定条款基础及庭审查明的情况进行“酌定”。

实务难点

一、建设工程施工合同无效的主要情形

《民法典》关于合同、民事法律行为效力及法律后果方面的规定是判定合同是否有效的基础性规定,对建设工程施工合同自然适用。

《建筑法》《招标投标法》以及其相关司法解释对建设工程施工合同无效的情形予以了规定,在此予以归纳总结。

1. 违反《招标投标法》《招标投标法实施条例》的强制性规定导致建设工程施工合同无效

《招标投标法》《招标投标法实施条例》的强制性规定较多,但并不是违反这些强制性规定均会导致建设工程施工合同无效。

违反《招标投标法》《招标投标法实施条例》的强制性规定,导致建设工程施工合同无效的情形主要有:招标代理机构泄密或与招标投标人串通影响中标结果、必须进行招标项目的招标人泄密影响中标结果、串通投标、骗取中标、必须进行招标项目在招标前就实质性内容谈判、依法必须进行招标项目在所有投标被否决后自行确定中标人、招标人与投标人存在利害关系、招标人与投标人单位负责人为同一人或存在控股管理关系的不同单位、联合体各方在同一招标项目中以自己名义单独投标或参加其他联合体投标,以及其他违反《招标投标法》及《招标投标法实施条例》规定对中标结果产生实质性影响的其他行为。

《招标投标法》中规定的影响招投标效力主要表现在如下方面。

(1)第 50 条规定:"招标代理机构违反本法规定,泄露应当保密的与招标投标活动有关的情况和资料的,或者与招标人、投标人串通损害国家利益、社会公共利益或者他人合法权益的,处五万元以上二十五万元以下的罚款,对单位直接负责的主管人员和其他直接责任人员处单位罚款数额百分之五以上百分之十以下的罚款;有违法所得的,并处没收违法所得;情节严重的,禁止其一年至二年内代理依法必须进行招标的项目并予以公告,直至由工商行政管理机关吊销营业执照;构成犯罪的,依法追究刑事责任。给他人造成损失的,依法承担赔偿责任。前款所列行为影响中标结果的,中标无效。"

(2)第 52 条规定:"依法必须进行招标的项目的招标人向他人透露已获取招标文件的潜在投标人的名称、数量或者可能影响公平竞争的有关招标投标的其他情况的,或者泄露标底的,给予警告,可以并处一万元以上十万元以下的罚款;对单位

直接负责的主管人员和其他直接责任人员依法给予处分；构成犯罪的，依法追究刑事责任。前款所列行为影响中标结果的，中标无效。”

（3）第53条规定：“投标人相互串通投标或者与招标人串通投标的，投标人以向招标人或者评标委员会成员行贿的手段谋取中标的，中标无效，处中标项目金额千分之五以上千分之十以下的罚款，对单位直接负责的主管人员和其他直接责任人员处单位罚款数额百分之五以上百分之十以下的罚款；有违法所得的，并处没收违法所得；情节严重的，取消其一年至二年内参加依法必须进行招标的项目的投标资格并予以公告，直至由工商行政管理机关吊销营业执照；构成犯罪的，依法追究刑事责任。给他人造成损失的，依法承担赔偿责任。”

（4）第54条第1款规定：“投标人以他人名义投标或者以其他方式弄虚作假，骗取中标的，中标无效，给招标人造成损失的，依法承担赔偿责任；构成犯罪的，依法追究刑事责任。”

（5）第55条规定：“依法必须进行招标的项目，招标人违反本法规定，与投标人就投标价格、投标方案等实质性内容进行谈判的，给予警告，对单位直接负责的主管人员和其他直接责任人员依法给予处分。前款所列行为影响中标结果的，中标无效。”

（6）第57条规定：“招标人在评标委员会依法推荐的中标候选人以外确定中标人的，依法必须进行招标的项目在所有投标被评标委员会否决后自行确定中标人的，中标无效。责令改正，可以处中标项目金额千分之五以上千分之十以下的罚款；对单位直接负责的主管人员和其他直接负责人员依法给予处分。”

《招标投标法实施条例》中规定的影响招投标效力主要表现在如下方面。

（1）第34条规定：“与招标人存在利害关系可能影响招标公正性的法人、其他组织或者个人，不得参加投标。单位负责人为同一人或者存在控股、管理关系的不同单位，不得参加同一标段投标或者未划分标段的同一招标项目投标。违反前两款规定的，相关投标均无效。”

（2）第37条规定：“招标人应当在资格预审公告、招标公告或者投标邀请书中载明是否接受联合体投标。招标人接受联合体投标并进行资格预审的，联合体应当在提交资格预审申请文件前组成。资格预审后联合体增减、更换成员的，其投标无效。联合体各方在同一招标项目中以自己名义单独投标或者参加其他联合体投标的，相关投标均无效。”

（3）第38条规定：“投标人发生合并、分立、破产等重大变化的，应当及时书面告知招标人。投标人不再具备资格预审文件、招标文件规定的资格条件或者其投标影响招标公正性的,其投标无效。”

(4)第 81 条规定:“依法必须进行招标的项目的招标投标活动违反招标投标法和本条例的规定,对中标结果造成实质性影响,且不能采取补救措施予以纠正的,招标、投标、中标无效,应当依法重新招标或者评标。”

2. 最高院司法解释规定的导致建设工程施工合同无效情形

《建设工程施工合同司法解释(一)》第 1 条规定:“建设工程施工合同具有下列情形之一的,应当依据民法典第一百五十三条第一款的规定,认定无效:(一)承包人未取得建筑业企业资质或者超越资质等级的;(二)没有资质的实际施工人借用有资质的建筑施工企业名义的;(三)建设工程必须进行招标而未招标或者中标无效的。承包人因转包、违法分包建设工程与他人签订的建设工程施工合同,应当依据民法典第一百五十三条第一款及第七百九十一条第二款、第三款的规定,认定无效。”

关于该部分内容的具体适用,应结合自 2019 年 1 月 1 日起施行的《建筑工程施工发包与承包违法行为认定查处管理办法》的相关规定进行综合理解。

3. 对建设工程施工合同效力产生影响的其他情形

(1)未取得建设用地规划许可证、建设用地使用权证、建设工程规划许可证等行政审批手续对建设工程施工合同效力的影响。该部分内容详见第三讲“四证”对建设工程施工合同效力的影响。

(2)工程价款低于成本价、工期低于合理工期对建设工程施工合同效力的影响。

《招标投标法》第 33 条规定:“投标人不得以低于成本的报价竞标,也不得以他人名义投标或者以其他方式弄虚作假,骗取中标。”第 41 条规定:“中标人的投标应当符合下列条件之一:……(二)能够满足招标文件的实质性要求,并且经评审的投标价格最低;但是投标价格低于成本的除外。”由此可以看出,法律对于低于成本价是持否定态度的。

从《江苏省高级人民法院关于审理建设工程施工合同纠纷案件若干问题的意见》(苏高法审委〔2008〕26 号)、《全国民事审判工作会议纪要》(2011 年)中可以看出,如果约定工程价款低于成本价、工期低于合理工期的,这样的约定条款应为无效。但实际操作中的难点在于多长时间为合理工期、成本价应该为多少。在市场经济条件下,同一工程项目,不同施工企业的工期、成本会有差异。低于成本价的判断应以施工企业的个别成本为依据，结合建筑市场社会平均成本综合判断。例如，实务中不应用标底来衡量是否低于成本。低于标底不一定低于成本，标底和成本是两个不同的概念。招标标底是招标人根据招标项目的具体情况自行编制，或委托具有编制标底资格和能力的中介机构代理编制的完成招标项目的预期价格，是根据国家规定的计价依据和计价办法计算出来的工程造价，是招标人对建设工程的期望价格。标底由成本、利润、税金等组成，招标标底应体现社会平均先进的生产力水平。①

（3）约定的保修期低于法定期限对建设工程施工合同效力的影响

建设工程施工合同中约定正常使用条件下工程的保修期限低于法律、行政法规规定的最低期限的，该约定无效，但建设工程施工合同并不因此而导致无效。《北京市高级人民法院关于审理建设工程施工合同纠纷案件若干疑难问题的解答》《江苏省高级人民法院关于审理建设工程施工合同纠纷案件若干问题的意见》《浙江省高级人民法院民事审判第一庭关于审理建设工程施工合同纠纷案件若干疑难问题的解答》中都有类似规定。

关于保修期限，《建设工程质量管理条例》第 40 条有明确的规定。该条规定："在正常使用条件下，建设工程的最低保修期限为：（一）基础设施工程、房屋建筑的地基基础工程和主体结构工程，为设计文件规定的该工程的合理使用年限；（二）屋面防水工程、有防水要求的卫生间、房间和外墙面的防渗漏，为 5 年；（三）供热与供冷系统，为 2 个采暖期、供冷期；（四）电气管线、给排水管道、设备安装和装修工程，为 2 年。其他项目的保修期限由发包方与承包方约定。建设工程的保修期，自竣工验收合格之日起计算。"

二、建设工程施工合同无效但已开始履行的后果

无效合同自始没有法律约束力，不能产生当事人预期的法律后果。根据《民法典》的规定，无效合同的法律后果之一是返还财产。但由于建筑工程施工合同履行结果的特殊性，往往是承包方已经通过施工建设使建筑材料、劳动成果等已经物化到在建工程或者已竣工的建筑工程中了。因此建筑工程施工合同无效的情况下，返还财产将造成巨大的资源浪费、不具备现实的可操作性，因此采取了相对灵活的处理方式，现将部分方式说明如下。

---

① 参见陈会云、邱静、白云光：《如何确定建设工程招标标底》，载《黑龙江水利科技》2008 年第 3 期。

1. 参照合同约定折价补偿

根据《民法典》的规定,建设工程施工合同无效,但建设工程经竣工验收合格,可以参照合同关于工程价款的约定折价补偿承包人。

这里要特别注意,只是“参照合同约定”,而非“按照合同约定。”也就是说,支付的工程款不一定是实现约定的那个金额,也没有以工程定额为标准,通过鉴定确定建设工程价值的补偿原则。在这里,司法解释是采用“折价补偿”的方式处理无效合同的。

2. 承包人承担修复费用

根据《建设工程施工合同司法解释(一)》第12条的规定,如果由于承包人的原因造成建设工程质量不符合约定,承包人拒绝修理、返工或者改建,发包人要求减少支付工程价款的请求应予支持。

3. 验收不合格不予支付工程款

交付质量合格的工程,这是承包人的最基本义务。如果建设工程施工所依据的建设工程施工合同无效,修复后的建设工程经竣工验收不合格,承包人要求支付工程价款的请求不应予以支持。

4. 发包人按照过错承担相应的民事责任

根据《建设工程施工合同司法解释(一)》的规定,因建设工程不合格造成的损失,发包人有过错的,也应承担相应的民事责任。

5. 施工中取得资质的,按照有效合同处理

在超越资质等级的建设工程施工合同无效的情形下,如果承包人签约之时超越资质等级许可的业务范围签订了建设工程施工合同,但是在建设工程竣工前取得了相应资质等级,当事人请求按照无效合同处理的,法院不予支持。

6. 承担工期违约责任

《民法典》第801条规定:“因施工人的原因致使建设工程质量不符合约定的,发包人有权请求施工人在合理期限内无偿修理或者返工、改建。经过修理或者返工、改建后,造成逾期交付的,施工人应当承担违约责任。”

三、信赖利益损失的主要内容

合同无效不必然会产生该条款中的损害赔偿责任,若由于承包人原因导致建设工程施工合同无效,但是工程竣工验收合格,未给发包人造成信赖利益损失,则承包人亦无须承担缔约过失损害赔偿责任。

赔偿信赖利益损失的结果是达到使合同未曾订立的状态，因此信赖利益通常包括以下三个方面：(1)缔约费用。该部分费用主要涉及承包人招投标和(或)签订合同产生的费用。如果建设工程施工项目是通过招投标程序确定承包人，根据《招标投标法》的规定，招投标程序中还会涉及现场勘察、答疑、开标、疑标等诸多环节，承发包双方甚至会到对方处考察、到相关部门查询等，这些都会产生费用。承包人应注意保存购买标书费用、制作标书的材料费及装订费、制作投标方案的人工费、现场勘察费用及考察费用、交通费、邮寄费、U 盘费用、通信费及必要的咨询费用等。对于上述费用，承包人一定要注意保存相关证据。(2)履行费用。这包括准备履行支出的费用和实际履行支出的费用，准备履行支出的费用具体包括履约保证金损失、承包人垫付的费用、各种工程保险费用、组建项目部产生的费用、临时设施费用、施工材料费用及设备采购租金费用及违约金等；实际履行支出费用如为运送标的物或受领对方给付所支出的费用。(3)合理的间接损失。如由于信赖合同将要成立而与对方订立了无效合同，从而丧失与第三人订立有效合同的机会而产生的损失。

操作要点

1. 实践中，合同无效可能并非一方原因所致，且损失大小很多时候无法直接确定。《建设工程施工合同司法解释(一)》规定了“参照合同约定的质量标准、建设工期、工程价款支付时间等内容确定”的方式。发包人、承包人，如向对方主张损失，须在施工管理过程中收集损失产生的原因、具体损失等证据。

2. 因发包人或承包人的过错导致合同无效，发包人或承包人应承担由此产生的损失，主要包括为准备签订、履行合同支出的费用和签订以及履行合同过程中支出的费用，包括直接费用和间接费用。

3. 因自身过错产生的损失。合同无效，除全部为发包人过错外，还存在混合过错问题，此时，应按照双方的过错及过错大小对损失承担相应的赔偿责任，包括签订、履行合同和合同被确认无效后的后续费用，如拆除质量不合格的建筑物的费用、工程延期费用、材料费等。

4. 实践中，有部分承包人为谋取非法利益，与他人恶意串通或者恶意采购、租赁设备、材料，进而向发包人主张，对于此部分所谓的“损失”，也是不能作为承包人的损失。

5. 根据《民法典》第 591 条的规定，合同无效后，承包人有止损的义务。例如，减少或者撤离项目人员、停止设备材料的采购或租赁、将已采购、租赁的设备材料用作其他项目、及时遣散劳务分包队伍等。承包人未尽到止损义务而增加的损失，实践中难以得到法院的支持。

6. 通常认为，预期利润属于履行利益，在合同无效的情况下，承包人若主张预期利润一般难以得到支持。

实务案例裁判要旨

表6-1　建设工程施工合同无效，其约定的违约金条款无效
（但合同当事人并不因此而免除赔偿损失的责任）

序号	法院及案号	法院观点	证明观点
1	最高院(2017)最高法民终106号	《施工协议》及《补充协议》无效，其约定的违约金条款无效，但是根据原《合同法》第58条的规定，合同当事人并不能因此免除赔偿损失的责任。根据诚信原则，鸿翔公司应按照其与盈佳公司约定的工程质量和工期完成工作任务，否则盈佳公司有权要求赔偿损失	建设工程施工合同无效，其约定的违约金条款无效
2	最高院(2017)最高法民再229号	原《合同法》第56条规定，无效合同自始没有法律约束力。违约责任条款系合同当事人约定的在当事人一方不履行合同义务或者履行合同义务不符合约定时应承担的法律后果，而在合同约定的权利义务自始不具有法律约束力的情形下，违约责任条款同样亦不具有法律约束力。因此，元某龙主张违约金条款属于结算清理条款，并据此要求航北公司按合同约定支付违约金，缺乏法律依据	建设工程施工合同无效，其约定的违约金条款无效
3	最高院(2016)最高法民终522号	关于华建公司应否承担违约金问题。因案涉工程未依法进行招投标，华建公司亦未办理建设用地规划许可证、建设工程规划许可证、建设工程施工许可证等项目建设施工审批手续，即与北方公司签订施工合同进行光伏发电项目的施工建设，违反了法律的效力性强制性规定，故北方公司与华建公司签订的《土建及电气安装工程施工合同》无效。合同无效，违约金条款亦无效	建设工程施工合同无效，其约定的违约金条款无效

表6－2　合同无效，一方当事人请求对方赔偿损失的，应承担举证责任

序号	法院及案号	法院观点	证明观点
1	湖北高院（2018）鄂民终300号	关于金瑞公司应否赔偿损失的问题。和昌公司主张暂赔偿损失120万元是基于金瑞公司未在工程完工后18个月内提交房屋备案资料，导致和昌公司不能按照房屋销售合同的约定办理产权登记，对房屋购买人构成违约。一审法院认为，赔偿责任的确定首先要有损害事实的存在，即当事人因合同无效而遭受的损失，受损害一方当事人应当对其损害事实负举证责任，如果受损害一方对其损失不能举证证明，则其要求承担赔偿责任的请求，不应获得支持	合同无效，一方当事人请求对方赔偿损失的，应承担举证责任
2	吉林高院（2014）吉民申字第301号	《民事诉讼证据规定》（2008年）第2条规定："当事人对自己提出的诉讼请求所依据的事实或者反驳对方诉讼请求所依据的事实有责任提供证据加以证明。没有证据或者证据不足以证明当事人的事实主张的，由负有举证责任的当事人承担不利后果。"裕丰公司起诉包头公司要求赔偿损失，应当证明其所主张的前期投入客观存在及该投入用于案涉工程施工中，但现裕丰公司提供的证据无法证明其所举证的前期投入均用于案涉工程。此举证责任应由裕丰公司承担，原审认定并无不当	合同无效，一方当事人请求对方赔偿损失的，应承担举证责任
3	四川高院（2013）川民终字第400号	恒熙公司主张赔偿损失1,216,170元的依据为名扬公司的鉴定结论，该鉴定结论中明确为停工、窝工损失费用，恒熙公司认为安彩公司未按约将施工许可证办在恒熙公司名下导致停工、窝工。在本案中，虽然安彩公司未按约定将施工许可证办至恒熙公司名下，但恒熙公司并未举证证明未取得施工许可证必然导致其停工、窝工，且《建设施工合同》中没有约定工程各阶段的完成时间和总工程竣工时间。因此，恒熙公司主张由安彩公司承担赔偿停工、窝工损失费用缺乏事实依据，本院不予支持，原审法院认定安彩公司不予赔偿恒熙公司损失并无不当，本院予以维持	合同无效，一方当事人请求对方赔偿损失的，应承担举证责任

表6－3　损失应与对方过错存在因果关系

序号	法院及案号	法院观点	证明观点
1	江西高院（2014）鄂民一初字第4号	北京城建公司与第三方发生纠纷导致其向对方赔偿损失，涉及其与第三方之间的法律关系，其是否向第三方付款，并不以省人民医院支付相应款项为前提，其被动应诉的损失与省人民医院不具有因果关系。因此，对北京城建公司主张省人民医院赔偿因逾期结算、付款给其造成的被动应诉损失，不予支持	损失应与对方过错存在因果关系

续表

序号	法院及案号	法院观点	证明观点
2	最高法(2019)最高法民申835号	原《合同法》第282条规定,由于承包人的原因致使建设工程在合理使用期限内造成人身和财产损害的,承包人应当承担损害赔偿责任。据此,总承包人、实际施工人应对减轻、免除厂房坍塌的工程质量缺陷责任承担举证责任,舜发公司对因厂房坍塌造成的露天堆货等损失的实际发生和实际损失数额等承担举证责任。原审以"舜发公司未提供明确具体的维修方案,而新金山公司亦明确表示不同意修复"为由,驳回发包人赔偿诉请,理据不充分,应在查明损失是否真实存在,与案涉1号、2号厂房坍塌是否存在因果关系等基础上,再作出判断	损失应与对方的过错存在因果关系

相关规定指引

《民法典》

第157条 民事法律行为无效、被撤销或者确定不发生效力后,行为人因该行为取得的财产,应当予以返还;不能返还或者没有必要返还的,应当折价补偿。有过错的一方应当赔偿对方由此所受到的损失;各方都有过错的,应当各自承担相应的责任。法律另有规定的,依照其规定。

第500条 当事人在订立合同过程中有下列情形之一,给对方造成损失的,应当承担损害赔偿责任:

(一)假借订立合同,恶意进行磋商;

(二)故意隐瞒与订立合同有关的重要事实或者提供虚假情况;

(三)有其他违背诚实信用原则的行为。

第591条 当事人一方违约后,对方应当采取适当措施防止损失的扩大;没有采取适当措施致使损失扩大的,不得就扩大的损失请求赔偿。

当事人因防止损失扩大而支出的合理费用,由违约方负担。

第793条 建设工程施工合同无效,但是建设工程经验收合格的,可以参照合同关于工程价款的约定折价补偿承包人。

建设工程施工合同无效,且建设工程经验收不合格的,按照以下情形处理:

(一)修复后的建设工程经验收合格的,发包人可以请求承包人承担修复费用;

(二)修复后的建设工程经验收不合格的,承包人无权请求参照合同关于工程价款的约定折价补偿。

发包人对因建设工程不合格造成的损失有过错的,应当承担相应的责任。

《民事诉讼证据规定》

第1条　原告向人民法院起诉或者被告提出反诉,应当提供符合起诉条件的相应的证据。

《北京市第一中级人民法院对民事审判中部分执法不统一问题的规范意见》

5.建设工程施工合同被认定为无效后,工程价款如何结算?

问题说明:合同无效后,双方应当返还财产或者折价补偿,有过错的一方要赔偿损失。对于建设工程合同,由于履行中承包方提供的财产物化于工程本身,不适用返还方式,只能适用折价补偿的方式,因此如何结算成为问题。

基本意见:在双方没有签订备案合同的情况下,建设工程施工合同无效但工程经竣工验收合格或已交付使用,承包人可以请求参照合同约定支付工程款。(1)如果双方签订了结算协议,可以依据结算协议确定工程总价款。(2)双方没有签订结算协议,则应通过造价鉴定来确定工程总价款。此时仍应当以双方签订的无效合同作为鉴定依据,除非双方均同意不以该合同为鉴定依据。(3)此时发包人仍应支付拖欠工程款的利息。

《江苏省高级人民法院关于审理建设工程施工合同纠纷案件若干问题的解答》

5.建设工程施工合同无效,建设工程经竣工验收合格的,合同约定的哪些条款可以参照适用?

建设工程施工合同无效,建设工程经竣工验收合格的,当事人主张工程价款或确定合同无效的损失时请求将合同约定的工程价款、付款时间、工程款支付进度、下浮率、工程质量、工期等事项作为考量因素的,应予支持。

《重庆市高级人民法院民一庭关于当前民事审判疑难问题的解答》

8.建设工程施工合同无效,发包人请求承包人承担延期完工损失的,如何处理?

答:建设工程施工合同无效时,合同中关于工期的约定条款对当事人仍然具有约束力,人民法院可以据此判断工期是否延误。合同中对于工期延误损失有约定的,无论是约定违约金、损失计算方法以及其他约定,因合同被认定无效,故上述约定不能作为认定损失的依据。合同被认定无效后,工期延误损失应当是因承包人延期完工给发包人造成的实际损失,可根据双方当事人的过错予以赔偿。对于实际损失的存在及金额,发包人应当承担举证责任。

《河北省高级人民法院建设工程施工合同案件审理指南》

14. 建设工程施工合同无效,当事人一方依照《合同法》第 58 条规定,请求对方赔偿其因合同无效所受到的损失,人民法院应当综合过错程度、损失大小、损失与对方的过错之间是否存在因果关系等因素,依照诚实信用原则和公平原则,做出认定和裁决。

15. 建设工程施工合同被确认无效后,发包人主张因承包方工期延误应赔偿其与第三人签订的房屋买卖合同因逾期交房发生的违约损失,承包人对工期延误存在过错,损失已经实际发生,且损失发生与承包人逾期交工行为有因果关系,可以纳入无效合同过错责任赔偿范围。根据承包方订立、履行合同中的过错责任大小及诚实信用原则,依据《合同法》第五十八条规定判令其承担相应的责任。

第七讲

挂靠情形下的相关责任承担

法条原文

第7条 缺乏资质的单位或者个人借用有资质的建筑施工企业名义签订建设工程施工合同，发包人请求出借方与借用方对建设工程质量不合格等因出借资质造成的损失承担连带赔偿责任的，人民法院应予支持。

思维导图

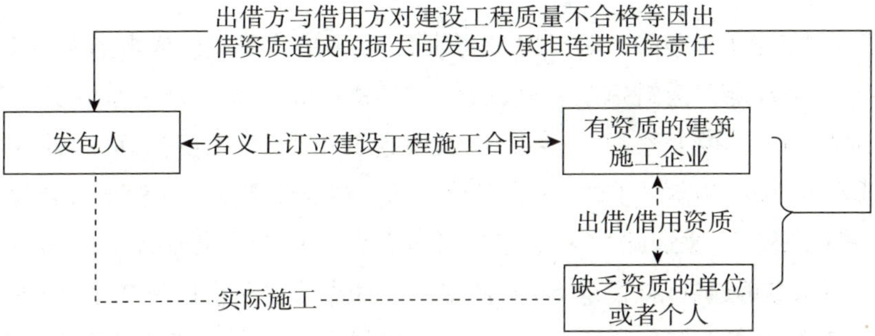

图7－1 挂靠情形下的相关责任承担

条文释义

本条是关于出借资质的单位和借用资质的主体对发包人承担连带赔偿责任的规定。

一、挂靠的基本概念

挂靠，是指单位或个人以其他有资质的施工单位的名义，承揽工程的行为。出借资质是最典型的挂靠。挂靠关系主要表现为挂靠人与被挂靠人签订协议，挂靠人使用被挂靠人提供的介绍信、授权委托书、合同书、银行账号、印章等，以被挂靠人的名义对外从事民事活动，被挂靠人收取“管理费”的行为。挂靠的主要特征可归纳总结为以下两个核心要素：一是挂靠人没有资质或者超越资质，且与被挂靠人没有劳动或隶属关系；二是挂靠人为了规避资质许可限制而以具有相应资质的被挂靠人的名义承揽工程。至于被挂靠人是否收取“管理费”“挂靠费”等费用，不是认定“挂靠”行为的要素之一。①

《建筑法》第 26 条规定:“承包建筑工程的单位应当持有依法取得的资质证书,并在其资质等级许可的业务范围内承揽工程。禁止建筑施工企业超越本企业资质等级许可的业务范围或者以任何形式用其他建筑施工企业的名义承揽工程。禁止建筑施工企业以任何形式允许其他单位或者个人使用本企业的资质证书、营业执照,以本企业的名义承揽工程。”《建设工程质量管理条例》第 25 条亦有类似的规定。

二、须承担连带责任的情形

《民法典》第 178 条第 3 款规定:“连带责任,由法律规定或者当事人约定。”《建筑法》第 66 条规定:“建筑施工企业转让、出借资质证书或者以其他方式允许他人以本企业的名义承揽工程的,责令改正,没收违法所得,并处罚款,可以责令停业整顿,降低资质等级;情节严重的,吊销资质证书。对因该项承揽工程不符合规定的质量标准造成的损失,建筑施工企业与使用本企业名义的单位或者个人承担连带赔偿责任。”《民事诉讼法解释》第 54 条规定:“以挂靠形式从事民事活动,当事人请求由挂靠人和被挂靠人依法承担民事责任的,该挂靠人和被挂靠人为共同诉讼人。”上述法律规定应是本条规定连带责任的主要法律依据。

有观点认为,根据本条司法解释的规定,除因出借资质导致建设工程质量不合格而须承担连带赔偿责任外,对由此造成的其他损失同样应承担连带赔偿责任。这点应是本条“等”字的应有之义,如工期延误、发包人另行发包而增加的工程价款等。只要损失的发生与出借资质的行为存在相应的关联性,发包人即应有权请求借用资质的单位或者个人与出借资质的建筑施工企业承担连带责任。也有观点认为,就连带责任的范围而言,只有工程质量损失有明确的法律规定,对于其他损失则没有相应明确的法律规定。对于其他损失,发包人如果要求挂靠人与被挂靠人承担连带赔偿责任,则必须举证证明该损失是因借用资质而产生,二者存在因果关系。更有观点认为应严格限定在工程质量不合格造成的损失范围内,其主要理由为:其一,司法解释是对如何理解和适用法律的具体规定,其内容是法律的应有之义,最高司法机关不得超越法律的本来之义进行扩张解释,因此解释的内容不应超越社会成员的正当预期;其二,《建筑法》第 66 条仅规定了出借人与借用人对因该

① 参见最高人民法院民事审判第一庭编著:《最高人民法院建设工程施工合同司法解释(二)理解与适用》,人民法院出版社 2019 年版,第 101 页。

项承建工程不符合规定的质量标准造成的损失承担连带赔偿责任；其三，依据《民法典》第178条的规定，连带责任须有法律规定或当事人的约定，在当事人没有约定的情况下，本司法解释不能扩张解释于其他损失由出借人与借用人承担连带赔偿责任；其四，部分地方高院的相关解答亦仅对质量不符合法律规定的标准造成的损失规定了承担连带赔偿责任，没有扩张解释适用范围。

若发包人对借用资质明知，是否需要承担相应的责任。原《建设工程施工合同司法解释（二）》（征求意见稿）第9条第2款曾规定："发包人订立合同时明知实际施工人借用资质，实际施工人或者出借资质的建筑施工企业以此为由主张发包人承担相应责任的，人民法院应予支持。"虽然原《建设工程施工合同司法解释（二）》删除了征求意见稿这方面的直接规定，但笔者认为这种情况下，发包人亦应承担相应的法律责任，主要理由有以下法律规定。《民法典》第157条规定："民事法律行为无效、被撤销或者确定不发生效力后，行为人因该行为取得的财产，应当予以返还；不能返还或者没有必要返还的，应当折价补偿。有过错的一方应当赔偿对方由此所受到的损失；各方都有过错的，应当各自承担相应的责任。法律另有规定的，依照其规定。"

综合这些相关法律的规定，若发包人对借用资质明知，主观上存在过错，亦应当承担相应的过错责任。对于"发包人明知"的举证责任应由挂靠人或者被挂靠人承担。

三、质量不合格的认定标准

2002年1月1日起实施的原《建筑工程施工质量验收统一标准》（GB 50300—2001）统一规定为"合格"与"不合格"，取消了"优良"的标准等级。关于质量标准有法定质量标准与约定质量标准之分，此条关于质量不合格的认定依据的应是法定标准还是约定标准在实务中可能会发生争议。

一种观点认为，认定质量标准应以法定标准即国家强制性标准为依据。其主要理由为：其一，原《建设工程施工合同司法解释》第10条，关于建设工程验收不合格，主要是建设工程质量不符合国家规定或者行业规定的标准。[①] 其二，《建设工程施工合同司法解释（一）》第38条中规定的"建设工程质量合格"也是国家标准，而非合同约定标准。

---

① 参见最高人民法院民事审判第一庭编著：《最高人民法院建设工程施工合同司法解释（二）理解与适用》，人民法院出版社2019年版，第92页。

另一种观点认为,按照体系解释原则,《建设工程施工合同司法解释(一)》第6条规定了无效施工合同损失赔偿原则,本条属于无效合同的一种,约定质量标准高于法定标准的,应适用第6条的规定,参照合同约定的质量标准。约定质量标准低于法定标准的,应适用法定标准。

四、因果关系的举证

出借资质的单位与借用资质的单位或者个人承担连带赔偿责任应仅限于由出借资质导致的损失,对于非因出借资质导致的损失不应承担连带赔偿责任。根据"谁主张,谁举证"的规则,发包人欲主张出借方与借用资质的单位或个人承担连带赔偿责任,在具体的案件中,发包人能举证证明施工单位存在资质借用的情形且因施工质量不合格导致了损失即可。如出借方与借用方试图否认损失的发生与资质的借用具有关联性,则应承担相应的举证责任,证明损失的发生非借用资质的原因所致。

实务难点

一、挂靠行为的认定

在司法实践中,对于挂靠行为如何认定,最高院没有规定具体标准,部分地方法院根据挂靠行为的本质特征,依据法律的相关规定,探索出了一些具体的认定标准,这些认定标准可以在具体应用时予以参考。例如,《江苏省高级人民法院关于审理建设工程施工合同纠纷案件若干问题的意见》第4条及第5条规定;《安徽省高级人民法院关于审理建设工程施工合同纠纷案件适用法律问题的指导意见》第4条规定;《北京市高级人民法院关于审理建设工程施工合同纠纷案件若干疑难问题的解答》第2条规定;《四川省高级人民法院关于审理建设工程施工合同纠纷案件若干疑难问题的解答》第5条规定;《苏州市中级人民法院民二庭关于涉建工程中项目经理等对外从事买卖、租赁等民事行为的责任认定》第2条的规定。

自2019年1月1日起施行的《建筑工程施工发包与承包违法行为认定查处管理办法》,从建设行政主管部门的角度对如何具体认定"挂靠"行为作出了规定,具有一定的参考意义。

第10条规定:"存在下列情形之一的,属于挂靠:

"(一)没有资质的单位或个人借用其他施工单位的资质承揽工程的;

“（二）有资质的施工单位相互借用资质承揽工程的，包括资质等级低的借用资质等级高的，资质等级高的借用资质等级低的，相同资质等级相互借用的；

“（三）本办法第八条第一款第（三）至（九）项规定的情形，有证据证明属于挂靠的。”

第8条规定：“存在下列情形之一的，应当认定为转包，但有证据证明属于挂靠或者其他违法行为的除外：

“（一）承包单位将其承包的全部工程转给其他单位（包括母公司承接建筑工程后将所承接工程交由具有独立法人资格的子公司施工的情形）或个人施工的；

“（二）承包单位将其承包的全部工程肢解以后，以分包的名义分别转给其他单位或个人施工的；

“（三）施工总承包单位或专业承包单位未派驻项目负责人、技术负责人、质量管理负责人、安全管理负责人等主要管理人员，或派驻的项目负责人、技术负责人、质量管理负责人、安全管理负责人中一人及以上与施工单位没有订立劳动合同且没有建立劳动工资和社会养老保险关系，或派驻的项目负责人未对该工程的施工活动进行组织管理，又不能进行合理解释并提供相应证明的；

“（四）合同约定由承包单位负责采购的主要建筑材料、构配件及工程设备或租赁的施工机械设备，由其他单位或个人采购、租赁，或施工单位不能提供有关采购、租赁合同及发票等证明，又不能进行合理解释并提供相应证明的；

“（五）专业作业承包人承包的范围是承包单位承包的全部工程，专业作业承包人计取的是除上缴给承包单位“管理费”之外的全部工程价款的；

“（六）承包单位通过采取合作、联营、个人承包等形式或名义，直接或变相将其承包的全部工程转给其他单位或个人施工的；

“（七）专业工程的发包单位不是该工程的施工总承包或专业承包单位的，但建设单位依约作为发包单位的除外；

“（八）专业作业的发包单位不是该工程承包单位的；

“（九）施工合同主体之间没有工程款收付关系，或者承包单位收到款项后又将款项转拨给其他单位和个人，又不能进行合理解释并提供材料证明的。……”

二、挂靠人与被挂靠人应否就挂靠工程产生的债务承担连带责任的争议

关于挂靠人与被挂靠人之间是否应就挂靠工程产生的债务承担责任的问题，法律没有明确规定，各地法院对于该问题的处理方式也不尽一致。有观点认为，挂

靠人与被挂靠人应承担连带责任。也有观点认为,应区分合同相对人对挂靠的事实是否明知而承担不同的法律责任。司法裁判中,两种观点都有体现。

三、被挂靠的施工企业因挂靠行为可能承担的法律风险

挂靠行为对被挂靠的施工单位存在多种法律风险,其主要表现为以下几个方面。

1. 可能面临行政处罚,甚至被降低资质等级或吊销资质证书

《建筑法》第66条规定:"建筑施工企业转让、出借资质证书或者以其他方式允许他人以本企业的名义承揽工程的,责令改正,没收违法所得,并处罚款,可以责令停业整顿,降低资质等级;情节严重的,吊销资质证书。……"

2. 导致建设工程施工合同无效

《建设工程施工合同司法解释(一)》第1条规定:"建设工程施工合同具有下列情形之一的,应当依据民法典第一百五十三条第一款的规定,认定无效:……(二)没有资质的实际施工人借用有资质的建筑施工企业名义的……"挂靠签订的施工合同是无效合同,因合同无效给建设方造成经济损失的,极有可能实际由被挂靠方承担。即便挂靠人亦应承担法律责任,但由于实际经济实力所限,被挂靠人难以向挂靠人追偿。

3. 对因挂靠工程产生的相关债务,被挂靠施工企业可能承担法律责任

由于建筑工程施工合同是以被挂靠单位名义签订的,合同的主体是被挂靠的施工企业和第三方,被挂靠人很有可能因为挂靠人的行为而承担不利的法律后果。例如,挂靠的单位或者个人没有能力完成工程项目,工程质量不能保证时,被挂靠的施工企业不得不接手这种"半拉子"工程;挂靠的单位或者个人无力偿还对外债务时,被挂靠的施工企业可能代为埋单;挂靠的单位或者个人收取大部分工程款后不见踪影,其拖欠的农民工工资最终由被挂靠的施工企业处理。

4. 因劳动、工伤争议损害被挂靠施工企业的经济利益和社会形象

因为在施工过程中,挂靠人往往会雇用大量的农民工,虽然内部挂靠协议明确约定农民工工资、工伤事故等均由挂靠人承担,但被挂靠人仍要承担由此引发的相应法律风险。农民工的讨薪行为会损害被挂靠人的社会形象,甚至很有可能被当地政府部门列入黑名单、清理出当地建筑市场。

5. 对因挂靠工程不符合质量标准所造成的损失承担连带赔偿责任

《建筑法》第66条规定:"建筑施工企业转让、出借资质证书或者以其他方式允

许他人以本企业的名义承揽工程的，责令改正，没收违法所得，并处罚款，可以责令停业整顿，降低资质等级；情节严重的，吊销资质证书。对因该项承揽工程不符合规定的质量标准造成的损失，建筑施工企业与使用本企业名义的单位或者个人承担连带赔偿责任。”

操作要点

1. 作为发包人，在与承包人签订建设工程施工合同时，应当明确约定，若承包人存在出借资质等挂靠行为，被挂靠人与挂靠人应当对建设工程施工合同无效及其他可能产生的全部损失承担连带赔偿责任。

2. 施工企业应当加强印章、证照管理，避免因管理疏漏造成被错误认定为挂靠的风险。在目前工程领域还存在挂靠的客观情形下，如确有挂靠，可要求挂靠单位/自然人给予适当形式的担保（担保有可能存在被认定为无效的风险，应根据个案情况具体筹划），形式可以为履约保函、实物抵押、现金抵押、保证人担保等。这样做可以在一定程度上保证被挂靠的施工单位在因挂靠受到经济损失时，可以通过挂靠单位提供的担保弥补经济上所受的损失。

3. 采用内部承包方式。采取内部承包方式是法律允许的，将挂靠项目转变为被挂靠单位的自有项目。对此应主要须做好如下方面的工作：个人挂靠的情况下，将挂靠人聘为被挂靠施工单位员工，签订书面劳动合同、办理社会保险；由被挂靠单位派遣项目的具体管理人员，并由被挂靠的施工单位支付项目人员的工资。

4. 在施工合同中应当明确约定，非经本公司或者法定代表人书面授权，任何人不得以本公司名义进行工程施工、款项收取等与工程相关的活动。加强工程款的管理，避免工程款的领取、支付方面出现混乱状态，在与业主签订合同的过程中，可在建筑工程施工合同中约定“本工程的所有工程款必须支付至施工方指定的账户，否则视为款项未付”；做好与第三方签订合同的管理，如建筑材料采购合同、劳务分包合同（将劳务合法地分包给有劳务资质的企业）、设备租赁合同等。在挂靠方申请用款时，必须说明款项的用途，做到专款专用。

实务案例裁判要旨

表 7-1 挂靠人与被挂靠人承担连带赔偿责任

序号	法院及案号	法院观点	证明观点
1	最高院(2015)民一终字第 71 号	洪某明挂靠浙江高新公司施工,是涉案工程的实际施工人,应当对涉案工程施工质量不合格及合同无效给新大都公司造成的经济损失承担连带赔偿的责任。一审法院对该事实不予认定是错误的	出借资质造成工程质量不合格,被挂靠人与挂靠人承担连带责任
2	最高院(2014)民申字第 1873 号	王某明作为实际施工人,应当承担出现质量问题砼柱的维修、加固费用 777,280 元,华兴公司由于违反规定,允许王某明挂靠其名义进行施工,故应对王某明施工部分的工程质量承担连带责任	出借资质造成工程质量不合格,被挂靠人与挂靠人承担连带责任
3	青海高院(2018)青民终 12 号	熊某林借用西宁分公司资质与云海公司签订合同,后又将该工程肢解进行转包。西宁分公司虽是重庆天宇公司的分支机构,不具备独立的法人资格,但依法设立并领取了营业执照,仍有相对独立性,有一定的责任承担能力,西宁分公司应承担工程款的给付责任。故重庆天宇公司、西宁分公司、熊某林应承担连带赔偿责任	出借资质造成工程质量不合格,被挂靠人与挂靠人承担连带责任
4	山东高院(2015)鲁民提字第 324 号	康洁公司无设计施工资质,不具备履行合同约定义务的能力,是导致本案涉案工程质量不合格,失去使用和维修价值的根本原因。大连公司将工程转包给康洁公司未告知轮胎公司和热电公司,轮胎公司和热电公司在工程发包过程中没有过错,康洁公司应承担全部过错责任。大连公司向康洁公司出借资质,对工程质量不合格、失去使用维修价值存在过错,应承担连带责任	出借资质造成工程质量不合格,被挂靠人与挂靠人承担连带责任
5	云南高院(2016)云民终 745 号	保山建筑公司明知杨某强无相应资质,仍同意其借用公司名称、资质签订合同,承接工程,对造成本案损失应承担连带赔偿责任,现该公司已变更为云南建筑公司,故该责任应由云南建筑公司承担。云南建筑公司虽提出该公司系购买保山建筑公司,原公司的债权债务应由原公司股东承担的主张,经查,保山建筑公司并未办理过注销手续,只办理过股东、法定代表人及公司名称的变更登记手续,因此,对云南建筑公司的该主张不予支持,云南建筑公司应承担连带责任	出借资质造成工程质量不合格,被挂靠人与挂靠人承担连带责任

表7－2　出借资质造成工期延误损失，被挂靠人与挂靠人承担连带责任

序号	法院及案号	法院观点	证明观点
1	云南高院（2016）云民终514号	涉案《施工合同》《补充协议》均系王某冉借用辛成公司资质与天一幼儿园签订，属无效合同。天一幼儿园诉请辛成公司对工期延误损失承担连带赔偿责任有事实和法律依据，本院予以支持	出借资质造成工期延误损失，被挂靠人与挂靠人承担连带责任
2	青海高院（2018）青民终12号	因熊某林挂靠在西宁分公司，根据法律规定，西宁分公司及重庆天宇公司也应承担赔偿责任。故云海公司关于工期延误违约金280万元的上诉请求虽不能成立，但因熊某林工期延误造成的经济损失部分成立。重庆天宇公司、西宁分公司、熊某林于本判决生效后15日内赔付云海公司工期延误造成的经济损失人民币84万元	出借资质造成工期延误损失，被挂靠人与挂靠人承担连带责任

注：司法实践中，工期延误损失等其他损失的举证难度要远高于工程质量不合格的损失，原有的违约金条款也可能因合同无效而难以发挥作用。

表7－3　若发包人对出借资质明知、放任，应就其过错承担相应责任

序号	法院及案号	法院观点	证明观点
1	最高院（2016）最高法民终361号	就本案而言，陈某等人系借用六十五公司资质，以六十五公司项目部的名义进行建设工程活动、是本案工程实际施工人，华隆煤业公司对此明知，并与陈某等人建立事实上的建设工程施工合同关系，应当承担支付工程价款的责任。六十五公司该项上诉主张成立，原判认定华隆煤业公司与六十五公司承担连带责任法律依据不足，本院予以纠正	发包人对出借资质明知、放任，应就其过错承担相应的责任
2	江苏高院（2016）苏民终1286号	宝利公司作为发包人，明知沈某根与二建公司存在挂靠事实，其与被挂靠人二建公司签订的建设工程施工合同，属于没有资质的实际施工人借用有资质的建筑施工企业名义签订的，依法应认定为无效。宝利公司在欠付二建公司工程款范围内对沈某根承担连带付款责任	发包人对出借资质明知、放任，应就其过错承担相应的责任

注：司法实践中，证明发包人对出借资质明知、放任的难度较大，如果举证不力，法院只能认定发包人善意、不知情。

表7－4　挂靠人与被挂靠人就拖欠材料供应商的贷款承担连带责任(相对人善意)

序号	法院及案号	法院观点	证明观点
1	最高院(2017)最高法民申3868号	张某军确系使用其私刻的“江苏龙坤集团有限公司合同专用章”以龙坤公司名义与广源公司签订的购销合同,但是,张某军在原审提交的龙坤公司内部结算单、通知及工程计量汇总表等均可证实,张某军系龙坤公司项目负责人,龙坤公司对此亦表示认可并允许其使用自己的建筑资质,将涉案工程交由张某军实际施工并收取管理费。在此情况下,原判决认定广源公司有理由相信张某军代表龙坤公司,并在查明3,137,936元的送货单上仅有张某军签字而没有购销合同指定收料员郑某涛签字且张某军认可上述3,137,936元钢材已用于抵偿其他债务的基础上,认定龙坤公司对于3,137,936元货款可以不承担责任,判令张某军应当支付货款14,500,000元及利息413,619元,龙坤公司在11,362,064元(14,500,000元－3,137,936元)及利息324,108元的范围内承担连带责任,不存在适用法律错误和超出诉讼请求的情形	挂靠人与被挂靠人就拖欠材料供应商的货款承担连带责任(相对人善意)
2	最高院(2016)最高法民申3743号	《民事诉讼法解释》第54条规定:“以挂靠形式从事民事活动,当事人请求由挂靠人和被挂靠人依法承担民事责任的,该挂靠人和被挂靠人为共同诉讼人。”凡德公司作为承接案涉债权的合法债权人,请求挂靠人英杰公司与被挂靠人的建工集团及建工集团二分公司共同给付钢材款,有相应的事实和法律依据	挂靠人与被挂靠人就拖欠材料供应商的货款承担连带责任(相对人善意)
3	江苏高院(2015)苏审二民申字第00326号	挂靠人以被挂靠人的名义订立的建设工程施工合同,因履行该合同产生的民事责任,挂靠人与被挂靠人应当承担连带责任。上述规定中所涉的民事责任,不仅包括对该建设工程施工合同的相对方即工程发包人的责任,也包括为履行该建设工程施工合同而以被挂靠人名义与其他工程分包人、材料供应商订立合同所产生的民事责任。金荣公司认为张某学明知蔡某系讼争工程的实际施工人,其应当知道蔡某没有代表金荣公司对外从事民事行为的权限,其与蔡某之间产生的债权债务关系,应由蔡某自行承担责任。对此,本院认为,根据金荣公司与蔡某签订的内部承包协议,蔡某受金荣公司委派全面负责讼争工程,系金荣公司	履行该合同产生的民事责任,挂靠人与被挂靠人应当承担连带责任(相对人善意)

续表

序号	法院及案号	法院观点	证明观点
		在该工程中的代表，蔡某就讼争工程与张某学签订水电、消防工程施工合同，并未超出金荣公司的授权范围。此后，蔡某以讼争工程项目部的名义收取张某学保证金以及结算工程款的行为，均属于蔡某的职责范围，金荣公司应承担相应的责任	

注：司法实践中，即便部分法院认为应区分相对人是否明知，但实际上举证难度较大，如果举证不能，法院一般认定相对人善意、不知情。

表7-5　挂靠人与被挂靠人就拖欠实际施工人工程款承担连带责任（相对人明知）

序号	法院及案号	法院观点	证明观点
1	甘肃高院（2015）甘民三终字49号	依据《民事诉讼法解释》第54条“以挂靠形式从事民事活动，当事人请求由挂靠人和被挂靠人依法承担民事责任的，该挂靠人和被挂靠人为共同诉讼人”的规定，梁某起诉张某和重庆科铁公司符合法律规定，张某应向实际施工人梁某承担支付工程款的责任，重庆科铁公司出借资质，作为被挂靠方应承担连带责任	挂靠人与被挂靠人就拖欠实际施工人工程款承担连带责任（相对人明知）
2	江西高院（2016）赣民申488号	根据《民事诉讼法解释》第54条“以挂靠形式从事民事活动，当事人请求由挂靠人和被挂靠人依法承担民事责任的，该挂靠人和被挂靠人为共同诉讼人”，以及该解释第65条“借用业务介绍信、合同专用章、盖章的空白合同书或者银行账户的，出借单位和借用人为共同诉讼人”的规定，嘉业公司无论是作为出借资质单位还是作为被挂靠人，皆应为共同诉讼人。且在我国建筑行业领域，我国现行法律规定，禁止建筑施工企业以任何形式允许其他单位或个人使用本企业的资质证书、营业执照，以本企业的名义承揽合同。嘉业公司明知劼豪公司没有资质，却允许劼豪公司的法定代表人以其名义承揽合同，嘉业公司的行为违反法律禁止性规定，扰乱了合法正常的经营秩序，其行为无效，对由此产生的行为后果，嘉业公司具有过错，其应对劼豪公司及其法定代表人在借用其资质经营范围内承担责任。因此，一审、二审法院判决嘉业公司承担连带责任，合法有据，适用法律并无不当	挂靠人与被挂靠人就拖欠工程款承担连带责任（相对人明知）

续表

序号	法院及案号	法院观点	证明观点
3	江苏高院(2014)苏审二民申字第01275号	原判决判令伟业公司对孙某枝欠付陶某年的工程款承担连带责任并无不当。伟业公司违反法律、行政法规的强制性规定,允许没有资质的孙某枝借用其名义承揽讼争建设工程,对外应当对孙某枝因该建设工程施工而形成的法律关系承担连带责任。孙某枝将部分讼争工程违法分包给陶某年,因此形成的工程欠款,伟业公司应当向实际施工人陶某年承担连带责任	挂靠人与被挂靠人就拖欠工程款承担连带责任(相对人明知)
4	湖南高院(2017)湘民再198号	柯某不具备相应建筑施工资质,其遂挂靠在桥兴公司名下承包涉案工程。之后,柯某又将涉案工程非法分包给不具备建筑施工资质的杨某兴,杨某兴又将涉案工程非法分包给同样不具备建筑施工资质的凌某良。柯某、桥兴公司对本判决第2项确定的债务承担连带清偿责任	挂靠人与被挂靠人就拖欠实际施工人工程款承担连带责任(相对人明知)

相关规定指引

《民法典》

第157条 民事法律行为无效、被撤销或者确定不发生效力后,行为人因该行为取得的财产,应当予以返还;不能返还或者没有必要返还的,应当折价补偿。有过错的一方应当赔偿对方由此所受到的损失;各方都有过错的,应当各自承担相应的责任。法律另有规定的,依照其规定。

第178条 二人以上依法承担连带责任的,权利人有权请求部分或者全部连带责任人承担责任。

连带责任人的责任份额根据各自责任大小确定;难以确定责任大小的,平均承担责任。实际承担责任超过自己责任份额的连带责任人,有权向其他连带责任人追偿。

连带责任,由法律规定或者当事人约定。

《建筑法》

第26条 承包建筑工程的单位应当持有依法取得的资质证书,并在其资质等级许可的业务范围内承揽工程。

禁止建筑施工企业超越本企业资质等级许可的业务范围或者以任何形式用其他建筑施工企业的名义承揽工程。禁止建筑施工企业以任何形式允许其他单位或者个人使用本企业的资质证书、营业执照,以本企业的名义承揽工程。

第 66 条　建筑施工企业转让、出借资质证书或者以其他方式允许他人以本企业的名义承揽工程的,责令改正,没收违法所得,并处罚款,可以责令停业整顿,降低资质等级;情节严重的,吊销资质证书。对因该项承揽工程不符合规定的质量标准造成的损失,建筑施工企业与使用本企业名义的单位或者个人承担连带赔偿责任。

《民事诉讼法解释》

第 54 条　以挂靠形式从事民事活动,当事人请求由挂靠人和被挂靠人依法承担民事责任的,该挂靠人和被挂靠人为共同诉讼人。

《建设工程质量管理条例》

第 25 条　施工单位应当依法取得相应等级的资质证书,并在其资质等级许可的范围内承揽工程。

禁止施工单位超越本单位资质等级许可的业务范围或者以其他施工单位的名义承揽工程。禁止施工单位允许其他单位或者个人以本单位的名义承揽工程。

施工单位不得转包或者违法分包工程。

《建筑工程施工发包与承包违法行为认定查处管理办法》

第 8 条　存在下列情形之一的,应当认定为转包,但有证据证明属于挂靠或者其他违法行为的除外:

(一)承包单位将其承包的全部工程转给其他单位(包括母公司承接建筑工程后将所承接工程交由具有独立法人资格的子公司施工的情形)或个人施工的;

(二)承包单位将其承包的全部工程肢解以后,以分包的名义分别转给其他单位或个人施工的;

(三)施工总承包单位或专业承包单位未派驻项目负责人、技术负责人、质量管理负责人、安全管理负责人等主要管理人员,或派驻的项目负责人、技术负责人、质量管理负责人、安全管理负责人中一人及以上与施工单位没有订立劳动合同且没有建立劳动工资和社会养老保险关系,或派驻的项目负责人未对该工程的施工活动进行组织管理,又不能进行合理解释并提供相应证明的;

(四)合同约定由承包单位负责采购的主要建筑材料、构配件及工程设备或租赁的施工机械设备,由其他单位或个人采购、租赁,或施工单位不能提供有关采购、租赁合同及发票等证明,又不能进行合理解释并提供相应证明的;

(五)专业作业承包人承包的范围是承包单位承包的全部工程,专业作业承包人计取的是除上缴给承包单位"管理费"之外的全部工程价款的;

(六)承包单位通过采取合作、联营、个人承包等形式或名义,直接或变相将其承包的全部工程转给其他单位或个人施工的;

(七)专业工程的发包单位不是该工程的施工总承包或专业承包单位的,但建设单位依约作为发包单位的除外;

(八)专业作业的发包单位不是该工程承包单位的;

(九)施工合同主体之间没有工程款收付关系,或者承包单位收到款项后又将款项转拨给其他单位和个人,又不能进行合理解释并提供材料证明的。

……

第9条 本办法所称挂靠,是指单位或个人以其他有资质的施工单位的名义承揽工程的行为。

前款所称承揽工程,包括参与投标、订立合同、办理有关施工手续、从事施工等活动。

第10条 存在下列情形之一的,属于挂靠:

(一)没有资质的单位或个人借用其他施工单位的资质承揽工程的;

(二)有资质的施工单位相互借用资质承揽工程的,包括资质等级低的借用资质等级高的,资质等级高的借用资质等级低的,相同资质等级相互借用的;

(三)本办法第八条第一款第(三)至(九)项规定的情形,有证据证明属于挂靠的。

《江苏省高级人民法院关于审理建设工程施工合同纠纷案件若干问题的意见》

第4条 有以下情形之一的,应当认定为没有资质的实际施工人借用有资质的建筑施工企业名义承揽建设工程(即通常所称的“挂靠”):

(一)不具有从事建筑活动主体资格的个人、合伙组织或企业以具备从事建筑活动资格的建筑企业的名义承揽工程;

(二)资质等级低的建筑企业以资质等级高的建筑企业的名义承揽工程;

(三)不具有工程总包资格的建筑企业以具有总包资格的建筑企业的名义承揽工程;

(四)有资质的建筑企业通过其他违法方式允许他人以本企业的名义承揽工程的情形。

第5条 承包人之间具有下列情形之一的,可以认定为本意见第四条规定的“挂靠”:

(一)相互间无资产产权联系,即没有以股份等方式划转资产的;

（二）无统一的财务管理，各自实行或者变相实行独立核算的；

（三）无符合规定要求的人事任免、调动和聘用手续的；

（四）法律、行政法规规定的其他情形。

《安徽省高级人民法院关于审理建设工程施工合同纠纷案件适用法律问题的指导意见（二）》

第1条 建筑施工企业的内部人员对外以企业名义承包工程，对内与企业签订承包协议，企业只收取管理费，不在资金、技术、设备、人力等方面提供支持，不承担技术、质量监管和经济责任的，应当认定为借用资质，以建筑施工企业名义与发包人签订的建设工程施工合同无效。

《北京市高级人民法院关于审理建设工程施工合同纠纷案件若干疑难问题的解答》

第2条 《最高人民法院关于审理建设工程施工合同纠纷案件适用法律问题的解释》（以下简称《解释》）第一条第（二）项规定的“没有资质的实际施工人借用有资质的建筑施工企业名义”承揽建设工程（即“挂靠”）具体包括哪些情形？

具有下列情形之一的，应当认定为《解释》规定的“挂靠”行为：

（1）不具有从事建筑活动主体资格的个人、合伙组织或企业以具备从事建筑活动资格的建筑施工企业的名义承揽工程；

（2）资质等级低的建筑施工企业以资质等级高的建筑施工企业的名义承揽工程；

（3）不具有施工总承包资质的建筑施工企业以具有施工总承包资质的建筑施工企业的名义承揽工程；

（4）有资质的建筑施工企业通过名义上的联营、合作、内部承包等其他方式变相允许他人以本企业的名义承揽工程。

《四川省高级人民法院关于审理建设工程施工合同纠纷案件若干疑难问题的解答》

第5条 如何认定借用资质（挂靠）？

借用资质（挂靠）是指没有建筑施工资质的企业或个人以其他建筑施工企业的名义，资质等级低的建筑施工企业以资质等级高的建筑施工企业名义，没有施工总承包资质的建筑施工企业以具有施工总承包资质的建筑施工企业名义承揽工程的行为，或者有资质的建筑施工企业通过名义上的联营、合作、内部承包等其他违法方式允许他人以本企业的名义承揽工程的行为。

前述所称承揽工程,包括参与投标、订立合同、办理有关施工手续、从事施工等活动。

审判实践中,可以结合下列情形综合认定是否属于借用资质(挂靠):

(一)借用资质(挂靠)人通常以出借资质(被挂靠)人的名义参与招投标、与发包人签订建筑施工合同,借用资质(挂靠)人与出借资质(被挂靠)人之间没有产权联系,没有劳动关系,没有财务管理关系的;

(二)借用资质(挂靠)人在施工现场派驻的项目负责人、技术负责人、质量管理负责人、安全管理负责人中一人以上与出借资质(被挂靠)人没有订立劳动合同,或没有建立劳动工资或社会养老保险关系的;

(三)借用资质(挂靠)人承揽工程经营方式表现为自筹资金,自行组织施工,自主经营,自负盈亏。出借资质(被挂靠)人只收取管理费(包括为确保管理费收取为目的的出借账户),不参与工程施工、管理,不承担工程技术、质量和经济责任的;

(四)出借资质(被挂靠)人与发包人之间没有实质上工程款收付关系,均是以"委托支付""代付"等其他名义进行工程款支付,或者仅是过账转付关系的;

(五)施工合同约定由出借资质(被挂靠)人负责采购主要建筑材料、构配件及工程设备或租赁施工机械设备,实际并非由出借资质(被挂靠)人进行采购、租赁,或者出借资质(被挂靠)人不能提供有关采购、租赁合同及发票等证明,又不能进行合理解释并提供证据证明的;

(六)法律、行政法规规定的其他借用资质(挂靠)情形。

《苏州市中级人民法院民二庭关于涉建工程中项目经理等对外从事买卖、租赁等民事行为的责任认定》

二、对"挂靠施工"的认识

何谓挂靠施工?指没有资质的实际施工人或资质低的施工人(即挂靠人)借用有资质或资质高的施工企业(被挂靠人)的名义承揽工程并向其交纳管理费的行为。

表现形式:1."内部承包型",根本不具备建设工程施工能力的个人(俗称"包工头")寻找一个符合项目要求的施工企业,由施工企业与发包人签订施工合同,施工企业任命或聘用个人为其员工,并委以施工负责人或项目经理职务,双方签订内部承包合同,约定由个人承担该工程项目的全部经济责任,负责组织施工所需的人、财、物及施工管理职责,施工企业负责处理与业主、监理等单位的对外事务,个人向施工企业缴纳内部承包管理费。

2.“借用资质型”，低资质等级的施工企业有社会关系可以承建某工程项目，因此寻找符合建设项目要求的高资质等级的施工企业，并以高资质等级的施工企业名义参加投标，中标后与发包人签订建设工程施工合同，然后直接由低资质等级的施工企业实际施工。

法律层面对挂靠施工的态度：《建筑法》《建设工程质量管理条例》等法律、行政法规明确禁止建筑施工企业的挂靠行为。最高人民法院的司法解释对此也持否定态度，认为挂靠施工合同无效。但挂靠人为了建设工程而对外签订买卖、租赁、借贷、定作等合同（这是我们讨论的重点）并不无效。

第八讲

开工日期的认定

法条原文

第 8 条　当事人对建设工程开工日期有争议的，人民法院应当分别按照以下情形予以认定：

（一）开工日期为发包人或者监理人发出的开工通知载明的开工日期；开工通知发出后，尚不具备开工条件的，以开工条件具备的时间为开工日期；因承包人原因导致开工时间推迟的，以开工通知载明的时间为开工日期。

（二）承包人经发包人同意已经实际进场施工的，以实际进场施工时间为开工日期。

（三）发包人或者监理人未发出开工通知，亦无相关证据证明实际开工日期的，应当综合考虑开工报告、合同、施工许可证、竣工验收报告或者竣工验收备案表等载明的时间，并结合是否具备开工条件的事实，认定开工日期。

思维导图

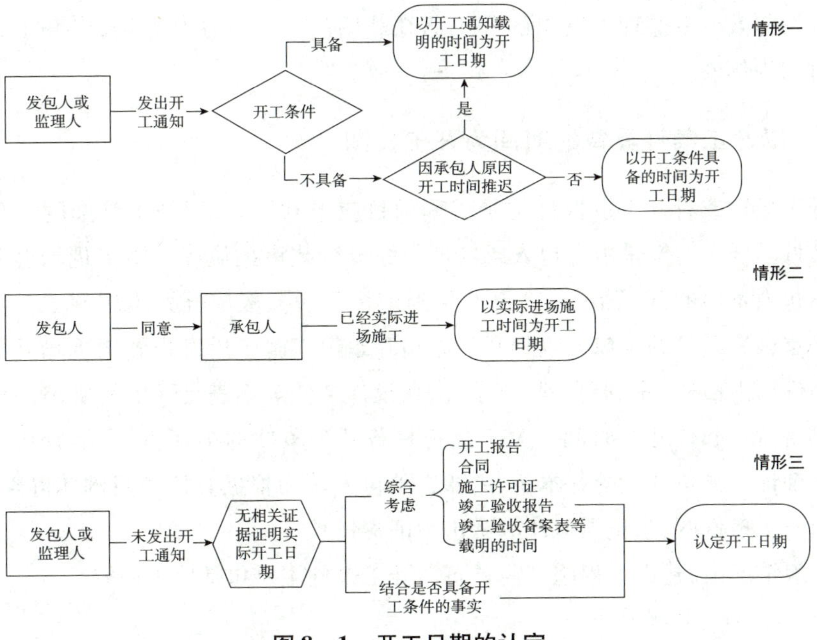

图 8－1　开工日期的认定

条文释义

本条是关于当事人对建设工程开工日期有争议的情况下开工日期如何确定的规定,本条规定的开工日期区分为以下几种情形。

一、以开工通知载明的开工日期为准

《建筑法》第7条规定:"建筑工程开工前,建设单位应当按照国家有关规定向工程所在地县级以上人民政府建设行政主管部门申请领取施工许可证;但是,国务院建设行政主管部门确定的限额以下的小型工程除外。按照国务院规定的权限和程序批准开工报告的建筑工程,不再领取施工许可证。"根据该规定,开工应当取得施工许可证或者开工报告,施工许可证或者开工报告注明了开工的日期。此外,开工通知也是记录建设工程项目开工日期的一种书面文件形式。开工时间的认定是一个事实认定问题,而不涉及开工合法性的判断。本项关于开工日期的认定不必然受是否取得施工许可或者开工报告的影响(建设工程施工许可证主要反映行政法律关系,在很多情况下,其上记载的开工时间并不能完全客观反映建设工程施工合同当事人的意思表示),主要考察的是建设工程项目是否具备开工条件。

以发包人或者监理人发出的开工通知载明的开工日期为原则,以开工条件具备的时间为例外。

二、以开工条件具备的时间为开工日期

开工通知或者开工报告是记录工程项目应予开工、载明开工日期的一种重要书面文件。开工通知是由发包人或监理人综合行政审批流程及施工现场客观情况后向承包人发出的开工指令,承包人收到该指令后一般应开始组织施工。但若作为有丰富施工经验的承包人收到开工通知开始组织施工后发现施工现场并不符合开工条件(如三通一平、原材料、资金、勘察设计文件等不满足开工的要求),则应待条件具备后才起算开工时间。关于是否具备开工条件的举证责任,笔者认为发包人应举证证明具备开工的基本条件,如果承包人认为根据具体项目的实际情况,尚不具备开工条件的,承包人对此应承担举证责任。

一般情况下,建设工程施工需具备的开工条件主要包括以下内容。

(一)文件、审批方面

(1)施工图经过审核并加盖审图章,设计单位、施工单位、监理单位、建设单位进行会审、交底,图纸会审记录已经有关单位会签、盖章;

(2)建设工程施工合同或协议已经签订；

(3)建筑工程施工许可证已经办理；

(4)三材指标(钢筋、水泥、木材)或实物已经落实；

(5)施工组织设计(或施工方案)已经编制，并经批准；

(6)施工图预算已经编制和审定，施工资金准备充足。

(二)工地现场、设施方面

(1)临时设施、工棚、施工道路、施工用水、施工用电，已基本完成；

(2)塔吊、模板、钢筋加工机器等设备基本已备齐；

(3)工程定位测量已具备条件；

(4)其他：材料、成品、半成品和工艺设备等能满足连续施工要求；

(5)临时设施能满足施工和生活的需要；

(6)施工机械经过检修能保证正常运转；

(7)劳动力已调集能满足施工需要，安全消防设备已经备齐等。

三、因承包人原因导致开工通知发出后又无法实际开工的，以开工通知载明的时间为准

承包人收到开工通知且施工现场具备开工条件的情况下，若由于承包人自身原因导致无法实际开工，则开工通知载明的时间应为开工日期。在司法实践中，何为由于承包人的原因导致开工通知发出后又无法实际开工，由于承包人原因导致开工时间推后的情形又有哪些，这些均可能在实践中产生争议。

四、以实际进场且施工时间为开工日期

当发包人和监理人均未发出开工通知，但发包人与承包人就承包人实际进场施工已达成一致意见的，则以承包人实际进场施工的日期为开工日期。

原《建设工程施工合同司法解释(二)》(征求意见稿)第10条第3项规定："承包人在开工通知发出前已经实际进场施工的，以实际开工时间为开工日期。"相较于征求意见稿的规定，《建设工程施工合同司法解释(一)》增加"经发包人同意"这一前置条件。

适用本款规定时应特别注意对"实际进场施工"的理解，重点在"施工"而非"进场"。若由于施工现场硬性施工条件、建设工程施工行政手续不完备而导致无法正常施工，则即便进场也不宜将进场日期认定为开工日期。实践中，可能出现承包人

虽然进场,但仅是为了施工做准备,此种情形不宜认定为“实际进场施工”。

五、综合开工报告、合同、施工许可证等载明的时间及是否具备开工条件认定开工日期

当发包人或监理人均未发出开工通知,又无相关证据证明实际进场施工的日期时,人民法院或者仲裁机构应根据开工报告、合同、施工许可证、竣工验收报告或者竣工验收备案表等载明的时间以及工程实际具备开工条件的日期,进行综合认定。这些资料还包括施工日志、验收记录等与施工管理相关的书面文件。

实务难点

一、开工日期的概念

开工日期即开始施工的日期,是工期计算的起始点。《建设工程施工合同(示范文本)》(GF—1999—0201)第1.15款将开工日期定义为:“发包人承包人在协议书中约定,承包人开始施工的绝对或相对的日期。”绝对开工日期是承发包双方在协议书中约定的一个明确具体的开工日期;相对开工日期是承发包双方约定的以具体事件、具体条件成就的日期为开工日期。《建设工程施工合同(示范文本)》(GF—2017—0201)第1.1.4.1目将开工日期定义为“包括计划开工日期和实际开工日期。计划开工日期是指合同协议书约定的开工日期;实际开工日期是指监理人按照第7.3.2项〔开工通知〕约定发出的符合法律规定的开工通知中载明的开工日期”。

二、开工日期的认定

《建筑法》第64条规定:“违反本法规定,未取得施工许可证或者开工报告未经批准擅自施工的,责令改正,对不符合开工条件的责令停止施工,可以处以罚款。”由此可见,理论上开工日期应该在施工许可证取得之后,以施工许可证上注明的开工日期为开工日期。但实务中的客观情况是施工许可证上注明的开工日期与实际开工日期未必一致,有时存在很大的差异。在建设工程正式施工前发放施工许可证是建设行政主管部门对建设工程项目加强监管的一种行政手段,主要目的是审查建设单位或者承包单位是否具备法律规定的建设或者施工条件,属于行政管理性规定。未取得施工许可证但符合开工条件并实际开工的,应以实际的开工日期

起算工期。

实践中,关于开工日期可能存在协议书约定的开工日期、开工报告上明确的开工日期、施工许可证上注明的开工日期、承包人实际的开工日期等多种情况,且大多数情况下这几种开工日期不一致。一旦出现争议,应以何者为准?关于该问题,在理论、实务层面都有一定的争议。笔者认为,从实务层面、防范法律风险的角度出发,准确界定、认知对发承包人具有法律约束力的开工日期具有重要的现实法律意义。

各地法院关于开工日期的确定主要遵循了以下原则(见图8－2):

1. 一般以开工通知或者开工报告载明的开工时间为依据;

2. 有证据证明实际开工日期与开工通知或者开工报告载明的开工时间不一致的,以实际开工时间为准(证据如发包人的通知、工程监理的记录、当事人的会议纪要等);

3. 无开工通知亦无其他证据能证明实际开工日期的,以施工合同约定的开工时间为开工日期;

4. 因发包人原因导致开工通知发出时开工条件尚不具备的,以开工条件具备的时间确定开工日期;因承包方原因导致实际开工时间推迟的,以开工通知载明的时间为开工日期。

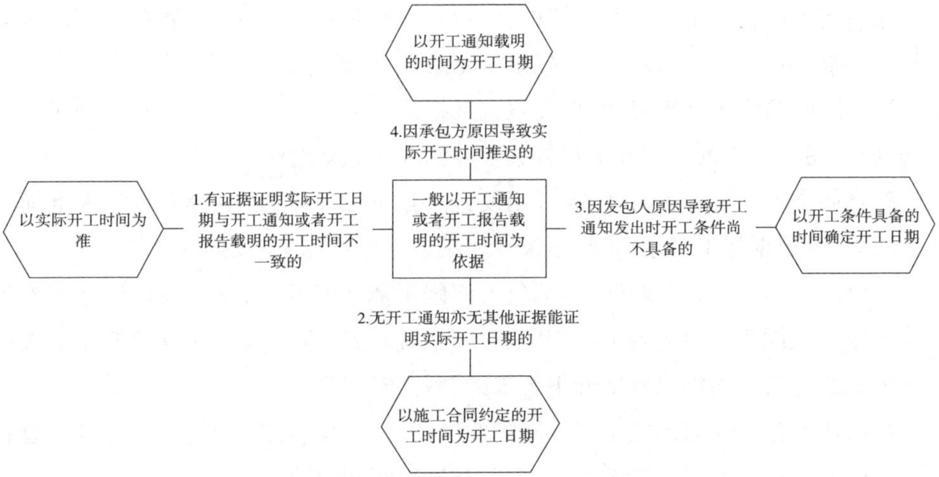

图8－2　各地法院关于开工日期确定的原则

虽然总结了以上确定开工日期的大体原则,但作为承包人的施工企业应结合工程所在地的相关裁判规则,切实加强施工过程中相关文件的起草、签订、保管、存档等管理工作,使合同管理具有针对性,以应对可能出现的纠纷。

最高院在“青海隆豪置业有限公司与青海方升建筑安装有限责任公司建设工程施工合同纠纷案”[案号:(2014)民一终字第69号]中关于工程开工日期的认定思路具有一定的参考价值,现将其要点介绍如下:(1)施工合同约定的开工日期、开工报告确定的开工日期与施工许可证载明的开工日期不一致时,以监理单位确认的开工报告为准。(2)合同约定的开工日期与实际开工日期不一致的,应当以改变了的日期作为开工日期。竣工日期一般情况下也要随之变化。(3)施工许可证载明的日期并不具备绝对排他的、无可争辩的效力,建筑工程施工许可证是建设主管部门颁发给建设单位的准许其施工的凭证,只是表明了建设工程符合相应的开工条件,建设工程施工许可证并不是确定开工日期的唯一凭证。实践中,建设工程开工日期早于或者晚于施工许可证记载日期的情形大量存在。当施工单位实际开工日期与施工许可证上记载的日期不一致时,同样应当以实际开工日期而不是以施工许可证上记载的日期作为确定开工日期的依据。

三、《建设工程造价鉴定规范》中关于开工日期的规定

住房城乡建设部自2018年3月1日起实施的《建设工程造价鉴定规范》第5.7.1项,就当事人对开工时间有争议时如何处理也进行了具体的规定。该条规定,当事人对鉴定项目开工时间有争议的,鉴定人应提请委托人决定,委托人要求鉴定人提出意见,鉴定人应按以下规定提出鉴定意见,供委托人判断使用:

1. 合同中约定了开工时间,但发包人又批准了承包人的开工报告或发出了开工通知,应采用发包人批准的开工报告或发出的开工通知的时间;

2. 合同中未约定开工时间,应采用发包人批准的开工时间;没有发包人批准的开工时间,可根据施工日志、验收记录等相关证据确定开工时间;

3. 合同中约定了开工时间,因承包人原因不能按时开工,发包人接到承包人延期开工申请且同意承包人要求的,开工时间相应顺延,发包人不同意延期要求或承包人未在约定时间内提出延期开工要求的,开工时间不予顺延;

4. 因非承包人原因不能按照合同中约定的开工时间开工,开工时间相应顺延;

5. 因不可抗力原因不能按时开工的,开工时间相应顺延;

6. 证据材料中,均无发包人或承包人推迟开工时间的证据,应采用合同约定的开工时间。

操作要点

开工日期是发包人与承包人进行工期索赔或者抗辩的重要时间点，开工时间的认定问题主要是合同没有约定或约定不明的风险以及在工程项目管理过程中证据保存不足的风险。为避免不必要的争议，相关各方可从以下方面进行风险防控。

1. 在开工日期的确定上，合同的约定应尽量明确，可在合同中约定暂定开工时间，实际开工时间以开工令或其他书面形式的文件确认的开工时间为准（在此情况下，一定要重视在施工过程中确保能以书面形式确认开工日期）。对于施工准备的时间是否包含在工期内，也应在合同或相关补充文件中予以明确。

2. 如存在施工许可证后补的情况，建议双方明确具体开工时间，对此问题予以书面澄清。若发包人强令承包人在不具备施工条件、未取得施工许可证无法正常施工的前提下进场施工或者经双方协商一致进场，则承包人应保存不具备开工条件的相关证据，如现场施工的照片、发包人出具的有关函件、会议纪要。

3. 如承包人拖延或拒绝配合发包人办理开工的有关手续，则发包人应保存相关证据，如要求承包人配合提供相关材料的函件、承包人的复函等。

4. 在施工管理过程中应做好文档的管理工作，特别是原件的留存，确保相关书面文件由有相应权限的人员出具及签收。

5. 该条规定直接与工期有关，实践中，工期延误很多情况下是由于发包人的原因引起的，如不按时支付工程款、指定分包、未履行协助义务等，承包人在施工过程中应注重收集发包人原因导致工期延误的证据，否则一旦发生纠纷，承包人会在纠纷解决过程中处于不利地位。

实务案例裁判要旨

表 8－1　开工日期原则上以开工通知载明的日期为准，其不必然受是否取得施工许可或者开工报告的影响

序号	法院及案号	法院观点	证明观点
1	最高院（2017）最高法民申 4157 号	案涉工程中虽有部分系在未取得施工许可证的情况下开工建设，但施工许可证的延迟办理对工期延误无必然影响，且依据开工报告载明的开工日期及广扬公司单方制作的竣工报告载明的竣工日期计算而得的工期，已远超出合同约定的工期加施工许可证延迟办理的天数	开工日期是事实认定，其不必然受是否取得施工许可或者开工报告的影响

续表

序号	法院及案号	法院观点	证明观点
2	最高院(2014)民一终字第69号	虽然建筑工程施工许可证载明的开工日期为2011年6月20日,但是,施工许可证载明的日期并不具备绝对排他的、无可争辩的效力,建筑工程施工许可证是建设主管部门颁发给建设单位的准许其施工的凭证,只是表明了建设工程符合相应的开工条件,建设工程施工许可证并不是确定开工日期的唯一凭证。实践中,建设工程开工日期早于或者晚于施工许可证记载日期的情形大量存在。当施工单位实际开工日期与施工许可证上记载的日期不一致时,同样应当以实际开工日期而不是施工许可证上记载的日期作为确定开工日期的依据。本案中,在方升公司、隆豪公司及监理机构均确认开工日期为2011年5月15日的情况下,再以施工许可证上载明的日期确定为开工日期,无事实和法律依据	开工日期是事实认定,其不必然受是否取得施工许可或者开工报告的影响
3	福建高院(2015)闽民终字第402号	2010年12月20日颁发的建筑工程施工许可证拟证明比合同约定的开工时间2010年12月1日迟延19天。但该证据无法证明其因未取得施工许可证而实际停工或窝工的事实	开工日期是事实认定,其不必然受是否取得施工许可或者开工报告的影响
4	广东高院(2016)粤民再331号	施工许可证是政府职能部门对建设工地施工进行管理的行政行为,在未取得施工许可证的情况下擅自施工的,依法将受到相应的行政处罚,但并不能以此否定已提前施工的民事行为效力。事实上,虽然深圳市建设局在2007年10月16日才核发了案涉工程的建筑工程施工许可证,但又注明合同开工日期为2007年9月15日。综上分析,一审判决认定案涉工程开工日期为2007年9月15日正确,予以维持	开工日期是事实认定,其不必然受是否取得施工许可或者开工报告的影响
5	广东高院(2014)粤高法民申字第2106号	施工许可证是政府职能部门对建设工地施工进行管理的行政行为,在未取得施工许可证的情况下擅自施工的,依法将受到相应的行政处罚。然而,未取得施工许可证并不必然导致无法按时开工。取得施工许可证系工程施工的法律要件,在未满足该法律要件而开工的情况下可通过补办施工许可证进行补正。在合同约定的开工条件能够满足的情况下,就应当遵守合同的约定,按照合同约定的日期开工。中煤公司在开工确认书中认可涉案工程在2011年10月10日已具备开工条件,并继而在涉案工程合同中再次确认同一开工日期,现其仅以香江公司未取得施工许可证作为逾期未开工的抗辩事由,二审判决不予采纳,并无不当	开工日期是事实认定,其不必然受是否取得施工许可或者开工报告的影响

表8-2　因发包人原因导致开工通知发出时开工条件尚不具备的，应以开工条件具备的时间确定为开工日期

序号	法院及案号	法院观点	证明观点
1	最高院(2015)民申字第1624号	长江建设公司施工的砼工程需以土方工程完成为前提,且由于电线杆未移除的原因,剩余22米无法施工。神华能源公司于2010年9月17日召开的乌东煤场现场协调会的会议纪要第5条记载:“中铁二十四局于2010年9月25日前完成东扩站台100米施工工作面土方工程,于2010年10月5日前完成乌东东扩站台全部工作面土方工程。”该证据表明,在合同约定的案涉工程开工日期为2010年6月20日,土方工程尚未完成,案涉工程不具备施工条件。综上可以认定,神华能源公司没有依约为长江建设公司提供施工条件,存在违约行为,并会影响长江建设公司的施工进展	由于发包人原因导致开工通知发出时开工条件尚不具备的,应以开工条件具备的时间确定为开工日期
2	江苏高院(2017)苏民终973号	建设工程施工合同开工日期的确定,一般以开工通知书载明的开工时间为依据。因发包人原因导致在开工通知发出时开工条件尚不具备的,以开工条件具备的时间确定开工日期。根据金盛公司二审提交的材料,茂丰公司将涉案工程项目的土方工程发包给淮安市东建拆除建筑有限公司,双方于2011年7月1日签订《土方工程合同》,合同约定工期为25个工作日。维景公司承建涉案工程项目后续的土建、水电工程。2012年4月1日茂丰公司向维景公司发出开工通知书,内容为:工程现场具备,已符合开工条件,请维景公司于2012年4月8日进场,本公司于2012年4月10日正式开始土方开挖。上述情况可以反映到2012年4月10日涉案工程的土方工程还存在刚开挖的情况,尚不具备开工条件	因发包人原因导致开工通知发出时开工条件尚不具备的,应以开工条件具备的时间确定为开工日期

续表

序号	法院及案号	法院观点	证明观点
3	江苏高院(2015)苏民终字第00160号	丰东公司上诉主张应从2008年7月26日施工图审查合格作为开工日期。本院认为,一审法院认定2008年2月22日为开工日期并无不当。因为关于开工时间的判断,原则上以开工报告或开工通知上注明的日期为开工日期。开工通知或开工报告发出后,仍不具备开工条件的,应以开工条件成就时间确定。本案中开工令签发日期为2007年11月15日。2008年1月28日丰东公司与晨阳公司签订了合同。2008年2月22日桩基工程开工。2008年7月26日施工图审查合格。从实际情况看,在桩基工程进场时即可认定具备开工条件,故一审以此时间认定为开工日期并无不当	因发包人原因导致开工通知发出时开工条件尚不具备的,应以开工条件具备的时间确定为开工日期
4	云南高院(2017)云民初25号	恒鼎新公司对能建集团云南公司提交的反诉第四组第23号证据"2015年5月25日,西双版纳州勐海县光伏农业发电项目一期50MW工程开工仪式照片",第24号《西双版纳州勐海县光伏农业发电项目一期50MW工程开工典礼流程》证据的"三性"没有异议,证明目的也认可,故应确认开工时间为2015年5月25日,恒鼎新公司主张以签订分包合同的时间作为实际开工时间没有事实和法律依据。在具备进场条件后才能开工,故在2015年5月15日具备进场条件后,5月25日开工并不违约	因发包人原因导致开工通知发出时开工条件尚不具备的,应以开工条件具备的时间确定为开工日期

表8-3　因承包人原因导致开工时间延迟的,以开工通知载明的时间为开工日期

法院及案号	法院观点	证明观点
江苏高院(2016)苏民终468号	关于开工日期的认定,一般以开工通知载明的开工时间为依据;因发包人原因导致在开工通知发出时开工条件尚不具备的,以开工条件具备的时间确定开工日期;因承包人原因导致实际开工时间推迟的,以开工通知载明的时间为开工日期	因承包人原因导致开工时间延迟的,以开工通知载明的时间为开工日期

表 8－4　承包人经发包人同意已经实际进场施工的，以实际进场施工时间为开工日期符合履约实际

序号	法院及案号	法院观点	证明观点
1	最高院（2015）民申字第 1624 号	关于案涉工程的开工时间问题。东顺公司主张开工日期为2004 年8 月1 日，即建筑集团实际进场施工之日。建筑集团主张其虽然在2004 年8 月1 日进场，但因不符合全面施工条件，而无法全面施工，故开工时间应以建筑工程施工许可证核发之日的 2004 年 12 月 6 日为准。经查，双方当事人在 2004 年 7 月 30 日签订的《建设工程承包合同》中，对合同工期进行了约定：开工日期为 2004 年 8 月 1 日。而从建筑集团于2004 年 8 月 24 日向东顺公司发出的《关于计划延误事宜通知的复函》、2004 年 11 月 25 日向东顺公司发出的《关于确认第二期工程进度款的函》、2005 年 8 月 4 日向东顺公司发出的《关于提前支付合同款的说明》的内容看，建筑集团均认可并实际已于 2004 年 8 月 1 日组织各有关施工人员进场施工，在 2004 年 11 月时，案涉工程已建到第五层，建筑集团向东顺公司确认收取第二期的进度款为 200 万元。案涉工程的建筑工程施工许可证的核发时间虽然是 2004 年 12 月 6 日，但在核发建筑工程施工许可证之前，建筑集团早已对案涉工程进行施工建设，并未影响建筑集团的开工建设，故二审判决认定案涉工程开工日期为2004 年 8 月 1 日，符合本案履约实际，并无不当	承包人经发包人同意已经实际进场施工的，以实际进场施工时间为开工日期符合履约实际
2	江苏高院（2018）苏民申 966 号	关于国昊公司提出的开工日期、竣工日期问题。关于开工日期，涉案工程虽有开工报告，但监理的审核意见是不同意开工，双方陈述的实际开工日期也早于开工报告的日期，涉案工程第一期监理月报记载的时间起点为 2006 年 7 月 18 日，而第一次工地例会系于2006 年 7 月 22 日召开，在该次会议纪要中各方均未提及任何已施工的情况，一审、二审法院基于上述事实采信鸿宇公司陈述的开工时间即 2006 年 7 月 18 日，并无不当。国昊公司关于开工日期应为合同约定工期 2007 年 6 月 30 日的主张，与事实不符，本院不予支持	承包人经发包人同意已经实际进场施工的，以实际进场施工时间为开工日期符合履约实际

相关规定指引

《建筑法》

第 7 条　建筑工程开工前，建设单位应当按照国家有关规定向工程所在地县级以上人民政府建设行政主管部门申请领取施工许可证；但是，国务院建设行政主管部门确定的限额以下的小型工程除外。按照国务院规定的权限和程序批准开工报告的建筑工程,不再领取施工许可证。

第8条 申请领取施工许可证,应当具备下列条件:

(一)已经办理该建筑工程用地批准手续;

(二)依法应当办理建设工程规划许可证的,已经取得建设工程规划许可证;

(三)需要拆迁的其拆迁进度符合施工要求;

(四)已经确定建筑施工企业;

(五)有满足施工需要的资金安排、施工图纸及技术资料;

(六)有保证工程质量和安全的具体措施。

建设行政主管部门应当自收到申请之日起七日内,对符合条件的申请颁发施工许可证。

第64条 违反本法规定,未取得施工许可证或者开工报告未经批准擅自施工的,责令改正,对不符合开工条件的责令停止施工,可以处以罚款。

《民法典》

第799条 建设工程竣工后,发包人应当根据施工图纸及说明书、国家颁发的施工验收规范和质量检验标准及时进行验收。验收合格的,发包人应当按照约定支付价款,并接收该建设工程。

建设工程竣工经验收合格后,方可交付使用;未经验收或者验收不合格的,不得交付使用。

《建设工程质量管理条例》

第49条 建设单位应当自建设工程竣工验收合格之日起15日内,将建设工程竣工验收报告和规划、公安消防、环保等部门出具的认可文件或者准许使用文件报建设行政主管部门或者其他有关部门备案。

建设行政主管部门或者其他有关部门发现建设单位在竣工验收过程中有违反国家有关建设工程质量管理规定行为的,责令停止使用,重新组织竣工验收。

《浙江省高级人民法院民事审判第一庭关于审理建设工程施工合同纠纷案件若干疑难问题的解答》

第5条 如何认定开工时间?

建设工程施工合同的开工时间以开工通知或开工报告为依据。开工通知或开工报告发出后,仍不具备开工条件的,应以开工条件成就时间确定。没有开工通知或开工报告的,应以实际开工时间确定。

《北京市高级人民法院关于审理建设工程施工合同纠纷案件若干疑难问题的解答》

第 25 条 工程开竣工日期如何确定？

建设工程施工合同实际开工日期的确定，一般以开工通知载明的开工时间为依据；因发包人原因导致开工通知发出时开工条件尚不具备的，以开工条件具备的时间确定开工日期；因承包方原因导致实际开工时间推迟的，以开工通知载明的时间为开工日期；承包人在开工通知发出前已经实际进场施工的，以实际开工时间为开工日期；既无开工通知也无其他相关证据能证明实际开工日期的，以施工合同约定的开工时间为开工日期。

……

《安徽省高级人民法院关于审理建设工程施工合同纠纷案件适用法律问题的指导意见（二）》

第 3 条 建设工程的开工日期应依据开工令、开工报告记载的时间予以认定。当事人认为实际开工时间与开工令、开工报告记载的时间不符的，应当承担举证责任。

因发包人原因导致延误开工的，以实际开工时间作为开工日期；因承包人原因导致延误开工的，以开工令、开工报告记载的时间作为开工日期。

既无开工令、开工报告，又无法查明实际开工时间的，依据合同约定的开工日期予以认定。

《建设工程造价鉴定规范》

5.7.1 当事人对鉴定项目开工时间有争议的，鉴定人应提请委托人决定，委托人要求鉴定人提出意见，鉴定人应按以下规定提出鉴定意见，供委托人判断使用：

1 合同中约定了开工时间，但发包人又批准了承包人的开工报告或发出了开工通知，应采用发包人批准的开工报告或发出的开工通知的时间；

2 合同中未约定开工时间，应采用发包人批准的开工时间；没有发包人批准的开工时间，可根据施工日志、验收记录等相关证据确定开工时间；

3 合同中约定了开工时间，因承包人原因不能按时开工，发包人接到承包人延期开工申请且同意承包人要求的，开工时间相应顺延；发包人不同意延期要求或承包人未在约定时间内提出延期开工要求的，开工时间不予顺延；

4 因非承包人原因不能按照合同中约定的开工时间开工，开工时间相应顺延；

5 因不可抗力原因不能按时开工的,开工时间相应顺延;

6 证据材料中,均无发包人或承包人推迟开工时间的证据,应采用合同约定的开工时间。

第九讲

竣工日期的认定

法条原文

第9条　当事人对建设工程实际竣工日期有争议的，人民法院应当分别按照以下情形予以认定：

（一）建设工程经竣工验收合格的，以竣工验收合格之日为竣工日期；

（二）承包人已经提交竣工验收报告，发包人拖延验收的，以承包人提交验收报告之日为竣工日期；

（三）建设工程未经竣工验收，发包人擅自使用的，以转移占有建设工程之日为竣工日期。

思维导图

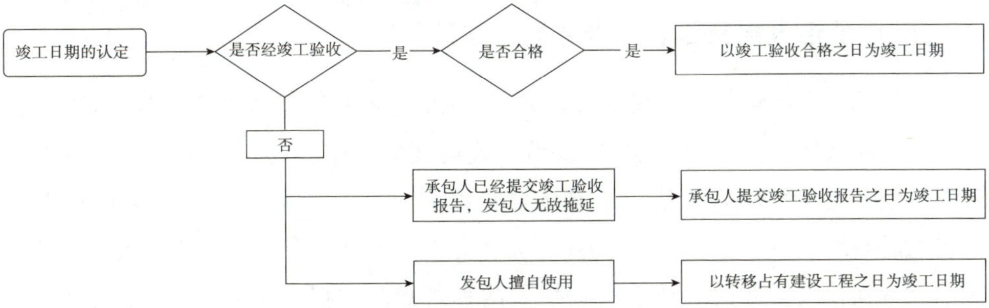

图9-1　竣工日期的认定

条文释义

本条是关于如何确定实际竣工日期的规定。

一、以双方确定的日期为竣工日期

实际竣工日期是承包人全面、适当履行了施工合同时的日期。合同中约定的竣工日期是发包人限定的竣工日期的底线，如果承包人超过了这个日期竣工就将为此承担违约责任。原则上，如果双方当事人签字确认了竣工日期，则该确认的日期即为竣工日期。确认的形式一般是书面的，可以是竣工验收登记表、协议、会议纪要、往来函件、监理记录等。如果当事人之间对竣工日期有特别约定的，应尊重当事人之间的约定,除非该约定违反法律的强制性规定。例如,《宣城市中级人民法院关于审理建设工程施工合同纠纷案件若干问题的指导意见(试行)》第11条规定:"发包人和承包人在建设工程施工合同履行过程中,补充约定的竣工日期明显早于备案合同约定的竣工日期,对该约定不予支持,应以备案合同约定的竣工日期确定。但该竣工的建设工程质量经验收合格的,可以认定对竣工日期的补充约定有效。"

二、以竣工验收合格之日为竣工日期

如果建设工程经过竣工验收为合格,以竣工验收合格之日作为竣工日期;如果经过竣工验收为不合格,则承包人需要按合同约定标准或有关工程质量技术规范进行整改,并达到合同约定标准或符合有关工程质量技术规范,以重新验收合格之日作为实际竣工日期。

三、以承包人提交验收报告之日为竣工日期

如果承包人已经提交了竣工验收报告,而发包人以各种理由拖延验收,竣工验收合格的时间就可能拖后,这时应以承包人提交验收报告的日期作为工程竣工的日期。该规定的法理依据为,在承包人已经提交了竣工验收报告后,作为债权人的发包人需要组织竣工验收,也即为履行受领行为。对于履行受领行为的法律属性,理论界有债权人义务说和债权人负担说两种观点。债权人义务说认为,债权人不履行受领行为是一种违约行为,应当承担违约责任;债权人负担说认为,债权人受领行为是债权效力的体现,是一种强度较弱的不真正义务,债权人违反该义务仅需承担权利减损或者丧失的利益,但当事人有约定的情形从约定。

发包人如果不积极组织竣工验收,属于违反了受领义务,无论是按照债权人义务说还是按照债权人负担说,发包人均须承担一定的不利后果,即以承包人提交竣工验收报告之日为竣工日期。例如,《建设项目工程总承包合同(示范文本)》(GF—2020—0216)第8.2款约定:"……因发包人原因,在工程师收到承包人竣工验收申请报告42天后未进行验收的,视为验收合格,实际竣工日期以提交竣工验收申请报告的日期为准,但发包人由于不可抗力不能进行验收的除外。"

此规定适用时,还有一点需要特别予以注意,那就是发包人无正理由拖延验收,若由于建设工程的确存在质量问题、承包人提交的验收报告不符合要求、承包人拒绝依照合同和法律义务交付竣工验收资料等原因导致不符合竣工验收条件,

发包人拒绝组织竣工验收的，则应另当别论。

四、以转移占有建设工程之日为竣工日期

如果建设工程未经竣工验收发包人就擅自使用的，则以转移占有建设工程的日期作为工程竣工的日期。

根据《建筑法》和《民法典》的有关规定，建设工程未经竣工验收，不得交付使用。然而在实践中，经常发生发包人出于各种原因在工程未经竣工验收就擅自使用工程的情形。从法律层面分析，发包人接收建设工程属于受领行为。竣工验收合格后发包人接收建设工程的行为，属发包人认可了承包人义务的履行，因而可以发生清偿的法律后果，使债务人的债务归于消灭。建设工程竣工验收不合格的，发包人享有拒绝受领的权利，若发包人擅自使用未经竣工验收的建设工程，可以认为发包人放弃了拒绝受领的权利，以事实行为认可了建设工程质量合格，发生债务消灭的法律效果，而债务消灭的时间则是转移占有之日。

值得注意的是，发包人擅自使用并不免除承包人全部的质量责任。根据本司法解释第十四条的规定，承包人仍需在建设工程的合理使用寿命内对地基基础工程和主体结构质量承担民事责任。

实务难点

一、竣工日期及相关概念

竣工日期可以分为合同中约定的竣工日期和实际竣工日期。《建设工程施工合同（示范文本）》（GF—1999—0201）第1.16款将竣工日期定义为："发包人承包人在协议书中约定，承包人完成承包范围内工程的绝对或相对的日期。"《建设工程施工合同（示范文本）》（GF—2017—0201）第1.1.4.2目将竣工日期定义为："包括计划竣工日期和实际竣工日期。计划竣工日期是指合同协议书约定的竣工日期，实际竣工日期按照第13.2.3项〔竣工日期〕的约定确定。"《建设项目工程总承包合同（示范文本）》（GF—2020—0216）第1.1.4.4目将竣工日期定义为："包括计划竣工日期和实际竣工日期。计划竣工日期是指合同协议书约定的竣工日期；实际竣工日期按照第8.2款［竣工日期］的约定确定。"

在实务中，我们经常看到一些建设工程施工合同以完工日期作为确定工期的一个重要依据。完工日期指承包人完成工程建设施工的日期，完工并非一个严格

意义上的法律术语,除非当事人在合同中有特别约定,以完工日确定工期责任。完工日期和竣工日期是两个不同的概念,不同之处在于竣工日期与竣工验收通过有关,只有竣工验收通过才有竣工日期一说,验收不通过谈不上竣工日期,但是验收不通过是存在完工日期的。两者之间的关系就是,先有完工日期,再有竣工日期,无前者则无后者。

验收备案日期是依据《建设工程质量管理条例》第49条的规定,发包人在工程竣工验收合格后将工程竣工验收报告和规划、公安消防、环保等部门出具的认可文件或者准许使用文件报建设行政主管部门或者其他有关部门备案的日期,该日期一般是晚于实际完工日期、实际竣工日期的,不能与实际完工日期、实际竣工日期混同。

二、相关文本对竣工日期的约定

关于竣工日期的确认问题,以下结合相关规定及建设工程施工合同示范文本进行简要归纳总结。

1.《建设工程施工合同(示范文本)》(GF—1999—0201)第32.4款约定:"工程竣工验收通过,承包人送交竣工验收报告的日期为实际竣工日期。工程按发包人要求修改后通过竣工验收的,实际竣工日期为承包人修改后提请发包人验收的日期。"

2.《建设工程施工合同(示范文本)》(GF—2017—0201)第13.2.3项约定:"工程经竣工验收合格的,以承包人提交竣工验收申请报告之日为实际竣工日期,并在工程接收证书中载明;因发包人原因,未在监理人收到承包人提交的竣工验收申请报告42天内完成竣工验收,或完成竣工验收不予签发工程接收证书的,以提交竣工验收申请报告的日期为实际竣工日期;工程未经竣工验收,发包人擅自使用的,以转移占有工程之日为实际竣工日期。"

3.《建设项目工程总承包合同(示范文本)》(GF—2020—0216)第10.1.2项约定:"……(2)工程师同意承包人提交的竣工验收申请报告的,或工程师收到竣工验收申请报告后14天内不予答复的,视为发包人收到并同意承包人的竣工验收申请,发包人应在收到该竣工验收申请报告后的28天内进行竣工验收。工程经竣工验收合格的,以竣工验收合格之日为实际竣工日期,并在工程接收证书中载明;完成竣工验收但发包人不予签发工程接收证书的,视为竣工验收合格,以完成竣工验收之日为实际竣工日期。(3)竣工验收不合格的,工程师应按照验收意见发出指示,要求承包人对不合格工程返工、修复或采取其他补救措施，由此增加的费用和（或）延误的工期由承包人承担。承包人在完成不合格工程的返工、修复或采取其他补救措施后，应重新提交竣工验收申请报告，并按本项约定的程序重新进行验收。（4）因发包人原因，未在工程师收到承包人竣工验收申请报告之日起42天内完成竣工验收的，以承包人提交竣工验收申请报告之日作为工程实际竣工日期。（5）工程未经竣工验收，发包人擅自使用的，以转移占有工程之日为实际竣工日期……”

三、竣工验收合格的要求

《建筑法》第61条规定，交付竣工验收的建筑工程，必须符合规定的建筑工程质量标准。工程质量强制性标准是国家对建设工程的技术质量的基本要求，违反该类标准将可能危及广大人民群众的人身安全和财产利益。因此，建设工程质量约定应当不低于国家强制性标准。约定标准低于国家强制标准的，该约定无效。此外，根据《建筑法》第54条、《建设工程质量管理条例》第10条的规定，在工程施工过程中，发包人不得要求承包人降低法定的工程质量标准，对于发包人的该项要求，承包人应当拒绝，承包人未拒绝的，也应当就工程质量不合格承担相应的责任。

由于工程质量问题涉及的专业性、技术性较强，司法实践中一般通过鉴定的方式予以确定。根据《司法鉴定程序通则》第23条的规定，司法鉴定人员应当按照国家标准、行业标准和技术规范、该专业领域多数专家认可的技术方法的顺序引用规范性文件。作为国家标准的《建筑工程施工质量验收统一标准》（GB 50300—2013）规定了单位工程、分部工程、分项工程和检验批的划分标准和质量验收合格要求（详见下文相关规定指引）。

操作要点

1. 工程完工并不代表已经验收，更不能代表已经验收合格。《民法典》第799条第1款规定：“建设工程竣工后，发包人应当根据施工图纸及说明书、国家颁发的施工验收规范和质量检验标准及时进行验收……”该条文也说明“竣工”“完工”在前，“验收合格”在后，二者是两个不同的法律概念。在约定完工日期计算工期的情况下，各方当事人应知晓完工日期的内涵以及与竣工日期的差异，传递双方的真实意思。

2. 确定建设工程实际竣工日期，其法律意义涉及给付工程款的本金及利息起算点、计算违约金的数额以及风险转移等诸多问题，对发包人和承包人都具有重要意义。

3. 工程实际竣工日期,如经双方签字确认的,应以双方确认的日期为竣工日期。交付竣工验收的建设工程,必须符合规定的建筑工程质量标准,并具备国家规定的其他竣工条件。依据《建设工程质量管理条例》的规定,建设工程竣工验收应当具备下列条件:(1)完成建设工程设计和合同约定的各项内容;(2)有完整的技术档案和施工管理资料;(3)有工程使用的主要建筑材料、建筑构配件和设备的进场试验报告;(4)有勘察、设计、施工、工程监理等单位分别签署的质量合格文件;(5)有施工单位签署的工程保修书。

如果由于承包人原因导致建设工程无法通过竣工验收,则发包人有权要求承包人在合理期限内无偿修理或者返工、改建,由此引起的工期延误,承包人应当承担违约责任。

4. 在承包人已经提交竣工验收报告的情况下,发包人可能为了达到拖欠工程款的目的,故意拖延验收。为了切实维护承包人的合法权益,制约发包人恶意拖欠工程款的行为,司法解释规定,以承包人提交验收报告之日为竣工日期。

《建设工程施工合同(示范文本)》(GF—2017—0201)第13.2.3项约定:"……因发包人原因,未在监理人收到承包人提交的竣工验收申请报告42天内完成竣工验收,或完成竣工验收不予签发工程接收证书的,以提交竣工验收申请报告的日期为实际竣工日期……"根据类似约定及规定,承包人应注重保留提交竣工验收报告时间的证据。

5. 在实践中,发包人为提前获得投资效益,会出现工程没有通过竣工验收而使用的情形。发包人实际接收后,意味着承包人已履行了合同义务,从而享有请求发包人支付工程价款的权利。在工程未经竣工验收、发包人擅自使用的情况下,发生纠纷后却以工程未经竣工验收为由拒付工程款,显然是违反司法解释规定的。《建设工程施工合同(示范文本)》(GF—2017—0201)第13.2.2项约定:"……工程未经验收或验收不合格,发包人擅自使用的,应在转移占有工程后7天内向承包人颁发工程接收证书;发包人无正当理由逾期不颁发工程接收证书的,自转移占有后第15天起视为已颁发工程接收证书……"

因此,承包人应及时提交竣工验收报告、收集发包人使用工程的证据,尤其是要注意发包人擅自使用工程的日期,因为这会关系到承包人是否按照约定工期完成施工任务的问题。

实务案例裁判要旨

表 9－1　竣工日期的认定

序号	法院及案号	法院观点	证明观点
1	最高院（2018）最高法民申 5442 号	关于竣工日期的问题。耀丰公司申请再审主张，虽然双方当事人未在《施工承包合同》中约定案涉工程的开工和竣工日期，但通过其在原审中提交的《工程安全受监申报书》和《单位工程开工报告》，可以认定双方当事人约定的案涉工程竣工日期为 2015 年 3 月 22 日。对此，本院认为，《工程安全受监申报书》和《单位工程开工报告》载明的 2015 年 3 月 22 日仅为家和公司向××县建设工程安全监督站申报的案涉工程计划竣工日期，并非双方当事人明确约定的案涉工程竣工日期	发包人向安全监督站申报的计划竣工日期不得作为约束承包人的竣工日期
2	最高院（2019）最高法民申 2456 号	苏中公司、金田公司及监理单位、设计单位就案涉工程出具的《单位（子单位）工程质量竣工验收记录》载明，案涉工程竣工验收合格之日为 2013 年 11 月 25 日，二审判决认定案涉工程竣工日期为 2013 年 11 月 25 日，具有事实和法律依据	建设工程经竣工验收合格的，以竣工验收合格之日为竣工日期
3	最高院（2015）民一终字第 94 号	建设工程的竣工日期分为实际竣工日期和视同竣工日期。由于 2011 年 10 月 1 日的竣工验收仅是单项工程的验收，双方当事人均未提交案涉工程整体验收合格的证据，仅凭现有证据，难以确定竣工日期，人民法院只能确定视同竣工日期。2012 年 8 月 10 日的《哈尔滨日报》载明，案涉工程于 2012 年 8 月 8 日落成开诊。《哈尔滨日报》系当地党委机关报，具有公信力，且该文系哈五院在该报刊登的专刊，该文内容载明的落成开诊日期应当视为该院认可的案涉工程投入使用日期，因此，应当将 2012 年 8 月 8 日哈五院投入使用的日期视同竣工日期	现有证据难以确定竣工日期的，以涉案工程实际投入使用的日期视同竣工日期
4	最高院（2019）最高法民申 679 号	本案中，首先，虽然案涉工程是先交付后进行竣工验收，但华厦公司并非擅自使用未经竣工验收的案涉工程，而是经双方协商的结果。其次，2012 年 7 月 5 日，建设单位、监理单位、勘察单位、设计单位、施工单位相关人员共同参加了案涉工程 5 号、6 号楼工程质监验收并形成《生态时代 5#、6#楼工程质监验收会议纪要》，即案涉工程经过了竣工验收，故二审法院以实际验收之日 2012 年 7 月 5 日为竣工日期符合前述司法解释的规定	在双方约定发包人先行使用而后进行竣工验收的，以实际竣工验收合格之日为竣工日期

续表

序号	法院及案号	法院观点	证明观点
5	最高院(2017)最高法民申3347号	根据本院原《建设工程施工合同司法解释》第14条第1项的规定,当事人对建设工程实际竣工日期有争议的,是以"竣工验收合格"之日为竣工日期,而非以竣工验收备案之日为竣工之日。竣工验收备案也是发包人的义务,且竣工验收备案是建设行政主管部门对建设工程质量进行监督管理的制度安排之一,是否予以备案是质监部门依法在自身职权范围内行使的权力,具有行政法律行为的性质,而竣工验收属于民事法律行为。竣工验收与竣工验收备案不同	当事人对建设工程实际竣工日期有争议的,以"竣工验收合格"之日为准,而非以竣工验收备案之日为竣工日期

相关规定指引

《建筑法》

第54条 建设单位不得以任何理由,要求建筑设计单位或者建筑施工企业在工程设计或者施工作业中,违反法律、行政法规和建筑工程质量、安全标准,降低工程质量。

……

第61条 交付竣工验收的建筑工程,必须符合规定的建筑工程质量标准,有完整的工程技术经济资料和经签署的工程保修书,并具备国家规定的其他竣工条件。

建筑工程竣工经验收合格后,方可交付使用;未经验收或者验收不合格的,不得交付使用。

《建设工程质量管理条例》

第10条 建设工程发包单位,不得迫使承包方以低于成本的价格竞标,不得任意压缩合理工期。

建设单位不得明示或者暗示设计单位或者施工单位违反工程建设强制性标准,降低建设工程质量。

《北京市高级人民法院关于审理建设工程施工合同纠纷案件若干疑难问题的解答》

27. 施工合同约定的工程质量标准与国家强制性标准不一致的是否有效?

建设工程施工合同中约定的建设工程质量标准低于国家规定的工程质量强制性安全标准的,该约定无效;合同约定的质量标准高于国家规定的强制性标准的,应当认定该约定有效。

《福建省高级人民法院关于审理建设工程施工合同纠纷案件疑难问题的解答》

13. 问:承包人已经提交竣工验收报告,发包人拖延验收,而验收后工程质量不合格需要返工的,能否以承包人提交验收报告之日为竣工日期?

答:最高人民法院《关于审理建设工程施工合同纠纷案件适用法律问题的解释》第十四条第(二)项规定的:"承包人已经提交竣工验收报告,发包人拖延验收的,以承包人提交验收报告之日为竣工日期"是指工程经竣工验收合格的情形。发包人拖延验收,而验收的工程质量不合格,经修改后才通过竣工验收,当事人对建设工程实际竣工日期有争议的,以承包人修改后提请发包人验收之日作为竣工日期。但在计算承包人的实际施工工期时,应当扣除发包人拖延验收的期间。

《宣城市中级人民法院关于审理建设工程施工合同纠纷案件若干问题的指导意见(试行)》

11. 发包人和承包人在建设工程施工合同履行过程中,补充约定的竣工日期明显早于备案合同约定的竣工日期,对该约定不予支持,应以备案合同约定的竣工日期确定。但该竣工的建设工程质量经验收合格的,可以认定对竣工日期的补充约定有效。

《建筑工程施工质量验收统一标准》(GB 50300—2013)

5.0.1　检验批质量验收合格应符合下列规定:

1 主控项目的质量经抽样检验均应合格;

2 一般项目的质量经抽样检验合格。当采用计数抽样时,合格点率应符合有关专业验收规范的规定,且不得存在严重缺陷。对于计数抽样的一般项目,正常检验一次、二次抽样可按本标准附录 D 判定;

3 具有完整的施工操作依据、质量验收记录。

5.0.2　分项工程质量验收合格应符合下列规定:

1 所含检验批的质量均应验收合格;

2 所含检验批的质量验收记录应完整。

5.0.3　分部工程质量验收合格应符合下列规定:

1 所含分项工程的质量均应验收合格;

2 质量控制资料应完整;

3 有关安全、节能、环境保护和主要使用功能的抽样检验结果应符合相应规定;

4 观感质量应符合要求。

5.0.4　单位工程质量验收合格应符合下列规定：

1 所含分部工程的质量均应验收合格；

2 质量控制资料应完整；

3 所含分部工程中有关安全、节能、环境保护和主要使用功能的检验资料应完整；

4 主要使用功能的抽查结果应符合相关专业验收规范的规定；

5 观感质量应符合要求。

5.0.5　建筑工程施工质量验收记录可按下列规定填写：

1 检验批质量验收记录可按本标准附录 E 填写，填写时应具有现场验收检查原始记录；

2 分项工程质量验收记录可按本标准附录 F 填写；

3 分部工程质量验收记录可按本标准附录 G 填写；

4 单位工程质量竣工验收记录、质量控制资料核查记录、安全和功能检验资料核查及主要功能抽查记录、观感质量检查记录应按本标准附录 H 填写。

5.0.6　当建筑工程施工质量不符合要求时，应按下列规定进行处理：

1 经返工或返修的检验批，应重新进行验收；

2 经有资质的检测机构检测鉴定能够达到设计要求的检验批，应予以验收；

3 经有资质的检测机构检测鉴定达不到设计要求、但经原设计单位核算认可能够满足安全和使用功能的检验批，可予以验收；

4 经返修或加固处理的分项、分部工程，满足安全及使用功能要求时，可按技术处理方案和协商文件的要求予以验收。

第十讲

工期顺延的认定

法条原文

第10条　当事人约定顺延工期应当经发包人或者监理人签证等方式确认，承包人虽未取得工期顺延的确认，但能够证明在合同约定的期限内向发包人或者监理人申请过工期顺延且顺延事由符合合同约定，承包人以此为由主张工期顺延的，人民法院应予支持。

当事人约定承包人未在约定期限内提出工期顺延申请视为工期不顺延的，按照约定处理，但发包人在约定期限后同意工期顺延或者承包人提出合理抗辩的除外。

思维导图

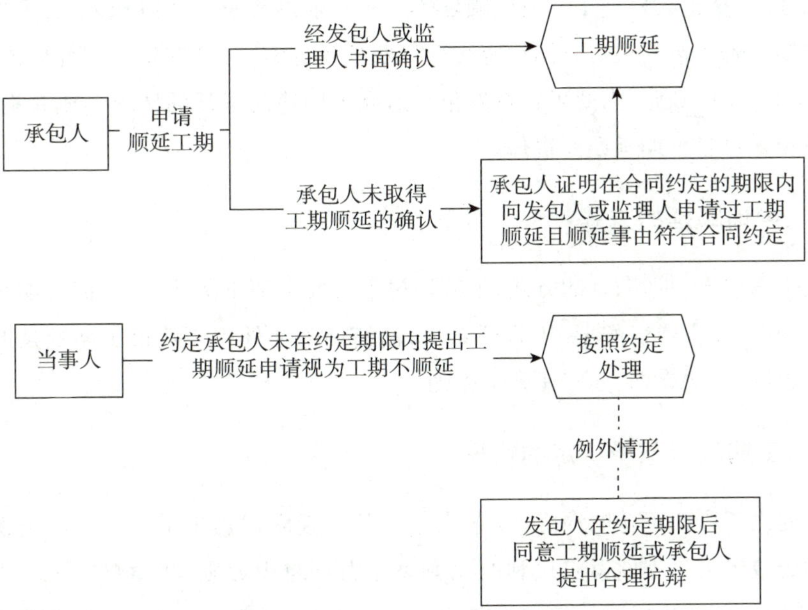

图10－1　工期顺延的认定

条文释义

本条是关于工期顺延的规定。第1款规定，在当事人约定顺延工期应当经过发包人或者监理人确认的情形下,若承包人未取得工期顺延确认的,承包人工期顺延的主张得到支持须满足的条件。第 2 款规定,约定“逾期申请工期顺延视为放弃”原则上有约束力,但有两种情形除外。

一、工期顺延的认定方式

本条第 1 款实际涉及工期顺延认定的方式:第一种方式即发承包人双方确认。若发承包双方对顺延工期进行了书面确认,自无争议。第二种方式即承包人依约主张。在发包人或者监理人未确认的情况下,承包人如何举证证明工期应予以顺延:(1)程序方面,举证证明在合同约定的期限内向发包人或者监理人申请过工期顺延;(2)实体方面,承包人举证证明顺延事由符合合同约定、客观存在。这里实际还涉及承包人要举证实际应当顺延的天数,只有完成这方面的举证,主张工期顺延才会有更多实质性的价值。一般情况下,当发包人以工期延误为由向承包人主张违约责任时,承包人根据工期发生顺延的事实并辅以相应的理由和证据,可进行有效的抗辩。若承包人根据合同约定履行工期顺延的索赔,且有相应的合理依据,则竣工日期也相应顺延,由此可针对发包人追究工期违约责任的请求形成有利抗辩,减轻或免除自身工期延误的责任。

二、申请顺延的方式

关于承包人申请顺延的方式,不应拘泥于书面申请书形式,只要能证明承包人主张过即可,如在会议纪要、工程联系单,洽商函等文件中表达过工期顺延的请求即可。否则,于法无据,亦有违公平原则。

三、工期顺延不予认定的情形

若建设工程施工合同约定“承包人未在约定期限内提出工期顺延申请视为工期不顺延或者丧失工期索赔权利的”,则基于合同自由原则,法律自无干涉当事人权利处分的必要,这样的约定应为有效,对发承包双方产生约束力。该条第 2 款体现了约定优先的基本原则。

笔者认为应当注意的一点是,如果承包人未在约定期限内提出工期索赔是由于不可抗力的原因,承包人可以免除工期延误责任,承包人工期顺延的主张应予以支持。其法律依据主要为:《民法典》第 180 条第 1 款:“因不可抗力不能履行民事义务的,不承担民事责任。法律另有规定的,依照其规定。”第 590 条第 1 款:“当事人一方因不可抗力不能履行合同的，根据不可抗力的影响，部分或者全部免除责任，但是法律另有规定的除外……”若建设工程施工合同仅约定承包人提出工期顺延的期限，未明确约定未在约定时间内提出申请视为工期不顺延或者视为放弃权利，则不能直接认定承包人未申请顺延工期的后果是放弃主张顺延的权利。

四、约定“逾期失权”的另外情形

关于建设工程施工合同约定“逾期失权”的问题，以往各地司法解释或者解答均认可了在建设工程合同有明确约定的情况下，承包人未在约定期限内提出工期顺延申请视为工期不顺延，但没有“承包人提出合理抗辩”除外的规定。

本条在“工期顺延逾期申请失权”的基础上增加了“发包人在约定期限后同意工期顺延”“承包人合理抗辩”的例外情形。关于“发包人在约定期限后同意工期顺延”可以理解为一种事后的追认，这在具体的操作中容易认定。但对于“承包人合理抗辩”包括哪些情形？何为合理的抗辩？这些在实务中容易产生争议，实际上这也是赋予了裁判者一定的自由裁量权。“如工程发生了变更，增加了工程量，或者有情势变更、不可抗力事件导致，并且承包人对其未按照合同约定申请工期顺延予以合理解释，此时也应该酌情予以顺延。”①

实务难点

一、工期延误与工期顺延

工期延误，又称工程延误或进度延误，指工程施工过程中实际工期超过合同约定工期或者工程竣工后实际工期超出合同约定工期的情形。从导致工期延误的主体方面分析，导致工期延误的可能是承包人原因、发包人原因、第三人原因或者不可抗力因素等。施工过程中的工期延误，有些可以在后续施工中通过赶工方式弥补。工期延误的后果在形式上表现为时间损失，实质上则会造成经济损失。从发包人和承包人两个主体原因导致工期延误分析，如果由于发包人原因导致工期延误，承包人可以要求发包人延长工期和（或）增加费用，并支付合理利润；如果由于承包人原因导致工期延误，承包人应采取有效措施加快施工进度（赶工），并承担由此增加的费用。若不能得到工期顺延的签证，承包人还有可能承担由此产生的逾期竣

---

① 参见最高人民法院民事审判第一庭编著：《最高人民法院建设工程施工合同司法解释（二）理解与适用》，法律出版社 2019 年版，第 144 页。

工违约责任(见图10-2)。

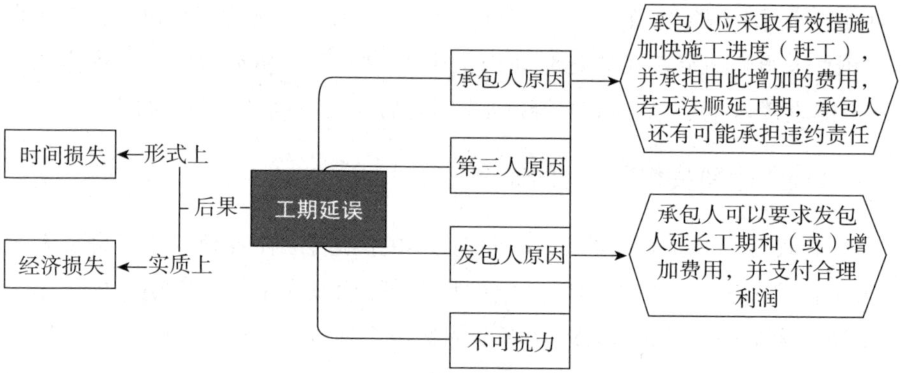

图10-2　导致工期延误的原因

工期顺延,是发包人原因或者不可抗力原因导致实际工期超出合同约定工期,承包人可以请求顺延合同工期的情形。在工期可以顺延的情况下,承包人可以免除该部分工期的违约责任,还有可能可以向发包人主张停工、窝工、合理利润等损失。

关于工期延误与工期顺延的关系。工期延误事实的发生是工期顺延可能产生的前提,且工期延误的事实并不一定导致工期顺延。承包人要顺延工期,须分析导致工期延误的原因、工期延误与工期顺延事由的因果关系,此外,承包人还应按照合同约定的程序和期限进行工期索赔。①

二、工期延误的原因分析及承包人工期顺延的程序要求

工程项目具有庞大、复杂、周期长和相关单位多等特点,因而在项目实施过程中,造成工期延误的因素会有很多。根据不同的分类标准会有不同的分类。此处仅阐述由于发包人原因导致工期延误情形下的工期顺延问题。

(一)由于发包人原因导致工期延误,工期顺延

建设工程施工合同、标准招标文件等示范性文件约定了由于发包人原因导致延误的情形,列举部分如下。

1.《建设工程施工合同(示范文本)》(GF—2017—0201)的规定

关于由于发包人原因导致工期延误,《建设工程施工合同(示范文本)》(GF—

① 实践中,对于承包人未按合同约定进行工期索赔是否导致工期顺延权利的丧失存在不同的观点。

2017—0201）通用条款第7.5.1项作了如下规定。

在合同履行过程中，因下列情况导致工期延误和（或）费用增加的，由发包人承担由此延误的工期和（或）增加的费用，且发包人应支付承包人合理的利润：

（1）发包人未能按合同约定提供图纸或所提供图纸不符合合同约定的；

（2）发包人未能按合同约定提供施工现场、施工条件、基础资料、许可、批准等开工条件的；

（3）发包人提供的测量基准点、基准线和水准点及其书面资料存在错误或疏漏的；

（4）发包人未能在计划开工日期之日起7天内同意下达开工通知的；

（5）发包人未能按合同约定日期支付工程预付款、进度款或竣工结算款的；

（6）监理人未按合同约定发出指示、批准等文件的；

（7）专用合同条款中约定的其他情形。

因发包人原因未按计划开工日期开工的，发包人应按实际开工日期顺延竣工日期，确保实际工期不低于合同约定的工期总日历天数。因发包人原因导致工期延误需要修订施工进度计划的，按照第7.2.2项〔施工进度计划的修订〕执行。

2.《建设工程施工合同（示范文本）》（GF—1999—0201）的规定

13.1　因以下原因造成工期延误，经工程师确认，工期相应顺延：

（1）发包人未能按专用条款的约定提供图纸及开工条件；

（2）发包人未能按约定日期支付工程预付款、进度款，致使施工不能正常进行；

（3）工程师未按合同约定提供所需指令、批准等，致使施工不能正常进行；

（4）设计变更和工程量增加；

（5）一周内非承包人原因停水、停电、停气造成停工累计超过8小时；

（6）不可抗力；

（7）专用条款中约定或工程师同意工期顺延的其他情况。

13.2　承包人在第13.1款情况发生后14天内，就延误的工期以书面形式向工程师提出报告。工程师在收到报告后14天内予以确认，逾期不予确认也不提出修改意见，视为同意顺延工期。

3.《中华人民共和国标准施工招标文件》的规定

11.3　发包人的工期延误

在履行合同过程中，由于发包人的下列原因造成工期延误的，承包人有权要求发包人延长工期和（或）增加费用，并支付合理利润。需要修订合同进度计划的，按照第10.2款的约定办理。

(1)增加合同工作内容;

(2)改变合同中任何一项工作的质量要求或其他特性;

(3)发包人迟延提供材料、工程设备或变更交货地点的;

(4)因发包人原因导致的暂停施工;

(5)提供图纸延误;

(6)未按合同约定及时支付预付款、进度款;

(7)发包人造成工期延误的其他原因。

4.《建设项目工程总承包合同(示范文本)》(GF—2020—0216)的规定

(1)3.5.3 由于工程师未能按合同约定发出指示、指示延误或指示错误而导致承包人费用增加和(或)工期延误的,发包人应承担由此增加的费用和(或)工期延误,并向承包人支付合理利润。

(2)5.1.3……在基准日期之后,因国家颁布新的强制性规范、标准导致承包人的费用变化的,发包人应合理调整合同价格;导致工期延误的,发包人应合理延长工期。

(3)8.9.1……承包人因执行暂停工作通知而造成费用的增加和(或)工期延误由发包人承担,并有权要求发包人支付合理利润,但由于承包人原因造成发包人暂停工作的除外。

(4)13.7.1 基准日期后,法律变化导致承包人在合同履行过程中所需要的费用发生除第13.8款[市场价格波动引起的调整]约定以外的增加时,由发包人承担由此增加的费用;减少时,应从合同价格中予以扣减。基准日期后,因法律变化造成工期延误时,工期应予以顺延。

5. 总结

在理论上,可以顺延工期的情形大体可以归纳为如下方面,但“可以”不等于“应当”。在实务中还应结合合同的具体约定和相关法律规定予以具体考量。

(1)发包人未按合同约定时间开工的。

(2)虽然进场,但开工条件不具备的。如达不到开工的客观条件或者法定条件,如工地未满足合同约定的开工要求,法律上相关审批手续未办妥等。

(3)发包人未按合同约定时间提供符合要求的图纸的。

(4)发包人未按合同约定支付工程款的。

(5)发包人或者监理未及时发出指令、确认或进行答复的。

（6）设计变更，导致工程量增加的。

（7）发包人提供的测量基准点、基准线和水准点、勘察报告及其他书面资料存在错误或疏漏的。

（8）发包人增加合同外工程的，该工程另行计算工期，在原合同工期中顺延。

（9）非发包人原因造成停水、停电、停气等累计超过8小时的（本条在2017年版施工合同示范文本中已被删除）。

（10）发包人供应材料的，因发包方供应材料迟延造成工期延误的。

（11）不可抗力，如台风造成、政府指令（如高考、召开重要会议）要求停工等。

（12）非承包人原因发包人要求停工的。

（13）非承包人原因监理单位指令停工的。

（14）承包人按合同约定程序完成隐蔽工程后发包人要求开挖重新验收，且验收合格的。

（15）发包人直接发包，工程施工人的原因造成工期延误的。

（16）发包人与承包人在施工过程中因已完成工程质量产生争议，承包人为避免损失扩大暂停施工，但最终确定已完成工程质量合格的。

（17）发包人未协调好土地权属、相邻关系等问题，相关第三人影响承包人正常施工的，但合同约定相邻关系由承包人处理的除外。

（18）因异常恶劣气候但未达到不可抗力情形下造成工期延误的。

（19）不利物质条件但未达到不可抗力情形下造成工期延误。

（20）其他由于发包人原因造成工期延误的情形。

（二）承包人工期顺延的程序要求

《建设工程施工合同（示范文本）》（GF—1999—0201）第13.2款约定："承包人在第13.1款情况发生后14天内，就延误的工期以书面形式向工程师提出报告。工程师在收到报告后14天内予以确认，逾期不予确认也不提出修改意见，视为同意顺延工期。"从该条的内容看，发包人原因导致工期延误的情形下，承包人为达到顺延工期的目的，还须满足如下条件：在约定的期限内向发包人提出书面报告，要求顺延工期；发包人在收到报告的一定期限内不予确认也不提出修改意见。

从《建设工程施工合同（示范文本）》（GF—1999—0201）的约定看，并没有规定如果承包人未在约定期限内提出顺延工期的书面报告，即失去了此项权利。但《建设工程施工合同（示范文本）》（GF—2017—0201）作出了与此不同的约定，承包人在适用时应予以特别注意。

《建设工程施工合同(示范文本)》(GF—2017—0201)第19.1款规定:“承包人的索赔”(见图10－3)中约定:“根据合同约定,承包人认为有权得到追加付款和(或)延长工期的,应按以下程序向发包人提出索赔:

(1)承包人应在知道或应当知道索赔事件发生后28天内,向监理人递交索赔意向通知书,并说明发生索赔事件的事由;承包人未在前述28天内发出索赔意向通知书的,丧失要求追加付款和(或)延长工期的权利;

(2)承包人应在发出索赔意向通知书后28天内,向监理人正式递交索赔报告;索赔报告应详细说明索赔理由以及要求追加的付款金额和(或)延长的工期,并附必要的记录和证明材料;

(3)索赔事件具有持续影响的,承包人应按合理时间间隔继续递交延续索赔通知,说明持续影响的实际情况和记录,列出累计的追加付款金额和(或)工期延长天数;

(4)在索赔事件影响结束后28天内,承包人应向监理人递交最终索赔报告,说明最终要求索赔的追加付款金额和(或)延长的工期,并附必要的记录和证明材料。”

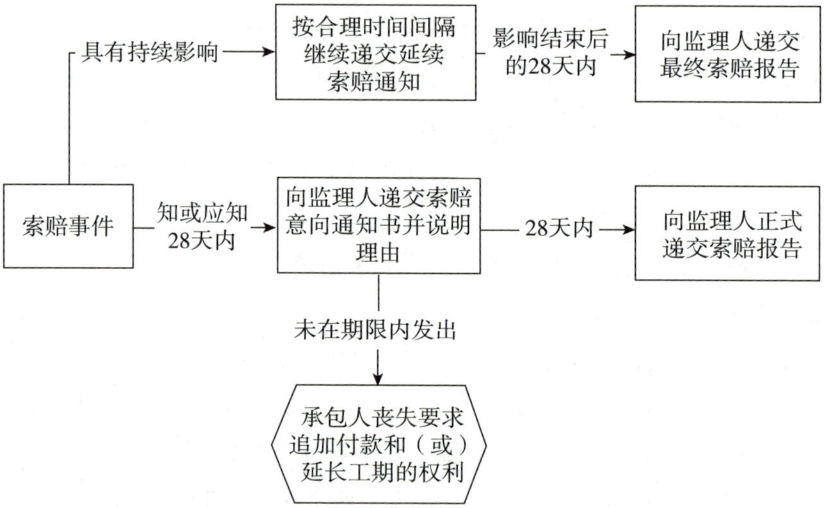

图10－3　索赔程序

三、关键工作、非关键工作对工期的影响

关键工作指的是网络计划中总时差最小的工作,在双代号时标网络图上没有波形线的工作即为关键工作。工作总时差最小的工作,其具有的机动时间最小,如

果延长其持续时间则会影响计划工期,因此为关键工作。当计划工期等于计算工期时,总时差为零的工作就是关键工作。在双代号网络计划和单代号网络计划中,关键路线是总的工作持续时间最长的线路。一个网络计划可能有一条,或几条关键路线,在网络计划执行过程中,关键路线有可能转移。当计算工期不能满足要求工期时,可通过压缩关键工作的持续时间以满足工期要求。

在施工进度计划中,一些分部分项工程处于关键线路上,构成关键工作,而另一些分部分项工程则处于非关键线路上,属于非关键工作。承包人完成进度计划中全部关键工作所需的时间即建设工程总工期。关键工作一旦受到某事件影响导致延误,必将造成总工期延误,而非关键工作只有在受到延误超过其总时差时才会导致总工期延误。

因此,关键工作以及关键工作延长对是否导致工期延误、是否支持工期索赔及费用索赔等都会有一定的影响。下面以 2015 年一级建造师《建筑工程管理与实务》中的真题予以举例说明。

背景资料:

某群体工程,主楼地下 2 层,地上 8 层,总建筑面积 26,800 平方米,现浇钢筋混凝土框剪结构。建设单位分别与施工单位、监理单位按照《建设工程施工合同(示范文本)》(GF—2013—0201)、《建设工程监理合同(示范文本)》(GF—2012—0202)签订了施工合同和监理合同。

合同履行过程中,发生了下列事件:

事件一:略

事件二:某单位工程的施工进度计划网络如图 10－4 所示。因工艺设计采用某专利技术,工作 F 需要工作 B 和工作 C 完成以后才能开始施工。监理工程师要求施工单位对该进度计划网络图进行调整。

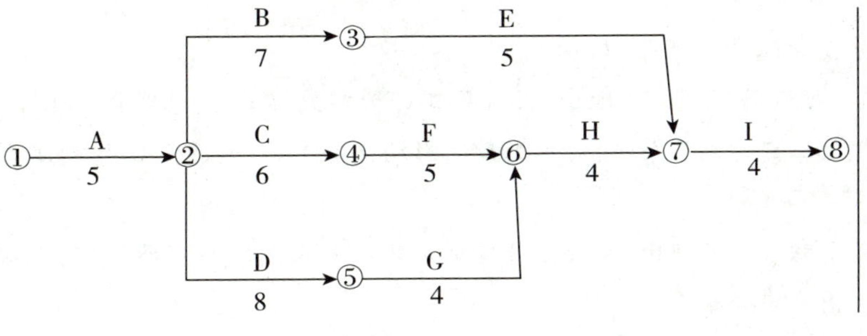

图 10－4 施工进度计划网络(单位:月)

事件三:施工过程中发生索赔事件如下:

由于项目功能调整变更设计,导致工作C中途出现停歇,持续时间比原计划超出2个月,造成施工人员窝工损失13.6万元/月×2月=27.2万元。

当地发生百年一遇大暴雨引发泥石流,导致工作E停下、清理恢复施工共用时3个月,造成施工设备损失费用8.2万元、清理和修复工程费用24.5万元。

针对上述一、二事件,施工单位在有效时限内分别向建设单位提出2个月、3个月的工期索赔,27.2万元、32.7万元的费用索赔(所有事项均与实际相符)。

问题:

1. 绘制事件二中调整后的施工进度计划网络图(双代号),指出其关键线路(用工作表示),并计算其总工期(单位:月)。

参考答案:

(1)调整后的施工进度计划网络(双代号)如图10-5所示。

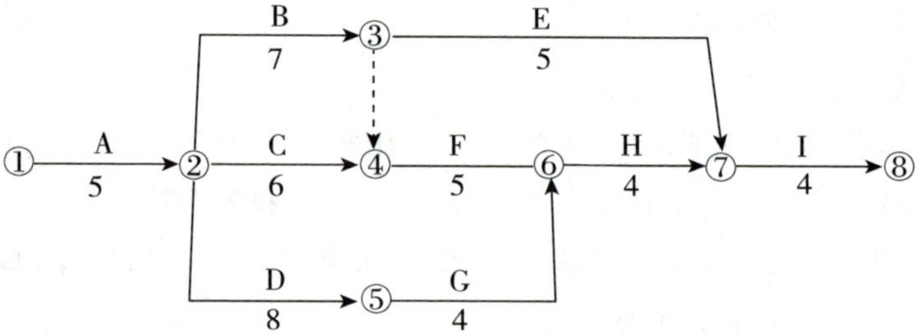

图10-5　调整后的施工进度计划网络

(2)关键线路:两条A→B→F→H→;A→D→G→H→I

(3)工期=5+7+5+4+4=25(月)

2. 事件三中,分别指出施工单位提出的两项工期索赔和两项费用索赔是否成立,并说明理由。

参考答案:

(1)工期索赔不成立。理由:因为C工作为非关键工作,总时差为1个月,设计变更后导致工期延误2个月,对总工期的影响只有1个月,故C工作的工期索赔为1个月。

费用索赔成立。理由:因为设计变更是非承包人原因导致的,承包人有权向建设单位提出费用索赔。

(2)工期索赔不成立。理由:因为E工作为非关键工作,总时差为4个月,不可抗力导致工期延误3个月,延误时长没有超过总时差,不影响总工期,故工期索赔不成立。

费用索赔不成立。理由:32.7 万元的费用索赔中,施工设备随时费用的 8.2 万元是不能索赔的,因为不可抗力事件导致承包人的施工机械设备损坏及停工损失,由承包人承担。清理和修复工程费用 24.5 万元是可以索赔的,因为不可抗力导致工程所需的清理和修复工程费用应由建设单位承担。

四、工期延误举证责任的分配

《民事诉讼法》《仲裁法》《民事诉讼法解释》确立了“谁主张,谁举证”的举证责任分配原则,但具体到工期延误举证责任的分配尚没有统一的标准。

在建设工程施工合同纠纷案件中,承包人起诉追讨工程欠款,发包人一般会以工期延误或工程质量作为抗辩、提起反诉的理由。一般来说,发包人提出工期延误,只需证明实际工期超出合同约定的工期即可。作为承包人,要达到不承担工期违约的责任,则须证明不存在工期延误的事实或者举证证明工期延误非己方原因所致。这对于本就相对缺乏证据法律意识的承包人而言确有难度,但也有利于促进承包人加强规范管理,从另一个角度看又未必是坏事。

(一)工期是否延误不明情况下的举证责任分配

1. 发包人须举证的主要内容

(1)建设工程施工合同约定的开工日期、竣工日期、约定工期;

(2)实际的开工日期、竣工日期、约定工期。

结合以上两方面的内容,即可很容易证明工期是否延误以及延误情形下的具体天数。

2. 承包人须举证的主要内容

承包人主张工期延误不存在,其可提供的主要材料如工程开工报审表、开工令、开工报告、建设工程施工许可证、变更工期的补充协议、工期顺延的资料等。

(二)工期延误确定情况下的举证责任分配

1. 发包人须举证的主要内容

针对承包人提出的工期延误事件非承包人原因所致、承包人原因引起的工期延误事件处于非关键线路上不影响总工期、工期延误天数计算错误等,发包人须证明:工期延误系承包人所致、发包人引起的工期延误为非关键线路延误从而不影响总工期、工期延误的具体天数等。

2. 承包人须举证的主要内容

(1)工期延误由于发包人原因、不可控制因素或非己方原因所致,承包人没有法律责任;

(2)非承包人原因引发的工期延误事件处于关键线路上,影响总工期的天数;

(3)严格依照合同约定的程序向发包人提出了索赔请求或进行了签证。

五、逾期视为放弃或认可的效力

工期顺延属于工期索赔,若承包人未按照合同约定的期限或程序要求工期顺延,索赔权是否丧失? 对此有不同的观点。第一种观点认为:索赔期限本质上是除斥期间,若怠于行使,则索赔权丧失;第二种观点认为:为了保护承包人利益,承包人索赔权不因索赔期限经过而丧失;第三种观点认为:不应以索赔程序瑕疵作为认定承包人工期延误责任的唯一原因,应当综合多方因素予以考量。也有观点认为:索赔期限是不同于诉讼时效和除斥期间的特殊时效,是工程领域特有的制度,法律后果是逾期索赔失权。

若施工合同约定了《建设工程施工合同(示范文本)》(GF—2017—0201)中相同或类似的索赔逾期失权,由于该约定不违反我国现行的法律、法规的规定,该约定应为有效,裁判者应尊重合同双方的意思表示,请求工期顺延的权利因怠于行使而丧失,产生逾期失权的法律后果。但是若合同双方当事人在施工合同中约定了工期顺延程序,但并未约定逾期失权,则裁判者不能认定逾期失权。

《建设工程施工合同(示范文本)》(GF—2017—0201)在某种程度上重视对承包人权益的保护,但对承包人施工管理水平也提出了更高的要求,其中的许多默示条款应引起承包人的高度重视。为了便于承包人应用好这些重要默示条款,以下通过表格的形式对这些条款的应用予以总结(见表 10 - 1)。

表 10－1　《建设工程施工合同(示范文本)》(GF—2017—0201)
中承包人应注意的重要默示条款总结

序号	期限及主要内容	违反的后果	应对措施	所涉条款
1	由于承包人原因引起暂停施工,承包人应承担由此增加的费用和(或)延误的工期,且承包人在收到监理人复工指示后 84 天内仍未复工	视为承包人明确表示或者以其行为表明不履行合同主要义务	(1)签订合同时,与发包人协商,在专用合同条款中对 84 天的期限适当延长; (2)收到监理人复工指示后,无正当理由,应按照复工指示复工;若有合理理由不能复工的,应及时以书面形式向发包人与监理人提出异议并收集保留相关证据; (3)做好复工记录与确认工作,且签字确认人员必须有相应权限	第 7.8.2 项 第 16.2.1 项
2	监理人对承包人提交的工程量报表中的工程量有异议的,有权要求承包人进行共同复核或抽样复测。承包人应协助监理人进行复核或抽样复测,并按监理人要求提供补充计量资料	承包人未按监理人要求参加复核或抽样复测的,监理人复核或修正的工程量视为承包人实际完成的工程量	(1)根据项目的具体情况,在专用条款中进一步明确工程量计量的具体方式、程序以及其他特殊事项; (2)配合发包人、监理人做好复核或抽样复测工作,如对监理人的复核或抽样复测有异议,应及时以书面形式向发包人与监理人提出	第 12.3.3 项 第 12.3.4 项
3	具备无负荷联动试车条件,发包人组织试车,并在试车前 48 小时以书面形式通知承包人……	承包人无正当理由不参加试车的,视为认可试车记录	(1)在专用条款中,对试车的程序进行调整; (2)收到试车通知后,建议尽量参加,如不认可发包人、监理人的记录,应在记录中明确注明并说明理由,以防止发包人以不参加为由认定承包人已认可试车记录; (3)有正当理由不参加试车的,应以书面形式向发包人与监理人提出,附上相关证据材料予以说明,并保留已向发包人与监理人提出的证据材料	第 13.3.1 项

续表

序号	期限及主要内容	违反的后果	应对措施	所涉条款
4	竣工结算审核:……(3)承包人对发包人签认的竣工付款证书有异议的,对于有异议部分应在收到发包人签认的竣工付款证书后7天内提出	承包人逾期未提出异议的,视为认可发包人的审批结果	(1)区分无异议部分与有异议部分,提交书面异议理由及相关材料; (2)明确要求发包人对无异议部分签发临时付款证书,使无争议部分尽早进入付款阶段	第14.2款
5	承包人应在索赔事件发生后28天内向监理人递交索赔意向通知书,并说明发生索赔事件的事由	承包人未在28天内发出索赔意向通知书,丧失追加付款、延长工期的权利	(1)在约定期限内,及时向发包人和监理人递交索赔相关书面材料,避免逾期失权; (2)固定索赔事件发生的事实材料,如签证文件、施工记录、照片、现场录音影像资料等; (3)签收环节应注意的事项:①确保索赔材料的签收人为合同约定的有权签收人;②签收记录应注明签收日期;③若发包人/监理人拒绝签收,建议采用EMS快递并公证的方式送达	第19.1款
6	对发包人索赔的处理:……(2)承包人应在收到索赔报告或有关索赔的进一步证明材料后28天内,将索赔处理结果答复发包人	逾期未答复,视为对发包人索赔要求的认可	(1)在专用条款中,对期限予以修改,如有可能,可以适当延长该期限; (2)在专用条款没有特别约定的情况下,务必在28日内书面答复发包人的索赔并保留已送达的证据; (3)如不认可发包人的索赔,但无法在合同约定期限内提出合理理由,也一定要在期限内书面答复。否则视为认可发包人的索赔,法律后果严重	第19.4款

操作要点

建设工程具有投资大、周期长、环节多、技术性强、不确定因素多等特点,不能如期竣工而导致发包人、承包人双方为此诉至法院的现象屡见不鲜。施工过程中工期延误的原因各种各样。作为承包人的施工单位如何防范工期延误的法律风险尤为重要。

1. 严格按约定程序申请顺延工期并形成合法有效的证据

合同签订后,承包人应严格按照合同约定的程序制订切实可行的施工组织设计、进度计划,根据项目特点绘制施工横道图、网络图,并得到发包人的认可、批准。这些对于工期责任主体的认定、延误责任比例的分摊都有非常重要的作用。在施工管理过程中,一旦由于发包人的原因或其他不可归责于自身的原因造成工期延误,承包人应及时、严格依照合同约定期限向发包人提出工期顺延的联系单,及时得到工期顺延、费用等方面的确认,防止因期限经过而丧失权利。若未在约定的期限内申请工期顺延的,事后应尽量取得发包人同意顺延的书面函件。在施工管理过程中也需要通过监理例会、会议纪要等形式固定证据,一定要树立证据意识,及时按约定的程序提出报告,形成合法有效的证据。

2. 重视项目管理过程中的证据固定

在合同履行过程中,承包人应做到规范化的书面管理,不轻信口头的承诺,对于合同履行中产生的工期争议一定要及时解决落实,明确责任。承包人应在施工管理过程中通过工期顺延、索赔来控制工期风险,不能等到工程项目竣工后以期通过协商的方式解决双方的分歧。

一般情况下,工期延误的事实相对容易确认,但究竟是哪方的责任却难以认定。依据《民事诉讼法》《民事诉讼法解释》以及相关法律规定的“谁主张,谁举证”的举证责任分配原则,发包人欲证明实际竣工日期超出了合同约定的竣工日期是比较容易的,而承包人要证明是由于发包人的原因或者其他不可归责于自身的原因造成工期延误则是相对困难的。如果承包人不能对此提供相关证据予以证明,则极有可能面临承担工期违约的责任。因此,对承包人而言在施工过程中必须做好工期顺延证据的收集和整理工作,首先要做到事前防范,如在建设工程施工合同中明确约定因设计变更导致工程量增加而工期顺延的确定方式。在施工管理过程中,及时向发包人提出书面报告,争取依约获得发包人同意顺延工期的签证。

3. 完善签收管理制度

承包人在施工合同履约过程中,应有意识地建立与发包人之间的签收制度。承包人收到发包人或者监理的口头或书面指令后,应第一时间与发包人或驻工地授权代表进行书面确认。若发包人拒绝书面签字确认,承包人亦应保留向发包人送达的书面证据,一旦发生纠纷这是非常重要的。在发包人故意不签收或拒绝签收的情况下,承包人可以通过邮政特快专递的方式送达,保留邮寄存根及时查询发包人签收信息。在遇到重大特殊情况时,承包人还可将邮寄过程和内容提请公证机构予以公证,以此固定相关证据,争取主动权。

4. 明确顺延的具体天数

工期顺延的时间本身存在难以量化的问题。在明确承包人原因导致工期延误的情况下,最好进一步明确顺延的具体天数。在实务中,承包人对非自身原因引起的工期延误依合同约定向发包人提出了工期顺延的请求,但具体可以顺延的天数双方并没有书面确认。在此情况下,司法部门认定工期顺延天数的难度增大,很有可能认定的顺延天数与实际不符。

5. 慎重对待工期违约条款

实践中,发包人往往会在合同中对违约金作出明确的要求,工期紧张的情况下,发包人对违约金的要求更高,以此督促承包人加快施工、确保工期。但鉴于工程施工过程,很有可能出现承包人不能控制的客观因素而影响工期。因此,不管承包人对按期竣工有多大的信心,在合同中都应慎重约定过高的违约金条款。如果由于现实因素承包人不得不接受发包人提出的高额违约金条款,承包人一方面应争取设置违约金的最高限额,另一方面应争取在合同履行过程中通过补充协议、会议纪要等形式变更高额违约金条款。

6. 谨防逾期失权

若承包人未按照合同约定的期限或程序要求工期顺延,索赔权是否丧失,在理论和实务中存在争议,尚无定论。为了尽量减少这方面的争议,控制因法律规定不明而可能导致的法律风险,从承包人的角度来说,在发生了导致工期顺延或者工期索赔的事项后,一定要按照合同约定的方式、在约定的期限内向发包人提出工期顺延或者工期索赔的要求,并注意保留好相关的书面文件。从发包人的角度来说,如果承包人提出工期顺延或者工期索赔要求,一定要仔细审核,对不符合条件的要求应当在约定期限内书面拒绝,防止发生拖延而产生不利的法律后果。

总之,在发生非承包人原因导致工期延误的情况下,理论上来说承包人均可要求顺延工期。当然,在实践中能否顺延工期、顺延工期后能否在法律上得到支持、能否据此进行索赔还是一个非常复杂的问题,涉及顺延程序、证据固定、索赔权利的主张等一系列的问题,须具体问题具体分析。

实务案例裁判要旨

表 10－2 发承包双方已经达成工期顺延协议，构成工期顺延

序号	法院及案号	法院观点	证明观点
1	最高院（2017）最高法民终 733 号	六合盛公司向中建一局出具《施工工期顺延说明》，内容为“自 2013 年 8 月 28 日贵公司正式进入现场施工以来，施工过程受到甲指分包交叉作业、甲方工程资金紧张、当地市场及自然因素等多方面的影响。我司在充分考虑各种因素的基础上，经与贵公司协商一致，现就总体工期顺延事宜说明如下：将建设工程施工合同及相关协议中约定的竣工日期变更为 2015 年 6 月 10 日”。 关于中建一局主张的由于工期延长导致增加的管理费 3,050,077.34 元、劳务管理费 2,786,016.87 元问题，其所计算损失的起止时间为合同约定的竣工时间至工程实际交付时间或管理人员实际撤场时间，由于双方已经达成了工期顺延的协议，故一审法院对此不予支持	发承包双方已经达成工期顺延协议，构成工期顺延
2	山东高院（2015）鲁民一终字第 62 号	在原审时，威建公司提供了《工期顺延协议》、《蓝色领域工程例会纪要》以及多份《工程联系单》和《延长工期审批表》，以此证明涉案工程在施工过程中威建公司已与金鹏公司和新海公司就工期顺延问题多次达成一致意见。特别是 2010 年 9 月 22 日金鹏公司与威建公司签订的 007 号协议书还明确约定，对 2010 年 9 月以前金鹏公司拖延支付进度款与威建公司拖延工期的违约责任互不追究。因此，应认定威建公司顺延工期是有相应的合同依据及事实依据的，威建公司在双方认可的顺延工期时间里将工程施工完毕并交付使用，不存在违约之处	发承包双方已经达成工期顺延协议，构成工期顺延

表 10－3　承包人可以按约申请工期顺延的情形

序号	法院及案号	法院观点	证明观点
1	最高院(2013)民一终字第 111 号	根据一审、二审法院已经查明的事实,一方面,二十二冶公司直至 2008 年 12 月 24 日撤场时,尚遗留有未完工程,确实存在拖延工期问题;另一方面,新广厦公司亦并未完全按照补充协议约定如期、足额支付工程款,影响了工程进度。新广厦公司应当按照合同约定支付工程进度款,拒绝支付即构成违约行为,二十二冶公司主张其有权依《建设工程施工合同》及补充协议的相关约定,对因延付进度款而拖期部分按顺延工期或合理停工处理,理由成立	发包人未按约如期、足额支付进度款可构成工期顺延的理由
2	最高院(2016)最高法民终 375 号	中化十三建于 2010 年、2011 年相继开工,按合同约定,碱业公司应及时提供相关的设备、材料、构配件,但根据中化十三建提交的有监理单位签字或盖章的相关工程材料、构配件、设备报审表显示,应由碱业公司提供的相关材料、设备、构配件于 2012 年才相继到位,故因甲方供材不及时而导致工期顺延的责任不在中化十三建,按合同约定工期应相应顺延;中化十三建提交的有碱业公司盖章的工作联系单显示,工程开工后,2012 年碱业公司多次向中化十三建下达工程联系单,联系单的内容显示:工程存在多处设计变更、工程变动、工程量增加的情况,要求中化十三建按照通知进行施工,故在施工过程中由于设计变更、工程量增加的原因必然导致工期顺延	因甲方提供材料不足、发生设计变更,承包人可以申请工期顺延
3	最高院(2013)民一终字第 168 号	关于涉案工程工期延误的原因及责任问题。涉案工程工期比照双方的合同约定,存在明显的延误情况,这是本案不争的事实。但对于工期延误的原因,双方意见不一,中建六局认为,工期延误是溢利公司不及时提供图纸、进行大量设计变更、签证工程量增加,不按合同约定支付工程款等行为所致,而溢利公司主张工期延误是中建六局施工管理和能力所致,但双方均不能提供充分有效的证据支持自己的主张,故一审法院对于双方提出的涉案工程工期延误原因的主张,均不予采信。但一审法院能认定涉案工程在实际施工过程中确实存在大量设计变更的情形,而设计变更虽可能影响工期,但一般又均在施工合同履行中被允许,针对这种情形,双方应依交易惯例对工期进行顺延	因设计变更而导致工程量增加,工期顺延

表 10 -4　承包人主张工期顺延应当承担举证责任

序号	法院及案号	法院观点	证明观点
1	最高院(2016)最高法民再134号	该协议书中并无职业学院如不按合同支付后续工程款、导致正常施工无法进行则需承担包括顺延工期在内的违约责任的表述,尤其是关于二建公司不能单方面停工的约定更排除了可顺延工期的可能性。二建公司还主张实际施工过程中职业学院将楼梯扶手、栏杆等铁艺工艺变更为石雕工艺增加工程量以及未消防报件、无节能设计以致影响竣工验收、应当顺延工期,但该公司并未在原一审中予以主张,亦未提交证据予以证明上述工程变更程度之大足以影响整个工程按期完成。故二建公司关于其有权顺延工期、实际施工时间并未超过240天的主张因无事实根据而不能成立	承包人主张工期顺延应当承担举证责任
2	最高院(2015)民申字第201号	关于工期顺延的责任主体与举证责任分配问题。永泰公司逾期交工是客观事实,该公司主张逾期交工系因村委会违约所致,依据“谁主张,谁举证”的原则,应由该公司举证证明村委会逾期支付预付款的行为导致了工期延误,二审法院关于该问题的举证责任分配并无不当	承包人主张工期顺延应当承担举证责任

表 10 -5　承包人未按照约定程序申请顺延工期,工期不予顺延

序号	法院及案号	法院观点	证明观点
1	最高院(2014)民抗字第80号	本案《建设工程施工合同》对于工期顺延的程序作出了明确约定。虽因讼争工程屋面防水层设计问题导致章诚隆公司对屋面进行整改施工的事实的确存在,但其并未提交因此而实际延误总工期的证据,且章诚隆公司也未就该项整改施工办理相关的工期顺延签证,故原判对其就此要求延长工期38天的请求不予支持并无不当	当事人未按照约定程序申请顺延工期,工期不予顺延
2	最高院(2013)民提字第182号	本案中河北建材公司虽申请再审主张工期应予顺延,但其并未提供经其与昌江华盛公司双方签字确认的工期顺延签证,亦未提供因符合合同约定顺延工期条件其曾向昌江华盛公司申请工期顺延的报告,所以,二审法院认为河北建材公司未能提供按合同约定提交申请确认工期延误的报告及工程签证等证据,河北建材公司主张工期顺延不能成立并无不当。河北建材公司该项再审主张依据不足,本院不予支持	当事人未按照约定程序申请顺延工期,工期不予顺延

续表

序号	法院及案号	法院观点	证明观点
3	江苏高院(2014)苏民终字第00379号	虽然三份补充协议所涉设计变更和工程量增加符合《施工合同》通用条款第13.1条和专用条款第13.1款关于工期顺延的约定,但按照《施工合同》通用条款第13.2款的约定,工期顺延应当经过报批程序确认。《施工合同》通用条款第13.2款赋予了广厦公司的选择权和南洲公司的监督权,即合同约定的工期顺延事由出现后,广厦公司可选择是否延长工期:如广厦公司选择顺延工期,则需提出书面报告,由南洲公司进行审核;如广厦公司选择不顺延工期,则无须报告。现广厦公司无证据证明其提出相关报告,应视为广厦公司选择不顺延工期,故广厦公司现主张应顺延工期缺乏事实依据,不符合《施工合同》的约定	当事人未按照约定程序申请顺延工期,工期不予顺延

表10-6　当事人双方对工期延误均有过错的,应分别就其过错承担责任

序号	法院及案号	法院观点	证明观点
1	最高院(2018)最高法民终207号	经查,根据现已查明的案涉工程开工延误、不断变更设计、补充修改、增加工程量、需要明确施工做法、逾期支付进度款,以及双方多次协调,昆仑公司数次停工未报文越公司书面同意等事实来看,文越公司与昆仑公司对于案涉工程工期延误均有过错,双方应当各自承担相应责任。关于文越公司上诉称昆仑公司应全部承担拆迁户安置费619,350元的上诉理由,与双方对案涉工程工期延误各有责任的事实不符,一审酌定昆仑公司承担该费用的50%并无不当	当事人双方对工期延误均有过错的,应分别就其过错承担责任
2	最高院(2012)民提字第20号	如前所述,涉案工程发生质量问题的根本原因在于工程所处的地质条件较为特殊。在合同履行中发现土质问题影响施工后,双方当事人均未能遵循诚实信用原则履行自己的义务,造成工期延误,并发生了工程质量事故,导致巨大的建设成本损失,对该损失的发生,根据双方的过错大小,应由海擎公司承担主要责任,中兴公司承担次要责任	当事人双方对工期延误均有过错的,应分别就其过错承担责任
3	江苏高院(2015)苏民终字第00393号	双方施工期间形成的施工进度资料显示,涉案工程工期延误系由于材料、设备及施工人员不足、箱梁作业缺少熟练工种、工人技能差、施工质量控制差、施工时间安排不合理、项目部组织管理措施不力、资金不到位、连续降温降雨等多方面原因导致,对此双方均有过错,应各自承担相应的责任	当事人双方对工期延误均有过错的,应分别就其过错承担责任

表 10－7　当事人双方有约定，依合同约定

序号	法院及案号	法院观点	证明观点
1	最高院（2015）民申字第 1004 号	《建设工程施工合同》第 6.6 款约定，因发包人原因导致的工程缓建，承包人不收取停、窝工费，并自愿放弃向发包人索赔的权利；本工程因发包人原因停建，在发包人书面通知承包人后，所产生的一切费用及相关损失发包人不再承担。发包人书面通知前所产生的费用按本合同约定办理结算。 根据前述约定，即使本案存在因两江房地产公司原因导致的工期延误的事实，在双方未达成赔付损失协议的情况下，巨杉园林公司向两江房地产公司主张工程管理费损失缺乏合同约定。巨杉园林公司申请再审时主张其请求为两江房地产公司未按期移交施工场地导致工期延误的损失，而并非工程停缓建所造成停工费、窝工费的损失，合同依据及法律依据不足，不应予以支持	当事人双方约定免除发包人责任的，依合同约定
2	四川高院（2018）川民终 767 号	签证内容载明，上述停工事实系因发包人原因造成。建设单位代表签字确认了签证内容。虽双方 2011 年 9 月 28 日合同约定“发包人原因造成的工期延误，工期顺延，但延误的工作必须处于经批准的施工进度网络计划图注明的工作内容，且为关键工作，承包人不能据此索赔相关费用”，但一是没有证据证明希望公司据此给万能公司顺延了工期；二是时间在后的 2011 年 10 月 10 日合同明确约定“因甲方违约给乙方造成损失的，甲方应向乙方赔偿相应损失”，视为已经改变了 9 月 28 日合同约定的承包人对发包人原因造成的工期延误导致的相关费用不能索赔的约定；三是二审中双方对本案的工程结算以 2011 年 10 月 10 日签订的《施工承包合同》作为结算依据并无异议，停工索赔属于结算内容，亦应当适用 2011 年 10 月 10 日合同约定。故希望公司上诉主张关于停工索赔应适用 2011 年 9 月 28 日合同，这两份签证涉及的金额不应计入工程造价的理由不能成立	当事人双方约定了发包人违约责任的，依合同约定

表 10－8　例外情形

法院及案号	法院观点	证明观点
江苏高院(2017)苏民终 463 号	徐州水利公司向管理处书面承诺"不因业主前期工作(征地拆迁)滞后的原因提出任何相关的索赔(在国家规定的法律前提下)",该承诺是徐州水利公司真实意思表示,不违反法律规定,合法有效。一审认定该承诺违反公平原则不当,本院依法予以纠正。徐某坤作为借用徐州水利公司资质的实际施工人,理应受该承诺的约束。但涉案工程由于拆迁原因,实际开工期距离《协议书》签订日期已相差 8 个多月,而实际施工期间更是长达 5 年之久,实际开工期和实际施工期均非徐州水利公司承诺时所能预见到的可能延长的合理范围,且因工期延误及实际施工期的延长给徐某坤造成损失的事实亦是客观存在,因此不对实际施工人给予补偿显失公平。 综上所述,一审关于徐某坤有权就工期延误主张补偿费用的认定并无不当,本院予以维持	当事人约定显失公平的,承包人可以向发包人主张工期延误损失

表 10－9　双方无约定的,承包人不就发包人导致的工期延误承担责任

法院及案号	法院观点	证明观点
最高院(2016)最高法民终 689 号	本院认为,三工置业依据《建设工程施工合同》的约定,在本案中主张金桥公司未按约定工期完成工程,存在违约,应承担赔偿损失责任的请求,缺乏证据证明。理由是:在一审审理中,金桥公司提交了反驳证据:建筑施工许可证、审查合格证、《建设工程项目基本情况表》、《民用建筑节能设计专项审查表》,证明金桥公司不存在违约事实,因图纸及施工许可证等不符合约定,导致工期延误,属于三工置业先行违约,三工置业对于上述证据的三性无异议。一审法院对该证据在庭审中进行了质证,双方当事人对所提交的证据无异议。三工置业提供的工程施工图纸不及时并进行了修改及建筑工程施工许可证不符合约定,是造成工期延误的原因。故此,未按约定工期完成工程,致使工期延误的原因是金桥公司的责任所致,依据并不充分,没有证据证实金桥公司造成了工期延误,金桥公司不构成违约;三工置业亦未提供主张 3000 万元损失产生的相关证据,三工置业要求金桥公司赔偿工期延误的损失,依据不足,本院不予支持	双方无约定的,承包人不就发包人导致的工期延误承担责任

表 10－10　双方无约定的，发包人不就其导致的工期延误承担赔偿责任

法院及案号	法院观点	证明观点
最高院（2014）民一终字第 310 号	关于工期延误损失是否应当赔偿的问题。超华公司认为根据合同约定只有承包人延误工期才需承担相应损失，由于发包人原因导致工期延误可按实际延误时间签证顺延，而不是赔偿；同时，中建公司亦未按约提出工期索赔请求，故中建公司的索赔请求不应予以支持	发包人原因导致工期顺延的，若合同未约定赔偿损失，则承包人的索赔请求，不予支持

相关规定指引

《民法典》

第 803 条　发包人未按照约定的时间和要求提供原材料、设备、场地、资金、技术资料的，承包人可以顺延工程日期，并有权请求赔偿停工、窝工等损失。

《建设工程施工合同司法解释（一）》

第 11 条　建设工程竣工前，当事人对工程质量发生争议，工程质量经鉴定合格的，鉴定期间为顺延工期期间。

《浙江省高级人民法院民事审判第一庭关于审理建设工程施工合同纠纷案件若干疑难问题的解答》

六、如何认定工期顺延？

发包人仅以承包人未在规定时间内提出工期顺延申请而主张工期不能顺延的，该主张不能成立。但合同明确约定不在规定时间内提出工期顺延申请视为工期不顺延的，应遵从合同的约定。

《北京市高级人民法院关于审理建设工程施工合同纠纷案件若干疑难问题的解答》

26. 工期顺延如何认定？

因发包人拖欠工程预付款、进度款、迟延提供施工图纸、场地及原材料、变更设计等行为导致工程延误，合同明确约定顺延工期应当经发包人签证确认，经审查承包人虽未取得工期顺延的签证确认，但其举证证明在合同约定的办理期限内向发包人主张过工期顺延，或者发包人的上述行为确实严重影响施工进度的，对承包人顺延相应工期的主张，可予支持。

《安徽省高级人民法院关于审理建设工程施工合同纠纷案件适用法律问题的指导意见(一)》

15. 承包人以发包人未按合同约定支付工程进度款为由主张工期顺延权,发包人以承包人未按合同约定办理工期顺延签证抗辩的,如承包人举证证明其在合同约定的办理工期顺延签证期限内向发包人提出过顺延工期的要求,或者举证证明因发包人迟延支付工程进度款严重影响工程施工进度,对其主张,可予支持。

因发包人迟延支付工程进度款而认定承包人享有工期顺延权的,顺延期间自发包人拖欠工程进度款之日起至进度款付清之日止。

《安徽省高级人民法院关于审理建设工程施工合同纠纷案件适用法律问题的指导意见(二)》

第4条 承包人未能提供顺延工期的签证等书面文件,但能够证明工程存在延期开工、不具备施工条件、设计变更、工程量增加、发包人指定的分包工程迟延完工、不可抗力等不可归责于承包人的原因,影响施工进度的,可以允许承包人相应顺延工期。

第十一讲

质量鉴定合格的法律后果

法条原文

第 11 条　建设工程竣工前，当事人对工程质量发生争议，工程质量经鉴定合格的，鉴定期间为顺延工期期间。

思维导图

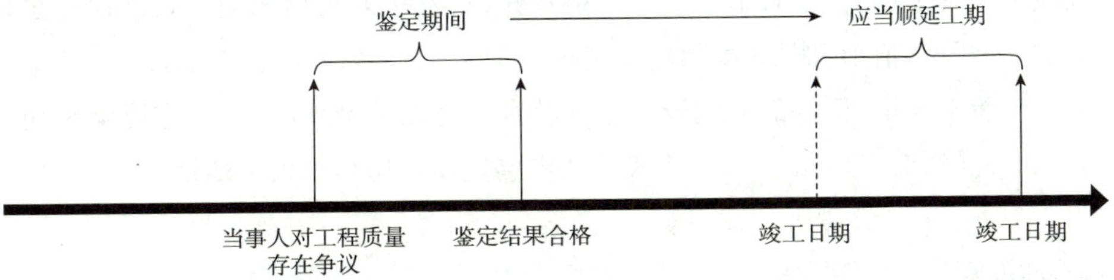

图 11－1　质量鉴定合格的法律后果

条文释义

本条是关于施工过程中产生工程质量争议时，因鉴定而延误的工期如何处理的规定。

一、适用前提

本条适用的前提必须是建设工程竣工前。如果是竣工验收后产生质量争议，则不存在工期顺延问题。

二、质量合格情况下，鉴定期间为顺延期间的理解

出现质量问题，既有可能是承包人的原因引起的，也有可能是发包人的原因引起的，还有可能是勘察单位、设计单位等其他第三方原因引起的。当事人对是否存在质量问题、谁的原因造成质量问题产生争议时，往往委托专业的鉴定机构进行鉴定。原《建设工程司法鉴定程序规范》（SF/ZJD 0500001—2014）第 7.2.6 项规定："受鉴项目竣工前，发包人和承包人对工程质量发生争议，工程质量经鉴定合格的，鉴定期间为工期顺延期间。"第 7.2.9 项规定："因发包人原因造成受鉴项目停工

的,相应顺延工期;因承包人原因造成受鉴项目停工的,工期不予顺延。”此外,该条规定与建设工程清单计价规范类似规定背后的机理有相通之处,《建设工程工程量清单计价规范》(GB 50500—2013)第3.3.3项规定:“……对发包人要求检测承包人已具有合格证明的材料、工程设备,但经检测证明该项材料、工程设备符合合同约定的质量标准,发包人应承担由此增加的费用和(或)工期延误,并向承包人支付合理利润。”

若工程质量经鉴定合格或者质量问题是由于发包人原因引起的,原则上鉴定期间应为顺延工期的期间,承包人不承担责任,由发包人承担相应责任。但这里也要考虑一些特殊情形,例如,虽然经鉴定质量为合格或者应由发包人承担责任的原因导致质量不合格,但该部分质量的鉴定没有发生在关键线路上,没有影响承包人的施工。此时,就不应当“一刀切”式地认定鉴定期间均为顺延工期期间。

实务难点

一、经鉴定为不合格,延误的工期如何分担

工程质量经鉴定为不合格,鉴定期间不能继续施工的,延误的工期应否顺延、如何顺延,本条没有规定。工程质量经鉴定合格且影响工期的,鉴定期间为顺延工期期间。工程质量经鉴定不合格且影响工期的,鉴定期间肯定不能作为顺延工期期间。但能否将所有因此延误的时间都作为承包人应承担的工期责任。答案应为不能。从现实的鉴定情况看,鉴定的程序一般比较复杂,时间比较长。如果将因鉴定而延误的时间均计入承包人的工期并由此判断其可能承担的工期违约责任,这对承包人显然是不公平的。当然如果由发包人承担该工期也是不合理的。故,对于此类问题,需要裁判者在查明事实的基础上,综合鉴定期间是否完全停工、鉴定时间是否过长、出现质量问题的原因等因素,根据公平原则,发挥自由裁量权,判定双方合理分担该延误的工期。

二、启动质量鉴定时发包人的初步举证义务

一般情况下,我们认为,发包人主张工程存在质量问题的,需提供初步举证义务证明工程质量存在缺陷,具体可以通过现场质量问题照片、录像、现场踏勘或者委托第三方机构出具初步专业意见的方式等方式进行。《浙江省高级人民法院民事审判第一庭关于审理建设工程施工合同纠纷案件若干疑难问题的解答》第8条

规定:“要严格把握工程质量鉴定程序的启动。建设工程未经竣工验收,发包人亦未擅自提前使用,发包人对工程质量提出异议并提供了初步证据的,可以启动鉴定程序。”《江苏省高级人民法院民一庭建设工程施工合同纠纷案件司法鉴定操作规程》第39条第2款规定:“建设工程经竣工验收合格,发包人起诉或反诉主张工程质量不合格向人民法院申请鉴定,并就质量问题有初步证据证明的,人民法院可以准许。”从这几个规定看,强调了发包人就质量问题申请鉴定情况下负有的初步举证义务。

实务中也有规定应区分不同情形确定是否直接允许发包人的质量鉴定申请,《深圳市中级人民法院关于建设工程合同若干问题的指导意见》第20条规定:“建设工程合同无效或解除的,承包人主张工程款,发包人提出对已完成工程进行质量鉴定的,应予支持。”《江苏省高级人民法院民一庭建设工程施工合同纠纷案件司法鉴定操作规程》分不同情况作出了不同的规定,该规程第38条规定:“发包人主张工程质量不符合合同约定,但提交的证据不足以证明的,应由发包人向人民法院申请鉴定;根据已有证据能够证明质量不符合合同约定,承包人主张并非施工原因导致但提交的证据不足以证明的,应当由承包人申请鉴定。”[①]第40条规定:“建设工程未经竣工验收合格,发包人擅自使用后对使用部分质量提出异议并申请鉴定的,人民法院不予准许,但涉及地基基础工程和主体结构质量的除外。对于因缺乏建设用地规划许可证、建设工程规划许可证、国有土地使用权证的‘三无工程’,发包人主张工程存在质量问题申请鉴定的,人民法院不予准许。”

实务中,对于这个问题显然是存在争议的,没有完全达成共识。在(2019)最高法民终1863号案中,一审法院与二审法院对该问题的做法就截然不同。一审以联合利丰公司未提供工程质量存在缺陷的相关证据未完成基本举证义务为由未准许鉴定申请。但最高院认为,工程质量是否合格,是否需要进行修复以及修复费用的确定均属于专业问题,根据《民事诉讼法》第76条第1款的规定,联合利丰公司对此有权向法院申请鉴定,一审未准许工程质量鉴定不仅影响当事人的实体权利,而且影响当事人的程序利益,剥夺了当事人的举证权利。

总体来说,工程经竣工验收合格或视为合格后,如无相反证据证明,可认定涉案工程质量合格。也就是说此时若发包人主张工程质量存在问题,一般情况下应负有存在质量问题的初步举证义务,然后再确认是否应当进行工程质量的鉴定。

---

① 该条规定并没有规定发包人主张工程质量不符合合同约定的情况下,需要提供质量存在问题的初步证据。——笔者注

若工程未经竣工验收,一般应向发包方释明是否申请对工程的质量进行司法鉴定,如果发包方不愿意申请,负有举证责任的发包人如不能提供充分的证据证明涉案工程质量不合格,应承担举证不利的后果。当然,实际操作层面还要根据具体个案结合法律法规以及当地司法机关的一些规定来确定。

操作要点

1. 施工过程中,一旦因工程质量问题产生争议,承包人应客观分析出现质量问题的原因。如果是由于自身原因造成的,则应及时采取有效措施进行修复,不能盲目进行鉴定,否则由此造成的进一步扩大的损失将由自己承担,其中主要包括鉴定费、修复费用、拖延工期的违约责任等。

2. 如果有证据证明质量问题是由于发包人的原因造成的,则可以考虑与发包人友好协商,协商不成则应进行鉴定。若鉴定结论为:由于发包人原因造成了质量问题,则应由发包人承担鉴定所产生的全部费用及其他损失,其中主要包括鉴定费、修复费用、承包人的工期损失。

3. 工程质量的鉴定能否成为顺延工期的理由,主要取决于工程质量是否合格。如果工程质量合格,对于承包人来说,把工程质量的鉴定期间作为顺延工期期间是合理的、公平的。反之,可能存在工期不应顺延,承包人须承担逾期交工违约责任的风险。此外,还应考虑导致质量不合格的因素,鉴定是否必然影响工期等。

4. 一般来说,一个建设工程项目从开始立项到通过竣工验收,建设单位、设计单位、施工单位、监理单位等均已涉入其中。一旦出现质量问题,相关单位则会找各种不应承担责任的理由。而认定工程质量缺陷本身及其责任人的问题,又具有很强的技术性和专业性,需要委托有资质的鉴定部门进行鉴定,导致工程质量纠纷的解决常常取决于技术鉴定的结论。为了尽量减少纠纷,相关各方在签订建设工程施工合同时可以对专业鉴定单位作出明确约定,这样在一定程度上能够提高解决质量争议的效率。例如,《建设工程施工合同(示范文本)》(GF—2017—0201)通用条款第5.5款即约定:“合同当事人对工程质量有争议的,由双方协商确定的工程质量检测机构鉴定,由此产生的费用及因此造成的损失,由责任方承担。合同当事人均有责任的,由双方根据其责任分别承担……”当事人双方可以根据项目的具体特点,在专用条款中对此进一步细化。

实务案例裁判要旨

表 11-1　竣工前因质量争议而进行鉴定对工期的影响

序号	法院及案号	法院观点	证明观点
1	沈阳中院(2012)沈中民二初字第136号	本案的争议焦点二为深圳方大公司应否承担逾期完工的违约责任及承担垫付费用。现已查明,双方在工程验收时因为工程质量是否符合合同约定发生争议,现沈阳丽都公司认为工程因此问题一直处于未竣工状态,而依照原《建设工程施工合同司法解释》第15条规定"建设工程竣工前,当事人对工程质量发生争议,工程质量经鉴定合格的,鉴定期间为顺延工期期间",在双方未能就此做出明确意见,且在深圳方大公司亦未提出此项主张的情况下,本院无法认定双方工程的具体完工时间,且从合同信函中双方也有从工程款中扣除部分违约金的意思表示,故沈阳丽都公司可待条件成就后一并处理工程款及违约金的争议	当事人对未竣工工程产生质量争议的,需等条件成就后主张工程款及违约金
2	济宁中院(2017)鲁08民终3642号	双方签订工程施工劳务分包合同后,陈某依合同约定完成了大部分施工,现涉案工程公司1已交付给开发商使用,依照法律相关规定,涉案工程应认定为工程质量符合合同要求和实际图纸要求及有关工程质量验收标准,各项功能满足使用要求。陈某提供的"竣工验收合格证",该合格证没有行政主管部门、建设单位、勘察单位、设计单位、监理单位等有关部门的相应材料,不能证明陈某对涉案施工工程于2013年12月29日已竣工验收。陈某承包的涉案工程的劳务至其起诉时,仍有部分工程未施工,庭审中,对其未施工及工程变更所涉及的施工费用进行了评估,最后评估日为2015年10月30日,因此2015年10月30日应视为该工程的竣工结算日期。 　　虽然陈某提交了2013年12月29日的竣工验收合格证,但该合格证未经五方加盖印章确认,且至起诉时陈某仍有部分工程未完工,该合格证与本院查明的事实相悖,不能证明案涉工程已于2013年12月29日竣工。陈某并未按约定履行全部施工义务,其起诉时主张支付剩余劳务费用并未确定,原审法院依最后评估日2015年10月30日作为该工程的竣工结算日期,并无不妥	工程未竣工验收,工期顺延至最后评估日

相关规定指引

《建设工程工程量清单计价规范》(GB 50500—2013)

3.3.3 ……对发包人要求检测承包人已具有合格证明的材料、工程设备,但经检测证明该项材料、工程设备符合合同约定的质量标准,发包人应承担由此增加的费用和(或)工期延误,并向承包人支付合理利润。

第十二讲

承包人拒绝修复的处理

法条原文

第12条　因承包人的原因造成建设工程质量不符合约定，承包人拒绝修理、返工或者改建，发包人请求减少支付工程价款的，人民法院应予支持。

思维导图

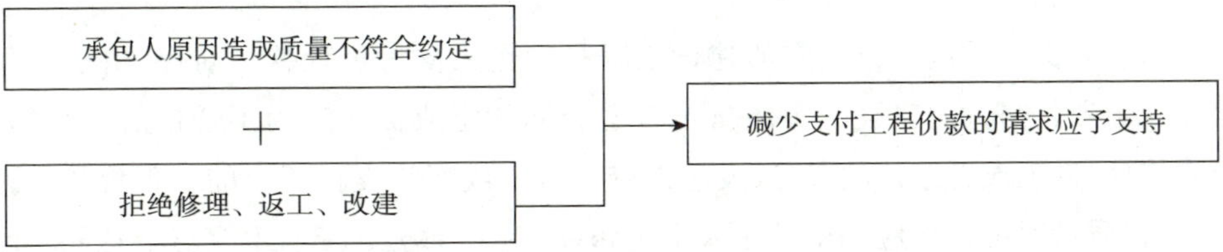

图12－1　承包人拒绝修复的处理

条文释义

本条是关于由于承包人原因造成工程质量问题并拒绝修复的规定。该规定针对在建工程、未交付使用的工程，交付使用后的工程发现质量缺陷问题适用有关保修制度的相关规定。

一、交付质量合格的工程是承包人的主要义务

按照合同约定完成建设工程施工，并确保工程经竣工验收质量合格，是承包人在施工合同下的主要义务，也是承包人最基本、最主要的责任；发包人的主要义务则是依约支付预付款、进度款、结算款等。

关于"建设工程质量不符合约定"应如何理解的问题，理论和司法实务界有两种不同的理解。一种观点认为，工程质量不合格是承包人完成的建设工程不符合工程设计文件的要求或者不符合国家建设工程质量验收标准及相关专业验收规范的规定，不能通过工程质量验收。工程质量达到国家关于建设工程质量的强制性标准[如《建筑工程施工质量验收统一标准》(GB 50300—2013)]，即为质量合格。另一种观点认为，工程质量不合格既指建设工程不符合工程设计文件的要求或者不符合国家对建筑工程质量强制性规范标准的要求，也指建设工程产品不符合合

同约定的质量标准。工程质量既要满足国家强制性标准的要求,也要满足约定要求(因为约定的质量标准可能高于国家规定的强制性标准),方为合格。本条中"建设工程质量不符合约定"应作广义理解,它不仅包括工程质量不符合双方当事人合同约定标准,还应包括不符合国家对建筑工程质量强制性的规范标准等情形。[①] 这应是本条采用"建设工程质量不符合约定"而没有采用"建设工程质量不合格"的一个重要原因,这样涵盖的外延更广、更严谨。

二、承包人拒绝履行修复义务的法律后果

承包人交付质量符合约定的建设工程是发包人支付工程款的前提,由于承包人原因导致其交付的建设工程质量不符合合同约定或被认定为不合格的,承包人负有修理、返工或者改建的义务,发包人有权减少或拒绝支付相应的工程价款。因此,工程质量瑕疵首先应当由承包人承担修理、返工、改建的责任和义务。这既是承包人的责任和义务,在某种程度上讲,也是承包人的权益。[②] 在司法实践中,如承包人拒绝或不能完成工程质量缺陷修复,可依法由其他主体代替履行,必要时也可由发包人自行履行,费用由承包人承担。

发包人请求承包人承担质量修复费用后,不影响发包人依约依法要求承包人承担其他违约责任或赔偿责任。需要注意的是,该条规定针对在建工程、未交付使用的工程,交付使用后的工程发现质量缺陷问题应适用有关保修制度的相关规定。

实务难点

一、发包人请求减价属于抗辩还是反诉

在民事诉讼中,抗辩和反诉存在很大差别。首先,反诉需要缴纳诉讼费用,而抗辩无此要求;其次,反诉需要按起诉的标准提交材料,抗辩只需提交证明事实成立或不成立的证据,对于反诉需要审查是否符合一般诉讼要件和反诉要件,对于抗辩则主要审查抗辩事实是否有证据支持;最后,反诉事项具有既判力,不可就该事项再向法院重复起诉,而对于抗辩事实可另行向法院起诉(见表 12 - 1)。

---

① 参见最高人民法院民事审判第一庭编著:《最高人民法院建设工程施工合同司法解释的理解与适用》,人民法院出版社 2015 年版,第 95 页。

② 参见冯小光:《回顾与展望——写在〈最高人民法院关于审理建设工程施工合同纠纷案件适用法律问题的解释〉颁布实施三周年之际》,载最高人民法院民事审判第一庭编:《民事审判指导与参考》2008 年第 1 集(总第 33 集),法律出版社 2008 年版,第 90 页。

表 12－1　反诉与抗辩的区别

序号	反诉	抗辩
1	反诉需要缴纳诉讼费用	抗辩不需要缴纳诉讼费用
2	反诉需要提交符合起诉条件的各种材料	抗辩只需证明事实主张成立的证据
3	反诉事项具有既判力，不可再向法院起诉	抗辩事实可再次向法院起诉
4	审判程序略有不同	

界定抗辩还是反诉主要从以下两个方面进行判断：首先，看被告是否具有独立的请求给付内容。如原告向被告主张工程欠款，被告提出超付，则不具有独立的给付请求，属于抗辩；若被告主张返还超付工程款，则被告的主张具有独立的给付请求，属于反诉。其次，看被告的主张是否超过原告的诉讼请求。如果被告的主张虽有给付内容，但实质是在原告主张的诉请范围内主张抵销，并不具备新的独立的给付内容，仍属于抗辩。

笔者认为，发包人由于承包人原因造成质量不符合约定且拒绝修复而请求减少工程价款属于抗辩。"减少支付工程款"的主张没有超过原告的诉讼请求范围，实质上是抵销。《最高人民法院关于审理买卖合同纠纷案件适用法律问题的解释》也明确了减价请求属于抗辩，其中第 31 条规定："出卖人履行交付义务后诉请买受人支付价款，买受人以出卖人违约在先为由提出异议的，人民法院应当按照下列情况分别处理：（一）买受人拒绝支付违约金、拒绝赔偿损失或者主张出卖人应当采取减少价款等补救措施的，属于提出抗辩；（二）买受人主张出卖人应支付违约金、赔偿损失或者要求解除合同的，应当提起反诉。"

二、施工质量缺陷处理的基本方法

在建设工程出现质量缺陷时，通常认为可针对质量缺陷的程度采取如下不同的处理方法。①

1. 返修处理。当工程某些部分的质量虽未达到约定或规定的规范、标准或设计的要求，存在一定的缺陷，但经过整修后可以达到要求的质量标准，又不影响使用功能或外观的要求时，可采取返修处理的方法。

---

① 参见全国一级建造师执业资格考试用书编写委员会：《建设工程项目管理》，中国建筑工业出版社 2020 年版，第 194～195 页。

2. 加固处理。该方法主要是针对危及工程结构安全性、耐久性的质量缺陷的处理。

3. 返工处理。当工程质量缺陷经过修补、加固处理仍不能满足规定的质量标准要求,或不具备修补、加固条件,但具备重做条件时应采取返工处理措施。

4. 限制使用。在工程质量缺陷按修补方法处理后无法保证达到规定的使用要求和安全要求,或者加固方法经济性严重不合理,且工程在改变设计使用条件后尚具有一定使用价值的情况下,不得已时可采取的诸如结构卸载、减载或者限制使用的其他措施。

5. 不作处理。某些工程质量问题虽然达不到规定的要求或标准,但其情况不严重,对结构安全或使用功能影响很小,经过分析、论证、法定检测单位鉴定和设计单位等认可后可不作专门处理。一般可不作专门处理的情况有以下几种。

(1)不影响结构安全和使用功能;(2)后道工序可以弥补的质量缺陷;(3)法定检测单位鉴定合格;(4)出现的质量缺陷,经检测鉴定达不到设计要求,但经原设计单位核算,仍能满足结构安全和使用功能。

6. 报废处理。出现质量缺陷的工程,通过分析或实验,采取前述各项处理方法仍不能满足规定的质量要求或标准,则必须予以报废处理。

操作要点

1. 在承包人起诉要求支付工程款的情况下,发包人就质量问题是提出抗辩还是另行起诉/提出反诉,工程验收是否合格是一个重要的参考标准。工程竣工验收合格,应提出反诉,要求修复并承担修复费用;竣工验收不合格,可提出抗辩,不支付工程价款。

2. 工程质量与工程获奖是两个不同概念。作为施工企业,为充分维护自身利益,在合同中最好不要硬性约定以是否获奖作为奖惩的标准。例如,合同中不宜采用"工程质量验收应达到优良标准""工程必须获得鲁班奖"等类似约定。《建筑工程施工质量验收统一标准》(GB 50300—2001)统一规定为"合格"与"不合格"。

3. 对于"减少支付工程价款"的范围,有约定从约定,无约定可协商,协商不成可参照《建设工程施工合同司法解释(一)》第19条第2款的规定,即可以参照修复时当地建设行政主管部门发布的计价方法或者计价标准。

至于减少多少,在双方无法协商一致的情况下,法官享有自由裁量权。如裁决人员无法确定减少的具体数额时,当事人应及时提示裁决人员可以向专业中介机构咨询，不一定需要进行鉴定，因为一旦鉴定就会发生新的费用。简言之，就是要做到具体问题具体分析，不能一概而论。

实务案例裁判要旨

表 12－2　如承包人不能完成工程质量缺陷修复，可依法由其他主体代替履行，必要时也可由发包人自行履行，费用由承包人承担

序号	法院及案号	法院观点	证明观点
1	最高院（2010）执监字第 183 号	东航公司未能提出符合原设计要求的修复方案，不能达到判决要求的修复标准，且该修复行为在性质上并非只能由东航公司完成。故本案替代履行的条件成就，可以由有关单位或其他人代替东航公司完成修复行为，费用由东航公司承担。上述规定并未将申请执行人排除在替代履行的主体之外，本案由申请执行人自行修复不违背公平合理的原则，有利于案件执行，应予准许。东航公司承担修复费用与慈吉集团支付工程款均为金钱给付义务，依债务性质可以相互折抵。且折抵之后，有利于降低案件执行成本	如承包人不能完成工程质量缺陷修复，可依法由其他主体代替履行，必要时也可由发包人自行履行，费用由承包人承担
2	上海市一中院（2014）沪一中民二（民）终字第 1031 号	原审审理中，在上诉人（笔者注：承包人）并未积极履行维修义务的情况下，被上诉人（笔者注：发包人）另行聘请第三人完成了重做防水工程，由此产生的维修费用应由上诉人在合理范围内予以承担，原审酌情认定由上诉人承担 10 万元维修费符合公平合理的原则，并无不当	如承包人不能完成工程质量缺陷修复，可依法由其他主体代替履行，必要时也可由发包人自行履行，费用由承包人承担
3	最高院（2020）最高法民终 898 号	法院判决：八冶建设集团有限公司、八冶建设集团有限公司西宁分公司、李某初于本判决生效后 90 日内就青海省建筑工程质量检测站《关于盛源小区 2 某、3 某楼工程项目委托检测的回复》列明的问题履行修复义务，如八冶建设集团有限公司、八冶建设集团有限公司西宁分公司、李某初在规定的期限内不履行修复义务，则由青海盛源房地产开发有限公司委托有资质的第三方修复，所需费用由八冶建设集团有限公司、八冶建设集团有限公司西宁分公司、李某初承担	如承包人不能完成工程质量缺陷修复，可依法由其他主体代替履行，必要时也可由发包人自行履行，费用由承包人承担

续表

序号	法院及案号	法院观点	证明观点
4	最高院(2018)最高法民再235号	本案中,对外墙保温工程出现的质量缺陷,承包人长安公司虽曾制定两套修复方案,但后经建设主管部门与建设方、施工方、设计单位、质量检测单位等会商,确定该质量缺陷无法修复,只能在现有基础上采用铝单板干挂。本案中,因长安公司不具有铝单板干挂的施工资质,并明确拒绝进行改建施工,发包人宝泉公司另行发包给具备法定资质的其他施工企业施工,并无不当	如承包人不能完成工程质量缺陷修复,可依法由其他主体代替履行,必要时也可由发包人自行履行,费用由承包人承担
5	《最高人民法院公报》2014年第8期(总第214期)	关于本案屋面渗漏应按何种方案修复的问题,二审认为,根据原《合同法》第107条、第281条之规定,由于施工方原因致使工程质量不符合约定的,施工方理应承担无偿修理、返工、改建或赔偿损失等违约责任。本案中,双方当事人对涉案屋面所做的工序进行了明确约定,然承包人南通二建在施工过程中,擅自减少多道工序,尤其是缺少对防水起重要作用的2.0厚聚合物水泥基弹性防水涂料层,其交付的屋面不符合约定要求,导致屋面渗漏,其理应对此承担违约责任。鉴于发包人恒森公司几经局部维修仍不能彻底解决屋面渗漏,双方当事人亦失去信任的合作基础,为彻底解决双方矛盾,原审法院按照司法鉴定意见认定按全面设计方案修复,并判决由恒森公司自行委托第三方参照全面设计方案对屋面渗漏予以整改,南通二建承担与改建相应责任有事实和法律依据,亦属必要	如承包人不能完成工程质量缺陷修复,可依法由其他主体代替履行,必要时也可由发包人自行履行,费用由承包人承担

表12-3 工程质量缺陷修复方案应当进行修复必要性、经济性、合理性等判断

序号	法院及案号	法院观点	证明观点
1	最高院(2017)最高法民申948号	根据东南公司出具的鉴定报告,"如需根本解决目前的塌陷问题,无法仅仅通过修复解决。而是需要重新进行勘探、规划设计及施工,该内容已超出修复方案鉴定范畴,实际为重新设计和施工,因此本次鉴定我单位未对修复进行鉴定"。原审判决据此认定案涉工程无法修复,并无不当	工程质量缺陷修复方案应当进行修复必要性、经济性、合理性等判断

续表

序号	法院及案号	法院观点	证明观点
2	江苏高院(2016)苏民终471号	对于二审中,宏润公司提出地坪修复应当采用特殊矿物骨料耐磨地坪而非钢屑水泥砂浆地坪,对此经咨询鉴定人员,修复方案系采用最接近现场原施工的方案进行,且在一审中双方对此未提出异议,只是对于砂浆的比例提出异议,因此对于宏润公司的上述主张本院不予支持。关于宏润公司提出地坪裂缝及墙体裂缝应当进行局部修复的问题,本院经咨询鉴定人员,由于所涉工程裂缝较多,进行局部修复并不可行,因此对于宏润公司的上述主张,本院亦不予支持	工程质量缺陷修复方案应当进行修复必要性、经济性、合理性等判断
3	青岛中院(2020)鲁02民终11073号	根据青岛公信永和工程管理咨询有限公司在修复费用评估过程中出具的《鉴定征询意见函》,按山东意林建筑规划设计研究院有限公司确认的修复方案,涉案工程的修复费用超出合同总价款。根据山东意林建筑规划设计研究院有限公司回函,涉案工程可以采取优化的维修方案,可以考虑采用碳纤维加固基数,按照相关要求重新进行加固修复设计,以降低修复费用。一审判决确认参照山东意林建筑规划设计研究院有限公司出具的修复方案及回函对涉案工程地基基础及主体结构存在的质量问题予以先行修复,并无不当	工程质量缺陷修复方案应当进行修复必要性、经济性、合理性等判断
4	盐城中院(2018)苏09民终1750号	东南建设工程安全鉴定有限公司所作的修复方案存在部分明显不当之处。例如,综合楼的屋面防水虽存在未按图纸设计要求施工的情形,但目前尚未出现漏水等质量问题,鉴定机构要求全部拆除并按照设计图纸的要求重新施工,该维修方案存在过度维修的情形;又如,综合楼的铝合金窗户,虽未达到规范要求的厚度,但是目前并未产生损坏等质量问题,实际施工人姜某涛亦自认扣减厚度未达标的工程价款11,533.6元,鉴定机构要求全部拆除并按规范要求进行更换,该维修方案亦属不当	工程质量缺陷修复方案应当进行修复必要性、经济性、合理性等判断

表12-4　抗辩与反诉的区别

序号	法院及案号	法院观点	证明观点
1	常州中院(2020)苏04民终3473号	二审认为,盛利维尔公司以涉案工程质量不符合合同约定或者法律规定为由,要求长城公司支付违约金或者赔偿修理、返工、改建的合理费用等损失时,应当提起反诉	抗辩与反诉的区别

续表

序号	法院及案号	法院观点	证明观点
2	聊城中院(2020)鲁15民终3970号	反诉成立了一个新的诉讼法律关系,是指被告在已经开始的诉讼程序中,向本诉的原告提出独立的反请求。反诉必须与本诉源于同一事实和同一法律关系,其目的为抵销或者吞并原告的诉讼请求或者使得原告的诉讼请求失去意义。抗辩是一方当事人针对对方当事人的请求、事实、理由提出有利于己方的事实、证据和理由,以否定对方的主张,维护自身合法权益,也便于法院审明事实、分清是非。被告行使抗辩权的目的在于使原告的诉讼请求失去依据,法院能全面处理案件。隆兴公司主张逾期交工的罚款、归还电缆,未提起反诉,本院不予审理,隆兴公司可另行主张权利。隆兴公司主张的维修费,其提供的维修协议形成于一审判决之后,与本案无关,隆兴公司可另行主张权利	抗辩与反诉的区别
3	金华中院(2017)浙07民终5706号	本案一审武义瑞盟电机配件有限公司起诉要求支付货款,浙江旺得福车业有限公司提出产品存在质量问题,要求退货。该主张系通过提出退货要求,达到减少支付货款的目的,属于事实抗辩,故无须提出反诉或另行起诉。浙江旺得福车业有限公司关于退货不需要另行起诉的主张成立,一审在浙江旺得福车业有限公司提出抗辩的情形下,释明要求其提出反诉或另行起诉,确有不当,应予纠正	抗辩与反诉的区别

相关规定指引

《民法典》

第781条 承揽人交付的工作成果不符合质量要求的,定作人可以合理选择请求承揽人承担修理、重作、减少报酬、赔偿损失等违约责任。

第804条 因发包人的原因致使工程中途停建、缓建的,发包人应当采取措施弥补或者减少损失,赔偿承包人因此造成的停工、窝工、倒运、机械设备调迁、材料和构件积压等损失和实际费用。

《建筑法》

第60条 建筑物在合理使用寿命内,必须确保地基基础工程和主体结构的质量。

建筑工程竣工时,屋顶、墙面不得留有渗漏、开裂等质量缺陷;对已发现的质量缺陷,建筑施工企业应当修复。

《建设工程质量管理条例》

第32条　施工单位对施工中出现质量问题的建设工程或者竣工验收不合格的建设工程,应当负责返修。

《江苏省高级人民法院建设工程施工合同纠纷案件司法鉴定操作规程》

第44条　对于工程存在质量缺陷,经有资质的鉴定机构确定修复方案后,鉴定机构可以根据鉴定时施工当地建设行政主管部门制定的工程计价依据计算修复加固费用。

第十三讲

发包人对工程质量承担责任的情形

法条原文

第13条　发包人具有下列情形之一，造成建设工程质量缺陷，应当承担过错责任：

（一）提供的设计有缺陷；

（二）提供或者指定购买的建筑材料、建筑构配件、设备不符合强制性标准；

（三）直接指定分包人分包专业工程。

承包人有过错的，也应当承担相应的过错责任。

思维导图

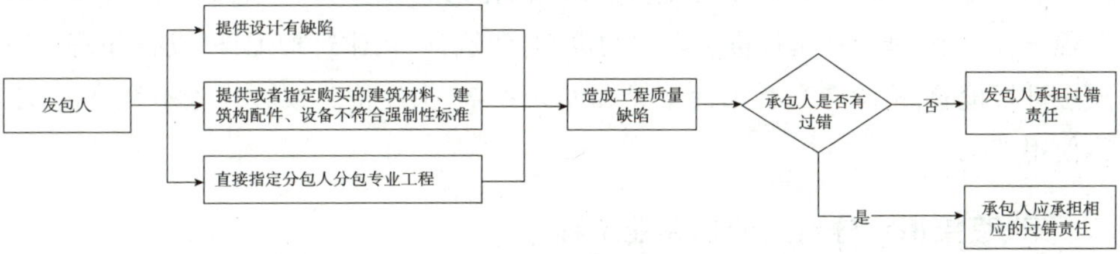

图13－1　发包人对工程质量承担责任的情形

条文释义

本条是关于发包人原因造成工程质量问题时，其应承担相应责任的规定。发包人对因其过错引起的质量问题应承担责任，除了本条明确规定的情形外，如甲方委托勘察、设计以及甲方指令等原因导致工程质量问题，发包人也应就此承担相应的责任，至于发包人是否有权向第三方追偿是发包人基于另一个合同关系的问题。

一、提供的设计存在缺陷

因发包人提供的设计有缺陷致使工程出现问题的，发包人应承担相应责任。承包人须根据发包人提供的建设工程设计文件进行施工，建设工程的设计必须符合质量的要求。如果工程的设计存在缺陷，则工程质量将难以保证。《建筑法》第58条规定："……建筑施工企业必须按照工程设计图纸和施工技术标准施工，不得偷工减料。工程设计的修改由原设计单位负责,建筑施工企业不得擅自修改工程设计。”

二、提供或者指定购买的建筑材料、建筑配件、设备不符合国家强制性标准

建设工程使用的建筑材料、建筑配件、设备等应符合国家强制性标准以满足工程质量的基本要求,如果因为“甲供料”或者“甲指乙供”的建筑材料、建筑构配件、设备不符合强制性标准而造成工程质量问题,则发包人应承担相应责任。

即便在“甲供料”“甲指乙供”的情况下,承包人亦不能完全免除其应承担的义务。依法对建筑材料、建筑构配件、设备等进行检验检测,是承包人应承担的一项法定义务。例如,承包人必须按照消防设计要求、施工技术标准和合同约定检验消防产品和具有防火性能要求的建筑材料、建筑构配件和设备的质量,使用合格产品,保证消防施工质量。《建设工程质量管理条例》第 29 条规定:“施工单位必须按照工程设计要求、施工技术标准和合同约定,对建筑材料、建筑构配件、设备和商品混凝土进行检验,检验应当有书面记录和专人签字;未经检验或者检验不合格的,不得使用。”

三、直接指定分包人分包专业工程

若在合同履行过程中,发包人违反有关分包的强制性规定或合同中关于分包专业工程的约定,直接指定分包人,因此造成的工程质量问题,应由发包人承担。

指定分包俗称“甲定分包”或“甲指分包”,是由业主(或工程师)挑选或指定项目实施、货物采购的分包商的行为。其主要区别于由总承包单位自主选择分包商的方式。指定分包可以在招标文件中指定,可以由业主提供一些可供选择的分包商名单,总承包商从这些名单中选择某些专业或某部分工作的分包商,也可在项目开工后由业主或工程师根据合同约定指定分包商。[①] 指定分包在国际工程中较为常见。根据《FIDIC 施工合同条件》(2017 版红皮书)第 5.2 条的约定,指定分包商系指在规范要求中指定的分包商,或工程师根据第 13.4 条[暂列金额]的规定指示承包商雇佣的分包商。

四、乙方的过错责任

对建设工程质量,法律、行政法规等对施工单位赋予了更大的责任和使命。

---

① 参见何伯森:《国际工程承包》(第 2 版),中国建筑工业出版社 2007 年版,第 240 页。

作为有经验的承包人应发现但未能发现设计存在缺陷，则存在过错；未履行好对甲供材、甲供构配件、甲供设备的检查义务，则存在过错；对不符合规定的“指定分包”未予拒绝或明确指出，亦有过错。《建设工程质量管理条例》第28条规定：“施工单位必须按照工程设计图纸和施工技术标准施工，不得擅自修改工程设计，不得偷工减料。施工单位在施工过程中发现设计文件和图纸有差错的，应当及时提出意见和建议。”《建筑法》第59条规定：“建筑施工企业必须按照工程设计要求、施工技术标准和合同的约定，对建筑材料、构配件和设备进行检验，不合格的不得使用。”

实务难点

一、指定分包情形下的合同效力问题

目前有部分部门规章及地方法规对指定分包作出了禁止性规定，但并没有法律规定因指定分包而导致指定人与承包人之间签订的分包合同无效。例如，《工程建设项目施工招标投标办法》第66条规定：“招标人不得直接指定分包人。”《房屋建筑和市政基础设施工程施工分包管理办法》第7条规定：“建设单位不得直接指定分包工程承包人。任何单位和个人不得对依法实施的分包活动进行干预。”《上海市建设工程质量和安全管理条例》第13条第1款规定：“建设单位应当依法将建设工程发包给具有相应资质等级的单位，不得将建设工程肢解发包或者指定分包单位。”《云南省招标投标条例》第38条第4款规定：“招标人不得指定分包人，不得同意中标人将主体、关键性工作分包他人。”但这些部门规章及地方法规并非效力性强制性规定，不应影响合同的效力，不能据此认定指定分包情况下签订的分包合同无效。江苏高院（2015）苏民终字第00544号判决认为，指定分包的分包合同在分包人具备相应资质的情况下，分包合同有效。最高院（2015）民一终字第104号判决认为，指定分包并不必然导致建设工程施工合同无效。

根据《建设工程施工合同司法解释（一）》中有关合同效力条款的规定，没有直接将指定分包列为属于导致建设工程施工合同无效的情形。

二、指定分包的法律后果

1. 指定分包中发包人的责任

对于发包人而言，当指定分包工程由于指定分包人的原因出现了质量问题，应当承担相应的过错责任。由于工程实践过程复杂，发包人、总承包人和指定分包人

之间往往存在混合过错,因此在确定发包人的过错时,应当综合考虑其他两方的过错,发包人应在其过错范围内承担责任。例如,新疆高院(2014)新民一终字第88号认为:发包人、承包人等各方皆存在过错的,应综合考虑案件情况,就其过错的程度承担民事责任。

2. 指定分包中总承包人的责任

指定分包人虽然是由发包人选择确定的,但与指定分包人签订分包合同的主体是总承包人。指定分包人接受总承包人的管理。如果总承包人对指定分包人收取了一定的管理费或服务费,总承包人需要履行合同约定的义务。《建筑法》第29条第2款规定:"建筑工程总承包单位按照总承包合同的约定对建设单位负责;分包单位按照分包合同的约定对总承包单位负责。总承包单位和分包单位就分包工程对建设单位承担连带责任。"如果总承包人在管理过程中存在过错并造成了质量问题,总承包人应当就工程质量承担相应的过错责任。《北京市高级人民法院关于审理建设工程施工合同纠纷案件若干疑难问题的解答》第29条规定:"承包人具有下列情形之一的,应当认定其对建设工程质量缺陷存在过错:(1)承包人明知发包人提供的设计图纸、指令存在问题或者在施工过程中发现问题,而没有及时提出意见和建议并继续施工的;(2)承包人对发包人提供或指定购买的建筑材料、建筑构配件、设备等没有进行必要的检验或经检验不合格仍然使用的;(3)对发包人提出的违反法律法规和建筑工程质量、安全标准,降低工程质量的要求,承包人不予拒绝而进行施工的。前述情形下,因工程质量存在缺陷造成第三人损失的,由发包人与承包人承担连带责任。"最高院(2016)最高法民终476号判决认为:发包人与总承包人约定了总承包人的协调管理义务,总承包人收取了相应的配合费、管理费。因此,总承包人应当履行协调配合的义务。

3. 指定分包人的责任

指定分包人按照分包合同的约定,向承包人承担相应的义务。《民法典》第577条规定:"当事人一方不履行合同义务或者履行合同义务不符合约定的,应当承担继续履行、采取补救措施或者赔偿损失等违约责任。"其承担的违约责任的具体情形主要有:质量问题、工程延期、履行不能和拒绝履行等。

指定分包人与总承包人就工程质量共同向发包人承担责任。《建设工程施工合同司法解释(一)》第15条规定:"因建设工程质量发生争议的,发包人可以以总承包人、分包人和实际施工人为共同被告提起诉讼。"《工程质量管理条例》第41条规定:"建设工程在保修范围和保修期限内发生质量问题的,施工单位应当履行保修义务，并对造成的损失承担赔偿责任。”贵州高院（2017）黔民终881号判决认为，承包人、分包人和实际施工人应就工程质量向发包人承担连带责任。

操作要点

1. 在实践中，发包人提供的设计有缺陷主要是由于设计单位设计的图纸或者施工中发包人变更设计图纸造成的。

对发包人提供的设计图纸，承包人应严格审查，发现问题及时向发包人提出，注意收集证据。

2. 施工合同履行过程中，当发包人利用其优势地位，要求承包人购买其指定的建筑材料、建筑构配件、设备时，施工企业应该增强证据意识，保存发包人提供或者指定购买建筑材料、建筑构配件、设备的书面证据（如会议纪要）、录音资料等。

对以上材料及时进行检验，不符合强制性规定的立即书面通知发包人。

3. 发现发包人直接指定分包人分包专业工程时，应立即书面通知发包人，要求停止该行为。在由发包人直接指定分包人分包专业工程的合同上，承包人不要签字或者盖章，否则很有可能被视为同意。在向指定的分包单位收取费用时，在合同上最好不要写“收取管理费”或“服务费”内容。

4. 认定承包人有过错的情形：明知发包人提供的设计有问题未及时提出并继续施工；对发包人提供的建筑材料、建筑构配件、设备未进行检验或检验不合格仍使用；对发包人提出的违反法律、法规以及工程质量、安全标准的要求，承包人未予以拒绝等。

实务案例裁判要旨

表13－1　发包人提供的设计有缺陷，造成工程质量缺陷，应当承担过错责任

法院及案号	法院观点	证明观点
江西高院（2015）赣民一终字第64号	关于本案工程中的墙体开裂等质量问题的原因及责任问题。从双方的工程联系单来看，确实存在墙体开裂、屋面起拱等问题，建邦公司也进行了相关的修复。经质量鉴定部门对仓库的开裂问题进行检测和鉴定，产生墙体开裂现象的原因是设计问题，质量鉴定意见并没有认定是由于施工的原因造成墙体开裂。因此，对易达公司的该项反诉请求亦不能支持	发包人提供的设计有缺陷，造成工程质量缺陷，应当承担过错责任

表 13-2 发包人提供的建筑材料不符合强制性标准造成建设工程质量缺陷的,应当承担过错责任

序号	法院及案号	法院观点	证明观点
1	吉林高院(2017)吉民终 584 号	根据原《建设工程施工合同司法解释》第 12 条第 2 款的规定,发包人提供或指定购买的建筑材料不符合强制性标准,造成建设工程质量缺陷,应当承担过错责任。故即便中大公司提供的钢筋质量不合格,中大公司亦无权向李某军主张权利,其申请质量鉴定亦不予准许。二审予以维持	发包人提供的建筑材料不符合强制性标准造成建设工程质量缺陷的,应当承担过错责任
2	广东高院(2009)粤高法民一终字第 53 号	关于涉讼楼房质量问题应如何确定赔偿责任的问题。因《建设工程施工合同》约定楼房施工投入的材料设备均由汕特建设公司提供,故汕特建设公司以及实施盐污染的达诚建筑公司均应对本案的质量问题承担赔偿责任。基于产生楼房质量问题的起因是汕特建设公司提供不合格的水泥,且汕特建设公司委托的监理部门对达诚建筑公司在施工过程中实施了盐水养护的行为没有及时制止,致使楼房进一步受损,故对本案质量问题造成的损失应由汕特建设公司承担 70% 的赔偿责任,达诚建筑公司应承担 30% 的赔偿责任。二审予以维持	发包人提供的不合格的建筑材料造成建设工程质量缺陷的,应当承担过错责任。承包人有过错的,也应当承担相应的过错责任

表 13-3 发包人直接指定分包人分包专业工程造成建设工程质量缺陷,应当承担过错责任

序号	法院及案号	法院观点	证明观点
1	浙江高院(2007)浙民一终字第 182 号	绍兴开发公司通过招投标将桩基工程交由大成公司施工后,又将该工程纳入与宝业公司订立的总承包合同中,并直接指定分包人为大成公司,根据原《建设工程施工合同司法解释》第 12 条第 1 款第 3 项之规定,绍兴开发公司应承担相应的过错责任,原审判决其承担 25% 的责任尚属合理。宝业公司作为总承包人,对绍兴开发公司直接指定分包人的行为并未提出异议,且在履行合同义务时,已认可了大成公司的实际施工行为,故可以认定宝业公司与大成公司建立了事实上的桩基分包合同关系,宝业公司对桩基工程的质量问题也应承担相应责任。	发包人直接指定分包人分包专业工程造成建设工程质量缺陷,应当承担过错责任。总承包人对指定分包未提出异议的,也应当按照过错承担责任

续表

序号	法院及案号	法院观点	证明观点
2		根据1997年《建筑法》第29条第2款的规定，宝业公司和大成公司就桩基工程质量问题应对绍兴开发公司承担连带责任，原判认定宝业公司和大成公司共同承担50%的赔偿责任也属合理	
2	江西高院（2019）赣民终663号	案涉外墙保温工程出现外墙空鼓、开裂、脱落现象的主要原因系施工单位施工工艺和操作不当、疏于管理所致，且施工不符合国家强制性标准和规范要求。经审查，南昌华山新型建材有限公司并不具有建设工程施工资质，该公司在鑫都置业作出指定的当日即被工商吊销处罚，鑫都置业在选定施工方时存在过错。中恒建设作为总承包人和专业施工企业，按照合同约定，其对指定分包工程亦负有监督管理职责。中恒建设在施工过程中疏于监管，未及时发现问题和指出问题存在过错。本院根据上述双方过错程度，酌定由中恒建设、鑫都置业各承担50%的责任。实际施工人是否应承担责任属另一个合同关系，鑫都置业或中恒建设可以单独起诉	发包人直接指定分包人分包专业工程造成建设工程质量缺陷，应当承担过错责任。总承包人未尽监督管理职责的，也应当按照过错承担责任

相关规定指引

《建筑法》

第59条　建筑施工企业必须按照工程设计要求、施工技术标准和合同的约定，对建筑材料、建筑构配件和设备进行检验，不合格的不得使用。

《建设工程质量管理条例》

第28条　施工单位必须按照工程设计图纸和施工技术标准施工，不得擅自修改工程设计，不得偷工减料。施工单位在施工过程中发现设计文件和图纸有差错的，应当及时提出意见和建议。

《房屋建筑和市政基础设施工程施工分包管理办法》

第7条　建设单位不得直接指定分包工程承包人。任何单位和个人不得对依法实施的分包活动进行干预。

《工程建设项目施工招标投标办法》

第66条　招标人不得直接指定分包人。

《北京市高级人民法院关于审理建设工程施工合同纠纷案件若干疑难问题的解答》

29. 承包人具有下列情形之一的,应当认定其对建设工程质量缺陷存在过错:(1)承包人明知发包人提供的设计图纸、指令存在问题或者在施工过程中发现问题,而没有及时提出意见和建议并继续施工的;(2)承包人对发包人提供或指定购买的建筑材料、建筑构配件、设备等没有进行必要的检验或经检验不合格仍然使用的;(3)对发包人提出的违反法律法规和建筑工程质量、安全标准,降低工程质量的要求,承包人不予拒绝而进行施工的。前述情形下,因工程质量存在缺陷造成第三人损失的,由发包人与承包人承担连带责任。

第十四讲

擅自使用建设工程的法律后果

法条原文

第 14 条　建设工程未经竣工验收，发包人擅自使用后，又以使用部分质量不符合约定为由主张权利的，人民法院不予支持；但是承包人应当在建设工程的合理使用寿命内对地基基础工程和主体结构质量承担民事责任。

思维导图

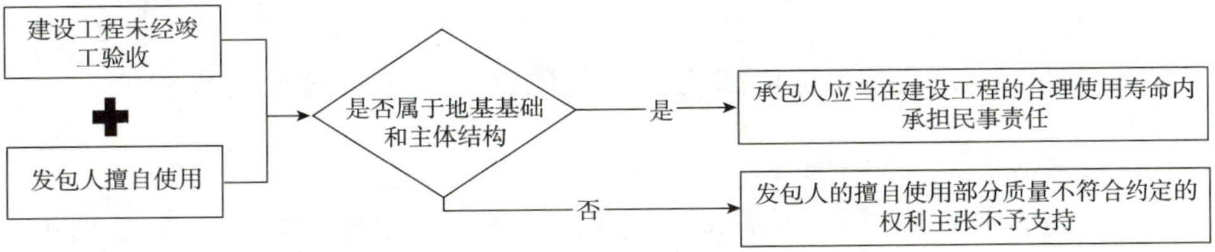

图 14－1　擅自使用建设工程的法律后果

条文释义

本条是关于发包人擅自使用的法律后果之规定。

一、建筑工程经竣工验收合格后，方可使用

《民法典》第 799 条规定："建设工程竣工后，发包人应当根据施工图纸及说明书、国家颁发的施工验收规范和质量检验标准及时进行验收。……建设工程竣工经验收合格后，方可交付使用；未经验收或者验收不合格的，不得交付使用。"《建筑法》第 61 条第 2 款、《建设工程质量管理条例》第 16 条也作了类似的规定。但均没有对违反"建设工程经验收合格的，方可交付使用"之规定应承担何种民事法律责任问题进行明确。

原《建设工程施工合同司法解释》（自 2005 年 1 月 1 日起施行）首次使用了"擅自使用"的概念。

二、发包人擅自使用免除承包人的部分责任

根据《建筑法》第 61 条的规定，建筑工程竣工经验收合格后，方可交付使用；未

经验收或者验收不合格的，不得交付使用。承包人对建设工程的施工质量负责，没有经过竣工验收或者验收不合格的，发包人可以要求承包人进行修复、返工等。但是，若发包人在建设工程未经竣工验收合格的情况下即擅自使用，表明合同目的已经实现，质量风险责任承担主体也相应转移，发包人已经以其行为自愿承担质量瑕疵和风险。发包人擅自使用后以使用部分质量不符合约定为由向承包人主张权利的，将得不到法律的支持。但对于未使用部分，承包人仍须承担质量责任。

由于建设工程的地基基础与主体结构涉及公共人身、财产安全，即使建设工程未经过竣工验收即擅自使用，只要在建筑物的合理使用期限内，也不免除承包人对地基基础与主体结构的质量责任。

三、地基基础工程和主体结构内涵及建设工程的合理使用寿命

1. 地基基础与主体结构

地基是指建筑物下面支承基础的土体或岩体。按照地质情况的不同，地基可分为土基和岩基。地基的设计要求包含三个方面：强度大、变形小以及稳定度高。

基础是指建筑底部与地基接触的承重构件，它的作用是把建筑上部的荷载传给地基。基础应当具有足够的强度、刚度和耐久性。

主体结构是地基基础之上，接受、承担和传递建设工程所有上部荷载，维持结构整体性、稳定性和安全性的承重结构体系。它和地基基础一起共同构成建设工程完整的结构系统。它的基本功能包括三个部分：一是主体结构本身形成一个有机联系的系统整体，有效地协调工作，承受主体结构部件本身相互传递的荷载，发挥主体框架支撑功能；二是附着于其体系表面的所有维护结构、装饰面层、相关设备重量及其施工和使用期间的活荷载，以及在设计规范限定范围内的相关风载、尘载、雪载、地震荷载等自然力通过主体结构体系有效地承担，使建设工程能正常发挥各部分的使用功能；三是与地基基础可靠地联系，将其自身荷载和承受荷载系统、有效、稳定地传递给地基基础结构体系，并能与地基基础结构形成协调工作的整体结构体系，和谐地工作以共同维护建设工程整体安全和使用安全。根据《建筑工程施工质量验收统一标准》(GB 50300—2013)，地基与基础以及主体结构为建筑工程的十大分部工程的组成部分，它们的构成又可包括相应的子分部工程、分项工程，具体如表 14－1 所示。

表 14－1　建筑工程的分部分项工程一览

序号	分部工程	子分部工程	分项工程
1	地基与基础	土方	土方开挖，土方回填，场地平整
		基坑支护	灌注桩排桩围护墙，重力式挡土墙，板桩围护墙，型钢水泥土搅拌墙，土钉墙与复合土钉墙，地下连续墙，咬合桩围护墙，沉井与沉箱，钢或混凝土支撑，锚杆（索），与主体结构相结合的基坑支护，降水与排水
		地基处理	素土、灰土地基，砂和砂石地基，土工合成材料地基，粉煤灰地基，强夯地基，注浆加固地基，预压地基，振冲地基，高压喷射注浆地基，水泥土搅拌桩地基，土和灰土挤密桩地基，水泥粉煤灰碎石桩地基，夯实水泥土桩地基，砂桩地基
		桩基础	先张法预应力管桩，钢筋混凝土预制桩，钢桩，泥浆护壁混凝土灌注桩，长螺旋钻孔压灌桩，沉管灌注桩，干作业成孔灌注桩，锚杆静压桩
		混凝土基础	模板，钢筋，混凝土，预应力，现浇结构，装配式结构
		砌体基础	砖砌体，混凝土小型空心砌块砌体，石砌体，配筋砌体
		钢结构基础	钢结构焊接，紧固件连接，钢结构制作，钢结构安装，防腐涂料涂装
		钢管混凝土结构基础	构件进场验收，构件现场拼装，柱脚锚固，构件安装，柱与混凝土梁连接，钢管内钢筋骨架，钢管内混凝土浇筑
		型钢混凝土结构基础	型钢焊接，紧固件连接，型钢与钢筋连接，型钢构件组装及预拼装，型钢安装，模板，混凝土
		地下防水	主体结构防水，细部构造防水，特殊施工法结构防水，排水，注浆
2	主体结构	混凝土结构	模板，钢筋，混凝土，预应力，现浇结构，装配式结构
		砌体结构	砖砌体，混凝土小型空心砌块砌体，石砌体，配筋砌体，填充墙砌体
		钢结构	钢结构焊接，紧固件连接，钢零部件加工，钢构件组装及预拼装，单层钢结构安装，多层及高层钢结构安装，钢管结构安装，预应力钢索和膜结构，压型金属板，防腐涂料涂装，防火涂料涂装
		钢管混凝土结构	构件现场拼装，构件安装，柱与混凝土梁连接，钢管内钢筋骨架，钢管内混凝土浇筑
		型钢混凝土结构	型钢焊接，紧固件连接，型钢与钢筋连接，型钢构件组装及预拼装，型钢安装，模板，混凝土
		铝合金结构	铝合金焊接，紧固件连接，铝合金零部件加工，铝合金构件组装，铝合金构件预拼装，铝合金框架结构安装，铝合金空间网格结构安装，铝合金面板，铝合金幕墙结构安装，防腐处理
		木结构	方木和原木结构，胶合木结构，轻型木结构、木结构防护

2. 地基基础与主体结构的合理使用寿命

对建筑物的地基基础工程和主体结构,即使发包人擅自使用,承包人也应保证建筑物在合理使用寿命内的质量。《建筑法》第 60 条第 1 款也明文规定:“建筑物在合理使用寿命内,必须确保地基基础工程和主体结构的质量。”《建设工程质量管理条例》第 40 条规定:“在正常使用条件下,建设工程的最低保修期限为:(一)基础设施工程、房屋建筑的地基基础工程和主体结构工程,为设计文件规定的该工程的合理使用年限……”,根据《民用建筑设计统一标准》第 3.2.1 条的规定,民用建筑的设计使用年限如表 14 – 2 所示。

表 14 – 2 设计使用年限分类

类别	设计使用年限(年)	示例
1	5	临时性建筑
2	25	易于替换结构构件的建筑
3	50	普通建筑和构筑物
4	100	纪念性建筑和特别重要的建筑

注:此表依据《建筑结构可靠性设计统一标准》(GB50068),并与其协调一致。

地基基础工程和主体结构以外的部分,承包人对质量的保证责任有:在竣工验收合格前,若出现质量问题,承包人承担修复义务;竣工验收合格至保修期满前,若出现质量问题,承包人承担保修义务。

实务难点

一、擅自使用的定性

1. “擅自”的内涵

关于本条规定中的“擅自”应做怎样的理解,是否可以认为经过了承包人的同意,就不属于“擅自”使用的行为。有观点认为,即使发包人使用了未经竣工验收的建设工程,如果经过了承包人的同意,则不构成擅自使用。如克拉玛依区火舞宴海鲜自助餐饮会所与被告克拉玛依市玖石文化传播有限公司、付克装饰装修合同纠纷一案中,法院认为被告对原告提前使用涉案工程的行为是明知且同意的,因此原告并不存在提前擅自使用建设工程的情形。①

① 克拉玛依市克拉玛依区人民法院(2015)克民二初字第 394 号民事判决书。

《建设工程质量管理条例》第16条第2项规定：建设工程竣工验收应当具备勘察、设计、施工、工程监理等单位分别签署的质量合格文件；第49条第1款规定“建设单位应当自建设工程竣工验收合格之日起15日内，将建设工程竣工验收报告和规划、公安消防、环保等部门出具的认可文件或者准许使用文件报建设行政主管部门或者其他有关部门备案。”建设工程质量不仅关系到发包人的财产利益，同时也关系到承包人员工的人身安全，更关系到社会公共安全和人民群众的生命财产安全。因此，建设工程竣工验收的参与者并非仅发包人、承包人双方主体，而是需要勘察、设计、监理、公安消防、环保等主体或行政部门的共同认可，未通过各相关主体和部门的认可，不能认定完成了竣工验收工作。笔者认为，此处的“擅自使用”应当是指发包人在未经过依法竣工验收合格而提前使用建设工程的行为，不论发包人的提前使用是否经过了承包人的同意。

2.“使用”的理解

如何理解“使用”关乎发包人的行为能否被认定为“使用”未经竣工验收的建设工程，对此存在不同的观点。

有观点认为，建设工程被实际控制即为“使用”，只要发包人已经实际控制了全部或某一部分工程，且该控制足以排除承包人对工程的实际占有，就应属于发包人对工程的“使用”。如《深圳市中级人民法院关于建设工程合同若干问题的指导意见》第26条规定：“当事人约定工程款于工程竣工验收并交付后支付的，建设工程已竣工验收，发包人已实际控制工程，承包人已移交施工现场的，视为工程已交付使用，发包人以未签订工程移交协议为由不支付工程款的，不予支持。”

有观点认为，发包人按照建设工程建造的目的、功能进行使用方构成“使用”。如果发包人未按照工程的建造用途使用建筑物，如建造的住宅，发包人在竣工验收前临时性作为他用，如作为临时仓库，则不属于“使用”。

也有观点认为，只要发包人按照建筑物的一般用途使用即为“使用”。发包人的使用不应仅指按照建造意图使用，把建设工程用作仓库、堆放杂物、住人等改变工程用途的行为也属于“使用”的范畴。

二、擅自使用的法律后果

1.未经竣工验收擅自使用的，发包人不得再以使用部分工程质量不符合约定为由主张权利

发包人提前使用未经验收的工程，其应当预见工程质量可能会存在质量问题，

或者建设工程验收不合格,但是发包人自愿对工程质量不合格承担责任。随着发包人的提前使用,已使用部分的工程质量责任风险即由施工单位随之转移给发包人,未使用部分仍然由承包人承担质量责任。

2. 未经竣工验收擅自使用的,发包人不得再以工程未经竣工验收拒付工程款

工程竣工验收合格是发包人按合同约定支付工程款的前提,在工程未经竣工验收发包人即擅自使用的情形下,发包人能否以工程未经竣工验收抗辩承包人请求支付工程款的主张?《建设工程施工合同司法解释(一)》第9条规定,建设工程未经竣工验收,发包人擅自使用的,以转移占有建设工程之日为竣工日期。因此,在合同已经约定竣工验收合格为一个付款节点时,发包人的付款义务因其擅自使用工程而届期。根据《建设工程施工合同司法解释(一)》第27条的规定,当事人对付款时间没有约定或者约定不明,建设工程已实际交付的,交付之日视为应付款时间,利息从应付工程价款之日开始计付。因此,在未经竣工擅自使用的情形下,发包人再以工程未经竣工验收而拒付承包人工程款的主张难以得到支持。

3. 未经竣工验收擅自使用的,承包人从擅自使用之日起承担工程保修责任

发包人擅自使用未经竣工验收的工程,保修责任不发生转移。在工程未经竣工验收或者验收不合格,发包人擅自使用的情形下,仅仅是推定发包人认可工程质量合格,承包人对于验收合格的验收工程也要承担保修责任,因此发包人擅自使用未经竣工验收的工程,承包人仍应承担保修责任。《建设工程价款结算暂行办法》第19条规定,"发包人对工程质量有异议,已竣工验收或已竣工未验收但实际投入使用的工程,其质量争议按该工程保修合同执行"。

操作要点

1. 未经验收发包人擅自使用,承包人应与发包人办理项目的交接手续,收集好发包人已经使用的证据,否则在诉讼中可能会处于被动地位。

2. 若没有一次性通过验收,则承包人收到整改通知后应立即组织整改,整改后按照约定向发包人提交竣工报告。如果提交竣工报告后,发包人不按约定组织验收而擅自使用则本条的规定仍然适用。

3. 使用的认定问题。一般来说,使用应从以下几个方面考虑:首先,"使用"指的是实际使用。其次,发包人实际使用的范围。最后,"使用"指的是按照工程的建造用途进行使用,例如,如果建造的是工业厂房,应以在该厂房内进行了生产为使用;如果建造的是住宅,应以实际入住为使用;如果建造的是办公楼,应以开始办公

为使用。当然,发包人改变工程用途的则应另当别论。

4. 如果建设工程未经竣工验收发包人擅自使用,那么根据《建设工程质量管理条例》第 58 条的规定,发包人将可能承担相应的行政责任和民事责任。即责令改正,处工程合同价款 2% 以上 4% 以下的罚款;造成损失的,依法承担赔偿责任。

5. 如果建设工程未经竣工验收发包人擅自使用,在实践中产生争议时,发包人可能被认定为免除了承包人对工程的返修义务以及部分保修义务。此时,承包人可能仅对地基基础工程和主体结构质量承担相应的民事责任。

实务案例裁判要旨

表 14－3　未经竣工验收擅自使用的,不得再以使用部分工程质量不符合约定为由主张权利

序号	法院及案号	法院观点	证明观点
1	最高院(2017)最高法民申 2611 号	中铁十六局已完工工程经过了承包方、建设方、监理单位、勘察单位验收,并签署《质量验收报告》,中铁十六局停工退场后,案涉工程由北海美凯龙公司实际占有使用,并已取得预售许可证。原《建设工程施工合同司法解释》第 13 条规定:"建设工程未经竣工验收,发包人擅自使用后,又以使用部分质量不符合约定为由主张权利的,不予支持;但是承包人应当在建设工程的合理使用寿命内对地基基础工程和主体结构质量承担民事责任。"北海美凯龙公司在使用后又以使用部分工程质量不符合约定为由主张权利,本院不予支持	未经竣工验收擅自使用的,不得再以使用部分工程质量不符合约定为由主张权利
2	最高院(2020)最高法民再 100 号	本案中,案涉工程未竣工验收,但已于 2012 年 10 月施工完毕并交付悦然公司使用。根据原《建设工程施工合同司法解释》的规定,悦然公司在案涉工程尚未竣工验收的情况下接收使用工程,又主张案涉工程质量不合格,不应予以支持。虽然南通一建认可在撤场时车间地面存在起皮、出坑、渗水的现象,但否认上述质量问题与其施工行为有关,而悦然公司亦未提供证据证明案涉工程存在的上述质量问题系南通一建施工行为所致。悦然公司主张南通一建施工存在质量问题、应支付工程质量维修费,依据不足,不应予以支持。二审法院认定南通一建施工存在质量问题并酌定其支付工程款 5% 的维修费,依据不足,本院予以纠正	未经竣工验收擅自使用的,不得再以使用部分工程质量不符合约定为由主张权利

续表

序号	法院及案号	法院观点	证明观点
3	最高院(2020)最高法民终441号	本案中,案涉工程未经竣工验收,泰益欣公司自行接管并将其投入使用,应认定案涉工程的土建工程和设备安装工程质量合格,2016年3月22日为竣工日期	未经竣工验收擅自使用的,不得再以使用部分工程质量不符合约定为由主张权利

表14-4 未经竣工验收,发包人擅自使用后,承包人仍然应当在合理使用寿命内对地基基础工程和主体结构质量承担民事责任

法院及案号	法院观点	证明观点
最高院(2020)最高法民再100号	经查,案涉工程未进行整体工程的竣工验收,但2014年11月14日,立宏公司组织天源公司及设计单位、监理单位对案涉工程的升压站进行验收,立宏公司在《大庆风云风电场工程升压站工程移交业主书》中签字,载明"同意接管,整改项尽快完成落实……"。因此,在案涉工程未经竣工验收立宏公司即已使用的情况下,对于案涉工程的地基基础工程和主体结构的质量问题,在合理使用寿命内由天源公司承担民事责任	未经竣工验收,发包人擅自使用后,承包人仍然应当在合理使用寿命内对地基基础工程和主体结构质量承担民事责任

表14-5 中途撤场后由其他施工单位继续施工,不属于"使用"

法院及案号	法院观点	证明观点
最高院(2020)最高法民申4310号	原《建设工程施工合同司法解释》第13条"建设工程未经竣工验收,发包人擅自使用后,又以使用部分质量不符合约定为由主张权利的,不予支持"的规定,不适用于本案。仟浩公司委托新的施工单位进场是双方同意的,新的施工单位进场后的施工是在弘盛公司施工楼层之上继续加盖,存在质量问题的部分并非已经"使用"的部分	中途撤场后由其他施工单位继续施工,不属于"使用"

表 14－6　已经交付使用的，发包人不能再以质量问题拒付工程款

法院及案号	法院观点	证明观点
河南高院（2020）豫民申 1770 号	关于案涉工程是否验收合格，嘉邦公司是否应承担支付工程款责任的问题。关于案涉工程是否验收合格的问题，中创公司已经根据该《施工补充合同》的约定，在 2017 年 2 月 13 日将案涉工程移交给嘉邦公司，工程交付使用后即视为验收合格，××不得再以质量问题拒付工程款。依照《建设工程价款结算暂行办法》第 19 条的规定，已经竣工验收的工程，××对工程质量有异议的，其质量争议应该依照工程保修合同执行。故即便案涉工程存在质量问题，中创公司承担的是质量保修责任，不影响嘉邦公司按照双方的约定履行支付工程款的义务，故嘉邦公司的质量不符合约定拒付工程款的理由不能成立	已经交付使用的，发包人不能再以质量问题拒付工程款

相关规定指引

《建筑法》

第 61 条　交付竣工验收的建筑工程，必须符合规定的建筑工程质量标准，有完整的工程技术经济资料和经签署的工程保修书，并具备国家规定的其他竣工条件。

建筑工程竣工经验收合格后，方可交付使用；未经验收或者验收不合格的，不得交付使用。

《建设工程价款结算暂行办法》

第 19 条　发包人对工程质量有异议，已竣工验收或已竣工未验收但实际投入使用的工程，其质量争议按该工程保修合同执行；已竣工未验收且未实际投入使用的工程以及停工、停建工程的质量争议，应当就有争议部分的竣工结算暂缓办理，双方可就有争议的工程委托有资质的检测鉴定机构进行检测，根据检测结果确定解决方案，或按工程质量监督机构的处理决定执行，其余部分的竣工结算依照约定办理。

《建设工程质量管理条例》

第 40 条　在正常使用条件下，建设工程的最低保修期限为：

（一）基础设施工程、房屋建筑的地基基础工程和主体结构工程，为设计文件规定的该工程的合理使用年限；

（二）屋面防水工程、有防水要求的卫生间、房间和外墙面的防渗漏，为 5 年；

（三）供热与供冷系统，为 2 个采暖期、供冷期；

(四)电气管线、给排水管道、设备安装和装修工程,为2年。

其他项目的保修期限由发包方与承包方约定。

建设工程的保修期,自竣工验收合格之日起计算。

《深圳市中级人民法院关于建设工程合同若干问题的指导意见》

第26条 当事人约定工程款于工程竣工验收并交付后支付的,建设工程已竣工验收,发包人已实际控制工程,承包人已移交施工现场的,视为工程已交付使用,发包人以未签订工程移交协议为由不支付工程款的,不予支持。

第十五讲

质量纠纷以谁为被告

法条原文

第 15 条 因建设工程质量发生争议的，发包人可以以总承包人、分包人和实际施工人为共同被告提起诉讼。

思维导图

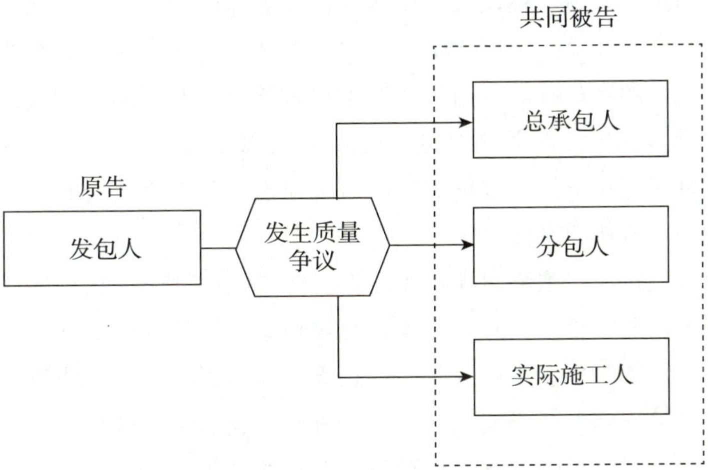

图 15－1 质量纠纷以谁为被告

条文释义

本条是关于建设工程质量争议中发包人可以将总承包人、分包人和实际施工人列为共同被告的程序性规定。

诉讼主体的确定

《民法典》第 582 条规定："履行不符合约定的，应当按照当事人的约定承担违约责任。对违约责任没有约定或者约定不明确，依据本法第五百一十条的规定仍不能确定的，受损害方根据标的的性质以及损失的大小，可以合理选择请求对方承担修理、重作、更换、退货、减少价款或者报酬等违约责任。"

承包人经发包人同意将自己承包的部分工程交由第三人完成，因建设工程质量发生争议的,发包人可以以承包人、第三人为共同被告主张权利,承包人和第三人对工程质量向发包人承担连带责任。但在承包人转包、违法分包建设工程的情况下,若因建设工程质量发生争议的,发包人可以以总承包人、转包人、违法分包人和实际施工人为共同被告主张权利,此时总承包人、转包人、违法分包人和实际施工人应对工程质量向发包人承担责任,但该条规定并没有明确承担的是何种性质的法律责任,这在理论和实务中肯定会存在争议。

建设工程质量关乎生命及财产安全,所有参建单位都应恪守履职,同时也应对建设工程质量承担责任。建设工程质量责任的主体可能是施工方,也可能是建设单位、勘察单位、设计单位、监理单位。但是承包人作为工程施工的实施主体,对工程质量负有全面的责任。一旦当事人因工程质量问题发生诉讼,发包人提供初步证据,如竣工验收记录、照片、现场勘查记录等,用以证明建设工程存在质量问题,除非承包人能够提供相应的反驳证据证明质量问题系其他原因造成的,否则一般由承包人承担相应的违约责任。

国家对建筑行业实施强制性行业准入制度,从事建筑活动的建筑施工企业必须具备相应的从业资格。只有取得建筑行业相应等级的资质证书后,方能在其资质等级许可的范围内从事建筑活动,故《建筑法》以及相关法律、法规、司法解释等明确规定建筑工程施工应当发包给有相应资质的施工企业进行施工,禁止施工企业承包工程后将其承包的工程非法转包或者违法分包,禁止没有资质的主体借用有资质的建筑施工企业名义承建工程。凡是违反法律法规的禁止性规定承接建设工程并以此签订建设工程施工合同的,均为无效合同。但鉴于我国建筑业市场的现状,非法转包、非法分包和挂靠等违反法律规定的情况暂时无法根本杜绝,由实际施工人进行工程施工任务的情况仍可能长期存在。在实践中,实际施工人既有可能是自然人(俗称“包工头”),也有可能是法人。就发包人而言,总承包人、分包人和实际施工人均是工程的施工单位,他们应共同对工程的质量负责。这种实体上的法律责任在程序上即体现为可以将他们列为共同被告。

实务难点

一、实际施工人就工程质量向发包人承担责任的法律基础

合同相对性是民商事活动中的一项重要原则,权利义务关系只在合同的签订主体之间产生约束力。《民法典》第 465 条第 2 款规定:“依法成立的合同,仅对当

事人具有法律约束力,但是法律另有规定的除外。”实际施工人不是合同的相对人,如果依据合同相对性理论,发包人并不能依据合同关系对实际施工人提出相关主张。

《民法典》第 791 条第 2 款规定:“总承包人或者勘察、设计、施工承包人经发包人同意,可以将自己承包的部分工作交由第三人完成。第三人就其完成的工作成果与总承包人或者勘察、设计、施工承包人向发包人承担连带责任……”《建筑法》第 29 条第 2 款规定:“建筑工程总承包单位按照总承包合同的约定对建设单位负责;分包单位按照分包合同的约定对总承包单位负责。总承包单位和分包单位就分包工程对建设单位承担连带责任。”第 55 条规定:“建筑工程实行总承包的,工程质量由工程总承包单位负责,总承包单位将建筑工程分包给其他单位的,应当对分包工程的质量与分包单位承担连带责任。分包单位应当接受总承包单位的质量管理。”《建设工程质量管理条例》第 27 条规定:“总承包单位依法将建设工程分包给其他单位的,分包单位应当按照分包合同的约定对其分包工程的质量向总承包单位负责,总承包单位与分包单位对分包工程的质量承担连带责任。”在依法分包的情形下,如果发包人以总承包人、分包人为被告提起诉讼,总承包、分包人应根据合同约定承担相应的违约责任,其请求权基础为《民法典》第 791 条、《建筑法》及《建设工程质量管理条例》的相关规定。

关于实际施工人就工程质量向发包人承担责任的法律性质是违约责任还是侵权责任,学界素有争议。违约责任,是指合同当事人未按合同的约定或法律的规定履行义务所应承担的民事责任。侵权责任,是行为人以其不法行为或法律规定的不当行为致使他人人身、财产权益受到损害而承担的民事责任。可见,违约责任是基于合同产生的违反合同的责任,而侵权责任是基于行为人没有履行法律上规定的或者认可的应尽义务而产生的责任,违约责任的成立以有效的合同关系为基础,又以债务的存在为前提,而且只能在合同当事人之间产生。笔者认为,如果发包人以《建设工程施工合同司法解释(一)》第 15 条为依据,将总承包人、分包人与实际施工人为共同被告提起诉讼,此时,总承包、分包人与实际施工人承担责任应为共同侵权责任更为合理。如前所述,由于建设工程质量关乎生命及财产安全,国家对建筑行业实施强制性行业准入制度,并规定了工程分包的相应条件。在转包、违法分包、挂靠等情形下,转包人、违法分包人、被挂靠人明知实际施工人不具备施工的资质和条件,仍将工程交由实际施工人施工,具备共同侵权的故意。因此,实际施工人施工的工程质量不合格时,转包、违法分包、挂靠等的行为完全可以解释为共同实施侵权行为。《建筑法》第 67 条第 2 款规定:“承包单位有前款规定的违法行为的,对因转包工程或者违法分包的工程不符合规定的质量标准造成的损失,与接受转包或者分包的单位承担连带赔偿责任。”如果是基于合同而承担违约责任,则《建设工程施工合同司法解释(一)》第 15 条须理解为对合同相对性理论的突破。再者,在存在实际施工人的情形下,施工合同因违反法律、法规的禁止性规定而无效,若基于合同关系而承担违约责任也缺乏有效的合同依据。

二、工程质量问题的认定

建设工程质量问题一般分为质量通病、质量缺陷和质量事故。

质量通病是指各类影响工程结构、使用功能和外形观感的常见性质量损伤,犹如“多发病”一样。如现浇钢筋混凝土工程出现蜂窝、麻面、露筋;预制构件裂缝、预埋件移位、预应力张拉不足等。根据《房屋建筑工程质量保修办法》第 3 条第 2 款的规定,质量缺陷是指房屋建筑工程的质量不符合工程建设强制性标准以及合同的约定。根据《关于做好房屋建筑和市政基础设施工程质量事故报告和调查处理工作的通知》(建质〔2010〕111 号)的规定,工程质量事故是指由于建设、勘察、设计、施工、监理等单位违反工程质量有关法律法规和工程建设标准,使工程产生结构安全、重要使用功能等方面的质量缺陷,造成人身伤亡或者重大经济损失的事故。

在建设工程质量争议解决中,有法官根据举证形式的不同将建设工程质量问题区分为显性质量问题和隐性质量问题。[①] 显性质量问题通常为肉眼可见、可通过现场照片、影像资料等形式证明;隐性质量问题则需要通过司法鉴定的方式确定。

1. 工程已竣工情形下的质量认定

(1)完工和竣工的区别

完工系承包人按照合同约定完成施工任务。所谓竣工,是指工程完工且通过国家有关单位根据国家验收标准对施工结束后的建筑进行的具有法律效果的验收,并且出具有关法律文书。[②]《建筑工程施工质量验收统一标准》(GB 50300—2013)第 2.0.7 项对“验收”的定义为:建筑工程质量在施工单位自行检查合格的基

---

① 参见周利明:《解构与重塑　建设工程合同纠纷审判思维与方法》,法律出版社 2019 年版,第 553 页。

② 参见最高人民法院民事审判第一庭编著:《最高人民法院建设工程施工合同司法解释(二)理解与适用》,人民法院出版社 2019 年版,第 418 页。

础上,由工程质量验收责任方组织,工程建设相关单位参加,对检验批、分项、分部、单位工程及其隐蔽工程的质量进行抽样检验,对技术文件进行审核,并根据设计文件和相关标准以书面形式对工程质量是否合格作出确认。

可见,完工是一种客观事实,而竣工则包含建设工程各方主体经验收程序,确认建设工程质量是否合格的判断。可以说,完工是竣工的前提和基础,竣工是对完工的价值评价。而且,较完工而言,竣工具有更多的法律意义。首先,竣工验收合格代表发包人书面认可承包人负责施工的工程质量合格。实践中,承包人通常也是在竣工验收合格后才与发包人进行工程结算。其次,一般从工程竣工验收合格之日开始计算建设工程质量保修期。①

(2)工程已竣工情形下的质量认定

如前所述,竣工验收合格代表发包人或者建设方履行了竣工验收的法定义务后,认可工程质量是合格的。因此,对于已经竣工验收合格的工程,真实有效的竣工验收报告可在一定程度上证明承包人施工的工程质量合格。但竣工验收报告不具有天然的最高证明力,不能完全对抗实质存在的建设工程质量缺陷。在工程质量争议解决过程中,在工程验收合格的前提下,主张工程质量存在缺陷的一方对于工程存在质量缺陷负有举证责任,施工单位抗辩其没有责任的,对于工程质量缺陷与其施工行为之间没有因果关系亦负有举证责任。

2. 已完工但尚未通过验收的工程质量认定

鉴于已完工程未通过竣工验收的原因多样,且在无第三方干扰的情况下,工程状态不会轻易改变。因此实务中通常认为已完工程的质量认定问题,不能仅仅以其未进行竣工验收而直接认定为工程质量不合格,应结合已完工工程的具体情况确定。在争议解决过程中,如当事人对建设工程质量存在争议,可通过采取建设工程质量司法鉴定等方式处理。如未进行竣工验收系因发包人未在按照合同约定的期限内进行所致,且发包人未能提供证据证明已完工程确有质量问题的情况下,一般应推定工程质量合格。《建设工程施工合同示范文本》(GF—2017—0201)第13.2.3项约定:"……因发包人原因,未在监理人收到承包人提交的竣工验收申请报告42天内完成竣工验收,或完成竣工验收不予签发工程接收证书的,以提交竣工验收申请报告的日期为实际竣工日期;工程未经竣工验收,发包人擅自使用的,以转移占有工程之日为实际竣工日期。"发包人擅自使用未经竣工验收工程的相关问

---

① 《房屋建筑工程质量保修办法》第8条明确规定:"房屋建筑工程保修期从工程竣工验收合格之日起计算。"

题,实践中容易产生争议。关于该问题参见本书第九讲的相关内容,此处不再赘述。

3. 未完工工程质量认定

建设工程施工质量管理注重过程管控。建筑工程施工质量验收划分为单位工程、分部工程、分项工程和检验批验收。其中,检验批是施工质量验收的最小单位。根据《建筑工程施工质量验收统一标准》(GB 50300—2013)中的相关规定,分项工程质量验收合格的条件之一为所含检验批的质量均应验收合格;分部工程质量验收合格的条件之一为所含分项工程的质量均应验收合格;单位工程质量验收合格亦以所含分部工程的质量均应验收合格为条件之一。就整个工程而言,竣工验收是建立在分阶段验收的基础之上,前面已经完成验收的工程项目一般在房屋竣工验收时就不再重新验收。因此,对于未完工程的质量认定,笔者认为工程施工的过程验收资料可以作为基础的质量认定依据。当然,如要确定未完工程的质量责任承担主体,还应结合工程质量问题是否真实存在、工程质量产生的原因等综合考量。

实践中容易产生争议的是承包人中途退场后,未完工程由第三人续建时的工程质量责任承担问题。如第三人续建的工程通过竣工验收,则可以视为承包人施工的工程质量合格。如第三人续建的工程未能通过竣工验收,则如何确定工程质量问题的责任归属容易产生争议。为避免这种棘手的争议产生,笔者建议无论是承包人还是续建的第三人在工作面移交时,会同发包人对承包人已施工的工程质量及工程量进行事先确认。

操作要点

1. 参与工程施工的相关单位应明确各自的责任,在施工过程中应充分收集证据,以证实自身对工程质量是否应当承担相应责任以及责任的大小,避免承担不应承担的法律责任或者保证承担连带责任后能有效地向真正的责任方追偿。

2. 在建设工程质量纠纷处理过程中,发包人在知道实际施工人的情况下,可将包括实际施工人在内的相关施工方均诉至法院以追究其民事责任。在不清楚真正施工主体的情况下,可以依据该条的规定,逼出"潜伏"的实际施工人。理由很简单,因为名义承包人基于自身利益的考虑,一般会"揭秘"实际施工人,以规避其应承担的责任。

实务案例裁判要旨

表 15－1　工程验收的相关资料可以作为工程质量合格的证据

序号	法院及案号	法院观点	证明观点
1	贵州高院(2017)黔民初 174 号	在工程验收合格的前提下,主张工程质量存在缺陷的一方对于工程存在质量缺陷负有举证责任,承包人抗辩其没有责任的,对于工程质量缺陷与其施工行为之间没有因果关系亦负有举证责任	工程竣工验收合格后出现的工程质量纠纷,承包人仍应证明工程质量缺陷与其施工行为之间没有因果关系
2	甘肃高院(2019)甘民初 4 号	本院认为,中冶建工公司提交的涉案工程分项工程报审、报验表等证据能够证实中冶建工公司所施工部分无质量问题,嘉伯文化公司不认可而提交现场照片和专家会议纪要等证据以证明案涉工程有质量问题,经本院审查,这些证据无法推翻案涉工程已经进行了分项验收合格的事实,不能证实有质量问题,故嘉伯公司未提交初步证据证明案涉工程质量有问题	过程验收管理资料可以作为工程质量合格的证据,主张工程质量缺陷的一方应提供相应的证据推翻
3	辽宁高院(2018)辽民初 5 号	本院认为,晟元公司提供的一期 051 某、052 某楼及裙楼工程的竣工验收单、二期 B 区 8 某楼工程的实体构件抽样检测报告,均确认案涉工程合格。东北摩尔公司主张的质量瑕疵问题,属于合格工程存在的需要整改的质量保修范围,不能推翻当地质检部门对工程质量等级的认定。在 2010 年 12 月 7 日 051 某、052 某楼基础主体结构验收会形成的《辽宁东北摩尔置业有限公司会议纪要》中,共同确认案涉工程质量合格,同时指出了质量瑕疵问题,即"针对主体工程个别部位砼表面蜂窝麻面质量问题,要求施工单位及时整改",东北摩尔公司没有证据证明晟元公司拒绝履行工程维修义务,并且其在接收案涉工程时,对质量均未提出异议。故东北摩尔公司提供的上述证据不能证明其主张,本院不予采信	工程存在质量通病不能推翻工程竣工验收报告证明的工程质量合格

表 15 –2　总承包人、分包人和实际施工人对工程质量承担连带责任,考虑各自的过错及造成质量问题实际情况进行内部责任的划分

序号	法院及案号	法院观点	证明观点
1	贵州高院(2017)黔民终 881 号	涉案工程出现质量问题,王某云作为涉案工程的实际施工人,应当对工程质量承担责任,第四公司作为承包人,对王某云承担责任部分承担连带责任,赋安公司作为名义施工人,即挂靠公司,对王某云承担的责任亦应当承担连带责任。结合本案双方当事人的过错及造成质量问题实际情况的因素,酌定由实际施工人王某云承担 70% 的责任,违法转包人第四公司承担 30% 的责任	总承包人、分包人和实际施工人对工程质量承担连带责任,考虑各自的过错及造成质量问题实际情况进行内部责任的划分
2	江西高院(2020)赣民终 882 号	吴某祥挂靠中南公司签订案涉施工合同并实际施工,一审判决中南公司与吴某祥对案涉工程修复费用承担连带赔偿责任,符合原《建设工程施工合同司法解释(二)》第 4 条的规定,应予维持	总承包人、分包人和实际施工人对工程质量承担连带责任
3	辽宁高院(2020)辽民申 2823 号	原审认定高某胜与光明山公司之间存在案涉工程施工挂靠关系有事实依据,判决高某胜与光明山公司对案涉工程质量问题承担连带责任正确	总承包人、分包人和实际施工人对工程质量承担连带责任
4	湖南高院(2014)湘高法民一终字第 50 号	根据我国 2011 年《建筑法》第 29 条第 2 款、第 55 条的规定,承包人、分包人应对工程质量承担连带责任,星沙公司是本案工程的合同总承包人,周某明是本案工程的实际承包人,张某民是本案工程的分包人,三者应当在各自承包范围内对本案建筑工程质量承担连带责任。星沙公司与周某明应当对外墙整改、工期延误向大同公司承担连带责任,星沙公司、周某明、张某民应当对水电整改维修向大同公司承担连带责任	总承包人、分包人和实际施工人对工程质量承担连带责任
5	上海高院(2010)沪高民一(民)再提字第 24 号	原审法院认定锦水公司是工程的实际施工人,并据此判令锦水公司对居行公司在本案中的相关义务承担连带责任,并无不当,予以维持	总承包人、分包人和实际施工人对工程质量承担连带责任

相关规定指引

《民法典》

第791条第2款　总承包人或者勘察、设计、施工承包人经发包人同意,可以将自己承包的部分工作交由第三人完成。第三人就其完成的工作成果与总承包人或者勘察、设计、施工承包人向发包人承担连带责任。……

《建筑法》

第29条　……建筑工程总承包单位按照总承包合同的约定对建设单位负责;分包单位按照分包合同的约定对总承包单位负责。总承包单位和分包单位就分包工程对建设单位承担连带责任。……

第55条　建筑工程实行总承包的,工程质量由工程总承包单位负责,总承包单位将建筑工程分包给其他单位的,应当对分包工程的质量与分包单位承担连带责任。分包单位应当接受总承包单位的质量管理。

《江苏省高级人民法院建设工程施工合同案件审理指南》

八、建设工程的质量

(二)工程质量诉讼中的共同被告

因工程质量发生争议,发包人可以总承包人、分包人和实际施工人为共同被告提起诉讼。……违法分包和转包合同均属于无效合同,总承包人与实际施工人主观上均存在过错,也应当承担连带责任。故发包人也可以总承包人与实际施工人为共同被告提起诉讼。

《四川省高级人民法院关于审理建设工程施工合同纠纷案件若干疑难问题的解答》

15. 如何确定建设工程质量争议案件的诉讼主体和责任承担?

承包人经发包人同意将自己承包的部分工程交由第三人完成,因建设工程质量发生争议的,发包人可以以承包人、第三人为共同被告主张权利,承包人和第三人对工程质量向发包人承担连带责任。

承包人转包,违法分包建设工程,因建设工程质量发生争议的,发包人可以以转包人、违法分包人和实际施工人为共同被告主张权利,转包人、违法分包人和实际施工人对工程质量向发包人承担连带责任。

《安徽省高级人民法院关于审理建设工程施工合同纠纷案件适用法律问题的指导意见》

一、建设工程施工合同纠纷诉讼主体的确定

1. ……因建设工程质量发生纠纷,发包人仅起诉承包人或仅起诉实际施工人的,人民法院可依当事人申请,将实际施工人或承包人追加为共同被告。

《广东省高级人民法院关于审理建设工程合同纠纷案件的暂行规定》

3. 因工程质量引起的纠纷,发包人只起诉承包人,在审理中查明有转包的,应追加实际施工人作共同被告,实际施工人与承包人对工程质量承担连带责任。

第十六讲

发包人主张建设工程质量问题的处理

法条原文

第 16 条　发包人在承包人提起的建设工程施工合同纠纷案件中，以建设工程质量不符合合同约定或者法律规定为由，就承包人支付违约金或者赔偿修理、返工、改建的合理费用等损失提出反诉的，人民法院可以合并审理。

思维导图

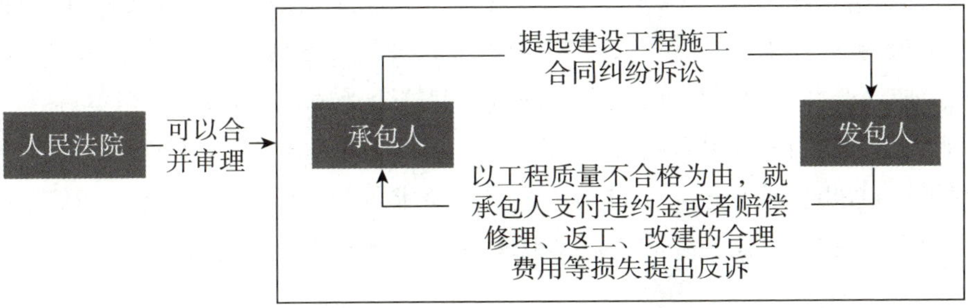

图 16－1　发包人主张建设工程质量问题的处理

条文释义

本条是对发包人主张建设工程质量问题如何处理的规定。

一、发包人就建设工程质量问题应提起反诉或另行起诉

司法实践中，承包人起诉发包人要求支付工程款，发包人则可能主张少付甚至不付工程款。发包人除了以工期违约为理由进行抗辩/反诉外，另一个常见的理由就是工程质量不符合合同约定或者法律规定。以往司法实践中对于发包人就工程质量问题提出请求是反诉还是抗辩存有争议，本条是对该问题的一个明确。

抗辩只能在本诉原告的诉请范围内要求减轻或者免除自己的责任，并不能要求对方承担相应的责任。发包人仅以质量问题为由要求“减少支付工程款”的，属于抗辩。

如果发包人能举证证明工程质量不合格，要求承包人支付违约金或者要求承包人赔偿修理、返工、改建的合理费用等损失，发包人应当提出反诉或另行起诉，不能通过抗辩主张权利。如果发包人坚持提出抗辩的，人民法院不应采纳其抗辩主张。

二、在《建设工程施工合同司法解释(一)》第十六条中承包人应作扩张解释

此条中的承包人不仅单指总承包人、承包人,还包括分包人、转承包人、违法分包人等实际施工人以及挂靠人。因为这里是发包人就质量问题对相关施工责任主体提出相应主张,不应限于合法的第一手承包人。

三、对"可以合并审理"的理解

《民事诉讼法解释》第232条规定:"在案件受理后,法庭辩论结束前,原告增加诉讼请求,被告提出反诉,第三人提出与本案有关的诉讼请求,可以合并审理的,人民法院应当合并审理。"据此,当事人提出反诉符合受理条件的,应当与本诉合并审理,而不能告知当事人另行起诉。[①] 也就是说,当发包人通过反诉的方式(反诉符合法律规定)提出要求承包人支付违约金或者要求承包人赔偿修理、返工、改建的合理费用等损失时,人民法院应当合并审理,而不是要求发包人另行起诉。

实务难点

一、抗辩还是反诉之争议

在以往的司法实践中,承包人起诉要求支付工程款,发包人就质量问题提出相关请求是抗辩还是提起反诉,存有不同的观点:(1)主张应作为抗辩提出,主要理由为:双方当事人在订立合同时对建设工程的质量即有约定,在质量未达到合同约定标准的情况下,承包人主张支付工程款时,发包人即可提出减少工程款的请求,无须再提起反诉。(2)主张并非抗辩理由,系一个新的诉讼请求,必须提起反诉。(3)主张需要结合合同的约定对此类主张的性质进行认定,若合同中明确约定工程质量有瑕疵,可以减少给付工程款或者将其修复费用从给付工程款中予以扣除,则此类主张应以抗辩方式提出;若合同中没有明确约定,此时被告的主张应作为一个新的诉讼请求,其提出的反诉人民法院可一并审理。(4)在承包人起诉要求发包人支付工程款的情况下,发包人就质量问题是提出抗辩还是另行起诉/提出反诉,主要取决于工程竣工验收是否合格:工程竣工验收合格的,应提出反诉;竣工验收不

---

① 参见最高人民法院民事审判第一庭编著:《最高人民法院建设工程施工合同司法解释(二)理解与适用》,人民法院出版社2019年版,第167页。

合格的,可提出抗辩,不支付工程价款。

对此类质量问题纠纷属于反诉还是抗辩,《江苏省高级人民法院建设工程施工合同案件审理指南》对此进行了充分的阐释,法理论述值得参考。其“八、建设工程的质量”中进行了如此阐述:

发包人工程质量问题的主张,有的属于反诉,有的属于抗辩。发包单位(发包人)以工程质量问题为由要求施工单位(承包人)支付违约金或赔偿金的,应当提起反诉。

发包人以质量不符约定为由仅请求拒付或减付工程款的,或者合同中明确约定可以直接将工程质量违约金或赔偿金从应付工程款中扣减的,属于抗辩,无须反诉。

建设工程案件中,发包人以工程质量问题为由请求拒付、减付工程款,以及请求承包人支付违约金或赔偿损失,是否必须另行反诉,一直存在争议。对此,应当根据发包人主张的内容,区分情况对待(见图 16 –2):

(1)发包人以工程质量存在问题为由要求承包人支付违约金或赔偿金的,其诉求不仅明确而且具体,具备民事诉讼法“诉”的全部条件,属于独立的诉。发包人不提出反诉的,原则上不在本诉中审查。

(2)发包人以质量不符约定为由请求拒付或减付工程款,但没有提出承包人因质量不符合约定应当承担的违约金或赔偿金的,其请求不具备《民事诉讼法》“诉”的全部条件,只是对承包人请求的一种对抗理由,根据《民事诉讼法》第 108 条的规定,这种情形下的诉求视为抗辩权的行使,发包人无须提起反诉,对发包人这一抗辩意见应当审查。发包人抗辩成立的,应当直接支持其意见。

(3)如双方在合同中明确约定可以直接将工程质量违约金或赔偿金从应付工程款中扣减的,发包人提出扣减请求的,因双方已有了明确的约定,故该请求可以视为抗辩,发包人也无须提起反诉。

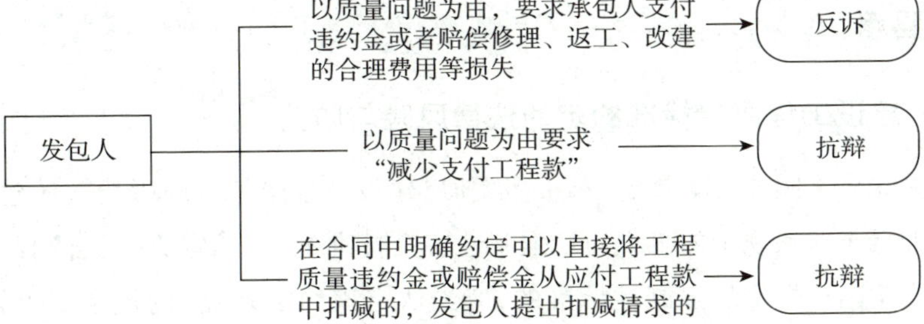

图 16 –2　发包人提出工程质量问题的处理方法

二、建设工程质量标准相关规定

工程建设强制性标准是直接涉及工程质量、安全、卫生及环境保护等方面的工程建设标准强制性条文。工程建设强制性条文是工程建设过程中的强制性技术规定，是参与建设活动各方执行工程建设强制性标准的依据。执行《工程建设标准强制性条文》既是贯彻落实《建设工程质量管理条例》的重要内容，又是从技术上确保建设工程质量的关键，同时也是推进工程建设的标准体系改革所迈出的关键的一步。强制性条文的正确实施，对促进房屋建筑活动健康发展，保证工程质量、安全，提高投资效益、社会效益和环境效益都具有重要的意义。为了保证建设工程质量，保障人民的生命、财产安全，维护社会公共利益，国家加强了工程建设强制性标准实施监督的管理工作，并制定了《实施工程建设强制性标准监督规定》，所有的工程建设强制性标准都必须严格执行。

自 2000 年起，原建设部(现为住建部)对工程建设强制性标准进行了改革，严格按照《标准化法》的规定，把现行工程建设强制性国家标准、行业标准中必须严格执行的直接涉及工程安全、人体健康、环境保护和公众利益的技术规定摘编出来，以工程项目类别为对象，编制完成了《工程建设标准强制性条文》，包括城乡规划、城市建设、房屋建筑、工业建筑、水利工程、电力工程、信息工程、水运工程、公路工程、铁道工程、石油和化工技术工程、矿业工程、人防工程、广播电影电视工程和民航机场工程共 15 个部分。

2015 年 1 月 22 日中华人民共和国住建部修正发布的《实施工程建设强制性标准监督规定》，规定在中华人民共和国境内从事新建、扩建、改建等工程建设活动，必须执行工程建设强制性标准。

操作要点

一、建设工程质量标准约定的法律风险与防范

参见众多不同法院的规定，有很多类似“建设工程施工合同中约定的建设工程质量标准低于国家规定的工程质量强制性安全标准的，该约定无效；合同约定的质量标准高于国家规定的强制性标准的，应当认定该约定有效”的规定。也就是说，如果合同约定的质量标准高于国家规定的强制性标准或者必须获得某个奖项(如要求达到“鲁班奖”“白玉兰奖”等)，否则承担相应的违约责任，则该约定的标准系

双方的真实意思表示，不违反法律的强制性规定，承包人必须达到，否则构成违约。但在工程建设实务中，必须达到某某奖项并不完全是承包人所能左右的。

工程质量与工程获奖是两个不同的概念，作为施工企业，在合同中最好不要硬性将是否获奖作为奖惩的标准，以维护自身利益。“工程质量验收应达到优良标准”“工程必须获得鲁班奖”等类似条款最好不要出现在合同中。2002 年 1 月 1 日起实施的《建筑工程施工质量验收统一标准》（GB 50300—2001）统一规定为“合格”与“不合格”，取消了“优良”的标准等级。因此，在签订合同时，关于质量标准问题，应约定为“合格”，以避免在实际履行过程中产生争议。

如果合同已约定工程质量为“优良”，且在工程结算时，发包方以此为理由提出不合理的要求，则承包人应根据相关规定与发包人协商解决，协商不成的，承包人应及时提起诉讼或仲裁，以免结算的拖延。

如在具体的项目中必须将获得某某特定奖项作为合作的条件，那么在商务谈判和建设工程施工合同具体条款的设置方面，建议争取进行适当的灵活处理。建议将工程质量合格与工程款的支付与结算直接挂钩，而将必须获得某某特定奖项与工程款的支付与结算分离。为了平衡双方利益，可以将获得某某特定奖项作为是否违约或者奖励的标准之一。如规定：若没有获得某某特定奖项承包人必须承担工程价款____%的违约责任，若获得某某特定奖项则给予承包人工程价款____%的奖励。

二、发包人对工程质量的法定义务及法律风险防范

发包人（建设单位）在整个建设活动中居于主导地位，是建设工程的重要责任主体。其有权选择合格的承包人，有权对建设过程进行检查、控制，对建设工程进行验收。但发包人的检查、控制不得违反法律及行政法规的强制性规定，不得影响承包人的正常施工。为防止发包人滥用权利和保证工程质量，须对发包人的行为进行规范，以明确发包人的义务和责任。发包人对工程质量应承担的法定义务主要表现在如下几方面。

（一）依法发包工程的义务及法律风险防范

《建筑法》第 22 条规定：“建筑工程实行招标发包的，发包单位应当将建筑工程发包给依法中标的承包单位。建筑工程实行直接发包的，发包单位应当将建筑工程发包给具有相应资质条件的承包单位。”

《建设工程质量管理条例》第 7 条规定：“建设单位应当将工程发包给具有相应

资质等级的单位。建设单位不得将建设工程肢解(支解)发包。”

《建筑工程五方责任主体项目负责人质量终身责任追究暂行办法》第5条规定:“建设单位项目负责人对工程质量承担全面责任,不得违法发包、肢解发包,不得以任何理由要求勘察、设计、施工、监理单位违反法律法规和工程建设标准,降低工程质量,其违法违规或不当行为造成工程质量事故或质量问题应当承担责任。”

根据《建设工程施工合同司法解释(一)》第1条的规定,若建设单位将建设工程发包给没有取得建筑施工企业资质或者超越资质等级的企业,建设工程施工合同有被认定为无效的法律风险。

因此,作为发包人,应审查承包人的资质范围、资质等级是否与拟建工程项目相匹配;如果是以联合体的形式承包,应确保低等级资质的承包人具备拟建工程项目的资质要求。发现承包人无资质或超越资质的,应及时终止合同的履行,以避免损失的进一步扩大。如因承包人过错造成工程质量不合格,发包人可依法要求其承担返修费用以及其他损失并可要求减少支付工程款。如果因为自身过错,导致工程质量出现问题,也应根据过错程度承担一定的责任。

发包人发包工程时,应该根据工程特点,以有利于工程的质量、进度、成本控制为原则,合理划分标段,不得支解发包工程。在我国建设市场上,存在发包人将应当由一个承包人完成的整体工程支解成若干部分,分别发包给几个承包人的情形。由于发包人一般不具备工程管理的专业知识和经验(除非专业的房地产开发商等专业发包人),使整个工程建设在管理和技术上缺乏应有的统筹协调,容易造成施工现场秩序的混乱,影响建设工程质量。

(二)依法向承包人提供相关原始资料的义务及法律风险防范

《建筑法》第40条规定:“建设单位应当向建筑施工企业提供与施工现场相关的地下管线资料,建筑施工企业应当采取措施加以保护。”

《建设工程质量管理条例》第9条规定:“建设单位必须向有关的勘察、设计、施工、工程监理等单位提供与建设工程有关的原始资料。原始资料必须真实、准确、齐全。”

原始资料是工程勘察、设计、施工、监理等单位赖以进行相关工程建设的基础性材料。发包人向承包人提供原始资料,并保证这些资料的真实、准确、完整,是其基本的责任和义务。若因原始资料的不真实、不准确、不完整造成工程质量事故,发包人应承担相应的法律责任。

在工程管理实践中,建设单位必须向施工单位提供概算批准文件,建设项目正式列入国家、部门或地方的年度固定资产投资计划，建设用地的征用资料，施工图纸及技术资料，建设资金和主要建筑材料、设备的来源落实资料，建设项目所在地规划部门的批准文件，施工现场完成“三通一平”的平面图等资料。

（三）保证“甲供料”符合要求的义务及法律风险防范

《建筑法》第 25 条规定：“按照合同约定，建筑材料、建筑构配件和设备由工程承包单位采购的，发包单位不得指定承包单位购入用于工程的建筑材料、建筑构配件和设备或者指定生产厂、供应商。”

《建设工程质量管理条例》第 14 条第 1 款规定：“按照合同约定，由建设单位采购建筑材料、建筑构配件和设备的，建设单位应当保证建筑材料、建筑构配件和设备符合设计文件和合同要求。”

从以上规定可以看出，材料、设备的采购以符合设计文件和合同要求的质量标准为前提，对于哪些材料和设备由发包人采购，哪些材料和设备由承包人采购，建议在合同中约定清楚，谁采购的材料，谁负责保证其质量。当然，即便材料、设备由发包人采购，一般合同中也会约定承包人有对其进行检验和试验的义务。根据《建设工程施工合同司法解释（一）》第 13 条的规定，如果因为“甲供料”或者“甲定乙供”的建筑材料、建筑构配件、设备不符合强制性标准而造成工程质量问题，则发包人应承担相应责任。至于在材料、设备存在质量问题时如何追究材料、设备供应商的法律责任，则是另一个法律关系方面的问题。

为保证建筑材料和设备的质量符合合同和设计的要求，《建设工程施工合同（示范文本）》（GF—1999—0201）“27. 发包人供应材料设备”和《建设工程施工合同（示范文本）》（GF—2017—0201）“8. 材料与设备”中对建设单位采购建筑材料、建筑构配件和设备规定了一些具体的操作意见，建设工程施工合同的双方可以参照适用。

（四）不得进行不合理干预的义务及法律风险防范

《建筑法》第 54 条规定：“建设单位不得以任何理由，要求建筑设计单位或者建筑施工企业在工程设计或者施工作业中，违反法律、行政法规和建筑工程质量、安全标准，降低工程质量。建筑设计单位和建筑施工企业对建设单位违反前款规定提出的降低工程质量的要求，应当予以拒绝。”

《建设工程质量管理条例》第 10 条规定：“建设工程发包单位不得迫使承包方以低于成本的价格竞标，不得任意压缩合理工期。建设单位不得明示或者暗示设计单位或者施工单位违反工程建设强制性标准，降低建设工程质量。”

自2019年7月1日起施行的《政府投资条例》第24条规定:“政府投资项目应当按照国家有关规定合理确定并严格执行建设工期,任何单位和个人不得非法干预。”

1. 在施工过程中,如果发包人要求变更设计,发包人有权要求承包人按照变更后的设计进行施工,当然前提是不得违反工程建设强制性标准。如果变更设计违反工程建设强制性标准,承包人应予以拒绝,并保留相应凭证。若承包人明知变更设计违反工程建设强制性标准仍然进行施工,造成工程质量出现问题,承包人应承担相应的过错责任。

《建设工程施工合同(示范文本)》(GF—2017—0201)第10.3款“变更程序”中即有这样的约定,对于发包人、监理人提出的变更,承包人收到变更指示后,认为不能执行的,应立即提出不能执行该变更指示的理由。承包人认为可以执行变更的,应当书面说明实施该变更指示对合同价格和工期的影响,且合同当事人应当按照第10.4款〔变更估价〕约定确定变更估价。这实际上是一个有经验的承包人应尽到的合理义务。如果没有尽到该义务导致工程质量出现问题,承包人应承担相应的过错责任(见图16-3)。

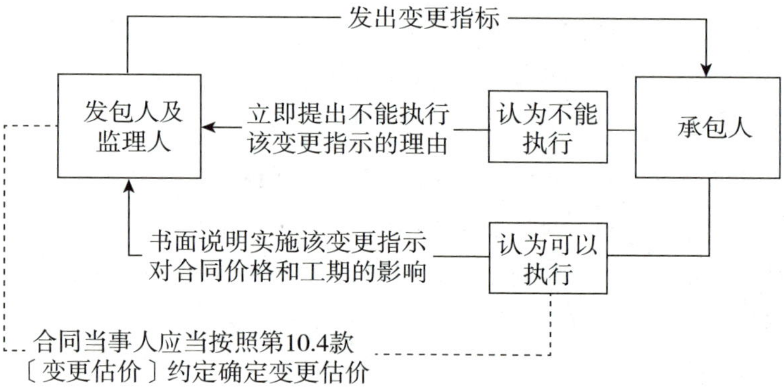

图16-3 发包人、监理人的变更程序

2. 在工程造价中,成本是价格的主要组成部分,是承包人估算投标价格的依据和最低的经济底线。虽然同一工程项目、不同施工单位的内部成本会有差异,但如果发包人一味强调降低成本,势必会影响工程质量,影响投资效益。

3. 合理工期是指在正常建设条件下,采取科学合理的施工工艺和管理方法,以现行的工期定额为基础,结合工程项目建设的实际,经合理测算和平等协商而确定的使参与各方均获满意的经济效益的工期。不合理地压缩工期会给工程质量埋下隐患，且低于成本的价格、任意压缩合理工期、违反工程建设强制性标准、降低建设工程质量等可能会导致建设工程施工合同的无效，在符合法律规定的情况下当事人可以请求变更、撤销，相关司法解释及部分省市法院的审判业务文件中对低于成本价、任意压缩合理工期有详细规定，列举如下：

(1)《第八次全国法院民事商事审判工作会议纪要》第30条规定："要依法维护通过招投标所签订的中标合同的法律效力。当事人违反工程建设强制性标准，任意压缩合理工期、降低工程质量标准的约定，应认定无效。……"

(2)《江苏省高级人民法院关于审理建设工程施工合同纠纷案件若干问题的意见》第3条规定："具有下列情形之一，当事人要求确认建设工程施工合同无效的，人民法院应予支持：……(五)中标合同约定的工程价款低于成本价的……"

(3)《广东省高级人民法院全省民事审判工作会议纪要》第17条规定："要依法维护通过招投标方式所签订的中标合同的法律效力。对以低于工程建设成本的工程项目标底订立的施工合同，应当依据《招标投标法》第四十一条第(二)项的规定认定无效；当事人违反工程建设强制性标准，任意压缩合理工期、降低工程质量标准的约定，也应认定无效。对于约定无效后的工程价款结算，应依据《最高人民法院关于审理建设工程施工合同纠纷案件适用法律问题的解释》的相关规定处理。"

(4)《山东省高级人民法院关于建设工程施工合同纠纷会谈纪要》在引言部分规定："……如果双方约定的工程款价格明显低于建设工程的成本价格，则违反了有关规章的强制性规定，可以根据当事人的请求变更或者撤销。"

(五)施工图设计文件的报审义务及法律风险防范

《建设工程质量管理条例》第11条规定："施工图设计文件审查的具体办法，由国务院建设行政主管部门、国务院其他有关部门制定。施工图设计文件未经审查批准的，不得使用。"

施工图设计文件是设计文件的重要内容，是编制施工图预算、安排材料、设备订货和非标准设备制作，进行施工、安装和工程验收等工作的依据。施工图设计文件的质量直接影响建设工程的质量。施工图设计文件审查成为基本建设必须进行的一道程序，发包人应严格执行。

根据《建筑工程图设计文件审查暂行办法》的规定，建筑工程的建设单位应当将施工图报送建设主管部门，由建设行政主管部门委托有关审查机构审查。审查的主要内容为：(1)建筑物的稳定性、安全性审查，包括地基基础和主体结构体系是否安全、可靠；(2)是否符合消防、节能、环保、抗震、卫生、人防等有关强制性标准规范;(3)施工图是否能达到规定的深度要求;(4)是否损害公众利益。凡应当审查而未经审查或者审查不合格的施工图项目,建设行政主管部门不得发放施工许可证,施工图不得交付施工。

从发包人的角度,其有关工程质量方面的义务、责任远非本章节所阐述的这些。发包人应结合法律规定,将有关质量方面的问题进一步明确细化到与勘察单位、设计单位、监理单位、施工单位、材料供应商等所签订的一系列合同之中。

三、承包人对工程质量的法定义务及法律风险防范

质量是建设工程项目管理的主要控制目标之一,项目质量的管理与控制会涉及项目各参与方的质量管理责任。以引起责任的行为性质为标准,项目管理因质量问题引发的法律责任可能涉及民事责任、行政责任,还有可能涉及刑事责任。在许多建设工程施工合同纠纷案件中,一旦施工单位以诉讼的方式追讨拖欠的工程款,建设单位会以工程存在质量问题进行抗辩或者反诉。国家对质量问题的治理力度也在不断加大,《工程质量治理两年行动方案》《建筑工程五方责任主体项目负责人质量终身责任追究暂行办法》《建筑施工项目经理质量安全责任十项规定(试行)》等文件的出台就是很好的例证。就施工单位而言,由于质量问题而引起的法律责任很多。因此,在项目管理过程中施工单位如何做好质量控制并防范相关法律风险就显得尤为重要。

(一)因图纸问题而面临的法律风险及防范要点

1. 法律风险

依据工程设计图纸施工,是保证工程实现设计意图的前提。若施工单位未按图施工或者未经原设计单位同意而擅自修改工程设计图纸施工,则违反了原设计的意图,亦有可能为工程的安全埋下隐患。另外,从合同的履行角度看,设计图纸是施工合同的组成部分,施工单位未按照工程设计图纸施工,则属于违约行为,应承担违约责任。

《建筑法》第58条第2款规定:"建筑施工企业必须按照工程设计图纸和施工技术标准施工,不得偷工减料。工程设计的修改由原设计单位负责,建筑施工企业不得擅自修改工程设计。"《建设工程质量管理条例》第28条第2款亦规定:"施工单位必须按照工程设计图纸和施工技术标准施工,不得擅自修改工程设计,不得偷工减料。"

若施工单位未按照工程设计图纸施工,将可能面临一系列的不利法律后果,如

工程量不予计量、赔偿损失、延误的工期不予顺延等。《建设工程施工合同(示范文本)》(GF—1999—0201)第25.3款约定:“对承包人超出设计图纸范围和由于承包人原因造成返工的工程量,工程师不予计量。”第29.3款约定:“承包人在施工中提出的合理化建议涉及对设计图纸或施工组织设计的更改及对材料、设备的换用,须经工程师同意。未经同意擅自更改或换用时,承包人承担由此发生的费用,并赔偿发包人的有关损失,延误的工期不予顺延。”

此外,设计文件和图纸也有可能出现错误,而这些错误一般是在图纸会审或者施工过程中逐步发现的。施工单位施工管理人员、技术人员一旦发现这些错误,应严格按照法律规定、合同约定履行相应的义务。《建设工程质量管理条例》第28条第2款规定:“施工单位在施工过程中发现设计文件和图纸有差错的,应当及时提出意见和建议。”《建设工程施工合同(示范文本)》(GF—2013—0201)第1.6.2项约定:“承包人在收到发包人提供的图纸后,发现图纸存在差错、遗漏或缺陷的,应及时通知监理人……”第1.6.3项约定:“图纸需要修改和补充的,应经图纸原设计人及审批部门同意,并由监理人在工程或工程相应部位施工前将修改后的图纸或补充图纸提交给承包人,承包人应按修改或补充后的图纸施工。”

2. 防范要点

(1)施工图设计单位必须具有相应的资质。否则由于设计图纸方面的原因而导致工程质量出现问题,设计单位将承担相应的赔偿责任。

(2)涉及政府相关部门审批的,必须办理相应的审批手续。

(3)涉及图纸变更的,严格按照法律的规定、合同的约定办理。在施工期间无论是设计单位、建设单位还是施工单位提出的设计变更,都必须按照规定程序办理变更手续,否则由此产生的法律后果可能由施工单位承担,施工单位工期、费用索赔得不到支持。如许多建设工程施工合同约定“承包人在双方确定变更后____天内不向工程师提出变更工程价款报告时,视为该项设计变更不涉及合同价款的变更”。实践中,由于施工单位未充分重视类似条款的风险,虽按变更后的设计施工,却未及时提出变更价款的书面要求。等到竣工结算再提出时,已超过合同约定期限,造成施工单位的工期损失或者费用损失。

(二)因建筑材料、设备等问题而面临的法律风险及防范要点

1. 法律风险

建设工程具有隐蔽性的特点,在施工质量控制过程中,施工单位必须严格执行法定的检验、检测制度,否则可能给工程质量带来隐患,甚至导致质量安全事故。

《建筑法》第59条规定:“建筑施工企业必须按照工程设计要求、施工技术标准和合同的约定,对建筑材料、建筑构配件和设备进行检验,不合格的不得使用。”《建设工程质量管理条例》第29条规定:“施工单位必须按照工程设计要求、施工技术标准和合同约定,对建筑材料、建筑构配件、设备和商品混凝土进行检验,检验应当有书面记录和专人签字;未经检验或者检验不合格的,不得使用。”第30条规定:“施工单位必须建立、健全施工质量的检验制度,严格工序管理,做好隐蔽工程的质量检查和记录。隐蔽工程在隐蔽前,施工单位应当通知建设单位和建设工程质量监督机构。”第31条规定:“施工人员对涉及结构安全的试块、试件以及有关材料,应当在建设单位或者工程监理单位监督下现场取样,并送具有相应资质等级的质量检测单位进行检测。”

2. 防范要点

(1)谨慎选择合格的材料供应商,办理完善的采购手续,保存好采购合同、材料供应单、发票等书面材料。若因为材料质量问题而被建设单位索赔,也能够向材料供应商进行追偿,最大限度地维护自身权益和减少损失。

(2)建设工程施工合同对材料的供应有约定的,应严格按照合同的约定进行采购。如《建设工程施工合同(示范文本)》(GF—2013—0201)第8.3.2项约定:“承包人采购的材料和工程设备,应保证产品质量合格,承包人应在材料和工程设备到货前24小时通知监理人检验。”若由于施工单位原因使得材料不符合要求,则由此增加的费用和(或)延误的工期,由施工单位承担。

(3)严格依据规定对进场材料进行检测,保留相关检测记录。检验结果应按照规定形成书面记录,并由相关专业人员签字确认。对于未经检验或者检验不合格的,不得用于工程项目上。

(4)规范施工过程中的见证取样和送检制度。在施工管理过程中,为了控制工程总体或者隐蔽部位的质量,会依据有关技术标准对工程所用材料进行规定数量的检测检验。作为施工单位,应依法依规完善见证取样和送检制度。

(5)对于甲方供料的情形,如甲方供应的材料不符合合同约定及国家规定的标准的,施工单位有权拒绝使用,并要求甲方重新提供。因此延误的工期应予以顺延,甲方应赔偿施工单位停工、窝工、倒用、机械设备调迁、材料和构件积压等损失和实际费用。但若甲方提供的建筑材料质量不合格,而施工单位又未尽到检验义务导致后续施工完成的工程存在质量问题的,施工单位也应承担相应责任,且工程款的结算会受到很大影响。如《沈阳市中级人民法院建设施工合同纠纷审判疑难问题解答》第 20 条即作出如下规定："承包人在施工过程中存在不按图纸施工，擅自改变约定的建筑材料、构配件、设备的品种、规格等情形，发包人要求核减原材料差价的，应否支持？解答：应予支持。理由：承包人偷工减料既是违约行为，也导致工程质量标准下降，同时降低了承包人的成本，如按照约定价格结算，将导致承包人获取不当利益，此时发包人要求减少价款，应予支持，这样既符合公平原则，也能够对承包人的偷工减料行为起到遏制作用。"

（三）未经验收建设单位擅自使用后又提出质量问题的法律风险及防范要点

1. 法律风险

在工程建设实践中，建筑工程未进行质量验收建设单位就擅自使用，但是在使用后，又对其使用过的部分提出质量问题或质量缺陷，从而引起工程质量方面的法律纠纷。

对于此问题，《建设工程施工合同司法解释（一）》第 14 条亦有明确的规定："建设工程未经竣工验收，发包人擅自使用后，又以使用部分质量不符合约定为由主张权利的，人民法院不予支持；但是承包人应当在建设工程的合理使用寿命内对地基基础工程和主体结构质量承担民事责任。"施工单位应据此有理、有利、有节地维护自身的合法权益。

2. 防范要点

（1）未经验收建设单位擅自使用，施工单位应与建设单位办理项目的交接手续，收集好建设单位已经使用的证据，否则一旦产生纠纷在诉讼中可能会处于被动地位。

（2）若没有一次性通过验收，则施工单位收到整改通知后应立即组织整改，整改后按照约定向建设单位提交竣工报告。如果提交竣工报告后，建设单位不按约定组织验收而擅自使用，则建设单位据此提出质量问题的主张不能得到支持。

（3）使用的认定问题。一般来说，使用应从以下几个方面考虑：首先，"使用"指的是实际使用。其次，建设单位实际使用的范围。最后，"使用"指的是按照工程的建造用途进行使用，例如，如果建造的是工业厂房，应以在该厂房内进行了生产为使用；如果建造的是住宅，应以实际入住为使用；如果建造的是办公楼，应以开始办公为使用。当然，建设单位改变工程用途的，则应当另当别论。

（4）如果建设工程未经竣工验收而建设单位擅自使用，在实践中产生争议时，建设单位可能被认定为免除了施工单位对工程的返修义务以及部分保修义务。此时，施工单位可能仅对地基基础工程和主体结构质量承担相应的民事责任。

(四)因工程质量保修引发的法律风险与防范要点

1. 法律风险

一些工程的质量问题在使用过程中逐渐暴露出来,有的是由于建设单位的原因,有的是由于施工单位的原因或者其他方面的原因。由于各方的理解和认识不同,在质量保修问题上产生纠纷,常见的引发纠纷的情形如下。

(1)建设单位故意拖延验收、拖延签署竣工验收合格报告或核发竣工证书,导致书面竣工日期比实际竣工日期延后,变相延长了保修期。甚至有的项目长期拖延,未能签署竣工验收报告,使得保修期起算点无法确定,由此产生争议。

(2)建设工程施工合同关于保修期的约定不明确,如约定"待保修期满发包人再返还保修金"。由于法律关于不同项目的最低保修期规定存在差异,若没有明确约定不同项目保修金的返还时间,将可能变相延长保修金返还的时间。

(3)实践中施工单位承担相应的法律责任的一种情形是:对于建设单位发出的保修通知置之不理或者不能依法合理应对。部分施工单位在保修期限内履行了保修义务,但没有保留保修记录,也没有组织验收,导致没有证据证明其在保修期间履行了保修义务。有的建设单位以施工企业没有履行保修义务为由,另行委托第三方进行维修,并在保修金中抵扣维修费用。

总之,对于因保修问题导致的潜在法律风险,施工单位应谨慎对待。

2. 防范要点

(1)施工单位应妥善保存已提交竣工验收报告的签收记录和验收过程记录,以及建设单位接收工程的相关书面证据。如建设单位拒绝或拖延验收,施工单位可以根据法律规定、合同约定主张实际递交竣工验收报告日或实际接收日、使用日即为竣工日。

(2)如有可能,约定保修金分期返还,如竣工验收合格满 1 年后____天内返还一定比例的保修金;竣工验收合格满 2 年后____天内返还一定比例的保修金,等等。

(3)施工单位接到保修通知后,应当及时核查情况,同时留存并保管好修复记录及其凭证,以固定证据。

(4)若建设单位在未履行通知义务的前提下,径直另行委托其他单位维修,事后维修费用要求施工单位承担。对此,施工单位必须积极主张权利。因为只有在原施工单位怠于履行保修义务的情况下,建设单位另行委托其他单位维修产生的费用才可能由原施工单位承担。

总之,对于在施工过程中出现的质量问题,施工单位必须予以重视,及时履行保修义务，否则，建设单位有权自行修复，产生的费用由施工单位承担。并且对于工程质量不合格的工程，建设单位可以从工程款中抵扣可能产生的维修费用；工程质量不合格且拒绝修复的，建设单位还有权解除合同。当然，因质量问题导致的法律风险远非以上谈及的这些。工程质量控制是一个系统的问题，牵涉工程发包、工程监理、项目管理、工程验收等多方面的问题，施工企业必须加强建筑工程的质量管理工作，积极采取有效措施防范质量管理工作中可能引起的法律纠纷。

实务案例裁判要旨

一、发包人就建设工程质量问题应提起反诉或另行起诉

抗辩只能在本诉原告的诉请范围内要求减轻或者免除自己的责任，并不能要求对方承担相应的责任，若发包人的抗辩包含具体的诉讼请求，则应提起反诉或另行起诉（见表 16－1）。

表 16－1　发包人就质量问题应提起反诉或另行起诉

序号	法院及案号	法院观点	证明观点
1	山东高院（2017）鲁民终 1305 号	传洋公司关于涉案工程存在质量问题的主张，在本案一审中仅作为抗辩主张，并未反诉主张权利，加上该问题传洋公司已在滨州市中级人民法院另案处理，因而传洋公司关于涉案工程存在质量问题的抗辩主张，在本案中不予处理。二审中，传洋公司以涉案工程存在质量问题为由拒付工程款，没有事实及法律依据，本院不予支持	发包人就质量问题应提起反诉或另行起诉
2	福建高院（2015）闽民申字第 675 号	被申请人原审的诉讼请求为要求申请人支付尚欠的工程款，申请人则辩称被申请人存在逾期完工的问题，应当按照合同约定支付违约金。由于申请人的答辩实为包含了具体的诉讼请求，是基于另外一个法律关系所提出的诉讼主张，与被申请人所提出的诉讼请求并非简单的主张与反辩的关系，故应当在原审中通过提起反诉或另行提起诉讼进行主张。原一审法院已经对此进行了释明，程序上并无不当，处理结果上也没有违反相关法律规定	抗辩不得包含具体诉讼请求，否则，应提起反诉或另行起诉

二、《民事诉讼法解释》生效前,各地法院对于发包人在承包人提起的建设工程施工合同纠纷案件中就质量问题提起的反诉是否进行合并审理存在多种意见

1. 有法院依据《民事诉讼法》(2012 年)第 140 条进行合并审理(见表 16 - 2)

表 16 - 2　可以合并审理

法院及案号	法院观点	证明观点
河南高院(2013)豫法民三终字第 7 号	关于原审程序是否合法的问题。《民事诉讼法》(2012 年)第 51 条规定,"原告可以放弃或者变更诉讼请求。被告可以承认或者反驳诉讼请求,有权提起反诉",第 140 条规定,"原告增加诉讼请求,被告提起反诉,第三人提出与本案有关的诉讼请求,可以合并审理"。本案中,侨鑫公司在本院发还重审后的一审程序中提起反诉且反诉内容也与本案关联,原审法院对该反诉进行审理并无不当。因此,泸县建筑公司提出的原审法院对侨鑫公司反诉重新审理程序违法的上诉理由不能成立,本院予以驳回	依据《民事诉讼法》(2012 年)第 140 条进行合并审理

2.《民事诉讼法》(2012 年)第 140 条规定的"可以合并审理"并不是强制性规定,可以进行分别审理(见表 16 - 3)

表 16 - 3　可以分别审理

序号	法院及案号	法院观点	证明观点
1	最高院(2013)民申字第 1256 号	本案处理的是工程款纠纷,一审法院不支持申请人提出要求鉴定工程质量及维修费用的申请,同时告知其依据工程保修合同条款另行主张权利,并无不当。《民事诉讼法》(2012 年)第 140 条规定:"原告增加诉讼请求,被告提出反诉,第三人提出与本案有关的诉讼请求,可以合并审理。"据此,反诉与本诉不是必须合并审理,而是既可以合并审理,也可以分别审理,一审、二审判决对反诉的处理不违反法定程序	《民事诉讼法》第 140 条规定的合并审理并非强制性规定
2	山东高院(2013)鲁民提字第 319 号	2006 年 12 月 21 日,龙泰公司以康丰公司拖欠其工程款为由诉至禹城市人民法院。诉讼中,康丰公司曾以质量不合格为由提起反诉。 康丰公司主张案件应当合并审理但是没有合并审理,违反法律规定的问题,根据《民事诉讼法》(2012 年)第 140 条的规定,原告增加诉讼请求,被告提出反诉,第三人提出与本案有关的诉讼请求,可以合并审理,可以看出,合并审理并不是强制性规定,因此原审法院未合并审理并不违反法律规定	《民事诉讼法》(2012 年)第 140 条规定的合并审理并非强制性规定

续表

序号	法院及案号	法院观点	证明观点
3	河南高院(2009)豫法民一终字第58号	关于原审是否应当将卓润德起诉工程款之诉与兰尉公司反诉工程质量之诉合并审理问题,因原审已将工程款之诉与工程质量之诉分别审理后作出判决,二审中再合并审理已无实际意义	法院对发包人就工程质量提起的反诉,可分别审理

三、《民事诉讼法解释》生效后,大多数司法裁判认为发包人在承包人提起的建设工程施工合同纠纷案件中就质量问题提起的反诉应当合并审理

其主要法律依据为《民事诉讼法》(2012年)第140条、《民事诉讼法解释》第232条、第233条的法律规定(见表16－4)

表16－4　应当合并审理

序号	法院及案号	法院观点	证明观点
1	最高院(2017)最高法民终648号	《民事诉讼法》(2012年)第140条规定,原告增加诉讼请求,被告提出反诉,第三人提出与本案有关的诉讼请求,可以合并审理。《民事诉讼法解释》第232条、第233条规定,在案件受理后,法庭辩论结束前,原告增加诉讼请求,被告提出反诉,第三人提出与本案有关的诉讼请求,可以合并审理的,人民法院应当合并审理。反诉的当事人应当限于本诉的当事人的范围。反诉与本诉的诉讼请求基于相同法律关系、诉讼请求之间具有因果关系,或者反诉与本诉的诉讼请求基于相同事实的,人民法院应当合并审理。因此,摩尔公司就案涉工程质量问题提起的反诉与晟元公司提出的支付工程欠款的起诉请求具有因果关系,且工程是否存在质量缺陷与案涉工程价款是否应当给付具有关联关系,应当与晟元公司提起的支付工程欠款的起诉合并审理。而原审对摩尔公司的反诉裁定不予合并审理,导致本案摩尔公司是否应支付工程欠款的相关事实不能查清	就质量问题提起的反诉进行合并审理

续表

序号	法院及案号	法院观点	证明观点
2	最高院(2017)最高法民终730号	关于一审法院合并审理是否有误的问题。《民事诉讼法》(2012年)第140条规定:“原告增加诉讼请求,被告提出反诉,第三人提出与本案有关的诉讼请求,可以合并审理。”本院认为,该条是对合并审理的规定,合并审理的目的在于简化诉讼程序,有利于纠纷的解决,而合并审理的实质要求是基于同一法律关系或同一法律事实。本案中,中建六公司于2013年12月19日向一审法院提起本案诉讼,凯盛源公司于2014年1月10日亦向一审法院提起诉讼,中建六公司与凯盛源公司提起诉讼是基于同一法律关系和同一法律事实,故一审法院合并审理,并无不当。中建六公司的该上诉主张,本院不予支持	就质量问题提起的反诉进行合并审理
3	最高院(2017)最高法民申3145号	对于齐翔公司主张的原审不应对地面工程质量问题进行审理并进行鉴定的问题,本院认为,根据《民事诉讼法解释》第232条的规定:“在案件受理后,法庭辩论结束前,原告增加诉讼请求,被告提出反诉,第三人提出与本案有关的诉讼请求,可以合并审理的,人民法院应当合并审理。”粤华公司在一审法院调解过程中提出关于地面质量问题的反诉请求,并要求对该地面质量问题进行鉴定,原审法院将地面工程质量问题纳入审理范围,符合法律规定。至于齐翔公司提出的粤华公司是否交纳反诉费用的问题,不属于超出原审诉讼请求的情形	就质量问题提起的反诉进行合并审理
4	贵州高院(2017)黔民终790号	关于永诚公司增加解除《建设工程施工合同》的反诉请求应否在本案中审理的问题。杨绿公司在起诉时的第一项诉讼请求为解除双方签订的《建设工程施工合同》,后于2017年4月20日书面申请放弃该项诉讼请求,永诚公司在开庭陈述反诉请求时提出增加解除双方签订的《建设工程施工合同》的诉讼请求,根据《民事诉讼法解释》第232条关于“在案件受理后,法庭辩论结束前,原告增加诉讼请求,被告提出反诉,第三人提出与本案有关的诉讼请求,可以合并审理的,人民法院应当合并审理”的规定,永诚公司增加解除《建设工程施工合同》的反诉请求符合法律规定,应在本案中一并审理	就质量问题提起的反诉进行合并审理

表 16－5　少部分司法裁判在《民事诉讼法解释》生效后，仍认为承包人提起的建设工程施工合同纠纷案件中，对发包人就工程质量提起的反诉可以分案审理

法院及案号	法院观点	证明观点
最高院（2017）最高法民申 1507 号	《民事诉讼法》第 140 条规定，原告增加诉讼请求，被告提出反诉，第三人提出与本案有关的诉讼请求，可以合并审理。本案一审中，广宇建设诉请森信置业支付工程款，森信置业就工程质量造成的损失提起反诉。因本诉与反诉在法律关系、因果关系、依据事实方面并不完全相同，一审法院将反诉案件分案审理，不违反法律规定	对发包人就工程质量提起的反诉可以分案审理

表 16－6　发包人应在法庭辩论终结前就质量问题提出反诉

序号	法院及案号	法院观点	证明观点
1	安徽高院（2016）皖民终 269 号	案涉工程尚未竣工，合肥大地公司提起反诉，请求确认丁某荣施工的工程质量不合格及交付工程资料属抗辩，且在诉讼中已经提出，故合肥大地公司提起的反诉不符合受理条件，应予驳回。 依照《民事诉讼法解释》第 232 条“在案件受理后，法庭辩论终结前，原告增加诉讼请求，被告提出反诉，第三人提出与本案有关的诉讼请求，可以合并审理的，人民法院应当合并审理”的规定，合肥大地公司最迟应于法庭辩论终结前提出反诉，但该公司却在法庭辩论终结后近一个半月才提出反诉，原审裁定驳回合肥大地公司对丁某荣的反诉并无不当	发包人应在法定的期限内就质量问题提出反诉
2	山东高院（2017）鲁民终 194 号	一审法院认为，依据我国相关法律规定，被告应在案件受理后法庭辩论结束前提出反诉。本案中，因被告系在法庭辩论终结后提出反诉，且其主张的质量鉴定问题，亦应属于反诉内容，被告可依法另案主张，本案不予处理	发包人应在法定的期限内就质量问题提出反诉

相关规定指引

《民法典》

第 799 条　建设工程竣工后，发包人应当根据施工图纸及说明书、国家颁发的施工验收规范和质量检验标准及时进行验收。验收合格的，发包人应当按照约定支付价款，并接收该建设工程。

建设工程竣工经验收合格后，方可交付使用；未经验收或者验收不合格的，不得交付使用。

《民事诉讼法》

第 140 条 原告增加诉讼请求,被告提出反诉,第三人提出与本案有关的诉讼请求,可以合并审理。

《建筑法》

第 22 条 建筑工程实行招标发包的,发包单位应当将建筑工程发包给依法中标的承包单位。建筑工程实行直接发包的,发包单位应当将建筑工程发包给具有相应资质条件的承包单位。

第 25 条 按照合同约定,建筑材料、建筑构配件和设备由工程承包单位采购的,发包单位不得指定承包单位购入用于工程的建筑材料、建筑构配件和设备或者指定生产厂、供应商。

第 40 条 建设单位应当向建筑施工企业提供与施工现场相关的地下管线资料,建筑施工企业应当采取措施加以保护。

第 54 条 建设单位不得以任何理由,要求建筑设计单位或者建筑施工企业在工程设计或者施工作业中,违反法律、行政法规和建筑工程质量、安全标准,降低工程质量。

建筑设计单位和建筑施工企业对建设单位违反前款规定提出的降低工程质量的要求,应当予以拒绝。

第 58 条 建筑施工企业对工程的施工质量负责,建筑施工企业必须按照工程设计图纸和施工技术标准施工,不得偷工减料。工程设计的修改由原设计单位负责,建筑施工企业不得擅自修改工程设计。

第 59 条 建筑施工企业必须按照工程设计要求、施工技术标准和合同的约定,对建筑材料、建筑构配件和设备进行检验,不合格的不得使用。

《招标投标法》

第 41 条 中标人的投标应当符合下列条件之一:

(一)能够最大限度地满足招标文件中规定的各项综合评价标准;

(二)能够满足招标文件的实质性要求,并且经评审的投标价格最低;但是投标价格低于成本的除外。

《民事诉讼法解释》

第 108 条 对负有举证证明责任的当事人提供的证据,人民法院经审查并结合相关事实,确信待证事实的存在具有高度可能性的,应当认定该事实存在。对一方当事人为反驳负有举证证明责任的当事人所主张事实而提供的证据，人民法院经审查并结合相关事实，认为待证事实真伪不明的，应当认定该事实不存在。法律对于待证事实所应达到的证明标准另有规定的，从其规定。

第232条　在案件受理后，法庭辩论结束前，原告增加诉讼请求，被告提出反诉，第三人提出与本案有关的诉讼请求，可以合并审理的，人民法院应当合并审理。

第233条　反诉的当事人应当限于本诉的当事人的范围。

反诉与本诉的诉讼请求基于相同法律关系、诉讼请求之间具有因果关系，或者反诉与本诉的诉讼请求基于相同事实的，人民法院应当合并审理。

反诉应由其他人民法院专属管辖，或者与本诉的诉讼标的及诉讼请求所依据的事实、理由无关联的，裁定不予受理，告知另行起诉。

《建设工程质量管理条例》

第7条　建设单位应当将工程发包给具有相应资质等级的单位。建设单位不得将建设工程肢解发包。

第10条　建设工程发包单位不得迫使承包方以低于成本的价格竞标，不得任意压缩合理工期。

建设单位不得明示或者暗示设计单位或者施工单位违反工程建设强制性标准，降低建设工程质量。

第11条　施工图设计文件审查的具体办法，由国务院建设行政主管部门、国务院其他有关部门制定。

施工图设计文件未经审查批准的，不得使用。

第14条第1款　按照合同约定，由建设单位采购建筑材料、建筑构配件和设备的，建设单位应当保证建筑材料、建筑构配件和设备符合设计文件和合同要求。

第29条　施工单位必须按照工程设计要求、施工技术标准和合同约定，对建筑材料、建筑构配件、设备和商品混凝土进行检验，检验应当有书面记录和专人签字；未经检验或者检验不合格的，不得使用。

第30条　施工单位必须建立、健全施工质量的检验制度，严格工序管理，作好隐蔽工程的质量检查和记录。隐蔽工程在隐蔽前，施工单位应当通知建设单位和建设工程质量监督机构。

第31条　施工人员对涉及结构安全的试块、试件以及有关材料，应当在建设单位或者工程监理单位监督下现场取样，并送具有相应资质等级的质量检测单位进行检测。

《第八次全国法院民事商事审判工作会议纪要》

第30条 要依法维护通过招投标所签订的中标合同的法律效力。当事人违反工程建设强制性标准,任意压缩合理工期、降低工程质量标准的约定,应认定无效。对于约定无效后的工程价款结算,应依据建设工程施工合同司法解释的相关规定处理。

《江苏省高级人民法院关于审理建设工程施工合同纠纷案件若干问题的意见》

第3条 具有下列情形之一,当事人要求确认建设工程施工合同无效的,人民法院应予支持:

(一)承包人未取得建筑施工企业资质或者超越资质等级的;

(二)没有资质的实际施工人借用有资质的建筑施工企业名义的;

(三)建设工程必须进行招标而未招标或者中标无效的;

(四)承包单位将工程进行转包或者违法分包的;

(五)中标合同约定的工程价款低于成本价的;

(六)法律、行政法规规定的其他情形。

《广东省高级人民法院全省民事审判工作会议纪要》

第17条 要依法维护通过招投标方式所签订的中标合同的法律效力。对以低于工程建设成本的工程项目标底订立的施工合同,应当依据《招标投标法》第四十一条第(二)项的规定认定无效;当事人违反工程建设强制性标准,任意压缩合理工期、降低工程质量标准的约定,也应认定无效。对于约定无效后的工程价款结算,应依据《最高人民法院关于审理建设工程施工合同纠纷案件适用法律问题的解释》的相关规定处理。

《山东省高级人民法院关于建设工程施工合同纠纷会谈纪要》

引言部分:

……如果双方约定的工程款价格明显低于建设工程的成本价格,则违反了有关规章的强制性规定,可以根据当事人的请求变更或者撤销。

《江苏省高级人民法院建设工程施工合同案件审理指南》

八、建设工程的质量:"(一)发包人工程质量问题的主张,有的属于反诉,有的属于抗辩。发包单位(发包人)以工程质量问题为由要求施工单位(承包人)支付违约金或赔偿金的,应当提起反诉。

"发包人以质量不符约定为由仅请求拒付或减付工程款的,或者合同中明确约定可以直接将工程质量违约金或赔偿金从应付工程款中扣减的,属于抗辩,无须反诉。

“建设工程案件中，发包人以工程质量问题为由请求拒付、减付工程款，以及请求承包人支付违约金或赔偿损失，是否必须另行反诉，一直存在争议。对此，应当根据发包人主张的内容，区分情况对待：

“(1)发包方以工程质量存在问题为由要求承包人支付违约金或赔偿金的，其诉求不仅明确而且具体，具备民事诉讼法‘诉’的全部条件，属于独立的诉。发包人不提出反诉的，原则上不在本诉中审查。

“(2)发包人以质量不符约定为由请求拒付或减付工程款，但没有提出承包人因质量不符合约定应当承担的违约金或赔偿金的，其请求不具备民事诉讼法‘诉’的全部条件，只是对承包人请求的一种对抗理由，根据《民事诉讼法》第一百零八条的规定，这种情形下的诉求视为抗辩权的行使，发包人无须提起反诉，对发包人这一抗辩意见应当审查。发包人抗辩成立的，应当直接支持其意见。

“(3)如双方在合同中明确约定可以直接将工程质量违约金或赔偿金从应付工程款中扣减的，发包人提出扣减请求的，因双方已有了明确的约定，故该请求可以应视为抗辩，发包人也无需提起反诉。”

《沈阳市中级人民法院建设施工合同纠纷审判疑难问题解答》

第 20 条　承包人在施工过程中存在不按图纸施工，擅自改变约定的建筑材料、构配件、设备的品种、规格等情形，发包人要求核减原材料差价的，应否支持？

解答：应予支持。

理由：承包人偷工减料既是违约行为，也导致工程质量标准下降，同时降低了承包人的成本，如按照约定价格结算，将导致承包人获取不当利益，此时发包人要求减少价款，应予支持，这样既符合公平原则，也能够对承包人的偷工减料行为起到遏制作用。

第十七讲

质量保证金返还期限的认定

法条原文

第 17 条　有下列情形之一，承包人请求发包人返还工程质量保证金的，人民法院应予支持：

（一）当事人约定的工程质量保证金返还期限届满；

（二）当事人未约定工程质量保证金返还期限的，自建设工程通过竣工验收之日起满二年；

（三）因发包人原因建设工程未按约定期限进行竣工验收的，自承包人提交工程竣工验收报告九十日后起当事人约定的工程质量保证金返还期限届满；当事人未约定工程质量保证金返还期限的，自承包人提交工程竣工验收报告九十日后起满二年。

发包人返还工程质量保证金后，不影响承包人根据合同约定或者法律规定履行工程保修义务。

思维导图

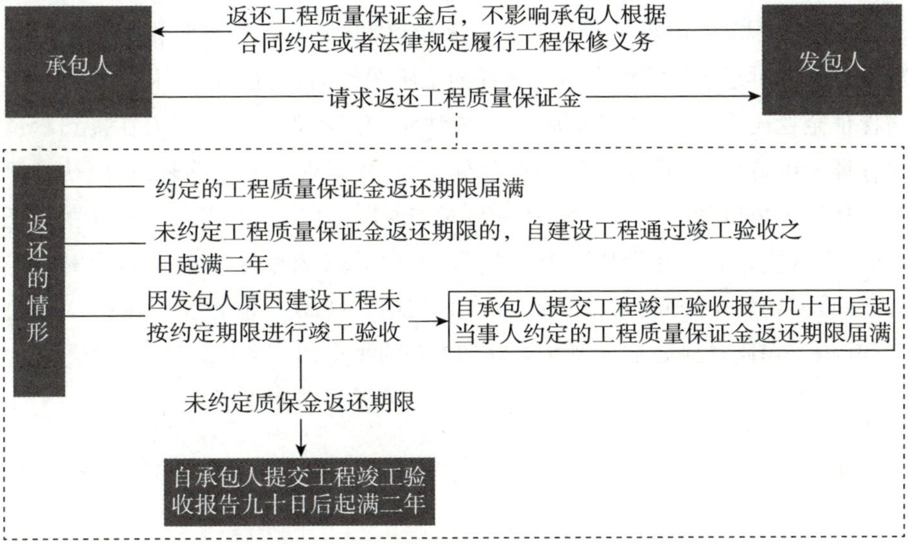

图 17－1　质量保证金返还期限的认定

条文释义

本条是关于不同情形下发包人返还质量保证金的期限的规定,厘清了质量保证金返还期限不等于保修期限,质量保证金的返还不影响承包人承担保修义务。

一、合同明确约定了期限,按照约定处理

本规定本质上确定了约定优先的原则。质量保证金的返还期限从工程通过竣工验收之日起计算,在建设工程施工合同有效的前提下,若发承包双方在建设工程施工合同中约定了超过2年的期限,该约定的超过2年的期限有效,双方应当遵守。虽然《建设工程质量保证金管理办法》规定了质量保证金返还期限最长不超过2年,但此不属于法律或者行政法规的强制性规定。也有观点认为,若约定违反了《建设工程质量保证金管理办法》的关于质量保证金返还期限不超过2年的规定,则超过2年的期限不能认定为缺陷责任期。

如《建设工程施工合同(示范文本)》(GF—2017—0201)通用条款第15.3.3项约定:"缺陷责任期内,承包人认真履行合同约定的责任,到期后,承包人可向发包人申请返还保证金。发包人在接到承包人返还保证金申请后,应于14天内会同承包人按照合同约定的内容进行核实。如无异议,发包人应当按照约定将保证金返还给承包人。对返还期限没有约定或者约定不明确的,发包人应当在核实后14天内将保证金返还承包人,逾期未返还的,依法承担违约责任。发包人在接到承包人返还保证金申请后14天内不予答复,经催告后14天内仍不予答复,视同认可承包人的返还保证金申请……"(见图17-2)对该通用条款约定的质量保证金的返还程序,如果发承包方双方在专用条款中进行特别约定,则按专用条款的特别约定处理。《建设工程施工合同(示范文本)》(GF—2017—0201)通用条款第15.3.3项约定与《建设工程质量保证金管理办法》第11条的规定相一致。

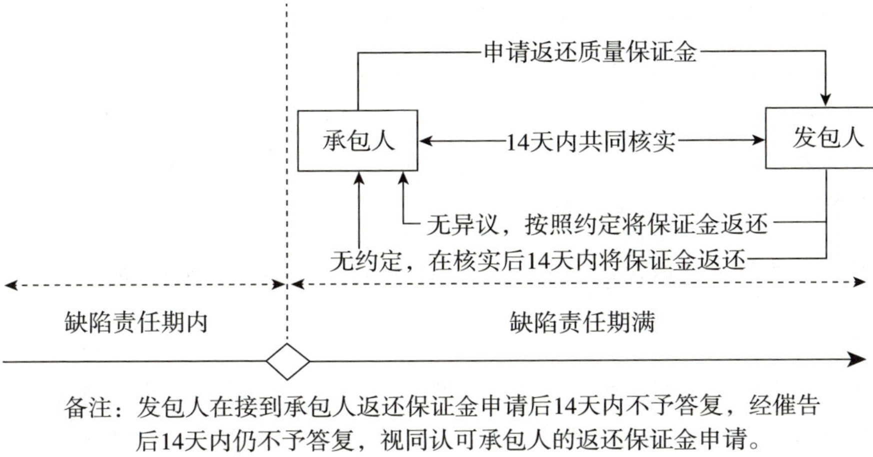

图 17－2　《建设工程施工合同(示范文本)》通用条款第 15.3.3 项

二、合同没有约定返还期限的处理

当发承包双方对工程质量保证金的返还期限无约定或者约定不明时，则自通过竣工验收之日起满 2 年应予以返还。

该规定实际为合同约定不明时的漏洞填补规则。《民法典》第 510 条规定："合同生效后，当事人就质量、价款或者报酬、履行地点等内容没有约定或者约定不明确的，可以协议补充；不能达成补充协议的，按照合同相关条款或者交易习惯确定。"质量保证金返还期限为 2 年的规定源于《建设工程质量保证金管理办法》(建质〔2017〕138 号)第 2 条第 3 款"……缺陷责任期一般为 1 年，最长不超过 2 年，由发、承包双方在合同中约定"的规定。但需要注意的是，该 2 年返还期限的规定只有在没有约定或约定不明且根据合同条款及实际履行情况无法确定时间的前提下才予以适用。

三、合同约定了返还期限但由于发包人原因未按约定期限进行竣工验收的处理

合同约定了返还期限但由于发包人原因未按约定期限进行竣工验收时，自承包人提交工程竣工验收报告 90 日后起当事人约定的工程质量保证金返还期限届满，发包人应返还工程质量保证金(自承包人提交报告 90 日＋约定期限)。90 日为宽限期，如果发包人虽未按约定期限组织竣工验收，但仍在承包人提交竣工验收报告后 90 日内组织并通过了竣工验收，则应以实际通过竣工验收之日为起算点。

该规定来自《建设工程质量保证金管理办法》(建质〔2017〕138 号)第 8 条的规定。该条规定:“缺陷责任期从工程通过竣工验收之日起计。由于承包人原因导致工程无法按规定期限进行竣工验收的,缺陷责任期从实际通过竣工验收之日起计。由于发包人原因导致工程无法按规定期限进行竣工验收的,在承包人提交竣工验收报告 90 天后,工程自动进入缺陷责任期。”

四、合同未约定返还期限且由于发包人原因未按约定期限进行竣工验收的处理

当事人未约定工程质量保证金返还期限的,由于发包人原因未按约定期限进行竣工验收,自承包人提交工程竣工验收报告 90 日后起满 2 年,发包人应返还工程质量保证金(自承包人提交报告 90 日 +2 年)。

五、保修义务的承担

本条第 2 款是关于保证金退还和承包人保修义务之间关系的规定。《建设工程质量管理条例》第 40 条针对不同的建设工程规定了不同的最低保修期限。发包人向承包人返还工程质量保证金的行为仅仅表明缺陷责任期已经届满,承包人无须再向发包人承担工程质量缺陷责任,但并不影响承包人保修义务的承担。《建设工程质量管理条例》第 41 条规定:“建设工程在保修范围和保修期限内发生质量问题的,施工单位应当履行保修义务,并对造成的损失承担赔偿责任。”

本条第 2 款的规定有利于明确缺陷责任与保修责任的区别。实践中,存在很多将保修责任与缺陷责任混同的情形。

实务难点

一、相关概念

建设工程质量保证金,是指发包人与承包人在建设工程施工合同中约定,从应付的工程款中预留,用以保证承包人在缺陷责任期内对建设工程出现的缺陷进行维修的资金。

工程保修期,是指自工程竣工验收合格之日起,在正常使用条件下承包人对工程承担保修义务的最低期限,在此期限内承包人对建设工程出现的质量问题负有保修义务。承包人对建设工程在法定保修期内所承担的保修义务属于法定义务,

不能通过合同约定予以排除。它和缺陷责任期并不是一个概念。缺陷责任期已经届满，承包人无须再向发包人承担工程质量缺陷责任，但不影响承包人向发包人承担保修义务。缺陷责任期是指质量保证金的预留期限，最长为 2 年。

二、建设工程质量保修制度

《建筑法》第 62 条、《建设工程质量管理条例》第 39 条规定建设工程实行质量保修制度。建设工程质量保修制度是指建设工程经竣工验收通过后，在规定的保修期限内，若由于勘察、设计、施工、材料等原因造成的建设工程的质量缺陷，应当由承包单位负责维修、返工或更换，由责任单位负责赔偿损失的法律制度。建筑工程的保修范围应当包括地基基础工程、主体结构工程、屋面防水工程和其他土建工程，以及电气管线、上下水管线的安装工程，供热、供冷系统工程等项目；保修的期限应当按照保证建筑物合理寿命年限内正常使用，维护使用者合法权益的原则确定。

（一）建设工程质量保修书的提交时间及主要内容

根据《建设工程质量管理条例》第 39 条的规定，建设工程承包单位在向建设单位提交工程竣工验收报告时，应当向建设单位出具质量保修书。质量保修书中应当明确建设工程的保修范围、保修期限和保修责任等。施工单位（承包人）在建设工程质量保修书中，应当对建设单位合理使用建设工程有所提示。如果是因建设单位或用户使用不当或擅自改动结构、设备位置以及不当装修等造成质量问题的，施工单位（承包人）不承担保修责任；由此造成的质量受损或其他用户损失，应当由责任人承担相应的责任。

（二）建设工程质量的最低保修期限

承包人依法应对工程质量承担责任，并在保修期内承担保修义务。《建设工程质量管理条例》第 40 条规定：“在正常使用条件下，建设工程的最低保修期限为：（一）基础设施工程、房屋建筑的地基基础工程和主体结构工程，为设计文件规定的该工程的合理使用年限；（二）屋面防水工程、有防水要求的卫生间、房间和外墙面的防渗漏，为 5 年；（三）供热与供冷系统，为 2 个采暖期、供冷期；（四）电气管线、给排水管道、设备安装和装修工程，为 2 年。其他项目的保修期限由发包方与承包方约定。建设工程的保修期，自竣工验收合格之日起计算。”

（三）建设工程质量保证金

建设工程质量保证金，是指发包人与承包人在建设工程施工合同中约定，从应付的工程款中预留，用以保证承包人在缺陷责任期内对建设工程出现的缺陷进行维修的资金。在工程项目竣工前,已经缴纳履约保证金的,发包人不得同时预留工程质量保证金。采用工程质量保证担保、工程质量保险等其他保证方式的,发包人不得再预留保证金。

1. 预留保证金的比例

自2017年7月1日起施行的《建设工程质量保证金管理办法》第7条规定:“发包人应按照合同约定方式预留保证金,保证金总预留比例不得高于工程价款结算总额的3%。合同约定由承包人以银行保函替代预留保证金的,保函金额不得高于工程价款结算总额的3%。”

2. 质量保证金的返还时间

缺陷责任期内,承包人认真履行合同约定的责任,到期后,承包人向发包人申请返还保证金。发包人在接到承包人返还保证金申请后,应于14天内会同承包人按照合同约定的内容进行核实。如无异议,发包人应当按照约定将保证金返还给承包人。对返还期限没有约定或者约定不明确的,发包人应当在核实后14天内将保证金返还承包人,逾期未返还的,依法承担违约责任。发包人在接到承包人返还保证金申请后14天内不予答复,经催告后14天内仍不予答复,视同认可承包人的返还保证金申请。缺陷责任期从工程通过竣工验收之日起计。由于承包人原因导致工程无法按规定期限进行竣工验收的,缺陷责任期从实际通过竣工验收之日起计。由于发包人原因导致工程无法按规定期限进行竣工验收的,在承包人提交竣工验收报告90日后,工程自动进入缺陷责任期。

(四)保修义务责任落实、损失赔偿责任、行政责任的承担

发包人和承包人对保证金预留、返还以及工程维修质量、费用有争议的,按承包合同约定的争议和纠纷解决程序处理。《建设工程施工合同司法解释(一)》第18条规定:“因保修人未及时履行保修义务,导致建筑物毁损或者造成人身损害、财产损失的,保修人应当承担赔偿责任。保修人与建筑物所有人或者发包人对建筑物毁损均有过错的,各自承担相应的责任。”

1. 保修义务以及维修的经济责任承担的处理原则

(1)施工单位未按照国家有关标准规范和设计要求施工所造成的质量缺陷,由施工单位负责返修并承担维修费用。

(2)由于设计问题造成的质量缺陷,先由施工单位负责维修,维修费用由建设单位承担。建设单位支付相关维修费用后有权依法向设计单位追索。

(3)因建筑材料、构配件和设备质量不合格引起的质量缺陷,先由施工单位负

责维修，建筑材料、构配件和设备由施工单位采购的或经其验收同意的，由施工单位承担相应法律责任；由建设单位采购的，由建设单位承担相应法律责任。

(4)因建设单位(含监理单位)在施工管理过程中的错误行为导致质量缺陷，先由施工单位负责维修，由此产生的经济损失由建设单位承担；如属监理单位责任，则由建设单位向监理单位追索。

(5)因使用单位使用不当造成损坏的，先由施工单位负责维修，由此产生的经济损失由使用单位承担。

(6)由于地震、台风、洪水等自然灾害或其他不可抗拒原因造成损坏的，先由施工单位负责维修，建设参与各方根据相关法律规定合理分担经济损失。

2. 建设工程质量保修违法行为应承担的主要行政法律责任

(1)根据《建筑法》第75条的规定，建筑施工企业不履行保修义务或者拖延履行保修义务的，责令改正，可以处以罚款，并对在保修期内因屋顶、墙面渗漏、开裂等质量缺陷造成的损失，承担赔偿责任。

(2)根据《建设工程质量管理条例》第66条的规定，施工单位不履行保修义务或者拖延履行保修义务的，责令改正，处10万元以上20万元以下的罚款，并对在保修期内因质量缺陷造成的损失承担赔偿责任。

(3)根据《建设工程质量保证金管理办法》第9条的规定，缺陷责任期内，由承包人原因造成的缺陷，承包人应负责维修，并承担鉴定及维修费用。如承包人不维修也不承担费用，发包人可按合同约定从保证金或银行保函中扣除，费用超出保证金额的，发包人可按合同约定向承包人进行索赔。承包人维修并承担相应费用后，不免除对工程的损失赔偿责任。

(4)根据《建筑业企业资质管理规定》第23条的规定，在申请之日起前1年至资质许可决定作出前，建筑业企业未依法履行工程质量保修义务或拖延履行保修义务的，资质许可机关不予批准其建筑业企业资质升级申请和增项申请。

三、工程质量保证金扣留比例及返还期限的约定是否以建设工程施工合同有效为前提

建设工程合同无效时，合同中关于工程质量保证金的扣留比例及返还时间的约定对当事人是否具有法律约束力。关于该问题，司法实践中有两种截然不同的观点和判例。

一种观点认为，建设工程施工合同无效，合同中关于工程质量保证金的扣留比

例及返还时间的约定,对双方当事人仍然具有法律约束力,工程质量保证金仍应参照建设工程施工合同的约定在期满后才能返还。其主要理由如下。

(1)虽然根据《民法典》、《建筑法》以及其他相关法律法规的规定,关于保修期及保修责任的约定是否有效不会影响承包人最终实际承担保修责任。但如果合同中有关质量保证金条款无效的话,意味着承包人可以提前收回质量保证金,承包人的义务减弱,这将会导致无效合同比有效合同享有的利益更大,变相地鼓励承包人追求合同无效的后果,这与法律的本意相悖。因此,建设工程合同无效时,合同中关于工程质量保证金的扣留比例及返还时间的约定仍应参照适用。

(2)《建筑法》《建设工程质量管理条例》等法律法规均将保证工程质量作为立法的主要出发点和主要目的。实践中,承发包双方在保修时经常相互推诿,单独的保修制度不利于保障工程质量缺陷得到很好的解决,仅对承包人、实际施工人施加法定保修义务尚不足以保障工程在使用中得到维护。

(3)建设工程合同虽然无效,但工程质量保证金的扣留比例及返还时间系双方的真实意思表示,应予以遵守。否则,有违诚实守信原则。

(4)在建设工程施工领域,承包人向发包人交纳工程质量保证金系建设工程领域的交易习惯。退一步来讲,即使因为合同无效,质量保证相关条款亦无效,不能作为扣留质保金的依据,习惯也可以成为裁判扣留工程质量保证金的依据。

部分高院的相关解答亦采纳了该观点,如《北京市高级人民法院关于审理建设工程施工合同纠纷案件若干疑难问题的解答》第 31 条第 3 款规定:"建设工程施工合同无效,但工程经竣工验收合格并交付发包人使用的,承包人应依据法律、行政法规的规定承担质量保修责任。发包人要求参照合同约定扣留一定比例的工程款作为工程质量保修金的,应予支持。"《浙江省高级人民法院民事审判第一庭关于审理建设工程施工合同纠纷案件若干疑难问题的解答》第 20 条规定:"建设工程施工合同无效,不影响发包人按合同约定、承包人出具的质量保修书或法律法规的规定,请求承包人承担工程质量责任。"

另一种观点认为,建设工程施工合同无效,工程质量保证金条款当然亦应无效,工程质量保证金不应予以扣留应及时返还。其主要理由如下。

(1)《民法典》第 155 条规定:"无效的或者被撤销的民事法律行为自始没有法律约束力。"

(2)《民法典》第 157 条规定:"民事法律行为无效、被撤销或者确定不发生效力后,行为人因该行为取得的财产,应当予以返还;不能返还或者没有必要返还的,应当折价补偿。有过错的一方应当赔偿对方由此所受到的损失;各方都有过错的,应当各自承担相应的责任。法律另有规定的,依照其规定。”既然建设工程施工合同无效,则有关折价补偿的法律规定应即时成就,承包人可就包括工程质量保证金在内的相关款项要求发包人予以支付。最高院在中扶建设有限责任公司与德化金龙置业有限公司建设工程施工合同纠纷一案①中即持该观点,在该案中,最高院认为:因金龙公司、中扶公司确认案涉招投标系为了履行相关手续而进行的形式意义上的招投标,案涉建设工程施工合同无效,双方在 2014 年 4 月 6 日协议中约定备案的建设工程施工合同包括招投标文件作废,故金龙公司关于依据建设工程施工合同及招投标文件应预留 5% 工程款作为质量保修金的主张,缺乏依据。如案涉工程在质保期间出现质量维修问题,金龙公司可依法另行主张权利。

实践中,笔者认为应结合导致施工合同无效的原因来分析,不能一概而论。如果是发包人原因导致合同无效,则质量保证金应予以返还;如果是承包人原因导致合同无效,则应参照合同约定执行,扣留相应的质量保证金。建设工程施工合同无效情况下损失的分担应考虑过错,工程质量保证金的扣留比例及返还时间问题可以根据导致建设工程合同无效的原因结合具体案情进行公平公正的判决。

对于建设工程施工合同无效时质量保证金如何返还,有观点建议按如下的方式处理:(1)若建设工程经竣工验收合格,按照合同约定及《建设工程施工合同司法解释(一)》第 17 条的规定处理;(2)若建设工程经竣工验收不合格,但修复后经竣工验收合格的,按照合同约定及《建设工程施工合同司法解释(一)》第 17 条的规定处理,修复后仍不合格的,不予返还;(3)若建设工程未完工的,已完工部分质量合格的,按照合同约定及《建设工程施工合同司法解释(一)》第 17 条的规定处理;(4)若建设工程未完工且已完工部分质量不合格的,修复后合格的,按照合同约定及《建设工程施工合同司法解释(一)》第 17 条的规定处理,修复后仍不合格的,则不予返还。

操作要点

1. 对于承包人而言,在建设工程施工合同中应明确约定工程质量保证金的返还期限,且最长不宜超过 2 年。

2. 如果发承包双方关于质量保证金的返还问题,参照《建设工程施工合同(示

① 最高人民法院(2017)最高法民终 766 号民事判决书。

范文本)》(GF—2017—0201)通用条款第 15.3.3 项以及《建设工程质量保证金管理办法》第 11 条约定了相应的返还程序,则该约定具有法律效力。此时,发承包双方应结合项目的实际情况,重视申请手续、审查流程,掌握审查期限及逾期审查的后果,严格按照合同的约定处理。

实务案例裁判要旨

表 17-1　施工合同无效,保修金条款亦无效,保修金应予以返还

序号	法院及案号	法院观点	证明观点
1	最高院(2017)最高法民申 3773 号	因建设工程施工合同无效,双方就保证金返还期限及逾期利息的约定亦无效,原审法院判决瑞昌公司返还保证金并依据保证金来源酌情不予计息的判决并无不当	施工合同无效,保修金条款亦无效,保修金应予以返还
2	最高院(2014)民一终字第 108 号	根据原《合同法》第 58 条的规定,合同无效或者被撤销后,因该合同取得的财产,应当予以返还;不能返还或者没有必要返还的,应当折价补偿。有过错的一方应当赔偿对方因此所受到的损失,双方都有过错的,应当各自承担相应的责任。案涉 03 合同属于无效合同,康福公司据此取得的 200 万元工程质量保证金应予返还	施工合同无效,保修金条款亦无效,保修金应予以返还
3	重庆高院(2016)渝民再 126 号	龚某跃、李某胜缴纳 10 万元质量保证金后,未能进场施工,合同的相对方理应按照协议约定返还 10 万元的质量保证金。龚某跃、李某胜系个人,不具有建筑施工资质,根据原《建设工程施工合同司法解释》第 1 条第 1 项的规定,其所签订的《工程施工承包协议》应属无效协议。依照原《合同法》第 58 条关于合同无效或者被撤销后,因该合同取得的财产,应当予以返还的规定,此 10 万元质量保证金亦应当予以返还	施工合同无效,保修金条款亦无效,保修金应予以返还

表 17-2　施工合同无效，工程已竣工验收合格的，应参照合同约定结算工程价款，质保金返还参照合同约定执行

序号	法院及案号	法院观点	证明观点
1	甘肃高院(2018)甘民再 84 号	根据原《建设工程施工合同司法解释》第 1 条的规定，懿达公司与刘某瑞、晟瑞酒店之间达成的装饰装修合同违反了原《合同法》第 52 条第 5 项的规定，应认定无效。该原《建设工程施工合同司法解释》第 2 条规定："建设工程施工合同无效，但建设工程经竣工验收合格，承包人请求参照合同约定支付工程价款的，应予支持。"根据该条规定，在懿达公司与刘某瑞及晟瑞酒店之间达成的装饰装修合同无效的情形下，如果工程经竣工验收合格，刘某瑞及晟瑞酒店应当参照约定给懿达公司支付工程款。 关于质保金问题，双方当事人在合同中不仅约定质保金数额为 31.4 万元，而且约定了返还期限，即自工程竣工验收合格之日起一年，届满后 15 日内一次付清，现返还期限已届满，刘某瑞、晟瑞酒店应依约返还质保金	施工合同无效，工程已竣工验收合格的，应参照合同约定结算工程价款，质保金返还参照合同约定
2	河南高院(2016)豫民终 1445 号	原《建设工程施工合同司法解释》第 2 条规定："建设工程施工合同无效，但建设工程经验收合格，承包人请求参照合同约定支付工程价款的，应予支持。"依照该条规定，安某柱请求工程款结算，应依据大成公司与安某柱于 2010 年 5 月 30 日所签订的《工程内部承包合同》的约定进行结算。 安某柱请求大成公司返还质保金的主张，根据合同约定，涉案工程的质保金为 29,824,534 元(总工程款 31,094,534 元 - 安某柱未做桩基 1,270,000 元) × 5% = 1,491,226.7 元。大成公司应返还安某柱的保证金为：864,911.486 元[1,491,226.7 元 × 30%(满 1 年) + (1,491,226.7 元 - 1,491,226.7 元 × 30%) × 40%(满 2 年)]，未到返还期限的质保金为 626,315.21 元	施工合同无效，工程已竣工验收合格的，应参照合同约定结算工程价款，质保金返还参照合同约定
3	湖北高院(2018)鄂民终 369 号	虽然本案的建设工程施工合同无效，但王某云依法仍应当对其承建的工程承担责任。在法律规定的保修期内，王某云应当承担保修义务，否则应承担相应的赔偿责任。鼎信公司与王某云约定质保金返还的条件和期限，是鼎信公司的处分权利，应当准许鼎信公司承诺先行返还质保金。鼎信公司应当参照合同约定返还质保金，鼎信公司主张应当在法定的保修期满后返还质保金没有法律依据	施工合同无效，工程已竣工验收合格的，应参照合同约定结算工程价款，质保金返还参照合同约定

表 17－3　约定的质量保证金返还期限原则上不应超过 2 年

序号	法院及案号	法院观点	证明观点
1	重庆高院(2016)渝民终 616 号	根据我国住房和城乡建设部、财政部颁布的《建设工程质量保证金管理办法》第 2 条的规定,建设工程质量保证金是指发包人与承包人在建设工程承包合同中约定,从应付的工程款中预留,用以保证承包人在缺陷责任期内对建设工程出现的缺陷进行维修的资金。缺陷责任期一般为 1 年,最长不超过两年。双方合同约定,保修期为 2 年,期满后退还质保金。此处的质保金应为质量保证金,按照《建设工程质量保证金管理办法》的规定,预留的最长期限为 2 年	约定的质量保证金返还期限原则上不应超过 2 年
2	北京高院(2018)京民终 540 号	对于质保金问题,一审法院认为:首先,双方没有约定质保金比例和预留期限。其次,综合楼工程是未完工程,只可能有分项验收,不存在整体验收的问题,也就是无法起算质保期。2012 年 1 月彻底停工,2014 年提起诉讼,2016 年法院最终判决解除双方签订的施工合同,华北公司撤场、移交相关工程资料。即使按九合公司的说法,依照《建设工程质量保证金管理办法》,缺陷责任期一般为 1 年最长不超过 2 年的规定,工程停工已数年,工程移交已近 2 年,在没有证据证明工程存在质量问题的情况下,扣除所谓质保金,缺乏依据,亦有失公平。因此,九合公司扣除质保金的意见,一审法院不予采纳	约定的质量保证金返还期限原则上不应超过 2 年
3	广东高院(2017)粤民申 5809 号	除 5% 工程款作为保修金尚未支付外,韶关分公司和化州建筑公司已付清了其余的工程款。根据《建设工程质量保证金管理办法》第 2 条的规定,质量保证金是用以保证承包人在缺陷责任期内对建设工程出现的缺陷进行维修的资金,缺陷责任期最长为 2 年	约定的质量保证金返还期限原则上不应超过 2 年

表 17－4　约定的质量保证金比例不得高于 3%

法院及案号	法院观点	证明观点
甘肃高院(2018)甘民终 282 号	2017 年 7 月 1 日起实施的《建设工程质量保证金管理办法》第 2 条规定:“本办法所称建设工程质量保证金(以下简称保证金)是指发包人与承包人在建设工程承包合同中约定,从应付的工程款中预留,用以保证承包人在缺陷责任期内对建设工程出现的缺陷进行维修的资金。缺陷是指建设工程质量不符合工程建设强制性标准、设计文件,以及承包合同的约定。缺陷责任期一般为 1 年,最长不超过 2 年,由发、承包双方在合同中约定。”第 7 条规定:“发包人应按照合同约定方式预留保证金,保证金总预留比例不得高于工程价款结算总额的 3%。合同约定由承包人以银行保函替代预留保证金的,保函金额不得高于工程价款结算总额的 3%。”第 8 条规定:“缺陷责任期从工程通过竣工验收之日起计。由于承包人原因导致工程无法按规定期限进行竣工验收的,缺陷责任期从实际通过竣工验收之日起计。由于发包人原因导致工程无法按规定期限进行竣工验收的,在承包人提交竣工验收报告 90 天后,工程自动进入缺陷责任期。”根据本案查明的事实,2016 年 1 月 29 日,兰石建设公司、兰石房地产公司向物业服务公司移交了案涉房屋的分户门钥匙,说明苏某于此前已向兰石建设公司交付了工程。一审作出判决的时间为 2018 年 2 月 6 日,根据《建设工程质量保证金管理办法》的规定,本案工程的缺陷责任期已届满,发包方不应再预留工程质保金。一审法院认定应扣留工程款总额的 5%,即 5,362,527.85 元作为工程质保金,认定及处理不当,应予纠正。兰石建设公司、天鹏公司应向苏胜返还工程质保金 5,362,527.85 元	约定的质量保证金比例不得高于 3%

表 17－5　返还工程质量保证金后,不影响承包人根据合同约定或者法律规定履行工程保修义务

序号	法院及案号	法院观点	证明观点
1	新疆高院(2017)新民终 411 号	在缺陷责任期内,承包人当然承担保修义务,但质量保修金并非保修费用,该金额虽由发包人预先扣留,但仍属于承包人所有。当事人对发包人在应付工程款中预留工程质量保修金返还有约定,承包人请求按照约定返还质量保修金的,应予支持。发包人返还工程质量金后,不影响承包人依照合同约定或法律规定履行工程保修义务	返还工程质量金后,不影响承包人依照合同约定或法律规定履行工程保修义务

续表

序号	法院及案号	法院观点	证明观点
2	黑龙江高院(2016)黑民终466号	《建设工程质量管理条例》第41条规定:“建设工程在保修范围和保修期限内发生质量问题的,施工单位应当履行保修义务,并对造成的损失承担赔偿责任。”即发包人勃源公司按约定1年期限返还质保金并不影响承包人展钰公司依照法律规定履行案涉工程的保修义务,因此,勃源公司以法定保修期限2年及案涉工程存在质量问题为由,主张返还质保金条款无效,本院不予支持。一审判决勃源公司应按约定返还质保金并给付利息并无不当	返还工程质量金后,不影响承包人依照合同约定或法律规定履行工程保修义务

表17-6　本条款在司法实践中的初步适用

法院及案号	法院观点	证明观点
天水中院(2019)甘05民初7号	因双方签订的施工作业协议无效,协议中关于质保金的条款当然无效,故对于质保金的返还双方之间没有有效的约定。原《建设工程施工合同司法解释(二)》第8条规定:“有下列情形之一,承包人请求发包人返还工程质量保证金的,人民法院应予支持:……(二)当事人未约定工程质量保证金返还期限的,自建设工程通过竣工验收之日起满二年。”国务院交通部颁发的《公路工程竣(交)工验收办法》第16条规定:“公路工程进行竣工验收应具备以下条件:(一)通车试运营2年后……”现涉案公路工程还处于试运营阶段,尚未进行竣工验收,故河南路桥工程公司向范某某返还工程质量保证金的条件尚未成就,本院对范某某该项诉讼请求不予支持。上述款项可在符合返还条件后依法另行处理	施工合同无效,保修金条款无效,按双方未约定保修金条款处理

相关规定指引

《民法典》

第155条　无效的或者被撤销的民事法律行为自始没有法律约束力。

第157条　民事法律行为无效、被撤销或者确定不发生效力后,行为人因该行为取得的财产,应当予以返还;不能返还或者没有必要返还的,应当折价补偿。有过错的一方应当赔偿对方由此所受到的损失;各方都有过错的,应当各自承担相应的责任。法律另有规定的,依照其规定。

第510条　合同生效后,当事人就质量、价款或者报酬、履行地点等内容没有约定或者约定不明确的，可以协议补充；不能达成补充协议的，按照合同相关条款或者交易习惯确定。

《建筑法》

第 62 条　建筑工程实行质量保修制度。

建筑工程的保修范围应当包括地基基础工程、主体结构工程、屋面防水工程和其他土建工程，以及电气管线、上下水管线的安装工程，供热、供冷系统工程等项目；保修的期限应当按照保证建筑物合理寿命年限内正常使用，维护使用者合法权益的原则确定。具体的保修范围和最低保修期限由国务院规定。

第 75 条　建筑施工企业违反本法规定，不履行保修义务或者拖延履行保修义务的，责令改正，可以处以罚款，并对在保修期内因屋顶、墙面渗漏、开裂等质量缺陷造成的损失，承担赔偿责任。

《建设工程质量管理条例》

第 39 条　建设工程实行质量保修制度。

建设工程承包单位在向建设单位提交工程竣工验收报告时，应当向建设单位出具质量保修书。质量保修书中应当明确建设工程的保修范围、保修期限和保修责任等。

第 40 条　在正常使用条件下，建设工程的最低保修期限为：

（一）基础设施工程、房屋建筑的地基基础工程和主体结构工程，为设计文件规定的该工程的合理使用年限；

（二）屋面防水工程、有防水要求的卫生间、房间和外墙面的防渗漏，为 5 年；

（三）供热与供冷系统，为 2 个采暖期、供冷期；

（四）电气管线、给排水管道、设备安装和装修工程，为 2 年。

其他项目的保修期限由发包方与承包方约定。

建设工程的保修期，自竣工验收合格之日起计算。

第 41 条　建设工程在保修范围和保修期限内发生质量问题的，施工单位应当履行保修义务，并对造成的损失承担赔偿责任。

《建设工程质量保证金管理办法》

第 2 条　本办法所称建设工程质量保证金（以下简称保证金）是指发包人与承包人在建设工程承包合同中约定，从应付的工程款中预留，用以保证承包人在缺陷责任期内对建设工程出现的缺陷进行维修的资金。

缺陷是指建设工程质量不符合工程建设强制性标准、设计文件，以及承包合同的约定。

缺陷责任期一般为1年,最长不超过2年,由发、承包双方在合同中约定。

第7条 发包人应按照合同约定方式预留保证金,保证金总预留比例不得高于工程价款结算总额的3%。合同约定由承包人以银行保函替代预留保证金的,保函金额不得高于工程价款结算总额的3%。

第8条 缺陷责任期从工程通过竣工验收之日起计。由于承包人原因导致工程无法按规定期限进行竣工验收的,缺陷责任期从实际通过竣工验收之日起计。由于发包人原因导致工程无法按规定期限进行竣工验收的,在承包人提交竣工验收报告90天后,工程自动进入缺陷责任期。

第9条 缺陷责任期内,由承包人原因造成的缺陷,承包人应负责维修,并承担鉴定及维修费用。如承包人不维修也不承担费用,发包人可按合同约定从保证金或银行保函中扣除,费用超出保证金额的,发包人可按合同约定向承包人进行索赔。承包人维修并承担相应费用后,不免除对工程的损失赔偿责任。

《浙江省高级人民法院民事审判第一庭关于审理建设工程施工合同纠纷案件若干疑难问题的解答》

第20条 合同无效是否影响关于工程质量的约定、承诺的效力?

建设工程施工合同无效,不影响发包人按合同约定、承包人出具的质量保修书或法律法规的规定,请求承包人承担工程质量责任。

《北京市高级人民法院关于审理建设工程施工合同纠纷案件若干疑难问题的解答》

31. 施工合同约定工程保修期限低于法定最低期限的条款是否有效?承包人要求返还质量保修金的,如何处理?

建设工程施工合同中约定正常使用条件下工程的保修期限低于法律、行政法规规定的最低期限的,该约定无效。

当事人就工程质量保修金返还期限有约定的,依照其约定,但不影响承包人在保修期限内承担质量保修责任;没有约定或约定不明的,工程质量保修金返还期限为工程竣工验收合格之日起二十四个月。

建设工程施工合同无效,但工程经竣工验收合格并交付发包人使用的,承包人应依据法律、行政法规的规定承担质量保修责任。发包人要求参照合同约定扣留一定比例的工程款作为工程质量保修金的,应予支持。

第十八讲

未履行保修义务应承担的责任

法条原文

第 18 条　因保修人未及时履行保修义务，导致建筑物毁损或者造成人身损害、财产损失的，保修人应当承担赔偿责任。

保修人与建筑物所有人或者发包人对建筑物毁损均有过错的，各自承担相应的责任。

思维导图

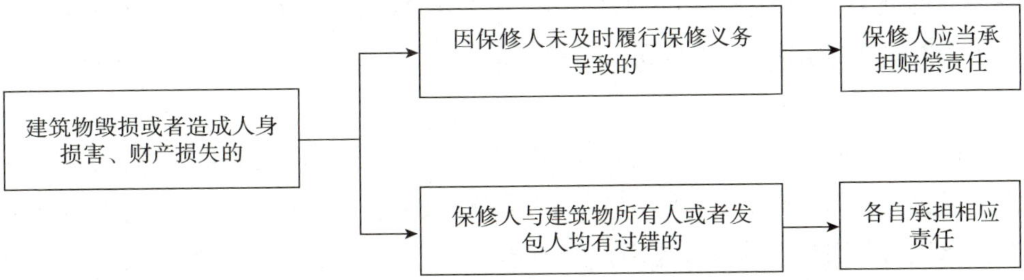

图 18－1　未履行保修义务应承担的责任

条文释义

本条是关于保修人未及时履行保修义务应承担责任的规定。

一、保修人应承担的赔偿责任

质量保修义务，是指建设工程竣工验收后，对于在保修期限内出现的质量缺陷，承包人负有予以修复的义务。工程保修实质上是承包人的一种瑕疵担保责任，既是承包人应履行的合同义务，也是一项法定义务。《建筑法》第 60 条规定："建筑物在合理使用寿命内，必须确保地基基础工程和主体结构的质量。建筑工程竣工时，屋顶、墙面不得留有渗漏、开裂等质量缺陷；对已发现的质量缺陷，建筑施工企业应当修复。"第 62 条规定："建筑工程实行质量保修制度。建筑工程的保修范围应当包括地基基础工程、主体结构工程、屋面防水工程和其他土建工程，以及电气管线、上下水管线的安装工程，供热、供冷系统工程等项目；保修的期限应当按照保证建筑物合理寿命年限内正常使用，维护使用者合法权益的原则确定。具体的保修范围和最低保修期限由国务院规定。"《建设工程质量管理条例》第39条规定:"建设工程实行质量保修制度。建设工程承包单位在向建设单位提交工程竣工验收报告时,应当向建设单位出具质量保修书。质量保修书中应当明确建设工程的保修范围、保修期限和保修责任等。"第41条规定:"建设工程在保修范围和保修期限内发生质量问题的,施工单位应当履行保修义务,并对造成的损失承担赔偿责任。"

工程在保修期内出现质量问题,承包人应按照约定的时间及时进行修复。如果承包人不履行保修义务,发包人可以自行修复,并有权要求承包人承担相应的费用。因承包人不履行保修义务造成其他损失的,承包人应对在保修期内因质量缺陷造成的损失承担赔偿责任。《民法典》第802条规定:"因承包人的原因致使建设工程在合理使用期限内造成人身损害和财产损失的,承包人应当承担赔偿责任。"

值得注意的一点是,只要在保修期内出现了保修范围内的质量问题,无论是否由于承包人原因导致,承包人均应履行其保修义务。只是如果在保修期内出现了非由承包人原因导致的保修范围内的质量问题(如因发包人或者建筑物所有人使用不当造成的质量缺陷等),相关费用的承担主体不同而已。因此,如果保修期内出现了由于承包人原因导致的保修范围内的质量问题致使建筑物毁损或者造成人身损害、财产损失的,保修人即应承担赔偿责任,此时,应不需要"未及时"这一限制条件。

二、混合过错责任

保修人与建筑物所有人或者发包人对建筑物毁损均有过错的,按过错的大小各自承担相应的责任。保修义务人未及时履行保修义务,造成建筑物毁损或者人身损害、财产损失时,构成侵权责任和违约责任的竞合,发包人可择其一要求承包人承担赔偿责任;若第三人因建筑物的毁损受损害的,第三人应以侵权责任主张权利,而不能主张违约责任,因为第三人与承包人或者建筑物所有人没有合同关系。《民法典》第1252条规定:"建筑物、构筑物或者其他设施倒塌、塌陷造成他人损害的,由建设单位与施工单位承担连带责任,但是建设单位与施工单位能够证明不存在质量缺陷的除外。建设单位、施工单位赔偿后,有其他责任人的,有权向其他责任人追偿。因所有人、管理人、使用人或者第三人的原因,建筑物、构筑物或者其他设施倒塌、塌陷造成他人损害的,由所有人、管理人、使用人或者第三人承担侵权责任。”第1253条规定：“建筑物、构筑物或者其他设施及其搁置物、悬挂物发生脱落、坠落造成他人损害，所有人、管理人或者使用人不能证明自己没有过错的，应当承担侵权责任。所有人、管理人或者使用人赔偿后，有其他责任人的，有权向其他责任人追偿。”

实务难点

一、建筑物毁损或者造成人身损害、财产损失的归责原则

在《民法典》出台以前，关于建筑物毁损导致人身损害、财产损失的归责原则存在严格责任和过错推定责任两种观点。引起争论的原因在于1987年开始施行的《民法通则》第126条明确规定了建筑物致人损害的归责原则为过错推定责任，而在2009年施行的原《侵权责任法》第86条对建筑物、构筑物等倒塌损害责任进行了专门规定，仅有“由建设单位与施工单位承担连带责任”的表述，删去了“但能够证明自己没有过错的除外”的表述，所以产生了由过错推定责任向严格责任演变的观点。

但认定建筑物毁损致人损害的归责原则属于严格责任是不合理的，从体系解释来看，物件致人损害的归责原则为过错推定原则，建筑物致人损害规定在原《侵权责任法》物件致人损害一章中，因此建筑物致人损害的归责原则应为过错推定原则；此外，根据全国人大法工委的释义，建设单位、施工单位只有在违反建筑技术与经验规范的情况下才会承担责任，这有别于高度危险物责任。

《民法典》第1252条明确了建筑物致人损害过错推定的归责原则，增加了“建设单位和施工单位能够证明不存在质量缺陷的除外”的但书规定，给予建设单位和施工单位反证证明自己没有过错从而主张免责的空间。

二、承包人应履行保修义务但不应或不应单独承担保修费用的情形

1. 属于勘察、设计方面的原因造成的质量问题，由施工单位负责返修，费用由建设单位支付，建设单位可向勘察、设计单位追偿。

2. 建设单位负责采购（施工单位提出质量异议而建设单位坚持使用）的建筑材料、建筑构配件和设备质量不合格引起的质量问题，由建设单位承担民事责任。如果建设单位没有验收或者验收不合格仍然使用的，由建设单位与施工单位共同承担责任。

3. 因发包人或者建筑物所有人使用不当造成的质量问题,由发包人或者建筑物所有人承担。

4. 因发包人或者建筑物所有人未采取适当措施而扩大的损失,由发包人或者建筑物所有人承担。

5. 因自然事故、社会事件等不可抗力造成的质量事故,由建筑物的所有人或者使用人承担责任。

6. 对发包人提出的违反法律法规和建筑工程质量、安全标准,降低工程质量的要求,承包人不予拒绝而进行施工的,由发包人与施工单位共同承担责任。

三、保修义务与合同效力是否有关

承包人承担保修义务既是合同义务也是法定义务。《建筑法》第 62 条第 1 款规定:"建筑工程实行质量保修义务。"《建设工程质量管理条例》第 40 条对建设工程的最低保修期限做出了具体的规定:"……(一)基础设施工程、房屋建筑的地基基础工程和主体结构工程,为设计文件规定的该工程的合理使用年限;(二)屋面防水工程、有防水要求的卫生间、房间和外墙面的防渗漏,为 5 年;(三)供热与供冷系统,为 2 个采暖期、供冷期;(四)电气管线、给排水管道、设备安装和装修工程,为 2 年。其他项目的保修期限由发包方与承包方约定。建设工程的保修期,自竣工验收合格之日起计算。"建设工程施工合同被确认无效后,根据《民法典》第 507 条的规定,合同无效除了不影响有关解决争议方法的条款效力之外,其他如保修义务和期限的约定自然归于无效。因此,发包人亦无权依据合同要求承包人在约定的期限内承担保修责任,但承包人仍应在《建设工程质量管理条例》第 40 条规定的最低保修期限内承担法定的保修责任。

操作要点

1. 承包人应承担工程保修期限和保修范围内的保修义务,承包人应注意正确及时履行该项保修义务,避免因怠于履行保修义务导致损失的进一步扩大。

2. 对于保修期内工程项目发生的质量缺陷或损坏,承包人应特别注意审查是否属于保修范围。对于非承包人原因所致的缺陷或损坏,承包人不应承担责任,承包人应及时向发包人发函释明,收集留存相关证据资料。

3. 建设工程施工合同中不能简单笼统地约定一个质量保修期,这将给承包人带来保修责任上的不确定性风险。根据《建设工程质量管理条例》第 40 条的规定,除四类有法定最低保修期限的工程项目外，其他项目的保修期限由发包人与承包人约定。若双方在施工合同中仅简单地约定一个质量保修期，则属四类有法定最低保修期限的工程项目按法律规定处理；对于其余项目，则容易发生争议。因此，在施工合同或质量保修书中采用列举的方式对工程保修的内容和期限进行约定比较合理。

4. 由于质量保修金需占用承包人的现金流，且在实践中，发包人往往以各种理由扣留承包人的质量保修金，客观上造成了承包人提供质量保修金的风险过高。而预留质量保修金并不是承包人的强制性法定义务，属双方约定范畴。因此，如果双方没有约定质量保修金，则在工程竣工验收合格后，发包人无权擅自扣留工程尾款，承包人仅需在给予发包人必要的准备时间后即可要求发包人支付尾款。

为平衡双方的利益，双方在签订建设工程施工合同时，承包人可以要求以其他形式替代质量保修金，如由银行、担保公司出具保函等。这样，在一定程度上能达到“双赢”的效果。对承包人而言，可以避免提供保修金占用现金流的弊端；对发包人而言，其权益也能够得到相应的保障。

5. 为避免因未及时履行保修义务而承担过重的责任，可以在建设工程施工合同中约定以下内容。

(1) 发包人应提前一定期限通知保修人履行保修义务，发包人怠于通知，导致建筑物毁损或者造成人身、财产损害的，相关责任由发包人承担；

(2) 发包人通知承包人履行保修义务时，应同时提交工程存在质量问题、质量问题属于承包人的保修范围、质量的责任方为承包人等方面的初步证据；若发包人未提交上述证据的，则应视为工程不存在缺陷，承包人有权予以拒绝。

6. 发包人于保修期内发现工程质量缺陷或损坏，首先应注意落实其原因。对于确属承包人保修范围内的责任，发包人应严格按照合同约定或法律规定履行通知催告程序。经充分催告释明，承包人仍拒绝修复的，发包人可委托第三方修复。此时，发包人应注意本着经济、合理的原则委托第三方修复，并保留相关证据。

实务案例裁判要旨

表 18-1　与是否履行保修义务相关的法律责任

序号	法院及案号	法院观点	证明观点
1	福建高院(2016)闽民终1260号	建安公司当时施工时认为该施工技艺属于明显应淘汰的技艺会导致不利后果,应该尽到合理告知义务或者直接拒绝施工,但建安公司并未提供其尽到合理告知义务的证据,而是直接进行工程施工,现外墙石板材确实存在大面积空鼓及脱落的事实情况下,应当由建安公司承担相应的举证责任来证明外墙石板材的空鼓、脱落问题与其施工无关,但建安公司提供的证据并不足以证明	对于发包人不合理的工艺要求,承包人应当尽到合理告知义务或拒绝施工,否则应承担因质量不合格导致的保修责任
2	最高院(2019)最高法民申997号	关于二审法院判决信诚公司留置18号楼地下车库330万元质保金是否适当的问题。案涉《建设工程施工合同》约定,按工程总造价的5%预留工程质保金,若无质量问题,质保金于5年保修期满后30日内全部无息返还。从本案一审、二审法院查明的事实来看,案涉18号楼地下车库存在漏水的情况。就此而言,一审、二审法院判决信诚公司留置案涉330万元质保金,并无明显不妥。且二审判决亦已明确,对于此部分留置的质保金,在星星公司履行保修义务后,由信诚公司按约返还给星星公司;如星星公司未履行保修义务,则信诚公司可自行维修,所发生费用在留置的保修金中扣除。此种处理,亦属适当	承包人不履行保修义务,发包人有权留置全部保证金
3	上海高院(2008)沪高民一(民)终字第79号	最高院司法解释关于工程提前使用的法律后果的规定,并未免除施工方的保修责任,暨阳公司应当依法履行保修义务。由于其未按约履行义务,相关的修理费用应当由暨阳公司承担。由于该部分费用并非本案诉讼范围,故双方可以另行结算,本院不予处理	发包人提前使用工程并不免除施工方的保修责任

续表

序号	法院及案号	法院观点	证明观点
4	最高院（2014）民抗字第 77 号	特房集团还主张因径坊公司未承担保修责任，致使特房集团对购房户承担赔偿责任，就此本院认为，特房集团与径坊公司的建设工程施工合同关系与特房集团与购房户之间的房屋买卖关系分属不同的合同关系，即使诉争工程存在质量问题致使迟延交付，特房集团亦仅得依照建设工程施工合同向径坊公司主张相应的违约责任，而非由径坊公司对特房集团基于房屋买卖合同而赔偿购房户的损失承担责任。径坊公司称双方质量保修书中关于“在保修期限内，因承包人原因导致的工程质量缺陷造成房屋所有人、使用人或第三方人身、财产损害的，承包人应承担相应的经济与法律责任。如因房屋所有人、使用人或第三人向发包人索赔而使发包人遭受损失，发包人有权向承包人追偿”的约定，应当限于因工程质量缺陷对他人形成侵权行为，径坊公司才对其损失承担责任，该项抗辩意见与上述约定本意相符，特房集团关于因房屋保修致使购房户不能正常居住，特房集团由此赔偿购房户的损失亦属于上述情形的主张与上述约定不符，对其该项诉讼请求不应予以支持	“在保修期限内，因承包人原因导致的工程质量缺陷造成房屋所有人、使用人或第三方人身、财产损害的，承包人应承担相应的经济与法律责任。如因房屋所有人、使用人或第三人向发包人索赔而使发包人遭受损失，发包人有权向承包人追偿”的约定，应当限于因工程质量缺陷对他人形成侵权行为，承包人才对其损失承担责任
5	山东高院（2020）鲁民终 2572 号	租金损失。地下室因长期积水无法正常使用金损失：威海英华资产估价有限公司就 2013 年 12 月 30 日至 2019 年 5 月 13 日的房屋租金损失进行了鉴定，意见为：地下室部分：地下室部分的租金损失为 21,708,967 元中 2013 年 12 月 30 日至 2014 年 12 月 31 日一年的租金损失为 3,646,279.25元。一审以倪氏公司未尽到止损、减损责任为由，支持了 2013 年 12 月 30 日至 2014 年 12 月 31 日地下室的租金损失，并无不当	由于质量原因导致损失的，责任人不对损失扩大部分承担责任

相关规定指引

《民法典》

第 507 条　合同不生效、无效、被撤销或者终止的，不影响合同中有关解决争议方法的条款的效力。

第 802 条　因承包人的原因致使建设工程在合理使用期限内造成人身损害和

财产损失的,承包人应当承担赔偿责任。

第1252条 建筑物、构筑物或者其他设施倒塌、塌陷造成他人损害的,由建设单位与施工单位承担连带责任,但是建设单位与施工单位能够证明不存在质量缺陷的除外。建设单位、施工单位赔偿后,有其他责任人的,有权向其他责任人追偿。

因所有人、管理人、使用人或者第三人的原因,建筑物、构筑物或者其他设施倒塌、塌陷造成他人损害的,由所有人、管理人、使用人或者第三人承担侵权责任。

第1253条 建筑物、构筑物或者其他设施及其搁置物、悬挂物发生脱落、坠落造成他人损害,所有人、管理人或者使用人不能证明自己没有过错的,应当承担侵权责任。所有人、管理人或者使用人赔偿后,有其他责任人的,有权向其他责任人追偿。

《建筑法》

第60条 建筑物在合理使用寿命内,必须确保地基基础工程和主体结构的质量。建筑工程竣工时,屋顶、墙面不得留有渗漏、开裂等质量缺陷;对已发现的质量缺陷,建筑施工企业应当修复。

第62条 建筑工程实行质量保修制度。

建筑工程的保修范围应当包括地基基础工程、主体结构工程、屋面防水工程和其他土建工程,以及电气管线、上下水管线的安装工程,供热、供冷系统工程等项目;保修的期限应当按照保证建筑物合理寿命年限内正常使用,维护使用者合法权益的原则确定。具体的保修范围和最低保修期限由国务院规定。

第75条 建筑施工企业违反本法规定,不履行保修义务或者拖延履行保修义务的,责令改正,可以处以罚款,并对在保修期内因屋顶、墙面渗漏、开裂等质量缺陷造成的损失,承担赔偿责任。

《建设工程质量管理条例》

第39条 建设工程实行质量保修制度。建设工程承包单位在向建设单位提交工程竣工验收报告时,应当向建设单位出具质量保修书。质量保修书中应当明确建设工程的保修范围、保修期限和保修责任等。

第40条 在正常使用条件下,建设工程的最低保修期限为:

(一)基础设施工程、房屋建筑的地基基础工程和主体结构工程,为设计文件规定的该工程的合理使用年限;

(二)屋面防水工程、有防水要求的卫生间、房间和外墙面的防渗漏,为5年;

(三)供热与供冷系统,为2个采暖期、供冷期;

(四)电气管线、给排水管道、设备安装和装修工程,为2年。

其他项目的保修期限由发包方与承包方约定。

建设工程的保修期,自竣工验收合格之日起计算。

第41条　建设工程在保修范围和保修期限内发生质量问题的,施工单位应当履行保修义务,并对造成的损失承担赔偿责任。

《安徽省高级人民法院关于审理建设工程施工合同纠纷案件适用法律问题的指导意见》

14. 建设工程施工合同无效,但工程经竣工验收合格并交付发包人使用的,承包人应承担相应的工程保修义务和责任,发包人可参照合同约定扣留一定比例的工程款作为工程质量保修金。

第十九讲

工程价款计算标准的确定

法条原文

第 19 条　当事人对建设工程的计价标准或者计价方法有约定的，按照约定结算工程价款。

因设计变更导致建设工程的工程量或者质量标准发生变化，当事人对该部分工程价款不能协商一致的，可以参照签订建设工程施工合同时当地建设行政主管部门发布的计价方法或者计价标准结算工程价款。

建设工程施工合同有效，但建设工程经竣工验收不合格的，依照民法典第五百七十七条规定处理。

思维导图

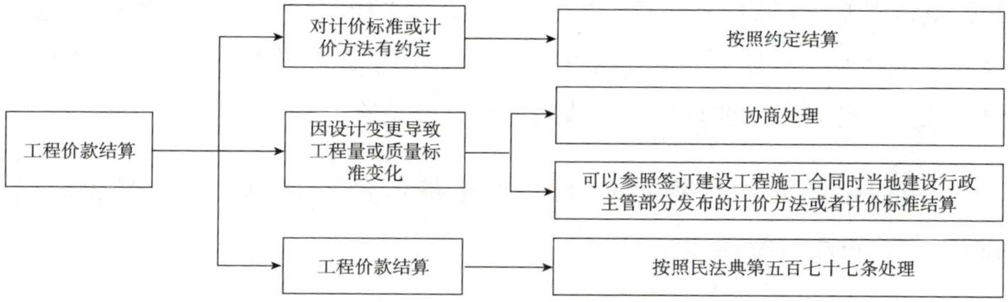

图 19－1　工程价款计算标准的确定

条文释义

本条是关于工程价款计算标准的规定，确定了"有约从约，无约可参照规定"的原则。

一、按照约定的计价标准或方法结算工程价款

在建设工程竣工验收合格后，无效合同与有效合同在《建筑法》制定的根本目的上已无很大的区别。① 如果发包人与承包人在建设工程施工合同中约定了计价

① 参见中国审判理论研究会民事审判理论专业委员会编著：《民法典合同编条文理解与司法适用》，法律出版社 2020 年版，第 529 页。

标准或计价方法,只要这种约定不违反法律、行政法规的强制性规定,就应依据当事人约定的工程计价标准或方法确定工程价款,这也是意思自治原则的要求。《建筑工程施工发包与承包计价管理办法》第3条第1款规定:"建筑工程施工发包与承包价在政府宏观调控下,由市场竞争形成。"

在实务中,我们会碰到有些施工合同中有关工程价款的约定明显高于或低于定额计价标准或市场价格。按民法意思自治的原则,双方当事人应遵守这种约定;且即便存在其他可能导致合同无效或者可撤销的事由,双方约定的计价标准或者计价方法亦可能适用。地方省市法院对此也多有类似文件规定,充分尊重当事人的意思自治。如《北京市高级人民法院关于审理建设工程施工合同纠纷案件若干疑难问题的解答》(京高法发〔2012〕245号)第11条明确规定:建设工程施工合同约定工程价款实行固定总价结算,在实际履行过程中,因工程发生设计变更等原因导致实际工程量增减,当事人要求对工程价款予以调整的,应当严格掌握,合同对工程价款调整有约定的,依照其约定;没有约定或约定不明的,可以参照合同约定标准对工程量增减部分予以单独结算,无法参照约定标准结算的,可以参照施工地建设行政主管部门发布的计价方法或者计价标准结算。

二、可以参照而非必须参照,且必须是签订合同时而非争议发生时的政府部门发布的计价标准

在建设工程施工合同履行过程中,如果发生设计变更导致建设工程的工程量或者质量标准发生变化,对变化部分工程款的结算,双方当事人应协商解决,不能协商一致的,可以参照签订合同时当地建设行政主管部门发布的计价方法或者计价标准。注意这里仅仅是一种示范性的意见,在性质上属于政府指导价,无强制性。还有一点要特别说明的是:如果参照,应参照签订施工合同时而非争议发生时政府部门发布的计价标准或方法。

三、合同有效但工程验收不合格,价款如何确定

本条第3款规定:"建设工程施工合同有效,但建设工程经竣工验收不合格的,依照民法典第五百七十七条规定处理。"《民法典》第577条规定:"当事人一方不履行合同义务或者履行合同义务不符合约定的,应当承担继续履行、采取补救措施或者赔偿损失等违约责任。"可见,如建设工程合同有效,但工程竣工验收不合格,承包人应承担相关的违约责任。此类工程的工程价款问题,应当注意以下问题。

1. 如工程质量不合格,发包人有权不予支付工程价款。工程质量是建筑工程的生命,我国《建筑法》及相关行政法规范,均将保证工程质量作为立法的主要出发点和主要目的。就建设工程施工合同而言,承包人的主要合同义务就是按照合同约定向发包人交付质量合格的建设工程,如果承包人交付的建设工程质量不合格,发包人订立合同的目的就无法实现,发包人不仅可以拒绝接收该工程,而且也可以拒绝支付工程价款。这是民事法律调整承揽关系的原则之一,建设工程施工合同属于特殊形式的承揽合同,同样适用。

2. 根据《民法典》中的相关规定,如建设工程经验收不合格,但存在的质量缺陷可以修复,承包人应对工程进行修复。经过修复建设工程质量合格的,发包人应当按照约定支付工程价款;如经修复后建设工程仍不合格的,则发包人可拒绝支付相应的工程价款。

3. 一般而言,承包人作为工程施工的实施主体,对工程质量负有全面的责任。但是,如发包人对造成工程质量不合格也有过错的,应当承担与过错相适应的责任。亦即,在发包人存在过错的情况下,发包人虽然可以不完全承担按照合同约定支付工程价款的给付义务,但是应当对承包人不能依约取得合同工程价款的损失按照过错承担赔偿责任。

实务难点

一、合同无效,约定的计价标准或者计价方法是否适用

《建设工程施工合同司法解释(一)》删除了原《建设工程施工合同司法解释》第 2 条之规定,该条规定:“建设工程施工合同无效,但建设工程经竣工验收合格,承包人请求参照合同约定支付工程价款的,应予支持。”根据该条司法解释的规定可知,上述计价原则适用于有效合同,也适用于无效合同。但现在《建设工程施工合同司法解释(一)》删除了该条的规定,释放出什么信号?

关于民事法律行为无效的后果,《民法典》第 157 条规定:“民事法律行为无效、被撤销或者确定不发生效力后,行为人因该行为取得的财产,应当予以返还;不能返还或者没有必要返还的,应当折价补偿。有过错的一方应当赔偿对方由此所受到的损失;各方都有过错的,应当各自承担相应的责任。法律另有规定的,依照其规定。”对于建设工程施工合同,其特殊之处在于,建设工程的施工过程就是将劳动和建筑物材料等物化到建设工程的过程。基于这一特殊性,合同无效,发包人取得的

财产形式上是承包人承建的工程,实际上是承包人对工程建设投入的劳务及建筑材料等(工程款包含了其相应对价)。因此,建设工程施工合同无效后不能适用恢复原状的原则,而应适用折价补偿的原则。对此,《民法典》第 793 条第 1 款明确规定:“建设工程施工合同无效,但是建设工程经验收合格的,可以参照合同关于工程价款的约定折价补偿承包人。”该条中的“折价补偿”与《民法典》总则编第 157 条的规定相呼应,明确了无效的建设工程施工合同支付工程款的性质为“折价补偿”,而不是有效合同中的“合同对价”。

鉴于原《建设工程施工合同司法解释》第 2 条仅明确应当支持“承包人请求参照合同约定支付工程价款”,曾有观点认为,该条规定实际上赋予了承包人对工程价款结算方式的选择权,即承包人既有权选择工程价款参照合同约定标准进行结算,亦有权要求据实结算;与此相应的,发包人无权选择工程款的结算方式。该观点显然违反了诚实信用原则,且不符合原《建设工程施工合同司法解释》第 2 条的本意,该观点既不利于保护当事人合法权益也不利于规范市场行为。对此,最高院立案二庭在 2010 年 4 月 20 日致江西省高级人民法院的内部函(2010 民申字第 260 号)中也明确:“关于讼争工程价款的确定应依据鉴定结论还是参照合同约定的问题,涉及对《解释》①第二条的理解问题。《解释》对于无效合同的工程价款结算原则上是采取了参照合同约定结算的补偿方式,虽然其在表述中出现‘承包人请求参照合同约定支付工程价款’,但这并不意味着承包人对于两种折价补偿方式享有选择权。”原最高院民事审判第一庭庭长程新文亦曾明确:要尊重合同中有关工程价款结算方法、标准的约定内容,严格执行工程造价、工程质量等鉴定程序的启动条件。虽然建设工程施工合同无效,但建设工程经竣工验收合格的,一般应参照合同约定结算工程价款,实际施工人违反合同约定另行申请造价鉴定计算的,一般不予支持。②

综上所述,笔者认为在《民法典》第 793 条第 1 款已有明确规定的情况下,本次《建设工程施工合同司法解释(一)》删除原《建设工程施工合同司法解释》第 2 条规定的做法有助于消除其他违背立法本意的不合理的观点。

对于如何参照合同约定进行折价补偿,部分地方省市法院已有明确规定,如《江苏省高级人民法院关于审理建设工程施工合同纠纷案件若干问题的解答》

---

① 原《建设工程施工合同司法解释》。

② 参见程新文:《关于当前民事审判工作中的若干具体问题》,载杜万华主编:《民事法律文件解读》(总第 134 辑),人民法院出版社 2016 年版。

（2018年6月26日）第5条规定："……建设工程施工合同无效，建设工程经竣工验收合格的，当事人主张工程价款或确定合同无效的损失时请求将合同约定的工程价款、付款时间、工程款支付进度、下浮率、工程质量、工期等事项作为考量因素的，应予支持。"《徐州中院进一步规范关于审理建设工程施工合同纠纷案件的若干问题》中明确："【合同无效后还有哪些条款可结算时以拿来用？】建设工程施工合同无效，建设工程经竣工验收合格的，合同中约定的工程造价、工程款支付期限、工期和进度、工程质量、竣工验收、质量保修等条款仍可参照适用。"需要注意的是，根据目前已有的司法政策和司法判例，参照无效施工合同的相关约定进行折价补偿时，应该"参照"适用的是合同中有关建设工程造价计算的"技术条款"，即工程款计价方法、计价标准等与工程价款数额有关的约定，而不包括工程款的支付条件、进度安排等其他关于建设工程价款支付的条款。否则，无效合同将变得和有效合同并无二致了。①

二、建设行政主管部门发布的计价方法或者计价标准的效力

建设行政主管部门发布的计价方法或者计价标准是各地建设主管部门根据本地建筑市场建筑成本的平均值确定的，是完成一定计量单位产品的人工、材料、机械和资金消费的规定额度，是政府指导价范畴，属于任意性规范而非强制性规范。在当事人之间没有作出以定额价作为工程价款的约定时，一般不宜以定额价确定工程价款。针对因设计变更导致建设工程的工程量或者质量标准发生变化，当事人对该部分工程价款不能协商一致时，本条第二款规定可以参照行政主管部门发布的标准进行工程价款结算。

需要注意的是，以定额为基础确定工程造价没有考虑企业的技术专长、劳动生产力水平、材料采购渠道和管理能力，这种计价模式不能反映企业的施工、技术和管理水平。而且，定额标准往往跟不上市场价格的变化。另外，部分新型建设工程定额与传统建筑工程定额相比还不够完备。因此，相较于定额，建设行政主管部门发布的市场价格信息，更贴近市场价格，更接近建筑工程的实际造价成本。因此，在可以选择的情况下，采用市场价确定工程价款对双方当事人来说更加公平。

① 参见周利明：《解构与重塑　建设工程合同纠纷审判思维与方法》，法律出版社2019年版，第167页。

操作要点

1. 施工合同中的有效约定,包括但不限于图纸、工程联系单、签证、技术核定单、会议纪要等,这些均能作为结算、审价的依据。

2. 针对建设工程可能发生工程量或者质量标准变化的事实,为维护自身利益,承包人应在施工合同中约定变更时的计价方法和工期顺延问题。施工过程中注意办理签证,根据实际情况向发包人进行工期索赔、费用索赔等。

3. 对于发生设计变更而导致建设工程的工程量或者质量标准发生变化时,建议承包人不要约定因设计变更导致工程量变化的按照原合同约定的计价方法结算工程款,因为原计价方法可能会低于当地建设行政主管部门发布的计价方法或者计价标准。当然,具体如何操作还应结合各类纠纷的具体情况区别对待。

实务案例裁判要旨

表 19－1　施工合同无效,发承包双方可以参照合同约定支付工程价款

序号	法院及案号	法院观点	证明观点
1	最高院(2011)民提字第 235 号	关于涉案工程款是应按照合同约定结算还是据实结算问题。鉴于建筑工程的特殊性,虽然合同无效,但莫某华与东深公司的劳动和建筑材料已经物化在涉案工程中,依据原《建设工程施工合同司法解释》第 2 条的规定,建设工程无效合同参照有效合同处理,应当参照合同约定计算涉案工程款。莫某华与东深公司主张应据实结算工程款,其主张缺乏依据。莫某华与东深公司不应获得比合同有效时更多的利益。涉案工程款应当依据合同约定结算	施工合同无效,发承包双方可以参照合同约定支付工程价款
2	最高院(2019)最高法民再 193 号	虽然熊某林借用湘潭县保温防腐安装公司、岳塘公司名义与四化建公司签订的涉案建设工程施工合同无效,但熊某林和四化建公司之间就该合同的标的产生了实质性的法律关系,基于这些法律关系可以产生债法上的请求权。具体到本案而言,熊某林和四化建公司均在本案庭审中认可涉案工程已经交付,四化建公司未就工程质量提出异议,根据原《建设工程施工合同司法解释》第 2 条关于“建设工程施工合同无效,但建设工程经竣工验收合格,承包人请求参照合同约定支付工程价款的,应予支持”的规定,熊某林向四化建公司请求支付涉案工程价款,应予支持	施工合同无效,发承包双方可以参照合同约定支付工程价款

续表

序号	法院及案号	法院观点	证明观点
3	最高院(2020)最高法民终 898 号	本院认为,李某初系案涉工程实际施工人,其施工行为已物化为建筑工程,案涉工程经竣工验收合格,一审判决参照《建设工程施工合同》约定确认案涉工程造价并无不当	施工合同无效,发承包双方可以参照合同约定支付工程价款
4	最高院(2020)最高法民终 496 号	本案中,案涉工程属于依法必须进行招标的项目,陕西航建公司中标之前,双方就案涉工程实质性内容进行谈判并签订的案涉《建设工程施工合同》及补充协议,违反了法律法规的强制性规定,应为无效。双方当事人实际履行的是补充协议,故本案应当参照补充协议的约定认定工程价款	施工合同无效,发承包双方可以参照合同约定支付工程价款

表 19－2　合同无效时的结算,能够"参照"适用的是合同中有关建设工程造价计算的"技术条款",而不包括工程款的支付条件、进度安排等

序号	法院及案号	法院观点	证明观点
1	最高院(2019)最高法民终 1852 号	双方签订的《建筑工程施工合同》属于无效合同,因此,涉案合同关于同步结算支付的条款也无效。原《建设工程施工合同司法解释》第 2 条规定的"请求参照合同约定支付工程价款"中的"合同约定"主要指工程款计价方法、计价标准等与工程价款数额有关的约定,关于工程价款支付条件的约定不属于可以参照适用的合同约定	合同无效时的结算,能够"参照"适用的是合同中有关建设工程造价计算的"技术条款",而不包括工程款的支付条件、进度安排等
2	最高院(2019)最高法民申 1218 号	本院认为,在建设工程施工合同无效的情况下,原《建设工程施工合同司法解释》第 2 条关于"请求参照合同约定支付工程价款"规定的原意应当是参照合同约定确定工程价款数额,主要指工程款计价方法、计价标准等与工程价款数额有关的约定,而双方间关于付款节点约定的条款,不属于可以参照适用的合同约定	合同无效时的结算,能够"参照"适用的是合同中有关建设工程造价计算的"技术条款",而不包括工程款的支付条件、进度安排等

续表

序号	法院及案号	法院观点	证明观点
3	安徽省高院(2020)皖民终1074号	根据原《建设工程施工合同司法解释》第2条等相关法律规定,案涉合同虽无效,但其中关于工程价款的结算条款仍应参照适用。因质量保证金属于工程价款的组成部分,故双方合同关于质量保证金的约定属于工程价款的结算条款,应参照适用	合同无效时的结算,能够"参照"适用的是合同中有关建设工程造价计算的"技术条款",而不包括工程款的支付条件、进度安排等,质量保证金的约定属于工程价款的结算条款

相关规定指引

《民法典》

第157条 民事法律行为无效、被撤销或者确定不发生效力后,行为人因该行为取得的财产,应当予以返还;不能返还或者没有必要返还的,应当折价补偿。有过错的一方应当赔偿对方由此所受到的损失;各方都有过错的,应当各自承担相应的责任。法律另有规定的,依照其规定。

第577条 当事人一方不履行合同义务或者履行合同义务不符合约定的,应当承担继续履行、采取补救措施或者赔偿损失等违约责任。

《北京市高级人民法院关于审理建设工程施工合同纠纷案件若干疑难问题的解答》

11. 固定总价合同履行中,当事人以工程发生设计变更为由要求对工程价款予以调整的,如何处理?

建设工程施工合同约定工程价款实行固定总价结算,在实际履行过程中,因工程发生设计变更等原因导致实际工程量增减,当事人要求对工程价款予以调整的,应当严格掌握,合同对工程价款调整有约定的,依照其约定;没有约定或约定不明的,可以参照合同约定标准对工程量增减部分予以单独结算,无法参照约定标准结算的,可以参照施工地建设行政主管部门发布的计价方法或者计价标准结算。

主张工程价款调整的当事人应当对合同约定施工的具体范围、实际工程量增减的原因、数量等事实承担举证责任。

《河北省高级人民法院建设工程施工合同案件审理指南》

6. 建设工程施工合同无效,发包人与承包人均有权请求参照合同约定支付工程价款;承包人要求另行按照定额结算或者据实结算的,人民法院不予支持。

《江苏省高级人民法院关于审理建设工程施工合同纠纷案件若干问题的解答》

5. 建设工程施工合同无效,建设工程经竣工验收合格的,合同约定的哪些条款可以参照适用?

建设工程施工合同无效,建设工程经竣工验收合格的,当事人主张工程价款或确定合同无效的损失时请求将合同约定的工程价款、付款时间、工程款支付进度、下浮率、工程质量、工期等事项作为考量因素的,应予支持。

《徐州市中级人民法院进一步规范关于审理建设工程施工合同纠纷案件的若干问题》

【合同无效后还有哪些条款可结算时以拿来用?】建设工程施工合同无效,建设工程经竣工验收合格的,合同中约定的工程造价、工程款支付期限、工期和进度、工程质量、竣工验收、质量保修等条款仍可参照适用。

第二十讲

工程量的确定

法条原文

第 20 条　当事人对工程量有争议的，按照施工过程中形成的签证等书面文件确认。承包人能够证明发包人同意其施工，但未能提供签证文件证明工程量发生的，可以按照当事人提供的其他证据确认实际发生的工程量。

思维导图

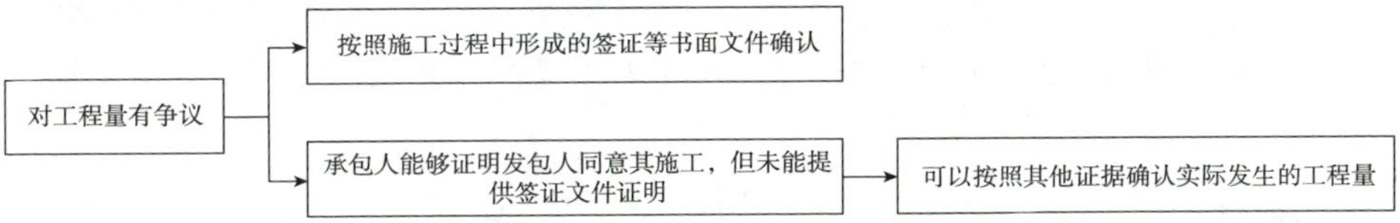

图 20－1　工程量的确定

条文释义

本条是关于通过签证等形式确认工程量以及没有签证等书面文件的情况下如何确定工程量的规定。

一、工程量确定的基本原则

工程量计算是工程计价活动的重要环节，是指建设工程项目以工程设计图纸、施工组织设计或施工方案及有关技术经济文件为依据，按照相关工程国家标准的计算规则、计量单位等规定，进行工程数量的计算活动，在工程建设中简称工程计量。

工程计量具有多阶段性和多次性。对于工程量的种类、范围和计算方法，建设工程施工合同中有明确约定的，按照合同约定进行计算和确认。工程计量不仅包括招标阶段工程量清单编制中工程量的计算，也包括投标报价以及合同履约阶段的变更、索赔、结算和支付中工程量的计算和确认。在施工过程中，工程量发生变化的，以双方当事人之间达成的补充协议、会议纪要、工程量清单、工程联系单、工程变更单、工程对账单、验收记录等书面文件作为确认工程量并进而作为当事人结算工程款的依据。

二、无直接证据情况下工程量的确定

实践中,承包人并不总能在增加工程量之后取得发包人的签证等书面文件。在这种情况下,如果承包人能提供证明发包人同意其施工以及其他能证明实际发生的工程量的证据(如补充协议、会议纪要、工程对账单等),则该组证据经过举证、质证等程序后,符合法律关于证据的真实性、合法性和关联性的情况下,可以作为计算工程量的依据。例如,《浙江省高级人民法院民事审判第一庭关于审理建设工程施工合同纠纷案件若干疑难问题的解答》第 10 条规定:"双方当事人在建设工程施工过程中形成的补充协议、会议纪要、工程联系单、工程变更单、工程对账签证以及其他往来函件、记录等书面证据,可以作为工程量计算和认定工程价款的依据。"

实务难点

一、签证单的签字主体、形式与效力

法定代表人作出的签证,应当认定有效;监理人员对工程量、工期和工程质量等事实所作的签证,原则上对发包人具有约束力;发包人现场代表、承包人项目经理作出的签证,原则上应当认定有效,除非有证据证明对方明知该人员无相应权限;发包人或发包人的其他工作人员作出的签证,原则上不应认定有效,除非对方有证据证明该人员具有相应权限;实际施工人以承包人项目负责人名义作出的签证,构成表见代理的应当认定有效,发包人口头要求施工,没有办理签证,承包人应举证证明其完成的工程量。承包人原因造成的超出合同工程范围施工或返工的工程量,发包人不予计量。

二、工程计量规范

工程计量是工程结算的基础,同时也是承包方向发包方主张工程进度款的主要依据。因此工程计量对于发承包双方的利益具有最直接的影响,合同当事人在合同中应当约定明确而细致的计量条款。工程计量应当根据工程类型的不同遵循相应的国家规范。2012 年 12 月,住建部发布了《房屋建筑与装饰工程工程量计算规范》(GB 50854—2013)、《仿古建筑工程工程量计算规范》(GB 50855—2013)、《通用安装工程工程量计算规范》(GB 50856—2013)等 9 个专业的工程量计算规范,用于规范工程计量行为,统一各专业工程量清单的编制、项目设置和工程量计

算规则。此外,还有各地方发布的一些行业规范也应当遵守。

谈及工程计量,亦需了解消耗量定额。消耗量定额是工程量清单计价的重要依据,是确定清单项目人、材、机消耗量的基础,同时也是编制最高投标限价的重要依据。[①] 2015 年 3 月,住建部发布《房屋建筑与装饰工程消耗量定额》(TY01—31—2015)、《通用安装工程消耗量定额》(TY02—31—2015)、《市政工程消耗量定额》(ZYA1—31—2015),在各消耗量定额中规定了分部分项工程和措施项目的工程量计算规则。另外,除了由住建部统一发布的定额外,还有各个地方或行业发布的消耗量定额,其中也都规定了与之相对应的工程量计算规则。

三、计量的程序

以《建设工程施工合同(示范文本)》(GF—2017—0201)的相关约定为例,单价合同与总价合同的计量程序相似,其流程如图 20 - 2 所示。

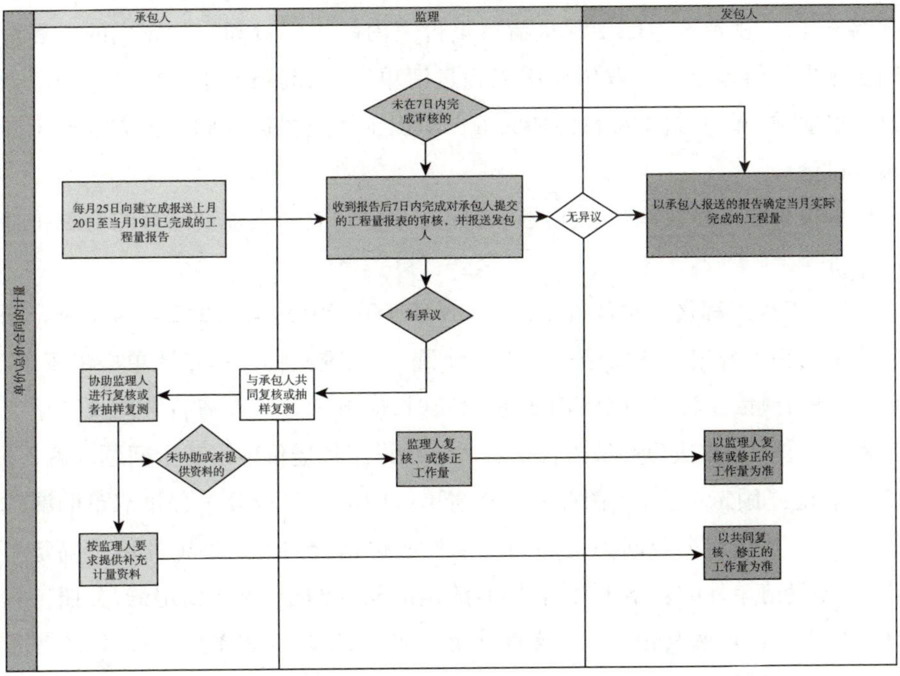

图 20 - 2　单价、总价合同的计量

---

① 参见全国造价工程师职业资格考试培训教材编审委员会编著:《建设工程技术与计量》,中国计划出版社 2019 年版,第 331 页。

虽然单价合同与总价合同的计量程序类似,但是两者工程款的结算方式却不完全相同。单价合同以承包人报送的工程量报告中的工程量视为承包人实际完成的工程量,据此计算工程价款。总价合同采用支付分解表计量支付的,该工程量只是作为一个参考,综合考虑已完工工程量比例、形象进度等其他因素进行支付。

四、工程量清单缺项、漏项时工程量的确定

虽然《建设工程工程量清单计价规范》(GB 50500—2013)第4.1.2项明确规定,“招标工程量清单必须作为招标文件的组成部分,其准确性和完整性应由招标人负责”,但实践中发包人为规避责任,合同中常见类似的声明条款:“任何未列入工程量清单报价表,但根据工程规范要求及因完成合同图纸内所有项目而引起的一切费用,均视为已含在工程量清单报价表的其他相关项目价款内;承包人必须承担工程量清单报价表内所有项目及数量准确性的义务,除根据发包人书面认可的工程调整外,工程造价不因工程量清单报价表内的工程量和实际完成的工程量有差别而作出任何调整。”实践中对因工程量清单缺项、漏项产生了诸多纠纷。当工程量清单缺项、漏项时,工程量增加的责任承担主体应根据合同计价方式的不同分别进行讨论。

1. 单价合同下应按承包人在履行合同义务中完成的工程量结合综合单价计算工程造价

《建设工程工程量清单计价规范》(GB 50500—2013)第8.2.2项对单价合同的计量作出了相关规定:“施工中进行工程计量,当发现招标工程量清单中出现缺项、工程量偏差,或因工程变更引起工程量增减时,应按承包人在履行合同义务中完成的工程量计算。”《重庆市高级人民法院关于建设工程造价鉴定若干问题的解答》第11.2款规定:“固定单价合同中,工程量清单载明的工程以及工程量清单的漏项工程、变更工程均应根据合同约定的固定单价或根据合同约定确定的单价确定工程造价;工程量清单外的新增工程,合同有约定的从其约定,未作约定的,参照工程所在地的建设工程定额及相关配套文件计价。”可见,采用固定单价模式时,工程量清单缺项、漏项给承包人带来的风险较小。

2. 固定总价合同下,工程量清单缺项漏项的责任承担

“工程量清单缺项、漏项而造成承包人损失”主要存在于计价方式是固定总价的情况。《建设工程质量管理条例》第28条第1款规定:“施工单位必须按照工程设计图纸和施工技术标准施工,不得擅自修改工程设计,不得偷工减料。”《质量验

收统一标准》第 3.0.7 项规定,建筑工程施工质量验收合格应符合下列规定:符合设计文件的要求。按图施工是承包人的法定义务,施工图纸包含的全部施工内容,是承包人依约应当完成的工程量。如果承包人以已标价工程量清单中没有包含图纸中部分工程量为由拒绝完成,将导致工程项目施工不符合设计文件要求,工程项目质量不合格。是否要求承包人承担工程量清单缺项、漏项的风险,实践中法院的裁判标准不一。有观点认为,工程施工合同明确约定由承包人承担工程量清单漏项风险的,应按施工合同约定由承包人承担工程量清单漏项的法律责任;也有观点认为,工程量清单的完整准确性由招标人负责,约定由承包人承担工程量清单漏项法律责任有违公平原则,应由招标人对缺项漏项承担责任;此外,还有观点认为施工合同虽然约定由承包人承担工程量清单漏项的风险,但是该合同约定违反公平、诚实信用原则,应当根据发、承包双方各自的过错程度,按比例承担。

笔者认为第三种观点较合理。

首先,由承包人承担工程量清单错漏风险的约定有效。《建设工程工程量清单计价规范》(GB 50500—2013)不属于法律、行政法规,即便违反其强制性规定的合同条款也不必然无效。结合《建设工程施工合同(示范文本)》(GF—2017—0201)专用条款第 1.13 款,当事人可就清单错漏是否调整价款进行约定的引导作用看,它从实践层面在一定程度上印证了约定清单错漏的风险由承包人承担是被允许的。

其次,由承包人承担工程量清单错漏风险应当限于合理限度。通常而言,承包人完成施工内容后,便获得工程价款的请求权。若双方在合同中约定了承包人必须履行工程量清单的复核义务而承包人未履行的违约责任(不调整工程价款),承包人的违约行为即阻却了其工程价款请求权的行使。但承包人的复核及提出澄清义务,与发包人支付清单错漏项对应的工程价款义务之间,两者并不是一个对待给付关系。发包人支付清单错漏项价款义务,其对应的是相应的错漏项在施工中已经完成,承包人因此具备的价款请求权。因此,将承包人不履行复核及提出澄清义务的违约责任设定为错漏项对应的工程价款,从损失的设定来说是不等价的。如果错漏的幅度已经超出了合理限度的话,显然属于约定的违约责任过分高于损失的情形。根据《民法典》第 585 条的规定:"……约定的违约金过分高于造成的损失的,人民法院或者仲裁机构可以根据当事人的请求予以适当减少。"①

综上所述,采用工程量清单计价作为招标方式属现行招标的主要形式,鉴于建

---

① 参见朱永超:《关于工程量清单错漏风险约定由承包人承担的法律分析》,载微信公众号"建设工程造价法律合作联盟"2021 年 3 月 4 日,https://mp.weixin.qq.com/s/e1asDZTjWFCpeTxLYGrfcg。

设工程工程量清单确定的复杂性和专业性,若招标人确定的工程量清单出现漏项漏量的情形,招标人和投标人可以对这种漏项漏量的风险通过合同的方式进行分配。但这种漏项漏量应控制在合理范围之内,发包人和承包人在招投标过程中应本着诚信原则,尽量减少漏项漏量的发生,以维护建筑市场的正常交易秩序。发包人未履行其作为招标人编制工程量清单的审慎义务,将合理范围之外的漏项漏量责任全部归由承包人承担,有违诚信原则。承包人作为专业的建筑公司,亦应审慎核实招标人编制的工程量清单,及时指出工程量清单中的漏项漏量情况,如果对于超过合理范围之外的漏项漏量未能发现并指出,不仅与其专业建筑公司的能力水平不符,也有违诚信原则。

操作要点

1. 发承包双方根据合同的约定,对已完成工程的数量按照工程量计算规则、图纸及变更指示等进行计量和确认。工程量计算规则应以相关的国家标准、行业标准等为依据。

2. 签证应做到明确具体,在签证单、工程联系单等书面文件上签字的人必须具有相应权限,盖单位公章最佳。

3.《建设工程施工合同(示范文本)》(GF—2017—0201)就单价合同和总价合同中工程量的确认程序进行了相同的约定。该示范文本第12.3.3项规定:“除专用合同条款另有约定外,单价合同的计量按照本项约定执行:

(1)承包人应于每月25日向监理人报送上月20日至当月19日已完成的工程量报告,并附具进度付款申请单、已完成工程量报表和有关资料。

(2)监理人应在收到承包人提交的工程量报告后7天内完成对承包人提交的工程量报表的审核并报送发包人,以确定当月实际完成的工程量。监理人对工程量有异议的,有权要求承包人进行共同复核或抽样复测。承包人应协助监理人进行复核或抽样复测,并按监理人要求提供补充计量资料。承包人未按监理人要求参加复核或抽样复测的,监理人复核或修正的工程量视为承包人实际完成的工程量。

(3)监理人未在收到承包人提交的工程量报表后的7天内完成审核的,承包人报送的工程量报告中的工程量视为承包人实际完成的工程量,据此计算工程价款。”

4. 确认工程量变化依据的书面文件主要有:双方当事人在合同履行期间发出的各种通知、证明、证书、工程变更单、工程对账签证、工程量签证、补充协议、备忘录、函件、会议纪要等书面文件以及电子邮件、电子数据交换、网上聊天记录等电子数据。

5. 施工中进行工程计量，当发现招标工程量清单中出现缺项、工程量偏差，或因工程变更引起工程量增减时，原则上应按承包人在履行合同义务中完成的工程量计算。

6. 若发包人认为实际施工量少于工程量清单中列明的数量的，应当承担举证责任；反之，承包人认为实际施工量多于工程量清单中列明的数量的，应当举证证明是基于发包人原因导致工程量增加的。若承包人能够证明其增加工程量的施工行为得到了发包人的同意或者认可，则在没有工程量变更签证等证明文件的情况下，如果承包人能够提供诸如会议纪要、函件等材料，证明工程量变化是发包人的真实意思，这些材料也可以作为认定工程量变化的依据。

实务案例裁判要旨

表 20－1　双方明确约定工程量清单错漏的责任承担主体时，按约定处理

序号	法院及案号	法院观点	证明观点
1	广东梅州中院（2021）粤 14 民终 45 号	上诉人（承包人）于 2016 年 9 月 8 日向被上诉人（发包人）递交投标承诺书，自愿参加该项目投标并承诺：接受招标文件的全部条款，未经招标人允许，不对招标文件条款及内容提出异议。上诉人在投标时未对弃土场受纳处置费是否缺项、漏项提出质疑，视为认可此项未列入并能承担由此带来的风险。据此，招标文件内容对双方当事人具有约束力，双方均应按约履行	双方明确约定工程量清单错漏的责任承担主体时，按约定处理
2	安徽高院（2020）皖民终 1128 号	博康公司与山西建投公司签订的工程项目承包责任书约定，博康公司应全面接受、履行山西建投公司与东方蓝海公司签订的建设工程施工合同的内容。山西建投公司与东方蓝海公司签订的施工合同全部适用于该协议。由山西建投公司、东方蓝海公司、造价咨询单位（上海丛鑫建设咨询有限公司）盖章确认的标后核量确认书对案涉工程总量进行了共同确认。标后核量确认书载明，经确认后各方均认可经核对后的工程量清单，工程量清单有错漏项的，均不再调整合同价款。因此，博康公司以标后核量少计工程量为由，要求增加少确认的工程量对应的工程价款 5,548,586.25元的主张，没有依据，不应予以支持	双方明确约定工程量清单错漏的责任承担主体时，按约定处理

续表

序号	法院及案号	法院观点	证明观点
3	浙江金华中院(2014)浙金民终字第1116号	其一,涉案工程招标文件中明确约定投标人应尽审核工程量清单的义务,晟元公司作为投标人未在规定时间内提出工程量存在漏项或差错,应按招标文件约定承担相应的不利后果。其二,《建设工程施工合同》第23.3条规定:"工程量清单中未提供但招标图纸中已含的项目中标后不再进行调整。"该合同经晟元公司、自来水公司签名盖章,系双方真实意思的表示,合法有效,双方应按照合同约定履行义务	双方明确约定工程量清单错漏的责任承担主体时,按约定处理

表20－2　招标人应当对工程量清单的准确性和完整性负责

序号	法院及案号	法院观点	证明观点
1	苏州中院(2015)苏中民终字第03223号	虽招标文件以及施工合同中明确投标人未在开标前及时提出异议,则视为投标单位已确认工程量清单上的内容已包含图纸上的所有内容,但该约定明显免除了招标人即中信公司的义务即保证工程量清单的准确性和完整性。文正公司在投标时存在对招标图纸和工程量清单一致性疏于审查的过失,但责任产生首先在于中信公司,不能就此免除中信公司的责任,故就特制线性地埋灯工程部分,招标图纸与工程量清单之间的差额,中信公司理应补差	招标人应当对工程量清单的准确性和完整性负责
2	四川高院(2020)川民终371号	本院认为,在建设工程合同履行中,发生签证、漏项等情况,属于行业的正常现象,所以一般情况在工程量的认定上应当以实际发生的为准	招标人应当对工程量清单的准确性和完整性负责
3	河南高院(2017)豫民申3436号	本案所涉工程系采用工程量清单方式招标,焦作工商局经检支队作为发包人,应当保证工程量清单的准确性和完整性。涉案工程招标文件中虽约定,如投标人未核对工程量清单或未对工程量清单提出异议,中标后招标人对工程量清单漏项所增加的合同价款不予调整,以及合同中约定对于工程量漏项及其他方面的错误,不得调增造价,但该约定免除了工程量清单招标中招标人应提供准确及完整工程量清单的义务。二审判决认定涉案工程最终工程量以实际完成的工程量计算,并对焦作工商局经检支队的上诉理由不予支持并无不当	招标人应当对工程量清单的准确性和完整性负责

续表

序号	法院及案号	法院观点	证明观点
4	江苏高院(2016)苏民终1151号	本院认为,《建筑法》第18条规定,建筑工程造价应当按照国家有关规定,由发包单位与承包单位在合同中约定。本案工程采用工程量清单计价方式通过招投标签订合同作为计算工程造价的依据,《建设工程工程量清单计价规范》系国家建设主管部门对工程量清单计价方式的规范文件,根据其中强制性条文第3.1.2项的规定,采用工程量清单方式招标,工程量清单必须作为招标文件的组成部分,其准确性和完整性由招标人负责。本案建设工程施工合同第23.2款C项约定如工程量清单存在漏项、错误、特征及工作内容描述不准确则由××承担不利后果的约定与该强制性条款相冲突,故不应作为双方的结算依据,一审鉴定机构对上述因工程量清单漏项、错误及描述不准确引发的争议按照实际发生情况进行调整的处理方式符合工程量清单计价规范的强制性规定,一审法院对相关鉴定意见予以采信并无不当	招标人应当对工程量清单的准确性和完整性负责

表20－3　即使合同明确约定由承包人承担工程量清单漏项风险,但承发包双方都有过错,应当根据各自的过错程度,按比例承担相关风险

序号	法院及案号	法院观点	证明观点
1	最高院(2019)最高法民终379号	本案中,招投标文件和案涉《建设工程施工合同》均明确约定承包人对工程量清单有根据招标资料及设计图纸计算复核的义务,且在招标前未就其准确性和完整性提出异议的,工程量不予调整。但根据招标代理机构、其他投标人的情况说明,银泰公司在招标工程中没有发放工程图纸。银泰公司虽在招标前给东欣公司马某发放过一份工程图纸,但未能提供证据证明该份图纸与招标清单相配套。而东欣公司、金义祥作为承包人和实际施工人在负有核对工程量清单与图纸一致性义务的情况下,未就图纸发放问题提出异议,也未与银泰公司协商;银泰公司实际发放图纸后,也未就工程量清单与图纸之间的差异进行核对,亦应承担相应责任。综合考虑,案涉工程已验收合格并实际交付银泰公司使用,金义祥就工程量清单与图纸差额部分已实际付出成本与劳动,银泰公司作为案涉工程的实际使用者与收益方,依公平原则,应就大部分款项承担支付义务。故本院对一审法院酌定已完工部分差额35,885,509.09元中的80%,即28,708,407.272元属银泰公司应当支付工程款的处理意见,予以认可	即使合同明确约定由承包人承担工程量清单漏项风险,但承发包双方都有过错,应当根据各自过错程度,按比例承担相关风险

续表

序号	法院及案号	法院观点	证明观点
2	广东高院(2015)粤高法民终字第12号	发包人未履行其作为招标人编制工程量清单的审慎义务,将超过合理范围之外的漏项漏量责任全部归由承包人承担,不仅有违《建设工程工程量清单计价规范》的规定,也有违诚信原则。承包人作为专业的建筑公司,亦应审慎核实招标人编制的工程量清单,及时指出工程量清单中的漏项漏量情况,如果对于超过合理范围之外的漏项漏量未能发现和指出,不仅与其专业建筑公司的能力水平不符,也有违诚信原则。本案中,工程量清单漏项漏量达到56.55%,显然已超出了建设项目漏项漏量的合理范围,表明双方在涉案工程招标中不仅存在过错,也未遵循诚信原则参与招投标活动	即使合同明确约定由承包人承担工程量清单漏项风险,但承发包双方都有过错,应当根据各自过错程度,按比例承担相关风险

相关规定指引

《重庆市高级人民法院关于建设工程造价鉴定若干问题的解答》

11. 建设工程造价鉴定中,鉴定方法如何确定?

建设工程的计量应当按照合同约定的工程量计算规则、图纸及变更指示、签证单等确定。

建设工程的计价,通常情况下,可以通过以下方式确定:

(1)固定总价合同中,需要对风险范围以外的工程造价进行鉴定的,应当根据合同约定的风险范围以外的合同价格的调整方法确定工程造价。

(2)固定单价合同中,工程量清单载明的工程以及工程量清单的漏项工程、变更工程均应根据合同约定的固定单价或根据合同约定确定的单价确定工程造价;工程量清单外的新增工程,合同有约定的从其约定,未作约定的,参照工程所在地的建设工程定额及相关配套文件计价。

(3)合同约定采用建设工程定额及相关配套文件计价,或者约定根据建设工程定额及相关配套文件下浮一定比例计价的,从其约定。

(4)可调价格合同中,合同对计价原则以及价格的调整方式有约定的,从其约定;合同虽约定采用可调价格方式,但未对计价原则以及价格调整方式作出约定的,参照工程所在地的建设工程定额及相关配套文件计价。

(5)合同未对工程的计价原则作出约定的,参照工程所在地的建设工程定额及相关配套文件计价。

(6)建设工程为未完工程的,应当根据已完工程量和合同约定的计价原则来确定已完工程造价。如果合同为固定总价合同,且无法确定已完工程占整个工程的比例的,一般可以根据工程所在地的建设工程定额及相关配套文件确定已完工程占整个工程的比例,再以固定总价乘以该比例来确定已完工程造价。

《江苏省高级人民法院关于审理建设工程施工合同纠纷案件若干问题的意见》

第9条 建设工程施工合同约定工程价款实行固定价结算的,一方当事人要求按定额结算工程价款的,人民法院不予支持,但合同履行过程中原材料价格发生重大变化的除外。

建设工程施工合同约定工程价款实行固定价结算的,因设计变更导致工程量变化或质量标准变化,当事人要求对工程量增加或减少部分按实结算的,人民法院应予支持,当事人另有约定的除外。

《浙江省高级人民法院民事审判第一庭关于审理建设工程施工合同纠纷案件若干疑难问题的解答》

十、哪些证据可以作为工程量、工程价款的结算依据?

双方当事人在建设工程施工过程中形成的补充协议、会议纪要、工程联系单、工程变更单、工程对账签证以及其他往来函件、记录等书面证据,可以作为工程量计算和认定工程价款的依据。

第二十一讲

逾期不进行工程价款结算的法律后果

法条原文

第21条　当事人约定，发包人收到竣工结算文件后，在约定期限内不予答复，视为认可竣工结算文件的，按照约定处理。承包人请求按照竣工结算文件结算工程价款的，人民法院应予支持。

思维导图

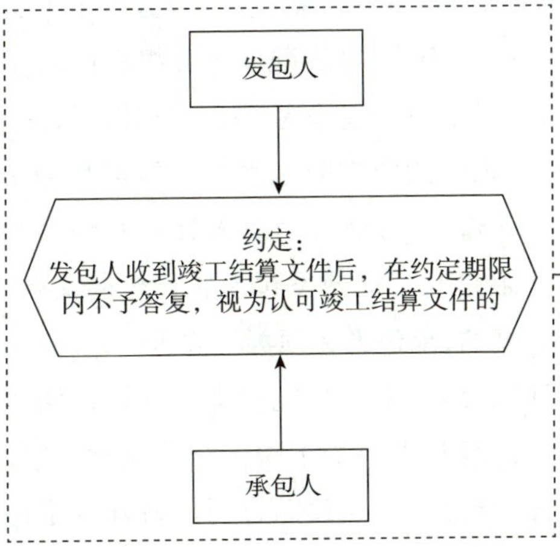

图21－1　逾期不进行工程价款结算的法律后果

条文释义

本条是关于发包人违反建设工程施工合同约定逾期不办理工程价款结算的法律后果之规定。

发包人逾期不结算视为认可承包人递交的结算价款的适用条件：

1. 发包人和承包人在合同中明确约定：若发包人未在约定的期限内对承包人递交的竣工结算文件予以答复，视为认可承包人递交的结算文件。该约定对双方具有约束力。发包人收到承包人递交的结算文件，是承包人提出以结算文件作为结算工程款依据的基础条件；发包人接到承包人递交的结算文件后，在合同约定的期限内不予答复,是以结算文件作为结算工程款依据的必要条件。[①]

该条强调了一个前提,那就是当事人必须在合同中明确约定“在一定期限内不予答复视为认可”。在《最高人民法院民事审判庭关于发包人收到承包人竣工结算文件后,在约定期限内不予答复,是否视为认可竣工结算文件的复函》中,也持同样的观点。该复函内容为,适用原《建设工程施工合同司法解释》第 20 条(注:现为《建设工程施工合同司法解释(一)》第 21 条)的前提条件是当事人之间约定了发包人收到竣工结算文件后,在约定期限内不予答复,则视为认可竣工结算文件。承包人提交的竣工结算文件可以作为工程款结算的依据。建设部制定的建设工程施工合同格式文本[②]中的通用条款第 33.3 款的规定,不能简单地推论出,双方当事人具有发包人收到竣工结算文件一定期限内不予答复,则视为认可承包人提交的竣工结算文件的一致意思表示,承包人提交的竣工结算文件不能作为工程款结算的依据。

2. 合同约定了发包人应予以答复的具体期限。约定期限是当事人约定某种法律关系发生、变更和消灭的时间段,该期限一旦确定,对双方当事人都具有法律约束力,任何一方不得擅自变更。约定明确的期限是为了促使发包人履行合同义务,及时予以答复,并且发包人超过具体期限未答复的,承包人无须再行催告。

3. 承包人以可以明确确定的方式递交了竣工结算文件且能够提供证据证明发包人已经签收。该条件可以分为两个部分:一是承包人提交了竣工结算文件,并且竣工结算文件应当完整齐全,如果合同有特殊约定的,应当按照合同的特殊约定进行提交;二是发包人确实已经签收,这要求承包人在递交结算文件时,一定要让有签收资格的人进行签收,如果发包人拒绝签收,可以通过 EMS 快递、公证送达等可以确认的方式递交。

实务难点

一、催告是否为必经程序

催告权本质上是一种单方准法律行为,[③]要求行为人具有催告的意思表示,在不同的法律制度下,催告的作用不同。《民法典》中有多个条文均规定了催告的前

---

① 参见最高人民法院民事审判第一庭编著:《最高人民法院建设工程施工合同司法解释的理解与适用》,法律出版社 2015 年版,第 144 页。

② 《建设工程施工合同(示范文本)》(GF—1999—0201)。

③ 参见赵文杰:《〈合同法〉第 94 条(法定解除)评注》,载《法学家》2019 年第 4 期。

置程序，如无权代理中相对人的催告权、法定解除中解除权人的催告权。在无权代理中，催告是相对人尽快结束无权代理行为效力待定的一种法律手段。[①] 在法定解除中，由于解除合同对另一方影响重大，为了平衡合同双方当事人的权利义务，法律则规定了一定的宽限期限。

具体到本条，催告是否是工程价款结算前置程序，笔者认为不是。第一，不同于无权代理规则和法定解除中当事人对当前合同效力、合同履行状况的不清晰，本条逾期不进行工程价款结算视为认可的规则是当事人签署合同中明确约定的，不存在权利义务不清晰的情形。第二，如果要求承包人必须先进行催告程序，然后才能按照承包人提交的竣工结算文件结算工程价款，则是违反了双方当事人签订合同时候的原意，违反了意思自治原则。

二、“视为认可”条款的法律性质

从意思表示这一核心构成要素角度分析，民事法律行为的形式可以分为明示形式与默示形式。明示是指意思表示的行为人用语言、文字等明确地表达其内心的效果意思；而默示是指意思表示的行为人以其行为表达其内心的效果意思。默示又可以分为作为的默示与不作为的默示。前者是一种积极的意思表示方式，通过为某种行为从而确定其具有某种法律上的意义；后者是一种消极的意思表示方式，不为任何行为，但法律就推定其具有某种法律意义，产生一定法律后果。但是要注意，不作为的默示只有在法律有明确规定或当事人双方有明确约定的情况下，才可能具有相应的法律意义。《民法典》第 135 条规定：“民事法律行为可以采用书面形式、口头形式或者其他形式；法律、行政法规规定或者当事人约定采用特定形式的，应当采用特定形式。”此条规定中的“其他形式”应包括默示形式，故可以认为它为当事人采取默示形式实施民事法律行为提供了依据。第 140 条进一步明确规定：“行为人可以明示或者默示作出意思表示。沉默只有在有法律规定、当事人约定或者符合当事人之间的交易习惯时，才可以视为意思表示。”因此，合同中约定的不作为默示条款对双方有约束力，产生相应的法律后果。

操作要点

1. 一般情况下，应当按照合同约定结算工程价款，工程经竣工验收合格后，双方

① 参见纪海龙：《〈合同法〉第 48 条（无权代理规则）评注》，载《法学家》2017 年第 4 期。

就应当按约定程序进行结算。结算中,先由承包人提交竣工结算报告,由监理人或发包人审核。有的发包人收到承包人递交的工程结算文件后迟迟不予答复或者根本不予答复,以达到拖欠或者不支付工程价款的目的,这种行为严重侵害了承包人的合法权益。

在司法实践中,当承包人以合同约定的结算文件为依据请求法院或者仲裁机构按照结算文件中的工程款数额判令发包人支付工程款时,发包人会提出异议,认为:结算文件是承包人单方作出的,没有得到发包人的认可,不能作为支付工程款的依据,需要进行工程造价鉴定。由于结算报告的内容不完备、递交结算报告的程序不合乎约定等原因使承包人与发包人对工程造价是否确定、承包人是否递交了结算报告等问题产生争议,法院或者仲裁机构对这些问题也难以认定。故,承包人要特别重视相应的流程性操作事宜。

2. 该条在具体适用时应注意的事项

(1)承包人收集好其已向发包人递交竣工结算资料且发包人已经收到的证据,如果承包人不能举证证明自己已向发包人递交了结算资料,则不能产生以承包人提出的结算报告作为结算依据的法律后果;

(2)在施工合同中明确约定发包人予以答复的期限;

(3)在施工合同中明确约定在约定期限内不予答复视为认可,如:约定"发包人收到承包人递交的竣工结算文件后,在____天内不予答复的,视为认可竣工结算文件"。

3.《建设工程施工合同(示范文本)》(GF—2017—0201)第14.2款约定:"……发包人在收到承包人提交竣工结算申请书后28天内未完成审批且未提出异议的,视为发包人认可承包人提交的竣工结算申请单,并自发包人收到承包人提交的竣工结算申请单后第29天起视为已签发竣工付款证书。(2)除专用合同条款另有约定外,发包人应在签发竣工付款证书后的14天内,完成对承包人的竣工付款。发包人逾期支付的,按照中国人民银行发布的同期同类贷款基准利率支付违约金;逾期支付超过56天的,按照中国人民银行发布的同期同类贷款基准利率的两倍支付违约金……"

承包人递交的结算报告(送审价必须具体明确)一定要让有签收资格的人签收,加盖单位公章当然更好,可以避免争议。若发包人拒绝签收,可以通过公证送达的方式递交。审期届满后,承包人应及时向发包人发函告知工程造价以递交的结算文件为准,当然其前提是合同中已有"发包人在约定期限内不予答复,视为认可竣工结算文件”类似的约定。

承包人应以书面方式递交结算报告，且让发包人出具收到竣工结算报告的书面凭证。若承包人仅以口头的方式单方告知，会在日后发生工程款结算纠纷时导致举证的困难。递交结算报告不建议采用留置递交的方式。承包人以发包人不接收结算报告为由，主张以其单方提出的结算报告作为结算工程价款的依据是不能得到支持的。

4. 结算报告内容应当完善齐全，发承包双方在建设工程施工合同及补充协议中对结算报告有特别约定的，应当符合双方的特别约定。双方对结算报告没有特别约定的，承包人应保证递交的结算报告能看出系争工程项目的工程总造价。

实践中也有这样的情形：承包人有发包方的签收凭证，但诉讼时发包人提出签收凭证上并未写明工程总造价，而承包人又无法举证送审价的数额，最终无法以承包人主张的价款数额结算工程价款。

5. 在《建设工程施工合同（示范文本）》（GF—1999—0201）中，有“发包人收到竣工结算报告及结算资料后28天内不支付工程竣工结算价款，承包人可以催告发包人支付结算价款”的约定。但在此要说明的是：承包人向发包人进行催告并不是产生以承包人递交的结算文件为依据进行结算后果的必经程序，发包人以承包人没有进行催告而提出抗辩是不能得到支持的。如果双方约定了必须催告的程序，则应特别予以关注。

承包人向发包人送交结算文件以后，一旦约定的期限届满而发包人没有答复，承包人应主张以其送审价作为系争工程的造价，而不应当再向发包人发出催促其尽快进行结算审价等方面的文件。若要再进行催告，承包人向发包人发出的应是工程造价以送审价为准的催告，即向发包人发出以其递交的送审价支付工程价款的催款函。

6.《建筑工程施工发包与承包计价管理办法》和《建设工程价款结算暂行办法》均有类似的规定，发包方应当在收到竣工结算文件后的约定期限内予以答复。逾期未答复的，竣工结算文件视为已被认可。值得注意的是，这两个文件不能直接援引，除非在合同中明确约定工程款结算执行这两个文件或者其中之一，即只有双方在施工合同中明确约定“本合同适用住建部令第16号或者财政部和建设部369号令”，则“逾期不结算视为认可”才有可能转化为双方的约定。但即使这样约定也有一定的法律风险，建议在合同中直接约定发包人在约定期限内（如多少天）不予答复，视为认可竣工结算文件。

7. 从最高院相关司法解释的精神看,如果双方在合同中明确约定了“在一定期限内不予答复视为认可”,那么就必须按照当事人之间的约定进行处理。《建设工程施工合同(示范文本)》(GF—2017—0201)中存在许多视为认可的默示条款,如果当事人选择了该示范文本,在专用条款没有特别约定的情况下,那就应当按照当事人的约定进行处理。因此,这也就对使用《建设工程施工合同(示范文本)》(GF—2017—0201)的相关各方提出了更高的合同管理要求。如果对相应内容有异议,一定要在约定期限内予以答复。

实务案例裁判要旨

表 21-1 未约定“逾期不结算视为认可”条款的,承包人提交的竣工结算文件不能作为结算的依据

序号	法院及案号	法院观点	证明观点
1	最高院(2006)民一终字第52号	关于一审判决适用原《建设工程施工合同司法解释》第20条之规定是否正确的问题。适用本条司法解释的前提条件是,当事人之间约定了发包人收到竣工结算文件后,在约定的期限内不予答复,则视为认可竣工结算文件。本案当事人只是选择适用了建设部制定的建设工程施工合同格式文本,并没有对发生上述情况时是否以承包人报送的竣工结算文件作为工程款结算依据一事作出特别约定。因此,不能以该格式合同文本中的通用条款第33条第3款之规定为据,简单地推定出发包人认可以承包人报送的竣工结算文件为确定工程款数额的依据。圳业公司关于本案不应适用原《建设工程施工合同司法解释》第20条的上诉理由成立,本院予以支持	未约定“逾期不结算视为认可”条款的,承包人提交的竣工结算文件不能作为结算的依据
2	最高院(2014)民申字第999号	依照原《建设工程施工合同司法解释》第20条的规定,除非当事人之间约定了发包人收到竣工结算文件后,在约定期限内不予答复,承包人提交的竣工结算文件才可以作为工程款结算的依据。本案中,双方当事人未作这种约定,不能依据《建筑工程施工发包与承包计价管理办法》第16条的规定简单地推论出双方当事人具有发包人收到竣工结算文件一定期限内不予答复,则视为认可承包人提交的竣工结算文件的一致意思表示,承包人提交的竣工结算文件不能作为工程款结算的依据	未约定“逾期不结算视为认可”条款的,承包人提交的竣工结算文件不能作为结算的依据

相关规定指引

《民法典》

第 135 条　民事法律行为可以采用书面形式、口头形式或者其他形式；法律、行政法规规定或者当事人约定采用特定形式的，应当采用特定形式。

第 140 条　行为人可以明示或者默示作出意思表示。沉默只有在有法律规定、当事人约定或者符合当事人之间的交易习惯时，才可以视为意思表示。

《北京市第一中级人民法院〈对民事审判中部分执法不统一问题的规范意见〉》

第三部分　建设工程施工合同案件中的问题

9. 发包人收到竣工结算文件后，在约定期限内不予答复，承包人请求直接按照竣工结算文件确定工程价款时，如何处理？

问题说明：此即《建设工程司法解释》第二十条规定的“不答复视为认可”如何具体掌握的问题。

基本意见：(1)该条适用的前提条件，必须是当事人将“收到竣工结算文件后，在约定期限内不予答复，视为认可竣工结算文件”的意思表示明确订入合同条款或者另外达成协议，同时对具体的答复期限也必须有明确的约定，否则不能适用“不答复视为认可”这一规定。(2)在适用“不答复视为认可”这一规定时还应注意由于承包人所报送的结算资料通常含有许多“水分”，因此法院应当依职权进行必要的审核。如果发现其中有明显虚报的部分，应当主动予以剔除，尽力避免当事人之间利益显著失衡。如果发现承包人报送的结算资料与实际情况存在显著性的大的差距，则应当委托专业鉴定部门进行鉴定。

第二十二讲

与工程价款结算相关的不同文件以何者为准

法条原文

第 22 条　当事人签订的建设工程施工合同与招标文件、投标文件、中标通知书载明的工程范围、建设工期、工程质量、工程价款不一致，一方当事人请求将招标文件、投标文件、中标通知书作为结算工程价款的依据的，人民法院应予支持。

思维导图

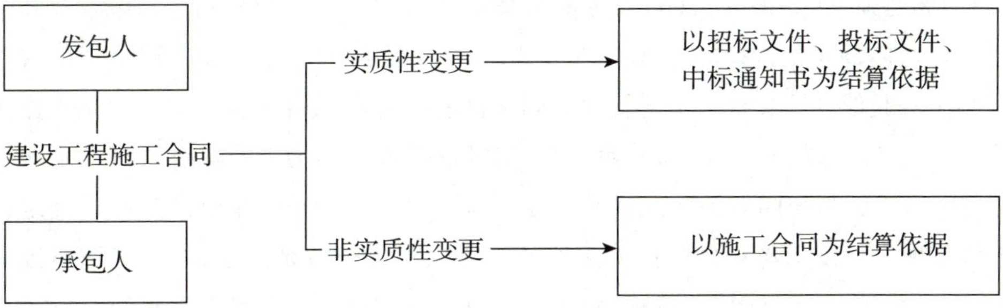

图 22－1　与工程价款结算相关的不同文件不一致时的处理

条文释义

本条是关于建设工程施工合同与招标文件、投标文件、中标通知书实质性内容不一致时应如何处理的规定。本条适用的前提条件是：(1)发承包双方通过招投标方式订立建设工程施工合同；(2)招投标程序、行为须合法有效。

一、以招投标程序合法为前提

招标投标文件的优先效力以招投标程序合法、中标有效为前提。若存在串通、明招暗定、标前协商、先定后招等导致中标无效的情形，则整个招标投标程序应被进行否定性评价而不应受到保护，更不应具有优先效力。工程价款的结算应适用《建设工程施工合同司法解释(一)》第 24 条以及相关规定确定的规则作为裁判的依据。

二、实质性内容不一致时以招标文件、投标文件、中标通知书作为结算工程价款的依据

实践中,发承包双方最终签订、履行的建设工程施工合同与招标文件、投标文件以及中标通知书存在差异的情况较为普遍。一般情况下,发承包双方可能在建设工程施工合同中约定按以下顺序对各种文件进行解释:施工合同、中标通知书、招标文件、投标文件。例如,《建设工程施工合同(示范文本)》(GF—2017—0201)第1.5款“合同文件的优先顺序”约定:“组成合同的各项文件应互相解释,互为说明。除专用合同条款另有约定外,解释合同文件的优先顺序如下:(1)合同协议书;(2)中标通知书(如果有);(3)投标函及其附录(如果有);(4)专用合同条款及其附件;(5)通用合同条款;(6)技术标准和要求;(7)图纸;(8)已标价工程量清单或预算书;(9)其他合同文件。上述各项合同文件包括合同当事人就该项合同文件作出的补充和修改,属于同一类内容的文件,应以最新签署的为准。在合同订立及履行过程中形成的与合同有关的文件均构成合同文件组成部分,并根据其性质确定优先解释顺序。”发承包双方对相关文件的解释顺序进行特别约定,在不背离招标文件、投标文件,不违反《招标投标法》的前提下是有效的,理应尊重发承包双方的意思自治。

此条规定采用列举的方式限定了实质性内容为工程范围、建设工期、工程质量、工程价款4项,并没有像《建设工程施工合同司法解释(一)》第2条那样规定为“等实质性内容”。仅就该表述而言,从文义角度分析,这两条关于实质性内容在适用方面的外延有所不同,这可能导致该条在司法实践适用中产生争议。这两条关于此问题的这点差异是有意进行的区分,还是其他因素,尚需在实践中检验。原《建设工程施工合同司法解释(二)》(征求意见稿)第15条[备案合同与招标投标文件不一致时工程价款的结算]中规定:“当事人经过备案的中标合同与招标文件、投标文件、中标通知书载明的工程价款、建设工期、工程质量不一致,亦无证据表明签订备案合同时,招投标的客观情况发生变化,且变更内容未达到实质性变更程度,当事人一方请求将招标文件投标文件、中标通知书作为结算工程价款的根据,人民法院应予支持。合同另有约定的除外。”在正式发布稿中删除了“亦无证据表明签订备案合同时,招投标的客观情况发生变化,且变更内容未达到实质性变更程度”的内容。对比这种前后的变化,《建设工程施工合同司法解释(一)》第22条的规定应为仅限于“工程范围、建设工期、工程质量、工程价款”这4项。

建设工程施工合同中关于工程范围、建设工期、工程质量、工程价款的记载与招标文件、投标文件、中标通知书不一致或发生变化的，应当以招标文件、投标文件、中标通知书作为结算工程价款的依据，不以书面的建设工程施工合同为依据。最高院民一庭负责人就原《建设工程施工合同司法解释(二)》答记者问时指出："最重要的是，第10条确定了一项基本原则，即当事人签订的建设工程施工合同的实质性内容只要与招标文件、投标文件、中标通知书的记载不一致，就应当以招标文件、投标文件、中标通知书作为结算建设工程价款的依据，以彻底杜绝'黑白合同'，明招暗定现象。"

对于工程范围、建设工期、工程质量、工程价款以外的其他合同条款因不属于合同实质性内容，系双方的意思自治，并不违反法律法规的规定。应尊重当事人的自由意志，根据该条的规定应以时间在后的建设工程施工合同确定发承包双方的权利义务。

本条后半段仅规定了建设工程施工合同与招标文件、投标文件、中标通知书4项实质性内容不一致时工程价款的结算原则，并未明确工程范围、质量标准、建设工期在类似情形下如何适用的问题。《招标投标法》第46条第1款规定："招标人和中标人应当自中标通知书发出之日起三十日内，按照招标文件和中标人的投标文件订立书面合同。招标人和中标人不得再行订立背离合同实质性内容的其他协议。"此处的实质性内容包含工程范围、工程质量、工程价款、建设工期。根据《建设工程施工合同司法解释(一)》第22条规定的精神、内在逻辑关系、法理，此4项内容如果发生背离，均应按照招标文件、投标文件、中标通知书的本意进行调整。

实务难点

一、招标文件

招标文件，是招标人向潜在投标人提供的为进行投标工作所必需的文件。招标文件的功能在于阐明需要采购货物或工程等的性质，通报招标程序将依据的规则，告知订立合同的条件。招标文件既是投标人编制投标文件的依据，也是招标人与中标人签订合同的基础。①

《招标投标法》第19条规定："招标人应当根据招标项目的特点和需要编制招

① 参见赵曾海主编：《招标投标操作实务》(第4版)，首都经济贸易大学出版社2017年版，第78页。

标文件。招标文件应当包括招标项目的技术要求、对投标人资格审查的标准、投标报价要求和评标标准等所有实质性要求和条件以及拟签订合同的主要条款。国家对招标项目的技术、标准有规定的,招标人应当按照其规定在招标文件中提出相应要求。招标项目需要划分标段、确定工期的,招标人应当合理划分标段、确定工期,并在招标文件中载明。”

一般而言,完整的招标文件应包括以下几方面的内容。

1. 投标须知

主要包括的内容有:前附表;总则;工程概况;招标范围及基本要求情况;招标文件解释、修改、答疑等有关内容;对投标文件的组成、投标报价、递交、修改、撤回等有关内容的要求;标底的编制方法和要求;评标机构的组成和要求;开标的程序、有效性界定及其他有关要求;评标、定标的有关要求和方法;授予合同的有关程序和要求;其他需要说明的有关内容。对于资格后审的招标项目,还要对资格审查所需提交的资料提出具体的要求。

2. 合同主要条款

主要包括的内容有:所采用的合同文本;质量要求;工期的确定及顺延要求;安全要求;合同价款与支付办法;材料设备的采购与供应;工程变更的价款确定方法和有关要求;竣工验收与结算的有关要求;违约、索赔、争议的有关处理办法;其他需要说明的有关条款。

3. 投标文件格式

对投标文件的有关内容的格式作出具体规定。

4. 工程量清单

采用工程量清单招标的,应当提供详细的工程量清单。工程量清单由分部分项工程量清单、措施项目清单、其他项目清单、规费项目清单、税金项目清单组成,其准确性和完整性应由招标人负责。招标人依据国家标准、招标文件、设计文件以及施工现场实际情况编制随招标文件发布供投标报价的工程量清单,包括其说明和表格。

5. 技术要求和设计文件

招标项目的全部有关设计图纸,建设项目执行的质量验收规范、技术标准、技术要求等有关内容。

6. 评标标准和方法

评标标准和方法中,应该明确规定所有的评标因素,以及如何将这些因素量化或者据此进行评估。在评标过程中，不得改变这个评标标准、方法和中标条件。

7. 投标辅助材料

招标文件要求提交的其他辅助材料。

《工程建设项目施工招标投标办法》第24条对招标文件应包括的内容规定得更为详细具体，该条规定："招标人根据施工招标项目的特点和需要编制招标文件。招标文件一般包括下列内容：（一）招标公告或投标邀请书；（二）投标人须知；（三）合同主要条款；（四）投标文件格式；（五）采用工程量清单招标的，应当提供工程量清单；（六）技术条款；（七）设计图纸；（八）评标标准和方法；（九）投标辅助材料。招标人应当在招标文件中规定实质性要求和条件，并用醒目的方式标明。"《简明标准施工招标文件》（2012年版）第2.1.1项规定："本招标文件包括：（1）招标公告（或投标邀请书）；（2）投标人须知；（3）评标办法；（4）合同条款及格式；（5）工程量清单；（6）图纸；（7）技术标准和要求；（8）投标文件格式；（9）投标人须知前附表规定的其他材料。"其第2.1.2项进一步规定，对招标文件所作的澄清、修改，也构成招标文件的组成部分。

二、投标文件

投标文件是指投标人应招标文件要求编制的响应性文件，一般由商务文件、技术文件、报价文件和其他部分组成。《招标投标法》第27条规定："投标人应当按照招标文件的要求编制投标文件。投标文件应当对招标文件提出的实质性要求和条件作出响应。招标项目属于建设施工的，投标文件的内容应当包括拟派出的项目负责人与主要技术人员的简历、业绩和拟用于完成招标项目的机械设备等。"

投标人应当按照招标文件的要求编制投标文件。投标文件应当对招标文件提出的实质性要求和条件作出响应。投标文件的内容应包括：（1）投标函；（2）投标书附录；（3）投标保证金；（4）法定代表人资格证明书；（5）授权委托书；（6）联合体协议书（如有）；（7）具有标价的工程量清单与报价表；（8）施工组织设计；（9）辅助资料表；（10）资格审查表（资格预审的不采用）；（11）对招标文件中的合同协议条款内容的确认和响应。

三、中标通知书

中标通知书是指由招标人发出的通知投标人中标的书面文件，是建设工程合同文件的组成部分之一。在建设工程招投标中，招标人按照法定程序确定中标人后,应向其发出中标通知书。

《招标投标法》第46条第1款规定:“招标人和中标人应当自中标通知书发出之日起三十日内,按照招标文件和中标人的投标文件订立书面合同。招标人和中标人不得再行订立背离合同实质性内容的其他协议。”根据该条规定,在实务操作中形成了一个“空档期”,即从招标人发出中标通知书到双方书面签订建设工程合同时,在此期间,招标人与中标人之间是否成立建设工程合同关系?若双方出现纠纷应如何处理?须承担违约责任还是缔约过失责任?学术界与实务界对此存有不同观点。原《建设工程施工合同司法解释(二)》(征求意见稿)第1条也曾对这一争议问题予以回应,但在正式出台的原《建设工程施工合同司法解释(二)》中回避了这一争议问题。该征求意见稿第一条规定:“[中标通知书的性质]招标人向中标人发出中标通知书后,一方未依照招标投标法第四十六条第一款的规定履行订立书面合同义务,对方请求其承担预约合同违约责任或者要求解除预约合同并主张损害赔偿的,人民法院应予支持。另一种意见:招投标文件与中标通知书已具备建设工程施工合同主要内容,且不得作实质性变更,即使未订立书面合同,本约亦成立。”

(一)合同尚未成立,中标通知书的到达并不能视为建设工程施工合同成立

根据《招标投标法》第46条之规定,投标人和中标人应当根据招标文件和投标文件订立书面合同。同时,《民法典》第490条规定:“当事人采用合同书形式订立合同的,自当事人均签名、盖章或者按指印时合同成立。在签名、盖章或者按指印之前,当事人一方已经履行主要义务,对方接受时,该合同成立。”故,招标人发出中标通知书后,并不当然意味着招标人和投标人之间的建设工程合同关系已经成立,自然也就不具有合同的约束力。因此,中标通知书虽然到达中标人,但因招标人与中标人并未签订书面合同,尚不能视为合同成立,招标人、中标人的建设工程合同应当自双方签字或盖章时成立。例如,海南省高级人民法院在(2016)琼民终288号判决认为:“根据合同法第二百七十条、建筑法第十五条之规定,建设工程施工合同应当采用书面形式。根据合同法第三十二条规定,采用合同书形式订立合同的,自双方当事人签字或者盖章时合同成立。本案中,双方并未签订书面形式的施工合同,双方之间的施工合同关系尚未成立。”安徽省高级人民法院(2014)皖民二终字第00659号民事判决书、上海市第二中级人民法院(2011)沪二中民二(民)初字第5号民事判决书等亦持类似观点。

(二)中标通知书到达中标人时建设工程施工成立并生效

《民法典》《招标投标法》等法律、行政法规均未规定建设工程合同必须采用合

同书的形式订立,也未规定该类合同属于必须经批准、登记才能生效。因此,只要招标人经合法的招投标程序,确定中标人并向之发出中标通知书,双方之间的建设工程合同即合法成立并生效。

建设工程招投标的过程实际上就是建设工程施工合同的订立过程。招标人进行招标应视为要约邀请,投标人发出投标函则为要约,而招标人向中标人发出中标通知书则为承诺。在中标通知书到达中标人时,合同成立并生效。例如,江苏省高级人民法院在(2013)苏民申字第604号裁定认为,发出投标函相当于要约,发出的中标通知书相当于承诺,该中标通知书到达对方时,双方之间的建设工程施工合同成立并生效。取消中标资格属于违约行为,应当承担相应的违约责任。最高人民法院(2016)最高法民再11号民事判决书、南京市中级人民法院(2017)苏01民终5137号民事判决书等亦持类似观点。

(三)中标通知书的到达不能视为建设工程施工合同成立,应视为预约合同成立

预约合同说的观点将招标投标活动大致分为两个阶段。第一阶段,自招标人发出招标公告时起,至招标人确定中标人并发出中标通知书时。此时,招投标双方形成的法律关系性质为预约合同。第二阶段,中标通知书到达中标人后,招标人与中标人根据招标文件和中标人提交的投标文件的内容,就合同内容进一步磋商,并订立书面合同,即为本约。招标人与中标人订立书面合同时,建设工程施工合同成立。

此种观点认为,预约合同应适用于全部契约而不局限于要物合同关系中,如诺成合同同样可以适用预约合同关系。《民法典》第495条规定:"当事人约定在将来一定期限内订立合同的认购书、订购书、预订书等,构成预约合同。当事人一方不履行预约合同约定的订立合同义务的,对方可以请求其承担预约合同的违约责任。"在司法实践中,有部分法院支持预约合同说,并将其引入建设工程施工合同纠纷案件的审理中,认为不按中标通知书签订书面合同应承担预约合同的违约责任,而不是按照建设工程施工合同承担违约责任。持此观点的裁判文书如最高人民法院(2014)民申字第952号、江苏省高级人民法院(2015)苏审二商申字第00200号民事裁定书等。

(四)中标通知书到达中标人,建设工程施工合同已成立但未生效

根据《民法典》第473条的规定,招标公告的性质为要约邀请。据此,投标人提交投标文件的性质为要约,招标人向中标的投标人发出中标通知书则属于承诺。

根据《民法典》第 483 条的规定:“承诺生效时合同成立,但是法律另有规定或者当事人另有约定的除外。”据此,招标人向中标人发出中标通知书时,双方之间的建设工程合同关系已经成立。

《民法典》第 502 条规定:“依法成立的合同,自成立时生效,但是法律另有规定或者当事人另有约定的除外。依照法律、行政法规的规定,合同应当办理批准等手续的,依照其规定。未办理批准等手续影响合同生效的,不影响合同中履行报批等义务条款以及相关条款的效力。应当办理申请批准等手续的当事人未履行义务的,对方可以请求其承担违反该义务的责任。依照法律、行政法规的规定,合同的变更、转让、解除等情形应当办理批准等手续的,适用前款规定。”从我国实际情况出发,《招标投标法》《政府采购法》进一步规定:招标(采购)人须在中标通知书发出后 30 日内,与中标人(供应商)签订书面合同。之所以要求招标(采购)人与中标人(供应商)在合同成立之后再行签订书面合同,无疑是考虑到招标、采购项目的重要性、复杂性,而在合同的形式和合同生效时间上作出的程序性的限制,进一步明晰合同当事人的权利义务关系。据此,只有招标人和中标人签订书面合同时,合同才生效,从中标人发出中标通知书至双方签订书面合同期间,合同处于“成立但未生效”的状态。在司法实践中,以此理论为基础作出相关裁决的案例较为鲜见。

四、投标文件与招标文件不一致的处理

关于该问题,《最高人民法院建设工程施工合同司法解释(二)理解与适用》一书并没有将两者进行区分,在论证工程款结算以何文件为依据时仅强调以“招投标文件”为结算依据,并没有区分招标文件和投标文件。那么,在招标文件和投标文件不一致时如何处理呢?

在招标文件与投标文件不一致时,应当以招标文件还是投标文件为准,应从招投标文件的性质入手进行分析。对于招投标文件的性质,一种观点认为:《民法典》第 473 条第 1 款明确规定:“要约邀请是希望他人向自己发出要约的表示。拍卖公告、招标公告、招股说明书、债券募集办法、基金招募说明书、商业广告和宣传、寄送的价目表等为要约邀请。”由此可知,招标文件的性质为要约邀请。投标文件为投标人发出的要约,招标人发送中标通知书即为承诺,投标人中标后双方均受到法律约束。根据《民法典》要约、承诺的理论,要约邀请不具有约束当事人的法律效力。《建设工程工程量清单计价规范》(GB 50500—2013)第 7.1.1 项规定:“实行招标的工程合同价款应在中标通知发出之日起 30 天内,由发承包双方依据招标文件在书

面合同中约定。合同约定不得违背招标、投标文件中关于工期、造价、质量等方面的实质性内容。招标文件与中标人投标文件不一致的地方，应以投标文件为准。”

但另有观点认为，虽然根据《民法典》要约承诺的一般理论，要约邀请对当事人没有约束力，只是表达与他人订立合同的意愿。但是《招标投标法》对招标文件有特殊的规定，《招标投标法》第 27 条第 1 款规定，“投标人应当按照招标文件的要求编制投标文件。投标文件应当对招标文件提出的实质性要求和条件作出响应”；《招标投标法》第 41 条亦规定投标应当满足招标文件的实质性要求，即投标不能对招标文件做实质性变更。从上述规定来看，招标文件属于特殊的要约邀请，具有法律效力。《招标投标法》作为特别法，应当优先适用。因此招标文件与中标人的投标文件不一致时，应当以招标文件为准。①

笔者认为，招标文件与中标人的投标文件内容不一致时，应当结合招标文件、投标文件的具体内容具体分析。《民法典》第 472 条对要约的一般构成要件作出规定，其中并没有“要约须满足要约邀请的实质性内容”的要件。但是基于招投标中涉及公共利益、第三方公平利益等因素的考量，《招标投标法》第 27 条、第 41 条特别规定投标文件应当满足招标文件的实质性要求。本质上这是特别法对要约的特别构成要件所作的规定，即对投标文件是否构成合法有效的要约所作的特别规定，并非对要约邀请（招标文件）的效力作的特别规定。因此，招标文件与投标文件不一致时，若投标文件与招标文件不一致的地方涉及对招标文件实质性内容的变更，则投标文件因不满足《招标投标法》中要约的特别构成要件而不构成有效要约，可能会导致中标无效；若投标文件与招标文件不一致的地方并不涉及对招标文件实质性内容的变更，投标文件应视为有效的要约，对双方当事人产生法律拘束力。

五、招标人和投标人可能面临的行政责任风险

招标人和投标人未按照《招标投标法》和《招标投标法实施条例》的规定订立书面合同的，可能面临被行政监管部门责令改正、处以罚款的行政责任风险。

《招标投标法》第 59 条规定：“招标人与中标人不按照招标文件和中标人的投标文件订立合同的，或者招标人、中标人订立背离合同实质性内容的协议的，责令改正；可以处中标项目金额千分之五以上千分之十以下的罚款。”《招标投标法实施条例》第 75 条规定：“招标人和中标人不按照招标文件和中标人的投标文件订立合

---

① 参见林镥海：《招投标文件、中标通知书与备案合同的法律效力探讨》，载《中国律师》2014 年第 5 期。

同,合同的主要条款与招标文件、中标人的投标文件的内容不一致,或者招标人、中标人订立背离合同实质性内容的协议的,由有关行政监督部门责令改正,可以处中标项目金额5‰以上10‰以下的罚款。”

根据上述规定可知,招标人和投标人未按规定订立书面合同的,面临的主要行政责任风险为:(1)行政监督部门责令改正。即要求招标人和投标人将建设工程施工合同中与招投标文件实质性内容(工程范围、建设工期、工程质量、工程价款)不一致的内容进行修改,修改后的内容必须与招投标文件一致。(2)行政监督部门可以对招标人和中标人处以罚款,罚款标准为中标项目金额的5‰~10‰。具体处罚标准行政监督部门应根据发承包双方的违法情节、原因、造成的不良影响、改正情况等予以综合考量。

操作要点

1. 对招标过程中的招标文件、投标文件、中标通知书及签订的建设工程合同进行一致性审查,确保相关书面文件实质性内容的一致性。对于偏离招标文件实质性内容要求的投标文件,由于未进行实质性响应,应当作出废标处理。

2. 对于发承包双方而言,都需要特别重视招标文件和投标文件的编制。编制招标文件时,招标人要注意招标文件中关于实质性要求和条件的范围是否明确,招标文件是否包括了招标项目的技术要求、对投标人资格审查的标准、投标报价要求和评标标准等所有实质性要求和条件以及拟签订合同的主要条款。评标时,招标人要注意投标人的投标文件是否对招标文件的全部实质性要求和条件作出响应。

澄清或者修改的内容为招标文件的有效组成部分,若招标人在招标文件发布之后,发现有问题需要进一步澄清或者修改,应当注意以下几点:(1)时限:招标人对已发出的招标文件进行必要的澄清或者修改,应当在招标文件要求提交投标文件截止时间至少15日前发出;(2)形式:所有澄清文件必须采用书面形式;(3)全面:所有澄清文件必须直接通知所有招标文件的收受人。

3. 对包括招标文件、投标文件、建设工程施工合同等书面文件在内的资料进行全过程的规范化、体系化管理,方能在产生争议后占据优势。

4. 投标人在投标时应特别从以下方面防范投标过程中可能出现的失误。

(1)研究招标文件

投标单位取得投标资格,获得招标文件之后的首要工作就是认真仔细地研究招标文件,充分了解其内容和要求,以便有针对性地安排投标工作。

研究招标文件的重点应放在投标者须知、合同条款、设计图纸、工程范围及工程量表上，还要研究技术规范要求，了解是否有特殊的要求。

投标人应该重点注意招标文件中的以下几个方面问题。①

①投标人须知

“投标人须知”是招标人向投标人传递基础信息的文件，包括工程概况、招标内容、招标文件的组成、投标文件的组成、报价的原则、招标投标时间安排等关键的信息。

首先，投标人需要注意招标工程的详细内容和范围，避免遗漏或多报。

其次，还要特别注意投标文件的组成，避免因提供的资料不全而被作为废标处理。例如，曾经有一资信良好的著名企业在投标时因为遗漏资产负债表而失去了本来非常有希望的中标机会。在工程实践中，这方面的先例不在少数。

最后，还要注意招标答疑时间、投标截止时间等重要时间安排，避免由于遗忘或迟到等原因而失去竞争机会。

②投标书附录与合同条件

这是招标文件的重要组成部分，其中可能标明了招标人的特殊要求，即投标人在中标后应享受的权利、所要承担的义务和责任等，投标人在报价时需要考虑这些因素。

③技术说明

要研究招标文件中的施工技术说明，熟悉所采用的技术规范，了解技术说明中有无特殊施工技术要求和有无特殊材料设备要求，以及有关选择代用材料、设备的规定，以便根据相应的定额和市场确定价格，计算有特殊要求项目的报价。

④永久性工程之外的报价补充文件

永久性工程是指合同的标的物——建设工程项目及其附属设施，但是为了保证工程建设的顺利进行，不同的业主还会对承包商提出额外的要求。这些可能包括：对旧有建筑物和设施的拆除，工程师的现场办公室及其各项开支、模型、广告、工程照片和会议费用等。如果有的话，则需要将其列入工程总价中、弄清一切费用纳入工程总报价的方式，以免产生遗漏从而导致损失。

（2）进行各项调查研究

在研究招标文件的同时，投标人需要开展详细的调查研究，即对招标工程的自然、经济和社会条件进行调查，这些都是工程施工的制约因素，必然会影响工程成

① 参见全国一级建造师执业资格考试用书编写委员会编著：《建设工程项目管理》，中国建筑工业出版社 2016 年版，第 271 ~ 273 页。

本,是投标报价所必须考虑的,所以在报价前必须了解清楚。

①市场宏观经济环境调查

应调查工程所在地的经济形势和经济状况,包括与投标工程实施有关的法律法规、劳动力与材料的供应状况、设备市场的租赁状况、专业施工公司的经营状况与价格水平等。

②工程现场考察和工程所在地区的环境考察

要认真地考察施工现场,认真调查具体工程所在地区的环境,包括一般自然条件、施工条件及环境,如地质地貌、气候、交通、水电等的供应和其他资源情况等。

③工程业主方和竞争对手公司的调查

业主、咨询工程师的情况,尤其是业主的项目资金落实情况、参加竞争的其他公司与工程所在地的工程公司的情况,与其他承包商或分包商的关系。参加现场踏勘与标前会议,可以获得更充分的信息。

(3)复核工程量

有的招标文件中提供了工程量清单,尽管如此,投标者还是需要进行复核,因为这将直接影响到投标报价以及中标的机会。例如,当投标人大体上确定了工程总报价以后,可适当采用报价技巧如不平衡报价法,对某些工程量可能增加的项目提高报价,而对某些工程量可能减少的可以降低报价。

对于单价合同,尽管是以实测工程量结算工程款,但投标人仍应根据图纸仔细核算工程量,当发现相差较大时,投标人应向招标人要求澄清。

对于总价固定合同,更要特别引起重视,工程量估算的错误可能带来无法弥补的经济损失,因为总价合同是以总报价为基础进行结算的,如果工程量出现差异,可能对施工方极为不利。对于总价合同,如果业主在投标前对争议工程量不予更正,而且是对投标者不利的情况,投标者在投标时要附上声明:工程量表中某项工程量有错误,施工结算应按实际完成量计算。

承包商在核算工程量时,还要结合招标文件中的技术规范弄清工程量中每一细目的具体内容,避免出现在计算单位、工程量或价格方面的错误与遗漏。

(4)选择施工方案

施工方案是报价的基础和前提,也是招标人评标时要考虑的重要因素之一。有什么样的方案,就有什么样的人工、机械与材料消耗,就会有相应的报价。因此,必须弄清分项工程的内容、工程量、所包含的相关工作、工程进度计划的各项要求、机械设备状态、劳动与组织状况等关键环节,据此制定施工方案。

施工方案应由投标单位的技术负责人主持制定，主要应考虑施工方法、主要施工机具的配置、各工种劳动力的安排及现场施工人员的平衡、施工进度及分批竣工的安排、安全措施等。施工方案的制定应在技术、工期和质量保证等方面对招标人有吸引力，同时又有利于降低施工成本。

①要根据分类汇总的工程数量和工程进度计划中该类工程的施工周期、合同技术规范要求以及施工条件和其他情况选择和确定每项工程的施工方法，应根据实际情况和自身的施工能力确定各类工程的施工方法。对各种不同施工方法应当从保证完成计划目标、保证工程质量、节约设备费用、降低劳务成本等多方面综合比较，选定最适用的、经济的施工方案。

②要根据上述各类工程的施工方法选择相应的机具设备并计算所需数量和使用周期，研究确定采购新设备、租赁当地设备或调动企业现有设备。

③要研究确定工程分包计划。根据概略指标估算劳务数量，考虑其来源及进场时间安排。注意当地是否有限制外籍劳务的规定。另外，从所需劳务的数量，估算所需管理人员和生活性临时设施的数量和标准等。

④要用概略指标估算主要的、大宗的建筑材料的需用量，考虑其来源和分批进场的时间安排，从而可以估算现场用于存储、加工的临时设施（如仓库、露天堆放场、加工场地或工棚等）。

⑤根据现场设备、高峰人数以及一切生产和生活方面的需要，估算现场用水、用电量，确定临时供电和排水设施；考虑外部和内部材料供应的运输方式，估计运输和交通车辆的需要和来源；考虑其他临时工程的需要和建设方案；提出某些特殊条件下保证正常施工的措施，例如排除或降低地下水以保证地面以下工程施工的措施；冬期、雨期施工措施以及其他必需的临时设施安排，例如现场安全保卫设施，包括临时围墙、警卫设施、夜间照明等，现场临时通信联络设施等。

（5）投标计算

投标计算是投标人对招标工程施工所要发生的各种费用的计算。在进行投标计算时，必须首先根据招标文件复核或计算工程量。作为投标计算的必要条件，应预先确定施工方案和施工进度。此外，投标计算还必须与采用的合同计价形式相协调。

（6）确定投标策略

正确的投标策略对提高中标率并获得较高的利润有重要作用。常用的投标策略有以信誉取胜、以低价取胜、以缩短工期取胜、以改进设计取胜，以及以先进或特殊的施工方案取胜等。不同的投标策略要在不同投标阶段的工作(如制定施工方案、投标计算等)中体现和贯彻。

(7)正式投标

投标人按照招标人的要求完成标书的准备与填报之后,就可以向招标人正式提交投标文件了。在投标时需要注意以下几个方面的问题。

①注意投标的截止日期

招标人规定的投标截止日就是提交标书最后的期限。投标人在投标截止日之前提交的投标是有效的,超过该日期之后就会被视为无效投标。在招标文件要求提交投标文件的截止时间后送达的投标文件,招标人可以拒收。

②投标文件的完备性

投标人应当按照招标文件的要求编制投标文件。投标文件应当对招标文件提出的实质性要求和条件作出响应。投标文件不完备或投标没有达到招标人的要求,在招标范围以外提出新的要求,均被视为对于招标文件的否定,不会被招标人接受。投标人必须为自己投出的标书负责,如果中标,必须按照投标文件中阐述的方案完成工程,这其中包括质量标准、工期与进度计划、报价限额等基本指标以及招标人提出的其他要求。

③注意标书的标准

标书的提交要有固定标准的要求,基本内容是:签章、密封。如果不密封或密封不满足要求,投标是无效的。投标书还需要按照要求签章,投标书需要盖有投标企业公章以及企业法定代表人的名章(或签字)。如果项目所在地与企业距离较远,由当地的项目经理部组织投标,需要提交企业法人对于投标项目经理的授权委托书。

④注意投标的担保

通常投标需要提交投标担保,应特别注意投标担保的有关事宜。

5. 签订合同或者进入施工现场后,项目管理人员须对建设工程施工合同进行全面、细致的分析,熟悉双方的权利义务,特别要关注有关签证、索赔、竣工验收、工程价款结算等方面的程序性条款,按约定的程序履行。应合理、依法预测施工合同管理过程中存在的潜在风险,并制定有效的管理对策。施工过程中,强化项目现场管理,加强对材料商、分包商的管理,加强印章管理、内部审计管理,防止因误工误期、质量问题等带来风险。

实务案例裁判要旨

表 22－1　实质性内容不一致时以招标文件、投标文件、中标通知书作为结算工程价款的依据

序号	法院及案号	法院观点	证明观点
1	陕西高院(2014)陕民一终字第00034号	原审法院查明,2006年5月20日,西飞公司(发包人)与陕西二建(承包人)签订了369#总装厂房建设工程施工合同。2008年4月1日,陕西二建(总包方、甲方)与徐州东大公司(分包方、乙方)签订了西飞公司369#厂房附楼钢结构工程分包合同,该合同中约定本合同造价暂定为人民币817万元,以投标文件为准。二审经审理查明的案件事实同一审法院认定的事实基本一致	实质性内容不一致时以招标文件、投标文件、中标通知书作为结算工程价款的依据
2	西藏自治区高院(2018)藏民终67号	首先,备案合同与《中标通知书》在工程价款、施工工期等实质性内容不一致时,并不能认定合同无效;其次,备案合同与《中标通知书》在工程价款、施工工期等实质性内容不一致时,应当以《中标通知书》的内容为依据。案涉《建设工程施工合同》为有效合同,在其内容与《中标通知书》在工程价款、施工工期等实质性内容不一致时,应当以《中标通知书》的内容为准	实质性内容不一致时以招标文件、投标文件、中标通知书作为结算工程价款的依据

表 22－2　合同未实质性变更时以合同内容为准

序号	法院及案号	法院观点	证明观点
1	广西壮族自治区高院(2012)桂民提字第215号	虽然兴隆公司在招标文件中对超工期赔偿金作出了5000元/天与500元/天的不同规定或约定,在招标文件的投标函附录又约定误期赔偿金限额为合同价的2%,地矿公司依招标文件中的投标函附录中注明的500元/天进行投标并中标,但是尔后双方当事人在签订本案《建设工程施工合同》中又重新明确约定超工期赔偿金是5000元/天,已改变了此前的约定。因此,本院再审认定本案超工期赔偿金标准是5000元/天,按此标准计算超工期赔偿金为902,200.50元。原二审按照误期赔偿金限额为合同价的2%的标准确定误期赔偿金为216,827.17元不当,本院依法予以纠正	合同未实质性变更时以合同内容为准

续表

序号	法院及案号	法院观点	证明观点
2	江苏高院(2016)苏民申851号	金拓公司与港城公司签订的合同系双方当事人的真实意思表示,合法有效,双方当事人均应按照合同的约定履行。双方在合同第五条约定,合同价款金额按竣工验收后的实际土方总量×22.12/立方米计算	合同未实质性变更时以合同内容为准

表22-3　投标文件与招标文件不一致时以投标文件为准

序号	法院及案号	法院观点	证明观点
1	最高院(2016)民再123号	此后,湘源公司与千足珍珠公司签订了《建设工程施工合同》及《建设工程施工合同补充协议》,并且按照《建设工程施工合同》的约定,投标书及其附件、图纸、工程报价单或预算书以及双方有关工程的洽商、变更等书面协议或文件均是合同的组成部分。招标文件与中标人投标文件不一致的地方,以投标文件为准	投标文件与招标文件不一致时以投标文件为准
2	黑龙江高院(2015)黑民终字第2号	关于招标服务费的问题。本案中,招标文件对招标代理服务费明确约定由中标人支付。故实际发生的代理服务费131,500.00元应当由中标人四海园公司承担。四海园公司辩称其以"其他"的名义计入投标文件中的100,000.00元,实质上就是代理服务费,且招标文件与中标人投标文件不一致的地方,应以投标文件为准。但四海园公司未能举示证据证明该"其他"项下的100,000.00元为招标代理服务费。故原审认定实际发生金额为131,500.00元的招标代理服务费计入工程造价中,依据不足,本院应予纠正	投标文件与招标文件不一致时以投标文件为准

相关规定指引

《民法典》

第473条　要约邀请是希望他人向自己发出要约的表示。拍卖公告、招标公告、招股说明书、债券募集办法、基金招募说明书、商业广告和宣传、寄送的价目表等为要约邀请。

商业广告和宣传的内容符合要约条件的,构成要约。

第483条　承诺生效时合同成立,但是法律另有规定或者当事人另有约定的除外。

第490条　当事人采用合同书形式订立合同的,自当事人均签名、盖章或者按指印时合同成立。在签名、盖章或者按指印之前,当事人一方已经履行主要义务,对方接受时,该合同成立。

法律、行政法规规定或者当事人约定合同应当采用书面形式订立,当事人未采用书面形式但是一方已经履行主要义务,对方接受时,该合同成立。

第 502 条　依法成立的合同,自成立时生效,但是法律另有规定或者当事人另有约定的除外。

依照法律、行政法规的规定,合同应当办理批准等手续的,依照其规定。未办理批准等手续影响合同生效的,不影响合同中履行报批等义务条款以及相关条款的效力。应当办理申请批准等手续的当事人未履行义务的,对方可以请求其承担违反该义务的责任。

依照法律、行政法规的规定,合同的变更、转让、解除等情形应当办理批准等手续的,适用前款规定。

第 789 条　建设工程合同应当采用书面形式。

《建筑法》

第 15 条　建筑工程的发包单位与承包单位应当依法订立书面合同,明确双方的权利和义务。

发包单位和承包单位应当全面履行合同约定的义务。不按照合同约定履行义务的,依法承担违约责任。

《政府采购法》

第 46 条　采购人与中标、成交供应商应当在中标、成交通知书发出之日起三十日内,按照采购文件确定的事项签订政府采购合同。

中标、成交通知书对采购人和中标、成交供应商均具有法律效力。中标、成交通知书发出后,采购人改变中标、成交结果的,或者中标、成交供应商放弃中标、成交项目的,应当依法承担法律责任。

《招标投标法》

第 19 条　招标人应当根据招标项目的特点和需要编制招标文件。招标文件应当包括招标项目的技术要求、对投标人资格审查的标准、投标报价要求和评标标准等所有实质性要求和条件以及拟签订合同的主要条款。

国家对招标项目的技术、标准有规定的,招标人应当按照其规定在招标文件中提出相应要求。

招标项目需要划分标段、确定工期的,招标人应当合理划分标段、确定工期,并在招标文件中载明。

第27条 投标人应当按照招标文件的要求编制投标文件。投标文件应当对招标文件提出的实质性要求和条件作出响应。

招标项目属于建设施工的,投标文件的内容应当包括拟派出的项目负责人与主要技术人员的简历、业绩和拟用于完成招标项目的机械设备等。

第41条 中标人的投标应当符合下列条件之一:

(一)能够最大限度地满足招标文件中规定的各项综合评价标准;

(二)能够满足招标文件的实质性要求,并且经评审的投标价格最低;但是投标价格低于成本的除外。

第45条 中标人确定后,招标人应当向中标人发出中标通知书,并同时将中标结果通知所有未中标的投标人。

中标通知书对招标人和中标人具有法律效力。中标通知书发出后,招标人改变中标结果的,或者中标人放弃中标项目的,应当依法承担法律责任。

第46条 招标人和中标人应当自中标通知书发出之日起三十日内,按照招标文件和中标人的投标文件订立书面合同。招标人和中标人不得再行订立背离合同实质性内容的其他协议。

招标文件要求中标人提交履约保证金的,中标人应当提交。

第59条 招标人与中标人不按照招标文件和中标人的投标文件订立合同的,或者招标人、中标人订立背离合同实质性内容的协议的,责令改正;可以处中标项目金额千分之五以上千分之十以下的罚款。

《江苏省高级人民法院民一庭建设工程施工合同纠纷案件司法鉴定操作规程》

第29条 对于工程造价鉴定标准和方法,根据《建设工程司法解释》第十六条的规定处理。

对于工程变更、增加项目的工程价款,合同或者签证单有约定的,按照约定;合同没有约定,采用固定单价合同的,按招投标文件的计价清单中有相同项目或可套用项目的价格计算,计价清单中无相同项目或可套用项目的,按照合同签订时工程所在地建设行政主管部门发布的计价办法计价,并按计价清单体现的让利率折算;采用可调价合同按实结算的,按照合同履行期间工程所在地建设行政主管部门发布的计价标准计价。

第二十三讲

非必须招标的建设工程招标后工程价款的结算

法条原文

第 23 条　发包人将依法不属于必须招标的建设工程进行招标后，与承包人另行订立的建设工程施工合同背离中标合同的实质性内容，当事人请求以中标合同作为结算建设工程价款依据的，人民法院应予支持，但发包人与承包人因客观情况发生了在招标投标时难以预见的变化而另行订立建设工程施工合同的除外。

思维导图

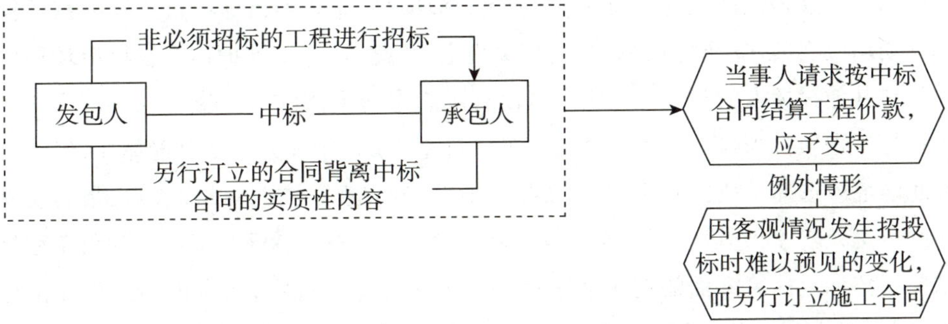

图 23－1　非必须招标的建设工程招标后工程价款的结算

条文释义

本条是关于非必须招标的建设工程进行招标后又进行了实质性变更时如何结算工程价款的规定。

一、进行招投标的非强制性招标项目且签订背离中标合同实质性内容合同时的价款结算

对于非必须招标项目，如果承包人通过招投标程序选定了中标人（承包人），并按中标内容签订了书面的建设工程施工合同，事后又签订与该中标合同不一致的建设工程施工合同，在此情况下，工程价款如何结算，是否属于《招标投标法》的调整范围，是否属于原《建设工程施工合同司法解释》第 21 条规定的“黑白合同”问

题,实务中一度争议很大,各地法院的裁判意见不尽相同,存在不同的裁判思路。

《建设工程施工合同司法解释(一)》第23条对此进行了明确,即如果发承包双方自愿选择根据《招标投标法》的规定进行了招投标并签订建设工程施工合同,后又另行签订背离中标合同实质性内容的合同,当事人请求按照中标合同进行工程价款的结算的,应予以支持。应当说这一条规定的出台与弱化非必须招投标项目的监管趋势有很大的关系。

该条规定与《招标投标法》第46条中"招标人和中标人不得再行订立背离合同实质性内容的其他协议"相衔接,明确了在非必须招标项目中背离中标合同实质性内容的法律后果仍应当以中标合同为依据,与《招标投标法》的立法原则及目的是吻合的。《招标投标法》第2条规定:"在中华人民共和国境内进行招标投标活动,适用本法。"从该法的立法本意出发,必须招标项目、非必须招标项目进行的招标投标活动均应当遵守《招标投标法》的相关规定,如此,有利于维护招标投标市场秩序和保护其他投标人的利益。该规定也没有限制市场主体的自主决定权。因为非必须招标工程项目当事人是否选择招标可以自主决定,有一定的自由选择权,但只要在我国境内选择了招标方式,进行了招标活动,就应遵守《招标投标法》。最高院民一庭负责人就原《建设工程施工合同司法解释(二)》答记者问时指出:"建设工程领域关于招标投标等方面的规定较为严格。为规避这些规定,建筑市场上存在围标串标、明招暗定、'黑白合同'等违法违规行为,扰乱建筑市场秩序,也会影响建设工程质量。《解释》坚决维护建设工程招标投标市场秩序。"如果人民法院支持当事人按照订立背离中标合同实质性内容的建设工程施工合同结算建设工程价款的主张,将对正常的招标投标活动产生负面影响,不利于《招标投标法》等法律法规的贯彻落实,不利于建筑市场秩序的完善。

有观点认为,本条规定并不合理,非必须招标的工程,双方自行协议进行实质性变更,是不会损害公共利益的,更应尊重市场交易主体间的自由经济行为,保护交易主体的合理信赖,完全应该适用合同自由原则,由双方自行决定,更宜采用实际履行的合同作为结算工程价款的依据;也有观点认为,非强制招项目招标人本无须受招标程序拘束,法律也无意对其管制,其选择了招标程序,相当于权利向国家管制的"让渡",权利既然可以让渡,也就应该允许收回让渡。对于非强制招标项目,法律更应该保护的是招标人不使用以及放弃招标程序进行缔约的权利,而不是本末倒置去强制自愿进入招标程序的非强制招标项目的招标人完成招标,直至依此确定中标人及双方的权利义务。

二、可以按标外合同进行工程价款结算的情形

鉴于建设工程施工合同履行周期长、可变因素多,容易受到内外客观情况的影响,在合同履行过程中不可避免地需要对工程建设的组织设计、施工进度、施工方案、专项施工技术方案等进行或多或少的调整。故该条在进行原则性规定的同时也作出了例外性规定。如果发承包双方在招标投标完成后,确因客观情况的变化而另行订立了建设工程施工合同,可以按照另行订立的合同进行结算。该例外情形的规定强调了当事人意志以外的因素,也是尊重非必须招标工程合同当事人的自由意志的一种体现,为另行签订合同留有余地,但对于是否属于客观情况发生了难以预见的变化,实践中容易产生争议。

应以招投标时难以预见的变化作为标准,何为客观情况?何为招投标时难以预见的变化?这是否在本质上赋予了审理法官在具体案件中有较大的自由裁量权?关于此处客观情况的核心要点应是不存在故意规避招投标法强制性规定的行为。要达到这样的证明目的,笔者认为主要从以下两个方面进行:(1)主观上不存在规避招投标法强制性规定的故意,该主观需要通过招投标过程中的具体行为进行综合判断;(2)客观上出现了建设单位或作为一个有经验的承包商也难以预见到的情形。

关于何为客观情况,总结此前北京、浙江、广东、四川等地方高院的规定,这些客观情况的主要形式有:设计变更导致工程量增加、建设工程规划调整、强制规范发生变化、地质水文状况勘察有误、国家法律法规变化(如税费调整)、主要建筑材料价格异常变动等。

"因客观情况发生了在招标投标时难以预见的变化"的举证责任应由哪一方承担的问题,笔者认为,本条但书规定的主要目的是维护建设工程招标投标市场秩序,从而确认以中标合同作为建设工程价款结算依据的原则。如果一方适用《建设工程施工合同司法解释(一)》第23条但书规定主张权利的,原则上应当由其承担相应的举证责任。

实务难点

一、必须招标的工程项目

《招标投标法》第3条规定:"在中华人民共和国境内进行下列工程建设项目包

括项目的勘察、设计、施工、监理以及与工程建设有关的重要设备、材料等的采购,必须进行招标:(一)大型基础设施、公用事业等关系社会公共利益、公众安全的项目;(二)全部或者部分使用国有资金投资或者国家融资的项目;(三)使用国际组织或者外国政府贷款、援助资金的项目。前款所列项目的具体范围和规模标准,由国务院发展计划部门会同国务院有关部门制订,报国务院批准。法律或者国务院对必须进行招标的其他项目的范围有规定的,依照其规定。"

国家发展和改革委员会制定的2018年6月1日施行的《必须招标的工程项目规定》(原《工程建设项目招标范围和规模标准规定》废止)大幅缩小了必须招标项目的范围,赋予发包人更大的自主选择权。《必须招标的工程项目规定》第2条规定:"全部或者部分使用国有资金投资或者国家融资的项目包括:(一)使用预算资金200万元人民币以上,并且该资金占投资额10%以上的项目;(二)使用国有企业事业单位资金,并且该资金占控股或者主导地位的项目。"第三条规定:"使用国际组织或者外国政府贷款、援助资金的项目包括:(一)使用世界银行、亚洲开发银行等国际组织贷款、援助资金的项目;(二)使用外国政府及其机构贷款、援助资金的项目。"第四条规定:"不属于本规定第二条、第三条规定情形的大型基础设施、公用事业等关系社会公共利益、公众安全的项目,必须招标的具体范围由国务院发展改革部门会同国务院有关部门按照确有必要、严格限定的原则制订,报国务院批准。"

国家发展和改革委员会制定的2018年6月6日施行的《必须招标的基础设施和公用事业项目范围规定》第2条规定:"不属于《必须招标的工程项目规定》第二条、第三条规定情形的大型基础设施、公用事业等关系社会公共利益、公共安全的项目,必须招标的具体范围包括:(一)煤炭、石油、天然气、电力、新能源等能源基础设施项目;(二)铁路、公路、管道、水运,以及公共航空和A1级通用机场等交通运输基础设施项目;(三)电信枢纽、通信信息网络等通信基础设施项目;(四)防洪、灌溉、排涝、引(供)水等水利基础设施项目;(五)城市轨道交通等城建项目。"(见图23-2)

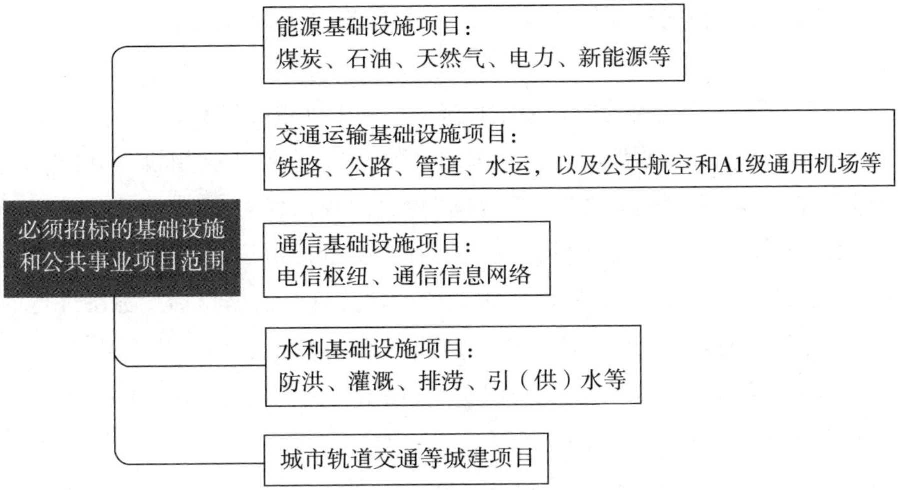

图 23－2　必须招标的基础设施和公用事业项目范围

二、非必须招标但进行了招投标程序的项目

为贯彻落实中国共产党第十九次全国代表大会和中国共产党第十九届中央委员会第二次全体会议、中国共产党第十九届中央委员会第三次全体会议精神，深化“放管服”改革，国务院将必须招投标的范围进一步缩小，逐步扩大市场主体的自主经营权。但由于通过招标投标方式签订建设工程施工合同具有公开性、公平性、公正性等优点，因此，一些非必须招标项目的发包人还是会选择通过招标投标的方式确认承包人。出于各种不同目的，发包人可能在进行招标之后又与承包人另行订立背离中标合同实质性内容的建设工程施工合同。对此类情形，是否属于原《建设工程施工合同司法解释》第 21 条规定的“黑白合同”问题。在原《建设工程施工合同司法解释(二)》第 9 条没有规定之前，各地法院的裁判意见不尽相同，存在不同的裁判思路，这点应引起相关从业人员的高度注意，以下选取一部分归类说明之。

第一种观点认为，《招标投标法》第 2 条规定：“在中华人民共和国境内进行招标投标活动，适用本法。”因此，无论是否为法定必须招标项目，只要自愿选择招投标程序，就应适用《招标投标法》的规定。

1. 以中标合同作为工程价款的结算根据

(1)《江苏省高级人民法院审理建设工程施工合同纠纷案件若干问题的意见》

……法律、行政法规未规定必须进行招标投标的建设工程，应当以当事人实际履行的合同作为工程价款的结算根据；经过招标投标的，当事人实际履行的建设工程施工合同与中标合同实质性内容不一致的,应当以中标合同作为工程价款的结算根据。

(2)《江苏省高级人民法院建设工程施工合同案件审理指南》

……虽然工程项目非强制招投标范围,但当事人自愿进行招投标,应当受《招标投标法》的约束,同样也存在"黑白合同"问题。我们赞同此说,因为招标投标法所保护的不仅是当事人自身的利益,更是对社会招投标市场的规范,事关不特定投标人利益的保护,涉及市场竞争秩序的维护,因此,只要根据招标投标法进行的招投标并因此签订的合同均应受该法约束,当事人不得在此之外签订"黑白合同"。

(3)《山东省高级人民法院关于印发全省民事审判工作会议纪要的通知》

三、关于建设工程施工合同纠纷案件

(二)关于"黑白合同"认定的有关问题

对不属于《招标投标法》第3条规定的强制招标的建设工程所签订的建设工程施工合同,是否适用《最高人民法院关于审理建设工程施工合同纠纷案件适用法律问题的解释》第21条的规定,即是否存在"黑白合同"的问题。不论是自愿招标发包还是强制招标发包的建设工程,只要按照招标投标法的规定,通过招投标方式签订的建设工程施工合同,就应当符合法律的规定,发包人和承包人应当根据中标通知书签订建设工程施工合同,不得另行签订与中标合同实质性内容不一致的合同,即"黑白合同"。

(4)《北京市高级人民法院关于审理建设工程施工合同纠纷案件若干疑难问题的解答》

15."黑白合同"中如何结算工程价款?

法律、行政法规规定必须进行招标的建设工程,或者未规定必须进行招标的建设工程,但依法经过招标投标程序并进行了备案,当事人实际履行的施工合同与备案的中标合同实质性内容不一致的,应当以备案的中标合同作为结算工程价款的依据。

第二种观点认为,非必须招投标工程中,发包人自愿选择招投标程序,其不受《招标投标法》的约束。

(5)《河北省高级人民法院建设工程施工合同案件审理指南》(冀高法〔2018〕4号)

8.法律、行政法规未规定必须进行招投标的建设工程,经过合法有效的招投标程序的,当事人实际履行的建设工程施工合同与备案中标合同实质性内容不一致的,应当以中标合同作为工程价款的结算根据。

2. 以实际履行的合同作为工程价款的结算根据

(1)《安徽省高级人民法院关于审理建设工程施工合同纠纷案件适用法律问题的指导意见》(二)

第7条　不属于依法必须招标的建设工程,发包人与承包人又另行签订并实际履行了与备案中标合同不一致的合同,当事人请求按照实际履行的合同确定双方权利义务的,应予支持。

(2)《江苏省高级人民法院关于审理建设工程施工合同纠纷案件若干问题的解答》

7.《建设工程司法解释》第21条"黑白合同"的规则,审判实践中如何适用?

……

非强制招投标的建设工程,经过招投标或备案的,当事人在招投标或备案之外另行签订的建设工程施工合同与经过备案的合同实质性内容不一致的,以双方当事人实际履行的合同作为结算工程价款的依据。

综上所述,作为建设工程项目的发承包人,在当前建设工程合同纠纷案件适用工程所在地专属管辖情形下(注:自2015年2月4日起施行的《民事诉讼法解释》第28条规定:建设工程施工合同纠纷按照不动产纠纷确定管辖),对于"黑白合同"问题需因地制宜,签订建设工程施工合同前应准确了解工程所在地的裁判规则,提前预估行为后果、评估相关法律风险。

三、建设工程施工合同履行过程中材料价格的异常波动

《建设工程施工合同司法解释(一)》第23条例外情形之规定是在维护《招标投标法》规制的正常市场交易秩序的前提下又考虑了建设工程施工的特殊性,可以理解为各种法律价值位阶之间的一种平衡。建设工程施工合同在履行过程中,如果确实发生了发承包双方难以合理预见的客观情况,也最大限度地超出了双方的承受限度,这在相关的施工合同示范文本、行业规范性文件中均有所体现,应赋予发承包双方根据客观情况的变化,参照类似合同文本、行业规定对合同条款进行调整、完善、补充的权利,部分举例如下。

《建设工程工程量清单计价规范》(GB 50500—2013)第3.4.2项规定:"由于下列因素出现,影响合同价款调整的,应由发包人承担:1. 国家法律、法规、规章和政策发生变化;2. 省级或行业建设主管部门发布的人工费调整,但承包人对人工费或人

工单价的报价高于发布的除外;3. 由政府定价或政府指导价管理的原材料等价格进行了调整。因承包人原因导致工期延误的,应按本规范第 9.2.2 项、第 9.8.3 项的规定执行。”

《建设工程工程量清单计价规范》(GB 50500—2013)第 3.4.3 项规定:“由于市场物价波动影响合同价款的,应由发承包双方合理分摊,按本规范附录 L.2 或 L.3 填写《承包人提供主要材料和工程设备一览表》作为合同附件;当合同中没有约定,发承包双方发生争议时,应按本规范第 9.8.1 ~9.8.3 项的规定调整合同价款。”

《建设工程工程量清单计价规范》(GB 50500—2013)第 9.6.2 项规定:“对于任一招标工程量清单项目,当因本节规定的工程量偏差和第 9.3 节规定的工程变更等原因导致工程量偏差超过 15% 时,可进行调整。当工程量增加 15% 以上时,增加部分的工程量的综合单价应予调低;当工程量减少 15% 以上时,减少后剩余部分的工程量的综合单价应予调高。”

《建设工程施工合同(示范文本)》(GF—2017—0201)第 11 条“价格调整”条款中有如下规定:

合同履行期间,因人工、材料、工程设备和机械台班价格波动影响合同价格时,人工、机械使用费按照国家或省、自治区、直辖市建设行政管理部门、行业建设管理部门或其授权的工程造价管理机构发布的人工、机械使用费系数进行调整;需要进行价格调整的材料,其单价和采购数量应由发包人审批,发包人确认需调整的材料单价及数量,作为调整合同价格的依据。

(1)人工单价发生变化且符合省级或行业建设主管部门发布的人工费调整规定,合同当事人应按省级或行业建设主管部门或其授权的工程造价管理机构发布的人工费等文件调整合同价格,但承包人对人工费或人工单价的报价高于发布价格的除外。

(2)材料、工程设备价格变化的价款调整按照发包人提供的基准价格,按以下风险范围规定执行:

①承包人在已标价工程量清单或预算书中载明材料单价低于基准价格的:除专用合同条款另有约定外,合同履行期间材料单价涨幅以基准价格为基础超过 5% 时,或材料单价跌幅以在已标价工程量清单或预算书中载明材料单价为基础超过 5% 时,其超过部分据实调整。

②承包人在已标价工程量清单或预算书中载明材料单价高于基准价格的:除专用合同条款另有约定外,合同履行期间材料单价跌幅以基准价格为基础超过 5%

时,材料单价涨幅以在已标价工程量清单或预算书中载明材料单价为基础超过5%时,其超过部分据实调整。

③承包人在已标价工程量清单或预算书中载明材料单价等于基准价格的:除专用合同条款另有约定外,合同履行期间材料单价涨跌幅以基准价格为基础超过±5%时,其超过部分据实调整。

④承包人应在采购材料前将采购数量和新的材料单价报发包人核对,发包人确认用于工程时,发包人应确认采购材料的数量和单价。发包人在收到承包人报送的确认资料后5日内不予答复的视为认可,作为调整合同价格的依据。未经发包人事先核对,承包人自行采购材料的,发包人有权不予调整合同价格。发包人同意的,可以调整合同价格。

前述基准价格是指由发包人在招标文件或专用合同条款中给定的材料、工程设备的价格,该价格原则上应当按照省级或行业建设主管部门或其授权的工程造价管理机构发布的信息价编制。

(3)施工机械台班单价或施工机械使用费发生变化超过省级或行业建设主管部门或其授权的工程造价管理机构规定的范围时,按规定调整合同价格。

操作要点

1. 对于非强制招投标的项目,若发包人通过了招标投标程序选择承包人,则必须严格按照《招标投标法》《招标投标法实施条例》等相关招标投标法律法规的规定,依法开展招标活动,遵守相关程序规则,并依照约定履行中标合同的相关内容,不得再另行签订与中标合同实质性内容相悖的建设工程合同或者补充协议,否则仍然按照中标合同的约定进行建设工程价款的结算。

2. 根据《建设工程施工合同司法解释(一)》的规定,建设单位自行组织的招投标活动,也应受《招标投标法》的规制。因此,如果可以自行招标的项目也自行发包的工程项目,且又不愿意受《招标投标法》约束的情况下,慎用招投标程序。发包文件可以明确本项目采用非招标方式,如询价、竞价、直接采购、谈判,尤其不能在相关招标平台发布相关公告。

3. 在施工管理过程中,若由于客观上难以克服的因素导致需要另行签订施工合同且按另行签订的施工合同履行权利义务的,应以书面形式明确记录另行订立建设工程施工合同的背景(可以以视频、图像形式呈现的应予以储存)、原因,同时特别注明原中标合同不再作为履约依据。若相对方违反诚实信用原则否认建设施工合同变更的客观事由,能够举证证明。

4. 建材价格大幅上涨,施工企业之应对措施

(1)在建设工程施工合同管理过程中,应遵循合同约定优先的原则,项目管理人员应增强以合同为依据进行管理的意识

在建设工程施工合同管理和争议解决过程中,毫无疑问应坚持意思自治原则(私法自治原则),即在约定不违反国家法律、行政法规禁止性规定的前提下,须遵从约定优先的原则。有约定的,按约定处理,凡双方在建设工程施工合同中约定材料价格等风险的承担范围、幅度及调整办法的,应按合同约定条款执行。没有约定或者约定不明确的,才由法律进行规制和调整。如《建设工程施工合同司法解释(一)》第 19 条规定:"当事人对建设工程的计价标准或者计价方法有约定的,按照约定结算工程价款……"

《建筑工程施工发包与承包计价管理办法》第 3 条规定:"建筑工程施工发包与承包价在政府宏观调控下,由市场竞争形成。工程发承包计价应当遵循公平、合法和诚实信用的原则。"第 13 条规定:"发承包双方在确定合同价款时,应当考虑市场环境和生产要素价格变化对合同价款的影响……"

以上规定旨在加强施工企业的风险意识,即施工企业在签订合同时应合理预见包括法律风险、价格合理波动风险在内的相关风险。一旦在签订合同阶段进行了不合理的承诺,会面临极大的能否履约风险。当然,也不是说类似合同一旦签订,便毫无调整的可能。但在此情形下,施工企业的主动权会很弱。在施工过程中若发生了合同签订时双方难以合理预见的外部因素,材料价格产生大幅波动,继续履约对合同一方存在明显困难时,为保证建设项目的顺利实施,施工企业应积极与建设单位协商调整工程造价,签订补充协议。

(2)约定不明时,及时签订补充协议,进行价差调整

在实务中,有些建设工程施工合同关于价款约定存在约定不明的情形,容易产生争议。例如,固定价还是可调价不明;虽为固定价,但固定单价还是固定总价不明;固定总价或固定单价中风险调整范围及风险范围以外合同价款的调整方法约定不明;价款调整方法或变更价款的计算方法仅仅约定为"按实结算",并没有具体说明如何按实结算,是按施工企业投标时的价格还是套用定额结算,抑或套用何种定额;工程量,包括安全文明措施费在内的措施费、相关费率如何计取约定不明;就材料价格约定了一个浮动区间,但同时又约定材料价格按工程所在地区主管部门发布的指导价格调整。

关于价款出现争议时如何处理，相关法规、行政规章及行业规范性文件均有明确规定，这些应为双方处理争议时必须适用或可以参照的规则。《民法典》第510条规定："合同生效后，当事人就质量、价款或者报酬、履行地点等内容没有约定或者约定不明确的，可以协议补充；不能达成补充协议的，按照合同相关条款或者交易习惯确定。"第511条规定："当事人就有关合同内容约定不明确，依据前条规定仍不能确定的，适用下列规定：（一）质量要求不明确的，按照强制性国家标准履行；没有强制性国家标准的，按照推荐性国家标准履行；没有推荐性国家标准的，按照行业标准履行；没有国家标准、行业标准的，按照通常标准或者符合合同目的的特定标准履行。（二）价款或者报酬不明确的，按照订立合同时履行地的市场价格履行；依法应当执行政府定价或者政府指导价的，依照规定履行。……"《建设工程价款结算暂行办法》第11条规定："工程价款结算应按合同约定办理，合同未作约定或约定不明的，发、承包双方应依照下列规定与文件协商处理：……（二）国务院建设行政主管部门、省、自治区、直辖市或有关部门发布的工程造价计价标准、计价办法等有关规定……"《建设工程工程量清单计价规范》（GB 50500—2013）第9.8.2项规定："承包人采购材料和工程设备的，应在合同中约定主要材料、工程设备价格变化的范围或幅度；当没有约定，且材料、工程设备单价变化超过5%时，超过部分的价格应按照本规范附录A的方法计算调整材料、工程设备费。"

上述法律法规、行政规章或行业规范性文件对合同价款约定不明时的法律适用及计价依据作出了规定，但是司法实践中仍存在争议，很多需要通过造价鉴定的方式才能得以"解决争议"。在建设工程施工合同价格条款约定不明确的情况下，应根据法律法规、相关国家标准和行业规范性文件的规定，运用专业工程的计价依据和方法进行处理。如遇材料价格大幅上涨且双方尚在友好协商阶段，应及时签订补充协议，进行价差调整。此外，为尽量减少和避免这方面的争议，合同价款及调整方式的约定应具有可操作性，用词要准确、规范，意思表示应具有唯一性。

（3）依据建设行政主管部门颁布的相关调价文件主张调整合同价款

1）各地行政主管部门价格调差文件的效力

因人工、材料、台班价格出现持续大幅度的上涨，全国多个省份已出台文件，就合同中未明确或强行约定承包人承担全部风险、合同中已经采用无限风险、所有风险等表述材料价格上涨风险的，发承包双方可在协商基础上调整工程造价，并签订补充协议。各地建设工程行政主管部门出台的类似文件进行这样规定的一个重要依据是《建设工程工程量清单计价规范》（GB 50500—2013）第3.4.1项的规定，该条规定:“建设工程发承包,必须在招标文件、合同中明确计价中的风险内容及其范围,不得采用无限风险、所有风险或类似语句规定计价中的风险内容及范围。”

这些调价文件的效力如何?能否对抗当事人之间的合同约定?

各省市相关部门出台的相关价格调差文件难以推翻合同双方的约定,且司法实践中对此也是持谨慎的态度,往往不以此直接作为判决的依据,除非已经启动司法造价鉴定程序,造价鉴定机构以此作为造价鉴定的重要依据之一。《新疆生产建设兵团第六建筑安装工程公司、张某治建设工程施工合同纠纷再审审查与审判监督民事裁定书》[(2017)最高法民申4875号]即认定:“依法应当执行政府定价或者政府指导价的,按照规定履行。该条规定排除适用市场价格的情形是:合同标的依据法律规定必须执行政府定价或政府指导价确定工程价款。兵团六建公司申请再审认为,造价定额及调差文件是政府指导价格,故案涉工程应适用政府指导价,是对法律规定的曲解和误读。”

2)具体应用

虽存在以上的现状,但也并不意味着《建设工程工程量清单计价规范》(GB 50500—2013)中的价格调差规定和各地行政主管部门出台的价格调差文件毫无意义。国务院建设行政主管部门,省、自治区、直辖市或有关部门发布的工程造价计价标准、计价办法等有关规定不能突破当事人的约定,但是在双方约定不明时,可以参照国务院建设行政主管部门,省、自治区、直辖市或有关部门发布的工程造价计价标准、计价办法等有关规定,作为双方履行合同的指引和参考,以便争议的协商解决。换句话说,在一些项目中,施工企业可以依据建设行政主管部门颁布的相关调价文件与建设单位协商谈判,要求建设单位调整合同价款。

(4)因建设单位责任导致工期延误且在延误期间遇人工、材料价格上涨,施工单企业可以主张调整合同价款

若由于逾期支付工程预付款和进度款、未及时移交施工场地、未及时提供施工图纸、逾期提供甲供材料、未办理建设行政审批手续导致建设行政主管部门勒令停工等建设单位原因导致工期延误,且在该工期延误期间遇建筑材料价格大幅上涨,则施工企业可以向建设单位主张调整合同价款。《建设工程工程量清单计价规范》(GB 50500—2013)第9.8.3项即规定:“发生合同工程工期延误的,应按照下列规定确定合同履行期的价格调整:1.因非承包人原因导致工期延误的,计划进度日期后续工程的价格,应采用计划进度日期与实际进度日期两者的较高者。2.因承包人原因导致工期延误的,计划进度日期后续工程的价格,应采用计划进度日期与实际

进度日期两者的较低者。”《建设工程施工合同(示范文本)》(GF—2017—0201)第7.5.1项亦约定:“因发包人原因导致工期延误。在合同履行过程中,因下列情况导致工期延误和(或)费用增加的,由发包人承担由此延误的工期和(或)增加的费用,且发包人应支付承包人合理的利润……”《FIDIC 施工合同条件》中亦有类似的约定。部分法院即有类似意见出台,如《四川省高级人民法院关于审理建设工程施工合同纠纷案件若干疑难问题的解答》(川高法民一[2015]3号)第24条即规定:“……因一方当事人原因致使工期或建筑材料供应时间延误导致的建材价格变化风险由该方当事人承担,该方当事人要求调整工程价款的,不予支持。”

因建设单位责任导致工期延误且在延误期间遇人工、材料价格上涨,在此情形下,施工企业应当收集好由于建设单位原因导致工期顺延的证据材料。

(5)对于固定总价或者固定单价合同,施工企业应持谨慎态度

总价合同是指发承包双方约定以施工图及其预算和有关条件进行合同价款计算、调整和确认的建设工程施工合同。固定总价合同是指在约定范围内总价款不再调整的合同。双方应明确约定合同价款所包含的风险范围、风险费用的计算方法以及承包范围以外的合同价款调整方法。

对于固定总价合同,建筑材料价格的大幅上涨对施工企业而言极为不利。出现约定范围的价格波动,相应风险由施工企业承担。在具体的司法裁判中,法院对此类约定大多做了肯定性评价,见表23－1。

表23－1　出现约定范围的价格波动,风险由施工企业承担

案号	法院观点
(2013)民申字第998号	弘胜公司与大友建分公司在《承揽合同》第8条中约定:“本项目施工所用的材料、施工机具等均由施工单位承担,费用一次性包死。”一审、二审法院认定涉案工程是按固定价结算工程款,遂对弘胜公司的鉴定申请不予支持,并不存在违法情形
(2014)信中法民终字第1253号	本合同价款采用固定价格合同方式确定,并明确规定“工程采用包工包料,按499元/平方米造价风险性一次包死,政策性及其他因素的影响不再调整”。根据原《建设工程施工合同司法解释》第22条的规定,当事人约定按照固定价结算工程价款,一方当事人请求对建设工程造价鉴定的,不予支持
(2017)赣民终329号	在合同书约定的开发期限内,950元/平方米系包干单价,材料上涨下跌以及人工费的调整均不影响北郊林场(建设单位)应支付的委托开发房屋收购款项。也就是说,建筑材料及人工费用的上涨下跌均是恒盛公司依约应自行承担的商业风险,与北郊林场无关。对该项上诉请求,本院不予支持

因此,在签订固定总价合同前,施工企业应对合同可能带来的风险和市场环境有一个综合的考量。在固定总价合同已签订的情况下,施工企业应当仔细审查建设工程施工合同是否存在无效的情形,审查合同履行过程中建设单位是否存在根本违约而施工企业享有单方面解除权的情形。若建设工程施工合同无效,施工企业可以尝试主张合同无效,要求建设单位调整合同价款。

对于固定单价合同,如果合同中明确约定了风险范围以及风险范围以外综合单价的调整方法,则施工期间遇到人工、材料价款大幅上涨,应按合同约定的调整方法予以调整。若合同中仅约定了采用固定单价的方法计算工程价款,而未明确约定风险范围及风险费用和风险范围以外综合单价的调整方法,则施工期间遇到人工、材料价款上涨,合同价款可予调整。《建设工程价款结算暂行办法》第 8 条规定:“……(二)固定单价。双方在合同中约定综合单价包含的风险范围和风险费用的计算方法,在约定的风险范围内综合单价不再调整。风险范围以外的综合单价调整方法,应当在合同中约定。……”

虽有前面的论述,但对于该问题,从各地出台的相关司法解释看,还是有一定的争取空间。如《北京市高级人民法院关于审理建设工程施工合同纠纷案件若干疑难问题的解答》(京高法发[2012]245 号)第 12 条规定:“建设工程施工合同约定工程价款实行固定价结算,在实际履行过程中,钢材、木材、水泥、混凝土等对工程造价影响较大的主要建筑材料价格发生重大变化,超出了正常市场风险的范围,合同对建材价格变动风险负担有约定的,原则上依照其约定处理;没有约定或约定不明,该当事人要求调整工程价款的,可在市场风险范围和幅度之外酌情予以支持;具体数额可以委托鉴定机构参照施工地建设行政主管部门关于处理建材差价问题的意见予以确定。”《江苏省高级人民法院关于审理建设工程施工合同纠纷案件若干问题的意见》(2008 年)第 9 条规定:“建设工程施工合同约定工程价款实行固定价结算的,一方当事人要求按定额结算工程价款的,人民法院不予支持,但合同履行过程中原材料价格发生重大变化的除外……”[①]《四川省高级人民法院关于审理建设工程施工合同纠纷案件若干疑难问题的解答》(川高法民一[2015]3 号)第 24 条规定:“约定工程价款实行固定总价结算的施工合同在履行过程中材料价格发生重大变化如何处理?约定工程价款实行固定总价结算的施工合同履行过程中,主要建筑材料价格发生重大变化,超出了正常市场风险范围,合同对建材价格变动风

① 但重大变化的界定标准是什么,在具体案件中必然产生争议。

险负担有约定的,依照其约定处理;没有约定或约定不明的,当事人要求调整工程价款,如不调整显失公平的,可在市场风险范围和幅度之外酌情予以支持,具体数额可以委托鉴定机构参照工程所在地建设行政主管部门关于处理建材差价问题的意见予以确定。”

(6)建筑材料大幅上涨,施工企业援引“情势变更原则”要求进行调价,实操性不强

建筑材料大幅上涨,是否属于“情势变更”的情形,施工企业能否援引“情势变更原则”要求进行调价,这一问题,从笔者查阅的相关司法判例来看,绝大多数持否定态度,具体理由主要有以下几种(见表23-2、表23-3、表23-4)。

表23-2　在双方当事人存在明确约定的情况下,不支持情势变更

案号	法院观点
(2015)民申字第2081号	《补充协议书》约定,施工期间材料机械人工价格上涨导致的差价按550万元认定,且该认定金额不再由于任何原因而调整。双方此项约定已经排除了今后任何调整的可能性

表23-3　材料上涨属于商业风险而非情势变更

案号	法院观点
(2017)最高法民申4707号	情势变更是指作为合同基础的客观事实发生了不可预见的不属于不可抗力也不属于商业风险的异常或者重大变化,致使继续履行合同对一方当事人显失公平或不能实现合同目的。本案人工单价上涨属于南通二建公司应当预知的正常商业风险

表23-4　主张情势变更证据不足

案号	法院观点
(2017)最高法民申4128号	公司虽主张情势变更,但其未提供证据证明更换材料客观上遇有障碍或者更换材料需要停工265天,也未提供证据证明继续履行合同对于一方当事人明显不公平或者不能实现合同目的

鉴于单纯以建筑材料价格上涨而要求变更合同约定的计价方式,难以得到支持的客观现实,在此对“情势变更原则”如何在建设工程施工合同纠纷中运用的问题不进行过多赘述。

(7)总结

以上的分析具有不周延性,不可能穷尽所有措施,且提及的措施也不是孤立的,实为一种组合拳,要结合具体的争议情形综合考量,不应僵化理解。在目前的司

法实践中有些规定虽不具有必然的强制性,但可以作为谈判调整价款的合理理由。施工企业应进一步增强工程承包风险意识,在招标投标文件、合同文件中,应考虑受国家调控政策影响较大的材料价格,不盲目压价。施工企业还应充分考虑物价上涨对建设工程施工合同切实履行的影响,在合同中明确约定材料价格风险范围和超出风险范围的调整办法。对于建设单位和施工企业双方而言,应协商制定能够切实保障合同双方合法权益且符合公平原则的约定,并确保合同有效并顺利履行,尽量实现双方利益的平衡,最终达到"双赢"的目的。

实务案例裁判要旨

表 23－5 《必须招标的工程项目规定》和《必须招标的基础设施和公用事业项目范围规定》相较于被废止的《工程建设项目招标范围和规模标准规定》进一步缩小了必须招标的工程项目的范围

序号	法院及案号	法院观点	证明观点
1	安徽高院(2018)皖民终449号	2018年6月1日起施行的《必须招标的工程项目规定》规定必须招标的工程项目包括全部或者部分使用国有资金投资或者国家融资的项目,使用国际组织或者外国政府贷款、援助资金的项目以及不属于该规定第2条、第3条规定情形的大型基础设施、公用事业等关系社会公共利益、公众安全的项目。2018年6月6日起施行的《必须招标的基础设施和公用事业项目范围规定》第2条规定:"不属于《必须招标的工程项目规定》第二条、第三条规定情形的大型基础设施、公用事业等关系社会公共利益、公众安全的项目,必须招标的具体范围包括:(一)煤炭、石油、天然气、电力、新能源等能源基础设施项目;(二)铁路、公路、管道、水运以及公共航空和A1级通用机场等交通运输基础设施项目;(三)电信枢纽、通信信息网络等通信基础设施项目;(四)防洪、灌溉、排涝、引(供)水等水利基础设施项目;(五)城市轨道交通等城建项目。"依据该规定,本案项目已不属于必须招投标工程。本案合同虽然签订于上述两规定之前,但在确定合同效力时应当遵循"鼓励交易、尽量确认合同效力有效""从旧兼从轻"的原则,参照原《最高人民法院关于适用〈中华人民共和国合同法〉若干问题的解释(一)》第3条的规定,"人民法院确认合同效力时,对合同法实施以前成立的合同,适用当时的法律合同无效而适用合同法合同有效的,则适用合同法",一审认定《建设工程施工合同补充协议书》合法有效不违反法律的规定	新规定的施行缩小了必须招标的工程项目的范围

续表

序号	法院及案号	法院观点	证明观点
2	广东高院（2017）粤民申 3308 号	国家发展和改革委员会 2018 年 3 月 27 日发布了《必须招标的工程项目规定》，对必须招标的范围进行了修改和调整，重新确定了必须招投标的范围，放开非国有资金投资项目必须投标的限制、缩小并严格界定必须招标的工程建设项目范围。因此，申请人宏润公司再审申请认为该建设施工合同违反法律的强制规定，属无效合同的理由不成立，本院不予采纳	新规定的施行缩小了必须招标的工程项目的范围

表 23－6　原《建设工程施工合同司法解释（二）》施行前，部分判决认为不属于必须进行招标的工程建设项目，若双方自愿进行了招投标，也应遵守《招标投标法》的规定

序号	法院及案号	法院观点	证明观点
1	河南高院（2018）豫民终 729 号	即使涉案工程不属于必须进行招标的工程建设项目，但双方自愿进行了招投标，也应遵守《招标投标法》的规定。因为《招标投标法》所保护的不仅是合同当事人自身的权益，更是对招投标市场的规范，事关不特定投标人权益的保护和市场竞争秩序的维护，因此，非必须招标的工程建设项目自主进行招标时也应受到该法的约束	不属于必须招标的项目，若双方自愿进行了招投标，也应遵守《招标投标法》的规定
2	江苏高院（2016）苏民终 1151 号	本案所涉工程“五亭龙商务广场”明显并不属于上述“强制招标”的工程范畴。本案工程虽非“强制招标”的工程，但发包方鑫泰开发公司与承包方开发区建安公司自愿进行了招投标并根据招投标结果签订了施工合同，将合同进行了备案，故讼争双方的行为仍应受《招标投标法》的约束，本案工程的造价结算方式应以备案合同为准	不属于必须招标的项目，若双方自愿进行了招投标，也应遵守《招标投标法》的规定

表 23－7　对变更合同实质性内容的理解

序号	法院及案号	法院观点	证明观点
1	最高院(2015)民申字第3575号	一审、二审判决认为,工程价款属于影响合同当事人基本权利义务的实质性内容,双方在备案合同之外的两份补充协议中,对工程价款约定了8%、4%的让利,属于对备案合同的实质性内容做了重大变更,并非一般的合同内容变更或其他条款的修改,该认定并无不当	另行签订让利协议属于变更合同实质性内容
2	最高院(2017)最高法民再141号	涉案《建设工程施工合同》约定工程价款为2647.00477万元,《工程造价咨询报告书》认定的工程价款几乎是合同价款的两倍,实质上对建设施工合同的约定进行了变更。原审判决依据《工程造价咨询报告书》《找补说明》认定工程价款,在黑河一中实际支付李某青工程价款已比合同约定多出1000余万元的情况下,再行增加涉案工程价款1415.677731万元,违反了《招标投标法》关于招标人和中标人不得再行订立背离合同实质性内容的其他协议的强制性规定,应当予以纠正	另行增加工程价款属于变更合同实质性内容
3	最高院(2018)最高法民终69号	2012年12月25日签订补充协议,将"工程回购款支付方式"由BT模式修改为"按乙方施工进度付款"。一审法院认为,BT模式即通过项目公司进行总承包,融资、建设后移交给业主,业主向投资方支付项目总投资加合理回报的过程。BT模式的核心内容之一就在于承包人负有融资义务。补充协议已将BT协议的核心内容进行了修改,属于《招标投标法》中规定的"招标人和中标人再行订立的背离合同实质性内容的其他协议"的情形	修改工程款支付方式属于变更合同实质性内容
4	最高院(2017)最高法民终437号	以上规定中所谓合同实质性内容不一致,是指合同在工程价款、工程质量和工程期限等方面与备案合同不一致,因为这三个方面涉及招标人和中标人的基本权利义务	工程价款、工程质量、工程期限属于合同实质性内容

表 23－8 属于客观情况发生了难以预料的变化的情形

序号	法院及案号	法院观点	证明观点
1	最高院（2017）最高法民申 3108 号	原《最高人民法院关于适用〈中华人民共和国合同法〉若干问题的解释（二）》第 26 条规定，合同成立以后客观情况发生了当事人在订立合同时无法预见的、非不可抗力造成的不属于商业风险的重大变化，继续履行合同对于一方当事人明显不公平或者不能实现合同目的，当事人请求人民法院变更的，人民法院应当根据公平原则予以变更。本案中，当事人在 2005 年 7 月签订合同时柴油价格每吨 550 元，到 2007 年 8 月施工结束时上涨到每吨 1250 元，其订立合同时并不能预见到柴油油价巨幅上涨，以致按照 2005 年柴油价格计算工程款的计算方式显失公平，因此一审判决对工程价款的计算考虑了油价上涨因素符合法律规定	燃油等施工成本巨幅上涨超出当事人订立合同时的预知能力应属客观情况发生了难以预料的变化
2	最高院（2015）民申字第 2456 号	根据《最高人民法院关于适用〈中华人民共和国合同法〉若干问题的解释（二）》第 26 条的规定，合同成立以后客观情况发生了当事人在订立合同时无法预见的、非不可抗力造成的不属于商业风险的重大变化，继续履行合同对于一方当事人明显不公平或者不能实现合同目的，当事人请求人民法院变更或者解除合同的，人民法院应当根据公平原则，并结合案件的实际情况确定是否变更或者解除。原《合同法》第 96 条第 1 款规定，当事人一方依照本法第 93 条第 2 款、第 94 条的规定主张解除合同的，应当通知对方。合同自通知到达对方时解除。原审法院认为，本案中，合同履行过程中，发生了不属于商业风险的重大变化（该井田区域之前遭破坏性开采严重，井巷施工过程中遇到了多处采空区，导致无法布置长壁工作面正规开采，同时由于采空积水、积气情况不明，给井工开采带来了极大的安全隐患）	客观施工技术难度超出当事人订立合同时的预知能力应属客观情况发生了难以预料的变化
3	安徽高院（2016）皖民终 727 号	因炸药价格受政府调控，雄姿公司亦未否认炸药价格从双方约定时的 4000 多元/吨至施工中上涨到 8000 多元/吨之事实，该材料价格的巨幅变化使合同赖以成立基础的客观情况发生了重大变更，双方在签订合同时对此亦不可预见，若继续按原约定价款履行，则显失公平。况且本案发包单位枞阳县人民政府已将该部分爆破材料差价补偿给雄姿公司，原审法院基于公平原则，对于钱某仕、张某亮主张的爆破材料调差价款 1,214,142.32 元予以支持，并无不当，本院予以维持	炸药等施工成本巨幅上涨超出当事人订立合同时的预知能力应属客观情况发生了难以预料的变化

续表

序号	法院及案号	法院观点	证明观点
4	黑龙江高院(2017)黑民终221号	原《建设工程施工合同司法解释》第21条规定:“当事人就同一建设工程另行订立的建设工程施工合同与经过备案的中标合同实质性内容不一致的,应当以备案的中标合同作为结算工程价款的根据。”该条规定系针对双方通过签订“黑白合同”以规避法律规定及行政监管的行为,而并非绝对禁止双方在签订备案合同后对合同实质性内容进行变更、修改。如果在合同实际履行过程中存在设计变更导致工程量增加等影响中标合同的实际履行情况时,承包人与发包人经协商对中标合同的内容进行修改,属于正常的合同变更情形,也可以按照当事人实际履行的合同作为结算工程价款的依据	因设计变更导致的工程量增加属于客观情况发生变化

注:燃油、炸药等非常用材料的价格大幅上涨超出承包人的认知能力,在司法裁判中更容易被认定为客观情况发生了难以预料的变化,而水泥、钢材等常用建筑材料的价格和人工费用的上涨难以超过承包人的认知能力,往往被认定为商业风险。

表23-9　是否适用情势变更原则

序号	法院及案号	法院观点	证明观点
1	四川高院(2018)川民终733号	《最高人民法院关于适用〈中华人民共和国合同法〉若干问题的解释(二)》第26条关于“合同成立以后客观情况发生了当事人在订立合同时无法预见的、非不可抗力造成的不属于商业风险的重大变化,继续履行合同对于一方当事人明显不公平或者不能实现合同目的,当事人请求人民法院变更或者解除合同的,人民法院应当根据公平原则,并结合案件的实际情况确定是否变更或者解除”的规定,运海劳务认为因“5·12”大地震发生后导致人工和材料价格大幅上涨应当适用情势变更原则调增工程款的主张,事实依据不足,不予支持	人工和材料的上涨难以超过承包人的认知能力,往往被认定为商业风险
2	山东高院(2017)鲁民终841号	钢材价格上涨属于正常的商业风险,十五冶金公司应该能够预见到。十五冶金公司关于钢材价格大幅上涨,属于《最高人民法院关于适用〈中华人民共和国合同法〉若干问题的解释(二)》第26条规定的“合同成立以后客观情况发生了当事人在订立合同时无法预见的、非不可抗力造成的不属于商业风险的重大变化,继续履行合同对于一方当事人明显不公平或者不能实现合同目的,当事人请求人民法院变更或者解除合同的,人民法院应当根据公平原则,并结合案件的实际情况确定是否变更或者解除”。情形的理由,不能成立	常用建筑材料的上涨难以超过承包人的认知能力,往往被认定为商业风险

相关规定指引

《民法典》

第 510 条　合同生效后，当事人就质量、价款或者报酬、履行地点等内容没有约定或者约定不明确的，可以协议补充；不能达成补充协议的，按照合同相关条款或者交易习惯确定。

第 511 条　当事人就有关合同内容约定不明确，依据前条规定仍不能确定的，适用下列规定：

（一）质量要求不明确的，按照强制性国家标准履行；没有强制性国家标准的，按照推荐性国家标准履行；没有推荐性国家标准的，按照行业标准履行；没有国家标准、行业标准的，按照通常标准或者符合合同目的的特定标准履行。

（二）价款或者报酬不明确的，按照订立合同时履行地的市场价格履行；依法应当执行政府定价或者政府指导价的，依照规定履行。

……

第 533 条　合同成立后，合同的基础条件发生了当事人在订立合同时无法预见的、不属于商业风险的重大变化，继续履行合同对于当事人一方明显不公平的，受不利影响的当事人可以与对方重新协商；在合理期限内协商不成的，当事人可以请求人民法院或者仲裁机构变更或者解除合同。

人民法院或者仲裁机构应当结合案件的实际情况，根据公平原则变更或者解除合同。

《招标投标法》

第 2 条　在中华人民共和国境内进行招标投标活动，适用本法。

第 46 条　招标人和中标人应当自中标通知书发出之日起三十日内，按照招标文件和中标人的投标文件订立书面合同。招标人和中标人不得再行订立背离合同实质性内容的其他协议。

……

《建设工程施工合同司法解释（一）》

第 19 条　当事人对建设工程的计价标准或者计价方法有约定的，按照约定结算工程价款。

因设计变更导致建设工程的工程量或者质量标准发生变化，当事人对该部分工程价款不能协商一致的，可以参照签订建设工程施工合同时当地建设行政主管部门发布的计价方法或者计价标准结算工程价款。

建设工程施工合同有效,但建设工程经竣工验收不合格的,依照民法典第五百七十七条规定处理。

《必须招标的工程项目规定》

第2条 全部或者部分使用国有资金投资或者国家融资的项目包括:(一)使用预算资金200万元人民币以上,并且该资金占投资额10%以上的项目;(二)使用国有企业事业单位资金,并且该资金占控股或者主导地位的项目。

第3条 使用国际组织或者外国政府贷款、援助资金的项目包括:(一)使用世界银行、亚洲开发银行等国际组织贷款、援助资金的项目;(二)使用外国政府及其机构贷款、援助资金的项目。

第4条 不属于本规定第二条、第三条规定情形的大型基础设施、公用事业等关系社会公共利益、公众安全的项目,必须招标的具体范围由国务院发展改革部门会同国务院有关部门按照确有必要、严格限定的原则制订,报国务院批准。

《必须招标的基础设施和公用事业项目范围规定》

第2条 不属于《必须招标的工程项目规定》第二条、第三条规定情形的大型基础设施、公用事业等关系社会公共利益、公共安全的项目,必须招标的具体范围包括:(一)煤炭、石油、天然气、电力、新能源等能源基础设施项目;(二)铁路、公路、管道、水运,以及公共航空和A1级通用机场等交通运输基础设施项目;(三)电信枢纽、通信信息网络等通信基础设施项目;(四)防洪、灌溉、排涝、引(供)水等水利基础设施项目;(五)城市轨道交通等城建项目。

《建筑工程施工发包与承包计价管理办法》

第3条 建筑工程施工发包与承包价在政府宏观调控下,由市场竞争形成。工程发承包计价应当遵循公平、合法和诚实信用的原则。

第13条 发承包双方在确定合同价款时,应当考虑市场环境和生产要素价格变化对合同价款的影响……

《建设工程价款结算暂行办法》

第11条 工程价款结算应按合同约定办理,合同未作约定或约定不明的,发、承包双方应依照下列规定与文件协商处理:……(二)国务院建设行政主管部门、省、自治区、直辖市或有关部门发布的工程造价计价标准、计价办法等有关规定……

《福建省高级人民法院关于审理建设工程施工合同纠纷案件疑难问题的解答》

19.问:建设工程施工过程中,因设计变更或者遇特殊地质情况等客观原因,当事人另行签订合同,变更了中标合同的内容,是否仍应以中标合同作为结算工程价款的依据?

答:建设工程施工合同履行过程中,因设计变更或者遇特殊地质情况等客观原因导致工程量增减,当事人协商一致对中标合同的内容进行修改,属于正常行使合同变更权,修改后的合同可以作为结算工程价款的依据。

《北京市高级人民法院关于审理建设工程施工合同纠纷案件若干疑难问题的解答》

12. 固定价合同履行过程中,主要建筑材料价格发生重大变化,当事人要求对工程价款予以调整的,如何处理?

建设工程施工合同约定工程价款实行固定价结算,在实际履行过程中,钢材、木材、水泥、混凝土等对工程造价影响较大的主要建筑材料价格发生重大变化,超出了正常市场风险的范围,合同对建材价格变动风险负担有约定的,原则上依照其约定处理;没有约定或约定不明,该当事人要求调整工程价款的,可在市场风险范围和幅度之外酌情予以支持;具体数额可以委托鉴定机构参照施工地建设行政主管部门关于处理建材差价问题的意见予以确定。……

15. "黑白合同"中如何结算工程价款?

法律、行政法规规定必须进行招标的建设工程,或者未规定必须进行招标的建设工程,但依法经过招标投标程序并进行了备案,当事人实际履行的施工合同与备案的中标合同实质性内容不一致的,应当以备案的中标合同作为结算工程价款的依据。

法律、行政法规规定不是必须进行招标的建设工程,实际也未依法进行招投标,当事人将签订的建设工程施工合同在当地建设行政管理部门进行了备案,备案的合同与实际履行的合同实质性内容不一致的,应当以当事人实际履行的合同作为结算工程价款的依据。

备案的中标合同与当事人实际履行的施工合同均因违反法律、行政法规的强制性规定被认定为无效的,可以参照当事人实际履行的合同结算工程价款。

16. "黑白合同"中如何认定实质性内容变更?

招投标双方在同一工程范围下另行签订的变更工程价款、计价方式、施工工期、质量标准等中标结果的协议,应当认定为《解释》第二十一条规定的实质性内容变更。中标人作出的以明显高于市场价格购买承建房产、无偿建设住房配套设施、让利、向建设方捐款等承诺,亦应认定为变更中标合同的实质性内容。

备案的中标合同实际履行过程中,工程因设计变更、规划调整等客观原因导致工程量增减、质量标准或施工工期发生变化,当事人签订补充协议、会谈纪要等书面文件对中标合同的实质性内容进行变更和补充的,属于正常的合同变更,应以上述文件作为确定当事人权利义务的依据。

《浙江省高级人民法院民一庭关于审理建设工程施工合同纠纷案件若干疑难问题的解答》

十五、如何认定“黑白合同”?

认定“黑白合同”时所涉的“实质性内容”,主要包括合同中的工程价款、工程质量、工程期限三部分。对施工过程中,因设计变更、建设工程规划指标调整等客观原因,承、发包双方以补充协议、会谈纪要、往来函件、签证等洽商记录形式,变更工期、工程价款、工程项目性质的书面文件,不应认定为《中华人民共和国招标投标法》第46条规定的“招标人和中标人再行订立背离合同实质性内容的其他协议”。

《江苏省高级人民法院关于审理建设工程施工合同纠纷案件若干问题的意见》

第9条 建设工程施工合同约定工程价款实行固定价结算的,一方当事人要求按定额结算工程价款的,人民法院不予支持,但合同履行过程中原材料价格发生重大变化的除外。……

第11条 法律、行政法规规定必须要经过招标的建设工程,当事人实际履行的建设工程施工合同与备案的中标合同实质性内容不一致的,应当以备案的中标合同作为工程价款的结算根据;未经过招标投标的,该建设工程施工合同为无效合同,应当参照实际履行的合同作为工程价款的结算根据。法律、行政法规未规定必须进行招标投标的建设工程,应当以当事人实际履行的合同作为工程价款的结算根据;经过招标投标的,当事人实际履行的建设工程施工合同与中标合同实质性内容不一致的,应当以中标合同作为工程价款的结算根据。

《江苏省高级人民法院建设工程施工合同案件审理指南》

三、招投标情形下“黑白合同”效力的认定

(一)“黑白合同”的认定

2. 非强制招标工程中“黑白合同”效力的认定

(1)自主备案中的“黑白合同”问题

实践中存在既非强制招投标项目,当事人又未自愿进行招投标,但根据当地行政主管部门的要求,承、发包双方签订的施工合同必须备案。当事人在备案合同之外,另行签订实质性内容不同的合同且未备案的,是否属于黑合同?我们认为,非属强制招投标范围的工程,备案与否不影响合同效力,不存在“黑白合同”的问题。当事人签订的合同尽管与备案的合同有实质性内容的不同,但并非不能作为结算的依据。此时对合同的认定，应以该合同是否违反法律禁止性规定，是否体现当事人真实意思表示进行判断。

(2)自主招标中的"黑白合同"问题

《最高人民法院关于审理建设工程施工合同纠纷案件适用法律问题的解释》(以下简称《施工合同司法解释》)第一条规定"建设工程必须进行招标而未招标或者中标无效所订立的合同"作为无效合同对待。所谓必须进行招投标的项目，即强制招标的范围，都是国家投资、融资项目，关系到社会公共利益和公共安全的项目，或者使用国家统借外债的项目，招投标法规定必须采用招投标方式，以体现国家对这类民事活动的干预和监督。但实践中存在强制招标范围以外的一些项目，建设单位根据主管部门要求或者自愿进行招投标并根据招投标结果签订施工合同，将合同进行备案。如果在备案合同之外，当事人又签订实质性内容不同的合同且未备案，是否存在黑合同？对此问题实务中存在两种意见：一种意见认为，当事人自愿进行招投标的项目，在备案的合同之外，如果又另行签订的合同并不违反法律禁止性规定，则不存在"黑白合同"的问题，根据合同是否体现当事人真实意思表示对其效力予以认定。另一种意见认为，虽然工程项目非强制招投标范围，但当事人自愿进行招投标，应当受《招标投标法》的约束，同样也存在"黑白合同"问题。我们赞同此说，因为招标投标法所保护的不仅是当事人自身的利益，更是对社会招投标市场的规范，事关不特定投标人利益的保护，涉及市场竞争秩序的维护，因此，只要根据招标投标法进行的招投标并因此签订的合同均应受该法约束，当事人不得在此之外签订黑合同。

《山东省高级人民法院关于印发全省民事审判工作会议纪要的通知》

三、关于建设工程施工合同纠纷案件

(二)关于"黑白合同"认定的有关问题

对不属于《招标投标法》第 3 条规定的强制招标的建设工程所签订的建设工程施工合同，是否适用最高人民法院《关于审理建设工程施工合同纠纷案件适用法律问题的解释》第 21 条的规定，即是否存在"黑白合同"的问题。不论是自愿招标发包还是强制招标发包的建设工程，只要按照招标投标法的规定，通过招投标方式签订的建设工程施工合同，就应当符合法律的规定，发包人和承包人应当根据中标通知书签订建设工程施工合同，不得另行签订与中标合同实质性内容不一致的合同，即"黑白合同"。

……

《河北省高级人民法院建设工程施工合同案件审理指南》

8. 法律、行政法规未规定必须进行招投标的建设工程,经过合法有效的招投标程序的,当事人实际履行的建设工程施工合同与备案中标合同实质性内容不一致的,应当以中标合同作为工程价款的结算根据。

《安徽省高级人民法院关于审理建设工程施工合同纠纷案件适用法律问题的指导意见(二)》

第7条 不属于依法必须招标的建设工程,发包人与承包人又另行签订并实际履行了与备案中标合同不一致的合同,当事人请求按照实际履行的合同确定双方权利义务的,应予支持。

《四川省高级人民法院关于审理建设工程施工合同纠纷案件若干疑难问题的解答》

第24条 约定工程价款实行固定总价结算的施工合同在履行过程中材料价格发生重大变化如何处理?

……因一方当事人原因致使工期或建筑材料供应时间延误导致的建材价格变化风险由该方当事人承担,该方当事人要求调整工程价款的,不予支持。

第二十四讲

多份建设工程施工合同均无效时工程价款的结算

法条原文

第 24 条　当事人就同一建设工程订立的数份建设工程施工合同均无效，但建设工程质量合格，一方当事人请求参照实际履行的合同关于工程价款的约定折价补偿承包人的，人民法院应予支持。

实际履行的合同难以确定，当事人请求参照最后签订的合同关于工程价款的约定折价补偿承包人的，人民法院应予支持。

思维导图

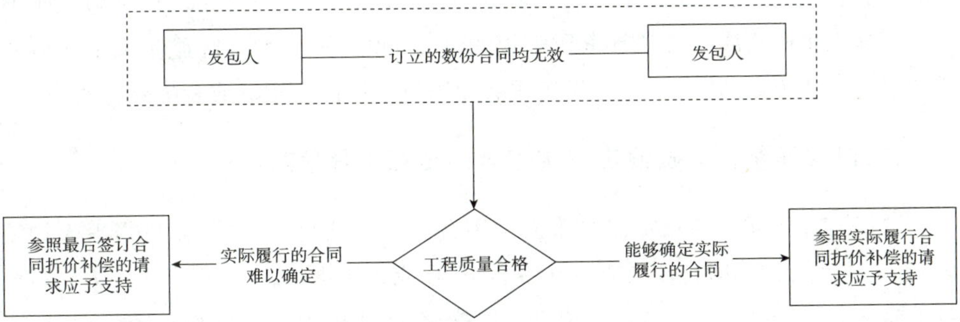

图 24－1　多份建设工程施工合同均无效时工程价款的结算

条文释义

本条是关于当事人在签订多份合同且多份合同均无效的情况下如何对案涉工程进行结算的规定。

《民法典》第 793 条第 1 款规定："建设工程施工合同无效，但是建设工程经验收合格的，可以参照合同关于工程价款的约定折价补偿承包人。"《建设工程施工合同司法解释（一）》第 24 条可以理解为是对《民法典》该条规定的进一步细化。从"建设工程施工合同无效"进一步细化至"数份建设工程施工合同均无效"，将"承包人"扩大为"当事人"，将"工程经竣工验收合格"这一前提修改为"工程质量合格"；并明确在工程质量合格的前提下，若能够确定实际履行的建设工程施工合同，则以本条第 1 款的规定进行折价补偿；若难以确定实际履行的建设工程施工合同，则以本条第 2 款的规定进行折价补偿。

一、以数份合同均无效为前提

本条规定适用的一个重要前提是,与争议所涉项目相关的所有建设工程施工合同均无效,如果存在有效的建设工程施工合同,则应依据《建设工程施工合同司法解释(一)》第 2 条、第 22 条以及其他相关法律进行判定。关于建设工程施工合同效力的判断,应结合《民法典》以及其他相关法律规定进行综合判断。例如,《民法典》第 146 条规定:"行为人与相对人以虚假的意思表示实施的民事法律行为无效。以虚假的意思表示隐藏的民事法律行为的效力,依照有关法律规定处理。"《建设工程施工合同司法解释(一)》第 1 条规定:"建设工程施工合同具有下列情形之一的,应当依据民法典第一百五十三条第一款的规定,认定无效:(一)承包人未取得建筑施工企业资质或者超越资质等级的;(二)没有资质的实际施工人借用有资质的建筑施工企业名义;(三)建设工程必须进行招标而未招标或者中标无效的。"

二、以实际履行的建设工程施工合同结算工程价款

《民法典》第 490 条规定:"当事人采用合同书形式订立合同的,自当事人均签名、盖章或者按指印时合同成立。在签名、盖章或者按指印之前,当事人一方已经履行主要义务,对方接受时,该合同成立。法律、行政法规规定或者当事人约定合同应当采用书面形式订立,当事人未采用书面形式但是一方已经履行主要义务,对方接受时,该合同成立。"采用书面形式或者签字盖章是形式要求,双方的真实合意是达成合同的基础,不能因未采用书面形式或者未签字盖章而否定当事人之间的合意。在当事人签订的数份建设工程施工合同均无效的情况下,应综合缔约时建筑市场行情、有利于当事人接受、诉讼经济等因素确定当事人的实际履行情况,从而确定当事人的真实意思,参照实际履行的建设工程施工合同结算工程价款有其合理性。结合司法实践中各地高级人民法院的规定及相关判决,可以总结出确定实际履行的建设工程施工合同的参考因素一般有:当事人双方的陈述、签约时间的先后顺序、招标文件、投标文件、中标通知书、工程施工承包合同、分包合同、补充合同及补充协议、工程变更与签证资料、会议纪要、工程技术文件、施工日志、开竣工报告、工程量确认单月进度报表、进度款申报表、缔约过错责任双方利益平衡、权利义务的公平性和合理性。

三、以最后签订的建设工程施工合同结算工程价款

实际履行的建设工程施工合同难以确定时,显然不能通过实际履行情况确定当事人之真实合意,此时则以最后签订的建设工程施工合同推定当事人之间的真实合意。本条第 2 款从时间点的角度提供了一条便捷和可操作性的标准,具有一定的合理性,有利于解决司法实践出现的这类问题。应当说,在无法确定实际履行的建设工程施工合同时,签订在后的建设工程施工合同能够最大限度上反映或者接近当事人的真实意思表示,对当事人应是公平的。

当然在原《建设工程施工合同司法解释(二)》施行前,在司法实践中还存有其他解决类似问题的思路,例如,《河北省高级人民法院建设工程施工合同案件审理指南》(2018 年)第 7 条第 2 款即规定:"无法确定当事人真实意思并实际履行的合同的,可以结合缔约过错、已完工程质量、利益平衡等因素合理分配当事人之间数份合同的差价确定工程价款。"原《建设工程施工合同司法解释(二)》(征求意见稿)第 18 条也曾规定:"当事人就同一建设工程订立的数份施工合同均被认定无效,当事人请求参照合同约定结算工程价款的,按照以下情形分别予以处理:(一)参照当事人真实合意并实际履行的合同约定结算工程价款;(二)无法确定双方当事人真实合意并实际履行合同的,应当结合缔约过错、已完工程质量、利益平衡等因素分配两份或以上合同间的差额确定工程价款;(三)依照第二项确定的工程价款与工程实际价款差距较大,按照签约时的市场价格信息确定工程价款。"采取这种思路的观点认为:《民法典》第 511 条规定:"……(二)价款或者报酬不明确的,按照订立合同时履行地的市场价格履行;依法应当执行政府定价或者政府指导价的,依照规定履行……"因此,多份施工合同无效,无法确定实际履行的建设工程施工合同时,应以客观价值作为折价补偿的依据,即应以市场价结算工程价款。

四、明确发包人、承包人均有权主张相应权利

原《建设工程施工合同司法解释(一)》第 2 条仅明确了承包人一方请求参照合同约定支付工程价款的应予以支持。在司法实践中,一度对行使该权利的主体存在狭义的理解,认为只有承包人才能主张。这显然不是原《建设工程施工合同司法解释(一)》第 2 条规定的本意。若如此,则发包人的权利实质上受到了限制,合同双方的权利与义务不对等,有失公平。故,主流观点还是认为该条规定本意包括发包人和承包人。例如,《广东省高级人民法院关于审理建设工程合同纠纷案件疑难

问题的解答》(2017 年)第 6 条规定:"……建设工程施工合同无效,但建设工程经竣工验收合格,承包人或发包人请求参照合同约定支付工程价款的,应予支持。"从《建设工程施工合同司法解释(一)》将"承包人"扩大为"当事人"来看,该观点无疑得到了最高院的肯定与支持,发包人作为合同一方当事人,理应与承包人同样享有请求参照实际履行的合同结算建设工程价款的权利。

五、结算工程款以工程质量合格为前提

工程质量合格应包括在建工程质量合格、未完工程质量合格和竣工工程质量合格。本条与《民法典》第 793 条第 1 款的规定相比,将"工程经竣工验收合格"这一前提修改为"工程质量合格","工程经竣工验收合格"是一种程序性合格的表述,即意味着建设工程已经通过竣工验收,而"工程质量合格"则是一种事实性合格的表述,两者相互密切联系,但并不完全等同,竣工验收合格并不代表工程质量必定合格。

若工程质量不合格,则适用《民法典》第 793 条第 2 款的规定。该条第 2 款和第 3 款规定:"建设工程施工合同无效,且建设工程经验收不合格的,按照以下情形处理:(一)修复后的建设工程经验收合格的,发包人可以请求承包人承担修复费用;(二)修复后的建设工程经验收不合格的,承包人无权请求参照合同关于工程价款的约定折价补偿。发包人对因建设工程不合格造成的损失有过错的,应当承担相应的责任。"

实务难点

一、竣工验收与建设工程质量的关系

(一)竣工验收是进行工程质量合格认定的常见方式

建设工程竣工验收由建设单位组织,参与主体包括设计、施工、工程监理等有关单位。建设工程竣工验收应当具备的条件有:(1)已完成设计及合同约定的各项内容;(2)有完整的技术档案和施工管理资料;(3)有工程使用的主要材料、构配件、设备的进场检验报告;(4)有勘察、设计、施工、监理单位分别签署的质量合格文件;(5)施工单位签署的工程保修书。《建设工程质量管理条例》第 16 条规定:"建设单位收到建设工程竣工报告后,应当组织设计、施工、工程监理等有关单位进行竣工验收。建设工程竣工验收应当具备下列条件:(一)完成建设工程设计和合同约定

的各项内容;(二)有完整的技术档案和施工管理资料;(三)有工程使用的主要建筑材料、建筑构配件和设备的进场试验报告;(四)有勘察、设计、施工、工程监理等单位分别签署的质量合格文件;(五)有施工单位签署的工程保修书。建设工程经验收合格的,方可交付使用。"《民法典》第 799 条第 1 款规定:"建设工程竣工后,发包人应当根据施工图纸及说明书、国家颁发的施工验收规范和质量检验标准及时进行验收。验收合格的,发包人应当按照约定支付价款,并接收该建设工程。"根据上述法律规定,一般情况下,工程经竣工验收合格基本可以证明工程质量合格这一法律事实,但亦存在例外情形。

《民事诉讼法》第 7 条规定:"人民法院审理民事案件,必须以事实为根据,以法律为准绳。"《民事诉讼证据规定》第 85 条第 1 款规定:"人民法院应当以证据能够证明的案件事实为依据依法作出裁判。"故若发包人确有证据证明工程质量不合格,这属于客观事实,竣工验收合格证明及其他任何书面证明均不能对该客观事实形成有效对抗,此时应认定工程质量不合格。对此,部分地方法院亦有规定。例如,《广东省高级人民法院全省民事审判工作会议纪要》(粤高法〔2012〕240 号)第 20 条规定:"建设工程竣工验收合格后,发包人请求承包人承担质量问题的民事责任,应依法承担举证责任。经鉴定,建设工程在合理使用寿命内确实存在地基基础工程或主体结构质量问题的,承包人应依法承担民事责任;存在其他质量问题的,承包人应在保修期限内承担保修责任。"

(二)工程未经竣工验收并不意味工程质量不合格

建设工程质量合格存在未完工程质量合格、完工经竣工验收质量合格、完工后未经竣工验收但质量合格等情形。实务中,很多的建设工程项目虽然没有履行验收程序,但工程质量确实合格,达到了法定或者约定的质量标准。有的工程项目存在没有经过竣工验收业主即实际使用的情形。对此,《建设工程施工合同司法解释(一)》第 14 条规定:"建设工程未经竣工验收,发包人擅自使用后,又以使用部分质量不符合约定为由主张权利的,人民法院不予支持;但是承包人应当在建设工程的合理使用寿命内对地基基础工程和主体结构质量承担民事责任。"在发包人擅自使用且没有证据证明质量存在问题的情况下,应认定其使用部分质量合格。例如,《福建省高级人民法院关于审理建设工程施工合同纠纷案件疑难问题的解答》(2008 年)第 10 条第 2 款规定:"工程未经竣工验收,发包人擅自使用后,又以质量不符合约定为由请求减少支付工程价款的,不予支持。"

二、对实际履行合同与最后签订合同的识别

在具体的建设工程施工合同纠纷中,主张按实际履行的建设工程施工合同还是按最后签订的建设工程施工合同进行结算,一般会对双方的利益产生很大影响。就发包人而言,如果实际履行的建设工程施工合同工程价款较低时,其会主张按实际履行的建设工程施工合同结算工程价款;如果最后签订的建设工程施工合同工程价款较低时,则其会主张按最后签订的建设工程施工合同结算工程价款。就承包人而言,也是同样的道理,只是依据的合同不同而已。关键在于证据的提供,以达到相应的证明目的。

(一)对实际履行合同的识别

1. 要看双方当事人能否就真实履行的建设工程施工合同达成一致意见,若双方已达成合意,则可以据此确认实际履行的合同。

2. 要比较多份建设工程施工合同中的实质性内容条款,例如,工程范围、工程价款、工程质量、工期等条款的完整性,认定这些实质性条款是确定实际履行的建设工程施工合同的重要参考依据。

3. 整理出多份建设工程施工合同签订的先后顺序证据,一般情况下,后合同是对前合同的变更,最后签订的合同为实际履行的合同的可能性更大,故《建设工程施工合同司法解释(一)》第 24 条第 2 款规定在无法确认实际履行合同的前提下,在当事人请求参照最后签订的合同进行折价补偿的,人民法院应予以支持。但最后签订的合同,未必是当事人的真实合意,更未必是实际履行的建设工程施工合同。

4. 结合当事人的陈述以及施工管理过程中形成的工程签证、会议纪要、施工图纸、工程量进度表、工程联系单、工程变更单、工程款申请表等相应佐证来确定实际履行的合同。这种思路在相关司法裁判规则中得到了认可,例如,《建设工程施工合同司法解释(一)》第 20 条规定:"当事人对工程量有争议的,按照施工过程中形成的签证等书面文件确认。承包人能够证明发包人同意其施工,但未能提供签证文件证明工程量发生的,可以按照当事人提供的其他证据确认实际发生的工程量。"《浙江省高级人民法院民事审判第一庭关于审理建设工程施工合同纠纷案件若干疑难问题的解答》(2012 年)第 10 条规定:"……双方当事人在建设工程施工过程中形成的补充协议、会议纪要、工程联系单、工程变更单、工程对账签证以及其他往来函件、记录等书面证据,可以作为工程量计算和认定工程价款的依据。"

5. 寻找多份建设工程施工合同中的一致性条款。例如，若多份建设工程施工合同中关于工程价款的计算方式和计算标准是明确且一致的，即可通过相应合同内容确认双方关于工程价款结算的真实意思表示。

（二）对最后签订的合同的识别

相对于对实际履行的建设工程施工合同的认定而言，司法实践对最后签订的建设工程施工合同的识别则显得较为简单。

1. 判断建设工程施工合同所载签字或盖章的真实性、关联性。在此基础上进行签订建设工程施工合同时间点的判断，若数份无效的建设工程施工合同均载明有签字或者盖章的具体时间，则按照其载明的时间先后认定最后签订的合同。若建设工程合同未载明签字或者盖章的时间，则需要结合工程签证、会议纪要、工程联系单、工程变更单、工程款申请表等内容确定最后签订的建设工程施工合同。

2. 在具体的纠纷案件中，虽然最后签订的建设工程施工合同可以依据时间的先后顺序进行判断，但要考虑到实际中建设工程施工合同倒签的可能性，倒签的合同所载明的签字或者盖章日期，显然不是相应建设工程施工合同真实的签订日期。

三、因发包人过错导致工程质量不合格的结算

《民法典》第 793 条第 3 款规定："发包人对因建设工程不合格造成的损失有过错的，应当承担相应的责任。"《建设工程施工合同司法解释（一）》第 13 条规定："发包人具有下列情形之一，造成建设工程质量缺陷，应当承担过错责任：（一）提供的设计有缺陷；（二）提供或者指定购买的建筑材料、建筑构配件、设备不符合强制性标准；（三）直接指定分包人分包专业工程。承包人有过错的，也应当承担相应的过错责任。"故在数份合同均无效的前提下，由于发包人原因导致工程质量不合格的，发包人应就其过错承担相应的民事责任。

四、工程质量司法鉴定程序的启动

部分地方法院对发包人提出的工程质量司法鉴定的启动持谨慎态度，例如，《江苏省高级人民法院关于审理建设工程施工合同纠纷案件若干问题的意见》（2008 年）第 16 条规定："建设工程竣工并经验收合格后，承包人要求发包人支付工程价款，发包人对工程质量提出异议并要求对工程进行鉴定的，人民法院不予支持。……"《浙江省高级人民法院民事审判第一庭关于审理建设工程施工合同纠纷案件若干疑难问题的解答》（2012 年）第 8 条规定："……要严格把握工程质量鉴定

程序的启动。建设工程未经竣工验收,发包人亦未擅自提前使用,发包人对工程质量提出异议并提供了初步证据的,可以启动鉴定程序。”

部分法院对工程质量司法鉴定程序的启动仍较为随意,甚至不需要发包人提供任何初步的证据,这主要是基于两点:一是质量鉴定程序的启动缺乏效力及于全国的法律文件,二是部分法官倾向于在此类专业案件中引入专业鉴定机构,以减轻自身的审理负担。《建设工程施工合同司法解释(一)》亦并未明确规制工程质量鉴定程序的启动条件,其第 32 条第 1 款仅规定:“当事人对工程造价、质量、修复费用等专门性问题有争议,人民法院认为需要鉴定的,应当向负有举证责任的当事人释明。当事人经释明未申请鉴定,虽申请鉴定但未支付鉴定费用或者拒不提供相关材料的,应当承担举证不能的法律后果。”

五、本条文对实际施工人的影响

《建设工程施工合同司法解释(一)》为了进一步加强对农民工等弱势群体的保护,第 43 条第 3 款规定:“实际施工人以发包人为被告主张权利的,人民法院应当追加转包人或者违法分包人为本案第三人,在查明发包人欠付转包人或者违法分包人建设工程价款的数额后,判决发包人在欠付建设工程价款范围内对实际施工人承担责任。”第 44 条规定:“实际施工人依据民法典第五百三十五条规定,以转包人或者违法分包人怠于向发包人行使到期债权或者与该债权有关的从权利,影响其到期债权实现,提起代位权诉讼的,人民法院应予支持。”本条虽未直接规定实际施工人的权利,但本条为《建设工程施工合同司法解释(一)》第 43 条、第 44 条在实务操作层面,提供了有力的支持。首先,在多份合同均无效的前提下,明确了建设工程价款结算的标准。如若此,则在多份建设工程施工合同均无效的情况下,《建设工程施工合同司法解释(一)》第 43 条所载的“欠付建设工程价款范围”可以确定。其次,虽然实际施工人并非建设工程施工合同(发包人与业主之间签订的建设工程施工合同)的当事人,但第 44 条已赋予了实际施工人对转包人或者违法分包人的代位求偿权,《民法典》第 535 条规定:“因债务人怠于行使其债权或者与该债权有关的从权利,影响债权人的到期债权实现的,债权人可以向人民法院请求以自己的名义代位行使债务人对相对人的权利,但是该权利专属于债务人自身的除外。代位权的行使范围以债权人的到期债权为限。债权人行使代位权的必要费用,由债务人负担。相对人对债务人的抗辩,可以向债权人主张。”

操作要点

1. 实际施工人应保证工程质量，要严格按照施工图纸的要求施工。对所采购的建筑材料、建筑构配件、设备等，应严格进行质量检查，保证其质量合格。建立、健全项目部施工管理制度，对工程质量、工程进度进行实时审查和监督。建立施工奖惩制度，奖励高质高量施工组。

2. 实际施工人对发包人的过错要及时向监理人、发包人、供应商或者其他第三方反馈，并尽可能保留书面凭证。发现发包人提供的设计确有问题的，应立刻书面通知监理人、发包人并停止施工，尽快与监理人、发包人进行磋商，就相关事实进行书面确认、签章，制定相应的解决方案。发现发包人提供的建材、建筑构配件、设备等有质量问题的，应立刻书面通知监理人、发包人、供应商，就相关事实进行书面确认、签章。发现发包人肢解发包或发包人直接指定分包的，应注意保留相应的书面凭证。

3. 在竣工验收程序方面，承包人应做好以下方面的工作：(1)在工程竣工后，承包人应尽快编制完成竣工验收报告并提交给发包人、监理人，积极与发包人、监理人沟通，就竣工验收事项进行商讨，形成书面的三方会议纪要，明确三方竣工验收的背景，与竣工验收报告相互佐证，以防止在工程竣工验收合格后，发包人又以不合理理由就工程质量申请司法鉴定；(2)承包人提交竣工验收报告，发包人迟延验收的或拒不验收的，承包人应留存书面证明，并适时提起诉讼或申请仲裁进行维权；(3)对于建设工程未经竣工验收发包人擅自使用的，承包人应收集发包人擅自使用的相应证据。

4. 应避免在招标前签订具有建设工程施工合同主要条款或者实质性内容的合同或者协议。对于必须招标的项目，这样的操作方式会使招标前签订的合同和中标的建设工程施工合同均无效。在此种多份施工合同均无效的情况下，适用本条规定的规则确定工程款结算时，无论参照适用哪一份合同，都将可能难以实现当事人的真实意思表示。

5. 完善、规范和加强项目管理过程中的行为，保证建设工程施工合同履行过程中的行为按照真实意思表示的合同进行，如签证、索赔、进度款支付、竣工验收等事项的办理与真实意思表示的建设工程施工合同的约定保持一致。

6. 在具体的项目中，若客观上出现了签署多份建设工程施工合同的情况，可以再就建设工程施工合同签订及实际履行的情况单独签署备忘录，锁定各方变更相关合同的客观原因、时间顺序，明确实际履行的建设工程施工合同。需要特别注意的是，尽量保证最后签订的建设工程施工合同为双方真实意思表示的合同。

实务案例裁判要旨

表 24－1　工程质量

序号	法院及案号	法院观点	证明观点
1	最高院(2016)最高法民申3328号	案涉项目已于2014年3月11日竣工验收合格,鑫臻公司于2014年3月23日接收了建工集团交付的部分房屋钥匙。鑫臻公司主张建工集团交付工程不具备竣工验收条件构成违约,但其提供的证据不足以推翻包括鑫臻公司在内各方联合竣工验收会议纪要等证据证明的事实。鑫臻公司以建工集团延迟交付房屋以及交付房屋不具备竣工验收条件构成违约为由,要求建工集团向其支付违约金1000万元的主张,缺乏相应事实和法律依据,其以此作为再审申请理由,不能成立	已竣工验收合格的工程,发包人就其工程质量承担举证责任
2	《中华人民共和国最高人民法院公报》2014年第8期	屋面广泛性渗漏属客观存在并已经法院确认的事实,竣工验收合格证明及其他任何书面证明均不能对该客观事实形成有效对抗,故南通二建根据验收合格抗辩屋面广泛性渗漏,其理由不能成立	工程已竣工验收合格并不能完全等同于工程质量合格,工程质量合格系客观事实
3	四川高院(2016)川民终790号	据原《建设工程施工合同司法解释》第12条关于"发包人具有下列情形之一,造成建设工程质量缺陷,应当承担过错责任:……(三)直接指定分包人分包专业工程。承包人有过错的,也应当承担相应的过错责任"的规定,对森信置业(发包人)分包的工程导致的质量缺陷,森信置业应当承担主要责任,广宇建设对森信置业分包的工程负有总包管理的合同义务,对其质量缺陷也应承担相应的过错责任。广宇建设上诉主张对森信置业分包的工程导致的质量缺陷不承担责任的理由不能成立	因发包人导致工程不合格的,发包人应承担过错责任
4	南京中院(2014)宁民终字第4619号	虽上诉人申请质量鉴定,但因涉案工程已于2012年10月18日竣工验收合格。建设工程竣工并经验收合格后,承包人要求发包人支付工程价款,发包人对工程质量提出异议并要求对工程进行鉴定的,人民法院不予支持。故对于上诉人浙江五联公司有关施工质量鉴定的申请,本院不予支持	部分法院不支持发包人就已竣工验收合格的工程申请质量鉴定

续表

序号	法院及案号	法院观点	证明观点
5	杭州中院（2013）浙杭民终字第2639号	对于原审法院依龙邦公司申请委托鉴定机构作出的鉴定结论，龙邦公司在原审庭审中认为总体上比较客观，而凯得丽公司则认为存在一定的瑕疵，但对于鉴定书的内容基本予以认可，亦未提出重新鉴定的申请。凯得丽公司虽于上诉中，对启动鉴定程序及鉴定机构资质提出异议，但未提交证据或重新申请鉴定以推翻其一审中的陈述，故原审法院采用该鉴定结论作为定案依据并无不妥	当事人对启动鉴定程序及鉴定机构资质有异议的，应承担举证责任
6	湖北高院（2016）鄂民终1077号	省工建一公司与金鹰公司签订的《施工协议》无效，根据原《合同法》第58条之规定，合同被认定无效后，当事人因该合同取得的财产，应当予以返还；不能返还或者没有必要返还的，应当折价补偿。因金鹰公司的劳动已经物化为建筑工程，省工建一公司取得的财产形式上是其建设的工程，无法适用返还财产的原则，只能适用折价补偿方式，即通过向金鹰公司支付工程款的方式对其劳动进行补偿。原《建设工程施工合同司法解释》第2条规定：“建设工程施工合同无效，但建设工程经竣工验收合格，承包人请求参照合同约定支付工程价款的，应予支持。”即合同无效时，建设工程竣工验收合格的，施工方才能请求支付工程款	工程质量合格是进行工程价款结算的前提

表24－2　工程价款结算

序号	法院及案号	法院观点	证明观点
1	江苏高院（2014）苏民终字第0027号	本院认为，当事人就同一工程订立两份内容不一致的施工合同，两份施工合同均为无效合同，且工程已经竣工验收合格的，应当参照实际履行的合同结算工程价款。本案中，四方协议、备案合同均属无效合同，东台二建公司施工的工程已经竣工验收合格，故双方当事人应当参照实际履行的合同结算工程价款	合同均无效且工程质量合格的，应当参照实际履行的合同结算工程价款

续表

序号	法院及案号	法院观点	证明观点
2	吉林高院(2018)吉民终78号	鉴于鸿昇公司与皇烨公司签订的两份施工合同均无效,根据原《建设工程施工合同司法解释》第2条的规定,双方应当参照实际履行的合同结算工程价款。《建设工程施工合同》约定的承包范围是4、5、6、7号楼,《关于阳光水郡小区工程施工协议书》约定的承包范围是4、5、6、7、11号楼,鸿昇公司仅施工了其中的4、5、6号楼,虽然两份合同约定的上述承包范围均超出了鸿昇公司的实际施工范围,但《建设工程施工合同》约定的承包范围不包括地下室工程,《关于阳光水郡小区工程施工协议书》约定的承包范围则包括地下室工程,而鸿昇公司实际施工了6号楼地下室工程。 原审法院据此认定双方之间实际履行的合同是《关于阳光水郡小区工程施工协议书》,应当按照该协议的约定结算工程价款,并无不当	可以通过实际施工范围与约定承包范围的比对确认实际履行的合同,并参照实际履行的合同结算工程价款
3	江苏高院(2014)苏民终字第0137号	因涉案工程无土地使用权证、建设工程规划许可证、建设工程施工许可证等手续,且双方都认可涉案工程系陶某东挂靠盱眙建筑公司施工,故本院确认无论备案合同还是实际履行合同均为无效。涉案工程虽未经竣工验收,但已被盱眙一中擅自使用,故应视为合格工程,可参照实际履行的合同结算、支付工程款	工程未经竣工验收发包人擅自使用的,应视为合格工程,参照实际履行的合同结算工程价款
4	安徽高院(2017)皖民终409号	根据原《建设工程施工合同司法解释》第2条的规定"建设工程施工合同无效,但建设工程经竣工验收合格,承包人请求参照合同约定支付工程价款的,应予支持",经工集团施工的案涉工程经鉴定,除存在外观瑕疵外,并无其他质量不合格问题。因此,经工集团有权参照实际履行的合同结算工程价款。因双方在合同履行过程中,已明确了工程结算的合同,因此,本案应参照双方于2013年9月3日签订的《建设工程施工合同》及其补充协议中的结算条款计算工程造价	若双方已达成合意,则可以据此确认实际履行的合同

续表

序号	法院及案号	法院观点	证明观点
5	山东高院(2017)鲁民终 210 号	虽然《工程承包协议书》与《建设工程施工合同》均无效,但根据瑞华公司在其与运河管委会合作开发房地产纠纷一案中提供的证据,本案工程已经竣工并验收合格,根据原《建设工程施工合同司法解释》第 2 条的规定,双方可以参照合同约定确定工程价款。由于双方签订并备案的《建设工程施工合同》规定过于简单,无法作为双方价款结算的依据,一审法院确定参照《工程承包协议书》结算工程价款并无不当。《工程承包协议书》约定的结算方式和依据为《山东省建筑工程消耗量定额》(2003 年)、《德州市建筑工程价目表》(2011 年),按人工市场单价土建、安装 53 元/工日,装饰 57 元/工日进行调整,按定额工日单价 53 元/工日基数进行取费	可以通过比较多份合同中的如结算这样的核心条款的完整性来确定实际履行的合同
6	最高院(2018)最高法民申 542 号	原《建设工程施工合同司法解释》第 21 条关于"当事人就同一建设工程另行订立的建设工程施工合同与经过备案的中标合同实质性内容不一致的,应当以备案的中标合同作为结算工程价款的依据"之规定针对的是当事人在中标合同之外另行签订建设工程施工合同,以架空中标合同、规避中标行为和行政部门监管的情形,适用前提是备案的中标合同为有效合同,而如前所述,本案中标合同应认定无效,故本案不适用该条规定。综上,一审、二审法院认定 2012 年 9 月 28 日合同为双方当事人实际履行的合同,并据此结算泰华公司施工工程款,具有事实和法律依据	在多份合同均无效的情况下,已备案合同不必然作为结算依据
7	最高院(2017)最高法民终 175 号	原《合同法》第 58 条规定由各方当事人按过错程度分担因合同无效造成的损失。一审法院认定本案中无法将真实合意履行的两份合同之间的差价作为损失,基于昌隆公司作为依法组织进行招投标的发包方以及基于江苏一建作为对于招投标法等法律相关规定也应熟知的具有特级资质的专业施工单位的过错,结合本案工程竣工验收合格的事实,由昌隆公司与江苏一建按 6:4 比例分担损失并无不当	在无法确定双方当事人真实合意并实际履行的合同时,应当结合缔约过错、已完工程质量、利益平衡等因素确定损失的分担比例

相关规定指引

《民法典》

第 146 条 行为人与相对人以虚假的意思表示实施的民事法律行为无效。

以虚假的意思表示隐藏的民事法律行为的效力,依照有关法律规定处理。

第 490 条 当事人采用合同书形式订立合同的,自当事人均签名、盖章或者按指印时合同成立。在签名、盖章或者按指印之前,当事人一方已经履行主要义务,对方接受时,该合同成立。

法律、行政法规规定或者当事人约定合同应当采用书面形式订立,当事人未采用书面形式但是一方已经履行主要义务,对方接受时,该合同成立。

第 793 条 建设工程施工合同无效,但是建设工程经验收合格的,可以参照合同关于工程价款的约定折价补偿承包人。

建设工程施工合同无效,且建设工程经验收不合格的,按照以下情形处理:

(一)修复后的建设工程经验收合格的,发包人可以请求承包人承担修复费用;

(二)修复后的建设工程经验收不合格的,承包人无权请求参照合同关于工程价款的约定折价补偿。

发包人对因建设工程不合格造成的损失有过错的,应当承担相应的责任。

第 799 条 建设工程竣工后,发包人应当根据施工图纸及说明书、国家颁发的施工验收规范和质量检验标准及时进行验收。验收合格的,发包人应当按照约定支付价款,并接收该建设工程。

……

《建设工程施工合同司法解释(一)》

第 2 条第 2 款 招标人和中标人在中标合同之外就明显高于市场价格购买承建房产、无偿建设住房配套设施、让利、向建设单位捐赠财物等另行签订合同,变相降低工程价款,一方当事人以该合同背离中标合同实质性内容为由请求确认无效的,人民法院应予支持。

第 29 条 当事人在诉讼前已经对建设工程价款结算达成协议,诉讼中一方当事人申请对工程造价进行鉴定的,人民法院不予准许。

《河北省高级人民法院建设工程施工合同案件审理指南》

第 7 条第 2 款 无法确定当事人真实意思并实际履行的合同的,可以结合缔约过错、已完工程质量、利益平衡等因素合理分配当事人之间数份合同的差价确定工程价款。

《广东省高级人民法院关于审理建设工程合同纠纷案件疑难问题的解答》

6. 建设工程合同无效情形下工程价款应如何结算

建设工程施工合同无效,但建设工程经竣工验收合格,承包人或发包人请求参照合同约定支付工程价款的,应予支持。

《福建省高级人民法院关于审理建设工程施工合同纠纷案件疑难问题的解答》

第10条第2款　工程未经竣工验收,发包人擅自使用后,又以质量不符合约定为由请求减少支付工程价款的,不予支持。

《浙江省高级人民法院民事审判第一庭关于审理建设工程施工合同纠纷案件若干疑难问题的解答》

十、哪些证据可以作为工程量、工程价款的结算依据?

双方当事人在建设工程施工过程中形成的补充协议、会议纪要、工程联系单、工程变更单、工程对账签证以及其他往来函件、记录等书面证据,可以作为工程量计算和认定工程价款的依据。

第二十五讲

垫资条款的效力

古文的修辞类型

法条原文

第 25 条　当事人对垫资和垫资利息有约定，承包人请求按照约定返还垫资及其利息的，人民法院应予支持，但是约定的利息计算标准高于垫资时的同类贷款利率或者同期贷款市场报价利率的部分除外。

当事人对垫资没有约定的，按照工程欠款处理。

当事人对垫资利息没有约定，承包人请求支付利息的，人民法院不予支持。

思维导图

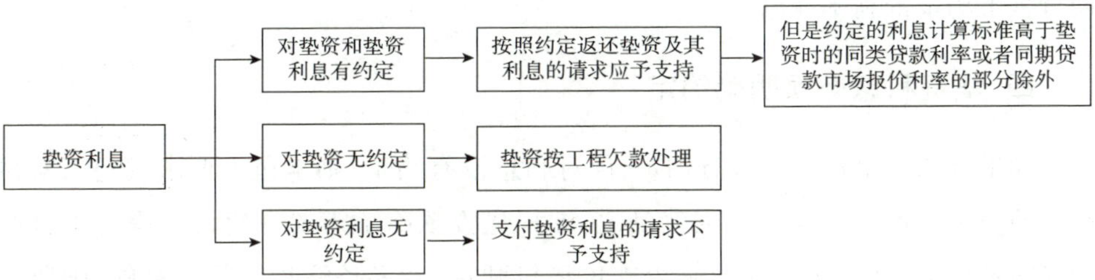

图 25－1　垫资条款的效力

条文释义

本条是关于垫资条款的效力及发生纠纷后如何处理的规定。

一、垫资条款有效

本条认可了垫资合同的效力，明确了垫资不同于拆借资金和一般工程欠款的处理原则，工程垫资不属于到期欠款。建设工程领域垫资施工，是指在工程项目建设过程中，承包人利用自有资金为发包人垫资进行工程项目建设，直至达到工程施工约定的付款条件或全部工程施工完毕后，再由发包人按照约定支付工程价款或全部价款一种施工承包方式。一般情况下，建设工程施工合同效力及于垫资条款的效力，若建设工程施工合同无效，则垫资条款也无效，合同所约定的垫资款利息无法适用，但工程款的利息作为法定孳息，承包人依然可以向发包人进行主张。

二、垫资利息不得高于法律规定

合同对垫资的本金及利息有明确约定的,应按照合同的约定处理本金及利息问题。但约定的利息计算标准高于垫资时的同类贷款利率或者同期贷款市场报价利率的,超过的部分将不被支持。

三、无约定的,垫资按工程欠款处理

如果仅有垫资的行为,没有关于垫资的约定,则发生纠纷后,已经发生的垫资按照工程欠款处理。司法解释作出这样规定的目的在于引导承包人将垫资及利息计算标准进行书面约定,否则只能按照工程欠款处理,按照银行同期贷款利率或同期贷款市场报价利率计息。

四、垫资利息必须明确约定

如果合同对垫资的本金有约定,但对利息没有约定,则承包人要求发包人支付利息的请求将得不到支持。也就是说,工程垫资款除了需要在建设工程施工合同中注明是垫资款外,还要注明是否支付垫付利息,若未备注垫资款利息的,则要求支付垫资款利息的主张不能被支持。

实务难点

一、垫资条款的法律效力

关于垫资条款的效力问题,有观点认为垫资是以不正当竞争手段承揽业务或者属于企业之间非法拆借资金,垫资条款应认定为无效;也有观点认为垫资是工程领域的惯例,结合现有法律规定应认定为有效。原《建设工程施工合同司法解释》第 6 条确认了垫资条款的效力。实际上,法律对于建设工程合同中约定的垫资条款的效力问题的认定有一定波折,从最初的无效到目前原则上认可其法律效力。

《保障农民工工资支付条例》第 23 条第 2 款规定:“政府投资项目所需资金,应当按照国家有关规定落实到位,不得由施工单位垫资建设。”《政府投资条例》第 22 条规定:“政府投资项目所需资金应当按照国家有关规定确保落实到位。政府投资项目不得由施工单位垫资建设。”《房屋建筑和市政基础设施项目工程总承包管理办法》第 26 条第 2 款规定:“政府投资项目所需资金应当按照国家有关规定确保落

实到位,不得由工程总承包单位或者分包单位垫资建设。政府投资项目建设投资原则上不得超过经核定的投资概算。"有观点以此为依据,认为由于《保障农民工工资支付条例》明确禁止了政府投资项目中的垫资行为,基于其属于行政法规的法律层级,根据《民法典》第153条"违反法律、行政法规的强制性规定的民事法律行为无效……"的规定,应当认定垫资条款无效。

《建设工程施工合同司法解释(一)》第25条的规定肯定了垫资条款的效力。笔者认为,司法解释之所以如此规定的一个重要理由为:《保障农民工工资支付条例》第23条和《房屋建筑和市政基础设施项目工程总承包管理办法》第26条属于管理性强制性规定,违反该规定的,可对其进行行政处罚,并不涉及施工合同效力的评判。

二、垫资施工的形式

建筑行业的垫资施工在我国建设工程领域长期存在,垫资方式多种多样,主要表现为以下几种类型。

(一)全额垫资施工

在建设工程施工合同中直接约定由承包商带资施工,由施工企业垫付工程款。在工程建设过程中发包人不向承包人支付任何工程价款,在工程项目建设完毕经竣工验收合格后,方按照约定支付工程价款。

(二)低比例形象进度付款

合同中约定按照形象进度付款,如正负零完成、主体结构封顶、竣工后发包人支付工程款,会造成承包人部分垫资。

(三)提供高额保证金

此方式常被称为"变相垫资",合同签订前施工企业需提供高额的保证金作为工程项目启动资金,以高额保证金的方式向发包人提供工程垫付资金。

(四)低比例的工程进度款

利用工程进度款的不足额支付,如在合同中约定按承包人每月完成工程量的60%支付进度款,实际上造成承包人对已经完成工程量的40%垫资施工。

三、垫资与欠付工程价款

欠付工程价款,是指发包方应付而未支付的工程款。《建设工程施工合同司法解释(一)》第26条规定:"当事人对欠付工程价款利息计付标准有约定的,按照约定处理。没有约定的,按照同期同类贷款利率或者同期贷款市场报价利率计息。”垫资与工程欠款主要有以下区别。

1. 发生意愿不同。垫资是基于双方的约定,不属于违约行为;欠付工程价款是发包人的违约行为。

2. 利息标准不同。对于垫资利息,有约从约,但不得超过垫资时同类贷款利率或者同期贷款市场报价利率。没有约定的,垫资利息不予支持;对于欠付工程款的利息,有约从约,没有同类贷款利率或者同期贷款市场报价利率的限制,当然亦须符合其他相关法律法规的规定。没有约定的,按照中国人民银行发布的同期同类贷款利率或者同期贷款市场报价利率计息。

操作要点

1. 在约定垫资的情况下(合同条款应明确工程垫资的性质),还款的时间不宜约定过长,建议承包人根据项目的实际情况,结合优先受偿权的行使期限合理确定垫资款偿还的时间。

2. 承包人应认真研究招标文件,因为招标文件中的许多条款将写入日后的书面合同中。承包人投标前应对工程范围、工程质量、报价、项目成本、付款条件、资金回收等进行可行性分析。

3. 承包人应对发包人进行资信调查,切实了解发包人的资信状况。其中主要包括:注册情况、资金实力、经营业绩、履约能力、项目的真实性和合法性、项目资金的落实情况等。

4. 承包人应强化期中控制、注重原始材料的收集。建筑工程合同具有周期长的特点,承包人应加强工程进度款的中间结算,中间结算可以使承包人处于比较公平的地位,且施工过程中的材料比较容易保全。注重进度款的支付情况,落实好已付工程款的核对、发包人相关供应材料的结算以及其他相关结算工作,为竣工结算创造条件。

按期支付进度款是发包人的义务,若发包人不按时支付进度款,属于拖欠工程款,应计算利息。据此,承包人要不断完善有关进度款方面的管理制度,一旦日后产生纠纷,则有相关证据证明发包人没有履行其应尽的义务。

5. 通过合法、合理方式向材料供应商、分包商等分散部分资金周转压力和风险。

实务案例裁判要旨

表 25－1　合同约定垫资利息的，应予支持，但垫资利息标准高于垫资时的同类贷款利率或同期贷款市场报价利率的部分除外

序号	法院及案号	法院观点	证明观点
1	最高院（2020）最高法民申 5523 号	关于垫资款的利息数额问题，二审法院根据原《建设工程施工合同司法解释》第 6 条第 1 款“当事人对垫资和垫资利息有约定，承包人请求按照约定返还垫资及其利息的，应予支持，但是约定的利息计算标准高于中国人民银行发布的同期同类贷款利率的部分除外”的规定，对于当事人约定超过中国人民银行同期同类贷款利率的部分，在原判决中已经予以核减	合同约定垫资利息的，应予支持，但垫资利息标准高于垫资时的同类贷款利率或同期贷款市场报价利率的部分除外
2	最高院（2020）最高法民申 5523 号	关于垫资款利息如何计取的问题。《垫资协议》对垫资款利息进行了约定，但约定的利息高于银行贷款利率。根据原《建设工程施工合同司法解释》第 6 条的规定，当事人对垫资和垫资利息有约定，承包人请求按照约定返还垫资及其利息的，应予支持，但是约定的利息计算标准高于中国人民银行发布的同期同类贷款利率的部分除外。故对宁波建工公司的垫资款利息，应按照银行同期同类贷款利率从每笔垫资款的放款之日起计算至实际付款之日	合同约定垫资利息的，应予支持，但垫资利息标准高于垫资时的同类贷款利率或同期贷款市场报价利率的部分除外

表 25－2　建设工程施工合同无效时，垫资利息的约定亦无效

法院及案号	法院观点	证明观点
海南高院（2014）琼环民终字第 10 号	关于涉案工程垫资款利息问题。施工合同因琼华公司无施工资质而无效，临高县政府与琼华公司有关以月利率 1.8%计算垫资利息的约定亦应无效，故琼华公司有关垫资利息应以月利率 1.8%计算的主张不能成立。但琼华公司垫资完成涉案工程且工程经验收交付使用，所垫资金额的利息属垫资款之法定孳息，故临高县政府应以中国人民银行规定的同期 1 年期一般流动资金贷款基准利率按垫资金额分段支付利息	建设工程施工合同无效时，垫资利息的约定亦无效

表 25－3 当事人对垫资利息没有约定,承包人请求支付利息的,人民法院不予支持

序号	法院及案号	法院观点	证明观点
1	最高院(2019)最高法民终611号	根据原《建设工程施工合同司法解释》第6条第3款的规定,当事人对垫资利息没有约定,承包人请求支付利息的,不予支持。新星宇公司虽有垫资的行为,但双方签订的协议中仅约定了新星宇公司垫付正负零以下主体结构全部工程款。对于垫付其他工程款以及所垫付款项的利息,双方均无约定,故新星宇公司请求三江伟业公司承担新星宇公司的垫资利息,无事实和法律依据,不予支持	当事人对垫资利息没有约定,承包人请求支付利息的,人民法院不予支持
2	最高院(2019)最高法民申787号	本院原《建设工程施工合同司法解释》第6条第3款规定,当事人对垫资利息没有约定,承包人请求支付利息的,不予支持。因当事人双方均未约定四川宜泸公司应就垫付工程款支付利息,原审判决驳回山东乐宜公司利息的诉请,亦无不当	当事人对垫资利息没有约定,承包人请求支付利息的,人民法院不予支持

相关规定指引

《保障农民工工资支付条例》

第23条 建设单位应当有满足施工所需要的资金安排。没有满足施工所需要的资金安排的,工程建设项目不得开工建设;依法需要办理施工许可证的,相关行业工程建设主管部门不予颁发施工许可证。

政府投资项目所需资金,应当按照国家有关规定落实到位,不得由施工单位垫资建设。

《政府投资条例》

第22条 政府投资项目所需资金应当按照国家有关规定确保落实到位。

政府投资项目不得由施工单位垫资建设。

《房屋建筑和市政基础设施项目工程总承包管理办法》

第26条 建设单位和工程总承包单位应当加强设计、施工等环节管理,确保建设地点、建设规模、建设内容等符合项目审批、核准、备案要求。

政府投资项目所需资金应当按照国家有关规定确保落实到位,不得由工程总承包单位或者分包单位垫资建设。政府投资项目建设投资原则上不得超过经核定的投资概算。

《广东省高级人民法院关于垫资条款是否有效的批复》

……人民法院在审理2005年1月1日前受理的建设工程施工合同纠纷案件时，可参照适用《关于审理建设工程施工合同纠纷案件适用法律问题的解释》第六条的规定，当事人约定的垫资条款原则上按有效处理，但是约定的垫资利息计算标准高于中国人民银行发布的同期同类贷款利率的部分除外。

第二十六讲

拖欠工程款时利息支付标准如何确定

法条原文

第 26 条　当事人对欠付工程价款利息计付标准有约定的，按照约定处理。没有约定的，按照同期同类贷款利率或者同期贷款市场报价利率计息。

思维导图

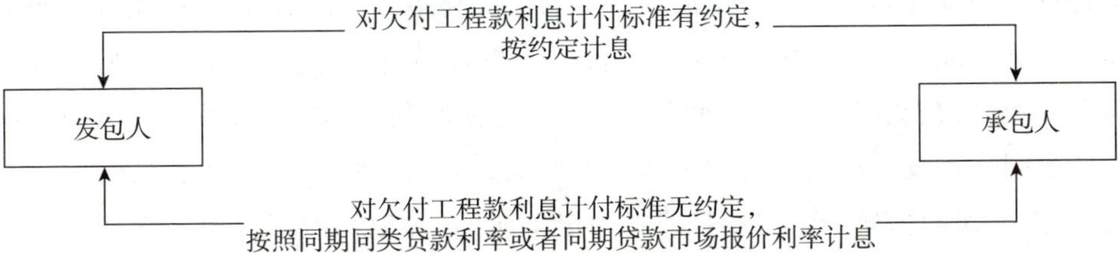

图 26－1　拖欠工程款时利息支付标准如何确定

条文释义

本条是关于拖欠工程款时利息支付标准如何确定的规定，遵循了“有约从约、无约从法”的原则。

一、有约从约

对欠付工程款利息的起算时间、利率等事项有约定的，应按照约定处理，以充分尊重当事人的真实意思表示，但这种约定不能违反法律、法规的规定，否则无法得到法律的支持。例如，《建设工程施工合同（示范文本）》（GF—2017—0201）规定：“发包人应在签发竣工付款证书后的 14 天内，完成对承包人的竣工付款。发包人逾期支付的，按照中国人民银行发布的同期同类贷款基准利率支付违约金；逾期支付超过 56 天的，按照中国人民银行发布的同期同类贷款基准利率的两倍支付违约金。”

在具体实践中，当事人约定的利率范围可以参照《最高人民法院关于审理民间借贷案件适用法律若干问题的规定》的规定。该司法解释第 27 条规定：“借贷双方对前期借款本息结算后将利息计入后期借款本金并重新出具债权凭证，如果前期利率没有超过合同成立时一年期贷款市场报价利率四倍，重新出具的债权凭证载明的金额可认定为后期借款本金。超过部分的利息,不应认定为后期借款本金。按前款计算,借款人在借款期间届满后应当支付的本息之和,超过以最初借款本金与以最初借款本金为基数、以合同成立时一年期贷款市场报价利率四倍计算的整个借款期间的利息之和的,人民法院不予支持。"第28条第1款规定:"借贷双方对逾期利率有约定的,从其约定,但是以不超过合同成立时一年期贷款市场报价利率四倍为限。"第29条规定:"出借人与借款人既约定了逾期利率,又约定了违约金或者其他费用,出借人可以选择主张逾期利息、违约金或者其他费用,也可以一并主张,但是总计超过合同成立时一年期贷款市场报价利率四倍的部分,人民法院不予支持。"在司法实践中,有些地方法院出台了一些内部规定,对工程价款利息进行了限制。但是,在此特别需要说明的是,工程欠款的利息与借款的利息是两回事,不能混同。建设工程施工合同中拖欠工程款的利息与民间借贷的利息的一个不同点在于,民间借贷未约定利息或者约定不明的,一般情况下法院不支持利息的请求。

二、无约从法

没有约定的,按照中国人民银行发布的同期同类贷款利率或者同期贷款市场报价利率计息。

此外,本条规定没有将建设工程施工合同是否有效作为应否支付欠款利息的条件。即使建设工程施工合同无效,若发包人迟延付款,承包人主张按照同期同类贷款利率或者同期贷款市场报价利率要求发包人支付拖欠工程款利息的,法院应予以支持。

《保障中小企业款项支付条例》第15条规定:"机关、事业单位和大型企业迟延支付中小企业款项的,应当支付逾期利息。双方对逾期利息的利率有约定的,约定利率不得低于合同订立时1年期贷款市场报价利率;未作约定的,按照每日利率万分之五支付逾期利息。"

实务难点

一、利息的法律属性

利息本质上为法定孳息,不以当事人之间有约定为前提,在一定程度上可以补偿守约方因资金被占用而遭受的损失。

总体来说,本条后半段的规定并没有偏袒承包人,理由主要是:对于发包人而言,在这种情况下,拖欠承包人的工程款也仅仅相当于银行贷款,最多只需按照同期同类贷款利率支付相应利息,这实际上容易助长拖欠行为的蔓延。拖欠工程款应属于逾期仍不还款的行为,若发生在借贷领域,则属于"逾期还款"行为。若按照"逾期贷款利率"的标准予以适用,可以较为合理地补偿承包人的损失,也有利于打击发包人的恶意拖欠行为。

二、利息与违约金能否同时支持

《民法典》奉行自愿原则,当事人仍然可以明确约定惩罚性赔偿金,只要此种条款不违反法律的强制性规定,便仍属有效。当然,如果当事人的约定不明确,原则上推定为赔偿性违约金。[①] 在司法实践中,对于同时主张利息与欠付工程款违约责任的,法院可能会区分不同情况分别进行认定。

1. 没有约定违约金条款的情形

违约金是约定的损害赔偿责任,以存在违约行为为前提,理论上当事人无须证明损失的具体大小和数额。在建设工程施工合同没有明确约定逾期支付工程款违约金的情况下,承包人无法依照违约金条款主张违约金,但如果承包人有证据证明利息不足以弥补其实际损失的,法院会综合考虑过错程度、合同履行情况、预期利益、实际损失等因素,酌情认定损害赔偿。主要理由为《建设工程施工合同司法解释(一)》第26条规定的利息计付标准,仅仅是逾期付款法定孳息的规定,考虑的是资本占用的必然损失,不等同于逾期给付工程款的违约损失。如果仅按照法定孳息标准(中国人民银行同期同类贷款利率或者同期贷款市场报价利率)支付部分违约损失,不足以督促违约方履行义务,反而是变相地助长了违约方拖延付款而获利的行为。

2. 明确约定违约金条款的情形

工程款利息是法定孳息,违约金是一方违约时因其违约行为给对方造成损失的赔偿,二者的性质不同。对于合同约定了逾期付款违约金时,是否能同时主张利息,各地法院存在不同的观点。(1)如果合同只约定了逾期付款违约金,有法院认为,该合同条款应视为对利息计付标准的约定,不能另行再以中国人民银行发布的同期同类贷款利率或者同期贷款市场报价利率计息。也有法院认为,此时仍可以

---

① 参见韩世远:《合同法总论》(第3版),法律出版社2011年版,第658页。

同时主张违约金与利息,但违约金与利息之和过高时可以请求法院调减,对于是否能参照《最高人民法院关于审理民间借贷案件适用法律若干问题的规定》第25条进行调整尚有争议。(2)如果合同既约定了逾期付款违约金又约定了利息,法院通常认为承包人可以同时主张,但是在违约金与利息之和过高时,发包人仍可请求法院调减。我们认为,如果建设工程施工合同中明确约定了发包人逾期支付工程款,承包人可以同时主张违约金和利息的,应按合同约定处理,不构成重复主张。若发包人主张合同约定的违约金和利息之和过分高于承包人的实际损失,对于明显过高的违约金标准可予以调减,调减的重要参考为是否超过"实际损失的30%"。

操作要点

1. 发包人拖欠工程款应当承担违约责任,但对其范围应进行合理限制。承包人、发包人对此进行约定时应当参考相关利息计付的法律法规,否则很有可能因为计算标准约定过高而得不到法院或者仲裁机构的支持。

2. 计算利息的基数不应局限于工程结算余款,发包人迟延支付工程预付款、进度款、安全文明施工费,迟延返还质保金、履约保证金等,承包人均可以主张欠款利息。例如,出现工程质量保证金迟延返还之情形时,若合同对利息有约定的,从其约定;如无特别约定的,应按照迟延支付工程款的利息计算标准予以计付。

3. 就发包人而言,应依约支付相应款项,否则承包人可顺延工期并有权要求发包人赔偿相应损失。

4. 承包人及时向发包人书面催告支付工程款,保留相应送达凭证,并根据具体情况办好工期顺延的签证,这样有利于确定发包人的欠款时间和欠款金额。

实务案例裁判要旨

表 26－1　当事人对欠付工程价款利息计付标准没有约定的，按照同期同类贷款利率或同期贷款市场报价利率计息

序号	法院及案号	法院观点	证明观点
1	最高院（2016）最高法民终字第484号	原《建设工程施工合同司法解释》第17条规定："当事人对欠付工程价款利息计付标准有约定的，按照约定处理；没有约定的，按照中国人民银行发布的同期同类贷款利率计息。"通州建总主张利率按照中国人民银行同期同类贷款利率计算并不违反法律规定，工程欠款利率应按照中国人民银行同期同类贷款利率计算	当事人对欠付工程价款利息计付标准没有约定的，按照同期同类贷款利率或同期贷款市场报价利率计息
2	最高院（2012）民提字第205号	关于中铁十九局主张的利息问题，本院认为，双方在分包合同及结算协议中均未对工程款的给付时间、利息标准及计付时间等作出明确约定。因此，应当按照法律规定确定工程款利息是否应当支付以及按照何种标准支付。按照原《建设工程施工合同司法解释》第17条、第18条的规定，重庆建工集团应当按照中国人民银行发布的同期同类贷款利率，向中铁十九局支付自案涉工程实际交付之日起的利息	当事人对欠付工程价款利息计付标准没有约定的，按照同期同类贷款利率或同期贷款市场报价利率计息
3	最高院（2020）最高法民终1225号	关于利息问题，原《建设工程施工合同司法解释》第17条规定："当事人对欠付工程价款利息计付标准有约定的，按照约定处理；没有约定的，按照中国人民银行发布的同期同类贷款利率计息。"第18条规定："利息从应付工程款之日计付……"本案双方关于工程款的最终结算形成于2014年1月16日的《会议纪要》，《对账说明》形成于2015年7月31日，故利息的起算时间应从双方最终结算之日即2014年1月16日起算为宜。因南通二建公司起诉主张从2015年8月1日起至付清日止，按中国人民银行同期同类贷款利率支付利息，应予以支持	当事人对欠付工程价款利息计付标准没有约定的，按照同期同类贷款利率或同期贷款市场报价利率计息

表 26 - 2　当事人对欠付工程款利息给付有约定的,按照约定处理。约定利息标准过高的,可请求法院调减

序号	法院及案号	法院观点	证明观点
1	安徽高院(2020)皖民终 1272 号	因涉案合同约定,在施工过程中如甲方不能按照约定的条款及时足额支付工程款,工程款支付延期 15 天且双方未达成延期支付协议,自第 16 天起,甲方应每日向乙方支付所欠工程款总额的每天 0.3% 作为违约金。通号公司主张逾期付款违约金按所欠工程款总额的每天 0.3% 计算,由于通号公司未提供证据证明因冠誉公司逾期付款给其造成的损失。根据《最高人民法院关于审理民间借贷案件适用法律若干问题的规定》(2015 年)第 26 条规定,借贷双方约定的利率未超过年利率 24%,出借人请求借款人按照约定的利率支付利息的,人民法院应予支持。参照上述法律规定,该院酌定通号公司主张逾期付款违约金的标准按年利率 24% 计算	当事人主张欠付工程款利息约定过高的,法院参照民间借贷利率进行调减
2	最高院(2017)最高法民终 383 号	根据双方在合同中"承包人垫资施工到主体结构封顶为节点,承包人提供工程预算书和中间验收书,发包人在主体结构封顶前审批确认完成,发包人在主体结构封顶后的 15 个工作日内按已完工程量对应造价的 75% 支付工程进度款"和"主体结构封顶应付工程进度款之日、主体结构封顶后每月支付工程进度款之日和工程结算后应支付结算工程款之日,发包人未按照约定时间和应支付额度支付承包人工程款,自应支付承包人工程款之日起,发包人以未付款金额按年息 24% 支付乙方财产利息"的约定,三冶公司请求华城公司按照约定支付利息,具有合同和法律依据,应予支持	当事人对欠付工程款利息给付有约定的,按照约定处理
3	最高院(2020)最高法民终 80 号	升汇永公司与海原天洁公司在《施工承包协议》中约定,不按合同规定日期支付工程款项的,以月利率 2% 计取利息。本案系建设工程施工合同纠纷,并非民间借贷合同纠纷,故一审法院认为合同约定的利息过高,以中国人民银行的贷款利息为标准确定应支付的利息并无不当	当事人主张欠付工程款利息约定过高的,法院酌情调减,但无法参照适用民间借贷利率

相关规定指引

《最高人民法院关于审理民间借贷案件适用法律若干问题的规定》

第 25 条 出借人请求借款人按照合同约定利率支付利息的,人民法院应予支持,但是双方约定的利率超过合同成立时一年期贷款市场报价利率四倍的除外。

前款所称“一年期贷款市场报价利率”,是指中国人民银行授权全国银行间同业拆借中心自 2019 年 8 月 20 日起每月发布的一年期贷款市场报价利率。

《安徽省高级人民法院关于审理建设工程施工合同纠纷案件适用法律问题的指导意见(二)》

第 16 条 当事人同时主张违约金和利息的,可予支持。

当事人主张的总额在中国人民银行公布的同期同类贷款利率或贷款基础利率 4 倍范围内的,应当综合违约行为的情节、程度,给守约方造成损失的大小等因素进行确定。

当事人主张的总额超出中国人民银行公布的同期同类贷款利率或贷款基础利率 4 倍范围的,应当举证证明实际损失的数额,人民法院按照《最高人民法院关于适用〈中华人民共和国合同法〉若干问题的解释(二)》第二十九条的规定处理。

《广东省高级人民法院 2012 年全省民事审判工作会议纪要(节选)》

(六)关于违约责任问题

30. 建设工程施工合同同时约定迟延付款的利息和违约金的,可以同时适用,但二者之和不得过分高于迟延付款的损失,过分高于的认定标准,按照最高人民法院《关于适用〈中华人民共和国合同法〉若干问题的解释(二)》第二十九条的规定把握。

《四川省高级人民法院关于审理建设工程施工合同纠纷案件若干疑难问题的解答》

29. 欠付工程价款的利息如何确定?

当事人对欠付工程价款利息计付标准有约定的,按照约定处理,但不得超过中国人民银行公布的同期同类贷款利率的 4 倍;没有约定的,按照中国人民银行发布的同期同类贷款利率计算,发包人以承包人未开具发票,未移交工程竣工资资料为由拒付工程价款的,不予支持。但建设工程施工合同另有约定的除外。

《山东省高级人民法院关于审理建设工程施工合同纠纷案件若干问题的解答》

3. 欠付工程款利息的计付标准如何确定? 当事人对欠付工程款利息计付标准

有约定的,按照约定处理,但不得超过民间借贷的最高保护利率。没有约定的,对于2019年8月19日以前的利息,按照中国人民银行同期同类贷款基准利率计算;对于2019年8月20日以后的利息,按照全国银行间同业拆借中心公布的贷款市场报价利率(LPR)计算。

14. 建设工程施工合同有效,发包人逾期支付工程款,承包人同时主张逾期付款违约金和利息的,如何处理?

建设工程施工合同对发包人逾期支付工程款既约定了违约金,又约定了逾期付款利息,承包人同时主张逾期付款违约金和利息的,应予支持。但发包人主张合同约定的违约金和利息之和过分高于实际损失,请求予以适当减少的,应当以实际损失为基础,兼顾合同的履行情况、当事人的过错程度以及预期利益等综合因素,根据公平原则和诚实信用原则予以确定。

第二十七讲

工程欠款利息起算点的确定

法条原文

第27条　利息从应付工程价款之日开始计付。当事人对付款时间没有约定或者约定不明的，下列时间视为应付款时间：

（一）建设工程已实际交付的，为交付之日；

（二）建设工程没有交付的，为提交竣工结算文件之日；

（三）建设工程未交付，工程价款也未结算的，为当事人起诉之日。

思维导图

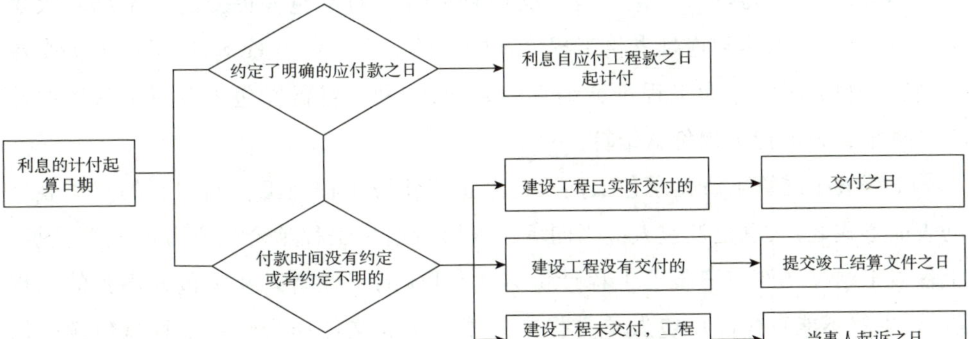

图27－1　工程欠款利息起算点的确定

条文释义

本条是关于发包人拖欠工程款时如何确定利息起算点的规定。

一、利息从约定的应付款时间开始起算

合同有约定的，应当遵从当事人约定，尊重当事人的真实意思表示，这也体现了合同应当全面实际履行的原则，这是合同履行的常态。

二、付款时间出现争议时的三种确定方式

工程价款应支付之日不能确定，必然导致利息的起算时间不能确定。当事人

对付款时间没有约定或者约定不明确的情况下,该条规定下列时间视为应付款时间。

1. 建设工程实际交付的,以建设工程交付之日为应付款时间

此时,发包人已实际控制涉争工程,实现了对涉争工程进行占有、使用、收益的权利。在这种情况下,发包人已实际受益,故以此作为起算时间点计算发包人拖欠工程款的利息对双方较为公平。

2. 建设工程没有交付,仍由承包人控制,但承包人已按照合同约定提交了竣工结算资料的,以承包人提交竣工结算资料的时间作为应付款时间

建设工程由于发包人原因而未交付的,为了促使发包人积极履行给付工程价款的主要义务,将承包人提交结算报告的时间作为工程价款利息的起算时间具有一定的合理性。实践中,发包人可能会以种种理由对承包人提交的竣工结算报告迟迟不予审核,以达到拖延支付工程价款的目的。在这种背景下,以承包人提交竣工结算资料的时间作为工程价款结算的时间,有利于督促发包人及时审核工程竣工结算报告并进行工程价款结算。

工程竣工结算书既是承包人向发包人主张建设工程施工合同权利的意思表示的表征形式之一,也是发包人应当向承包人履行给付工程款合同义务的重要依据。工程竣工结算文件中记载了工程计价方法、具体的工程量以及承包人主张的工程价款,虽然不能直接以承包人单方提交的竣工结算文件作为确认工程款数额的依据,但并不能完全否认提交工程竣工结算书所产生的法律效力。

3. 涉诉工程未交付且价款未结算的,以起诉时间作为应付款时间

之所以这样规定是因为合同约定的工程价款结算条件尚未成就,无法确定应付工程价款的时间。承包人与发包人因结算纠纷诉至法院,承包人起诉之日就是以法律手段要求发包人履行付款义务之时,法院对其合法权益应予以保护。

实务难点

一、以实际交付之日为利息开始计付之日的内在逻辑

工程项目管理实务中,工程竣工验收交付后,承包人需提交竣工结算报告,发包人审核后经过一段时间再履行其支付工程款的义务,并非交付即产生付款义务。《建设工程施工合同(示范文本)》(GF—2017—0201)第14.2款约定了如下的竣工结算审核流程:承包人在竣工验收合格后28天内向发包人和监理人提交竣工结算

申请单，并提交完整的结算资料；监理人在收到竣工结算申请单后 14 天内完成核查并报送发包人，发包人应在收到监理人提交的经审核的竣工结算申请单后 14 天内完成审批，并由监理人向承包人签发经发包人签认的竣工付款证书。《建设项目工程总承包合同（示范文本）》（GF—2020—0216）亦有相同的约定。从法理上讲，利息属于法定孳息，应当自工程欠款发生时起算。鉴于建设工程施工合同标的额较大，通常按照形象进度支付工程进度款，而非整体工程竣工验收后付款。在最高院做此规定前，各级法院对拖欠工程款的利息应当从何时计付，认识不一，掌握的标准也不统一，既有自一审法庭辩论终结前起算，也有自一审举证期限届满前起算，还有从终审判决确定工程价款给付之日起算。实际上，建设工程可视为一种特殊的商品，建设工程的交付也是一种交易行为，一方交付商品，对方就应当付款，该款就产生利息。在建设工程已实际交付的情况下，以交付之日作为拖欠工程款利息的起算点，是市场交易习惯的应有之义。

需要注意的是，关于"工程实际交付之日"的确定不应该过于机械，应该根据实际情况认定。如果双方当事人没有明确的交付行为，因缺乏明确的交接手续，应当以工程实际投入使用之时拟制为交付之日。

二、以提交竣工结算文件之日为利息开始计付之日的相关实务问题

1. 应将承包人报送完整结算资料的时间作为其提交竣工结算文件的日期

以提交竣工结算文件之日为利息开始计付之日的规定与一般工程项目工程款的结算支付流程亦不相同。正常情况下，承包人提交竣工结算文件后，发包人在约定期限内审核后，才能支付工程结算款。承包人提交竣工结算报告和结算资料后，可能会出现竣工结算报告错误或者结算资料不全的问题，此时发包人会要求承包人重新报送或者补充结算资料。例如，《建设工程施工合同（示范文本）》（GF—2017—0201）第 14.2 款约定："……监理人或发包人对竣工结算申请单有异议的，有权要求承包人进行修正和提供补充资料，承包人应提交修正后的竣工结算申请单……"因此，在竣工结算资料不全无法结算的情况下，应将承包人重新报送或者补充完整结算资料的时间作为其提交竣工结算文件的日期。据此，已有法院作出明确规定，如《广东省高级人民法院关于审理建设工程施工合同纠纷案件若干问题的指导意见》（粤高法发〔2011〕37 号）中明确规定："发包人在合同约定的审核结算期限届满后，以承包人提交的竣工结算文件不完整为由拒绝结算，承包人请求从合同约定的审核结算期限届满之次日起计算工程款利息的，应予支持，但建设工程施

工合同另有约定的除外。”

2. 如合同约定了结算时限并在结算期满后付款的,应自结算期限届满之日起计算工程款利息

如前所述,在当事人对付款时间没有明确约定或约定不明时,以提交结算文件之日起计算工程款利息,可在一定程度上促使发包人积极履行给付工程价款的主要义务。但如果建设工程施工合同约定了发包人对提交竣工文件的审核期限,根据意思自治原则,合同明确约定发包人收到承包人提交竣工结算资料后超过该期限未审核,应当在期限届满支付工程款的,则应当按约定起算该部分工程款利息。《北京市高级人民法院关于审理建设工程施工合同纠纷案件若干疑难问题的解答》(京高法发〔2012〕245 号)中明确规定:“发包人在施工合同约定的审核结算期限内无正当理由拒绝结算或故意拖延结算,在审核期限届满后也未支付工程款,承包人要求发包人从合同约定的审核结算期限届满的次日起计算欠付工程款利息的,可予支持,但合同另有约定的除外。”

操作要点

1. 在工程施工过程中,承包人享有一定的主动权,如果发包人延期付款,承包人可以通过相应顺延工期的方式来制约发包人,并争取在工程完工前最大限度地获得工程款。一旦发包人逾期支付预付款或进度款,承包人应及时提出要求付款的书面申明或索赔申请。这样承包人可以在工程索赔程序中获得主动,并为将来可能发生的诉讼提供充分的证据材料。

2. 在产生争议时,即使在难以确定工程款结算时间的情况下,承包人也应提出利息赔偿请求,这样做有以下好处:一是可以最大限度争取法院或者仲裁机构支持利息赔偿请求以弥补资金占用损失;二是可以在诉讼或执行阶段,以适当放弃利息作为筹码,通过法院或者仲裁机构的调解来争取本金的及时返还。

3. 在实践中,发包人会采取不答复竣工结算申请、不接受工程、不组织竣工验收等方式达到拖延支付工程款的目的。据此,承包人应充分利用该条以及相关规定,及时采取必要的法律措施要求发包人支付工程款。

实务案例裁判要旨

表 27-1　当事人未约定付款时间或约定不明的，按照司法解释的相关规定确定工程款利息的起算时间

序号	法院及案号	法院观点	证明观点
1	(2017)最高法民终 175 号	本院认为，原《建设工程施工合同司法解释》第 18 条规定，利息从应付工程价款之日计付。当事人对付款时间没有约定或者约定不明的，下列时间视为应付款时间：(1)建设工程已实际交付的，为交付之日；(2)建设工程没有交付的，为提交竣工结算文件之日；(3)建设工程未交付，工程价款也未结算的，为当事人起诉之日。案涉工程于 2011 年 11 月 30 日竣工验收合格并交付使用，案涉两份合同均被认定无效，一方面合同约定的工程价款给付时间无法参照合同约定适用，另一方面发包人支付工程欠款利息的性质为法定孳息，建设工程竣工验收合格交付发包人后，其已实际控制，有条件对诉争建设工程行使占有、使用、收益权利，故从工程竣工验收合格交付时计付工程价款利息符合当事人利益平衡原则。江苏一建公司主张从 2012 年 1 月 30 日起按照中国人民银行同期贷款利率支付工程款利息，本院予以支持	当事人未约定付款时间或约定不明的，按照司法解释的相关规定确定工程款利息的起算时间
2	最高院(2020)最高法民终 1042 号	双方合同中并未对工程款的利息作出明确约定。城建公司于 2013 年 10 月 18 日向首开公司报送盛京国际演艺中心一期主场馆工程结算书，而案涉工程尚未交付给首开公司。一审法院根据原《建设工程施工合同司法解释》(法释〔2004〕14 号)第 18 条关于“利息从应付工程价款之日计付。当事人对付款时间没有约定或者约定不明的，下列时间视为应付款时间：(一)建设工程已实际交付的，为交付之日；(二)建设工程没有交付的，为提交竣工结算文件之日；(三)建设工程未交付，工程价款也未结算的，为当事人起诉之日”的规定，认定案涉工程款利息应当从城建公司向首开公司提交结算文件之日起算，并无不当	当事人未约定付款时间或约定不明的，按照司法解释的相关规定确定工程款利息的起算时间
3	最高院(2018)最高法民终 244 号	本案中，案涉工程已于 2009 年 7 月 31 日前全部交付给京汉置业公司，原审法院对于中建二局四公司关于从 2009 年 8 月 1 日起给付利息的诉讼请求予以支持，并无不当	当事人未约定付款时间或约定不明的，按照司法解释的相关规定确定工程款利息的起算时间

表 27－2　未完工程以当事人起诉之日为应付款之日

序号	法院及案号	法院观点	证明观点
1	最高院(2020)最高法民终 383 号	因中服公司违约致使案涉工程未竣工验收而中途停工,施工合同应予以解除,通州建总公司请求中服公司支付逾期付款违约金依法应予支持。根据原《建设工程施工合同司法解释》第 18 条的规定,建设工程未交付,工程价款也未结算的,应付款时间为当事人起诉之日,故通州建总公司起诉日期 2017 年 6 月 15 日为中服公司应付款日期,通州建总公司请求自 2013 年 1 月 1 日起计算违约金没有事实及法律依据,依法不予支持	未完工程以当事人起诉之日为应付款之日
2	云南高院(2020)云民终 116 号	涉案《建设工程施工合同》专用条款第 26 条和《建设工程施工合同补充协议》第 2.3.1 项均约定"工程结算审定后 7 日内付至结算总造价的 96%",但涉案工程属于未完工工程,合同约定的工程价款结算条件未能成就。双方虽于 2017 年 5 月 10 日签订《"澜沧江广场"项目工程结算协议书》,但此后并未按照协议书的约定完成工程结算,故一审法院以龙达公司起诉主张工程款时(2017 年 12 月 7 日)作为计算尚欠工程款利息的起算时间,并无不当	未完工程以当事人起诉之日为应付款之日
3	安徽高院(2019)皖民终 572 号	案涉工程为未完工程,无法参照适用《建设工程施工合同》约定的应付款时间节点,虽双方之间的建设工程施工关系已实际终止,但双方未办理正式的退场移交手续,退场及工程移交时间不明,双方亦未对已完工程造价进行结算,故依照原《工程施工合同司法解释》第 18 条规定"利息从应付工程价款之日计付。当事人对付款时间没有约定或者约定不明的,下列时间视为应付款时间:(一)建设工程已实际交付的,为交付之日;(二)建设工程没有交付的,为提交竣工结算文件之日;(三)建设工程未交付,工程价款也未结算的,为当事人起诉之日",应以中铁中安第五工程局公司提起诉讼之日 2016 年 6 月 17 日作为涡阳恒金公司的应付款时间	未完工程以当事人起诉之日为应付款之日

表 27－3　如双方当事人对工程没有明确的交接手续，可将工程实际投入使用之时拟制为交付之日

序号	法院及案号	法院观点	证明观点
1	最高院(2014)民一终字第 54 号	双方当事人对工程款的支付进度并未作出约定,罗某在起诉之前并未向二十三冶公司提交书面的竣工结算资料,二十三冶公司对于自己应负担的工程款数额并不明确,其主张二十三冶公司承担延期付款的违约利息缺乏依据。关于涉案工程何时交付,双方亦未有明确的交接手续,双方当事人仅认可涉案工程已于 2007 年 12 月底投入使用,一审法院综合本案的实际情况,从 2008 年 1 月 1 日起以中国人民银行同期贷款利率计算涉案工程款利息并无不当	如双方当事人对工程没有明确的交接手续,可将工程实际投入使用之时拟制为交付之日
2	最高院(2020)最高法民终 449 号	《施工承包合同》对付款期限的约定,是基于工程竣工验收的前提。贵州恒鑫公司在未验收的情况下先行使用,不再享有合同约定的"办理竣工验收结算后 10 个月内,每月等额支付至 95%"的期限利益。酒店自 2016 年 8 月起内部移交,12 月 2 日试营业,自试营业起收益归属贵州恒鑫公司,故 2016 年 12 月 2 日贵州恒鑫公司已经实际接收案涉工程,意味着重庆凌志公司自此完成其合同义务,开始享有请求支付工程价款的权利。按照原《建设工程司法解释》第 18 条"利息从应付工程价款之日计付。当事人对付款时间没有约定或者约定不明的,下列时间视为应付款时间:(一)建设工程已实际交付的,为交付之日"的规定,应当以交付之日的次日即 2016 年 12 月 3 日起计算应付工程款利息	如双方当事人对工程没有明确的交接手续,可将工程实际投入使用之时拟制为交付之日

表 27－4　双方当事人约定了结算期限的,自结算期限届满之次日起计算欠付工程款利息

法院及案号	法院观点	证明观点
最高院(2015)民一终字第 379 号	本案中,五金建材城工程已于 2013 年 8 月 30 日通过竣工验收,并交付使用。华冶公司于 2013 年 11 月 29 日报出金建公司认为合格的工程结算书,双方约定在 2014 年 7 月 15 日之前完成结算。双方没有约定付款时间,按照相关司法解释的规定,可以自建设工程交付之日计算利息。考虑到双方对结算期限进行了约定,一审判决自结算期限届满之次日开始计算利息,既不违反前述司法解释规定,也符合双方合同约定	双方当事人约定了结算期限的,自结算期限届满之次日起计算欠付工程款利息

相关规定指引

《北京市高级人民法院关于审理建设工程施工合同纠纷案件若干疑难问题的解答》

35. 发包人无正当理由拒绝结算工程款的,欠付工程款利息的起算点如何确定?

发包人在施工合同约定的审核结算期限内无正当理由拒绝结算或故意拖延结算,在审核期限届满后也未支付工程款,承包人要求发包人从合同约定的审核结算期限届满的次日起计算欠付工程款利息的,可予支持,但合同另有约定的除外。

《广东省高级人民法院关于审理建设工程施工合同纠纷案件若干问题的指导意见》

十、发包人在合同约定的审核结算期限届满后,以承包人提交的竣工结算文件不完整为由拒绝结算,承包人请求从合同约定的审核结算期限届满之次日起计算工程款利息的,应予支持,但建设工程施工合同另有约定的除外。

第二十八讲

固定总价不予鉴定

法条原文

第28条　当事人约定按照固定价结算工程价款，一方当事人请求对建设工程造价进行鉴定的，人民法院不予支持。

思维导图

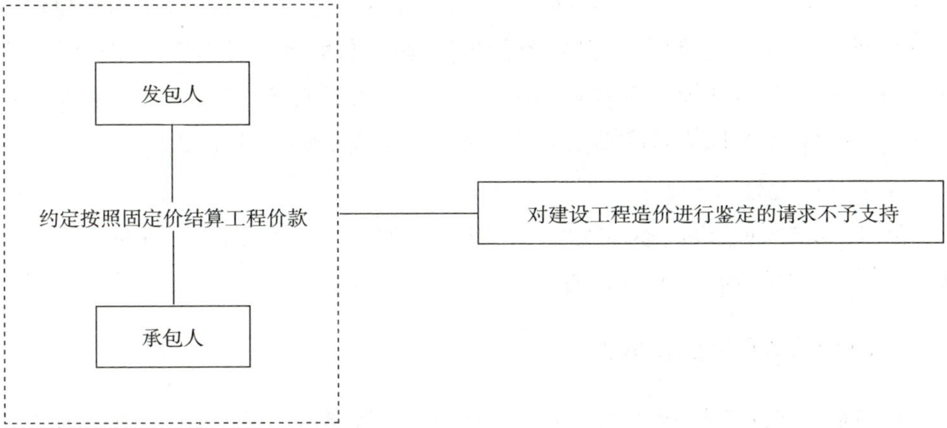

图28－1　固定总价不予鉴定

条文释义

本条是关于固定价不予鉴定的规定。

一、约定固定价的情况下，原则上无须鉴定

本条适用的前提是当事人已经约定工程款按固定价结算，这种约定既可以体现在建设工程施工合同中，也可以体现在会议纪要、补充协议等书面文件中。在履行建设工程施工合同过程中，如果没有发生合同修改或者变更等情况导致工程量发生变化，就应该按照合同约定的包干总价结算工程款。此时，若当事人请求对工程范围内的工程造价进行鉴定的，法院不予支持。

总价合同，是指合同当事人约定以施工图、已标价工程量清单或预算书及有关条件进行合同价格计算、调整和确认的建设工程施工合同，在约定的范围内合同总价不作调整。总价合同适用于建设规模小、技术难度低、工期较短且施工图设计审批已审查批准的建设工程。总价合同包括采用工程量清单方式招标形成的总价合同和采用经审定批准的施工图纸及其预算方式发包形成的总价合同。固定价包括固定总价和固定单价。关于本条的固定价是仅指固定总价还是包含固定单价，在实践中存在不同的理解。一种观点认为，固定价应指工程结算的总造价，双方对工程单价的约定并不等同于对工程总价的固定约定；另一种观点认为，固定价包括固定总价和固定单价。笔者认为，本条的固定价包含了固定单价且工程量能够确定的情形。在已约定按固定价结算的情况下，当事人申请对固定总价或固定单价进行鉴定的，不应予以支持；但在固定单价的情况下，仅根据双方对工程单价的约定无法确定工程总价，如果工程量本身就存在争议而无法确定，当事人对工程量申请鉴定的，则应根据案件的具体情形具体分析以确定是否同意鉴定申请，这应是本条规定的不周延之处。

此外，此条在适用时，还应注意一个前提，即按照固定价结算工程价款的约定有效，是订立合同时的真实意思表示。

二、应当进行鉴定的考量

在固定总价合同中，如果约定范围内的施工内容实际没有变化，且通过现有证据可以确定的情况下，无须鉴定。在实际施工范围与约定施工范围不一致且无法判断的情况下，仍可能涉及鉴定的问题。至于何种原因导致实际施工范围与约定不一致，则是另一个需要判断的维度。

实务难点

一、总价合同的基本内涵

总价合同以施工图纸、规范为基础，在工程任务明确、发包人要求清楚、计价依据确定的条件下，发承包双方依据承包人编制的施工图进行预算，并商谈确定合同价款。在合同约定的工程施工内容和有关条件不发生变化时，发包人应向承包人支付的工程价款总额就不应发生变化。当工程施工内容和有关条件发生变化时，发承包双方会根据变化情况和合同约定调整工程价款，但对工程量变化引起的合同价款调整应遵循以下原则。

1. 若合同价款是承包人根据施工图自行计算的工程量确定的，除工程变更造成的工程量变化外，合同约定的工程量是承包人完成的最终工程量，发承包双方不能以工程量变化作为合同价款调整的依据。

2. 若合同价款是依据发包人提供的工程量清单确定的，发承包双方应依据承包人最终实际完成的工程量（包括工程变更、工程量清单错漏）确定工程合同价款。①

二、固定总价情形下工程款结算的一般裁判规则

1. 工程量清单项目特征描述不清时，总价合同价款的确定

项目特征是构成分部分项工程清单项目、措施项目自身价值的本质特征，是确定综合单价的前提，也是区分其他清单项目的依据和履行合同的基础。《建设工程工程量清单计价规范》（GB 50500—2013）第 4.1.2 项规定了发包人保证招标工程量清单准确性和完整性的义务。如果在实际施工中出现图纸与工程量清单项目特征描述存在不一致的地方，根据该规范第 9.4.2 项的规定，应按实际施工的项目特征，按工程变更相关条款的规定重新确定相应工程量清单项目的综合单价，并调整合同价款。

对因清单项目特征描述不清增加的工程款，有法院认为承包人也应承担部分的责任。② 其原因在于虽然发包人对其编制的工程量清单项目特征描述负主要责任，承包人也应当尽到审慎注意义务。

2. 投标阶段价格形式为固定单价，签订施工合同时调整为固定总价，固定单价中未单列规费等不可竞争费用时，承包人无权在固定总价之外单独主张规费等不可竞争费用

在当今的建筑市场，招投标阶段采用固定单价模式确定中标单位，在签订施工合同时调整为固定总价的行为十分常见。根据现有的清单计价规则，工程量清单由分部分项工程费、措施费、其他项目费、规费和税金构成。如果在招投标阶段未明确规费等不可竞争费用，发承包双方在合同签订阶段一致同意采用固定总结的方式，应当视为双方对计价方式调整的真实的意思表示。根据《建设工程工程量清单计价规范》（GB 50500—2013）第 9.8.1 项的规定，中标价格与招标工程量清单中所列的暂估价的差额以及相应的规费、税金等费用，应列入合同价格。一个有经验的承包人，应当理解固定总价所包含的内容，在报价时应当充分考虑各种风险和费

---

① 参见规范编制组主编：《2013 建设工程计价计量规范辅导》，中国计划出版社 2013 年版，第 23 页。

② 宁波市中级人民法院民事判决书，（2012）浙甬民二终字第 604 号。

用。若没有其他事实和法律依据,承包人在固定总价合同之外另行主张规费等不可竞争费用的,很难得到法院支持。例如,最高院在天津博海缘置业投资有限公司、北京住总第六开发建设有限公司建设工程施工合同纠纷一案①中,即以承包人承诺投标报价中包括招标文件中规定的招标范围的全部工作内容、责任和义务的费用,且承包人不能提供证据证明其投标报价低于成本价为由,未支持承包人另外计取规费及税金等费用的请求。

三、固定总价情形下价款可以调整的常见理由

固定总价的合同价款并非一成不变,仍然可能存在调整的情形,很多地方法院发布的内部指南或解答都对此进行了规定。

1. 超出施工合同约定范围的工程量增减导致工程价款的调整

施工中进行工程计量,当发现招标工程量清单中出现缺项、工程量偏差,或因工程变更引起工程量增减时,应按承包人在履行合同义务中完成的工程量计算。固定总价合同中约定的工程价款仅与合同约定的承包范围及风险范围相对应,若承包工程发生超出合同约定范围的增项或者减项,或者双方在合同履行过程中重新达成增项或者减项合意,其工程价款也应相应予以调整。《建设工程工程量清单计价规范》(GB 50500—2013)第 8.3.2 项规定:"采用经审定批准的施工图纸及其预算方式发包形成的总价合同,除按照工程变更规定的工程量增减外,总价合同各项目的工程量应为承包人用于结算的最终工程量。"第 8.3.3 项规定:"总价合同约定的项目计量应以合同工程经审定批准的施工图纸为依据,发承包双方应在合同中约定工程计量的形象目标或时间节点进行计量。"

2. 承包人中途退场,对未完工程工程价款的调整

固定总价合同下的工程价款是以承包范围的工程完工并验收合格为前提,若承包人中途退场,则不能按照施工合同中约定的工程量结算工程价款,而应按实际完成的量采用合理的计价方式认定最终价款。有法院认为,可以采用"按比例折算"的方式确认发包人的应付工程款,如《北京市高级人民法院关于审理建设工程施工合同纠纷案件若干疑难问题的解答》第 13 条第 1 款规定:"建设工程施工合同约定工程价款实行固定总价结算,承包人未完成工程施工,其要求发包人支付工程款,经审查承包人已施工的工程质量合格的,可以采用'按比例折算'的方式,即由

---

① 最高人民法院民事判决书,(2016)最高法民终 259 号。

鉴定机构在相应同一取费标准下分别计算出已完工程部分的价款和整个合同约定工程的总价款，两者对比计算出相应系数，再用合同约定的固定价乘以该系数确定发包人应付的工程款。”也有法院认为，在考虑当事人过错程度、损失大小的基础上，可以参照定额标准或市场价据实结算，如《江苏省高级人民法院关于审理建设工程施工合同纠纷案件若干问题的解答》第 8 条规定：“建设工程施工合同约定工程价款实行固定总价结算，承包人未完成工程施工，其要求发包人支付工程款，发包人同意并主张参照合同约定支付的，可以采用‘按比例折算’的方式，即由鉴定机构在相应同一取费标准下计算出已完工程部分的价款占整个合同约定工程的总价款的比例，确定发包人应付的工程款。但建设工程仅完成一小部分，如果合同不能履行的原因归责于发包人，因不平衡报价导致按照当事人合同约定的固定价结算将对承包人利益明显失衡的，可以参照定额标准和市场报价情况据实结算。”

3. 非总承包人原因导致的工期延误相对应的价款调整

固定总价的条件下，承包人承担的风险并非毫无限度。若由于建设单位原因导致工期延误，且在该工期延误期间遇人、材、机等价格大幅上涨，则承包人可以向建设单位主张调整合同价款。在实践中，经常出现的建设单位的原因有：逾期支付工程预付款和进度款、未及时移交施工场地、未及时提供施工图纸、逾期提供甲供材料、未办理建设行政审批手续导致建设行政主管部门勒令停工等。《建设工程工程量清单计价规范》(GB 50500—2013)第 9.8.3 条规定：“发生合同工程工期延误的，应按照下列规定确定合同履行期的价格调整：1. 因非承包人原因导致工期延误的，计划进度日期后续工程的价格，应采用计划进度日期与实际进度日期两者的较高者。2. 因承包人原因导致工期延误的，计划进度日期后续工程的价格，应采用计划进度日期与实际进度日期两者的较低者。”《建设工程施工合同(示范文本)》(GF—2017—0201)第 7.5.1 条亦约定：“因发包人原因导致工期延误。在合同履行过程中，因下列情况导致工期延误和(或)费用增加的，由发包人承担由此延误的工期和(或)增加的费用，且发包人应支付承包人合理的利润：……”《FIDIC 施工合同条件》中亦有类似的约定。

操作要点

1. 合同当事人应在专用合同条款中约定固定总价包含的风险范围(哪些内容属于合同范围内的工作内容，哪些属于合同范围外的工作内容)和风险费用的计算方法，并约定风险范围以外的合同价格的调整方法。例如，因设计变更导致工程量增加、特定材料价格变化等。例如,采用《建设工程施工合同(示范文本)》(GF—2017—0201),当事人应在专用条款中加以具体化、明确化,避免日后产生纠纷。

如果合同约定以固定价结算工程款并明确了风险范围,则在风险范围内由承包人承担;在风险范围外则按照约定进行调整。如果合同没有明确风险范围,则承包人承担的风险可能很大。

2. 在签订固定总价合同前,施工企业应对合同可能带来的风险和市场环境进行综合考量。在固定总价合同已签订的情况下,审查建设工程施工合同是否存在无效的情形,审查合同履行过程中建设单位是否存在根本违约而施工企业享有单方解除权的情形。如若建设工程施工合同无效,施工企业可以尝试主张合同无效,要求建设单位调整合同价款。

3. 对于固定单价合同,如果合同中明确约定了风险范围以及风险范围以外综合单价的调整方法,则施工期间遇到人工、材料价款大幅上涨,应按合同约定的调整方法予以调整。若合同仅约定了采用固定单价的方法计算工程价款,而未明确约定风险范围及风险费用和风险范围以外综合单价的调整方法,则施工期间遇到人工、材料价款上涨,承包人仍可依情势变更原则争取调整合同价款。《建设工程价款结算暂行办法》第 8 条规定:"……(二)固定单价。双方在合同中约定综合单价包含的风险范围和风险费用的计算方法,在约定的风险范围内综合单价不再调整。风险范围以外的综合单价调整方法,应当在合同中约定……"

4. 是否约定了固定总价,就一定不需要进行造价鉴定呢?在招投标或签订合同时,如果没有图纸,属于"三边"的情形,则即使合同约定"一口价"也是没有计价依据的,不能依据该条认定为固定总价不予鉴定。

5. 一旦产生纠纷需要通过仲裁或者诉讼的方式解决,对于鉴定事项,当事人应当慎重,建议在专业法律人士的指导下进行。一般情况下,进行施工合同所涉事项的鉴定会导致诉讼周期拉长、诉讼成本增加。

6. 在鉴定不可避免的情况下,当事人应注意鉴定过程中的程序问题。例如,对送鉴资料是否进行了充分质证,在案件审理过程中是否存在以鉴定代审的情形,鉴定机构和鉴定人员是否具有相应资质等。在鉴定过程中,如果对鉴定的实体和程序有异议,应及时有效地与审判机构沟通,及时发现问题、及时解决问题,以求公正裁决。

实务案例裁判要旨

表 28-1 固定价下工程价款的裁判规则

序号	法院及案号	法院观点	证明观点
1	最高院(2019)最高法民申 2014 号	关于是否应对涉案工程进行造价鉴定。原《建设工程施工合同司法解释》第 22 条规定:“当事人约定按照固定价结算工程价款,一方当事人请求对建设工程造价进行鉴定的,不予支持。”本案中,双方当事人已在《专业分包合同书》第 4 条第 1 款第 2 项中明确约定“按照完成工程业主城投公司确认的结算总价下浮 20% 进行总价包干”,即已明确约定按照固定价结算工程价款,故无须对涉案建设工程造价进行鉴定,原判决并无不当。联发建设公司主张《专业分包合同书》第 4 条第 1 款第 2 项的约定系指上缴费率方式,而非工程价款结算方式,然而结合该条款的具体内容来看,该约定实为固定总价包干,故联发建设公司的申请再审理由不能成立	约定固定价的情况下,原则上无须鉴定
2	最高院(2014)民一终字第 69 号	依据定额预算价下浮了一定比例形成的合同约定价,只要计算出合同约定价与定额预算价的下浮比例,据此就能计算出已完工程的合同约定价。鉴定意见书即采用了该种方法,一审判决也是采纳了该鉴定意见。例如,采用此种计算方法,将会导致隆豪公司虽然违反约定解除合同,却能额外获取 910 余万元利益的现象。这种做法无疑会助长因违约获得不利益的社会效应,因而该方法在本案中不应被适用。四是虽然一审判决试图以这一种计算方法还原合同约定价,但却忽略了当事人双方的利益平衡以及司法判决的价值取向。至隆豪公司解除合同时,方升公司承包的土建工程已全部完工,隆豪公司解除合同的行为破坏了双方的交易背景,此时如再还原合同约定的土建工程价款,既脱离实际情况,违背交易习惯,又会产生对守约一方明显不公平的后果	总价合同,未履行完毕而解除的,应当综合考虑案件实际履行情况,并特别注重双方当事人的过错和司法判决的价值取向等因素来确定工程价款

续表

序号	法院及案号	法院观点	证明观点
3	最高法(2016)最高法民终259号	关于投标报价是否有效的问题。住六公司主张其投标报价中未足额计取税金、规费等,中标价低于成本价,违反国家强制性规定,故投标报价无效,不能作为鉴定的依据,鉴定单位应当依照国家规定的标准将税金、规费计入工程造价。如前所述,招标文件明确规定投标人在计算报价时应当充分考虑各种风险和费用,合同履行期间(除合同另行约定外)单价及合价均不予调整。住六公司投标文件中也承诺投标报价中已包括招标文件中规定的招标范围的全部工作内容、责任和义务的费用。至于住六公司报价时是否足额计取了税金、规费等费用,是其自主计算范畴,而住六公司亦不能提供证据证明其投标报价低于成本价,故其主张投标报价无效并要求鉴定单位在合同价格之外另行"足额"计算税金及规费,依据不足,不予支持	投标阶段价格形式为固定单价方式,后签订《施工合同》时价格形式调整为固定总价方式,固定单价中未单列规费等不可竞争费用时,承包人无权在固定总价之外单独主张规费等不可竞争费用
4	上海高院(2018)沪01民终10602号	本案争议焦点在于应以哪份审价报告为准。对此本院认为,根据一审庭审调查的事实,本案工程造价主要争议的部分在于产品品牌问题,A公司的审价报告在产品单价认定存在重大瑕疵的情况下,一审法院决定对本案重新审价,并无不当。因而B公司第一次出具的报告,审价人员在出庭时明确未到现场查看,据此出具的报告显然有失客观,故B公司于2018年4月4日再次出具补充报告,前后两次报告虽显示价格差异明显,但就该问题原审庭审中审价人员陈述系现场查看丈量再参照市场价格得出,B公司也于二审中出具补充报告说明按施工期间的市场信息价、现场勘察的设备材料品牌及现场完成的情况,结合招投标文件确定,B公司前后的陈述并不矛盾。因此,在投标文件不能直接作为审价依据的情况下,B公司重新出具的补充报告,更符合本案的客观情况,一审法院依该补充报告中的实际审价情况,确认邦策公司尚需支付的工程款的金额,并无不当。至于鑫电公司提出审价人员系在法院要求下被迫出具补充报告,并未能提供相应的证据予以证明,本院不予支持	招标工程项目清单项目特征描述不清,对不清楚部分按市场价确定工程造价

续表

序号	法院及案号	法院观点	证明观点
5	最高院(2019)最高法民终 379 号	关于案涉工程价款的计算方法问题。案涉工程系公开招投标工程,东欣公司根据银泰公司发放的工程量清单编制了工程量清单报价表,并以 156,245,967.55 元中标。其后签订《建设工程施工合同》中亦约定"合同价款金额 156,245,967.55 元,其中包括 16,245,967.55 元的分包工程价款"。据此,可以认定案涉合同系固定总价合同,但案涉合同价款并非完全不可调整。《建设工程施工合同》第三部分专用条款第 23.2.b 条约定:……设计变更引起的工程项目或者数量有增减,则项目的工程量应根据变更设计图纸、变更联系单并按有关工程量计算的方法计算确定工程量。第 23.2.f 条约定:由于施工验收规范的要求或强制性条款的要求,以及设计图纸中缺、漏、碰、错等内容,在之后的会审纪要或施工联系单明确其做法的,不作为工程量的增减计算,累计超过 50 万元的,不在此限。根据以上合同内容,一审法院采信"以固定总价为基数,非设计变更的部分,工程量与价均不予调整;设计变更部分(具有有效的变更签证部分)按合同约定进行造价鉴定",并根据实际情况对部分争议款项进行调整的计算方法,符合当事人合同约定,本院予以认可	固定总价合同发生工程变更的,应当以固定总价为基数,非设计变更的部分,工程量与价均不予调整;设计变更部分(具有有效的变更签证部分)按合同约定进行造价鉴定
6	黑龙江高院(2016)黑民终 65 号	关于东升鉴定所对综合单价所含项目部分调整是否违反合同约定且是否存在按造价信息高价计取的问题。本案中,东升鉴定所依据上述鉴定原则,根据合同工期内完成的施工项目,其综合单价确定按双方签订的《建设工程施工合同》第 77 条补充条款第 15 条约定的方式执行。对于合同工期外 2010 年完成的施工项目东升鉴定所以司法鉴定技术规范《建设工程司法鉴定程序规范》(SF/ZJD 0500001—2014)第 7 项建设工程造价类第 7.1.6 条以及第 7.1.7 条为原则,参照答疑纪要的结论,适用《关于发布二〇一〇年建筑安装等安装工程结算指导意见的通知》(黑建设造价[2010]12 号)对该部分工程进行适当调整并予以结算,符合案涉工程实际,亦符合相关规范。	非承包人原因导致工期顺延的,合同工期外完成的工程项目,其施工单价可按照实际履行期间适用的工程造价依据确定该部分工程价款

相关规定指引

《建设工程工程量清单计价规范》(GB 50500—2013)

3.1.6　规费和税金应按国家或省级、行业建设主管部门的规定计算,不得作为竞争性费用。

4.1.2　招标工程量清单必须作为招标文件的组成部分,其准确性和完整性由招标人负责。

9.9.1　发包人在招标工程量清单中给定暂估价的材料、工程设备属于依法必须招标的,由发承包双方以招标的方式选择供应商确定价格,并应以此为依据取代暂估价,调整合同价款。

《北京市高级人民法院关于审理建设工程施工合同纠纷案件若干疑难问题的解答》

13.固定总价合同履行中,承包人未完成工程施工的,工程价款如何确定?

建设工程施工合同约定工程价款实行固定总价结算,承包人未完成工程施工,其要求发包人支付工程款,经审查承包人已施工的工程质量合格的,可以采用"按比例折算"的方式,即由鉴定机构在相应同一取费标准下分别计算出已完工程部分的价款和整个合同约定工程的总价款,两者对比计算出相应系数,再用合同约定的固定价乘以该系数确定发包人应付的工程款。

……

《山东省高级人民法院关于印发全省民事审判工作会议纪要的通知》

(三)关于固定价格合同未履行完毕而解除的,工程价款如何结算的问题

根据建设部《建筑工程施工发包与承包计价管理办法》第12条规定,建设工程合同价可以采用固定价、可调价和成本加酬金三种形式。建设部、财政部联合发布的《建设工程价款结算暂行办法》第8条的规定,固定价格又分为固定总价和固定单价两种形式。最高人民法院《关于审理建设工程施工合同纠纷案件适用法律问题的解释》第22条对于固定价格合同已经完全履行完毕情形下的工程价款结算问题作了明确规定,而对固定价格合同未履行完毕情形下的工程价款结算问题未明确。对于建设工程施工合同约定按固定单价结算的,则应根据固定单价核算出已完工程的实际工程量,据实结算工程价款;如果建设工程施工合同约定按固定总价结算,则按照实际施工部分的工程量占全部的工程量的比例,再按照合同约定的固定价格计算出已完部分工程价款。

《江苏省高级人民法院关于审理建设工程施工合同纠纷案件若干问题的解答》

8.固定总价合同履行中,承包人未完成工程施工的,工程价款如何确定?

建设工程施工合同约定工程价款实行固定总价结算,承包人未完成工程施工,其要求发包人支付工程款,发包人同意并主张参照合同约定支付的,可以采用"按比例折算"的方式,即由鉴定机构在相应同一取费标准下计算出已完工程部分的价

款占整个合同约定工程的总价款的比例,确定发包人应付的工程款。但建设工程仅完成一小部分,如果合同不能履行的原因归责于发包人,因不平衡报价导致按照当事人合同约定的固定价结算将对承包人利益明显失衡的,可以参照定额标准和市场报价情况据实结算。

第二十九讲

诉前建设工程价款结算协议的效力

法条原文

第 29 条　当事人在诉讼前已经对建设工程价款结算达成协议,诉讼中一方当事人申请对工程造价进行鉴定的,人民法院不予准许。

思维导图

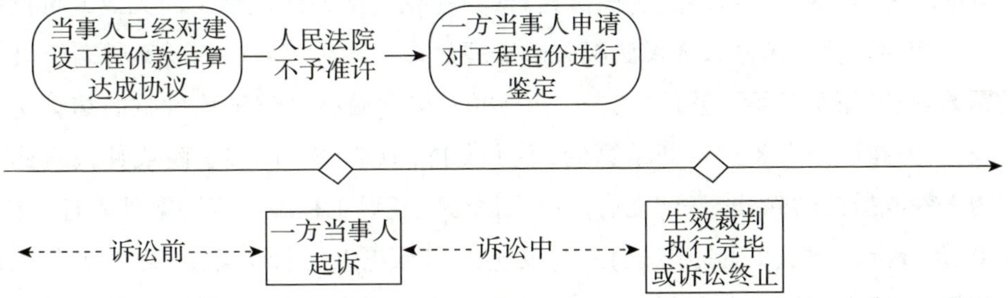

图 29－1　诉前建设工程价款结算协议的效力

条文释义

本条是关于当事人在起诉前已达成结算协议后在诉讼中又提出工程造价鉴定的申请应否准许的规定。

一、诉前结算协议具有约束力

本条是对诉前结算协议效力的肯定,当事人起诉前达成的有效结算协议能够排除工程造价鉴定的启动。工程造价鉴定的前提是当事人对工程价款的结算存在争议,在当事人已对工程价款结算形成真实合意的情况下,再进行工程造价鉴定已无意义。并且,如果滥用工程造价鉴定,不仅违背了意思自治原则与诚实信用原则,亦会造成司法资源的浪费。《民事诉讼法解释》第 121 条第 1 款规定:"当事人申请鉴定,可以在举证期限届满前提出。申请鉴定的事项与待证事实无关联,或者对证明待证事实无意义的,人民法院不予准许。"即当事人提出鉴定申请的,人民法院应对鉴定的必要性进行审查,就鉴定事项对证明待证事实有无意义进行审查。依据意思自治原则与诚实信用原则,在不违反法律强制性规定的前提下,民事主体有权自由处分自身的民事权利。若当事人已经自行决定了工程价款结算的方式并确定了相应数额,达成了工程价款结算协议,则当事人不得反悔。结算协议对双方当事人均具有约束力,应不予准许当事人在诉讼中又申请对工程造价进行鉴定。

在实践中,存在各方已就工程价款结算达成结算协议或委托第三方造价咨询机构/人员出具工程造价咨询意见并经确认后又在诉讼中申请进行工程造价鉴定的情形。《建设工程施工合同司法解释(一)》明确,若在诉前已就工程价款结算达成协议,又在诉讼中提出申请工程造价鉴定,人民法院原则上不予准许,除非提供充分证据证明该结算协议存在《民法典》或其他相关法律法规规定的无效或可撤销情形。例如,《北京市高级人民法院关于审理建设工程施工合同纠纷案件若干疑难问题的解答》第7条第1款规定:"……当事人在诉讼前已就工程价款的结算达成协议,一方在诉讼中要求重新结算的,不予支持,但结算协议被法院或仲裁机构认定为无效或撤销的除外。"《河北省高级人民法院建设工程施工合同案件审理指南》第19条规定:"建设工程施工过程中,发包人与承包人进行结算后,出具欠条确认欠付债务,原告依据欠条起诉,被告主张该欠条中确认数额并非实际的工程款数额,要求确认欠条无效的,一般不予支持。除非被告能够提供证据证明出具欠条时存在重大误解、欺诈、胁迫或显失公平等情形。"

由此引申出来的一个问题是:如果建设工程施工合同被认定为无效或被撤销,当事人可否由此在诉讼中主张诉前就工程价款结算达成的协议亦无效,是否应当准许工程造价鉴定的申请。答案应是否定的,其主要理由有:(1)结算协议体现的是当事人的真实意思表示,是建设工程施工合同的当事人对应付工程款所达成的合意,对双方当事人均具有法律约束力。在不存在其他结算协议本身无效或可撤销的情形下,建设工程施工合同的效力不应当然地影响结算协议的效力。(2)当事人达成的结算协议具有独立性,不以建设工程施工合同是否有效为前提,建设工程施工合同是否有效不影响结算协议的效力。《民法典》第156条规定:"民事法律行为部分无效,不影响其他部分效力的,其他部分仍然有效。"第507条规定:"合同不生效、无效、被撤销或者终止的,不影响合同中有关解决争议方法的条款的效力。"第567条规定:"合同的权利义务关系终止,不影响合同中结算和清理条款的效力。"法律虽未直接规定合同无效或被撤销是否影响合同中结算和清理条款的效力,但结算和清理条款的本意在于合同终止时发挥积极作用。合同终止与合同无效或被撤销虽是不同的法律概念,但合同无效或被撤销可以理解为导致合同终止的一种客观情形,不应影响结算和清理条款的效力。有观点认为,建设工程价款结算协议源于建设工程施工合同,但又不同于后者。其应被视为独立协议,而非建设工程施工合同的结算和清理条款。(3)赋予结算协议的独立约束力,也符合诉讼经济原则。既然当事人之间已经达成了结算协议,结算价款更能体现双方当事人的真实合意,与签订结算协议时的市场行情、项目客观情况相符。依据当事人之间已经达成的结算协议确定工程价款,有利于争议的解决,节省诉讼成本,减少当事人的诉累,更符合诉讼经济原则。

二、本条适用于诉讼中达成的结算协议

诉讼中当事人就建设工程价款达成结算协议与诉讼前达成结算协议,两者只有时间先后的区别,内容均为当事人对结算价款的真实意思表示,都应予以尊重和保护。本条没有涉及诉讼中达成建设工程价款结算协议,但这并不表示当出现当事人在诉讼中达成建设工程价款结算协议,一方又申请工程造价鉴定的情形时,人民法院应对该鉴定申请予以准许。①

三、对本条中“当事人”的理解

本条中的当事人显然不能单纯、狭义地理解为发包人与承包人,应理解为发包人与总承包人、总承包人与专业分包人、承包人与实际施工人、承包人与挂靠人等。《建设工程施工合同司法解释(一)》第43条规定:“实际施工人以转包人、违法分包人为被告起诉的,人民法院应当依法受理。实际施工人以发包人为被告主张权利的,人民法院应当追加转包人或者违法分包人为本案第三人,在查明发包人欠付转包人或者违法分包人建设工程价款的数额后,判决发包人在欠付建设工程价款范围内对实际施工人承担责任。”

结合该规定,《建设工程施工合同司法解释(一)》第29条中的当事人除发包人、承包人外,还应包括实际施工人等施工主体。司法裁判中,亦对实际施工人在结算协议中的当事人地位予以认可。例如,最高院在处理黑龙江省东阳房地产开发有限公司与郑某利建设工程施工合同纠纷案中②确认:“建设工程经竣工验收合格后,实际施工人与发包方已经就涉案工程签署结算协议的,该结算协议应视为实际

---

① 参见最高人民法院民事审判第一庭编著:《最高人民法院建设工程施工合同司法解释(二)理解与适用》,人民法院出版社2019年版,第278页。

② 参见最高人民法院民事审判第一庭主编:《民事审判指导与参考》(2012年第1辑·总第49辑)人民法院出版社2012年版。

施工人与发包方就施工工程价款结算问题所达成的合意。实际施工人请求发包方依据结算协议支付工程价款的,人民法院可予支持。”

四、仅就结算协议约定的结算范围排除工程造价鉴定

结算协议具备排除工程造价鉴定的效力,但是应注意结算协议的内容与范围。在司法实践中,当事人可能仅就工程的部分结算内容达成协议,并未将全部的工程结算内容包含在内。此时应以双方的意思表示为限,仅就结算协议中已明确约定的结算内容范围排除工程造价鉴定,对于当事人存在争议且尚未通过结算协议予以明确的部分,当事人仍可以就该部分向人民法院申请工程造价鉴定,人民法院应予以准许。

实务难点

一、工程价款结算

建设工程价款结算,是指对建设工程的发承包合同价款进行约定和依据合同约定进行工程预付款、工程进度款、工程竣工价款结算的活动。

(一)工程价款的结算方式

工程价款的主要结算方式有以下几种。

1. 按月结算

按月结算即实行旬末或月中预支、月终结算、竣工后清算的方法。跨年度竣工的工程,在年终进行工程盘点,办理年度结算。实行旬末或月中预支,月终结算办法的工程合同,应分期确认合同价款收入的实现。

2. 竣工后一次结算

实行合同完成后一次结算工程价款办法的工程合同,应于合同完成、发包人与承包人进行工程合同价款计算时,确认为收入实现,实现的收入额为承发包双方结算的合同价款总额。

3. 分段结算

分段结算即当年开工、当年不能竣工的单项工程或单位工程,按照工程形象进度,划分不同阶段进行结算。具体划分标准应在建设工程施工合同中明确约定。例如,实行按工程形象进度划分不同阶段、分段结算工程价款办法的工程合同,应按合同约定的形象进度,分次确认已完阶段工程收入的实现。

分段结算和实行竣工后一次结算的工程,当年结算的工程款应与分年度完成的工程量一致,年终不另清算。

4. 目标结款方式

在建设工程施工合同中,将承包工程的内容分解成不同的控制界面,以业主验收控制界面为支付工程价款的前提条件。目标结款方式下,承包人要想获得工程价款,必须按照合同约定的质量标准,完成界面内的工程内容。目标结款方式中,对控制界面的设定应明确具体,有可操作性,便于量化和质量控制,同时必须适应项目资金的供应周期和支付频率。

(二)预付款

1. 预付款的基本内容

预付款用于承包人为合同工程施工购置材料、工程设备,购置或租赁施工设备,修建临时设施以及组织施工队伍进场等所需的款项,构成施工企业为该承包工程项目储备和准备主要材料、结构构件所需的流动资金。预付款不得用于与承建工程项目无关的事项,具有专款专用的性质,相当于建设单位给施工企业的无息贷款。预付款的有关事项,如数量、支付时间和方式、支付条件、偿(扣)还方式等,应在建设工程施工合同中明确约定。

《建设工程施工合同(示范文本)》(GF—2017—0201)第 12.2.1 项,对预付款的支付进行了如下约定:“预付款的支付按照专用合同条款约定执行,但至迟应在开工通知载明的开工日期 7 天前支付。预付款应当用于材料、工程设备、施工设备的采购及修建临时工程、组织施工队伍进场等。除专用合同条款另有约定外,预付款在进度付款中同比例扣回。在颁发工程接收证书前,提前解除合同的,尚未扣完的预付款应与合同价款一并结算。发包人逾期支付预付款超过 7 天的,承包人有权向发包人发出要求预付的催告通知,发包人收到通知后 7 天内仍未支付的,承包人有权暂停施工,并按第 16.1.1 项〔发包人违约的情形〕执行。”关于预付款担保,第 12.2.2 项约定为:“发包人要求承包人提供预付款担保的,承包人应在发包人支付预付款 7 天前提供预付款担保,专用合同条款另有约定除外。预付款担保可采用银行保函、担保公司担保等形式,具体由合同当事人在专用合同条款中约定。在预付款完全扣回之前,承包人应保证预付款担保持续有效。发包人在工程款中逐期扣回预付款后,预付款担保额度应相应减少,但剩余的预付款担保金额不得低于未被扣回的预付款金额。”

2. 预付款常用的方式

备料款的数额主要由下列因素决定：主要材料（包括外购构件）占施工产值的比重、材料储备期、施工工期等。

预付款常用的方式有如下两种。

（1）百分比法

百分比法是按年度工作量的一定比例确定预付备料款额度的一种方法，由各地区各部门根据各自的条件从实际出发分别制定预付备料款比例。例如，建筑工程一般不得超过当年建筑（包括水、电、暖、卫等）工程工作量的25%，大量采用预制构件以及工期在6个月以内的工程，可以适当增加；安装工程一般不得超过当年安装工作量的10%，安装材料用量较大的工程，可以适当增加；小型工程（一般指30万元以下）可以不预付备料款，直接分阶段拨付工程进度款等。对于只包定额工日（不包材料定额，一切材料由建设单位供给）的工程项目，可以不预付备料款。

（2）数学计算法

数学计算法是根据主要材料（含结构件等）占年度承包工程总价的比重、材料储备定额天数和年度施工天数等因素，通过数学公式计算预付备料款额度的一种方法。其计算公式是：

$$\text{工程备料款数额} = \frac{\text{工程总价} \times \text{材料比重}(\%)}{\text{年度施工天数}} \times \text{材料储备天数}$$

公式中，年度施工天数按365日历天计算，材料储备天数由当地材料供应的在途天数、加工天数、整理天数、供应间隔天数、保险天数等因素决定。

3. 备料款的扣回

发包人拨付给承包人的备料款属于预支性质，到了工程中后期，随着工程所需主要材料储备的逐渐减少，应以抵充工程价款的方式陆续扣回。扣款的方式有以下两种。

（1）可以从未施工工程尚需的主要材料及构件的价值相当于备料款数额时起扣，从每次结算工程价款中按材料比重扣抵工程价款，竣工前全部结清。

起扣点 = 承包工程价款总额 －（预付备料款 ÷ 主要材料所占比重）

例题：

某建设工程施工合同，合同价为1000万元，预付款比例为20%，主要材料所占比重为40%。各月完成的工程量如下表，不考虑其他任何扣款，则预付款应为多少？起扣点为多少？

单位:万元

月份	1	2	3	4	5
完成工程量	100	200	300	400	500

预付款为:1000 × 20% = 200(万元)

起扣点为:1000 - 200/40% = 500(万元)

(2)在承包人完成金额累计达到合同总价的一定比例后,由承包人开始向发包人还款,发包人从每次应付给承包人的金额中扣回工程预付款,发包人至少在合同约定的完成工期前在约定期限内将工程预付款的总计金额按逐次分摊的办法扣回。当发包人一次付给承包人的金额少于规定扣回的金额时,其差额应转入下一次支付中作为债务结转。

(三)工程进度款

承包人在工程建设工期中,按逐月完成的分部分项工程数量计算各项费用,向发包人办理中间结算手续。常见的中间结算流程一般如下:承包人在旬末或月中向发包人提出预支工程款账单,预支一旬或半月的工程款,月终再提出工程款结算账单和已完工程月报表,收取当月工程价款。按月进行结算,需要对已完工程量进行确认。

《建设工程施工合同(示范文本)》(GF—2017—0201)第12.4.4项对进度款的确认流程作了如下约定:"(1)除专用合同条款另有约定外,监理人应在收到承包人进度付款申请单以及相关资料后7天内完成审查并报送发包人,发包人应在收到后7天内完成审批并签发进度款支付证书。发包人逾期未完成审批且未提出异议的,视为已签发进度款支付证书。发包人和监理人对承包人的进度付款申请单有异议的,有权要求承包人修正和提供补充资料,承包人应提交修正后的进度付款申请单。监理人应在收到承包人修正后的进度付款申请单及相关资料后7天内完成审查并报送发包人,发包人应在收到监理人报送的进度付款申请单及相关资料后7天内,向承包人签发无异议部分的临时进度款支付证书。存在争议的部分,按照第20条〔争议解决〕的约定处理……"工程进度款的确认流程如图29-2所示。

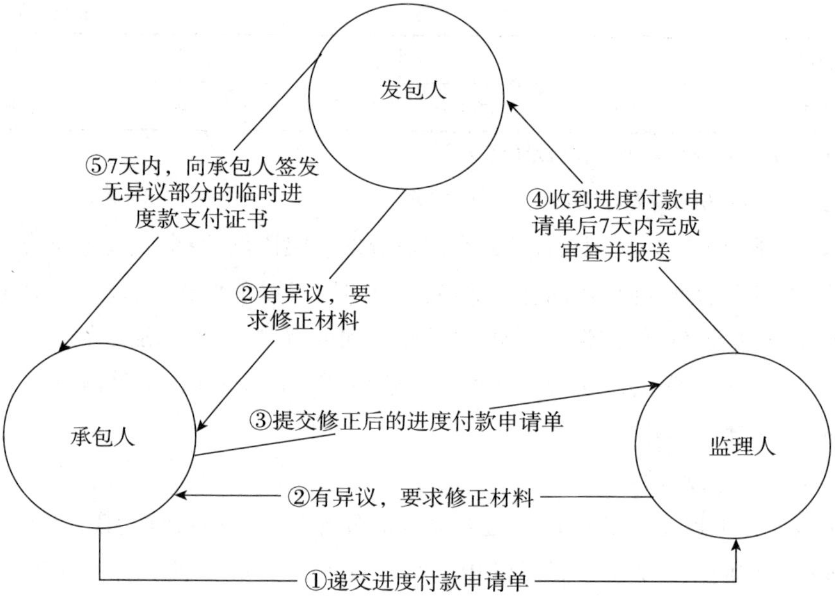

图 29－2 工程进度款的确认流程

(四)工程竣工价款结算

1. 竣工结算的基本内容

竣工结算是承包人按照建设工程施工合同完成承建的全部内容并经验收合格后向发包人进行的最终工程价款结算。在进行竣工结算时,若由于变更、签证等原因使合同工程价款发生变化,则需按合同约定或者法律规定对合同价款进行调整。办理工程竣工结算的一般公式为:竣工结算工程价款 = 预算(或概算)或合同价款 + 施工过程中预算或合同价款调整数额 - 预付及已结算工程价款 - 保修金。

《建设工程施工合同(示范文本)》(GF—2017—0201)中对进度款的确认流程进行了如下约定:

"14.1 竣工结算申请

"除专用合同条款另有约定外,承包人应在工程竣工验收合格后 28 天内向发包人和监理人提交竣工结算申请单,并提交完整的结算资料,有关竣工结算申请单的资料清单和份数等要求由合同当事人在专用合同条款中约定。

"除专用合同条款另有约定外,竣工结算申请单应包括以下内容:

"(1)竣工结算合同价格;

"(2)发包人已支付承包人的款项;

“(3)应扣留的质量保证金。已缴纳履约保证金的或提供其他工程质量担保方式的除外;

“(4)发包人应支付承包人的合同价款。

“14.2　竣工结算审核

“(1)除专用合同条款另有约定外,监理人应在收到竣工结算申请单后 14 天内完成核查并报送发包人。发包人应在收到监理人提交的经审核的竣工结算申请单后 14 天内完成审批,并由监理人向承包人签发经发包人签认的竣工付款证书。监理人或发包人对竣工结算申请单有异议的,有权要求承包人进行修正和提供补充资料,承包人应提交修正后的竣工结算申请单。

“发包人在收到承包人提交竣工结算申请书后 28 天内未完成审批且未提出异议的,视为发包人认可承包人提交的竣工结算申请单,并自发包人收到承包人提交的竣工结算申请单后第 29 天起视为已签发竣工付款证书。

“(2)除专用合同条款另有约定外,发包人应在签发竣工付款证书后的 14 天内,完成对承包人的竣工付款。发包人逾期支付的,按照中国人民银行发布的同期同类贷款基准利率支付违约金;逾期支付超过 56 天的,按照中国人民银行发布的同期同类贷款基准利率的两倍支付违约金。

“(3)承包人对发包人签认的竣工付款证书有异议的,对于有异议部分应在收到发包人签认的竣工付款证书后 7 天内提出异议,并由合同当事人按照专用合同条款约定的方式和程序进行复核,或按照第 20 条〔争议解决〕约定处理。对于无异议部分,发包人应签发临时竣工付款证书,并按本款第(2)项完成付款。承包人逾期未提出异议的,视为认可发包人的审批结果。”

2. 竣工调值公式

竣工调值公式法又称动态结算公式法,用调值公式法调价,按下式计算:

$$P = P_0(a_0 + a_1 A/A_0 + a_2 B/B_0 + a_3 C/C_0 + a_4 D/D_0)$$

P——工程实际结算价款

P_0——调值前工程进度款

a_0——不调值部分比重

a_1、a_2、a_3、a_4——调值因素比重

A、B、C、D——现行价格指数或价格

A_0、B_0、C_0、D_0——基期价格指数或价格

应用调值公式时注意以下四点:

(1)计算物价指数的品种只选择对总造价影响较大的少数几种。

(2)在签订合同时要明确调价品种和波动到何种程度可调整(一般为10%)。

(3)考核地点一般在工程所在地或指定某地的市场。

(4)确定基期时点价格指数或价格、计算期时点价格指数或价格。”

例题:

某新建如数管工程,采用公开招标的方式,确定某施工单位中标。双方按《建设工程施工合同(示范文本)》(GF—2017—0201)签订了施工总承包合同。合同约定总造价14,250万元,预付备料款2800万元,每月底按月支付施工进度款。合同同时约定,竣工结算时,根据人工费和四项主要材料和价格指数对总造价按调值公式法进行调整。各调值因素的比重、基准和现行价格指数如下表所示:

可调项目	人工费	材料一	材料二	材料三	材料四
因素比重	0.15	0.30	0.12	0.15	0.08
基期价格指数	0.99	1.01	0.99	0.96	0.78
现行价格指数	1.12	1.16	0.85	0.80	1.05

列式计算经调整后的实际计算价款应为多少万元?(精确到小数点后2位)

经调整后的实际计算价款应为:14,250 × (0.2 + 0.15 × 1.12/0.99 + 0.30 × 1.16/1.01 + 0.12 × 0.85/0.99 + 0.15 × 0.80/0.96 + 0.08 × 1.05/0.78) = 14,962.5万元。

3.竣工价款结算的审查期限

根据财政部、建设部制定的《建设工程价款结算暂行办法》的规定,单项工程竣工后,承包人应在提交竣工验收报告的同时,向发包人递交竣工结算报告及完整的结算资料,发包人应按规定时限进行核对(审查)并提出审查意见(见表29-1)。

表29-1　工程竣工结算审查时限

序号	工程竣工结算报告金额	审查期限 (从收到竣工结算报告和完整的竣工结算资料之日起)(天)
1	500万元以下	20
2	500万~2000万元	30
3	2000万~5000万元	45
4	5000万元以上	60

(五)工程质量保证金

建设工程质量保证金,是指发包人与承包人在建设工程承包合同中约定,从应付的工程款中预留,用以保证承包人在缺陷责任期内对建设工程出现的缺陷进行维修的资金。

根据《建设工程质量保证金管理办法》的规定,发包人应按照合同约定方式预留保证金,保证金总预留比例不得高于工程价款结算总额的3%。合同约定由承包人以银行保函替代预留保证金的,保函金额不得高于工程价款结算总额的3%。发包人在接到承包人返还保证金的申请后,应于14天内会同承包人按照合同约定的内容进行核实。如无异议,发包人应当按照约定将保证金返还给承包人。对返还期限没有约定或者约定不明确的,发包人应当在核实后14天内将保证金返还给承包人,逾期未返还的,依法承担违约责任。发包人在接到承包人返还保证金申请后的14天内不予答复的,经催告后14天内仍不予答复的,视同认可承包人的返还保证金申请。

二、结算协议的无效与可撤销情形

无效的或者被撤销的民事法律行为自始没有法律约束力。民事法律行为无效、被撤销或者确定不发生效力后,行为人因该行为取得的财产,应当予以返还;不能返还或者没有必要返还的,应当折价补偿。有过错的一方应当赔偿对方由此所受到的损失;各方都有过错的,应当各自承担相应的责任。法律另有规定的,依照相关规定处理。

(一)无效的情形

依据《民法典》的规定,若结算协议存在下列情形,则可认定为无效:(1)行为人与相对人以虚假的意思表示实施的民事法律行为无效;(2)违反法律、行政法规的强制性规定的民事法律行为无效,但是该强制性规定不导致该民事法律行为无效的除外;(3)违背公序良俗的民事法律行为无效;(4)行为人与相对人恶意串通,损害他人合法权益的民事法律行为无效。

无效工程价款结算协议自始没有法律约束力,但只要这种结算协议不存在损害他人合法权益的情形,且是当事人的真实意思表示,则仍应参照适用,作为结算工程价款的依据。《民法典》第793条第1款规定:"建设工程施工合同无效,但是建设工程经验收合格的,可以参照合同关于工程价款的约定折价补偿承包人。"例如,《建设工程施工合同司法解释(一)》第24条规定:"当事人就同一建设工程订立的数份建设工程施工合同均无效,但建设工程质量合格,一方当事人请求参照实际履行的合同关于工程价款的约定折价补偿承包人的,人民法院应予支持。实际履行的合同难以确定,当事人请求参照最后签订的合同关于工程价款的约定折价补偿承包人的,人民法院应予支持。"

(二)可撤销的情形

关于工程价款结算是否属于可撤销的情形,应根据《民法典》的规定依法进行认定。依据《民法典》的规定,若结算协议存在下列情形,当事人可主张撤销该结算协议:(1)基于重大误解实施的民事法律行为,行为人有权请求人民法院或者仲裁机构予以撤销;(2)一方以欺诈手段,使对方在违背真实意思的情况下实施的民事法律行为,受欺诈方有权请求人民法院或者仲裁机构予以撤销;(3)第三人实施欺诈行为,使一方在违背真实意思的情况下实施的民事法律行为,对方知道或者应当知道该欺诈行为的,受欺诈方有权请求人民法院或者仲裁机构予以撤销;(4)一方或者第三人以胁迫手段,使对方在违背真实意思的情况下实施的民事法律行为,受胁迫方有权请求人民法院或者仲裁机构予以撤销;(5)一方利用对方处于危困状态、缺乏判断能力等情形,致使民事法律行为成立时显失公平的,受损害方有权请求人民法院或者仲裁机构予以撤销。

特别注意的是关于撤销权行使的除斥期间,《民法典》第152条规定:"有下列情形之一的,撤销权消灭:(一)当事人自知道或者应当知道撤销事由之日起一年内、重大误解的当事人自知道或者应当知道撤销事由之日起九十日内没有行使撤销权;(二)当事人受胁迫,自胁迫行为终止之日起一年内没有行使撤销权;(三)当事人知道撤销事由后明确表示或者以自己的行为表明放弃撤销权。当事人自民事法律行为发生之日起五年内没有行使撤销权的,撤销权消灭。"

结算协议被撤销后,则当事人之间关于结算的真实意思表示难以确定,在通过当事人举证提交的证据无法确定工程价款的情况下,则应向负有举证责任的当事人释明应当申请工程造价鉴定。

三、建设工程争议评审制度

建设工程争议评审指当事人在履行建设工程合同过程中发生争议时,根据事先或者临时达成的评审协议的约定,将争议提交专家评审组进行评审,由评审组对争议出具评审意见的争议解决方式。

(一)建设工程争议评审制度简介

争议评审于1975年美国科罗拉多州艾森豪威尔隧道工程中采用,因该方式具有专业、简便、快捷、成本低等优势而逐步得到推广。1995 年 1 月，世界银行开始在招标文件中强制要求由其贷款进行的项目必须采用争议评审方式。同年，国际咨询工程师协会在《设计—建造与交钥匙工程合同条件》（橘皮书）中提出了“争议评审”的概念并相继在其他类型合同的条件中引入“争议评审”机制，并在 1999 年、2006 年和 2008 年修订相关条款时不断地予以补充和完善。2004 年 9 月 1 日，国际商会推出《国际商会争议小组规则》。至此，建设工程争议评审成为国际上通行的解决工程纠纷方式。

2007 年 11 月 1 日，国家发改委、建设部、信息产业部等 9 部委联合制定并颁布了《标准施工招标文件》，其中的“通用合同条款”第二十四条争议解决条款中引入了争议评审机制，尝试在国家投资建设工程项目中通过争议评审方式解决争议。2013 年 5 月，住建部和国家工商总局联合发布了《建设工程施工合同示范文本》（GF—2013—0201），现为《建设工程施工合同（示范文本）》（GF—2017—0201），在该示范文本“通用合同条款”第 20 条中，正式引入了“争议评审”，同时，在示范文本“专用合同条款”部分也预留了相应选填项供当事人选择使用。

《建设工程施工合同（示范文本）》（GF—2017—0201）中第 20.3 款的“争议评审”的具体约定如下，供当事人选择适用。

“20.3　争议评审

合同当事人在专用合同条款中约定采取争议评审方式解决争议以及评审规则，并按下列约定执行：

20.3.1　争议评审小组的确定

合同当事人可以共同选择一名或三名争议评审员，组成争议评审小组。除专用合同条款另有约定外，合同当事人应当自合同签订后 28 天内，或者争议发生后 14 天内，选定争议评审员。

选择一名争议评审员的，由合同当事人共同确定；选择三名争议评审员的，各自选定一名，第三名成员为首席争议评审员，由合同当事人共同确定或由合同当事人委托已选定的争议评审员共同确定，或由专用合同条款约定的评审机构指定第三名首席争议评审员。

除专用合同条款另有约定外，评审员报酬由发包人和承包人各承担一半。

20.3.2　争议评审小组的决定

合同当事人可在任何时间将与合同有关的任何争议共同提请争议评审小组进行评审。争议评审小组应秉持客观、公正原则，充分听取合同当事人的意见，依据相关法律、规范、标准、案例经验及商业惯例等,自收到争议评审申请报告后14天内作出书面决定,并说明理由。合同当事人可以在专用合同条款中对本项事项另行约定。

20.3.3 争议评审小组决定的效力

争议评审小组作出的书面决定经合同当事人签字确认后,对双方具有约束力,双方应遵照执行。

任何一方当事人不接受争议评审小组决定或不履行争议评审小组决定的,双方可选择采用其他争议解决方式。"

(二)建设工程争议评审制度的特点

争议评审与其他争议解决机制相比的优势是:专业性、快速反应、低成本费用、现场解决问题、创造良好气氛、争议各方不需要律师的介入,以及各方最终仍保留诉讼或仲裁的救济途径。

1. 专业性。争议评审组由富有合同管理和工程实践经验的专家组成,专家的参与能够针对建设工程争议技术性较强的特点,将专业优势引入解决过程,这使评审意见更加准确,更具信服力,进而被各方接受并得到自觉执行,更有利于纠纷的解决。

2. 非对抗性。争议评审组的专家由各方协商选出,对争议的评审更多的是从各方利益出发,而不是单纯运用法律条文进行评判。在这种情况下,各方的工作关系不太会受到影响和破坏。争议解决的程序具有不公开和保密的特点,有利于建立相互信任的关系。

3. 国际性。争议评审制度中,没有管辖之说,各方可以指定任何评审组担任争议评审事宜。参与评审的人员具有国际性,没有国籍之分,任何国籍的专家都可能成为争议项目评审组成员。

4. 意见书的多样性。评审组的裁决可以采用不同方式作出,由当事人自由选择,可以有以下几种:(1)出具具有临时约束力的意见书。即明确争议评审组的决定在提请仲裁裁决或法院裁决之前具有约束力,且争议各方应立即遵照执行。(2)允许当事人对评审意见提出异议,并约定提出异议的期间。当事人在此期间提出异议的,无论异议是否成立,评审意见对各方当事人均不产生约束力,当事人可以依据合同约定提请仲裁或者诉讼;在约定的期间内,没有当事人对评审意见提出异议的,评审意见对各方当事人产生约束力。(3)出具咨询性质的意见书。即对争议评审组的建议被视为对争议各方决议过程的协助,不具有法律约束力,也不具有日后仲裁或诉讼上的证据功能。(4)建议性质意见书。争议评审组在施工管理中与各方探讨争议事项,对争议事项给予解释,提出合理化建议,尽可能消除特定问题的分歧,保持和睦的关系,继续推进项目的进度。在各方对争议事项意见分歧很大,无法达成互相谅解时,争议评审组将会出具一份不具有约束力的书面意见,供争议各方参考。这样既能够将许多小矛盾化解在萌芽状态,也给争议各方留足了进一步采取救济措施的空间。

操作要点

1. 结算协议效力。在工程管理实务中,结算协议可能由项目经理、现场负责人或相关现场人员签字确认,还可能由施工单位项目部盖章,若建设工程施工合同没有明确授权这些主体签署结算协议,则对结算协议是否具有约束力可能产生争议。特别是一些施工企业在管理过程中,随着法律意识的增强,往往会对项目部印章使用的权限、项目部管理人员的权限进行特别约定、限制。因此,发包人在与承包人签订结算协议时,应对签字代表、印章使用的权限予以关注。

2. 就施工企业而言,应特别注意结算条款,谨慎签订结算协议。结算协议一旦签订,不得反悔,难以推翻。即使施工合同无效,也不影响结算条款的效力。主张存在欺诈、胁迫、重大误解等情形,则举证要求高,在实际适用的过程中难度很大,除非能够提供足够充分的证据。结算协议,应明确结算的范围,不能大包大揽,不能遗漏。比如,对于结算协议签订后新发生的索赔事项应及时办理相应的索赔手续,对于新产生的施工费用应及时变更结算协议。

3. 在具体项目的工程价款结算过程中,可以就无异议的部分先行签订工程价款结算协议,对于尚有异议的部分另行协商。如协商不成,则只能通过诉讼或仲裁的方式解决。如此一来,在诉讼或仲裁中,则只需对异议的部分进行工程造价鉴定,而已达成协议的工程价款结算部分则无须鉴定。这样,既可以减少工程造价鉴定的工作量,减少鉴定费用,又可以减少鉴定的时间,提高效率。

4. 如果当事人就工程价款达成结算协议后,发现结算存在明显错误,应当依法及时通过诉讼或仲裁确认结算协议无效或者请求撤销。遇到这样的情况,应特别注意主张权利的期限。例如,应当自知道或者应当知道撤销事由之日起一年内行使;若存在重大误解的,应自知道或者应当知道撤销事由之日起 90 天内行使;若受胁迫,应自胁迫行为终止之日起 1 年内行使。在具体的操作中,认为存在重大误解的一方可以先行委托比较权威的工程造价鉴定机构出具工程造价咨询意见,并申请专家辅助人,以此证明结算协议与实际的工程造价确实有很大的差距,再辅助以其他证据用以证明,以促使司法机关启动造价鉴定程序。

5. 施工企业必须加强对项目部印章的管理,建立健全项目部印章管理制度。凡使用项目部印章的,应实行严格的审批及登记制度,可以对印章的使用情况进行有效跟踪;设立专门的项目部印章管理人员,明确责任范围,印章的使用必须得到项目经理的批准等。明确项目部印章的使用范围,只能在规定的范围内使用,不能超越范围使用。项目部章一般用于工程联系单、会议纪要、备忘录、工程往来文件、施工方案、向业主请款报告、与业主各类签证、与施工企业总部单位往来的文件资料等方面,不应在与其他第三方发生业务关系的文件资料中使用。

6. 就发包人与承包人而言,均应慎重做好工程竣工结算的审查工作,工程竣工结算的审查应依据建设工程施工合同约定的结算方式进行,根据不同的合同类型采用不同的审查方法。对于采用工程量清单计价方式的单价合同,应审查施工图纸以内的各个分部分项的工程量,依据合同约定的方式审查分部分项工程量的价格,并对设计变更、工程洽谈、工程索赔、工程签证等内容进行重点审查。(1)审查竣工工程内容是否符合合同约定条件。对于通过竣工验收的工程应按合同约定的结算方法,对工程竣工结算进行审核,若发现合同有漏洞,应及时核查修改。(2)落实设计变更签证。设计修改变更应由原设计单位出具设计变更通知单和修改图纸,设计、校审人员签字并加盖公章,经发包人或其他授权的相关方审查确认才能列入结算。(3)竣工结算的工程量应依据设计变更单和现场签证等进行核算,并按法定或约定的计算规则计算工程量。(4)应严格按合同约定、招标文件、投标文件等约定的计价原则进行结算。(5)注意各项费用的计取。工程的取费标准应按合同要求或项目建设期间有关费用计取规定执行,先审核各项费率、价格指数或换算系数是否正确,价格调整计算是否符合要求,再核实特殊费用和计算程序。要注意各项费用的计取基础,例如是以人工费为基础还是以定额基价为基础。(6)防止各种计算误差。工程竣工结算子目多,篇幅大,防止在结算过程中因计算误差多计或少算。

具体而言,承包人应重点审查的内容为:(1)审查结算的项目范围、内容和合同约定的项目范围、内容的一致性。(2)审查工程量计算的准确性、工程量计算规则与计价规范或定额的一致性。(3)审查执行合同约定或现行的计价原则、方法的严格性;对于工程量清单或定额缺项以及采用新材料、新工艺的,应根据施工过程中的合理消耗和市场价格审核结算单价。(4)审查变更签证凭据的真实性、合法性、有效性，核准变更工程费用。(5)审查索赔是否依据合同约定的索赔处理原则、程序和计算方法以及索赔费用的真实性、合法性、准确性。(6)审查取费标准执行的严格性，并审查取费依据的时效性、相符性。

发包人应重点审查的内容为：(1)审查工程竣工结算的递交程序和资料的完备性，审查结果资料递交手续、程序的合法性，以及结算资料具有的法律效力。审查结果资料的完整性、真实性和相符性。(2)审查与工程竣工结算有关的各项内容：工程施工合同的合法性和有效性，工程施工合同范围以外调整的工程价款，分部分项工程、措施项目、其他项目的工程量及单价，建设单位单独分包工程项目的界面划分和总承包单位的配合费用，工程变更、索赔、奖励及违约费用，取费、税金、政策性调整以及材料价差计算，实际施工工期与合同工期产生差异的原因、责任以及对工程造价的影响程度。①

实务案例裁判要旨

表 29－2　工程造价排除工程鉴定，主张存在欺诈、胁迫情形应承担举证责任

序号	法院及案号	法院观点	证明观点
1	北京高院(2018)京民申 2383 号	国投公路公司与华北建设公司签订了补充协议书，确定了工程款的结算问题并已履行完毕。现国投公路公司以涉案建筑施工合同无效为由要求进行工程造价鉴定并要求返还多支付的工程款，不符合法律规定。国投公路公司主张补充协议书系在欺诈、胁迫下所签，但并未提交充分证据予以佐证，一审、二审法院据此对国投公路公司的诉讼请求不予认定和支持，合法有据。在双方达成结算协议并实际履行完毕的情况下，国投公路公司再要求进行工程造价鉴定，已无事实和法律依据	诉前结算协议排除工程造价鉴定，主张存在欺诈、胁迫情形应承担举证责任

① 参见全国造价工程师执业资格考试培训教材编审委员会：《建设工程造价管理》，中国计划出版社 2017 年版，第 356 页。

续表

序号	法院及案号	法院观点	证明观点
2	最高院(2014)民一终字第88号	薛某杰、陈某主张该协议应予撤销的理由在于其受到胁迫以及协议中规定的内容显失公平。从本案的实际情况看,《退场清算协议》不仅有双方当事人的参与,还有当地政府相关职能部门作为见证人。该协议系在政府相关部门主持下为彻底解决工程款问题与退场清算问题双方当事人协商的结果,薛某杰、陈某仅举证证明在该协议签订前双方发生过分歧和冲突,但并未举证证明在该协议签订时其受到胁迫。薛某杰、陈某主张涉案协议中约定的工程价款过低,显失公平,其认为涉案工程款高达2亿元,但未提供相应证据,对其主张本院不予支持。另涉案协议除质保金部分外,其余均已履行完毕。《退场清算协议》是双方自愿协商的结果,体现了双方真实的意思表示,且不违反法律的禁止性规定,应为有效。因此,应以此为依据确定涉案工程款,本案已无须对涉案工程款再进行鉴定,一审法院未组织鉴定并无不当	诉前结算协议排除工程造价鉴定,主张存在欺诈、胁迫情形应承担举证责任
3	青海高院(2016)青民终46号	本案系工程款结算纠纷,结算事项应当以双方当事人缔约时的真实意思表示为依据。一审法院对案涉工程委托进行造价鉴定的处理不当,应予纠正,本院对该鉴定意见不予采纳	存在结算协议的情况下,即便一审已进行工程造价鉴定,二审亦可予以排除
4	江西高院(2016)赣民初49号	在施工过程中,被告于2015年8月31日签署了《建设工程进度核定表一》《建设工程进度核定表二》,确认了相应的工程价款。且原告、被告双方在2015年12月28日的《补充合同3》中对于已完成的工程量计价进行了明确约定,即“经双方确认,乙方至2015年9月1日停工,已完工程计价为129,343,941.80元(不含本补充合同中约定的443.04万元)”。因此,双方对于该事项不存在争议,被告的鉴定申请缺乏事实依据,依据《民事诉讼法解释》第121条“当事人申请鉴定,可以在举证期限届满前提出。申请鉴定的事项与待证事实无关联,或者对证明待证事实无意义的,人民法院不予准许”之规定,被告关于原告2015年5月27日复工后实际完成的工程量及工程造价鉴定的申请,依法不应予以准许。同理,对于案涉工程未完工工程量亦无须进行工程造价鉴定	诉前结算协议排除工程造价鉴定

续表

序号	法院及案号	法院观点	证明观点
5	北京一中院(2014)一中民终字第6300号	龙脉物业在一审、二审期间均对该确认书中的单价不予认可,并要求对工程单价进行司法鉴定,对此本院认为,当事人对建设工程的计价标准有约定的,应当按照约定结算工程款。当事人在诉讼前已就工程价款的结算达成协议,一方在诉讼中要求重新结算的,不予支持。据此,龙脉物业要求对工程单价进行司法鉴定,缺乏事实及法律依据,本院予以驳回	诉前结算协议排除工程造价鉴定
6	北京一中院(2017)京01民终7447号	当事人在诉讼前已就工程价款的结算达成协议,一方在诉讼中要求重新结算的,不予支持,但结算协议被法院或仲裁机构认定为无效或撤销的除外。鸿盛公司主张2016年11月21日签订的工程结算单系受胁迫,对此,首金公司予以否认。故对该结算单能否作为结算依据,本院对结算单所载内容并结合在案其他证据综合认定分析如下: 其一,根据查明的事实,《合同一》约定采取每平方米4.48元单价结算方式,但双方在《合同二》附件中以手写体方式对包括真石漆人工费及真石漆+抹灰人工费在内的所完成工程量具体项目计价又作出了具体补充约定,且该部分内容加盖了鸿盛公司的合同专用章。因此,结算单中所载人工费总额5,340,479.38元与合同约定的具体计价方式是相符的。其二,鸿盛公司主张除已收到168万元材料款外,尚有160.694466万元材料款应予结算,其该部分数额主张与结算单中材料费部分载明的结算金额一致。首金公司在第一次庭审中认可结算单所载内容和真实性,但第二次庭审中却予以否认,仅认可除结算单中材料款、应付款以外其他部分内容,其陈述不仅前后矛盾,且违反禁止反言的原则,亦无相反有效证据予以反驳,本院不予采信	当事人在诉讼前已就工程价款的结算达成协议,不再重新结算,主张存在欺诈、胁迫情形应承担举证责任

表29-3　建设工程施工合同无效,不影响结算协议的效力

序号	法院及案号	法院观点	证明观点
1	湖南高院(2014)湘高法民一终字第7号	按照原《建设工程施工合同司法解释》第1条第2项的规定,"没有资质的实际施工人借用有资质的建筑施工企业名义的"应认定为无效合同的规定,涉案合同中涉及安装的部分应认定为无效合同,其他为有效合同。故涉案合同为部分有效、部分无效合同。顺越公司与茶陵新亚公司于2012年12月3日签订的《茶陵穿越工程结算》协议系双方真实意思表示,不违背法律法规禁止性的规定,应认定合法有效	结算协议不因施工合同无效而无效

续表

序号	法院及案号	法院观点	证明观点
2	山东高院(2015)鲁民一终字第517号	本案中,被告薄某奎与被告亿利达公司、中亿公司签订的合同,因被告薄某奎无相应建筑资质,违背法律强制性规定,应认定为无效合同。原告、被告提供的协议书虽系分别书写略有不同,但协议内容基本一致,该调解协议书应系双方真实意思表示,系解决冀某亮与薄某奎在中亿公司、亿利达公司工程款纠纷中工程款支付的调解意见。因签订调解协议书的双方系原告冀某亮、被告薄某奎,协议中“以后双方无任何经济纠纷”中的“双方”应系原告冀某亮与被告薄某奎,并非原告冀某亮主张的双方系彭某升与薄某奎,该调解协议书对双方均有约束力,双方应按调解协议内容履行	结算协议不因施工合同无效而无效
3	武汉中院(2017)鄂01民初3700号	《江城综合体A地块、五里墩地铁站地下空间及立交桥地下空间总承包合同文件》无效,不影响结算协议作为结算和清算条款的效力。该结算协议系双方真实意思的表示,未违反法律禁止性规定,应为有效	结算协议不因施工合同无效而无效
4	最高院(2018)最高法民终117号	根据以上法律规定,属于必须进行招标的项目,双方当事人未履行法律规定的招标投标程序,违反了法律的强制性规定。原《建设工程施工合同司法解释》第1条规定:“建设工程施工合同具有下列情形之一的,应当根据合同法第五十二条第(五)项的规定,认定无效:……(三)建设工程必须进行招标而未招标或者中标无效的。”根据前述法律及司法解释规定,本案《建设工程施工合同》为无效合同。双方签订的《建设工程补偿协议书》、《开工延误、误工、保证金利息补偿认定单》、《设计变更补偿协议书》、补充协议属于独立于《建设工程施工合同》之外另行达成的补偿协议,系双方真实意思表示,内容不违反法律法规强制性效力性规定,属于合法有效的合同,双方均应按合同约定履行各自的义务	结算协议不因施工合同无效而无效

续表

序号	法院及案号	法院观点	证明观点
5	南京中院（2014）宁民终字第4950号	十四化建与实际不存在的单位即重庆西南工程建设有限公司签订合同，因相对方虚位，故不能认定合同成立。该未成立的合同所指向的工程已由叶某富实施完成并履行了相应的合同权利义务，叶某富与十四化建形成了事实上的合同关系。综上所述，叶某富假借重庆西南工程建设有限公司名义订立的合同、签证、结算协议等文件，均由其个人承受。因叶某富不具备施工资质，即便其与十四化建形成了事实合同关系，仍属于无效合同，法律上应予谴责。但是，叶某富一方已付出了施工劳作，在其施工成果经验收合格后，其仍有权要求相应工程款。故其与十四化建签订的结算协议，不因施工合同无效而无效，是双方清结权利义务的有效依据	结算协议不因施工合同无效而无效

表29-4　工程质量合格为进行结算的前提

序号	法院及案号	法院观点	证明观点
1	《中华人民共和国最高人民法院公报》2014年第8期	屋面广泛性渗漏属客观存在并已经法院确认的事实，竣工验收合格证明及其他任何书面证明均不能对该客观事实形成有效对抗，故南通二建根据验收合格抗辩屋面广泛性渗漏，其理由不能成立	工程已竣工验收合格并不能完全等同于工程质量合格，工程质量合格系客观事实
2	湖南高院（2016）鄂民终1077号	省工建一公司与金鹰公司签订的施工协议无效，根据原《合同法》第58条之规定，合同被认定无效后，当事人因该合同取得的财产，应当予以返还；不能返还或者没有必要返还的，应当折价补偿。因金鹰公司的劳动已经物化为建筑工程，省工建一公司取得的财产形式上是其建设的工程，无法适用返还财产的原则，只能适用折价补偿方式，即通过向金鹰公司支付工程款的方式对其劳动进行补偿。原《建设工程施工合同司法解释》第2条规定："建设工程施工合同无效，但建设工程经竣工验收合格，承包人请求参照合同约定支付工程价款的，应予支持。"即合同无效时，建设工程竣工验收合格的，施工方才能请求支付工程款	工程质量合格是进行工程价款结算的前提

相关规定指引

《民法典》

第 146 条 行为人与相对人以虚假的意思表示实施的民事法律行为无效。

以虚假的意思表示隐藏的民事法律行为的效力,依照有关法律规定处理。

第 153 条 违反法律、行政法规的强制性规定的民事法律行为无效。但是,该强制性规定不导致该民事法律行为无效的除外。

违背公序良俗的民事法律行为无效。

第 154 条 行为人与相对人恶意串通,损害他人合法权益的民事法律行为无效。

第 155 条 无效的或者被撤销的民事法律行为自始没有法律约束力。

第 156 条 民事法律行为部分无效,不影响其他部分效力的,其他部分仍然有效。

第 793 条第 1 款 建设工程施工合同无效,但是建设工程经验收合格的,可以参照合同关于工程价款的约定折价补偿承包人。

《最高人民法院关于人民法院民事调解工作若干问题的规定》

第 4 条第 1 款 当事人在诉讼过程中自行达成和解协议的,人民法院可以根据当事人的申请依法确认和解协议制作调解书。双方当事人申请庭外和解的期限,不计入审限。

《北京市高级人民法院关于审理建设工程施工合同纠纷案件若干疑难问题的解答》

7. 当事人在诉讼前已就工程价款的结算达成协议,一方要求重新结算的,如何处理?

当事人在诉讼前已就工程价款的结算达成协议,一方在诉讼中要求重新结算的,不予支持,但结算协议被法院或仲裁机构认定为无效或撤销的除外。

建设工程施工合同无效,但工程经竣工验收合格,当事人一方以施工合同无效为由要求确认结算协议无效的,不予支持。

《浙江省高级人民法院民一庭关于审理建设工程施工合同纠纷案件若干疑难问题的解答》

十七、启动工程量和工程价款鉴定程序,应注意哪些问题?

第 5 款 人民法院应避免随意、盲目委托鉴定和不必要的多次、重复鉴定。根据双方当事人的合同约定或者现有证据,足以认定工程量和工程价款的,不应再就工程价款委托鉴定。

第三十讲

诉前工程造价咨询意见的法律效力

法条原文

第30条　当事人在诉讼前共同委托有关机构、人员对建设工程造价出具咨询意见，诉讼中一方当事人不认可该咨询意见申请鉴定的，人民法院应予准许，但双方当事人明确表示受该咨询意见约束的除外。

思维导图

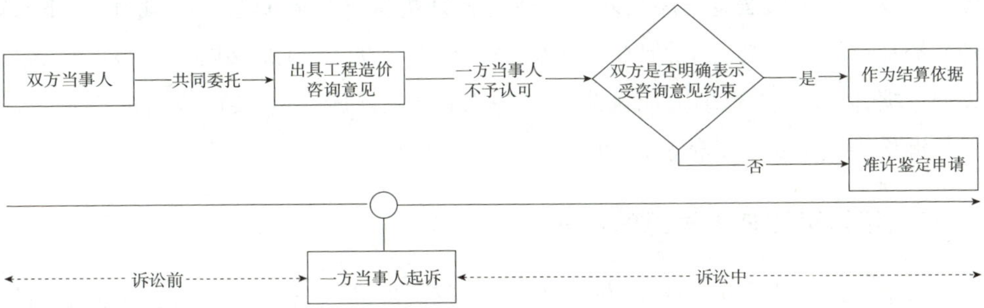

图30－1　诉前工程造价咨询意见的法律效力

条文释义

本条是关于诉讼前当事人共同委托专业机构或人员出具建设工程造价咨询意见的规定，涉及诉讼前建设工程造价咨询意见的证明力和法律约束力的问题。

一、诉前造价咨询意见的法律效力

当事人在诉讼前共同委托专业机构、人员对建设工程造价出具的咨询意见，不属于《民事诉讼法》第63条规定的鉴定意见，不具有司法鉴定意见的效力。进入诉讼后，任何一方当事人不认可造价咨询意见进而向人民法院申请鉴定的，人民法院应予准许。当事人双方共同委托有关机构、人员就建设工程造价出具咨询意见的合意，不等于当事人对结论性的咨询意见必然达成合意，不应当然受咨询意见的约束。且诉前工程造价咨询意见没有严格的法定程序作为保障，难以实现程序正义，人民法院难以对咨询意见的客观性、真实性进行判断，在当事人不认可的情况下人民法院无法以此作为审判依据。在诉讼过程中，人民法院委托第三方进行工程造价司法鉴定时，在鉴定机构选择、鉴定材料质证、鉴定人出庭等方面均有严格的法定程序，[①]鉴定意见最终须经过质证后由人民法院根据案件查明的其他事实确认是否作为判决的依据。

根据本条的规定，当事人共同委托咨询的时间发生于案件诉讼前，无论工程造价咨询意见出具的时间是在诉讼程序启动前还是在诉讼过程中，均不影响本条的适用，即"当事人不认可该咨询意见申请鉴定的，人民法院应予准许"。如果在诉讼过程中争议双方经过法院的审理并按法定程序共同委托造价咨询机构出具咨询意见，则该咨询意见人民法院可以作为判决的依据。另外一种情形是，如果在诉讼过程中争议双方未按法定程序共同委托造价咨询机构出具咨询意见（一般情况下，这种情形在诉讼中不会发生，但在理论上是可以存在的），则该意见不应直接作为判决的依据，除非双方当事人明确表示受该咨询意见约束。且共同委托的咨询不能阻却诉讼中鉴定程序的依法启动。

二、不认可该咨询意见的形式

从本条的文义看，申请鉴定并获得人民法院的准许，并未要求其他过多限制条件，只要当事人表示不接受咨询意见即可，不需要提供任何相关证明。例如，不需要提供推翻该咨询意见的初步证据、不需要证明该咨询意见存在瑕疵等不符合法律规定之处。

在原《建设工程施工合同司法解释（二）》施行之前的司法实践，则是另一番景象。一般认为，当事人诉前共同委托具有鉴定资质的鉴定机构对涉案工程的工程造价作出鉴定结论，诉讼中一方当事人要求重新鉴定的，人民法院一般不予准许，除非有证据推翻该鉴定结论或有证据证明该鉴定结论具有《民事诉讼证据规定》第40条规定的情形。河北省、江苏省、浙江省、广东省、北京市等高级人民法院即有类似的规定。《民事诉讼证据规定》第41条规定："对于一方当事人就专门性问题自行委托有关机构或者人员出具的意见，另一方当事人有证据或者理由足以反驳并申请鉴定的，人民法院应予准许。"根据该条的规定，在当事人一方委托鉴定机构对工程造价作出鉴定结论时，另外一方当事人若希望其重新鉴定的申请获得人民法院准许则应当提供相应证据足以反驳该鉴定结论。在一方委托鉴定机构进行鉴定并出具鉴定结论时，若欲推翻该鉴定结论尚须达到"有证据足以反驳"的标准。在

---

① 具体内容可见自2018年3月1日起实施的《建设工程造价鉴定规范》（GB/T 51262—2017）。

共同委托鉴定机构并出具鉴定结论的情况下，若想推翻鉴定结论，难度必然更大。在司法实践中，人民法院审理案件一般并不直接采信单方面自行委托的鉴定结论，除非单方委托鉴定的鉴定材料经过人民法院的质证确认程序，且鉴定机构资质、人员、鉴定标准、鉴定方法等均符合法律规定。

三、双方合意受约束应为有效

如果当事人已明确表示均受该咨询意见约束的，本质上是对自身民事权利的一种处分行为，相当于双方达成了委托他人结算的协议，双方均应遵守。在这种情况下，如果一方当事人反悔，并在诉讼中又申请鉴定的，依据诚实信用和禁反言原则，人民法院不应准许。但当事人如能提供证据证明接受该咨询意见确实存在《民法典》规定的无效、可撤销情形的，则不应剥夺当事人依据这些规定主张自身权益的权利，在符合法律规定的情况下，准许对工程造价进行司法鉴定。

实务难点

一、工程造价咨询企业

工程造价咨询企业，是指接受委托，对建设项目投资、工程造价的确定与控制提供专业咨询服务的企业。工程造价咨询企业应当依法取得工程造价咨询企业资质，并在其资质等级许可的范围内从事工程造价咨询活动。工程造价咨询企业依法从事工程造价咨询活动，不受行政区域限制。甲级工程造价咨询企业可以从事各类建设项目的工程造价咨询业务。乙级工程造价咨询企业可以从事工程造价5000万元人民币以下的各类建设项目的工程造价咨询业务。工程造价咨询业务范围包括：(1)建设项目建议书及可行性研究投资估算、项目经济评价报告的编制和审核；(2)建设项目概预算的编制与审核，并配合设计方案比选、优化设计、限额设计等工作进行工程造价分析与控制；(3)建设项目合同价款的确定（包括招标工程工程量清单和标底、投标报价的编制和审核）；合同价款的签订与调整（包括工程变更、工程洽商和索赔费用的计算）及工程款支付，工程结算及竣工结（决）算报告的编制与审核等；(4)工程造价经济纠纷的鉴定和仲裁的咨询；(5)提供工程造价信息服务等。工程造价咨询企业可以对建设项目的组织实施进行全过程或者若干阶段的管理和服务。

工程造价咨询企业资质的有效期为3年。资质有效期届满，需要继续从事工程造价咨询活动的,应当在资质有效期届满30日前向资质许可机关提出资质延续申请。资质许可机关应当根据申请作出是否准予延续的决定。准予延续的,资质有效期延续3年。工程造价咨询企业的名称、住所、组织形式、法定代表人、技术负责人、注册资本等事项发生变更的,应当自变更确立之日起30日内,到资质许可机关办理资质证书变更手续。工程造价咨询企业合并的,合并后存续或者新设立的工程造价咨询企业可以承继合并前各方中较高的资质等级,但应当符合相应的资质等级条件。工程造价咨询企业分立的,只能由分立后的一方承继原工程造价咨询企业资质,但应当符合原工程造价咨询企业资质等级条件。

(一)造价咨询企业的资质管理规定

根据2020年2月19日住建部令第50号修正的《工程造价咨询企业管理办法》的规定,工程造价咨询企业资质等级分为甲级、乙级。

甲级工程造价咨询企业资质标准如下:(1)已取得乙级工程造价咨询企业资质证书满3年;(2)技术负责人已取得一级造价工程师注册证书,并具有工程或工程经济类高级专业技术职称,且从事工程造价专业工作15年以上;(3)专职从事工程造价专业工作的人员(以下简称专职专业人员)不少于12人,其中,具有工程(或工程经济类)中级以上专业技术职称或者取得二级造价工程师注册证书的人员合计不少于10人;取得一级造价工程师注册证书的人员不少于6人,其他人员具有从事工程造价专业工作的经历;(4)企业与专职专业人员签订了劳动合同,且专职专业人员符合国家规定的职业年龄(出资人除外);(5)企业近3年工程造价咨询营业收入累计不低于人民币500万元;(6)企业为本单位专职专业人员办理的社会基本养老保险手续齐全;(7)在申请核定资质等级之日前3年内无本办法第25条禁止的行为。

乙级工程造价咨询企业资质标准如下:(1)技术负责人已取得一级造价工程师注册证书,并具有工程或工程经济类高级专业技术职称,且从事工程造价专业工作10年以上;(2)专职专业人员不少于6人,其中,具有工程(或工程经济类)中级以上专业技术职称或者取得二级造价工程师注册证书的人员合计不少于4人;取得一级造价工程师注册证书的人员不少于3人,其他人员具有从事工程造价专业工作的经历;(3)企业与专职专业人员签订了劳动合同,且专职专业人员符合国家规定的职业年龄(出资人除外);(4)企业为本单位专职专业人员办理的社会基本养老保险手续齐全;(5)暂定期内工程造价咨询营业收入累计不低于人民币50万元;(6)申请核定资质等级之日前无本办法第25条禁止的行为。

（二）全过程工程咨询服务

为了进一步完善工程建设组织模式，提高投资效益、工程建设质量和运营效率，国家发展改革委、住建部发布的《关于推进全过程工程咨询服务发展的指导意见》（发改投资规〔2019〕515 号），在房屋建筑和市政基础设施领域推进全过程工程咨询服务。在项目决策和建设实施两个阶段，着力破除制度性障碍，重点培育发展投资决策综合性咨询和工程建设全过程咨询，为固定资产投资及工程建设活动提供高质量智力技术服务，全面提升投资效益、工程建设质量和运营效率，推动高质量发展。其中，以全过程咨询推动完善工程建设组织模式中的要求如下。

1. 以工程建设环节为重点推进全过程咨询。在房屋建筑、市政基础设施等工程建设中，鼓励建设单位委托咨询单位提供招标代理、勘察、设计、监理、造价、项目管理等全过程咨询服务，满足建设单位一体化服务需求，增强工程建设过程的协同性。全过程咨询单位应当以工程质量和安全为前提，帮助建设单位提高建设效率、节约建设资金。

2. 探索工程建设全过程咨询服务实施方式。工程建设全过程咨询服务应当由一家具有综合能力的咨询单位实施，也可由多家具有招标代理、勘察、设计、监理、造价、项目管理等不同能力的咨询单位联合实施。由多家咨询单位联合实施的，应当明确牵头单位及各单位的权利、义务和责任。要充分发挥政府投资项目和国有企业投资项目的示范引领作用，引导一批有影响力、有示范作用的政府投资项目和国有企业投资项目带头推行工程建设全过程咨询。鼓励民间投资项目的建设单位根据项目规模和特点，本着信誉可靠、综合能力和效率优先的原则，依法选择优秀团队实施工程建设全过程咨询。

3. 促进工程建设全过程咨询服务发展。全过程咨询单位提供勘察、设计、监理或造价咨询服务时，应当具有与工程规模及委托内容相适应的资质条件。全过程咨询服务单位应当自行完成自有资质证书许可范围内的业务，在保证整个工程项目完整性的前提下，按照合同约定或经建设单位同意，可将自有资质证书许可范围外的咨询业务依法依规择优委托给具有相应资质或能力的单位，全过程咨询服务单位应对被委托单位的委托业务负总责。建设单位选择具有相应工程勘察、设计、监理或造价咨询资质的单位开展全过程咨询服务的，除法律法规另有规定外，可不再另行委托勘察、设计、监理或造价咨询单位。

4. 明确工程建设全过程咨询服务人员要求。工程建设全过程咨询项目负责人应当取得工程建设类注册执业资格且具有工程类、工程经济类高级职称，并具有类似工程经验。对于工程建设全过程咨询服务中承担工程勘察、设计、监理或造价咨询业务的负责人,应具有法律法规规定的相应执业资格。全过程咨询服务单位应根据项目管理需要配备具有相应执业能力的专业技术人员和管理人员。设计单位在民用建筑中实施全过程咨询的,要充分发挥建筑师的主导作用。

二、工程造价咨询意见与工程造价鉴定

工程造价咨询意见是当事人就争议事实涉及的建设工程造价这一专门性问题自行委托有关机构、人员出具的专业性意见。

工程造价鉴定,是指鉴定机构接受人民法院或仲裁机构委托,对诉讼或仲裁案件中的工程造价争议,运用工程造价方面的专门知识进行鉴别、判断并提供鉴定意见的活动。工程造价鉴定机构指接受委托,从事工程造价鉴定的具有建设工程造价咨询资质证书的工程造价咨询企业。鉴定意见是指鉴定人根据鉴定依据,运用科学技术和专业知识,经过鉴定程序就工程造价争议事项的专门性问题作出的鉴定结论,表现为鉴定机构对委托人出具的鉴定项目鉴定意见书及补充鉴定意见书。

原《建设工程施工合同司法解释(二)》(征求意见稿)第20条规定:"当事人在提起诉讼前,共同委托的鉴定人已经对建设工程造价出具鉴定意见,诉讼中一方当事人申请重新鉴定的,不予准许。但当事人有证据证明鉴定意见具有《最高人民法院关于民事诉讼证据的若干规定》第27条第1款规定情形,且不能通过该条第2款规定方法解决的除外。"鉴定人主要是指受司法机关指派或聘请,运用专门知识或技能对案件的专门性问题进行鉴别和判断的人。征求意见稿中对当事人共同委托的对象限于接受人民法院或仲裁机构委托有资质从事工程造价鉴定的特定工程造价专业机构。相比于征求意见稿,《建设工程施工合同司法解释(一)》第30条将征求意见稿中的"鉴定人"表述为"有关机构、人员",且对这些机构、人员没有进行资质方面的要求,应理解为只要具备相应的专业能力即可,例如,工程定额站、造价咨询机构、项目管理咨询公司、工程顾问公司以及具有接受工程造价专业咨询能力的个人。这些变化也说明了诉讼前双方共同委托的有关机构或人员不属于司法委托鉴定,诉讼前共同委托有关机构或人员出具的意见是"咨询意见",不属于"鉴定意见"。

三、咨询意见的法律效力探讨

《民事诉讼法解释》第122条第2款、第3款规定:"具有专门知识的人在法庭上就专业问题提出的意见,视为当事人的陈述。人民法院准许当事人申请的,相关

费用由提出申请的当事人负担。”第123条规定：“人民法院可以对出庭的具有专门知识的人进行询问。经法庭准许，当事人可以对出庭的具有专门知识的人进行询问，当事人各自申请的具有专门知识的人可以就案件中的有关问题进行对质。具有专门知识的人不得参与专业问题之外的法庭审理活动。”

咨询意见性质上不属于鉴定意见，也不属于书证，而属于当事人陈述，根据《民事诉讼法》第63条的规定，其仍然属于证据种类的一种。因此，如果咨询意见严格依据相关法定程序进行了质证，理论上也可以作为证据使用，可以作为定案的依据之一。

对于当事人自行委托的咨询意见的性质，目前并无相关法律进行明确界定，司法实践中亦存在不同观点。

第一种观点认为，当事人自行委托的专业性意见属于书证，如《最高人民法院关于民事诉讼证据的解释》（征求意见稿）第116条即规定：“当事人就案件事实所涉及的专门性问题自行委托有关机构出具的专业性意见，适用民事诉讼法和本解释关于书证的规定。”如山东省高级人民法院作出的（2017）鲁民终799号判决认为：“对于立信公司出具的《咨询意见书》及情况说明能否予以采信的问题，因立信公司出具的咨询意见书系当事人自行委托进行，一审法院组织双方当事人提出对咨询意见书的异议，由立信公司出具情况说明进行答复，立信公司的《咨询意见书》及情况说明具有书证的效力。”

第二种观点认为，当事人自行委托鉴定的咨询意见，属于证人证言性质。例如，佛山市中级人民法院作出的（2005）佛中法民一终字第918号判决认为：“本案中，围绕上诉人邓某友的损伤是否构成伤残等级这一待证事实，存在两份结论相异的在卷证据材料，分别为由广东南粤法医临床司法鉴定所与广东公鉴法医临床司法鉴定所出具的司法鉴定书及咨询意见书。经审查，前者系受托于公安交通管理部门而进行鉴定并制作而成，而后者则系由上诉人邓某友自行委托评定；且前一书面材料在证据分类上属鉴定结论，而后一咨询意见书则属于证人证言。综合分析比较上述两份证据材料的真实性、合法性等证据效力，前者均明显较后者为优。”

第三种观点认为，当事人自行委托的咨询意见既不属于书证也不属于证人证言，而是当事人陈述的一种特殊情形。

当事人自行委托的咨询意见存在的三种不同的情形：（1）当事人在诉讼前共同委托有关机构、人员出具咨询意见，双方当事人明确表示受咨询意见的约束。（2）当事人在诉讼前共同委托有关机构、人员出具咨询意见，双方当事人未明确表示受咨询意见的约束。(3)一方当事人单方面委托的咨询意见。对于当事人自行委托的咨询意见的效力,在具体司法实践中,应首先对当事人自行委托鉴定的咨询意见进行合理区分,结合相应法律法规、司法解释、司法裁判进行综合判断。

操作要点

1. 如发承包双方对承包范围内的建设工程造价有争议,双方共同确定委托有相应专业能力的机构、人员出具专业性的工程造价咨询意见,则在签订委托协议前,可以考虑明确共同委托并不代表必然接受书面咨询意见的约束,是否接受该咨询意见发承包双方事后均享有最后的决定权。从而进一步避免司法机关可能错误地将咨询意见直接作为裁判的依据。

2. 不建议在诉前双方造价咨询委托时进行以下类似的约定,如“双方共同委托有关机构对建设工程造价出具咨询意见,并以此意见作为结算的依据”“共同委托的咨询机构出具的意见对发承包双方有约束力”“双方关于本工程项目承包范围内的结算以咨询机构出具的意见为准”。这个约定是否属于“明确表示受该咨询意见约束”可能在具体的案件中会产生争议,在具案诉讼过程中有申请鉴定不被人民法院准许的风险。笔者认为,在咨询意见尚没有作出的情况下,双方当事人无法对将来未知的咨询意见的内容作出合理、正确的评判,原《建设工程施工合同司法解释(二)》第13条但书中的内容应为已经出具的咨询意见,当事人认可的应为专业机构或人员已经出具的书面咨询意见。

3. 为了尽量减少双方的分歧、缩小专业咨询涉及的结算范围,在共同委托造价咨询前,对无争议部分进行确认,仅将有分歧的分部分项工程、工程子目列入争议委托咨询,这样既有利于提高结算的效率,也有利于争议的解决。

实务案例裁判要旨

表30-1　单方委托形成的咨询报告不能作为结算依据

序号	法院及案号	法院观点	证明观点
1	公报案例:最高院(2010)民提字第210号	上述报告审核的依据是鲸园公司单方提供的涉案工程决算书,该决算书亦未经发包方旅游基地认可。依照上述事实可以认定山东汇德会计师事务所有限公司威海分公司出具的《工程结算审核报告》,对工程款结算数额的审核不准确,不能作为证据采信	单方委托形成的咨询报告不能作为结算依据

续表

序号	法院及案号	法院观点	证明观点
2	最高院(2018)最高法民再189号	关于江北管委会提交的《华普报告》。该报告为江北管委会单方委托华普公司作出,其造价咨询报告不能否定法院依照法定程序委托的建成公司出具的《鉴定报告》,不能作为认定案件事实的依据	单方委托形成的咨询报告不能作为结算依据
3	最高院(2017)最高法民申3579号	至于金日盛公司提交的安徽中信工程咨询有限责任公司出具的《安徽周油坊铁矿2#主井、南风井等项目结算报告》,系金日盛公司单方委托所作,不具客观性,万通公司不予认可,原审对该证据不予采信并无不当	单方委托形成的咨询报告不能作为结算依据
4	最高院(2014)最高法民申字第1733号	因建工集团主张的实际成本系依据其单方委托的造价评估鉴定,鑫亿公司不予认可,该金额不能认定为案涉工程的实际成本	单方委托形成的咨询报告不能作为结算依据
5	湖南高院(2018)湘民终788号	证据1、证据2系基于宜章和一旅游公司、宜章和一置业公司单方委托鉴定机构出具的鉴定结论制作,该鉴定结论不应作为认定案涉工程价款的依据,故对该组证据的关联性不予认定,本院对该证据不予认可	单方委托形成的咨询报告不能作为结算依据

表30－2　单方委托形成的咨询报告作为结算依据

序号	法院及案号	法院观点	证明观点
1	最高院(2014)民申字第1459号	燕宇公司委托具有司法鉴定资质的四川恒达建筑工程造价司法鉴定所对中建六局五公司施工部分工程的造价进行了鉴定,鉴定机构根据司法鉴定规范,就全部送检资料所反映的工程情况进行鉴定,并对鉴定情况出具了详细说明。原审法院书面通知中建六局五公司对鉴定报告原件及《鉴定资料清单》进行质证,中建六局五公司并未对其真实性提出异议。《民事诉讼证据规定》(2008年)第28条规定:"当事人自行委托鉴定部门作出的鉴定,另一方当事人有足以反驳的证据证明其鉴定确有错误,申请重新鉴定的,人民法院应当准许。"但中建六局五公司亦不申请重新鉴定,故原审法院依据燕宇公司提交的鉴定报告确定的数额认定中建六局五公司施工部分造价并无不妥,其关于举证责任的分配合法妥当,本院予以维持	单方委托形成的咨询报告经质证后可以作为结算依据

续表

序号	法院及案号	法院观点	证明观点
2	最高院(2017)最高法民申461号	普发公司出具的咨询报告虽系安华公司单方委托作出,但安华公司在诉讼中将其提交给法院,应当认定为安华公司为证明案涉工程价款而提交的证据。在力安公司不予认可,但未能提出足以反驳的证据,且不申请工程造价鉴定的情况下,一审、二审法院采信该报告并依据该报告认定工程价款,符合上述法律规定,并无不当	单方委托形成的咨询报告经质证后可以作为结算依据
3	最高院(2015)民申字第3161号	同力公司出具的《工程咨询报告书》是受锻压公司委托而形成的涉案工程结算文件,该报告书为有资质的造价咨询机构出具,经双方质证后,可以作为定案依据	单方委托形成的咨询报告经质证后可以作为结算依据

相关规定指引

《河北省高级人民法院建设工程施工合同案件审理指南》

23. 当事人诉前共同委托具有鉴定资质的鉴定机构对涉案工程的工程造价作出鉴定结论,诉讼中一方当事人要求重新鉴定的,人民法院一般不予准许,但有证据推翻该鉴定结论的除外。承包方提出结算申请后,发包人单方委托鉴定,后承包方以发包人委托鉴定结论为依据起诉要求支付工程款的,按诉前共同委托鉴定处理。

《江苏省高级人民法院建设工程施工合同案件审理指南》

一、审理建设工程施工合同纠纷应当坚持的基本原则

2. ……当事人诉前已经共同选定具有相应资质的鉴定机构对建设工程作出了鉴定结论,诉讼中一方当事人要求重新鉴定的,法院不予支持。

《浙江省高级人民法院民事审判第一庭关于审理建设工程施工合同纠纷案件若干疑难问题的解答》

十七、启动工程量和工程价款鉴定程序,应注意哪些问题?

第2款 诉讼前已经由当事人共同选定具有相应资质的鉴定机构对工程价款进行了鉴定,诉讼中一方当事人要求重新鉴定的,不予准许,但确有证据证明鉴定结论具有《最高人民法院关于民事诉讼证据的若干规定》第二十七条第一款规定的情形除外。

《广东省高级人民法院关于审理建设工程施工合同纠纷案件若干问题的指导意见》

第6条　当事人于诉前或者诉讼中共同选定具有相应资质的鉴定机构对建设工程进行造价鉴定并出具了鉴定结论，一方当事人要求重新进行鉴定的，不予支持，但有证据证明该鉴定结论具有《最高人民法院关于民事诉讼证据的若干规定》第二十七条第一款规定的情形除外。

第三十一讲

对争议事实进行鉴定

法条原文

第 31 条　当事人对部分案件事实有争议的，仅对有争议的事实进行鉴定，但争议事实范围不能确定，或者双方当事人请求对全部事实鉴定的除外。

思维导图

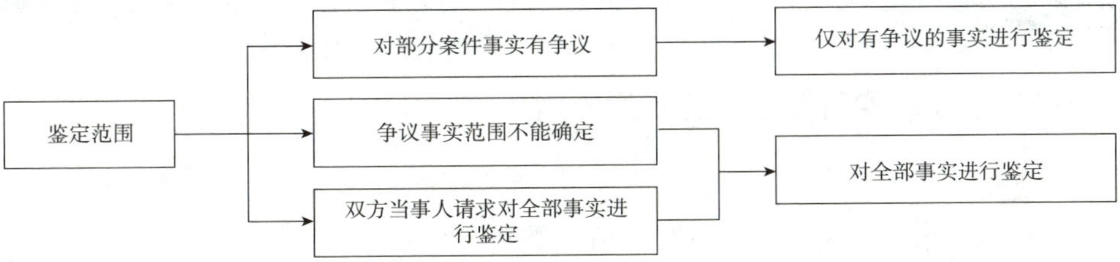

图 31－1　对争议事实进行鉴定

条文释义

本条是关于仅需对争议事实进行鉴定的规定，确定了对事实的鉴定以必要性为原则。

一、对争议事实进行鉴定，缩小鉴定的范围，减少鉴定次数

对部分案件事实有争议的，仅需对有争议的事实进行鉴定，反对简单粗暴的全面鉴定。能不鉴定的尽量不鉴定，能少鉴定的尽量少鉴定。鉴定的内容主要涉及工程造价、工程质量、修复方案、修复费用、工期方面的专业性问题。一般情况下，法院或者仲裁机构应根据当事人的举证、质证、辩论，确定争议事项以及需要进行鉴定的事项，而不是直接将全部事项全部委托鉴定机构进行鉴定。法院或者仲裁机构只应在具备条件时才能启动鉴定程序，对通过当事人提交的证据可以认定的事实不应通过鉴定解决。例如，在涉及工程价款的纠纷中，如果仅通过部分鉴定即可确定总工程价款的，则应当仅就该部分进行工程造价司法鉴定。这样有利于缩短诉讼时间、节省诉讼资源，避免给当事人造成不必要的诉累，降低诉讼成本，充分维护当事人的权益。

二、对全部争议事项进行鉴定的情形

本条在确定尽量少鉴定原则的前提下,规定了可以对全部争议事实进行鉴定的两种另外情形。其一,在争议事实范围无法确定的情况下,须对全部事实进行鉴定;其二,为充分尊重当事人的意思自治,若双方均请求对全部事实进行鉴定,则可对全部事实进行鉴定。

实务难点

确定争议事实需要进行鉴定的原则

鉴定事项需对待证事实有实际意义,具备鉴定的客观条件,且鉴定事项应符合合同约定或者相关法律、法规规定,否则应不准许鉴定。

1. 关联性原则

当事人申请鉴定的事项应当与案件争议事实具有关联性。《民事诉讼法解释》第 121 条第 1 款规定:“当事人申请鉴定,可以在举证期限届满前提出。申请鉴定事项与待证事实无关联,或者对待证事实无意义的,人民法院不予准许。”从该条规定可知,与争议事实没有关联,或者不涉及案件基本事实的认定,或者对讼争事项的裁量没有意义,缺乏鉴定必要性的,该类鉴定申请不应准许。

2. 必要性原则

《民事诉讼法》第 76 条规定:“当事人可以就查明事实的专门性问题向人民法院申请鉴定。当事人申请鉴定的,由双方当事人协商确定具备资格的鉴定人;协商不成的,由人民法院指定。当事人未申请鉴定,人民法院对专门性问题认为需要鉴定的,应当委托具备资格的鉴定人进行鉴定。”从该规定看,需要鉴定的事实首先是专门性的问题。因争议事实涉及专门性问题,通过当事人的举证对争议事实无法达到高度盖然性证明标准,当事人申请鉴定的,人民法院可以准许;争议事实虽涉及专门性问题,但通过当事人的举证、质证,人民法院即可认定的,应不予鉴定。只有确需进行司法鉴定并在确定了鉴定范围、鉴定原则、鉴定方法,提供了必要的鉴定材料后方可启动。

以工程质量鉴定为例,如发包人认为工程质量不合格,应当提供案涉工程存在质量问题的初步证据,如照片、视频、检查报告、专家意见等。如果发包人申请对工程质量鉴定时没有任何证据表明存在质量问题,法院一般不同意该鉴定申请,除非承包人同意。再如,承包人主张工期顺延的,人民法院应当围绕其主张顺延的理由逐一审查。审查时参考工程量的增加、发包人临时变更设计、发包人未按约提供原材料、设备、场地、资金、技术资料等因素,必要时经当事人申请可委托司法鉴定机构进行工期鉴定。

3. 可行性原则

委托鉴定的事项应当具备可鉴定的现实条件,属于能够通过司法鉴定得出鉴定意见的事项。如果待鉴定的工程已经灭失或者鉴定要求明显超出鉴定机构能力的,法院可向鉴定机构询问,以确定是否可以进行鉴定。如果确定超出鉴定机构技术条件或者能力范围的,可以由鉴定机构向委托人书面说明理由,最终确定是否准许当事人的申请。

操作要点

1. 当双方出现争议时,双方可以对质量、造价等纠纷中没有争议的部分达成书面协议,这样起诉至法院或者申请仲裁时,只需对争议部分进行鉴定,从而可以节省时间成本和经济成本。

2. 申请鉴定时,对没有争议的部分不申请鉴定,仅对争议部分申请鉴定(如质量争议、工程款争议等),这样不仅有利于节省鉴定费用,也有利于避免在案件审理中造成不必要的麻烦。

3. 虽然造价鉴定是对争议案件涉及的工程造价技术性、专门性问题进行鉴定,但并非案件一旦进入鉴定阶段,当事人以及当事人的代理人就不需要做工作了。在鉴定阶段,当事人或者代理人不能被动地等待鉴定结果,应对鉴定的实体及程序密切进行跟踪(当然这需要当事人、代理律师熟悉鉴定过程中的事实问题和法律问题),一旦发现鉴定机构代替裁决机构行使裁决权时,应及时提出。

有关鉴定,一般应当知晓以下问题:

(1)鉴定机关、鉴定人员必须具有鉴定资质。若无鉴定资质,则鉴定结论无效。

(2)对于递交的材料必须经过质证,经过质证程序的材料才能作为鉴定材料。

(3)若对鉴定结论存在异议,应及时按法定程序提出,且鉴定机关有义务对鉴定过程、鉴定依据、鉴定采用方法及鉴定适用标准作出说明,对重大事项还应该进行书面答疑。

4. 一般来说,鉴定机构在接受委托时应要求案件审理机构对相关鉴定材料做出效力性的确认。如果案件审理机构没有作出效力性的确认,则鉴定机构可在征得案件审理机构同意后,根据相关资料并结合不同的争议内容和问题分别做出选择性的鉴定结论,以便案件审理机构根据案件情况选择一种鉴定结论作出裁决。

5. 对于哪些事项应进行鉴定、哪些事项不需要鉴定,当事人、代理律师一定要知晓,如发现鉴定机构对不需要鉴定的事项进行了鉴定或者遗漏了鉴定事项等问题,应及时提出。否则,一旦鉴定报告作出,再予以推翻则有相当大的难度。

实务案例裁判要旨

表 31-1 司法鉴定应坚持必要性原则,仅对有争议部分事实进行鉴定

序号	法院及案号	法院观点	证明观点
1	最高院(2019)最高法民申 5195 号	本案中,《补充协议书》第 8 条合同价款的末尾,双方进一步明确约定,高层部分合同价款最终以双方核算认可的价格为准。因此,《补充协议书》中关于高层 2、3、4、5、6、9、10 号楼的合同价款虽名为暂定价,实行预算包干价,但因最终的工程价款须待双方核算认可后才能作为结算依据,即高层部分工程价款并非固定不变,故《补充协议书》中关于高层部分工程的合同价款的约定并非原《建设工程施工合同解释》第 22 条规定的固定价。虽然恩利公司与桐木公司双方已就碧海蒙苑一期酒店、别墅工程签订《单位工程(预)决算表》,对前述部分工程的工程量及工程价格进行核对。但是,恩利公司认可桐木公司于 2015 年 7 月 28 日送交恩利公司《碧海蒙苑(一期)工程酒店、别墅建安工程结算书》的真实性及合法性,并认为该结算书中采用的工程款计算方式及结果错误。该结算书中载明的酒店、别墅工程结算款为 21,369,083.11 元,而恩利公司根据《单位工程(预)决算表》汇总的酒店、别墅工程结算款为 11,977,454.15 元。由此可见,恩利公司与桐木公司双方之间实际上对酒店、别墅工程的结算款存有争议。故原审法院根据原《建设工程施工合同解释》第 23 条的规定对酒店、别墅工程造价进行司法鉴定,并无不当	补充协议变更工程款结算方式为按实结算的,双方对结算结果存在争议的,法院可以进行司法鉴定

续表

序号	法院及案号	法院观点	证明观点
2	最高院(2020)最高法民申213号	本案中,怡安公司和幸福之家公司对未完成的地下一层车库工程造价存在争议,怡安公司向一审法院申请鉴定,幸福之家公司作为发包方,有义务提供地下车库施工标准等鉴定材料,但幸福之家公司未能提供地下车库施工标准,也未提供其他能够确定地下车库工程量的鉴定依据,在此情况下,一审法院委托鉴定机构依据施工图纸、现场勘测记录等材料,按照吉林省建筑装饰工程预算定额、吉林省安装工程预算定额以及市场情况进行鉴定计算工程造价并无不当	司法鉴定过程中,发包方有义务提供相关鉴定材料,否则应当承担不利后果
3	最高院(2020)最高法民申1134号	本院经审查认为,金城公司申请再审的理由不能成立。根据金城公司与海航大学签订的《工程代建合作协议书》,案涉工程结算造价应以海航大学上级审计部门的审计金额为准。海航大学上级审计部门因军队改革被撤销后,前述合同约定已无法执行。在双方对案涉工程结算造价存在争议的情形下,原审法院根据司法鉴定结论认定工程结算造价,认定事实和适用法律并无不当。金城公司认为原审法院准许进行司法鉴定违反原《建设工程施工合同司法解释》第23条,主张以大连信诚公司的审计报告为依据确定工程结算造价,但大连信诚公司的审计报告并非由海航大学上级审计部门委托做出,既不符合双方当事人之间的约定,也明确记载该审计是包含部分未完工项目及应扣除费用的初步审核,故不能作为案涉工程结算造价依据	合同约定以审计部门的审计金额为准,若审计部门被撤销,双方对工程价款存在争议的,应通过鉴定确定工程价款

表31-2　在不具备鉴定的客观条件下,法院可不准许鉴定

序号	法院及案号	法院观点	证明观点
1	最高院(2018)最高法民终875号	新千公司认为,对工程变更项目进行鉴定既包括增量也包括减量,一审法院仅对增量进行鉴定,对新千公司提出对减量进行鉴定的申请不予准许,程序严重错误。经审查,施工过程中,新千公司虽向中建公司发送了关于取消合同内相关项目的工作联系单,但未经中建公司及监理单位签字确认,中建公司已经为施工做了相应的准备工作,因此给中建公司造成的损失,按约定应由新千公司承担。一审法院根据上述事实确认中建公司已完成合同固定价2100万元范围内的全部项目,且未准许新千公司就合同内减项进行鉴定的申请,并无不当,不存在程序错误的情形。在鉴定	发包人未对减量工程提供有效证据的,法院对减量部分可不予进行鉴定

续表

序号	法院及案号	法院观点	证明观点
2		过程中,案涉双方分别向鉴定机构提供了签证单、工作联系单等资料,鉴定机构系根据人民法院已经质证的相关资料,依据鉴定规则作出鉴定结论,鉴定程序并无不当。新千公司关于本案程序违法的上诉理由不能成立,本院不予支持	
2	最高院(2018)最高法民终1313号	在案涉工程冬休期即将结束之时,本溪庆永公司未与中色十二冶公司对已完工工程进行交接、验收,即强行进场接管案涉工程,并交由他人继续施工至竣工验收,导致中色十二冶公司已完工工程被覆盖而不具备质量鉴定条件,一审法院委托的鉴定机构因而做退鉴处理。因案涉工程质量不具备鉴定条件,本溪庆永公司关于一审法院未另行委托鉴定存在程序违法的上诉理由,与案件事实不符,不能成立	工程被覆盖而不具备鉴定条件的,法院可不准鉴定
3	最高院(2019)最高法民申6431号	关于案涉维修费用是否应予重新鉴定问题。由于天盛公司曾在施工过程中要求进行设计变更,但其未能提供设计变更后的工程图纸,鉴定期间也未能提供修复设计图纸,工程维修费用不具备鉴定条件,且一审法院在判决中已告知天盛公司待其有充分维修费用证据后可另行主张权利。现天盛公司以维修费用应重新鉴定为由申请再审,没有事实和法律依据	工程鉴定期间不提供设计修复图纸,导致没有鉴定条件的,法院可不予鉴定

相关规定指引

《民事诉讼法》

第76条 当事人可以就查明事实的专门性问题向人民法院申请鉴定。当事人申请鉴定的,由双方当事人协商确定具备资格的鉴定人;协商不成的,由人民法院指定。当事人未申请鉴定,人民法院对专门性问题认为需要鉴定的,应当委托具备资格的鉴定人进行鉴定。

《民事诉讼法解释》

第121条 当事人申请鉴定,可以在举证期限届满前提出。申请鉴定事项与待证事实无关联,或者对待证事实无意义的,人民法院不予准许。

……

《山东省高级人民法院2005年全省民事审判工作座谈会纪要》

二、关于建设工程施工合同纠纷案件的处理问题

(二)关于建设工程造价的鉴定问题。合同对工程价款没有约定或者约定不

明,工程竣工后,当事人双方又不能达成结算协议的,也无法采取其他结算方式结算工程款的情形下,可以委托工程造价审计部门对工程款的数额予以审定,但要防止鉴定出现过多过滥的现象。为此会议确定了以下原则:建设工程的造价或者工程款的数额不通过鉴定可以确定,则不作鉴定;必须通过鉴定才能确定工程价款的,要尽可能减少鉴定次数,能不重新鉴定的,则不重新鉴定;必须通过鉴定才能确定工程价款数额的,要尽可能地减少鉴定范围,能不全部鉴定的,则不进行全部鉴定。在一审诉讼中已经委托鉴定的,如果鉴定机构或者鉴定人具有相应的资格,鉴定程序合法,且经过一审庭审质证,鉴定人也出庭答复的,当事人就鉴定的事项上诉请求二审重新鉴定的,原则上不予支持。

第三十二讲

一审未申请鉴定的法律后果

法条原文

第 32 条　当事人对工程造价、质量、修复费用等专门性问题有争议，人民法院认为需要鉴定的，应当向负有举证责任的当事人释明。当事人经释明未申请鉴定，虽申请鉴定但未支付鉴定费用或者拒不提供相关材料的，应当承担举证不能的法律后果。

一审诉讼中负有举证责任的当事人未申请鉴定，虽申请鉴定但未支付鉴定费用或者拒不提供相关材料，二审诉讼中申请鉴定，人民法院认为确有必要的，应当依照民事诉讼法第一百七十条第一款第三项的规定处理。

思维导图

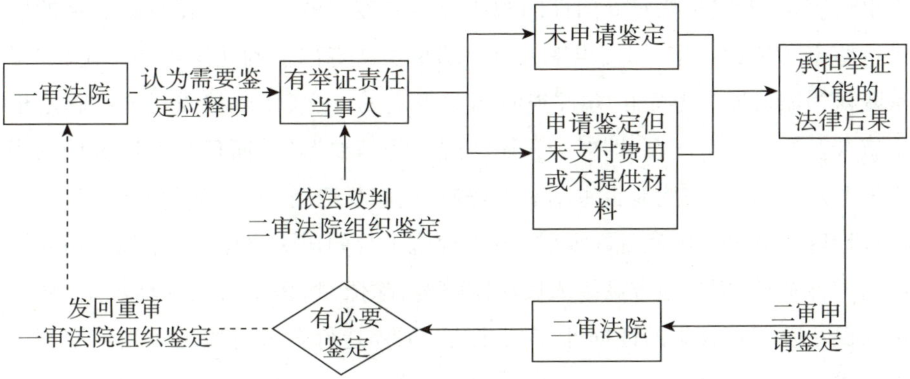

图 32－1　一审未申请鉴定的法律后果

条文释义

本条第 1 款规定了人民法院的释明责任及当事人在一审程序中对应当申请鉴定的专门性问题未申请鉴定应承担的法律后果。本条第 2 款规定了当事人在一审程序中未对专门性问题申请鉴定时，二审法院应当如何处理。

一、负有举证义务的当事人未申请鉴定的法律后果

根据《民事诉讼法》和《民事诉讼证据规定》等相关法律的规定，对一些有争议

的专业性问题(如工程造价、质量、工期、修复费用等),负有举证责任的一方当事人,如果不申请鉴定、申请鉴定但未支付鉴定费用或者拒不提供相关材料的,则应承担举证不能的法律后果。根据本条第1款的规定,当事人未完成举证情形主要包括:未申请鉴定、虽申请鉴定但未支付鉴定费用、拒不提供相关材料。这与《民事诉讼证据规定》第31条第2款规定的精神是一致的,该条第2款规定:"对需要鉴定的待证事实负有举证责任的当事人,在人民法院指定期间内无正当理由不提出鉴定申请或者不预交鉴定费用,或者拒不提供相关材料,致使待证事实无法查明的,应当承担举证不能的法律后果。"

依据本条的规定,人民法院向负有举证责任的当事人进行了释明,在当事人不按法律规定的程序申请司法鉴定的情况下,人民法院可以据此判决其承担举证不能的法律后果。本条第1款关于鉴定程序启动方式的规定,《民事诉讼法》第76条也有涉及,但两者的内涵有一定的差异。《民事诉讼法》第76条第2款规定:"当事人未申请鉴定,人民法院对专门性问题认为需要鉴定的,应当委托具备资格的鉴定人进行鉴定。"依此规定,即便当事人对查明事实的专门性问题未申请鉴定,如果人民法院认为需要通过鉴定的方式查明相关事实的,应当依职权委托鉴定。这里实际上就涉及这样一个问题,即对于人民法院认为需要鉴定,而负有举证责任的当事人拒绝鉴定的,人民法院能否主动对工程质量、修复费用、工程造价等进行鉴定。根据部分地区的高级人民法院在原《建设工程施工合同司法解释(二)》施行前对该问题的指导性意见,部分地方高级人民法院认为:除依照《民事诉讼证据规定》属于应当由人民法院调查收集的证据外,对工程量、工程造价等进行鉴定应当依照当事人的申请进行。

需要说明的一点是,关于提供相关材料的义务人,不应局限于申请鉴定的一方当事人,任何有可能留存相关材料的相关主体都有提供或者配合提供相关材料的义务。若一方当事人无正当理由在规定期限内拒绝提交鉴定材料或拒不配合,导致鉴定无法进行,在法院释明不利后果后其仍拒绝提交或拒不配合的,或经过催告在合理期限内仍不提交且不能做出合理解释的,拒绝提供相关材料的一方应承担相应的不利法律后果。

二、人民法院进行释明的必要性

释明是法官的一项审判职责,应当遵循合法、公开、中立、适度、有利于诉讼的原则。释明的内容一般限于阐释法律规定、告知诉讼风险及诉讼相关的事项,但不得违反辩论原则、处分原则。审理法官应仅就如何规范主张权利或进行有效抗辩以释明的形式进行引导,不能将释明不合理地演变为一种提醒、提示。释明既可以采用书面方式,也可以口头告知。释明应当根据案件审理的实际需要,在立案、送达、证据交换、调解、开庭、庭后等阶段适时进行。释明权,是指法院为救济当事人在举证和质证过程中存在的能力上的不足或缺陷,通过发问、指导等方式以澄清或落实当事人主张的某些事实,以引导和协助当事人对案件的主要事实和主要证据进行有效和积极辩论的权利。

在司法实践中,人民法院认为当事人提交的证据不充分时,应当依据职权向当事人释明,告知当事人应申请司法鉴定,并说明不申请司法鉴定的法律后果。如果当事人经释明后仍不申请鉴定,或者申请鉴定后不支付鉴定费用、不提供相关材料,人民法院可以判定负有举证义务的当事人承担举证不能的不利后果。如果人民法院未经释明而直接以举证不能判决当事人承担不利后果,则属于剥夺当事人诉讼权利的程序违法行为。

三、一审未申请鉴定,二审应如何处理

一审中当事人未申请鉴定,二审中又申请鉴定的,如果鉴定的事项与案件基本事实有关,且不鉴定无法查明相关事实时,二审应同意鉴定申请。有观点认为,可以在二审程序中直接同意申请进行委托鉴定,但须征得当事人的同意。例如,《重庆市高级人民法院关于当前民事审判若干法律问题的指导意见》第 11 条规定:"……一审诉讼中未对工程款进行鉴定,二审诉讼中经询问当事人同意在二审中鉴定的,可以不发回重审,由二审法院委托鉴定机构对当事人争议的工程款予以鉴定。"也有观点认为:原则上应当发回重审由一审法院委托鉴定,否则会产生剥夺当事人上诉权的结果。因此,只有在当事人均愿意放弃审级利益并同意二审法院直接委托鉴定的情形下,二审法院才能委托鉴定机构进行鉴定。

《民事诉讼法》第 170 条第 1 款规定:"第二审人民法院对上诉案件,经过审理,按照下列情形,分别处理:……(三)原判决认定基本事实不清的,裁定撤销原判决,发回原审人民法院重审,或者查清事实后改判……"

因此,二审法院可以依照该规定,以事实不清为由发回一审重审,并由一审组织司法鉴定。关于二审中是否启动鉴定程序与一审人民法院是否依法进行了释明相关联的问题,笔者认为,将本条第 1 款、第 2 款进行整体解释,应该可以得出这样的结论:如果一审法院已释明,负有举证责任的当事人一审不申请鉴定、申请鉴定

但未支付鉴定费用或者拒不提供相关材料的,在二审中又申请鉴定的,该当事人应当承担举证不能的法律后果;若一审法院未释明,负有举证责任的当事人在一审中未申请鉴定,在二审中又申请鉴定的,则需要根据本条第二款的规定处理。

在具体的案件中,何为"人民法院认为确有必要",这在司法实践中容易产生争议,这实际上也是在一定程度上赋予了裁判者自由裁量权。二审法院在什么情况下发回重审,什么情况下直接根据查明的事实进行改判,相应的鉴定程序是在一审阶段进行还是直接在二审阶段进行,具有很大的不确定性。在实践中,如果二审法院认为确有重新鉴定的必要,一般可能还是发回一审法院委托鉴定机构进行鉴定。

实务难点

一、举证责任的相关法律规定

《民事诉讼法》第 64 条规定:"当事人对自己提出的主张,有责任提供证据。当事人及其诉讼代理人因客观原因不能自行收集的证据,或者人民法院认为审理案件需要的证据,人民法院应当调查收集。人民法院应当按照法定程序,全面地、客观地审查核实证据。"第 76 条规定:"当事人可以就查明事实的专门性问题向人民法院申请鉴定。当事人申请鉴定的,由双方当事人协商确定具备资格的鉴定人;协商不成的,由人民法院指定。当事人未申请鉴定,人民法院对专门性问题认为需要鉴定的,应当委托具备资格的鉴定人进行鉴定。"《民事诉讼证据规定》第 31 条规定:"当事人申请鉴定,应当在人民法院指定期间内提出,并预交鉴定费用。逾期不提出申请或者不预交鉴定费用的,视为放弃申请。对需要鉴定的待证事实负有举证责任的当事人,在人民法院指定的期限内无正当理由不提出鉴定申请或者不预交鉴定费用,或者拒不提供相关材料,致使待证事实无法查明的,应当承担举证不能的法律后果。"第 40 条规定:"当事人申请重新鉴定,存在下列情形之一的,人民法院应当准许:(一)鉴定人不具备相应资格的;(二)鉴定程序严重违法的;(三)鉴定意见明显依据不足的;(四)鉴定意见不能作为证据使用的其他情形。存在前款第一项至第三项情形的,鉴定人已经收取的鉴定费用应当退还。拒不退还的,依照本规定第八十一条第二款的规定处理。对鉴定意见的瑕疵,可以通过补正、补充鉴定或者补充质证、重新质证等方法解决的,人民法院不予准许重新鉴定的申请。重新鉴定的,原鉴定意见不得作为认定案件事实的根据。"

二、逾期举证的法律后果

从《民事诉讼法》第 31 条的规定看,基本确立了一个重要原则就是逾期提交证据将极有可能导致实体权利丧失的法律后果,鉴定申请应当在一审举证期限内提出,超过鉴定申请期限的,不应予以准许。

新修订的《民事诉讼法》及《民事诉讼法解释》改变了这种逾期失权的法律规定,即若逾期提交的证据或鉴定申请,如果确实与基本事实密切相关,不予以采信将明显导致认定基本事实错误,人民法院可以采信,可以作为定案的依据。例如,因超过期限而直接剥夺当事人申请鉴定的权利有失公平,也使法官难以查清争议事实的真相。《民事诉讼法》第 65 条规定:"当事人对自己提出的主张应当及时提供证据。人民法院根据当事人的主张和案件审理情况,确定当事人应当提供的证据及其期限。当事人在该期限内提供证据确有困难的,可以向人民法院申请延长期限,人民法院根据当事人的申请适当延长。当事人逾期提供证据的,人民法院应当责令其说明理由;拒不说明理由或者理由不成立的,人民法院根据不同情形可以不予采纳该证据,或者采纳该证据但予以训诫、罚款。"《民事诉讼法解释》第 101 条规定:"当事人逾期提供证据的,人民法院应当责令其说明理由,必要时可以要求其提供相应的证据。当事人因客观原因逾期提供证据,或者对方当事人对逾期提供证据未提出异议的,视为未逾期。"第 102 条规定:"当事人因故意或者重大过失逾期提供的证据,人民法院不予采纳。但该证据与案件基本事实有关的,人民法院应当采纳,并依照民事诉讼法第六十五条、第一百一十五条第一款的规定予以训诫、罚款。当事人非因故意或者重大过失逾期提供的证据,人民法院应当采纳,并对当事人予以训诫。当事人一方要求另一方赔偿因逾期提供证据致使其增加的交通、住宿、就餐、误工、证人出庭作证等必要费用的,人民法院可予支持。"

三、对一审中的鉴定结论不服,在二审中要求重新鉴定或补充鉴定的申请,应否予以支持

虽然《建设工程施工合同司法解释(一)》并未对该问题直接规定,但是人民法院应当严格限制重复鉴定,应避免随意进行不必要的多次、重复鉴定。对于诉讼中已经委托鉴定过的事项,当事人就同样的事项在二审中请求重新鉴定的,原则上不予支持。除非有充分证据证明存在《民事诉讼证据规定》第 40 条规定的情形。对有缺陷的鉴定结论,若可以通过补充鉴定、重新质证或者补充质证等方法解决的,亦不应予以重新鉴定。

操作要点

1. 在一些具体的建设工程施工合同纠纷中，承包人有时为了提供初步证据或者为了增强证据的证明力，自行委托有关机构先行鉴定，并以此作为诉讼依据。在这种情况下，发包人一般会对承包人单方面自行委托鉴定的结论不予认可，对鉴定人资格、鉴定依据、鉴定程序的真实性、合法性、科学性、公正性等进行质疑。此时，承包人应根据案件的审理情况，及时在法院的组织下申请法院进行司法鉴定。

2. 相关鉴定申请应在举证期限届满前提出，申请鉴定的项目、范围、内容等必须明确具体。

3. 鉴定程序启动后，鉴定资料的提供至关重要，非常关键。提供鉴定的资料必须是经过法院质证的证据材料。这些鉴定材料主要包括招标文件、投标文件、中标通知书、建设工程施工合同、补充协议、开竣工时间说明、施工组织设计、专业技术施工方案、图纸会审纪要、竣工图纸、现场签证单、变更通知单、工作联系单、现场勘察记录等书面文件。

4. 在鉴定的过程中，应着重审查鉴定机构是否具有与诉争工程相符的资质证书，鉴定报告上签字的具体鉴定人是否具有相应的专业技术职称和能力，鉴定结论是否超出鉴定委托的范围，鉴定依据的施工资料是否具有真实性、合法性和关联性，鉴定人是否具有应当回避的情形，鉴定过程是否遵守相应的行业技术规范、是否违反合同双方的约定。

实务案例裁判要旨

表 32－1　一审未申请鉴定，二审原则上不启动鉴定

序号	法院及案号	法院观点	证明观点
1	最高院（2015）民一终字第 22 号	一审法院《民事诉讼风险提示书》对不按规定申请鉴定的后果做了明确的风险提示，路桥建设公司未向一审法院提出鉴定申请，其在二审中申请鉴定超过了申请鉴定的期限，且委托鉴定的资料须经承发包双方共同确认，而该公司提交的证明工程造价的证据不为中交第一公司、公路工程公司认可，并缺乏证明力，故本院对路桥建设公司的鉴定申请不予准许	一审未提出鉴定申请，二审申请鉴定超过法定期限或委托鉴定的材料不为对方确认的，鉴定申请不予准许

续表

序号	法院及案号	法院观点	证明观点
2	最高院(2010)民提字第210号	山东高院二审判决采信正源会计师事务所出具的鉴定报告,适用法律错误。威海中院第一次一审①期间,福利公司提出对工程造价进行重新鉴定,但在法院指定期限内没有缴纳鉴定费,丧失了要求重新鉴定的权利。山东高院二审期间准许福利公司重新鉴定的申请,适用法律错误	一审指定期限内未缴纳鉴定费,二审不得重新鉴定

相关规定指引

《民事诉讼法》

第64条　当事人对自己提出的主张,有责任提供证据。

当事人及其诉讼代理人因客观原因不能自行收集的证据,或者人民法院认为审理案件需要的证据,人民法院应当调查收集。

人民法院应当按照法定程序,全面地、客观地审查核实证据。

第65条　当事人对自己提出的主张应当及时提供证据。

人民法院根据当事人的主张和案件审理情况,确定当事人应当提供的证据及其期限。当事人在该期限内提供证据确有困难的,可以向人民法院申请延长期限,人民法院根据当事人的申请适当延长。当事人逾期提供证据的,人民法院应当责令其说明理由;拒不说明理由或者理由不成立的,人民法院根据不同情形可以不予采纳该证据,或者采纳该证据但予以训诫、罚款。

第76条　当事人可以就查明事实的专门性问题向人民法院申请鉴定。当事人申请鉴定的,由双方当事人协商确定具备资格的鉴定人;协商不成的,由人民法院指定。

当事人未申请鉴定,人民法院对专门性问题认为需要鉴定的,应当委托具备资格的鉴定人进行鉴定。

第170条第1款　第二审人民法院对上诉案件,经过审理,按照下列情形,分别处理:……原判决认定基本事实不清的,裁定撤销原判决,发回原审人民法院重审,或者查清事实后改判……

① 本案发回重审过,此处是以最高院的裁判为准。

《民事诉讼法解释》

第 101 条 当事人逾期提供证据的,人民法院应当责令其说明理由,必要时可以要求其提供相应的证据。

当事人因客观原因逾期提供证据,或者对方当事人对逾期提供证据未提出异议的,视为未逾期。

第 102 条 当事人因故意或者重大过失逾期提供的证据,人民法院不予采纳。但该证据与案件基本事实有关的,人民法院应当采纳,并依照民事诉讼法第六十五条、第一百一十五条第一款的规定予以训诫、罚款。

当事人非因故意或者重大过失逾期提供的证据,人民法院应当采纳,并对当事人予以训诫。

当事人一方要求另一方赔偿因逾期提供证据致使其增加的交通、住宿、就餐、误工、证人出庭作证等必要费用的,人民法院可予支持。

《民事诉讼证据规定》

第 31 条第 2 款 对需要鉴定的待证事实负有举证责任的当事人,在人民法院指定期间内无正当理由不提出鉴定申请或者不预交鉴定费用,或者拒不提供相关材料,致使待证事实无法查明的,应当承担举证不能的法律后果。

第 40 条 当事人申请重新鉴定,存在下列情形之一的,人民法院应当准许:

(一)鉴定人不具备相应资格的;

(二)鉴定程序严重违法的;

(三)鉴定意见明显依据不足的;

(四)鉴定意见不能作为证据使用的其他情形。

存在前款第一项至第三项情形的,鉴定人已经收取的鉴定费用应当退还。拒不退还的,依照本规定第八十一条第二款的规定处理。

对鉴定意见的瑕疵,可以通过补正、补充鉴定或者补充质证、重新质证等方法解决的,人民法院不予准许重新鉴定的申请。

重新鉴定的,原鉴定意见不得作为认定案件事实的根据。

《重庆市高级人民法院关于当前民事审判若干法律问题的指导意见》

11. 建设工程造价鉴定。合同对工程价款没有约定或者约定不明,工程竣工后,当事人双方不能达成结算协议,也无法采取其他结算方式结算工程款的情形,可以委托工程造价鉴定部门对工程款的数额予以审定。审判实践中,还应注意以下问题:建设工程的造价或者工程款的数额不通过鉴定可以确定的,不作鉴定;能不全部鉴定的，则不进行全部鉴定；必须通过鉴定才能确定工程价款的，要尽可能减少鉴定次数；能不重新鉴定的，则不重新鉴定；能通过补充鉴定修正鉴定结论的，则可以补充鉴定。在一审诉讼中已经委托鉴定的，如果鉴定机构或者鉴定人具有相应的资格，鉴定程序合法，且经过一审庭审质证，当事人在二审诉讼中请求重新鉴定的，原则上不予支持。一审诉讼中未对工程款进行鉴定，二审诉讼中经询问当事人同意在二审中鉴定的，可以不发回重审，由二审法院委托鉴定机构对当事人争议的工程款予以鉴定。

《北京市高级人民法院关于审理建设工程施工合同纠纷案件若干疑难问题的解答》

32. 当事人申请对工程造价进行鉴定的，如何处理？

当事人对工程价款存在争议，既未达成结算协议，也无法采取其他方式确定工程款的，法院可以根据当事人的申请委托有司法鉴定资质的工程造价鉴定机构对工程造价进行鉴定；当事人双方均不申请鉴定的，法院应当予以释明，经释明后对鉴定事项负有举证责任的一方仍不申请鉴定的，应承担举证不能的不利后果。

鉴定过程中，一方当事人无正当理由在规定期限内拒绝提交鉴定材料或拒不配合，导致鉴定无法进行，经法院释明不利后果后其仍拒绝提交或拒不配合的，应承担举证不能的不利后果。

《河北省高级人民法院建设工程施工合同案件审理指南》

27. 鉴定过程中，各方当事人均有提交鉴定资料的义务。当事人在鉴定过程中未按法院指定的期限提交鉴定资料，经过催告仍不提交，且不能做出合理解释的，视为拖延提交鉴定资料，应承担举证不能的法律后果。

28. 人民法院经审理认为就建设工程价款等专门性问题需要进行鉴定的，应当向负有举证责任的当事人进行充分释明、明确告知其不申请鉴定可能承担的不利后果。当事人经释明后未申请鉴定的，可参照民事诉讼法逾期举证的规定，由其承担相应的法律后果。

一审诉讼中负有举证责任的当事人未对工程价款申请鉴定，二审诉讼中申请鉴定的，人民法院可予准许。人民法院准许后，可以将案件发回一审法院委托鉴定，但不得违反民事诉讼法的相关规定。对经一审法院释明未申请鉴定的当事人，可参照民事诉讼法对逾期举证的规定，对当事人进行训诫、罚款。

《浙江省高级人民法院民事审判第一庭关于审理建设工程施工合同纠纷案件若干疑难问题的解答》

十七、启动工程量和工程价款鉴定程序,应该注意哪些问题?

当事人对工程价款存在争议,不能协议一致,也无法采取其他方式确定的,可以根据当事人的申请,对工程造价进行鉴定;双方当事人均不申请鉴定的,应向负有举证责任的当事人一方进行释明,其仍不申请鉴定的,由其承担举证不能的法律后果。

诉讼前已经由当事人共同选定具有相应资质的鉴定机构对工程价款进行了鉴定,诉讼中一方当事人要求重新鉴定的,不予准许,但确有证据证明鉴定结论具有《最高人民法院关于民事诉讼证据的若干规定》第二十七条第一款规定的情形除外。

一审诉讼期间对工程价款进行了鉴定,当事人在二审诉讼期间申请重新鉴定或补充鉴定的,不予准许,但确有证据证明鉴定结论具有《最高人民法院关于民事诉讼证据的若干规定》第二十七条第一款规定情形的除外。

二审诉讼期间,双方当事人均同意鉴定的,可予准许,但可能损害社会公共利益或第三人利益的除外。

人民法院应避免随意、盲目委托鉴定和不必要的多次、重复鉴定。根据双方当事人的合同约定或者现有证据,足以认定工程量和工程价款的,不应再就工程价款委托鉴定。

《安徽省高级人民法院关于审理建设工程施工合同纠纷案件适用法律问题的指导意见(二)》

第19条　工程价款、质量等需要通过司法鉴定确定,经一审人民法院释明,负有举证责任的当事人无正当理由拒不申请鉴定,或者在人民法院决定委托鉴定后拒不预交鉴定费用的,应当承担举证不能的法律后果。

上述当事人在二审期间又申请鉴定的,应当责令其说明理由,拒不说明理由或者理由不成立的,不予支持。

《广东省高级人民法院全省民事审判工作会议纪要》

25. 承包人与发包人就工程价款有争议,人民法院认为应当委托进行造价鉴定的,应当向当事人释明。承包人经释明后仍不申请鉴定的,可依据证据规则判令其承担相应的不利后果。

《广东省高级人民法院民二庭关于民商事审判实践中有关疑难法律问题的解答意见》

六、诉讼程序疑难问题

（五）超过举证期限当事人才申请鉴定的，该鉴定结论对事实的认定起关键作用，是否允许？

在最高人民法院修改或者废除《关于民事诉讼证据的若干规定》之前，该规定作为人民法院审理民事案件的依据之一，无疑应当遵照执行。鉴于人民法院在司法过程中不得不考虑“国情”和“社会效果”问题，故可以区别不同的情况作出相应处理：1. 在一审阶段，应严格按照上述规定执行，要求当事人在人民法院指定的期限内完成举证义务，举证困难时应提出延期申请，逾期不举证的，视为举证不能（包括申请人民法院委托鉴定问题）；2. 在二审阶段，二审法院可以从化解矛盾的角度出发，可允许或要求当事人在二审法院指定的举证期限内提出鉴定申请，尤其是对于认定事实起关键作用的鉴定结论。

第三十三讲

委托鉴定的规范及鉴定材料的质证

法条原文

第33条　人民法院准许当事人的鉴定申请后，应当根据当事人申请及查明案件事实的需要，确定委托鉴定的事项、范围、鉴定期限等，并组织当事人对争议的鉴定材料进行质证。

思维导图

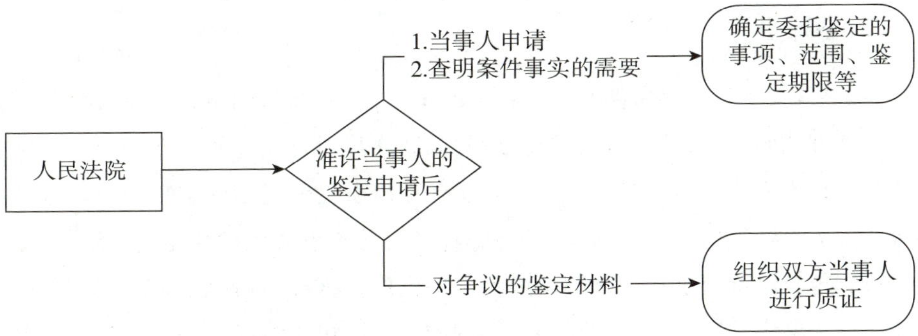

图33－1　委托鉴定的规范及鉴定材料的质证

条文释义

本条主要是关于需要委托鉴定的内容及对有争议的鉴定材料进行质证的规定。本条涉及以下几个层次的问题：(1)当事人提出鉴定申请后，是否准许由人民法院决定；(2)委托鉴定的事项、范围、鉴定期限等应由人民法院确定；(3)人民法院在确定委托鉴定的事项时，应当根据当事人申请及查明案件事实的需要确定；(4)有争议的鉴定材料应当经过双方当事人质证；(5)对鉴定材料的质证程序应由人民法院组织进行。①

一、鉴定程序的启动

当事人提出鉴定申请后，人民法院基于查明案件事实的需要可以启动鉴定程

① 参见最高人民法院民事审判第一庭编著：《最高人民法院建设工程施工合同司法解释（二）理解与适用》，人民法院出版社2019年版，第327页。

序。如果根据双方当事人的合同约定或者现有已查明的证据,足以认定工期延误的实际天数、工程量、工程价款等内容的,则不应就已经确定的事实再行委托鉴定,除非存在已有的证据材料明显违法、当事人的意思表示明显不真实或者损害其他第三人利益等情形。人民法院应慎重启动鉴定程序,一般情况下,应在确认了以下主要方面的问题后才能启动鉴定程序,如鉴定范围、鉴定方法的确定,鉴定事项与待证事实有关联性,申请人提供了必要的经过质证的鉴定材料,鉴定具有可行性。关于司法鉴定是依当事人申请启动还是法院依职权启动的问题在《建设工程施工合同司法解释(一)》第 32 条的解析部分已有述及。

二、鉴定事项

鉴定事项,是指争议所涉鉴定项目中的争议问题,通过当事人的举证无法达到高度盖然性证明标准,需要对其进行鉴别、判断并提供鉴定意见的争议项目。人民法院如果认为需要进行鉴定的,在委托鉴定时必须明确鉴定的事项、范围、鉴定期限等。不应直接把所有问题抛向鉴定机构,对无异议事实无须鉴定,仅就有争议事项进行鉴定。对诉讼过程中能够通过各方提供的证据即可确认、查明的案件事实,不应当作为鉴定的事项、范围。《建设工程施工合同司法解释(一)》第 31 条即体现了这样的精神,该条规定:"当事人对部分案件事实有争议的,仅对有争议的事实进行鉴定,但争议事实范围不能确定,或者双方当事人请求对全部事实鉴定的除外。"《山东省高级人民法院全省民事审判工作座谈会纪要》(鲁高法〔2005〕201 号)中也规定:"建设工程的造价或者工程款的数额不通过鉴定可以确定,则不作鉴定;必须通过鉴定才能确定工程价款的,要尽可能减少鉴定次数,能不重新鉴定的,则不重新鉴定;必须通过鉴定才能确定工程价款数额的,要尽可能地减少鉴定范围,能不全部鉴定的,则不进行全部鉴定。"(见图 33-2)如此一来,既有利于减少当事人的鉴定费用支出,也有利于减少鉴定所需的工作量和时间,从而提高鉴定效率和审判效率。

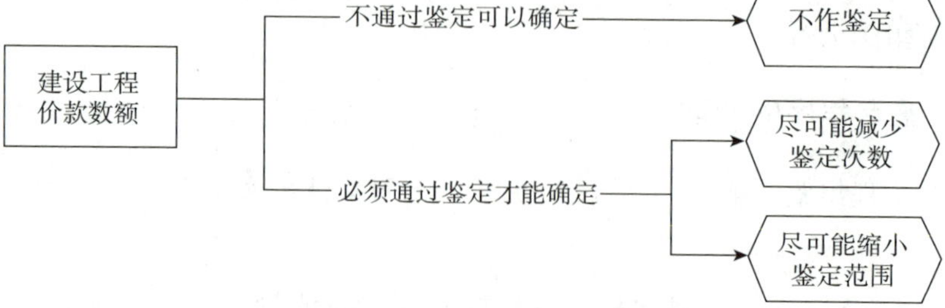

图 33-2　建设工程造价的鉴定问题

鉴定机构应严格按照委托鉴定书中的鉴定范围、鉴定事项在鉴定期限内作出相应的鉴定结论，不得擅自增加或缩小鉴定范围或改变鉴定事项。若鉴定机构擅自增加或缩小鉴定范围或改变鉴定事项，这在本质上是鉴定机构在代表当事人增加或减少诉讼请求，其结果可能会侵犯当事人的诉讼权利。

关于鉴定期限的问题，在司法实践中，由于鉴定期限不计入审限，人民法院对鉴定期限问题往往持放任态度，导致涉及鉴定的案件久拖不决，严重影响了当事人的权益。本条要求人民法院在委托鉴定时需要确定鉴定期限，这有利于督促鉴定机构及时完成委托范围内的鉴定工作，以提高工程鉴定工作的效率。在以往的实务中，关于鉴定的期限虽然有相关的规定，但在实际执行过程中却大打折扣，期待《建设工程施工合同司法解释（一）》的此条规定能够改变现状。《司法鉴定程序通则》第 28 条规定："司法鉴定机构应当自司法鉴定委托书生效之日起三十个工作日内完成鉴定。鉴定事项涉及复杂、疑难、特殊技术问题或者鉴定过程需要较长时间的，经本机构负责人批准，完成鉴定的时限可以延长，延长时限一般不得超过三十个工作日。鉴定时限延长的，应当及时告知委托人。司法鉴定机构与委托人对鉴定时限另有约定的，从其约定。在鉴定过程中补充或者重新提取鉴定材料所需的时间，不计入鉴定时限。"《最高人民法院对外委托鉴定、评估、拍卖等工作管理规定》第 34 条规定："专业机构一般应在接受委托后的 30 个工作日内完成工作，重大、疑难、复杂的案件在 60 个工作日内完成。因委托中止在规定期限内不能完成，需要延长期限的，专业机构应当提交书面申请，并按法院重新确定的时间完成受委托工作。"《建设工程造价鉴定规范》（BT5 1262—2017）第 3.7 款规定："鉴定期限由鉴定机构与委托人根据鉴定项目争议标的涉及的工程造价金额、复杂程度等因素在 3.7.1 规定的期限内确定。"鉴定期限（见表 33－1）。

表 33－1　鉴定期限

争议标的涉及工程造价	期限（工作日）（天）
1000 万元以下（含 1000 万元）	40
1000 万元以上 3000 万元以下（含 3000 万元）	60
3000 万元以上 10000 万元以下（含 10000 万元）	80
10000 万元以上（不含 10000 万元）	100

三、鉴定材料的质证

《民事诉讼法》第 68 条规定："证据应当在法庭上出示，并由当事人互相质证。……”作为鉴定依据的材料必须经过质证。人民法院在同意申请人鉴定申请、确定鉴定范围和鉴定事项后，应组织当事人就提交给鉴定单位的鉴定材料进行质证，从而确保鉴定结论能够作为证据使用(在无其他违法情形的前提下)，确保鉴定结论的真实性、合法性、关联性。当然对于各方没有争议的鉴定材料可以直接作为鉴定的依据，正如最高院王毓莹、陈亚法官在《〈关于审理建设工程施工合同纠纷案件适用法律问题的解释(二)〉逐条解读》一文中所述：“建设工程方面的司法鉴定，所涉及的鉴定材料繁多复杂，且专业性极强，考虑到这方面的特殊性，为了提高审判效率，本条作了部分变通，即允许人民法院仅对当事人有争议的鉴定材料组织质证，没有争议的鉴定材料无须组织质证。”

在鉴定过程中，若发生争议需要补充相关材料，应由当事人协商一致确认或由法院判定，鉴定机构不能擅自判定鉴定材料的真实性，擅自取舍鉴定材料。若对争议的鉴定材料不经质证程序即交由鉴定机构进行鉴定或由鉴定机构对鉴定材料进行取舍，则是混淆了审判和鉴定的界限，客观上使鉴定机构在一定程度上取代了人民法院的职能，将造成“以鉴代审”的错误结果。

实务难点

一、“以鉴代审”的成因分析

司法鉴定作为审判查明事实的重要手段，在司法实践中扮演着重要的角色。鉴定意见在诉讼中与其他证据一样不具有预先的证明效力。然而，因其倚重于鉴定人的“专家”身份及其携带着超越常人智能的科技因素或者专门知识，在司法实践中却发生着异乎寻常的作用。因对司法鉴定意见的过于“迷信”，司法实践中出现了诸多以鉴定意见代替审判过程的现象，从而在很大程度上扭曲了司法鉴定原有的功能和定位，异化了司法审判自身的特质。①

(一)鉴定机构和法院权限范围界定不清

对人民法院和鉴定机构的权限范围进行正确的界定是司法公正的要求，也是增强司法公信力的要求。一般而言，鉴定机构从专业的角度对工程质量、造价、工期等进行判断，且这些鉴定的具体内容、范围等必须在人民法院委托范围内，对确定的、专门的问题提供专业意见，不可超越人民法院委托的鉴定范围对其他事项进行

① 参见夏万宏:《反思民事诉讼中的“以鉴代审”》，载《中国司法鉴定》2013 年第 6 期。

评判。鉴定机构的工作成果为鉴定意见，该鉴定意见在案件审理过程中能否采信由人民法院确定。人民法院主要确定鉴定范围，是全面鉴定还是部分鉴定，组织当事人对证据材料进行质证，确定鉴定材料等。总之，审判是主导的，鉴定是辅助的，是为审判服务的。

（二）建设工程相关知识的专业性导致法院对鉴定机构产生依赖性

在建设工程纠纷案件中，法院对鉴定机构有一定依赖性可以从主客观两个方面进行分析。从客观方面看，建设工程是一项复杂、系统、长期工程，具有建设周期长、涉及范围广的复杂特点，不同的工程类别的质量、造价、工期等问题的专业性特别强。承办案件的法官很难有这方面的专业判断，这是造成很多建设工程纠纷案件需要借助鉴定进行判决的客观原因。从主观方面看，审理法官将案件委托给鉴定机构后，审理的周期可以延长，因为鉴定的期限不计入审限。法官依据鉴定机构出具的鉴定意见进行相应的判决，风险系数明显可以减小。

（三）鉴定机构及鉴定人员对鉴定所涉法律问题认识不清

在建设工程相关的鉴定领域，大多数的从业人员仅具有工科的背景知识，缺乏法律的思维理念，无法区分哪些属于法律问题，哪些属于需要做出鉴定分析的问题，对法律问题和建设工程的技术性专业问题的界线难以划清。例如，实践中出现直接对建设工程的效力进行判断、以定额取代当事人约定、拒绝以无效合同作为结算依据的情形。

二、“以鉴代审”的防范

在建设工程施工合同纠纷实务中，“以鉴代审”的不规范现象客观存在，已经成为当前民事审判的一个突出问题，损害了当事人意思自治原则，妨碍了司法公正和司法权威。为了尽量避免以鉴代审的问题，人民法院、鉴定机构、当事人应尽量做好以下几个方面的工作。

（一）完善司法鉴定相关法律法规及规范性文件，制定统一的司法鉴定规则

目前，有关鉴定方面的法律法规及相关规范性文件存在冲突的问题，没有统一的、系统性的、专门性的司法鉴定法，各种司法鉴定规则散见于各部门相关鉴定规定中。应逐步规范我国司法鉴定制度的框架、启动司法鉴定的模式，完善司法鉴定机构和司法鉴定人的管理制度、司法鉴定的标准化操作规章制度等，统一司法鉴定管理，从而构建合理、高效、务实的司法鉴定制度。

（二）厘清鉴定机构的职责范围

鉴定机构不应对争议事项作出法律方面的定性。在审理建设工程施工合同纠

纷案件中,人民法院不应将鉴定材料的质证和审核认定工作交由鉴定机构完成,应当对当事人提交的鉴定材料进行质证后,再交鉴定机构鉴定。不得将涉及结算方式、证据效力、事实认定、约定效力、违约金等司法裁判问题交由司法鉴定机构进行鉴定。实践中,有的司法鉴定机构在未经法院判决的前提下直接认定建设工程施工合同、签证、联系单等无效,不按照合同约定的结算原则进行造价鉴定。

(三)强化法官的司法鉴定主导权

司法鉴定虽然是法院查明案件事实、固定定案证据的有效方法之一,但也可能会拖延案件的审理,增加当事人的诉累。人民法院在启动司法鉴定时,必须慎重,能够以其他方式查明的案件事实,应尽量避免通过司法鉴定确定,应向当事人释明并确定案件争议焦点、需要鉴定的具体事实、对象,并且向接受委托的鉴定单位予以明确。对于法律问题,而非专门性问题,系法院职责,是案件审理法官应认定的内容。人民法院应确定的内容主要有:鉴定机构的选择、司法鉴定启动的必要性与合理性、补充鉴定或重新鉴定的必要性、鉴定人是否应当出庭、鉴定意见能否采纳等,这些均须案件审理法官结合具体案件的事实作出相应的决定。对争议大、审理法官需要结合其他证据和事实作出认证的鉴定材料,人民法院可以向鉴定机构作出说明,并可要求鉴定机构就该证据采信与不采信的情形分别出具鉴定意见。

(四)落实专业技术陪审员制度

鉴于鉴定事项均涉及专业知识或特殊技能,只有具有相关专业知识的人才能对鉴定人的鉴定结论进行实质性的辨识及质证活动,为了避免"外行"与"内行"的争辩使鉴定人感到无奈,法院或仲裁庭可聘请相关专业的技术人员担任陪审员,由该陪审员承担起法官或仲裁员与鉴定人及当事人进行有效沟通的任务,以弥补法官或仲裁员专业知识上的不足。①

操作要点

1. 鉴定意见形成的主要时段是在鉴定资料提交到鉴定机构后至出具鉴定意见初稿前,在初稿的形成过程中,当事人或者代理人在遵守法律规定和程序的前提下要做好跟踪和沟通工作,及时发现鉴定机构在鉴定过程中出现的偏差,尽量减少和避免鉴定意见出现明显的错误。一旦出具正式的鉴定报告,即便出现错误,也只能

① 参见徐东可:《浅析司法实践中的"以鉴代审"现象及立法规制的必要性》,载新浪博客 2019 年 5 月 1 日,http://blog. sina. com. cn/s/blog_439e3dd60100svgb. html。

通过补充鉴定、重新鉴定等方式纠正，这将导致诉讼成本增加、诉讼效率降低。在司法实践中错误的鉴定结论甚至有可能无法得到纠正，因此导致错误的判决结果。

2. 在建设工程施工合同纠纷中，如果争议解决过程中需要委托鉴定机构进行鉴定，则该司法鉴定就非常关键。对于鉴定过程中出现的不符合规定流程的事宜应及时和承办法官、鉴定具体参与人员沟通，督促、引导鉴定机构、鉴定人员明确鉴定的权限范围，不能越俎代庖。

实务案例裁判要旨

表 33－2　当事人提出鉴定申请后，由人民法院依据证据现状和已查明事实决定是否准许鉴定

序号	法院及案号	法院观点	证明观点
1	最高院（2016）最高法民申 3420 号	关于二审程序是否违法问题。首先，佳信公司二审过程中申请法院对编号为 5127084 的收款收据原件进行鉴定，但是否准许属法官自由裁量权范围，法官可依据证据现状和已查明事实决定是否启动鉴定程序	当事人提出鉴定申请后，由人民法院依据证据现状和已查明事实决定是否准许鉴定
2	最高院（2016）最高法民终 251 号	今玉房地产公司在一审期间虽申请对 C 区工程总造价进行鉴定，因双方已在《玉水金岸水云间 C 区结算协议》中对工程价款进行了结算确认，一审法院不予准许其鉴定申请，并无不当。但一审判决书中关于“对于被告今玉房地产公司对涉案 A、B 区工程的工程结算总价进行鉴定的申请，本院不予准许”的表述，文字有误，本院予以纠正。今玉房地产公司关于一审法院对其工程总价进行鉴定的申请不予答复程序违法的主张不能成立，本院不予支持	当事人提出鉴定申请后，由人民法院依据证据现状和已查明事实决定是否准许鉴定
3	重庆高院（2015）渝高法民终字第 00202 号	最高院认为原审法院不予准许塑皇建设公司对花溪大厦作全面质量的司法鉴定的申请，并不违反法定程序。根据《民事诉讼法》和《民事诉讼证据规定》的相关规定，鉴定结论作为一种证据形式，当事人既可以自行委托有资质的部门作出，也可以申请人民法院委托有关部门作出，但申请司法鉴定是否准许，由人民法院决定。无论是当事人委托鉴定部门做的鉴定结论，还是人民法院委托鉴定部门做的鉴定结论，人民法院均必须查证属实，才能作为认定事实的根据	当事人提出鉴定申请后，由人民法院依据证据现状和已查明事实决定是否准许鉴定

表 33－3　司法裁判中,人民法院对于重复鉴定的认定

序号	法院及案号	法院观点	证明观点
1	广东高院(2014)粤高法民申字第1287号	关于第二次鉴定是否属于重复鉴定,程序是否违法的问题。第一次鉴定是由高埗公司向东莞市第一人民法院申请,请求对已完成工程及增加工程的总造价进行鉴定。第二次鉴定,是在本案发回重审后,由蕉利合作社公司申请,请求对合同范围内变更部分的增减工程造价进行鉴定。虽然第二次鉴定对工程总造价进行了鉴定,但是二审判决并未采信该部分鉴定意见,仅对“增加一跨部分”工程造价鉴定予以分析、采纳。两次鉴定的目的不同、鉴定标准不同、鉴定内容亦不完全一致,法院对鉴定意见的采信角度亦不相同,故重新鉴定并未违反《人民法院司法鉴定工作暂行规定》第14条的规定,不属于重复鉴定	司法裁判中,人民法院对于重复鉴定的认定
2	最高院(2014)民申字第932号	关于三次鉴定是否构成重复鉴定及鉴定资质问题。一审法院第一次委托鉴定机构所做的质量鉴定,能够证明案涉工程的质量问题系渝万公司施工原因造成。由于双方当事人提出异议,鉴定机构复核后实际修改了部分内容,出具了新的鉴定报告,符合鉴定意见的质证规则。第三次补充鉴定则是为了确定案涉工程相应的加固整改造价。因此,三次鉴定针对的事项并不完全一致,且第三次补充鉴定中明确载明以此次鉴定为准。渝万公司主张三次鉴定构成重复鉴定的意见不能成立	司法裁判中,人民法院对于重复鉴定的认定
3	安徽高院(2017)皖民终632号	襄河镇政府在质证中提出鉴定结论超出法院委托范围及存在重复鉴定的问题,鉴定结论不应全部采用。对襄河镇政府提出的异议,经庭审质询鉴定人,鉴定人已予以答复,鉴定报告亦依据襄河镇政府出具的审计说明原件作出,且人工费调整亦系依相关政策性调整文件进行,华丰建筑公司亦主张的是一期、二期人工费调整及主材价差,因而该鉴定报告能够作为确定本案工程款的依据。襄河镇政府对此鉴定报告提出的异议本院不予采纳	司法裁判中,人民法院对于重复鉴定的认定

表 33－4　有争议的鉴定材料应当经过双方当事人质证，且质证由人民法院组织

序号	法院及案号	法院观点	证明观点
1	最高院（2013）民申字第 987 号	德生公司主张腾飞公司委托作出的鉴定报告未经质证。经审查，庭审笔录载明，一审法院于 2010 年 9 月 26 日第一次开庭审理中进行了质证，德生公司当庭以单方指定为由，对该鉴定报告不予认可。二审法院第一次审理询问笔录亦载明，德生公司就该鉴定报告发表了意见。故德生公司关于该鉴定报告未经质证的申请理由并不属实，本院不予采纳	有争议的鉴定材料应当经过双方当事人质证，且质证由人民法院组织
2	最高院（2017）最高法民申 3909 号	华夏公司系实际施工人，人工挖孔桩的施工资料理应由其持有并向鉴定结构提供，在华夏公司并未向鉴定机构提供相应施工资料的情况下，鉴定机构参照设计图设计的钻孔灌注桩计量桩长等合理，华夏公司认为原判决采信伪造的挖孔草算书的理由不成立。001 号鉴定报告已经质证，华夏公司认为原判决采信的主要证据未经质证的理由亦不成立	有争议的鉴定材料应当经过双方当事人质证
3	最高院（2014）民申字第 362 号	关于一审、二审判决认定事实的主要证据是否未经质证的问题。经查明，2012 年 10 月 12 日，顺健公司出具了鉴定报告，确定工程造价为 10,083,225 元。该鉴定报告经一审庭审质证，华峰公司、中铁十五局成都分公司均提出了质证意见。顺健公司根据质证意见对工程造价进行了重新审定，确认工程造价为 9,472,220 元。顺健公司重新审定因系在原作出鉴定报告基础上的数额变更，应属于同一份鉴定报告，双方在质证时已经充分发表意见，故中铁十五局成都分公司的该项再审事由依法不能成立，本院不予支持	有争议的鉴定材料应当经过双方当事人质证，且质证由人民法院组织

表 33－5　“以鉴代审”严重违反法定程序

法院及案号	法院观点	证明观点
海南高院（2016）琼民终 95 号	在原审法院在没有对作为涉案工程造价鉴定依据的证据材料进行相应认证的情况下，博泉造价公司又参照南通建设公司并不认可的丰帆咨询公司审核意见，对有关鉴定的证据材料擅自取舍；在当事人针对鉴定意见初稿所依据的有关证据材料提出异议时，博泉造价公司在并无原审法院审判人员参加的情况下擅自组织对有关异议的证据材料进行质证，又在原审法院未对有关异议证据材料进行认证的情况下对鉴定意见进行调整，故博泉造价公司事实上代行了人民法院的审判权，即以鉴代审，严重违反法定程序	“以鉴代审”严重违反法定程序

相关规定指引

《民事诉讼法》

第 68 条 证据应当在法庭上出示,并由当事人互相质证。对涉及国家秘密、商业秘密和个人隐私的证据应当保密,需要在法庭出示的,不得在公开开庭时出示。

《最高人民法院对外委托鉴定、评估、拍卖等工作管理规定》

第 34 条 专业机构一般应在接受委托后的 30 个工作日内完成工作,重大、疑难、复杂的案件在 60 个工作日内完成。因委托中止在规定期限内不能完成,需要延长期限的,专业机构应当提交书面申请,并按法院重新确定的时间完成受委托工作。

《山东省高级人民法院全省民事审判工作座谈会纪要》

二、关于建设工程施工合同纠纷案件的处理问题

(二)关于建设工程造价的鉴定问题。合同对工程价款没有约定或者约定不明,工程竣工后,当事人双方又不能达成结算协议的,也无法采取其他结算方式结算工程款的情形下,可以委托工程造价审计部门对工程款的数额予以审定,但要防止鉴定出现过多过滥的现象。为此会议确定了以下原则:建设工程的造价或者工程款的数额不通过鉴定可以确定,则不作鉴定;必须通过鉴定才能确定工程价款的,要尽可能减少鉴定次数,能不重新鉴定的,则不重新鉴定;必须通过鉴定才能确定工程价款数额的,要尽可能地减少鉴定范围,能不全部鉴定的,则不进行全部鉴定。在一审诉讼中已经委托鉴定的,如果鉴定机构或者鉴定人具有相应的资格,鉴定程序合法,且经过一审庭审质证,鉴定人也出庭答复的,当事人就鉴定的事项上诉请求二审重新鉴定的,原则上不予支持。

第三十四讲

鉴定意见和鉴定材料的质证

法条原文

第 34 条　人民法院应当组织当事人对鉴定意见进行质证。鉴定人将当事人有争议且未经质证的材料作为鉴定依据的，人民法院应当组织当事人就该部分材料进行质证。经质证认为不能作为鉴定依据的，根据该材料作出的鉴定意见不得作为认定案件事实的依据。

思维导图

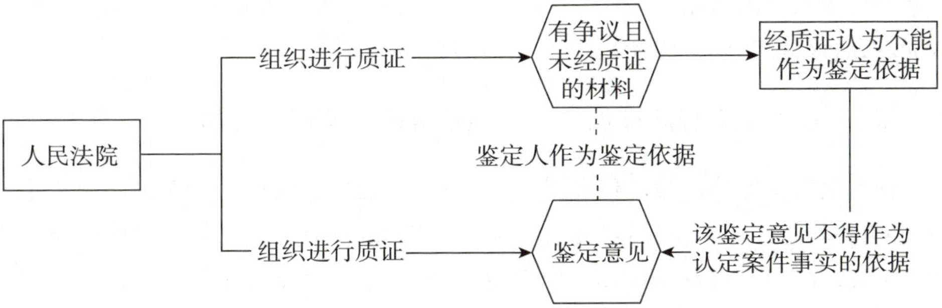

图 34 - 1　鉴定意见和鉴定材料的质证

条文释义

本条文是关于对鉴定意见进行质证以及对未经质证但作为鉴定依据的材料如何处理的规定。

一、对鉴定意见的质证

鉴定意见指鉴定人根据鉴定依据，运用科学技术和专业知识，经过鉴定程序就建设工程中的专门性问题作出的鉴定结论，表现为鉴定机构对委托人出具的鉴定项目鉴定意见书及补充鉴定意见书。修订后的《民事诉讼法》把有关民事证据种类中的“鉴定结论”改为了“鉴定意见”。这一改变有利于防范司法实践中部分鉴定人对一些法律问题自行判断，有利于缓解以鉴代审现象的发生。

根据《民事诉讼法》第 63 条的规定，鉴定意见属于证据类型的一种，其必须查证属实，才能作为认定事实的根据。《民事诉讼法》第 78 条规定：“当事人对鉴定意见有异议或者人民法院认为鉴定人有必要出庭的,鉴定人应当出庭作证。经人民法院通知,鉴定人拒不出庭作证的,鉴定意见不得作为认定事实的根据;支付鉴定费用的当事人可以要求返还鉴定费用。”第 79 条规定:“当事人可以申请人民法院通知有专门知识的人出庭,就鉴定人作出的鉴定意见或者专业问题提出意见。”《民事诉讼法解释》第 122 条规定:“当事人可以依照民事诉讼法第七十九条的规定,在举证期限届满前申请一至二名具有专门知识的人出庭,代表当事人对鉴定意见进行质证,或者对案件事实所涉及的专业问题提出意见……”人民法院对鉴定意见应当组织质证,鉴定意见必须经过当事人质证,这里涉及鉴定意见的可采性问题。当事人对鉴定意见提出异议的,鉴定人应当针对异议问题进行回复。人民法院经审查认为当事人提出的异议成立的,应当告知鉴定机构补充鉴定或予以调整,异议不成立的,对该鉴定意见予以采信。

二、有争议且未经质证但作为鉴定依据的材料应补充质证

在对鉴定意见质证的过程中,如果发现鉴定意见是依据当事人有争议且未经质证的材料作出的,可能将不被采信,但为提高诉讼效率,人民法院仅组织对该有争议且未经质证的材料进行补充质证,而不是全部推翻重新鉴定。若经补充质证该部分鉴定材料能够作为鉴定依据的,则该鉴定意见可以成为认定案件事实的根据;若经补充质证不能作为鉴定依据的,则根据该材料所作的鉴定意见不能成为认定案件事实的根据。如此规定,还是试图纠正、控制、减少实践中存在的“以鉴代审”的错误做法。若一审中,当事人未对此提出异议,人民法院在审理过程中也未发现该问题,二审中,当事人提出此异议,二审法院对此应予以审查,如确实存在有争议且未经质证但作为鉴定依据的材料,应按此规定进行处理。

实务难点

一、鉴定意见

鉴定意见可同时包括确定性意见、推断性意见或选择性意见。如果鉴定项目或鉴定事项内容事实清楚,证据充分,应做出确定性意见。如果鉴定项目或鉴定事项内容客观,事实较清楚,但证据不够充分,应做出推断性意见。如果鉴定项目与合同约定矛盾或鉴定事项中部分内容与证据矛盾,委托人暂不要求鉴定人分别鉴定的,可分别按照不同的合同约定或证据,做出选择性意见,由委托人判断使用。

在鉴定过程中,对鉴定项目或鉴定项目中的部分内容,当事人相互协商一致,达成的书面妥协性意见应纳入确定性意见,但应在鉴定意见中予以注明。重新鉴定时,对当事人达成的书面妥协性意见,除当事人再次达成一致同意外,不得作为鉴定依据直接使用。进行重新鉴定时,鉴定人有下列情形之一的,必须回避:(1)与鉴定项目当事人、代理人有近亲属的;(2)与鉴定项目有利害关系的;(3)与鉴定项目当事人、代理人有其他利害关系,可能影响鉴定公正的;(4)参加过同一鉴定事项的初次鉴定的;(5)在同一鉴定事项的初次鉴定过程中作为专家提供过咨询意见的。

二、补充鉴定

有下列情形之一的,鉴定机构应进行补充鉴定:(1)委托人增加新的鉴定要求的;(2)委托人发现委托的鉴定事项有遗漏的;(3)委托人就同一委托鉴定事项又提供或者补充了新的证据材料的;(4)鉴定人通过出庭作证,或自行发现有缺陷的;(5)其他需要补充鉴定的情形。补充鉴定是原委托鉴定的组成部分。补充鉴定意见书中应注明与原委托鉴定事项相关联的鉴定事项;补充鉴定意见与原鉴定意见明显不一致的,应说明理由,并注明应采用的鉴定意见。

三、质证要点

在建设工程施工合同纠纷案件中,相当一部分专业性的争议问题(如工程造价、质量、工期)需要通过鉴定的方式解决,如何有效地对鉴定意见进行质证,关系到各方的核心利益。《民事诉讼证据规定》第40条规定:“当事人申请重新鉴定,存在下列情形之一的,人民法院应当准许:(一)鉴定人不具备相应资格的;(二)鉴定程序严重违法的;(三)鉴定意见明显依据不足的;(四)鉴定意见不能作为证据使用的其他情形。存在前款第一项至第三项情形的,鉴定人已经收取的鉴定费用应当退还。拒不退还的,依照本规定第八十一条第二款的规定处理。对鉴定意见的瑕疵,可以通过补正、补充鉴定或者补充质证、重新质证等方法解决的,人民法院不予准许重新鉴定的申请。重新鉴定的,原鉴定意见不得作为认定案件事实的根据。”针对建设工程施工合同纠纷案件中涉及的鉴定意见的质证,应当重点注意以下几个方面。

1. 鉴定人员和鉴定机构是否具有相应资质

以建设工程造价鉴定为例,工程造价咨询企业资质等级分为甲级、乙级。甲级工程造价咨询企业可以从事各类建设项目的工程造价咨询业务。乙级工程造价咨询企业可以从事工程造价5000万元人民币以下的各类建设项目的工程造价咨询业务。工程造价咨询企业应当依法取得工程造价咨询企业资质,并在其资质等级许可的范围内从事工程造价咨询活动。鉴定人应当具备注册造价师资格,并且造价师专业与鉴定项目应当一致。鉴定机构应当根据鉴定项目的具体情况,指派相应专业的造价师进行鉴定工作。在实践中,应当核查造价师的注册单位与鉴定机构是否一致,鉴定人是否在鉴定机构单位注册,出庭的鉴定人是否为在鉴定意见书上签字盖章的专业人员,是否为实际进行鉴定的人员。

2. 鉴定是否超出其业务范围或委托鉴定的范围

鉴定机构应当在其专业能力范围内接受委托。建设工程司法鉴定一般分为质量鉴定、造价鉴定、工期鉴定。如果由质量鉴定机构出具工程造价意见,应当审查其是否同时具备从事造价鉴定业务的专业能力;鉴定范围与委托书是否一致,鉴定机构是否存在擅自变更鉴定范围的情形。

3. 鉴定机构及鉴定人是否存在应当回避而未回避的情形

《民事诉讼法》第44条规定:"审判人员有下列情形之一的,应当自行回避,当事人有权用口头或者书面方式申请他们回避:(1)是本案当事人或者当事人、诉讼代理人近亲属的;(2)与本案有利害关系的;(3)与本案当事人、诉讼代理人有其他关系,可能影响对案件公正审理的。审判人员接受当事人、诉讼代理人请客送礼,或者违反规定会见当事人、诉讼代理人的,当事人有权要求他们回避。审判人员有前款规定的行为的,应当依法追究法律责任。前三款规定,适用于书记员、翻译人员、鉴定人、勘验人。"《民事诉讼法解释》对此亦有相应的规定。

4. 鉴定依据是否充分

鉴定材料是否经过了原被告双方质证,是否确认了证据效力,决定了鉴定依据是否充分。鉴定机构应当以委托人转交的经过当事人双方质证并经委托人确认了证明力的证据材料为依据开展鉴定工作。关于证据材料是否采信,属于审判权的职责范围,鉴定资料的审核与认定工作应当由人民法院进行,而不能依赖鉴定机构完成,否则鉴定机构即是代行法院职权,造成"鉴""审"一体。

5. 鉴定意见是否与已查明的案件事实明显不符

如审查鉴定意见依据的事实是否与下列文件资料明显不符:招标文件、投标文件、中标通知书、工程施工合同、专业分包合同、劳务合同、补充合同及补充协议、设计图纸、工程竣工图或施工图纸、工程量清单、变更签证类文件。

操作要点

1. 积极向人民法院、鉴定机构、鉴定人员说明鉴定所依据的材料应当先行组织证据交换和质证，确保鉴定材料先经过质证的程序，确保程序正义。在鉴定的过程中，如发现鉴定人员将未经质证的证据材料作为鉴定依据，应及时提醒鉴定机构和相关鉴定人员，并告知相关机构和人员这些鉴定材料应经过先行质证这一前置要件，尽量避免直接将未经质证的证据材料作为鉴定的依据。

2. 鉴定机构、鉴定人员对未经质证或质证有争议的证据材料分别作出鉴定意见，可以出具确定性意见、推断性意见或选择性意见以供委托人即人民法院根据证据选择适用，并进行相应裁决。避免因出具单一、存在明显错误或瑕疵的鉴定意见而被否定后须重新鉴定的风险。

3. 对于鉴定机构或者鉴定人员来说，要考量鉴定资料在证据的三性方面是否存在问题，即便认为该鉴定材料是真实的，为了提高鉴定意见出具的效率但同时又不损害其权威性，可以考虑让当事人双方签字确认该鉴定材料的真实性，切不可擅自做主。《民事诉讼法》第 77 条规定："鉴定人有权了解进行鉴定所需要的案件材料，必要时可以询问当事人、证人。……"如擅自做主很有可能被当事人推翻，届时还得补充鉴定，且有损其权威性。

4. 鉴定机构出具的鉴定意见能否客观、真实、科学、可信，关键在于相应的依据是否合法、真实、关联等。以工程造价鉴定为例，工程造价的依据主要有如下方面：(1)相关法律、法规，如《民法典》《建筑法》《招标投标法》《招标投标法实施条例》《民事诉讼法》《民事诉讼法解释》《建设工程施工合同司法解释(一)》；(2)行业规范、标准及规程，如《建设工程造价咨询规范》(GB/T 51095—2015)、《建设工程造价鉴定规程》(GB/T 51262—2017)、《工程造价咨询业务指导操作规程》；(3)相应证明事实方面的依据，如招标文件、投标文件、中标通知书、工程施工承包合同、补充合同及补充协议、工程建设过程中产生的资料(工程概预算书、竣工结算书、竣工决算书、工程变更与签证、设备和材料采购合同、会议纪要、施工组织设计等)、工程量确认单月进度报表、进度款申报表、工程技术文件及档案(设计图纸、施工图纸、地质勘探资料、施工日志、开工、竣工报告、政府部门发布的有关定额、标准、规程、规范等计价依据)，以及根据工程具体情况应依据的有关文件、其他资料等。

5. 作为争议各方的当事人或者代理人，如果发现鉴定意见所依据的鉴定材料存在未质证的问题，可能明显影响判决结果的，这属于程序方面的瑕疵，应当及时向人民法院提出；也可根据具体案件针对未经质证的证据材料做出的鉴定意见在适当的诉讼程序(如一审、上诉、再审阶段)中纠正鉴定程序上的瑕疵。在不认可该材料的基础上如果能举证进一步证明该未经质证的鉴定材料存在合法性、真实性、关联性方面的问题,则有可能依此推翻鉴定意见的部分内容。

6. 鉴于建设工程施工合同纠纷案件具有高难度、专业性非常强的特征,业主单位、施工单位、监理单位或者与争议事项有关的其他单位,在具体的纠纷中,对于鉴定材料的提供、审核、质证以及在鉴定意见的质证等方面一定要配备建筑专业性人员或专业法务人员,聘请专业的建筑工程律师。必要时可考虑申请专家证人出庭进行辅助质证。

实务案例裁判要旨

表 34-1 鉴定意见在经过双方质证后方可被法院采纳

序号	法院及案号	法院观点	证明观点
1	最高院(2015)民一终字第99号	鉴定意见是在诉讼活动中由有资质的鉴定人运用科学技术或者专门知识对诉讼涉及的专门性问题进行鉴别和判断并提供意见的活动。属于证据的一种,在经过质证后才可以被法院采纳。鉴定意见的证明能力需要具有客观性、相关性和合法性,其中合法性主要是指鉴定机构主体合法、鉴定程序以及审查鉴定的过程和方法合法、鉴定文书的内容及实质合法。对于当事人提出的问题和异议是否采纳,应以鉴定人的专业知识等进行判断,未采纳当事人提出的部分意见或者采纳的意见不符合当事人意愿,并不能以此证明鉴定意见存在错误或者违法	鉴定意见在经过双方质证后方可被法院采纳
2	最高院(2006)民三提字第2号	本案中,原再审期间,黑龙江省高级人民法院就……做出鉴定,但该鉴定意见未在法庭上出示、未经双方当事人质证,原再审判决将其作为定案的依据,不符合《民事诉讼法》(1991年)第66条、《民事诉讼证据规定》(2001年)第47条的规定,违反了法定程序	鉴定意见在经过双方质证后方可被法院采纳
3	三亚中院(2016)琼02民终1534号	一审鉴定材料未经双方质证,鉴定程序存在重大瑕疵,依照《民事诉讼法》第170条第4项的规定撤销原判决,发回重审	鉴定意见在经过双方质证后方可被法院采纳

续表

序号	法院及案号	法院观点	证明观点
4	四川高院(2016)川民终840号	本案鉴定过程中,鉴定人出具有初稿意见,一审法院组织了听证程序,鉴定人对双方意见作出过回复,出具鉴定结论后,出庭接受了庭审质证,其后就当事人在庭审中对鉴定的意见向一审法院提交了书面回复,再次坚持了其鉴定意见。而新华建筑公司主张的四川震北工程造价咨询事务所的咨询意见,系其单方委托,因依据的材料未经双方当事人质证,故难以采纳,也难以以该咨询意见判定本案鉴定人的鉴定"选用技术标准错误、造价存在少算、漏算"。综上所述,一审法院对四川兴建建设项目管理有限公司的鉴定结论予以采纳	鉴定意见在经过双方质证后方可被法院采纳
5	成都中院(2012)成民终字第3610号	关于《劳务价款鉴定报告》,鉴定所依据的材料不完整、材料未经质证,未考虑双方的约定,依照定额作出结论,而终止协议是双方协商的结果,二者的评价标准不一,依照原《建设工程施工合同司法解释》第16条第1款"当事人对建设工程的计价标准或者计价方法有约定的,按照约定结算工程价款"的规定,不予采信	鉴定意见在经过双方质证后方可被法院采纳

表34－2　有争议且未经质证但作为鉴定依据的材料应补充质证

序号	法院及案号	法院观点	证明观点
1	最高院(2017)最高法民申1590号	《民事诉讼证据规定》(2008年)第27条规定:"当事人对人民法院委托的鉴定部门作出的鉴定结论有异议申请重新鉴定,提出证据证明存在下列情形之一的,人民法院应予准许:(一)鉴定机构或者鉴定人员不具备相关的鉴定资格的;(二)鉴定程序严重违法的;(三)鉴定结论明显依据不足的;(四)经过质证认定不能作为证据使用的其他情形。对有缺陷的鉴定结论,可以通过补充鉴定、重新质证或者补充质证等方法解决的,不予重新鉴定。"京源公司对鉴定机构的鉴定结论提出异议的理由并不符合前述司法解释的规定。虽然鉴定机构在作出《鉴定意见书》时,确有部分鉴定所依据的材料未经质证,但对有缺陷的鉴定结论,一审法院已通过组织京源公司、宁夏五建公司、王某海对未经质证的证据进行补充质证,鉴定机构出具《补充鉴定意见书》的方式解决,一审法院不予重新鉴定并无不当。二审对此问题进行了说明,并不存在因此认定事实错误的问题。京源公司该再审申请理由不能成立	有争议且未经质证但作为鉴定依据的材料应补充质证

续表

序号	法院及案号	法院观点	证明观点
2	湖南高院(2017)湘民终234号	作为鉴定依据的签证单汇总表(A栋)、工程签证汇总表(B栋)和A栋、B栋的机械钻孔桩单桩施工记录在鉴定前未经法庭质证,违反了上述规定。但是,对未经质证而作为鉴定依据的材料,人民法院可以通过组织当事人补充质证的形式进行程序上的补正。最高院在(2001)民一终字第9号上诉人中国工商银行朔州市分行与被上诉人山西四建集团有限公司建设工程施工合同纠纷案件中确认,审计材料未经质证,二审可质证以弥补程序不足。因此,一审法院在鉴定意见出具后,组织双方当事人对上述未经质证的证据进行了质证。前述两份签证资料未经监理单位或鼎兴公司认可,而是雁星公司单方制作,属当事人陈述,在没有其他证据佐证的情况下,不能单独作为认定案件事实的依据,鉴定意见中相应的工程造价应予扣除	有争议且未经质证但作为鉴定依据的材料应补充质证

相关规定指引

《民事诉讼法》

第44条 审判人员有下列情形之一的,应当自行回避,当事人有权用口头或者书面方式申请他们回避:

(一)是本案当事人或者当事人、诉讼代理人近亲属的;

(二)与本案有利害关系的;

(三)与本案当事人、诉讼代理人有其他关系,可能影响对案件公正审理的。

审判人员接受当事人、诉讼代理人请客送礼,或者违反规定会见当事人、诉讼代理人的,当事人有权要求他们回避。

审判人员有前款规定的行为的,应当依法追究法律责任。

前三款规定,适用于书记员、翻译人员、鉴定人、勘验人。

第77条 鉴定人有权了解进行鉴定所需要的案件材料,必要时可以询问当事人、证人。

鉴定人应当提出书面鉴定意见,在鉴定书上签名或者盖章。

第78条 当事人对鉴定意见有异议或者人民法院认为鉴定人有必要出庭的,鉴定人应当出庭作证。经人民法院通知,鉴定人拒不出庭作证的,鉴定意见不得作为认定事实的根据;支付鉴定费用的当事人可以要求返还鉴定费用。

第 79 条　当事人可以申请人民法院通知有专门知识的人出庭，就鉴定人作出的鉴定意见或者专业问题提出意见。

《民事诉讼法解释》

第 122 条　当事人可以依照民事诉讼法第七十九条的规定，在举证期限届满前申请一至二名具有专门知识的人出庭，代表当事人对鉴定意见进行质证，或者对案件事实所涉及的专业问题提出意见。

具有专门知识的人在法庭上就专业问题提出的意见，视为当事人的陈述。

人民法院准许当事人申请的，相关费用由提出申请的当事人负担。

《民事诉讼证据规定》

第 40 条　当事人申请重新鉴定，存在下列情形之一的，人民法院应当准许：

（一）鉴定人不具备相应资格的；

（二）鉴定程序严重违法的；

（三）鉴定意见明显依据不足的；

（四）鉴定意见不能作为证据使用的其他情形。

存在前款第一项至第三项情形的，鉴定人已经收取的鉴定费用应当退还。拒不退还的，依照本规定第八十一条第二款的规定处理。

对鉴定意见的瑕疵，可以通过补正、补充鉴定或者补充质证、重新质证等方法解决的，人民法院不予准许重新鉴定的申请。

重新鉴定的，原鉴定意见不得作为认定案件事实的根据。

《江苏省高级人民法院民一庭建设工程施工合同纠纷案件司法鉴定操作规程》

第 21 条　鉴定人经人民法院通知无正当理由拒不出庭作证，经质证当事人对鉴定意见仍持异议，有异议的部分可以与无异议的部分进行区分且互不影响的，有异议的部分不得作为认定案件事实的依据；不能区分或可能产生相互影响的，鉴定意见不得作为证据使用。

《四川省高级人民法院关于审理建设工程施工合同纠纷案件若干疑难问题的解答》

35. 对当事人提交的鉴定资料应当如何处理？

对当事人提交的鉴定资料，人民法院应在移交鉴定机构进行司法鉴定之前，先行组织质证，对鉴定资料的真实性、合法性、关联性进行审核认定，并将经过认证的鉴定资料移送鉴定机构。对当事人争议大、人民法院尚需结合其他证据和事实作出认证的鉴定资料，人民法院应向鉴定机构作出说明，并要求鉴定机构就该证据可信与不可信的情形分别作出鉴定意见,供人民法院审核认定。

人民法院不得将鉴定资料的质证和审核认定工作交由鉴定机构完成。

《重庆市高级人民法院关于建设工程造价鉴定若干问题的解答》

17. 当事人将鉴定资料直接提交给鉴定人的,如何处理?

当事人应当将鉴定资料提交给人民法院,由人民法院组织质证后提交给鉴定人,而不得直接提交给鉴定人。

当事人直接将鉴定资料提交给鉴定人的,鉴定人应当告知当事人将鉴定资料提交给人民法院或者将鉴定资料转交给人民法院。未经人民法院组织质证,鉴定人直接根据当事人提交的鉴定资料作出鉴定意见的,人民法院应当对该鉴定意见不予采信,并重新进行鉴定或者对相关鉴定资料质证后由鉴定人重新出具鉴定意见。

18. 建设工程造价鉴定过程中,鉴定资料如何进行认定?

人民法院收到当事人提交的鉴定资料后,应当组织当事人进行质证。当事人提交的鉴定资料繁多、杂乱,人民法院认为确有必要的,可以委托鉴定人对鉴定资料予以整理后再进行质证。

质证时,当事人应当围绕鉴定资料的真实性、合法性以及与鉴定事项的关联性陈述意见。鉴定人可以参加质证程序。经人民法院允许后,鉴定人可以就鉴定的相关问题向当事人发问。

质证后,人民法院应当结合当事人发表的质证意见对当事人提交的资料能否作为鉴定资料作出认定,并将当事人无异议或者人民法院认为应当作为鉴定依据的鉴定资料移交给鉴定人。人民法院对当事人提交的资料能否被采信暂时难以认定,需要在庭审后结合其他证据一并作出认定的,可以将存在争议的鉴定资料提交给鉴定人,由鉴定人就存在争议的鉴定资料所涉及的工程造价予以单列。

19. 建设工程造价鉴定过程中,鉴定人认为需要补充提交鉴定资料的,如何处理?

建设工程造价鉴定过程中,鉴定人认为需要补充提交鉴定资料的,应当向人民法院发送书面函件。书面函件应当载明需要补充提交鉴定资料的名称、提交主体以及与鉴定事项的关系。人民法院经审查认为确需补充提交的,可以责令当事人限期提交。人民法院收到当事人补交的鉴定资料后,应组织当事人进行质证,并对鉴定资料进行认定后移交鉴定人。

《河北省高级人民法院建设工程施工合同案件审理指南》

25. 当事人对施工合同效力、结算依据、签证文件的真实性及效力等问题存在争议的,应由人民法院进行审查并确认是否作为结算依据。

人民法院准许当事人对工程价款进行鉴定的申请后,应当根据当事人申请及查明案件事实的需要,确定委托鉴定的事项及范围,并组织双方当事人对争议的鉴定材料进行质证,确定鉴定依据。

当事人对对方提交的鉴定资料无法达成一致意见的,人民法院不能简单以当事人不予认可为由否认该鉴定资料的真实性,人民法院应依法对争议的资料进行审查并确定是否可以作为鉴定资料使用。

第三十五讲

建设工程价款优先受偿权的权利主体

法条原文

第 35 条　与发包人订立建设工程施工合同的承包人，依据民法典第八百零七条的规定请求其承建工程的价款就工程折价或者拍卖的价款优先受偿的，人民法院应予支持。

思维导图

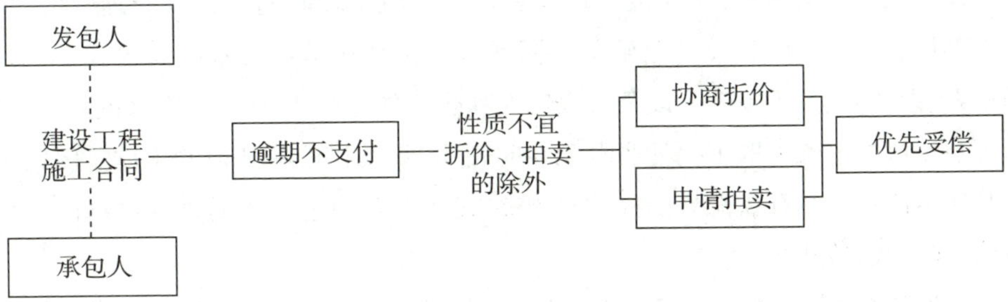

图 35－1　建设工程价款优先受偿权的权利主体

条文释义

本条是关于建设工程价款优先受偿权主体的规定。

一、与发包人订立建设工程施工合同的承包人享有优先受偿权

原《建设工程施工合同司法解释(二)》(征求意见稿)并没有将主体限定为“与发包人签订建设工程施工合同的承包人”，而是仅仅规定为：“《合同法》第 286 条规定的承包人是指建设工程施工合同的承包人。”

《民法典》第 807 条规定：“发包人未按照约定支付价款的，承包人可以催告发包人在合理期限内支付价款。发包人逾期不支付的，除根据建设工程的性质不宜折价、拍卖外，承包人可以与发包人协议将该工程折价，也可以请求人民法院将该工程依法拍卖。建设工程的价款就该工程折价或者拍卖的价款优先受偿。”承包人的范围非常广泛，如总承包人、分承包人、违法分包的承包人、转包人、挂靠承包人、内部承包人等。根据《民法典》第 788 条、第 791 条的规定，承包人至少包括勘察人、

设计人、专业分包人、施工承包人。故在实践中关于优先受偿权的主体存在争议。在具体的司法审判中,对于勘察人、设计人不享有优先受偿权基本达成了共识。对专业分包人、实际施工人、挂靠人是否享有优先受偿权则存有分歧。根据最高院民事审判第一庭编著的《最高人民法院建设工程施工合同司法解释(二)理解与适用》,实际施工人不享有建设工程价款优先受偿权。实际施工人可以通过《建设工程施工合同司法解释(一)》第44条规定的工程款代位权保障其合法权益。

《建设工程施工合同司法解释(一)》对《民法典》第807条中的"承包人"进行了明确的限缩解释,确认"与发包人订立建设工程施工合同的承包人"才享有优先受偿权。根据文义理解,与发包人订立建设工程施工合同的承包人应理解为与发包人直接签订了书面建设工程施工合同或者直接存在承包关系的承包人,不包括勘察人、设计人、实际施工人以及次承包人和合法的分包人等中间的承包人。当然也有观点认为本条采取了一种非限定性的表述,并没有排除其他的主体。因此,对于其他主体能否享有优先受偿权,仍有待在司法实践中进一步明确,以更好地解决争议,统一裁判规则。

这里还有一点应特别注意,如果是包括勘察或者设计在内的工程总承包模式,则总承包合同中约定的对价应包括勘察费或者设计费,此时勘察费、设计费难以区分也没有必要区分,已包含在工程总承包款中一并结算。即在工程总承包模式下,本质上或者说实际上,勘察费、设计费亦计入了优先受偿权的范围。

二、建设工程施工合同的效力是否影响优先受偿权的行使

该条明确规定,只要是与发包人订立建设工程施工合同的承包人,就应该享有《民法典》第807条规定的优先受偿权,并没有规定以建设工程施工合同有效为前提。因此,应理解为建设工程施工合同是否有效不影响优先受偿权。

关于建设工程施工合同效力是否影响优先受偿权的行使,有两种截然不同的观点。一种观点认为,建设工程施工合同的效力不影响优先受偿权的行使,其主要理由为:(1)工程款优先权是《民法典》第807条赋予建设工程施工方的一项法定优先权,目的是保障施工方能够及时取得工程款。建设工程施工合同被认定无效,并非排除适用《民法典》第807条的条件。只要工程款数额确定且不违反法律规定,优先受偿权即受法律保护。(2)根据《民法典》第793条的规定,即便认定建设工程施工合同无效,实际施工人在工程竣工验收合格的情况下仍享有参照合同关于工程价款的约定进行折价补偿的权利。工程竣工验收合格即表明法律认可无效合同

的承包人对工程价值的增值，此时应当从保护实际施工人权利的角度出发赋予其优先受偿的权利。另一种观点认为，优先受偿权的行使应以建设工程施工合同有效为前提，其主要理由为：工程款是承包人与发包人之间基于建设工程施工合同形成的债权债务关系。承包人的工程款优先受偿权是法定的担保物权，是工程款这一主债权的附属权利。工程款的合法存在决定优先权是否存在。因建设工程施工合同无效，双方形成的债务是基于无效合同的处理方式即相互返还。由于建筑工程是劳动和建筑材料等物化于建筑产品的结果，该特殊性决定了物化了的建筑材料和人工已经无法返还，只能折价或拍卖补偿。在法律性质上，折价或拍卖补偿款已经不属于合同法中的工程款。工程款的债权已经不存在了，其附属的优先权当然也并不存在。《全国民事审判工作会议纪要》(2011 年)第 29 条规定，因违法分包、转包等导致建设工程合同无效的，实际施工人请求依据原《合同法》第 286 条规定对建设工程行使优先受偿权的，不予支持。

实务难点

一、勘察人、设计人是否享有优先受偿权

此次司法解释没有明确规定排除勘察人、设计人享有的优先受偿权，通说观点是认为不享有。首先，因为法律设立优先权受偿权的目的是保护社会弱势群体建筑工人的利益以及维护社会稳定。勘察设计人员收入较高，属于知识分子阶层，不属于法律特殊保护的对象。而施工合同承包人享有的价款债权，往往是自己垫付的费用和工人的劳动报酬。其次，设立优先权也不应当滥用，应当限定严格的范围，不然会对其他一般债权人造成不公平的结果。勘察人和设计人只能作为普通的债权人，不应当受到法律的特殊保护。浙江、安徽、广东等地高级人民法院均明确不支持勘察人、设计人享有优先受偿权。

当然，也有观点认为勘察人、设计人也应享有优先受偿权，其主要理由为：《民法典》第 788 条规定："建设工程合同是承包人进行工程建设，发包人支付价款的合同。建设工程合同包括工程勘察、设计、施工合同。"勘察、设计合同属于建设工程合同的范畴，作为承包人的勘察方、设计方应当就其勘察设计费用享有建设工程价款优先受偿权；另外，勘察方、设计方也是工程建设的参与者，其工作成果亦属于整个工程建设的重要组成部分，理应享受优先受偿权。

二、分包人是否有权主张优先受偿权

肯定的观点认为:优先受偿权制度的本意是保护施工人的工程款债权,分包人和承包人需对发包人就工程质量承担连带责任,在发包人欠付工程款范围内支持分包人优先受偿权符合制度设计初衷;否定的观点则认为:优先受偿权是因合同债权而生的法定优先权,应当严守合同相对性原则,行使的对象应限于合同相对方的承包人。

根据《建设工程施工合同司法解释(一)》第 35 条的规定,只有与发包人签订建设工程施工合同的承包人才享有工程价款优先受偿权。《民法典》第 465 条第 2 款规定:“依法成立的合同,仅对当事人具有法律约束力,但是法律另有规定的除外。”根据合同相对性原理,其他的分包人、转包人等中间的承包人,不应当成为《建设工程施工合同司法解释(一)》第 35 条规定的承包人。

在实践中,还存在发包人指定分包人的情形。发包人与承包人签订的建设工程施工合同中如果约定由发包人指定特定项目由第三人作为分包人,而且在履行过程中,指定分包人完全替代承包人就特定项目履行了合同义务,承包人仅承担配合盖章等手续的义务,则在指定分包人与发包人之间形成事实合同关系。在此情形下,指定分包人享有工程价款的优先受偿权。①

三、实际施工人是否享有优先受偿权

(一)实际施工人的范围

对于什么是实际施工人,《最高人民法院建设工程施工合同司法解释(二)理解与适用》一书做出如下解释:本条(第 25 条)表述的“实际施工人”与总承包人、分包人是并列的,在概念的内涵上不应当与总承包人、分包人概念重复,而是指转包和违法分包的承包人,为了区别原《合同法》规定的合法的施工人,本条使用了“实际施工人”的概念,即第 4 条和本条,均是指无效合同的承包人,如转包人、违法分包合同的承包人、没有资质借用有资质的建筑施工企业的名义与他人签订建设工程施工合同的承包人。②

① 参见最高人民法院民事审判第一庭编著:《最高人民法院建设工程施工合同司法解释(二)理解与适用》,人民法院出版社 2019 年版,第 370 页。

② 参见最高人民法院民事审判第一庭编著:《最高人民法院建设工程施工合同司法解释(二)理解与适用》,人民法院出版社 2019 年版,第 491 页。

(二)实际施工人是否享有建设工程价款的优先受偿权

1.认为实际施工人享有优先受偿权的观点

实际施工人,是指无效建设工程施工合同的承包人,是具体实施工程施工的建设单位或个人。一般包括转承包人、违法分包的承包人、挂靠承包人、不具有相应建筑资质的承包人等。肯定的观点认为,优先受偿权虽然来自建设工程施工合同法律关系,但其权利实质其实是对物权创设有贡献。[①] 合同有效与否并不是优先受偿权的前提。只要实际施工人参与了建设工程的物化这一过程,就可以据此主张优先受偿权。

《民法典》第793条第1款规定:"建设工程施工合同无效,但是建设工程经验收合格的,可以参照合同关于工程价款的约定折价补偿承包人。"根据该规定的精神,在保证工程质量合格的前提下,无效建设工程施工合同下的承包方(有时即为实际施工人),此时的实际施工人享有可以参照合同关于工程价款的约定折价补偿的权利。此外根据《建设工程施工合同司法解释(一)》第38条的规定:"建设工程质量合格,承包人请求其承建工程的价款就工程价或者拍卖的价款优先受偿的,人民法院应予支持。"这里面虽然没有用"实际施工人"的表述,但是根据司法精神并结合《民法典》第793条第1款的规定,在工程质量合格的情况下,即使是建设工程施工合同无效的情形,实际施工人也应当取得工程价款的优先受偿权。

在实践中,江苏、浙江、安徽、四川、重庆等地高院出台的司法裁判意见、指南、解答在不同程度上认可了这一规则。在司法实践中,也不乏类似判决。在(2012)绍民初字第66号一案中,法院认为:"原告作为自然人虽无承包工程的资质,双方签订的工程承包合同自应确认无效,但原告系讼争工程的承包人,已经该院生效的(2011)绍商初字第696号民事判决所确认,不容置疑。本案事实表明,讼争建设工程未能在约定期限内竣工,并非承包人原因,原告作为建设工程的承包人,依据原《合同法》第286条规定享有的优先受偿权不受影响,完全具有诉讼主体资格,该院应予认定……本案工程尚未竣工,且造成工程未能在约定期限内竣工,并非承包人原因,不存在工程竣工与否的问题,现被告无相反证据否定原告工程价款的合法性,故原告作为在建工程的承包人依法有权主张工程价款的优先受偿权。"在(2018)最高法民终117号一案中,最高院认为:"……现发包人世邦公司未向承包人锦通公司按约支付工程价款,其也不否认系锦通公司完成了主体工程施工,故应

---

① 参见万挺、冯小光、张闻:《论附着建设工程价款优先受偿权建筑物转让规则》,载《法律适用》2018年第21期。

当认定锦通公司对其施工完成的工程享有工程价款优先受偿权。”

2. 认为实际施工人不享有优先受偿权的观点

该种观点认为,建设工程施工合同有效是优先受偿权的前提条件。无效建设工程施工合同的施工人仅仅享有赔偿损失的请求权。《民法典》第157条规定了民事法律行为无效情形下,如何对合同各方利益进行平衡:“民事法律行为无效、被撤销或者确定不发生效力后,行为人因该行为取得的财产,应当予以返还;不能返还或者没有必要返还的,应当折价补偿。有过错的一方应当赔偿对方由此所受到的损失;各方都有过错的,应当各自承担相应的责任。法律另有规定的,依照其规定。”建设工程属于不能返还的情形,根据法律规定应当折价补偿。

认为实际施工人不应享有优先受偿权的理由还有如下方面:(1)《建设工程施工合同司法解释(一)》第43条规定实际施工人有条件向发包人主张工程款,但实际施工人不宜直接向发包人主张工程价款的优先受偿权。毕竟司法解释赋予了实际施工人有条件地向发包人主张工程价款的权利与优先权并无必然联系。(2)客观上,无论是技术分包还是劳务分包,或者其他情形下的实际施工人,实际施工的范围有限,所得工程价款同样有限,不足以取得与发包人协商变卖或者申请人民法院拍卖建设工程的地位。在分包人或者实际施工人只享有部分工程价款或者所占整个工程价款比例很低的情况下,要求发包人同意折价或者由分包人、实际施工人申请拍卖,对发包人亦不公平。① (3)实际施工人和发包人没有直接的合同关系,其对发包人并不当然享有工程价款请求权,也就没有理由赋予其以工程价款为权利基础的优先受偿权。此外,转包、违法分包均被法律明确禁止,如果再赋予实际施工人以建设工程价款优先受偿权,有可能对建设工程市场秩序产生负面导向作用。(4)《全国民事审判工作会议纪要》(2011年)第29条明确规定,因违法分包、转包等导致建设工程合同无效的,实际施工人请求依据原《合同法》第286条规定对建设工程行使优先受偿权的,不予支持。

在司法实践中,亦不乏不支持实际施工人享有优先受偿权的判决。在(2017)最高法民终662号一案中,最高院认为:“……前述法律规定以及最高院的批复明确承包人享有优先受偿权,未规定实际施工人享有优先受偿权,且实际施工人进入建设工程领域属于违法行为,不应获得更多的等同于承包人应享有的权利,故达禹公司行使的是实际施工人边某雪的实体权利,依法不应享有工程价款优先受偿权,

---

① 参见最高人民法院民事审判第一庭编著:《最高人民法院建设工程施工合同司法解释(二)理解与适用》,人民法院出版社2019年版,第371页。

达禹公司主张享有优先受偿权的请求应予驳回。”在(2015)民申字第2311号一案中,最高院认为:“建设工程的承包人是市政第十工程处和东方市政公司,王某霖只是该工程的实际施工人,不符合法律及司法解释规定的可以享有优先受偿权的主体资格……因此,王某霖作为实际施工人,主张建设工程价款优先受偿权没有法律依据。”

(三)实际施工人在代位诉讼中是否享有优先受偿权

《民法典》第535条第1款规定:“因债务人怠于行使其债权或者与该债权有关的从权利,影响债权人的到期债权实现的,债权人可以向人民法院请求以自己的名义代位行使债务人对相对人的权利,但是该权利专属于债务人自身的除外。”《建设工程施工合同司法解释(一)》第44条规定:“实际施工人依据民法典第五百三十五条规定,以转包人或者违法分包人怠于向发包人行使到期债权或者与该债权有关的从权利,影响其到期债权实现,提起代位权诉讼的,人民法院应予支持。”

转包人、违法分包人在工程质量合格的情形下对发包人享有优先受偿权,如果实际施工人在满足了代位诉讼的情形下,应当取得被代位人的权利,那么实际施工人也应当享有建设工程价款优先受偿权。

(四)借用资质的承包人是否享有工程价款优先受偿权

关于挂靠人是否对建设工程价款享有优先受偿权的问题,关键在于判定挂靠人是否对发包人享有主张合同价款的权利。有观点认为:在存在挂靠且发包人明知挂靠的情况下,建设工程施工合同实际上是建立在实际施工的挂靠人和发包人之间,出借资质的一方主体根本就不是合同当事人。此时,建设工程施工合同当然还是要以出借资质的一方的名义签订。对于这种情况,要求出借资质的一方主张优先受偿权,与合同关系不符合。因此,对于这种情况,应当认定实际施工的挂靠人,为优先受偿权的主体。

搜索以往的判例发现,只要挂靠人能证明发包人应当支付合同价款,方式可以是通过竣工验收、经甲方同意的挂靠关系等,借用资质的实际施工人也享有工程价款优先受偿权。在(2016)渝0110民初4689号一案中,法院认为:“原告张某没有施工资质,其与渝中六建签订的挂靠协议和与被告立立公司签订的建设工程施工合同因违反法律禁止性规定而无效。因案涉主体工程已经验收合格,原告作为实际施工人可以主张工程款项,被告亦承诺支付,渝中六建亦指定原告为收款人,故被告应按承诺支付工程进度款项……原告张某在工程款3,549,053.49元范围内对‘立立依山郡’项目9—13栋房屋折价或拍卖的价款享有优先受偿的权利……”从司法实践中可以看出,享有优先受偿权的前提是符合《民法典》第793条的规定,即承包人需要有对发包人主张约定工程价款的权利,然后方能主张优先受偿权。

操作要点

《建设工程施工合同司法解释(一)》第35条主要是规定如何认定享有优先受偿权的主体问题。结合司法实践中的判例以及各地的规定,笔者认为对于承包人而言,最重要的还是如何证明自己真正实施了符合质量标准的建设工程,因此取得了主张工程借款的权利;对于发包人而言,则应当做好自身的施工管理工作,做到在施工管理的过程中合法合规。下面是一些具体的操作建议。

1. 就实际施工人而言,应当尽力提供证据证明自己享有主张工程价款的权利。

(1)留存好实际施工过程中的各种单证、完整的手续,证明已做的工程量范围。这样才能保证自己在已完成的工程范围内享有优先受偿权。

(2)无资质的承包人应当保证工程质量,并在工程完工或返修后,及时要求发包人签字盖章,确认工程质量、工程量等相关事宜。

(3)如果发包人应当支付价款而未及时支付,应当要求发包人出具付款承诺函或其他保证书,证明自己有主张工程价款的权利。

(4)如果能在竣工前取得资质的,应当尽力取得资质。如果已经验收合格的也应当留存好验收报告中相关的证据。

(5)如果建设工程未完工,实际施工人应当做好已完工部分的验收手续及资料,并在验收合格后找发包人签字、盖章。

(6)转包人、非法分包人怠于主张到期债权的,实际施工人应当尽力收集证据,争取代位诉讼。

2. 对直接与发包人签订建设工程施工合同的承包人而言,在主张优先受偿权的时候有一定的优势,在此前提下,总体上的风险防控思路与实际施工人的思路类似。

(1)准确把握合同约定的每一个付款时间节点,并向发包人积极主张权利。

(2)对于未完工建设工程、解除施工合同的承包人而言,其应当确保建设工程质量满足标准,并留存好在施工过程中的每一个分部分项工程的验收合格记录。未经验收发包人就投入使用的,也应当留存好相应的证据。

3. 就发包人而言,应做好如下方面的工作。

(1)应审查承包人的资质范围、资质等级是否与拟建工程项目相匹配;如果是以联合体的形式承包,应确保低等级资质的承包人具备拟建工程项目的资质要求。

（2）严格把控好工程质量，对于不属于自己原因而导致工程质量不合格的，应当积极要求整改或索赔。如果工程质量不合格应当要求承包人修复，承包人不具有资格或者拒绝修复的，应当找第三方修复，并留存好相应记录。

（3）建设工程未经竣工验收的，不要擅自使用，以避免丧失质量不合格的抗辩权。

（4）无论何种情形，均应当积极主动收集相关证据，如因施工合同无效给自己造成的损失，由于承包人原因导致的建设工程质量不合格等。

实务案例裁判要旨

表 35－1　与发包人订立建设工程施工合同的承包人享有优先受偿权

序号	法院及案号	法院观点	证明观点
1	山东高院（2016）鲁民申 2574 号	根据原《合同法》第 286 条和《最高院优先受偿权的批复》第 4 条的规定，建设工程款的优先权是一种法定的权利，建筑工程承包人的优先受偿权优于抵押权和其他债权，法律赋予了建设工程承包人在发包人不能履行支付工程款时可以行使优先受偿权。经查阅二审卷宗，海明公司对涉案工程至二审审理期间尚未竣工、验收并无异议，其对造成没有竣工的原因，自认“与资金也有关系，由于资金跟不上，导致工程停工”，海明公司虽提出瑞盛公司于 2013 年 7 月已经全部撤离施工现场，但未能提供相应证据加以证实，对其该项主张，本院依法不予支持	未竣工工程的承包人在发包人不支付工程款时可以行使优先受偿权
2	最高院（2016）最高法民申 203 号	因双方对是否按约支付工程款存在争议，经法院审理已经确认存在未按约支付工程款的事实，符合原《合同法》第 286 条规定的承包人享有优先受偿权的前提条件。即使部分工程款不在进度款范围内而属于最终结算欠款，在双方终止合同履行的情况下予以优先保护，仍符合建设工程价款优先受偿权旨在保护承包人利益的立法精神。故一审、二审判决金岛公司在丰华公司欠付工程款范围内享有优先受偿权，适用法律正确。丰华公司该项再审申请理由不能成立	与发包人订立建设工程施工合同的承包人享有优先受偿权

续表

序号	法院及案号	法院观点	证明观点
3	云南高院(2017)云民终532号	本案工程在合同约定的竣工时间内无法完成施工。且鑫益公司没有按期支付工程款,在金螳螂公司按照合同约定停止施工后仍未支付工程款,致使合同不能继续履行,金螳螂公司行使优先权的期限为6个月,既无建设工程竣工之日也不能按照建设工程合同约定的竣工之日起计算。因此,金螳螂公司诉讼主张解除合同并主张工程价款优先受偿权时间,应当认为金螳螂公司在法定时间内行使优先权,在鑫益公司欠付工程款的情况下,金螳螂公司依法对其承建的本案工程享有建设工程价款的优先受偿权	与发包人订立建设工程施工合同的承包人享有优先受偿权

表35－2　实际施工人是否享有优先受偿权

序号	法院及案号	法院观点	证明观点
1	山东高院(2018)鲁民再253号	威圆劳务公司作为涉案工程实际施工人,有权向昊海置业公司主张工程款。昊海置业公司对此亦予以认可,并于2013年10月25日与威圆劳务公司、豪建公司签订《工程款抵顶协议》,承诺以房抵顶涉案工程款。该协议虽未实际履行,但不影响昊海置业公司对其欠付威圆劳务公司工程款事实的确认。在此情形下,威圆劳务公司与昊海置业公司虽未直接签订合同,但基于昊海置业公司对威圆劳务公司欠付工程款事实的确认,应认定昊海置业公司实际作为发包方与实际施工人威圆劳务公司进行了工程结算,威圆劳务公司据此对涉案工程款应享有优先受偿权	实际施工人在一定条件下享有优先受偿权
2	重庆高院(2018)渝民终86号	目前吴某全不能对案涉工程享有工程价款优先受偿权。事实和理由:1.原《合同法》第286条赋予承包人建设工程价款优先受偿权,但并未直接赋予实际施工人享有建设工程价款优先受偿权。2.在发包人欠付承包人工程款数额明确,但承包人怠于行使优先受偿权的情况下,考虑到可能会因为承包人的不积极作为而影响实际施工人收取工程款的合法权益,故允许实际施工人向发包人主张优先受偿权,但这种优先受偿权应当在原《建设工程施工合同司法解释》第26条赋予实际施工人的权利范围内,即在发包人欠付承包人工程款范围内享有优先受偿权,而非对于承包人欠付实际施工人的工程款享有优先受偿权	部分裁判认为实际施工人在发包人欠付承包人工程款范围内享有优先受偿权,而非对于承包人欠付实际施工人的工程款享有优先受偿权

续表

序号	法院及案号	法院观点	证明观点
3	最高院(2015)民申字第2311号	鉴于建设工程价款优先受偿权系法定优先权,因其具有优于普通债权和抵押权的权利属性,故对其权利的享有和行使必须具有明确的法律依据,实践中亦应加以严格限制。根据前述法律及司法解释规定,行使建设工程价款优先受偿权,应当同时具备以下条件:第一,行使优先受偿权的主体应仅限于承包人,现行法律及司法解释并未赋予实际施工人享有建设工程价款优先受偿的权利	实际施工人不享有优先受偿权
4	最高院(2017)最高法民终662号	前述法律规定以及最高院的批复明确承包人享有优先受偿权,未规定实际施工人享有优先受偿权,且实际施工人进入建设工程领域属于违法行为,不应获得更多的等同于承包人应享有的权利,故达禹公司行使的是实际施工人边某雪的实体权利,依法不应享有工程价款优先受偿权,达禹公司主张享有优先受偿权的请求应予驳回	实际施工人不享有优先受偿权
5	江西高院(2017)赣民终232号	原《合同法》对建设工程合同中有关主体的表述是:发包人、总承包人、承包人、第三人、分包单位、施工人、监理人、勘察人、设计人。其中的施工人的表述涵盖了建设工程施工合同的所有施工主体,即总承包人、承包人、专业工程分包人、劳务作业分包人。由此可见,施工人是建设工程合同的有效主体,不包括非法转包、违法分包合同的施工人。原《建设工程施工合同司法解释》首次出现实际施工人的概念,将实际施工人和总承包人、分包人并列提出,但从其概念的内涵上看,实际施工人与总承包人、分包人的概念并非重叠。实际施工人应是指无效合同的承包人,如转非法承包人、违法分包人、无施工资质借用他人名义施工人,由此可见,该司法解释中的实际施工人与原《合同法》中的施工人不是同一概念。故朱某靖、肖某源并非法律意义上的建设工程承包人,不应享有对工程款享有优先受偿权	实际施工人不享有优先受偿权

相关规定指引

《民法典》

第788条　建设工程合同是承包人进行工程建设,发包人支付价款的合同。

建设工程合同包括工程勘察、设计、施工合同。

第791条　发包人可以与总承包人订立建设工程合同,也可以分别与勘察人、设计人、施工人订立勘察、设计、施工承包合同。发包人不得将应当由一个承包人完成的建设工程支解成若干部分发包给数个承包人。

总承包人或者勘察、设计、施工承包人经发包人同意,可以将自己承包的部分工作交由第三人完成。第三人就其完成的工作成果与总承包人或者勘察、设计、施工承包人向发包人承担连带责任。承包人不得将其承包的全部建设工程转包给第三人或者将其承包的全部建设工程支解以后以分包的名义分别转包给第三人。

禁止承包人将工程分包给不具备相应资质条件的单位。禁止分包单位将其承包的工程再分包。建设工程主体结构的施工必须由承包人自行完成。

《建设工程施工合同纠纷司法解释(一)》

第43条 实际施工人以转包人、违法分包人为被告起诉的,人民法院应当依法受理。

实际施工人以发包人为被告主张权利的,人民法院应当追加转包人或者违法分包人为本案第三人,在查明发包人欠付转包人或者违法分包人建设工程价款的数额后,判决发包人在欠付建设工程价款范围内对实际施工人承担责任。

第44条 实际施工人依据民法典第五百三十五条规定,以转包人或者违法分包人怠于向发包人行使到期债权或者与该债权有关的从权利,影响其到期债权实现,提起代位权诉讼的,人民法院应予支持。

《全国民事审判工作会议纪要》(2015年)

六、关于建设工程施工合同纠纷案件

(三)关于建设工程价款优先受偿权问题

53. 第一种意见:建设工程施工合同无效,但建设工程经竣工验收合格,实际施工人请求依据合同法第二百八十六条规定对承建的建设工程享有优先受偿权的,应予以支持。

第二种意见:建设工程施工合同无效,实际施工人请求对承建的建设工程享有优先受偿权的,不予支持。

《全国民事审判工作会议纪要》(2011年)

四、关于建设工程合同纠纷问题

26. 非因承包人的原因,建设工程未能在约定期间内竣工,承包人依据合同法第二百八十六条规定享有的优先受偿权不受影响。承包人请求行使优先受偿权的期限为六个月,自建设工程合同约定的竣工之日起计算;建设工程合同未约定竣工日期,或者由于发包人的原因,合同解除或终止履行时已经超出合同约定的竣工日期的，承包人行使优先受偿权的期限自合同解除或终止履行之日起计算。

《江苏省高级人民法院关于审理建设工程施工合同纠纷案件若干问题的解答》

15. 建设工程施工合同无效，承包人是否享有建设工程价款优先受偿权？

建设工程价款优先受偿权不受建设工程施工合同效力的影响。建设工程施工合同无效，承包人仍然享有建设工程价款优先受偿权。

16. 实际施工人是否享有建设工程价款优先受偿权？

实际施工人在总承包人或者转包人不主张或者怠于行使工程价款优先受偿权时，就其承建的工程在发包人欠付工程价款范围内可以主张优先受偿权。

第20条　工程款债权转让的，建设工程价款优先受偿权是否一并转让？

建设工程价款优先受偿权依附于工程款债权，承包人将建设工程价款债权转让的，建设工程价款的优先受偿权随之转让。受让人是否实际享有建设工程价款优先受偿权，仍应进行实体审查。

《浙江省高级人民法院民事审判第一庭关于审理建设工程施工合同纠纷案件若干疑难问题的解答》

第22条　建设工程施工合同无效情形下，谁有权行使优先受偿权？

建设工程施工合同无效，但工程经竣工验收合格，承包人可以主张工程价款优先受偿权。分包人或实际施工人完成了合同约定的施工义务且工程质量合格，在总承包人或转包人怠于行使工程价款优先受偿权时，就其承建的工程在发包人欠付工程价款范围内可以主张工程价款优先受偿权。

《安徽省高级人民法院关于审理建设工程施工合同纠纷案件适用法律问题的指导意见(二)》

第22条　承包人仅对建设工程占用的土地使用权主张优先受偿权的，不予支持。

《安徽省高级人民法院关于审理建设工程施工合同纠纷案件适用法律问题的指导意见》

五、工程价款优先受偿权的保护

18. 分包人或实际施工人完成了合同约定的施工义务且工程质量合格的，在总包人或非法转包人怠于主张工程价款优先受偿权时，就其承建的工程在发包人欠付的工程款范围内主张工程价款优先受偿权，可予支持。

《四川省高级人民法院关于审理建设工程施工合同纠纷案件若干疑难问题的解答》

五、建设工程价款的优先受偿

37. 如何确定享有优先受偿权的主体?

建设工程施工合同有效,发包人未按照约定支付价款的,承包人可以催告发包人在合理期限内支付价款,发包人逾期不支付的,承包人可以向人民法院提起诉讼,并有权依据《中华人民共和国合同法》第二百八十六条之规定,要求建设工程的价款就该承建的建设工程折价或拍卖的价款优先受偿。

建设工程施工合同无效,但建设工程经竣工验收合格,或者未经竣工验收但已经实际使用,实际施工人请求其工程价款就承建的建设工程折价或拍卖的价款优先受偿的,应予支持。

装饰装修工程属于建设工程,可以适用《中华人民共和国合同法》第二百八十六条的规定,但装饰装修工程的发包人不是该建筑物的所有权人或者承包人与该建筑物的所有权人之间没有合同关系的除外。享有优先受偿权的承包人只能在建筑物因装饰装修而增加价值的范围内优先受偿。

《重庆市高级人民法院民一庭关于当前民事审判疑难问题的解答》

二、建设工程施工合同纠纷

15. 实际施工人是否享有建设工程价款优先受偿权?

答:我国《合同法》第二百八十六条规定:“发包人未按照约定支付价款的,承包人可以催告发包人在合理期限内支付价款。发包人逾期不支付的,除按照建设工程的性质不宜折价、拍卖的以外,承包人可以与发包人协议将该工程折价,也可以申请人民法院将该工程依法拍卖。建设工程的价款就该工程折价或者拍卖的价款优先受偿。”该条赋予承包人享有建设工程价款优先受偿权的立法目的旨在解决工程款的拖欠问题,保障包括广大农民工在内的建筑工人的基本生活需要。但是,现实生活中,承包人非法转包和违法分包的情形较为普遍,承包人往往并不实际施工,拖欠的工程款通常是实际施工人的。如果承包人怠于行使权利,则实际施工人的利益无法得到保护。因此,在与发包人具有直接合同关系的承包人没有起诉发包人的情况下,实际施工人诉请发包人在欠付工程款范围内支付工程价款并依照我国《合同法》第二百八十六条主张建设工程价款优先受偿权的,应当予以支持。

第三十六讲

优先受偿权的效力层级

法条原文

第 36 条　承包人根据民法典第八百零七条规定享有的建设工程价款优先受偿权优于抵押权和其他债权。

思维导图

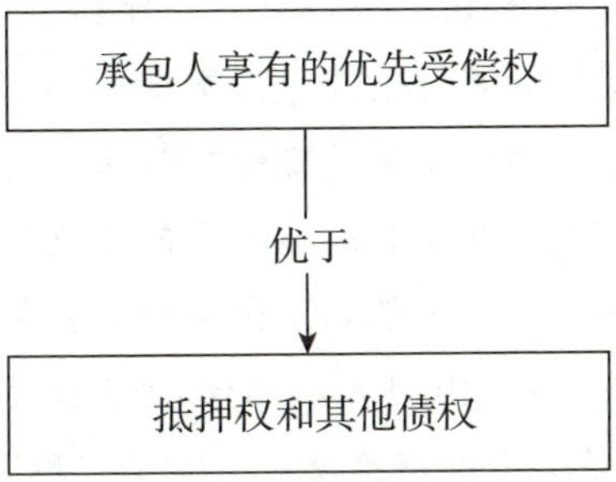

图 36－1　优先受偿权的效力层级

条文释义

本条是关于优先受偿权效力层级的规定。

一、本条规定的来源

原《最高院优先受偿权的批复》第 1 条规定:“人民法院在审理房地产纠纷案件和办理执行案件中,应当依照《中华人民共和国合同法》第二百八十六条的规定,认定建筑工程的承包人的优先受偿权优于抵押权和其他债权。”

本条在该批复的基础上删去了人民法院在审理房地产纠纷案件和办理执行案件中,应当依照原《合同法》第 286 条的规定,将“建筑工程的承包人的优先受偿权”改为“承包人根据民法典第八百零七条规定享有的建设工程价款优先受偿权”。

二、优先受偿权的性质

关于优先受偿权的性质,详见本讲实务难点部分的解读。

实务难点

一、优先受偿权的性质

要了解优先受偿权的主体、功能、效果、条件等问题,需要对优先受偿权的性质进行分析。对于原《合同法》第 286 条规定的优先受偿权的性质,理论界有不同的观点。

第一种观点是不动产留置权说。这种观点认为:建设工程价款优先受偿权在性质上属于不动产留置权。其理由有三:第一,对比《民法典》第 807 条规定的承包人实行权利的条件,与留置权的实行条件十分类似。第二,比较日本民法研究可以知道,其先予取得制度就把不动产作为留置权的客体。第三,1991 年由国家工商行政管理局、建设部联合制定的《建设工程施工合同条例》第 28 条规定:"由于甲方(发包人)违反有关规定和约定,经办银行不能支付工程款,乙方(承包人)可留置部分或全部工程,并予以妥善保护,由甲方承担保护费用。"以此为依据,实践中承包人多以发包人未付清工程款为由而拒绝交付已完工工程。

第二种观点是法定抵押权说。该说主张建设工程价款优先受偿权在性质上属于一种法定抵押权。我国台湾地区"民法"第 513 条对法定抵押权进行了规定:"承揽之工作为建筑物或其他土地上之工作物,或为此等工作物之重大修缮者,承揽人得就承揽关系报酬额,对于其工作所附之定作人之不动产,请求定作人为抵押权登记。"这种抵押权无须登记,在满足法律规定的条件后,承揽人即可主张抵押权。参与立法的梁慧星教授认为,原《合同法》第 286 条从设计、起草、讨论、修改、审议直至正式通过,始终是指法定抵押权,只是考虑到法律适用上的便利,才采用了直接规定其内容、效力以及实现方式的条文表述,而未直接使用"抵押权"之名。① 这种法定抵押权是由法律直接规定的,具有法定性,无须当事人事先约定,也无须登记公示。

第三种观点是优先权说。该观点认为建设工程价款优先受偿权在性质上应属优先权。② 优先权是基于维护社会公平和秩序的宗旨而赋予债权人对某种特殊的债权享有优先于一般债权人而优先受偿的权利,其目的在于对某种特殊的债权加以特别的保护。针对建设单位拖欠工程款现象严重的情况,将建设工程价款优先

---

① 参见梁慧星:《〈合同法〉第二百八十六条的权利性质及其适用》,载《山西大学学报(哲学社会科学版)》2001 年第 3 期。

② 参见王利明:《物权法论》(修订本),中国政法大学出版社 2003 年版,第 570 页。

受偿权定性为优先权，有助于切实保障承包人的合法权益。

综合比较三种理论学说，笔者认为把优先受偿权作为一种法定优先权是比较合理的。对于留置权说，因为留置权要求承包人占有并实际控制建设工程，这与实际情况不符。因为在现实中，优先受偿权的主张都是发生在承包人交付工程，发包人验收之后。在工程已经交付的情况下把优先受偿权作为一种留置权是没有法律根据的。而且，将该权利视为留置权，与整个民法体系不兼容，例如，《民法典》第447条就明确规定："债务人不履行到期债务，债权人可以留置已经合法占有的债务人的动产，并有权就该动产优先受偿。前款规定的债权人为留置权人，占有的动产为留置财产。"建设工程价款优先受偿权的标的物往往是不动产，因此该权利与留置权的规定不符。

对于将建设工程价款优先受偿权作为一种法定抵押权来看的观点，显然也与我国的立法体系不相兼容。首先，建设工程承包人的优先受偿权的范围只限于"实际发生的费用"。但是《民法典》第389条规定："担保物权的担保范围包括主债权及其利息、违约金、损害赔偿金、保管担保财产和实现担保物权的费用。当事人另有约定的，按照其约定。"《民法典》规定的担保物权的担保范围显然与优先受偿权的权利范围相去甚远。其次，在设立程序上，两者也不相同。《民法典》规定抵押权的设立要进行抵押权登记，建设工程价款优先受偿权不要求进行登记，根据原《最高院优先受偿权的批复》："一、人民法院在审理房地产纠纷案件和办理执行案件中，应当依照《中华人民共和国合同法》第二百八十六条的规定，认定建筑工程的承包人的优先受偿权优于抵押权和其他债权……"如果将优先受偿权视为抵押权的话，就会出现不要求登记的抵押权优先于登记的抵押权，这显然也会造成程序上的冲突以及法律适用的混乱。

将建设工程价款优先受偿权视为法定优先权与该制度的立法目的相吻合。优先权是法律上基于特殊政策性考虑而赋予某些特种债权或其他权利的一种特殊效力，保障该项权利能够较之普通债权而优先实现。[①] 通过社会公共利益的考量，法律认为某些现存的利益冲突只有赋予某一方以优先权的方式才能加以解决，从而使其权利形态通过法律予以明确固定。[②] 结合我国的工程建设状况，发包人拖欠承

---

① 参见刘保玉：《试论优先权在我国物权法上的取舍》，载中国人大网2021年4月19日，http://www.npc.gov.cn/npc/oldarchives/zht/zgrdw/common/zw.jsp@label=wxzlk&id=341613&pdmc=1502.htm。

② 参见马荣：《论建设工程价款优先受偿权的权利属性及其在司法实践中的适用》，载《审判研究》2002年第10期。

包人工程款的现象十分常见,承包人没有工程款,进而导致拖欠农民工工资问题,有时农民工工资问题甚至成了一个社会问题。法律的规定正是为了保证建筑工人的利益,维护社会的和谐稳定。所以,将工程价款优先受偿权视为一种优先权,是法律对工人利益的一种倾斜。

将优先受偿权视为法定优先权的学说是合理的,将建设工程价款的优先受偿权定性为优先权,其积极效果有四个方面:一是切实反映了建设工程承包合同履行过程中的公平性;二是明确体现了建设工程项目所包含的社会公益和公正;三是及时提高了建设工程项目的经济效用,有利于创造效益和效率价值,促进利益关系的合理配置和平等互动;四是能更有效地解决现实中大面积拖欠工程款、承包人的权利普遍得不到保护的严重问题,可以说它是厘清建设工程承包合同所涉及的各种法律关系、促进市场经济氛围下建设工程项目运作良性循环的一项必不可少的法律手段。①

二、债权转让后承包人的优先受偿权是否随之转让

《民法典》第 545 条第 1 款规定:“债权人可以将债权的全部或者部分转让给第三人,但是有下列情形之一的除外:(一)根据债权性质不得转让;(二)按照当事人约定不得转让;(三)依照法律规定不得转让。”第 547 条规定:“债权人转让债权的,受让人取得与债权有关的从权利,但是该从权利专属于债权人自身的除外。受让人取得从权利不因该从权利未办理转移登记手续或者未转移占有而受到影响。”

(一)优先受偿权随债权转让而转让

最高院民事审判第一庭《民事审判指导与参考》(总第 65 辑)就该问题的回复是“建设工程债权转让后,受让人也应享有优先受偿权”。《江苏省高级人民法院关于审理建设工程施工合同纠纷案件若干问题的解答》(2018 年)第 20 条规定:“……建设工程价款优先受偿权依附于工程款债权,承包人将建设工程价款债权转让的,建设工程价款优先受偿权随之转让。受让人是否实际享有建设工程价款优先受偿权,仍应进行实体审查。”

从理论上分析,如果建设工程价款优先受偿权是一种法定抵押权的话,法定抵押权是从属于债权的从权利,主债权转让,从权利也应随之转让,所以,债权转让后,

① 参见曹诗权:《对合同法第 286 条的定位》,载《法制日报》2000 年 10 月 22 日,第 2 版。

承包人的优先受偿权也会随之转让。如果建设工程价款优先受偿权属于优先权，优先权是担保债权实现的担保物权，因此优先权则具有物权性、价值性以及担保性。担保性则包括从属性和不可分性。因此，按照假设工程价款的优先受偿权是一种优先权的理论，优先受偿权也应当随着债权的转移而转移。其实，对于这个问题，可从两方面考量：一方面，建设工程承包人转让其在施工中形成的债权，受让人基于债权转让而取得工程款债权，故其应享有该工程款优先受偿权；另一方面，法定优先权属担保物权，具有一定追及效力，其功能是担保工程款优先支付，该权利依附于所担保的工程而存在，即使被担保工程发生转让，亦不影响承包人优先受偿权的行使。①

在审判实务中，最高院（2007）民一终字第 10 号民事判决载明：建设工程款具有优先受偿性质，建发公司基于受让债权取得此项权利。三公司向建发公司转让债权合法有效，建发公司具有诉讼主体资格。建发公司基于债权受让，在合同解除前已提起诉讼，对涉案工程享有优先受偿权。在（2017）黑 01 民终 3351 号一案中，法院认为："森海建筑公司随后将之处分与同小区建设工程分包森海消防公司，建设工程款优先权亦随之转让，参考最高院民事审判第一庭《民事审判指导与参考》（总第 65 辑）就该问题回复'建设工程债权转让后，受让人也应享有优先受偿权'的指导精神，森海消防公司自然优于森工贷款公司就涉案房屋取得的抵押权、债权。"在（2016）苏 02 民终 2381 号一案中，法院认为，承包人将建设工程价款债权转让的，建设工程价款的优先受偿权随之转让。

（二）优先受偿权不能随着债权的转让而转移

在实务中，还有一种观点认为：建设工程价款的优先受偿权不能随着债权的转让而转移。其主要理由是认为建设工程价款优先受偿权具有"人身依附性"。例如，《河北省高级人民法院建设工程施工合同案件审理指南》（2018 年）第 37 条规定："建设工程价款优先受偿权与建设工程价款请求权具有人身依附性，承包人将建设工程价款债权转让，建设工程价款的优先受偿权消灭。"《深圳市中级人民法院关于建设工程合同若干问题的指导意见》（2010 年）第 31 条规定："承包人将其对发包人的工程款债权转让给第三人的，建设工程价款优先受偿权不能随之转让。"

辽宁省大连市中级人民法院（2015）大民三终字第 642 号民事判决载明：本案

① 参见杜万华主编，最高人民法院民事审判第一庭编：《民事审判指导与参考》（2016 年第 1 辑，总第 65 辑），人民法院出版社 2016 年版。

是施工人曲某某将对被告享有的到期工程款这一债权转让给原告,涉及工程的地基基础工程和主体结构质量的责任承担并未转让,故涉案债权转让关系合法有效。原告受让债权后,有权向被告追偿,依据原《合同法》的相关规定,被告对原告享有抗辩权。涉案施工合同中关于付款方式中有易货约定,因本案原告、被告无法就易货问题达成一致,原告请求被告给付工程款,本院应予支持。工程款优先受偿权,只有实际施工人享有,原告是受让施工人的债权,故不享有工程款优先受偿权,原告此主张本院不予支持。

因此,在实践中,如果是受让了享有优先受偿权的债权的第三方,需要根据纠纷所在地的裁判规则和精神,并参考以往的司法判例进行正确判断。

操作要点

1. 建设工程价款优先受偿权基于法律规定直接取得,该权利不以登记为生效要件,且该权利优先于抵押权和其他普通债权。

2. 原《最高院优先受偿权的批复》第 2 条规定:“消费者交付购买商品房的全部或者大部分款项后,承包人就该商品房享有的工程价款优先受偿权不得对抗买受人。”即承包人的工程价款优先受偿权不能对抗交付了全部或者大部分购房款的消费者。现该批复被废止,交付了全部或者大部分购房款的消费者的权利还能否对抗建设工程价款优先受偿权?根据《最高人民法院关于人民法院办理执行异议和复议案件若干问题的规定》的规定,符合特定条件的购房人可以对抗承包人的建设工程价款优先受偿权。该规定的第 29 条规定:“金钱债权执行中,买受人对登记在被执行的房地产开发企业名下的商品房提出异议,符合下列情形且其权利能够排除执行的,人民法院应予支持:(一)在人民法院查封之前已签订合法有效的书面买卖合同;(二)所购商品房系用于居住且买受人名下无其他用于居住的房屋;(三)已支付的价款超过合同约定总价款的百分之五十。”

实务案例裁判要旨

表 36－1　优先受偿权的性质

序号	法院及案号	法院观点	证明观点
1	北京中院(2017)京民终 786 号	原《合同法》第 286 条规定了建设工程价款优先受偿权。根据《最高院优先受偿权的批复》第 1 条的规定,建设工程价款优先受偿权在效力上优于抵押权和其他债权,故其应如担保物权一样具有物上代位性,即当建设工程毁损、灭失或者被征收时,优先受偿权人可以就获得的保险金、赔偿金或者补偿金等代偿物优先受偿	优先受偿权具有物上代位性
2	最高院(2017)最高法民申 4190 号	本案中,生效法律文书确定博海公司享有优先受偿权的建设工程价款数额为 742.560788 万元,其放弃对部分楼层行使优先受偿权,只导致可行使优先受偿权的建设工程范围减小,并不导致博海公司享有优先受偿权的建设工程价款数额变小。《最高院优先受偿权的批复》第 1 条规定:"人民法院在审理房地产纠纷案件和办理执行案件中,应当依照《中华人民共和国合同法》第 286 条的规定,认定建筑工程的承包人的优先受偿权优于抵押权和其他债权。"而本案所涉 2 号分配方案实际导致博海公司相应的建设工程价款债权丧失优先性,劣后于抵押权受偿,确有错误。故二审判决撤销 2 号分配方案并无不当	建筑工程的承包人的优先受偿权优于抵押权和其他债权
3	辽宁高院(2017)辽民终 904 号	关于井冈山公司的工程价款优先受偿权:建设工程承包人所享有的工程价款优先受偿权属法定优先权,其权利行使期限为 6 个月,自建设工程实际竣工之日或合同约定的竣工之日开始起算。但非因承包人的原因,建设工程未能在约定期间内竣工,承包人享有的优先受偿权不受影响。请求行使优先受偿权的期限,自实际竣工之日计算。如果施工合同由于发包人的原因解除或终止履行,行使优先受偿权的期限自合同解除或终止履行之日起算	建设工程承包人所享有的工程价款优先受偿权属法定优先权

表 36-2 债权转让后承包人的优先受偿权是否随之转让

序号	法院及案号	法院观点	证明观点
1	哈尔滨中院(2017)黑01民终3351号一案	森海建筑公司随后将之处分与同小区建设工程分包森海消防公司,建设工程款优先权亦随之转让,参考最高院民事审判第一庭《民事审判指导与参考》(总第65辑)就该问题回复"建设工程债权转让后,受让人也应享有优先受偿权"的指导精神,森海消防公司自然优于森工贷款公司就涉案房屋取得的抵押权、债权	债权转让后,受让人取得优先受偿权
2	最高院(2007)民一终字第10号	建设工程款具有优先受偿性质,建发公司基于受让债权取得此项权利,三公司向建发公司转让债权合法有效,建发公司具有诉讼主体资格,建发公司基于债权受让,在合同解除前已提起诉讼,对涉案工程享有优先受偿权	债权转让后,受让人取得优先受偿权
3	无锡中院(2016)苏02民终2381号	承包人将建设工程价款债权转让的,建设工程价款的优先受偿权随之转让	债权转让后,受让人取得优先受偿权

相关规定指引

《民法典》

第389条 担保物权的担保范围包括主债权及其利息、违约金、损害赔偿金、保管担保财产和实现担保物权的费用。当事人另有约定的,按照其约定。

第447条 债务人不履行到期债务,债权人可以留置已经合法占有的债务人的动产,并有权就该动产优先受偿。前款规定的债权人为留置权人,占有的动产为留置财产。

第545条 债权人可以将债权的全部或者部分转让给第三人,但是有下列情形之一的除外:

(一)根据债权性质不得转让;

(二)按照当事人约定不得转让;

(三)依照法律规定不得转让。

当事人约定非金钱债权不得转让的,不得对抗善意第三人。当事人约定金钱债权不得转让的,不得对抗第三人。

第547条 债权人转让债权的,受让人取得与债权有关的从权利,但是该从权利专属于债权人自身的除外。

受让人取得从权利不因该从权利未办理转移登记手续或者未转移占有而受到影响。

第807条　发包人未按照约定支付价款的，承包人可以催告发包人在合理期限内支付价款。发包人逾期不支付的，除根据建设工程的性质不宜折价、拍卖外，承包人可以与发包人协议将该工程折价，也可以请求人民法院将该工程依法拍卖。建设工程的价款就该工程折价或者拍卖的价款优先受偿。

第三十七讲

装饰装修工程承包人的优先受偿权

法条原文

第 37 条　装饰装修工程具备折价或者拍卖条件，装饰装修工程的承包人请求工程价款就该装饰装修工程折价或者拍卖的价款优先受偿的，人民法院应予支持。

思维导图

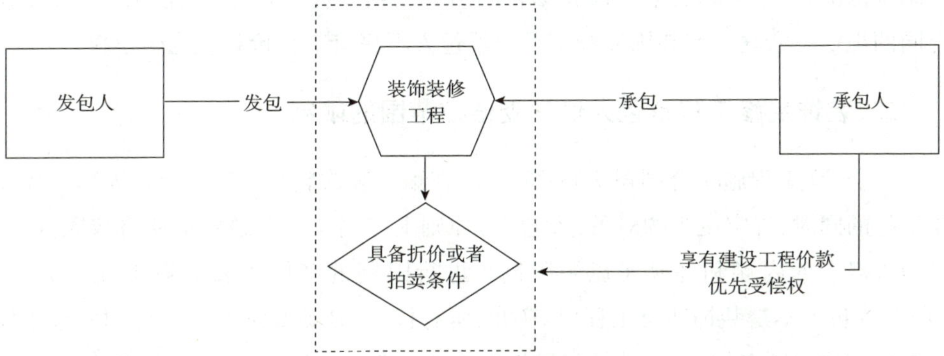

图 37－1　装饰装修工程承包人的优先受偿权

条文释义

本条是关于装饰装修工程的承包人为优先受偿权的主体及其优先受偿权行使范围的规定。该内容曾在《最高人民法院关于装修装饰工程款是否享有合同法第二百八十六条规定的优先受偿权的函复》中即有所涉及，《建设工程施工合同司法解释(一)》对其中的内容进行了吸收和进一步的完善。在上述函复中最高院答复如下："装修装饰工程属于建设工程，可以适用《中华人民共和国合同法》第二百八十六条关于优先受偿权的规定，但装修装饰工程的发包人不是该建筑物的所有权人或者承包人与该建筑物的所有权人之间没有合同关系的除外。享有优先权的承包人只能在建筑物因装修装饰而增加价值的范围内优先受偿。"

一、装饰装修工程的承包人对装饰装修工程价款享有优先受偿权

装饰装修工程的承包人对发包人欠付的工程价款（装饰装修工程对应的价值

范围内)享有优先受偿权,即装修装饰工程款的优先受偿权仅限于因装修装饰而使该建筑物增加的价值的范围内,而不得扩大至装饰装修承包范围之外的建筑物本身或其他设施设备等。装修装饰工程是以已经建造的建筑物为基础而进行的一种二次加工和修缮,故其优先权的行使范围应当限定在装修装饰工程使建筑物增加价值的限度之内。至于如何确定优先受偿权的增值范围,需要结合具体项目选择适当的方式方法进行确定。

家庭居室装饰装修,是指居民为改善自己的居住环境,自行或者委托他人对居住的房屋进行修饰处理的工程建设活动。家庭居室装饰装修活动不属于《建筑法》的调整范围,对于家庭居室装饰装修合同引起的纠纷应当依据《民法典》有关承揽合同的规定。家庭居室装饰装修工程的承包人不享有工程价款优先受偿权。

二、装饰装修工程承包人优先受偿权范围的限制

原《建设工程施工合同司法解释(二)》在赋予装饰装修工程的承包人享有优先受偿权的同时,规定主张的对象(发包人)原则上应当是该建筑物的所有权人,即对发包人概念的内涵和外延予以了限制。进行限制的理由主要有以下几个方面:(1)若发包人不是装饰装修工程建筑物的所有权人,则该装饰装修工程的发包主体不是建筑物的所有权人,也就是欠付工程款的债务人非建筑物的所有权人。此时,不可能通过对该建筑物进行折价或者拍卖的方式偿还应付工程款。(2)若装饰装修工程的建筑物不属于发包人所有,客观上装饰装修工程依附于建筑物,装饰装修的添附物客观上不可能单独出售。(3)装饰装修是对建筑物的添附行为,承包人行使优先受偿权时必然需要对建筑物的所有权进行处分,若发包人不是建筑物的所有权人,则本质上为处分他人财产。基于以上因素,故否定了承包人在此种情况下就装饰装修工程的价款享有优先受偿权。例如,若总承包人承包了某业主的建设工程项目,并将其中的装饰装修工程进行了分包,分包人与总承包人签订装饰装修工程的分包合同,在此情况下,分包人若向发包人主张工程价款优先受偿权,则无法得到支持。

实践中也有观点认为,装饰装修工程的发包人即便不是建筑物的所有权人,但发包人依法享有处分权且按照建筑物的性质可以折价或者拍卖的,装饰装修工程的承包人仍然享有工程价款优先受偿权。①

---

① 参见最高人民法院民事审判第一庭编著:《最高人民法院建设工程施工合同司法解释(二)理解与适用》,人民法院出版社2019年版,第383页。

《建设工程施工合同司法解释(一)》删除了原《建设工程施工合同司法解释(二)》"但装饰装修工程的发包人不是该建筑物的所有权人的除外"的规定,这说明现有司法解释已明确装饰装修工程的承包人是否享有优先受偿权不受发包人是否为装饰装修工程的所有权人这一条件的限制。现在更强调的是现实可行性,即"装饰装修工程具备折价或者拍卖条件"。

实务难点

一、建筑装修装饰工程专业承包资质

建筑装修装饰工程专业承包资质分为一级、二级。

(一)一级资质标准

1. 企业资产

净资产1500万元以上。

2. 企业主要人员

(1)建筑工程专业一级注册建造师不少于5人。

(2)技术负责人具有10年以上从事工程施工技术管理工作经历,且具有工程序列高级职称或建筑工程专业一级注册建造师(或一级注册建筑师或一级注册结构工程师)执业资格;建筑美术设计、结构、暖通、给排水、电气等专业中级以上职称人员不少于10人。

(3)持有岗位证书的施工现场管理人员不少于30人,且施工员、质量员、安全员、材料员、造价员、劳务员、资料员等人员齐全。

(4)经考核或培训合格的木工、砌筑工、镶贴工、油漆工、石作业工、水电工等中级工以上技术工人不少于30人。

3. 企业工程业绩

近5年承担过单项合同额1500万元以上的装修装饰工程2项,工程质量合格。

(二)二级资质标准

1. 企业资产

净资产200万元以上。

2. 企业主要人员

(1)建筑工程专业注册建造师不少于3人。

(2)技术负责人具有 8 年以上从事工程施工技术管理工作经历,且具有工程序列中级以上职称或建筑工程专业注册建造师(或注册建筑师或注册结构工程师)执业资格;建筑美术设计、结构、暖通、给排水、电气等专业中级以上职称人员不少于 5 人。

(3)持有岗位证书的施工现场管理人员不少于 10 人,且施工员、质量员、安全员、材料员、造价员、劳务员、资料员等人员齐全。

(4)经考核或培训合格的木工、砌筑工、镶贴工、油漆工、石作业工、水电工等专业技术工人不少于 15 人。

(5)技术负责人(或注册建造师)主持完成过本类别工程业绩不少于 2 项。

二、建筑装修装饰工程专业承包工程范围

(一)一级资质

可承担各类建筑装修装饰工程,以及与装修工程直接配套的其他工程的施工。

(二)二级资质

可承担单项合同额 2000 万元以下的建筑装修装饰工程,以及与装修工程直接配套的其他工程[①]的施工。

三、装饰装修工程质量验收的主要内容及依据

建筑装饰装修工程设计必须保证建筑物的结构安全和主要使用功能。当涉及主体和承重结构改动或增加荷载时,必须由原结构设计单位或具备相应资质的设计单位核查有关原始资料,对既有建筑结构的安全性进行核验、确认。建筑装饰装修工程质量验收内容包括过程验收和竣工验收两个方面。建筑工程专业建造师应通过审批验收计划,组织自行检查评定分部(子分部)工程、单位(子单位)工程,参加分部(子分部)工程验收、单位(子单位)工程竣工验收从而实现对建筑装饰装修工程质量验收内容的控制。

根据自 2018 年 9 月 1 日起实施的建筑装饰装修工程质量验收标准(GB 50210—2018),装饰装修工程包括如下分部分项工程,具体内容(见表 37 - 1)。

---

① 与装修工程直接配套的其他工程是指在不改变主体结构的前提下的水、暖、电及非承重墙的改造。

表 37－1　建筑装饰装修工程分部分项划分

项次	子分部工程	分项工程
1	抹灰工程	一般抹灰、保温层薄抹灰、装饰抹灰、清水砌体勾缝
2	外墙防水	砂浆防水、涂膜防水、透气膜防水
3	门窗工程	木门窗安装、金属门窗安装、塑料门窗安装、特种门安装、门窗玻璃安装
4	吊顶工程	整体面层吊顶、板块面层吊顶、格栅吊顶
5	轻质隔墙工程	板材隔墙、骨架隔墙、活动隔墙、玻璃隔墙
6	饰面板(砖)工程	石板安装、陶瓷板安装、木板安装、金属板安装、塑料板安装
7	饰面砖工程	内墙饰面砖粘贴、外墙饰面砖粘贴
8	幕墙工程	金属幕墙工程、玻璃幕墙工程、石材幕墙工程、人造板材幕墙工程
9	涂饰工程	水性涂料涂饰、溶剂型涂料涂饰、美术涂饰
10	裱糊与软包工程	裱糊、软包
11	细部工程	橱柜制作与安装、窗帘盒和窗台板制作与安装、门窗套制作与安装、护栏和扶手制作与安装、花饰制作与安装
12	建筑地面工程	基层铺设、整体面层铺设、板块面层铺设、木竹面层铺设

装饰装修工程项目竣工验收的依据主要有:(1)上级主管部门有关装饰装修工程竣工的文件和内容;(2)装饰装修工程承包合同;(3)装饰装修工程设计文件;(4)国家现行的装饰装修工程施工及验收规范;(5)国家相关现行施工验收规范;(6)对于从国外引进新技术、新材料和进口设备的装饰装修工程项目,还要按照签订的合同和国外提供的设计文件等进行验收。

竣工验收内容包括分部工程完工验收和单位(子单位)工程竣工验收,其中分部工程完工验收的主要内容为:(1)建筑装饰装修分部工程由总承包单位施工时,直接按分部工程验收;(2)由分包单位施工时,装饰装修工程分包单位应按相应质量验收标准规定的程序检查评定;(3)装饰装修分包单位对承建的项目检验时,总承包单位应参加,检验合格后,分包单位应将工程的有关资料移交总包单位。

单位(子单位)工程竣工验收的主要内容为:(1)当建筑工程只有装饰装修分部工程时,该工程应作为单位工程验收;(2)当建筑装饰装修工程作为一个单位工程按施工段由几个施工单位负责施工的单位工程时,其中的施工单位负责的子单位工程可按设计完成,并经自行检验;也可按规定的程序组织正式验收,办理交工手续。在整个单位工程全部验收时,已验收的子单位工程验收资料应作为单位工程验收的附件。

四、装饰装修工程项目竣工验收的程序

装饰装修工程项目的竣工验收一般分为竣工自检和正式验收两个步骤进行。其过程主要为:施工单位在装饰装修工程项目完成,具备使用条件后,进行竣工自检,然后向建设单位发出交工通知。建设单位接到施工单位的交工通知后,在做好验收准备的基础上,组织监理、施工、设计等单位共同进行交工验收。

操作要点

对从事装饰装修工程的承包人而言,在签订装饰装修工程的施工合同时,应注意核实发包人是否是建设工程的所有权人,注重在项目前期对发包人的主体资格、项目信息等内容进行尽职调查。若不是,对于一些涉及重大金额的装饰装修的施工合同,应尽可能争取与所有权人(发包人)签订施工合同。例如,在分包的情况下无法直接与所有权人签订施工合同,则应论证主体各方相应的履约能力。

实务案例裁判要旨

表 37-2　优先受偿权无须明示但须在法定期限内行使

序号	法院及案号	法院观点	证明观点
1	上海高院(2017)沪民申 2519 号	本院经审查认为,关于建设工程款优先受偿权是否必须以明示的方式主张才享有,原《最高人民法院关于建设工程价款优先受偿权问题的批复》明确载明,“建设工程价款优先受偿权是一种法定优先权,无须当事人另外予以明示”	优先受偿权无须明示

续表

序号	法院及案号	法院观点	证明观点
2	浙江高院(2015)浙民申字第2548号	《最高人民法院关于对人民法院调解书中未写明建设工程款有优先受偿权应如何适用法律问题的请示的复函》认为,建设工程款优先受偿权是一种法定优先权,无须当事人另外予以明示,但这只是表明建设工程款优先受偿权是法律赋予当事人的权利,不需要当事人另外在调解过程中予以明示,并不意味当事人不行使该权利即可自动获得工程款的优先受偿。且该答复同时认为建设工程承包人行使优先权的期限为6个月,且为不变期间,不存在中止、中断、延长的情形,这进一步说明,当事人要获得工程款的优先受偿必须要在法律规定的期限内行使工程款优先受偿权	优先受偿权无须明示但须在法定期限内行使
3	广东高院(2009)粤高法民一终字第188号	原审判决认为,从最高院(2007)执他字第11号复函"建设工程款优先受偿权是一种法定优先权,无须当事人另外予以明示"的规定中,可以得出优先受偿权是一种法定优先权,无须当事人另外明示。本院认为,首先,法定权利是法律赋予当事人的权利,但权利的存在与权利的行使是两个不同的概念。权利是否行使是当事人的自治权,须依当事人的意思表示确定。其次,法定权利的行使有期限的限制,建设工程承包人行使优先权期限的规定属于法律上的除斥期间,是承包人优先权的法定存续期间,除斥期间届满后,承包人的优先权将不复存在,承包人的工程价款请求权也成为一般债权,人民法院也就不应再支持其建设工程价款的优先受偿权	优先受偿权无须明示但须在法定期限内行使

表37-3　装饰装修工程款优先受偿权行使范围限于建筑物因装饰装修而增加的价值

序号	法院及案号	法院观点	证明观点
1	最高院(2013)民一终字第12号	本案优先受偿权的认定涉及优先受偿权的范围及期限问题。优先受偿的范围。本案系建筑装饰装修工程合同纠纷,依照《最高人民法院关于装饰装修工程款是否享有合同法第二百八十六条规定的优先受偿权的函复》(〔2004〕民一他字第14号)的精神,鉴于天山实业公司是天山大酒店的所有人且与融港侨公司之间有合同关系,融港侨公司作为装饰装修工程的承包人,对案涉工程亦享有优先受偿权,但该优先受偿权只能在建筑物因装饰装修而增加价值的范围内优先受偿	装饰装修工程款的优先受偿权只能在建筑物因装饰装修而增加价值的范围内优先受偿

续表

序号	法院及案号	法院观点	证明观点
2	银川中院(2017)宁01民初645号	宁夏双鼎装饰工程有限公司未证明其装修装饰工程对涉案房屋起到了增值作用以及增值的金额,所以宁夏双鼎装饰工程有限公司无依据在该处置财产上主张优先受偿权,原告宁夏双鼎装饰工程有限公司对(2015)银执字第158号案件执行标的不享有足以排除强制执行的合法权利,也无权要求对第三人马某海的房产(位于贺兰县马家寨109线东侧金福苑11号楼11-18号房、12号楼7号、8号、9号、10号、11号房)折价或拍卖价款的1,415,725元范围内享有优先受偿权,故对宁夏双鼎装饰工程有限公司的请求本院不予支持	装饰装修工程款的优先受偿权只能在建筑物因装饰装修而增加价值的范围内优先受偿

表37-4 不宜折价、拍卖的工程不享有优先受偿权,但应承担举证责任

序号	法院及案号	法院观点	证明观点
1	四川高院(2017)川民初91号	海德公司还辩称案涉工程属于不宜折价拍卖的工程,但并未提交证据证明本案案涉工程属于公益设施或仅为设备安装等附属工程,本院对其主张不予支持。一冶公司应当享有就案涉工程折价或者拍卖、变卖的价款在工程款本金范围内的优先受偿权	不宜折价、拍卖的工程不享有优先受偿权,但应承担举证责任
2	安徽高院(2016)皖民终488号	涉案工程为人防工程,属于国防工程和社会公益事业建设项目,所有权属于国家,根据涉案工程的性质,不宜对该工程折价和拍卖,故常州佳程公司主张对涉案工程项目折价或拍卖款项享有优先受偿权的诉讼请求,没有法律依据,不予支持	不宜折价、拍卖的工程不享有优先受偿权

相关规定指引

《民法典》

第807条 发包人未按照约定支付价款的,承包人可以催告发包人在合理期限内支付价款。发包人逾期不支付的,除根据建设工程的性质不宜折价、拍卖外,承包人可以与发包人协议将该工程折价,也可以请求人民法院将该工程依法拍卖。建设工程的价款就该工程折价或者拍卖的价款优先受偿。

《江苏省高级人民法院关于审理建设工程施工合同纠纷案件若干问题的意见》

第1条 因承包人进行工程施工建设,发包人支付工程价款的建设工程施工合同纠纷案件适用本意见的规定。

劳务承包合同纠纷案件和家庭住宅装饰装修合同纠纷案件不适用本意见的规定。

《浙江省高级人民法院执行局执行中处理建设工程价款优先受偿权有关问题的解答》

六、装饰装修工程承包人、工程勘察人或设计人是否享有优先受偿权？

装饰装修工程承包人主张工程价款优先受偿权的，可予以支持。但装修装饰工程的发包人不是该建筑的所有权人，或者承包人与该建筑物的所有权人之间没有合同关系的除外。享有优先权的承包人只能在建筑物因装修装饰而增加价值的范围内优先受偿。

工程勘察人或设计人就工程勘察或设计费主张优先受偿权的，不予支持。

《安徽省高级人民法院关于审理建设工程施工合同纠纷案件适用法律问题的指导意见（一）》

五、工程价款优先受偿权的保护

16. 装饰装修工程承包人主张工程款优先受偿权，可予支持；工程勘察人或设计人就工程勘察或设计费主张优先受偿权，不予支持。

《四川省高级人民法院关于审理建设工程施工合同纠纷案件若干疑难问题的解答》

37. 如何确定享有优先受偿权的主体？

……

装饰装修工程属于建设工程，可以适用《中华人民共和国合同法》第二百八十六条的规定，但装饰装修工程的发包人不是该建筑物的所有权人或者承包人与该建筑物的所有权人之间没有合同关系的除外。享有优先受偿权的承包人只能在建筑物因装饰装修而增加价值的范围内优先受偿。

第三十八讲

建设工程价款优先受偿权行使的条件

法条原文

第 38 条　建设工程质量合格，承包人请求其承建工程的价款就工程折价或者拍卖的价款优先受偿的，人民法院应予支持。

思维导图

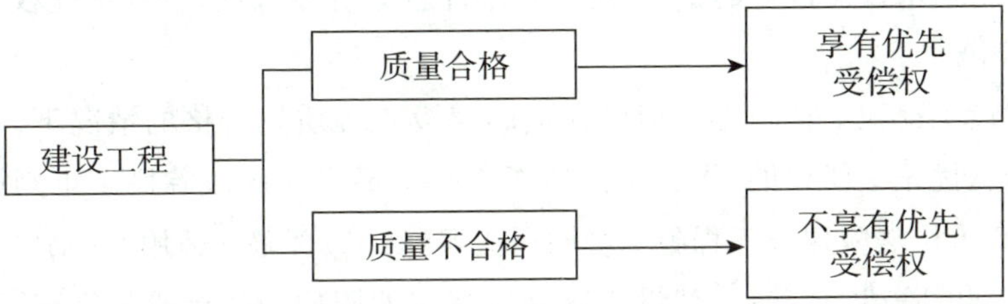

图 38－1　建设工程价款优先受偿权行使条件

条文释义

本条是关于与发包人签订建设工程施工合同的承包人享有优先权以工程质量合格为前提的规定。

在本条的表述中没有以建设工程施工合同有效为前置条件，因此可以理解为，只要"建设工程质量合格"，与发包人签订建设工程施工合同的承包人即应享有优先受偿权。该条款也没有要求建设工程必须竣工或者完工。结合《建设工程施工合同司法解释（一）》第 39 条的规定，对于未竣工或完工的建设工程，其单位工程、分部工程、分项工程等检验合格的，承包人在其验收合格的范围内也应当享有优先受偿权。

一、合同有效与否不影响对优先受偿权资格的认定

该条仅将"建设工程质量合格"作为承包人行使优先受偿权的前置条件，并没有规定建设工程施工合同必须有效。从文义解释的角度可知，合同有效与否并非承包人行使优先受偿权的必要条件，这也符合《民法典》关于工程价款优先受偿权的立法目的。原最高院法官王毓莹、陈亚在《建设工程司法解释（二）逐条解读》一

文中认为:“本条明确,只要建设工程质量确认合格,即使合同无效,对于承包人提出的建设工程价款优先受偿权主张,人民法院均应予以支持。”在我国建筑市场中,无效合同普遍存在。如果将优先受偿权限定于有效合同的范畴,则会导致大量承包人对建设工程价款失去优先受偿权的保护,最终使承包人的工程债权无法受偿,影响到实际施工人特别是农民工工资权益的实现。而且,根据《民法典》的规定,无效合同下,只要建设工程经竣工验收合格,承包人仍享有可以参照合同关于工程价款的约定进行折价补偿的权利。建设工程价款优先受偿权是为了保护承包人的工程价款给付请求权而设立的,二者的成立条件应具有一致性,否则优先权制度的功能就会落空。

在建设工程施工合同无效但已完成的建设工程质量合格的情况下,承包人主张工程价款优先受偿权的,人民法院应予支持。最高人民法院民事审判第一庭编著的《最高人民法院建设工程施工合同司法解释(二)理解与适用》一书中对此理由进行了详细的陈述。[①] 第一,建设工程领域特有的资质与招标投标管理要求,导致实践中建设工程施工合同无效的情况较为普遍。若将优先受偿权的行使条件限定为合同有效,会导致大量承包人的建设工程价款优先受偿权落空。第二,在建筑市场上,承包人整体处于弱势地位,在缔约时缔约地位相对较低,缔约是否遵守招标投标程序、是否选择有资质的承包人,决策权主要在发包人一方。如果以合同有效作为承包人享有建设工程价款优先受偿权的前提条件,不仅无助于缓解建设工程施工合同无效多发的现状,甚至可能增加发包人的道德风险,形成负面激励。第三,无论是对建设资质的要求还是对招标投标管理的要求,根本目的是要保证建设工程质量,防止建设工程施工领域的道德风险,因此,建设工程价款优先受偿权的享有应当以建设工程质量是否合格为条件,而不应以合同是否有效为条件。第四,《民法典》第 793 条第 1 款规定:“建设工程施工合同无效,但是建设工程经验收合格的,可以参照合同关于工程价款的约定折价补偿承包人。”该条规定在司法实践中的效果较好。建设工程价款优先受偿权是为保护承包人的工程价款给付请求权而设,二者的成立条件应当相同,否则建设工程价款优先受偿权制度功能就会落空。第五,从《民法典》第 807 条的文义来看,并不能必然得出建设工程价款优先受偿权的享有必须以建设工程施工合同有效为条件。第六,在适用该条规定时,应当考虑建设工程施工合同纠纷的特点以及我国建筑市场的现状,不能过于机械。在

---

① 参见最高人民法院民事审判第一庭编著:《最高人民法院建设工程施工合同司法解释(二)理解与适用》,人民法院出版社 2019 年版,第 392 ~ 393 页。

司法实践中，几乎没有案件是按“发包人未按照约定支付价款——承包人催告发包人在合理期限内支付价款——发包人逾期不支付——按照建设工程的性质宜折价、拍卖——承包人与发包人协议将该工程折价或者申请人民法院将该工程依法拍卖—建设工程价款就该工程折价或者拍卖的价款优先受偿”的程序处理，而是承包人在起诉请求发包人支付工程价款的同时一并请求行使建设工程价款优先受偿权，人民法院一并做出审判。第七，建设工程价款优先受偿权的一项重要制度价值是保护农民工工资权益，在建设工程施工合同无效的情形较为常见的情况下，如果以合同有效作为承包人享有权利的前提，会影响对农民工工资权益的保护。

此外，建设工程项目具有投资大、规模大、建设周期长、生产环节多、参与方多、影响质量形成的因素多等特点。从主体角度看，一般涉及建设单位、勘察设计单位、施工单位、工程监理单位、设备材料供应商等。无论是哪个主体出了问题，都会导致工程质量不合格。例如，发包人将部分工程指定分包给不具备相应资质等级的单位，或指使施工单位使用不合格的建筑材料、构配件和设备；勘察单位提供的水文地质资料不准确，设计单位计算错误，设备选型不准；施工单位不按图施工；工程监理单位不严格进行隐蔽工程检查等，都会造成工程质量不合格。因此，应注意区分工程质量不合格的原因以及相应的责任承担方。有观点认为，如由于发包人原因导致工程质量不合格的，承包人的优先受偿权不应受到影响。我们认为这种观点难以成立，与《建设工程施工合同司法解释（一）》中有关优先受偿权的规定相悖，在实际操作层面也难以实现。

二、建设工程质量应当符合国家规定的标准

本条所言的建设工程质量合格，并没有给出具体的标准。结合我国法律、法规和规范的具体规定，建设工程质量合格应以法定的标准作为判断依据，不能以当事人约定的高于法定质量标准作为依据，更不能以约定的低于法定质量标准作为依据。如果纠纷所涉的建设工程质量不符合约定的标准，发包人有权追究承包人的违约责任或者赔偿责任，但不能因此否定承包人的优先受偿权（在其他条件符合优先受偿权的条件下）。

实务难点

验收，是指建筑工程质量在施工单位自行检查合格的基础上，由工程质量验收责任方组织，工程建设相关单位参加，对检验批、分项、分部、单位工程及其隐蔽工程

的质量进行抽样检验,对技术文件进行审核,并根据设计文件和相关标准以书面形式对工程质量是否达到合格做出确认。施工质量验收包括施工过程的质量验收及工程项目竣工质量验收两个部分。工程项目质量验收,应将项目划分为单位(子单位)工程、分部(子分部)工程、分项工程和检验批进行验收。竣工验收内容如图38－2所示。

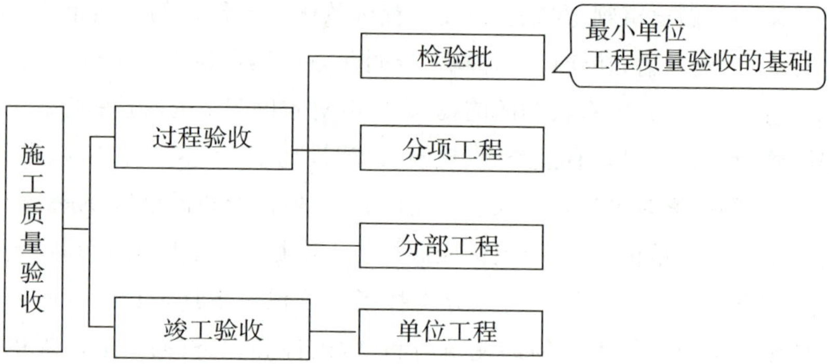

图38－2　竣工验收内容

一、施工过程的质量验收

施工过程的质量验收主要是指检验批和分项、分部工程的质量验收。检验批和分项工程是质量验收的基本单元;分部工程是在所含全部分项工程验收的基础上进行验收的,在施工过程中随完工随验收,并留下完整的质量验收记录和资料。

(一)检验批质量验收

所谓检验批,是指按相同的生产条件或按规定的方式汇总起来供检验用的,由一定数量样本组成的检验体。检验批是施工过程中条件相同并有一定数量的材料、构配件,或安装项目,由于其质量基本均匀一致,因此可以作为检验的基础单位,按批验收。检验批可根据施工及质量控制和专业验收需要按楼层、施工段、变形缝等进行划分。检验批是工程验收的最小单位,是分项工程乃至整个建筑工程质量验收的基础。

检验批应由监理工程师(建设单位的项目技术负责人)组织施工单位的项目专业质量(技术)负责人等进行验收。

检验批质量验收合格应符合下列规定:

(1)主控项目和一般项目的质量经抽样检验合格;

(2)具有完整的施工操作依据、质量检查记录。

主控项目,是指建筑工程中的对安全、卫生、环境保护和公众利益起决定性作用的检验项目。主控项目的验收必须从严要求,不允许有不符合要求的检验结果,主控项目的检查具有否决权。除主控项目以外的检验项目称为一般项目。

(二)分项工程质量验收

分项工程可按主要工种、材料、施工工艺、设备类别进行划分。分项工程的质量验收在检验批验收的基础上进行。一般情况下,两者具有相同或相近的性质,只是批量的大小不同而已。分项工程可由一个或若干检验批组成。分项工程质量合格的条件相对比较简单,只要构成分项工程的各检验批的验收资料完整,并且均已验收合格,则分项工程验收合格。

分项工程应由监理工程师(建设单位的项目技术负责人)组织施工单位的项目专业质量(技术)负责人进行验收。

分项工程质量验收合格应符合下列规定:

(1)分项工程所含的检验批均应验收合格;

(2)分项工程所含的检验批的质量验收记录应完整。

(三)分部工程质量验收

分部工程划分的原则为:可按专业性质、工程部位确定。当分部工程较大或复杂时,可按材料种类、施工特点、施工程序、专业系统及类别将分部工程划分为若干子分部工程。分部工程的验收在其所含各分项工程验收的基础上进行。

分部工程应由总监理工程师(建设单位的项目负责人)组织施工单位的项目负责人和技术、质量负责人等进行验收;地基与基础、主体结构分部工程的勘察、设计单位工程的项目负责人和施工单位技术、质量部门的负责人也应参加相关分部工程的验收。

分部工程质量验收合格应符合下列规定:

(1)所含分项工程的质量均应验收合格;

(2)质量控制资料应完整;

(3)有关安全、节能、环境保护和主要使用功能的抽样检验结果应符合相应规定;

(4)观感质量验收应符合要求。

必须注意的是,由于分部工程所含的各分项工程性质不同,因此它并不是在所含分项验收基础上的简单相加,即所含分项验收合格且质量控制资料完整,只是分部工程质量验收的基本条件,还必须在此基础上对涉及安全和使用功能的地基基础、主体结构、有关安全及重要使用功能的安装分部工程进行见证取样试验或抽样检测。以观察、触摸或者简单量测的方式进行观感质量进行验收,并结合验收人的主观判断,检查结果并不给出“合格”或“不合格”的结论,综合给出“好”“一般”“差”的质量评价结果,对于评价为“差”的检查点应通过返修处理等进行补救。质量验收各环节对比如表 38 - 1 所示。

表 38 - 1　质量验收各环节对比

<table>
<tr><th></th><th>检验批</th><th>分项工程</th><th>分部工程</th><th>单位工程(竣工)</th></tr>
<tr><td>组织者</td><td>监理工程师</td><td colspan="2">总监理工程师</td><td>业主</td></tr>
<tr><td rowspan="5">合格标准</td><td rowspan="5">1. 主控项目和一般项目的质量经抽样检验合格;
2. 具有完整的施工操作依据、质量检查记录</td><td colspan="3">所含子项目质量验收均应合格</td></tr>
<tr><td rowspan="4">所含检验批的质量验收记录完整</td><td colspan="2">质量控制资料完整</td></tr>
<tr><td rowspan="2">有关安全及功能的检验和抽样检测结果应符合有关规定</td><td>子项目有关安全和功能的检测资料应完整</td></tr>
<tr><td>主要功能项目的抽查结果符合规定</td></tr>
<tr><td colspan="2">观感质量验收应符合要求</td></tr>
</table>

二、工程项目竣工质量验收

(一)竣工验收的主体

对工程进行竣工检查和验收,是建设单位法定的权利和义务。在建设工程完工后,承包单位应当向建设单位提供完整的竣工资料和竣工验收报告,提请建设单位组织竣工验收。建设单位收到竣工验收报告后,应及时组织有设计、施工、工程监理等有关单位参加的竣工验收,检查整个工程项目是否已按照设计要求和合同约定全部建设完成,并符合竣工验收条件。

(二)竣工验收的条件

《建设工程质量管理条例》第 16 条第 2 款规定:“建设工程竣工验收应当具备下列条件:(一)完成建设工程设计和合同约定的各项内容;(二)有完整的技术档案和施工管理资料;(三)有工程使用的主要建筑材料、建筑构配件和设备的进场试验报告;(四)有勘察、设计、施工、工程监理等单位分别签署的质量合格文件;(五)有施工单位签署的工程保修书。”

1. 完成建设工程设计和合同约定的各项内容。该部分主要是指设计文件确定的以及承包合同“承包人承揽工程项目一览表”中载明的工作范围,也包括监理工程师签发的变更通知单中确定的工作内容。

2. 有完整的技术档案和施工管理资料。工程技术档案和施工管理资料是工程竣工验收和质量保证的重要依据之一，主要包括以下档案和资料：(1)工程项目竣工验收报告；(2)分项、分部工程和单位工程技术人员名单；(3)图纸会审和技术交底记录；(4)设计变更通知单，技术变更核实单；(5)工程质量事故发生后调查和处理资料；(6)隐蔽验收记录及施工日志；(7)竣工图；(8)质量检验评定资料等；(9)合同约定的其他资料。

3. 有工程使用的主要建筑材料、建筑构配件和设备的进场试验报告。对建设工程使用的主要建筑材料、建筑构配件和设备，除须具有质量合格证明资料之外，还应当有进场试验、检验报告，其质量要求必须符合国家规定的标准。

4. 有勘察、设计、施工、工程监理等单位分别签署的质量合格文件。勘察、设计、施工、工程监理等有关单位要依据工程设计文件及承包合同所要求的质量标准，对竣工工程进行检查评定；符合规定的，应当签署合格文件。

5. 有施工单位签署的工程保修书。建设工程承包单位在向建设单位提交工程竣工验收报告时，应当向建设单位出具质量保修书。质量保修书中应当明确建设工程的保修范围、保修期限和保修责任等。

(三)竣工验收的标准

单位工程的划分条件是：具备独立施工条件并能形成独立使用功能的建筑物或构筑物为一个单位工程；对于规模较大的单位工程，可将其能形成独立使用功能的部分划分为一个子单位工程。

竣工验收合格应当符合下列规定：

(1)含分部工程的质量均应验收合格；

(2)质量控制资料应完整；

(3)所含分部工程中有关安全、节能、环境保护和主要使用功能的检验资料应完整；

(4)主要使用功能的抽查结果应符合相关专业验收规范的规定；

(5)观感质量验收应符合要求。

(四)竣工验收的程序

1. 工程完工并对存在的质量问题整改完毕后，施工单位向建设单位提交工程竣工报告，申请工程竣工验收。实行监理的工程，工程竣工报告须经总监理工程师签署意见。

2. 建设单位收到工程竣工报告后,组成验收组,制订验收方案。对重大工程和技术复杂工程,根据需要可邀请有关专家参加验收组。

3. 建设单位应当在工程竣工验收 7 个工作日前将验收的时间、地点及验收组名单书面通知负责监督该工程的工程质量监督机构。

4. 建设单位组织工程竣工验收。

5. 参与工程竣工验收的建设、勘察、设计、施工、监理等各方不能形成一致意见时,应当协商提出解决的方法,待意见一致后,重新组织工程竣工验收。

6. 工程竣工验收合格后,建设单位应当及时提出工程竣工验收报告。

《建设工程施工合同(示范文本)》(GF—2017—0201)在第 13. 2. 2 项中,对发承包双方竣工验收程序进行了约定:“除专用合同条款另有约定外,承包人申请竣工验收的,应当按照以下程序进行:

(1)承包人向监理人报送竣工验收申请报告,监理人应在收到竣工验收申请报告后 14 天内完成审查并报送发包人。监理人审查后认为尚不具备验收条件的,应通知承包人在竣工验收前承包人还需完成的工作内容,承包人应在完成监理人通知的全部工作内容后,再次提交竣工验收申请报告。

(2)监理人审查后认为已具备竣工验收条件的,应将竣工验收申请报告提交发包人,发包人应在收到经监理人审核的竣工验收申请报告后 28 天内审批完毕并组织监理人、承包人、设计人等相关单位完成竣工验收。

(3)竣工验收合格的,发包人应在验收合格后 14 天内向承包人签发工程接收证书。发包人无正当理由逾期不颁发工程接收证书的,自验收合格后第 15 天起视为已颁发工程接收证书。

(4)竣工验收不合格的,监理人应按照验收意见发出指示,要求承包人对不合格工程返工、修复或采取其他补救措施,由此增加的费用和(或)延误的工期由承包人承担。承包人在完成不合格工程的返工、修复或采取其他补救措施后,应重新提交竣工验收申请报告,并按本项约定的程序重新进行验收。

(5)工程未经验收或验收不合格,发包人擅自使用的,应在转移占有工程后 7 天内向承包人颁发工程接收证书;发包人无正当理由逾期不颁发工程接收证书的,自转移占有后第 15 天起视为已颁发工程接收证书……”相关程序(见图 38 – 3)。

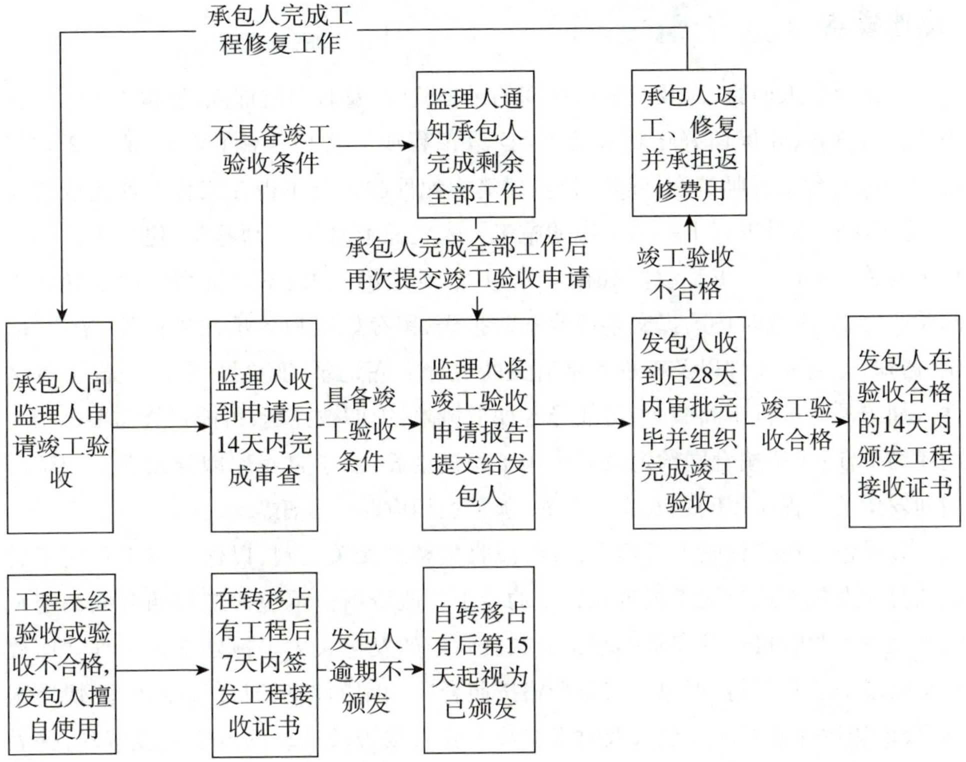

图 38－3　《建设工程施工合同(示范文本)》(GF—2017—0201)第 13.2.2 项的程序

(五)竣工验收的备案

建设单位应当自建设工程竣工验收合格之日起 15 日内，将建设工程竣工验收报告和规划、公安消防、环保等部门出具的认可文件或者准许使用文件报建设行政主管部门或者其他有关部门备案。

建设单位办理工程竣工验收备案应当提交下列文件：(1)工程竣工验收备案表；(2)工程竣工验收报告。竣工验收报告应当包括工程报建日期，施工许可证号，施工图设计文件审查意见，勘察、设计、施工、工程监理等单位分别签署的质量合格文件及验收人员签署的竣工验收原始文件，市政基础设施的有关质量检测和功能性试验资料以及备案机关认为需要提供的有关资料；(3)法律、行政法规规定应当由规划、环保等部门出具的认可文件或者准许使用文件；(4)法律规定应当由公安消防部门出具的对大型的人员密集场所和其他特殊建设工程验收合格的证明文件；(5)施工单位签署的工程质量保修书；(6)法规、规章规定必须提供的其他文件。住宅工程还应当提交《住宅质量保证书》和《住宅使用说明书》。

操作要点

1. 就承包人而言,应及时进行中间的过程验收,及时向监理人、发包人书面提交中间验收资料,并保留好送达凭证。《建设工程质量管理条例》第 37 条第 2 款规定:“未经监理工程师签字,建筑材料、建筑构配件和设备不得在工程上使用或者安装,施工单位不得进行下一道工序的施工。未经总监理工程师签字,建设单位不拨付工程款,不进行竣工验收。”如由于发包人、其他第三人、不可抗力等原因导致中间验收延误,应及时按约提交签证或索赔报告,留存好工程各项往来信件、指令、信函、通知、答复等文件以及工程各项有关的设计交底记录、变更图纸、变更施工等文件。如未及时进行中间验收,可能导致如下风险:工期被拖延,可能最终需要承担工期违约责任;无法按合同约定及时申领工程进度款;由于自身原因导致在工期延误期间发生的工程质量问题及安全事故,须承担相应赔偿责任。

2. 承包人在工程施工过程中,分阶段收集整理相关资料,以保证在工程完工后能及时向发包人提交竣工报告和完整的竣工验收资料。承包人应按照合同约定及时提交竣工验收报告及完整的竣工验收资料。如发包人为了拖延支付工程款而故意拒收竣工验收资料,承包人需要严格按照合同约定的期限通过直接送达、快递送达、公证送达等方式向发包人及时提交竣工验收报告及完整的竣工验收资料,并做好、保存好签收记录。

3. 若经过组织竣工验收,未达到竣工验收要求,承包人应及时按照整改意见组织人员进行整改,承包人可要求发包人出具书面整改清单。如发包人提出的整改要求没有合理依据,则应积极协商、据理力争,保留好相关证据。承包人整改自检合格后应及时书面通知发包人组织竣工验收,若由于发包人原因导致验收延误给承包人造成损失的,承包人应及时按约提出索赔。

4. 工程验收通过后,承包人应及时办理工程的移交手续,将竣工项目移交发包人,及时转移撤出施工现场。因为在工程接收证书颁发前,由承包人承担保护责任。由于承包人原因造成成品或半成品损坏的,由承包人负责修复或更换,并承担由此增加的费用和(或)延误的工期。如由于发包人原因导致工程无法移交,承包人应向发包人书面致函或签订补充协议代保管,由此给承包人造成损失的,应及时提交索赔报告,办理索赔手续。竣工验收合格的,发包人应在验收合格后约定期限内向承包人签发工程接收证书或实际接收工程。发包人无正当理由逾期不颁发工程接收证书或拒绝接收工程项目的,应承担相应的违约责任。

实务案例裁判要旨

表 38－2　合同有效与否不影响优先受偿权资格的认定

序号	法院及案号	法院观点	证明观点
1	最高院(2015)民申字第2701号	关于承包人能否就无效的建筑工程合同向发包人主张建筑工程价款优先受偿权问题,根据原《建设工程施工合同解释》第2条的规定,在建设工程合同无效的情形下,只要工程验收合格,承包人仍可参照合同约定要求发包人支付工程价款。原《合同法》第286条规定的建筑工程价款优先受偿权,是根据工程建设行为本身的特殊性而设立,旨在保护承包人为建设工程实际支出的工作人员报酬、材料款等费用,不应以建设工程合同是否有效为适用前提。因此,在建设工程合同虽无效但工程验收合格的情况下,承包人对所建设工程仍享有建筑工程价款优先受偿权	合同有效与否不影响对优先受偿权资格的认定
2	最高院(2017)最高法民终360号	优先受偿权是法定权利,不因建设工程施工合同无效而消灭。雅居园公司应向晟元公司支付的折价补偿款参照工程价款计算,系晟元公司付出的材料和人工费等的价值,属于优先受偿权的保护范围。一审判决认定晟元公司对案涉工程折价款或者拍卖款在雅居园公司欠付工程款及利息范围内享有优先受偿权,并无不当	合同有效与否不影响对优先受偿权资格的认定

表 38－3　质量合格为享有优先受偿权的前提

序号	法院及案号	法院观点	证明观点
1	最高院(2017)最高法民申3773号	关于扬州建工公司对案涉工程价款是否享有优先受偿权的问题。瑞昌公司主张,因案涉工程至今未竣工验收,且存在质量问题未修复,扬州建工公司的优先受偿权请求于法无据。建设工程价款优先受偿权源于工程款债权,系对承包人建设工程投入的保护,在扬州建工公司施工部分均已验收合格,案涉工程未完工部分已由瑞昌公司另行发包,瑞昌公司应支付工程价款的情形下,扬州建工公司建设工程价款优先受偿权请求有事实及法律依据,原判决支持扬州建工公司在欠付工程款范围内享有建设工程价款优先受偿权并无不当	质量合格为享有优先受偿权的前提

续表

序号	法院及案号	法院观点	证明观点
2	最高院(2018)最高法民终629号	中建六局、吉林省工程建设监理有限责任公司、民融公司三方于2014年6月19日共同对2013年已完工程质量签订《已完工程评定报告》,确定2013年已完工程符合设计及规范要求,故可以得出中建六局认可2013年已完工程的施工质量的结论。中建六局和吉林省工程建设监理有限责任公司于2014年9月28日共同对2014年已完工程质量签订《已完工程评定报告》,确定2014年已完工程符合设计及规范要求。民融公司虽未参与此次工程质量评定,但质量评定有发包方聘请并代表发包方利益的监理单位参与,故应当据此认定中建六局2014年的施工工程质量合格。 本案中,因中建六局与民融公司之间的《建设工程施工合同》及补充协议于2017年2月20日解除,自该日起,中建六局已经确定不再履行施工合同,中建六局施工的工程量及工程价款于此时能够确定,其主张工程价款优先受偿权的条件成就,中建六局行使工程价款优先受偿权的期限从2017年2月20日合同解除之日起计算,符合本案实际	质量合格为享有优先受偿权的前提
3	江西高院(2016)赣民初49号	根据原《建设工程施工合同司法解释》第10条"建设工程施工合同解除后,已经完成的建设工程质量合格的,发包人应当按照约定支付相应的工程价款;已经完成的建设工程质量不合格的,参照本解释第三条规定处理"之规定,建设工程施工合同依法解除后,就已经完成的建设工程原告要求被告支付尚欠工程款,有事实与法律依据,应予以支持。故原告于2016年8月向本院提交书面申请增加诉讼请求,主张对涉诉龙湖湾小区商业幢房产在尚欠工程款的范围内享有优先受偿权,并未超过法定期限,应予以支持	质量合格为享有优先受偿权的前提
4	福建高院(2016)闽民终1086号	本案讼争工程属于未完工程,尚不具备竣工验收的条件,故随园公司主张惠五建公司应当交付建设、施工、监理、设计、勘查单位竣工验收合格的资料,不符合事实和法律,本院不予采信。随园公司二审提供的《随园山庄土建工程施工组织设计》及监理月报,并不能证明工程存在严重质量问题,故随园公司以讼争工程存在质量问题为由,主张其有权拒付工程款,以及惠五建公司无权主张工程价款优先受偿权,缺乏事实和法律依据,本院亦不予采信	质量合格为享有优先受偿权的前提

续表

序号	法院及案号	法院观点	证明观点
5	湖北高院(2017)鄂民终298号	关于优先受偿权问题。涉案施工合同虽然无效,但扬州建工公司投入的人力、物力已物化在涉案建设工程中,且工程质量合格,承包人享有的建设工程价款优先受偿权不因合同无效而受影响,仍应受法律保护	质量合格为享有优先受偿权的前提

相关规定指引

《民法典》

第793条　建设工程施工合同无效,但是建设工程经验收合格的,可以参照合同关于工程价款的约定折价补偿承包人。

建设工程施工合同无效,且建设工程经验收不合格的,按照以下情形处理:

(一)修复后的建设工程经验收合格的,发包人可以请求承包人承担修复费用;

(二)修复后的建设工程经验收不合格的,承包人无权请求参照合同关于工程价款的约定折价补偿。

发包人对因建设工程不合格造成的损失有过错的,应当承担相应的责任。

《建筑法》

第3条　建筑活动应当确保建筑工程质量和安全,符合国家的建筑工程安全标准。

第61条　交付竣工验收的建筑工程,必须符合规定的建筑工程质量标准,有完整的工程技术经济资料和经签署的工程保修书,并具备国家规定的其他竣工条件。

……

第62条　建筑工程实行质量保修制度。

……

《全国民事审判工作会议纪要》(2015年)

七、关于建设工程施工合同纠纷案件

(三)关于建设工程价款优先受偿权问题

……

53. 第一种意见:建设工程施工合同无效,但建设工程经竣工验收合格,实际施工人请求依据合同法第二百八十六条规定对承建的建设工程享有优先受偿权的,应予以支持。

第二种意见:建设工程施工合同无效,实际施工人请求对承建的建设工程享有优先受偿权的,不予支持。

《最高人民法院关于当前民事审判工作中的若干具体问题》

六、关于建设工程合同纠纷案件的审理问题

……

第三,关于工程价款结算问题。要尊重合同中有关工程价款结算方法、标准的约定内容,严格执行工程造价、工程质量等鉴定程序的启动条件。虽然建设工程施工合同无效,但建设工程经竣工验收合格的,一般应参照合同约定结算工程价款,实际施工人违反合同约定另行申请造价鉴定结算的,一般不予支持。

《江苏省高级人民法院关于审理建设工程施工合同纠纷案件若干问题的解答》

15. 建设工程施工合同无效,承包人是否享有建设工程价款优先受偿权?

建设工程价款优先受偿权不受建设工程施工合同效力的影响。建设工程施工合同无效,承包人仍然享有建设工程价款优先受偿权。

《浙江省高级人民法院民事审判第一庭关于审理建设工程施工合同纠纷案件若干疑难问题的解答》

二十二、建设工程施工合同无效情形下,谁有权行使优先受偿权?

建设工程施工合同无效,但工程经竣工验收合格,承包人可以主张工程价款优先受偿权。分包人或实际施工人完成了合同约定的施工义务且工程质量合格,在总承包人或转包人怠于行使工程价款优先受偿权时,就其承建的工程在发包人欠付工程价款范围内可以主张工程价款优先受偿权。

《安徽省高级人民法院关于审理建设工程施工合同纠纷意见案件适用法律问题的指导意见(一)》

17. 建设工程施工合同无效,但工程经竣工验收合格的,承包人主张工程价款优先受偿权,可予支持。

《四川省高级人民法院关于审理建设工程施工合同纠纷案件若干疑难问题的解答》

37. 如何确定享有优先受偿权的主体?

……

建设工程施工合同无效,但建设工程经竣工验收合格,或者未经竣工验收但已经实际使用,实际施工人请求其工程价款就承建的建设工程折价或拍卖的价款优先受偿的，应予支持。

……

《河北省高级人民法院建设工程施工合同案件审理指南》

六、建设工程优先受偿权

33. 建设工程施工合同无效、但建设工程质量合格，承包人主张建设工程价款就该工程折价或拍卖的价款优先受偿的，人民法院应予以支持；分包人或实际施工人在总包人或非法转包人怠于主张工程价款时，主张建设工程价款就该工程折价或拍卖的价款优先受偿的，人民法院应予支持。

第三十九讲

未竣工建设工程的优先受偿权

法条原文

第39条　未竣工的建设工程质量合格，承包人请求其承建工程的价款就其承建工程部分折价或者拍卖的价款优先受偿的，人民法院应予支持。

思维导图

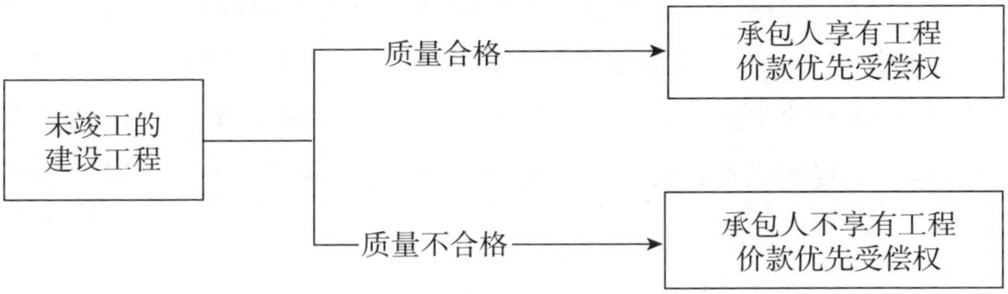

图39－1　未竣工建设工程的优先受偿权

条文释义

本条是关于未竣工工程承包人享有建设工程价款优先受偿权的条件的规定。

一、未竣工建设工程质量合格即享有优先受偿权

原《建设工程施工合同司法解释(二)》(征求意见稿)曾规定："建设工程未竣工，承包人就发包人尚欠的工程价款请求优先受偿权的，人民法院应当综合工程质量是否合格，工程是否已由第三人续建，是否发挥工程最大效益等因素，依照诚实信用原则和公平原则予以衡量，并作出裁决。……"相较于征求意见稿，本条文删除了综合考虑"工程质量是否合格、工程是否已由第三人续建、是否发挥工程最大效益等因素，依照诚实信用原则和公平原则予以衡量"的规定，仅以建设工程质量合格作为未竣工工程承包人享有优先受偿权的要件，当然法律规定的优先受偿权享有的其他条件也必须符合。

若工程质量不合格，自然不享有优先受偿权。工程质量关系到公共利益和公

共安全,竣工验收是检验工程质量是否合格的法定制度。[①] 已竣工的建设工程为经过竣工验收且合格的建设工程。对于经验收不合格的建设工程,发包人有权拒绝支付工程价款。无论工程是否完工,如果是由于承包人的原因导致工程质量达不到法定或约定的标准,则应限制、否认承包人的优先受偿权,而不是仅追究承包人的违约责任。如果工程经修复后可以达到法定或约定的标准,则承包人可享有优先受偿权,否则,承包人无权再享有优先受偿权。《民法典》第793条第2款规定:"建设工程施工合同无效,且建设工程经验收不合格的,按照以下情形处理:(一)修复后的建设工程经验收合格的,发包人可以请求承包人承担修复费用;(二)修复后的建设工程经验收不合格的,承包人无权请求参照合同关于工程价款的约定折价补偿。"由此可知,工程质量不合格,承包人请求支付工程价款,法律不予支持。举轻以明重,对于工程质量不合格的工程承包人,自然不能赋予其享有优先受偿的权利。

二、未竣工工程的界定

关于什么是未竣工工程,法律没有明确的规定。但与之相关联的法律规定有:《民法典》第395条出现的"正在建造的建筑物",《城市房地产抵押管理办法》中出现的"在建工程"。工程领域的《建筑工程施工质量验收统一标准》(GB 50300—2013)规定:"验收是建筑工程质量在施工单位自行检查合格的基础上,由工程质量验收责任方组织,工程建设相关单位参加,对检验批、分项、分部、单位工程及其隐蔽工程的质量进行抽样检验,对技术文件进行审核,并根据设计文件和相关标准以书面形式对工程质量是否达到合格做出确认。"

依据现有法律法规和行业规定,可以总结出未竣工的建设工程包含的情形有:(1)尚在建设之中的建设工程;(2)已经施工完毕,但是未办理竣工、验收、交付等手续的建设工程。

实务难点

一、未竣工工程是否享有优先受偿权的争议

关于工程款优先受偿权是否必须以工程竣工为前提条件,在原《建设工程施

---

① 参见陈迪颖:《未竣工工程优先受偿权制度适用研究》,东南大学2007年硕士学位论文。

工合同司法解释(二)》施行前,理论和司法实践中存在两种截然不同的观点和判例。

一种观点认为,建设工程款优先受偿必须是承包人按照合同约定全部履行了其义务,即工程通过竣工验收。梁慧星先生在《合同法第二百八十六条的权利性质及其适用》一文中亦认为:“合同法第二百八十六条所规定的既然是法定抵押权,当然其成立直接根据法律规定,不须当事人间订立抵押合同,也不须办理抵押权登记。其成立条件是:一,建设工程已竣工。建设工程若未竣工,则不发生法定抵押权。建设工程未竣工而中途解除建设工程合同的情形,亦不发生法定抵押权。……”盘锦市中级人民法院在上诉人盘锦鑫诚实业集团有限责任公司与被上诉人沈阳山盟建设集团有限公司、盘锦赛格超级信息网格有限公司建筑工程施工合同纠纷二审民事判决书[案号:(2017)辽11民终99号]中认为:“根据《最高人民法院关于建设工程价款优先受偿权问题的批复》第4条‘建设工程承包人行使优先权的期限为6个月,自建设工程竣工之日或者建设工程合同约定的竣工之日起计算’的规定,被上诉人沈阳山盟建设集团有限公司享有优先受偿权的前提应当是工程竣工验收。”在此应说明的是,即便以竣工为前提条件,也应区分民事法律意义上的“竣工验收”行为与行政程序上的“竣工验收合格”行为。发包人的竣工验收并不等于行政程序上的竣工验收合格,且在实践中两者之间存在时间差。

另一种观点认为,从现有法律规定来看,工程款优先受偿权利是法律赋予的,承包人工程款的优先受偿权属于法定的特别优先权,法律并没有规定工程款优先受偿权行使的前提必须是工程完工并经验收合格。只要发包人有欠付工程款的事实,承包人就应享有优先受偿权。行使优先权既包括已竣工工程,也包括未竣工工程。实务中存在这样的情形:承包人依照合同约定履行合同义务,但由于发包人的原因或者其他非由于承包人原因导致工程停建或未通过竣工验收,且已完工部分的工程质量合格。如果这样的情形下不赋予承包人优先受偿权,显然对积极履行义务的承包人一方不公平。该观点主要从以下角度予以论证:第一,从最新司法解释的规定及相关法律精神看,这样规定有利于解决实务审判中的争议,统一裁判规则。未竣工的建设工程,且不分未竣工的具体情形,只要满足工程质量合格的前提条件,承包人就有权请求发包人支付工程价款并行使工程价款优先受偿权,具体理由如下:从建设工程价款优先受偿权的法律规定看,《民法典》第807条规定了承包人的建设工程价款可就工程折价或者拍价款优先受偿。根据该条的规定,承包人行使工程价款优先受偿权的条件为:一是承包人的债权是基于建设工程施工合同而产生的权利;二是承包人必须按照合同约定适当履行了义务,但并不以建设工程竣工验收为必要条件;三是承包人在发包人未按照约定支付工程价款时,一般应先进行催告,经催告仍未支付的,可以通过与发包人协议将该工程折价,以及申请人民法院将该工程依法拍卖等方式实现。从上述法律规定的建设工程价款优先受偿权的条件看,工程完工并经竣工验收并不是承包人工程价款优先受偿权的先决条件,只要符合法定的条件,承包人即对未完工程享有建设工程价款优先受偿权。第二,从法律上讲,现代民法理论认为未完成的工程已具备物的独立性特征,将未竣工工程列入了物权客体。《民法典》第 402 条认可了在建工程可以抵押。因此,即使将建筑工程优先受偿权的性质界定为法定抵押权,也不能必然得出其标的物必须是已竣工的建筑工程的结论。第三,从工程价款支付的不同阶段看,建设工程价款一般包括预付款、工程进度款、决算款和最终结清款。第四,从工程未竣工的原因看,承包人未能完成施工并竣工验收的原因较为复杂,既有客观原因,又存在当事人之主观事由。特别是在发包人的资金问题而导致工程未竣工的情况下,如承包人对此不享有建设工程价款优先受偿权,既与建筑工程优先受偿权之优先保障承包人的工程款债权,尤其是与劳动者工资的立法目的相悖,又与情理不容。第五,从建设工程款的支付要求看,法律、司法解释对支付工程价款的前提条件强调的是工程质量,而非合同效力、工程竣工与否等条件。[①]

二、未竣工工程的优先受偿权的起算时间

在原《建设工程施工合同司法解释(二)》施行之前,司法实践中对建设工程价款优先受偿权行使期限的起算点问题有很多争议,存有不同的裁判思路,主要有:以约定竣工之日为起算点、以停工之日为起算点、以合同解除或终止之日为起算点、以实际占有之日为起算点、以起诉之日为起算点等。

对于未竣工工程优先受偿权行使期限的起算点,笔者认为以应当给付工程价款之日为未竣工工程优先受偿权行使期限的起算点更为合理,亦更符合法律规定承包人优先受偿权的宗旨。至于具体如何认定应当给付工程价款之日须根据具体纠纷案件予以确认,具体理由如下。

原《合同法》第 286 条的规定是关于承包人优先受偿权最初的规定。从该规定看,承包人享有优先受偿权的前提是发包人应付而未付工程价款。关于何时为应

---

① 参见最高人民法院民事审判第一庭编著:《最高人民法院建设工程施工合同司法解释(二)理解与适用》,人民法院出版社 2019 年版,第 415 ~ 417 页。

付款时间点，以双方的约定为准；没有约定或者约定不明的，适用《建设工程施工合同司法解释（一）》第 27 条的规定。

司法实践中，对于未竣工工程的优先受偿权行使期限的起算时点问题出现很多争议，一个重要的原因是原《最高院优先受偿权的批复》第 4 条“建设工程承包人行使优先权的期限为 6 个月，自建设工程竣工之日或者建设工程合同约定的竣工之日起计算”的规定，大量判决囿于“自建设工程竣工之日或者建设工程合同约定的竣工之日起计算”之规定。而无论建设工程竣工之日还是建设工程合同约定的竣工之日都不一定是应付款之日，因此规定竣工之日或者合同约定竣工之日为优先受偿权行使期限的起算点本身是不合理的，并不符合原《合同法》第 286 条的规定。笔者认为，实际上批复关于优先受偿权起算时点的规定本质上已被原《建设工程施工合同司法解释》否定，当然该司法解释没有明确说明，该司法解释第 28 条规定：“……施行前最高人民法院发布的司法解释与本解释相抵触的，以本解释为准。”上述批复自 2002 年 6 月 27 日起施行。原《建设工程施工合同司法解释》自 2005 年 1 月 1 日起施行。因此，结合笔者前面的论述，该批复关于优先受偿权起算点的规定已被否定，不宜直接作为认定优先受偿权起算点的依据。

原《建设工程施工合同司法解释（二）》（征求意见稿）第 34 条关于优先权的保护期间有两种不同意见：一种意见为：“承包人行使优先受偿权的期限为 1 年，自承包人催告发包人给付工程价款期间届满之日起算；承包人未履行催告义务的，以发包人应当给付工程价款之日起算。”另一种意见为：“承包人行使优先受偿权期限为 6 个月，自发包人应当给付工程价款之日起算。”但两种意见都认可了优先受偿权应从应当给付工程价款之日起算，这也印证了笔者的观点。

因此，优先受偿权自应付工程款时间起算（包括工程进度款、结算工程余款，以时间在后的为起算点），这是合乎原《合同法》第 286 条及司法解释规定之精神的。《建设工程施工合同司法解释（一）》第 41 条“承包人应当在合理期限内行使建设工程价款优先受偿权，但最长不得超过 18 个月，自发包人应当给付建设工程价款之日起算”之规定对此予以了定论。

三、合同被解除后的承包人是否享有优先受偿权

1. 因发包人过错导致合同解除

实践中，在建设工程未完工的情况下，还常常伴随着合同的解除问题。那么在建设工程被解除的情况下，承包人是否应享有优先受偿权？如果由于发包人延迟

支付工程价款或发包人的其他原因导致合同无法继续履行,承包人依法或者合同约定可以主张合同解除权。但建设工程施工合同的解除并没有免除发包人应当支付工程价款的义务。根据《民法典》第806条关于建设工程施工合同解除的规定,已经完成的建设工程质量合格的,发包人应当按照约定支付相应的工程价款;已经完成的建设工程质量不合格的,参照《民法典》第793条的规定处理。由此可见,在合同解除后,只要建设工程质量合格,承包人就应享有工程价款优先受偿权。如果一旦施工合同解除,承包人就不能再行使优先权,无异于鼓励发包人的违约,甚至故意解除合同的违法行为,这样就违背了保护农民工、维护社会稳定、平衡建筑单位与建设单位之间失衡地位的立法初衷。司法实践中广东省高级人民法院、深圳市中级人民法院、江苏省盐城市中级人民法院等地法院均认为施工合同解除后承包人仍享有优先受偿权。

2. 因承包人过错导致合同解除

如果承包人原因导致建设工程解除,那么承包人对未竣工工程项目是否享有优先受偿权?一种观点认为,只要工程未完工或未竣工验收且发包人欠付工程款,承包人即享有优先受偿权,但因承包人的过错导致未竣工验收的除外;另一种观点认为,区分建设工程施工合同解除的原因及过错,只对确认如何赔偿损失具有意义,与建设工程价款的结算没有必然的关联性。无论建设工程施工合同是由于发包人的原因还是承包人的其他违约行为而导致建设工程施工合同解除的,只要建设工程已完部分合格,均不影响承包人主张其本应享有的工程价款的优先受偿权。最高人民法院民事审判第一庭编著的《最高人民法院建设工程施工合同司法解释(二)理解与适用》一书认为,承包人对工程未竣工存在过错的,并不影响其享有的工程价款优先受偿权。具体理由如下:首先,从《建设工程施工合同司法解释(一)》第39条文义解释的角度看,承包人未竣工工程价款优先受偿权的条件为未竣工的建设工程质量合格,并未要求承包人对建设工程未竣工不存在过错,以承包人不存在过错作为其享有工程价款优先受偿权的条件,缺乏相应的依据。其次,从工程价款优先受偿权的立法目的看,其在于保障农民工合法权益的实现,是对生存权高于经营权的理念诠释。如因承包人的过错否定其享有的工程价款优先受偿权,则与立法目的和立法精神相悖。最后,如承包人的原因导致工程未竣工并造成损失时,发包人可以依法要求承包人承担相应的民事责任,而不应影响承包人工程价款优先受偿权的享有。在此需明确的是,工程未竣工时,承包人享有的工程价款优先受偿权的实现应符合法定的条件。

实际上，从建设工程价款优先受偿权制度设立的宗旨角度分析，是为了更好地保证承包人实际投入建筑物部分的价值获得等价补偿，是为了更好地保障农民工的合法权益。即使建设工程施工合同解除，承包人为履行合同投入了人力、物力、财力是客观事实，且在绝大多数情况下发包人因此而获益。鉴于建设工程的特殊性，承包人所完成的工作成果无法随着建设工程施工合同的解除而回复到原有状态，在建设工程施工合同解除的情况下，在发包人无法支付工程价款的时候，承包人仍可以主张对所建工程进行折价或拍卖，并对所得价款进行优先受偿。

操作要点

1. 虽然《建设工程施工合同司法解释(一)》第 41 条规定，承包人行使建设工程价款优先受偿权 18 个月的期限自发包人应当给付建设工程价款之日起算，但实务中对应付款之日可能出现争议。因此，对于未竣工验收项目，特别是那些暂停、缓建以及解除建设工程施工合同的项目，建议承包人根据项目暂停、缓建、解除合同的时间以及发包人的付款情况及时行使优先受偿权。

2. 工程停工后，承包人应及时根据工程实际情况综合判断是否有复工可能。如有可能，则应与发包人协商一致变更工期，对工程的竣工日期重新做出约定，同时做好相关的会议纪要、备忘录或者补充协议，明确停工时间点、应付相应款项的时间节点，避免承包人在后续拟主张权利时，无相关书面证据而丧失优先受偿权。

3. 就承包人而言，取得优先受偿权的前置条件就是建设工程质量合格。因此承包人在施工的过程中，应当积极推动分部、分项工程的验收，留存相应的验收记录，经过整改后的工程应当及时签字确认合格。

4. 因发包人不及时组织验收或故意拖延验收导致工程未验收的，不影响承包人行使建设工程价款优先受偿权。若发包人故意拖延验收，承包人要保留达到竣工验收条件的证据，同时按照合同约定的程序向监理人或发包人报送竣工验收申请报告，要求组织竣工验收。

实务案例裁判要旨

表 39-1 以约定的工程竣工之日作为起算点

序号	法院及案号	法院观点	证明观点
1	甘肃高院(2016)甘民终 54 号	原告要想行使优先权就应该在双方约定的竣工日期之日起 6 个月内行使,但原告第一次起诉的时候,已经远远超过了优先权行使的期限,其对工程价款的优先受偿权已经丧失	以约定的工程竣工之日作为起算点
2	绍兴中院(2011)浙绍民终字第 1288 号	本案涉案工程为"半拉子"工程,并未实际竣工,则应以建设工程施工合同约定的竣工日期起算优先受偿权	以约定的工程竣工之日作为起算点
3	最高院(2014)民申字第 1947 号	根据《最高院优先受偿权的批复》第 4 条的规定,建设工程承包人行使优先权的期限为 6 个月,自建设工程竣工之日或者建设工程合同约定的竣工之日起计算。即对于建设工程已经竣工的,以工程实际竣工日作为承包人行使优先受偿权的起算点;对于建设工程没有竣工的,以施工合同双方当事人约定的工程竣工之日作为承包人行使优先受偿权的起算点	以约定的工程竣工之日作为起算点

表 39-2 以约定竣工时间扣除欠付工程进度款的期间为起算点

法院及案号	法院观点	证明观点
四川高院(2016)川民终 866 号	依据合同约定其欠付工程进度款的期间应当在约定竣工期间中予以扣除,直至金干公司清偿全部欠付工程进度款之日止,故约定竣工日期尚未届满,亦未达到主张优先受偿权除斥期间的起算时间点,宇禾公司是在法定的除斥期间内主张优先受偿权的	以约定的竣工时间扣除欠付工程进度款的期间为起算点

表 39-3 以实际停工之日为起算点

法院及案号	法院观点	证明观点
浙江高院(2013)浙民提字第 72 号	根据《最高院优先受偿权的批复》第 4 条规定,该 6 个月期限自建设工程竣工之日或者建设工程合同约定的竣工之日起计算。本案中,在双方合同约定竣工之日届满后,金日公司仍继续施工,鸿业公司亦予以认可,因此本案不适用合同约定的竣工之日作为 6 个月行使期限计算起点。而涉案工程由于鸿业公司原因未实际竣工,因此,以实际停工之日为 6 个月行使期限计算起点,符合上述司法解释的规定精神	以实际停工之日为起算点

表 39－4　以合同解除或终止之日作为起算点

序号	法院及案号	法院观点	证明观点
1	三民中院（2013）三民初字第 214 号	建设工程合同由于发包人的原因解除，承包人行使建设工程价款优先受偿权的期限自合同解除之日起计算	以合同解除或终止之日作为起算点
2	云南高院（2017）云民终 1119 号	本案中由于华琛公司违约，本院二审支持十四冶公司关于解除《建设工程施工合同》的诉讼请求，由于解除合同的时间已经超出了合同约定的竣工日期，故十四冶公司行使优先受偿权的期限应当自合同解除之日即本判决作出之日起算	以合同解除或终止之日作为起算点
3	舟山中院（2011）浙舟民初字第 19 号	如以约定竣工日或实际停工日为起算点，原告在主张工程款时，优先受偿权却已灭失，违背优先受偿权的立法本意。且工期的拖延是由于被告违约造成，让守约方承担不利的法律后果显失公平。因此，以合同解除日作为行使优先受偿权的起算点比较合理	以合同解除或终止之日作为起算点
4	最高院（2016）最高法民申 3768 号	如果建设工程合同由于发包人的原因解除或终止履行，承包人行使建设工程价款优先受偿权的期限自合同解除或终止履行之日起计算。涉案建设工程施工合同经判决于 2016 年 2 月 2 日解除，二审判决认定大桥公司对工程价款享有优先受偿权并无不当	以合同解除或终止之日作为起算点

表 39－5　以实际占有之日为起算点

法院及案号	法院观点	证明观点
焦作中院（2010）焦民三终字第 159 号	推定被上诉人沁阳市人民政府和昌盛电力公司在 2008 年 3 月 26 日转移建筑物给沁澳公司占有时间为竣工日期，上诉人荣晟建设公司的优先权应自 2008 年 3 月 26 日起算	以实际占有之日为起算点

表 39－6　自起诉之日起算

法院及案号	法院观点	证明观点
海南高院（2018）琼民终 71 号	尽管依照涉案施工合同约定的竣工时间点，中伟公司主张优先权已超过 6 个月期限，但鉴于合同双方对中伟公司已完工程一直未能达成结算协议，且未能达成结算协议并不是中伟公司的过错，如工程结算款数额尚未确定，即已认定施工人超过主张优先权的行使期限，显然与优先保障施工人基本利益这一立法目的相悖，故应从中伟公司起诉之日计算行使优先权的期限	自起诉之日起计算

表 39－7　以实际完工之日起算

法院及案号	法院观点	证明观点
最高院(2013)民一终字第 12 号	就融港侨公司的自认和所提供的证据而言,证明涉案工程在 2008 年 10 月已完工,融港侨公司亦应在 2009 年 4 月之前主张优先受偿权,而融港侨公司在此期间亦未主张。直至 2011 年 5 月 26 日融港侨公司起诉时,才主张优先受偿权,根据相关司法解释的规定,融港侨公司已超过行使优先受偿权的期限,据此,对其有关优先受偿权的主张不予支持	以实际完工之日起算

相关规定指引

《民法典》

第 402 条　以本法第三百九十五条第一款第一项至第三项规定的财产或者第五项规定的正在建造的建筑物抵押的,应当办理抵押登记。抵押权自登记时设立。

第 566 条　合同解除后,尚未履行的,终止履行;已经履行的,根据履行情况和合同性质,当事人可以请求恢复原状或者采取其他补救措施,并有权请求赔偿损失。

合同因违约解除的,解除权人可以请求违约方承担违约责任,但是当事人另有约定的除外。

主合同解除后,担保人对债务人应当承担的民事责任仍应当承担担保责任,但是担保合同另有约定的除外。

第 806 条　承包人将建设工程转包、违法分包的,发包人可以解除合同。

发包人提供的主要建筑材料、建筑构配件和设备不符合强制性标准或者不履行协助义务,致使承包人无法施工,经催告后在合理期限内仍未履行相应义务的,承包人可以解除合同。

合同解除后,已经完成的建设工程质量合格的,发包人应当按照约定支付相应的工程价款;已经完成的建设工程质量不合格的,参照本法第七百九十三条的规定处理。

《城乡规划法》

第 39 条　规划条件未纳入国有土地使用权出让合同的,该国有土地使用权出让合同无效;对未取得建设用地规划许可证的建设单位批准用地的,由县级以上人民政府撤销有关批准文件;占用土地的,应当及时退回;给当事人造成损失的,应当依法给予赔偿。

《建设工程质量管理条例》

第40条第3款　建设工程的保修期，自竣工验收合格之日起计算。

第58条　违反本条例规定，建设单位有下列行为之一的，责令改正，处工程合同价款2%以上4%以下的罚款，造成损失的，依法承担赔偿责任：

（一）未组织竣工验收，擅自交付使用的；

（二）验收不合格，擅自交付使用的；

（三）对不合格的建设工程按照合格工程验收的。

《江苏省高级人民法院关于审理建设工程施工合同纠纷案件若干问题的解答》

14. 建设工程价款优先受偿权起算如何确定？

……

（2）建设工程施工合同解除、终止履行的，自合同实际解除、终止之日起算；

……

第四十讲

建设工程价款优先受偿权的范围

法条原文

第 40 条　承包人建设工程价款优先受偿的范围依照国务院有关行政主管部门关于建设工程价款范围的规定确定。

承包人就逾期支付建设工程价款的利息、违约金、损害赔偿金等主张优先受偿的，人民法院不予支持。

思维导图

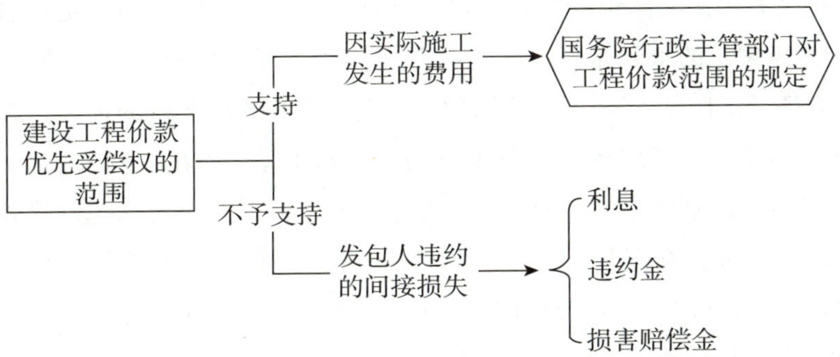

图 40－1　建设工程价款优先受偿权的范围

条文释义

本条是关于建设工程价款优先受偿权具体范围的规定，从正反两个方面明确了工程价款优先受偿权的范围，限缩了当事人对工程价款优先受偿权范围的解释空间。

一、优先受偿权的范围

《民法典》第 807 条规定使用的是"建设工程的价款"，对于"建设工程价款"所包括的范围，实务中争议很大。原《最高院优先受偿权的批复》第 3 条规定："建筑工程价款包括承包人为建设工程应当支付的工作人员报酬、材料款等实际支出的费用，不包括承包人因发包人违约所造成的损失。"这里实际上是强调建设工程价款的优先受偿权范围应为承包人实际支出的费用。如为已竣工工程，应指竣工结算价;如为未竣工工程,则应以施工预算价为基础进行评估确定工程价款,承包人作为建筑施工方,工程利润是工程价款的重要组成部分,理应享有优先受偿权。但原《最高院优先受偿权的批复》(已失效)也没有解决优先受偿权范围在实务中引发的争议。

何为实际支付的费用,本条没有直接列举承包人建设工程价款优先受偿的范围的组成,而是对工程价款范围采用援引式的规定,规定依照国务院有关行政主管部门关于建设工程价款范围的规定确定。这样的规定方式具有前瞻性,可以适应建筑行业计价方式可能发生的变化,在一定程度上避免了因列举范围限制导致计价方式发生变化,从而引发新的争议。

原《建设工程施工合同司法解释(二)》(征求意见稿)第27条规定:“合同法第二百八十六条规定的价款是指承包人就其完成的工程成果所产生的费用,包括直接费、间接费、利润、税金等,不包括承包人因发包人违约所产生的损失。”该征求意见稿关于实际支付的费用本质上与本条的规定基本是一致的,只是表达形式的不同。征求意见稿的规定是参照原建设部《建设工程施工发包与承包价格管理暂行规定》第5条的规定,该条原文为:“工程价格的构成。工程价格由成本(直接成本、间接成本)、利润(酬金)和税金构成……”相比而言,《建设工程施工合同司法解释(一)》的规定更符合现行工程造价方面的专业规定。

二、国务院有关行政主管部门关于建设工程价款范围的规定

本条第1款规定:“承包人建设工程价款优先受偿的范围依照国务院有关行政主管部门关于建设工程价款范围的规定确定。”根据住建部、财政部于2013年发布的《建筑安装工程费用项目组成》(建标〔2013〕44号)中的有关规定,我国现行建筑安装工程费用按两种不同的方式划分,按造价形成可以分为分部分项工程费、措施项目费、其他项目费、规费、税金。按照费用构成要素可以划分为人工费、材料费、施工机具使用费、企业管理费、利润、规费、税金。

承包人的利润明确被纳入优先受偿权的行使范围,但应注意的是不应包括预期可得利润。但也有观点认为:利润不属于实际支出,关于优先受偿权,法律没有对实际支出以外款项予以特殊保护的意图。在工程量清单计价方式中,由于无法区分出利润,难以将利润剔除是可以理解的。但在定额计价下,则实际可以区分出利润部分的实际金额,可以将利润剔除,因为定额计价中,利润是以一定成本费用为基数与固定费率计算出来的。《建设工程施工合同司法解释(一)》的规定实际承继

了过往司法实践，更具合理性和可操作性。

三、建设工程价款利息、违约金、损害赔偿金等不属于优先受偿权范围

本条第 2 款是对第 1 款的限定，从反面说明优先受偿权覆盖的债权范围只能是因实际施工而发生的费用，不包括因发包人违约而产生的间接损失。通过列举的方式明确哪些债权请求不属于建设工程价款优先受偿的范围，将违约金、损害赔偿金、逾期支付工程价款产生的利息均排除在外。

优先受偿权的资金包括工程折价或者工程拍卖款，优先受偿权的范围包括定额计价的工程价款本金（包括人、材、机、管、利、规和税金）或者清单计价的工程价款本金（包括分、措、他、规和税金）、质保金，但不包括违约金、超过法定利率的利息、停（窝）工产生的人工、设备租赁费等损失。对于不是承包人建设的项目，发包人以工程折价的方式进行抵偿的，其权利不得对抗抵偿标的上已有的其他权利，如已经签订的商品房买卖合同、银行抵押等。因此，优先受偿权的行使范围被严格限制在承包人承建的工程上。

建设工程价款的利息是否属于优先受偿的范围，原《建设工程施工合同司法解释（二）》施行前存有争论，各地裁判的标准不同。例如，江苏省、浙江省高级人民法院认为利息不属于优先受偿范围，而广东省、河北省高级人民法院认为利息属于优先受偿范围。本条明确建设工程价款的利息不属于优先受偿范围，统一了裁判尺度。此外，有观点认为工程款利息不应排除在优先权保障范围之外，其主要理由为利息不同于承包人的其他损失，它是工程价款的法定孳息；也有观点认为，应对利息进行区分，属于法定孳息的利息应属于优先受偿权的保障范围，而超出法律规定的基本利率范围以外的利息部分不应享受优先受偿权的保障。

实务难点

一、建筑安装工程费用项目构成

（一）按费用构成划分

建筑安装工程费按照费用构成要素划分，由人工费、材料费（包含工程设备）、施工机具使用费、企业管理费、利润、规费和税金组成。其中人工费、材料费、施工机具使用费、企业管理费和利润包含在分部分项工程费、措施项目费、其他项目费中。

1. 人工费：是指按工资总额构成规定，支付给从事建筑安装工程施工的生产工

人和附属生产单位工人的各项费用。内容包括:计时工资或计件工资、奖金、津贴补贴、加班加点工资、特殊情况下支付的工资。

人工费的基本计算公式:人工费 = ∑(工日消耗量 × 日工资单价)

2. 材料费:是指施工过程中耗费的原材料、辅助材料、构配件、零件、半成品或成品、工程设备的费用。内容包括:材料原价、运杂费、运输损耗费、采购及保管费。

材料费 = ∑(材料消耗量 × 材料单价)

材料单价 = {(材料原价 + 运杂费) × [1 + 运输损耗率(%)]} × [1 + 采购保管费率(%)]

工程设备费 = ∑(工程设备量 × 工程设备单价)

工程设备单价 = (设备原价 + 运杂费) × [1 + 采购保管费率(%)]

3. 施工机具使用费:是指施工作业所发生的施工机械、仪器仪表使用费或其租赁费。施工机具使用费以施工机械台班耗用量乘以施工机械台班单价表示,施工机械台班单价应由下列 7 项费用组成:折旧费、大修理费、经常修理费、安拆费及场外运费、人工费、燃料动力费、税费。仪器仪表使用费,是指工程施工所需使用的仪器仪表的摊销及维修费用。

施工机械使用费 = ∑(施工机械台班消耗量 × 机械台班单价)

4. 企业管理费:是指建筑安装企业组织施工生产和经营管理所需的费用。内容包括:管理人员工资、办公费、差旅交通费、固定资产使用费、工具用具使用费、劳动保险和职工福利费、劳动保护费、检验试验费、工会经费、职工教育经费、财产保险费、财务费、税金、其他。工程造价管理机构在确定计价定额中的企业管理费时,应以定额人工费或(定额人工费 + 定额机械费)作为计算基数,其费率根据历年工程造价积累的资料,辅以调查数据确定,列入分部分项工程和措施项目中。

5. 利润:是指施工企业完成所承包工程获得的盈利。施工企业根据企业自身需求并结合建筑市场实际自主确定,列入报价中。工程造价管理机构在确定计价定额中的利润时,应以定额人工费或(定额人工费 + 定额机械费)作为计算基数,其费率根据历年工程造价积累的资料,并结合建筑市场实际确定,以单位(单项)工程测算,利润在税前建筑安装工程费的比重可按不低于 5% 且不高于 7% 的费率计算。利润应列入分部分项工程和措施项目中。

6. 规费:是指按国家法律、法规规定,由省级政府和省级有关权力部门规定必须缴纳或计取的费用。包括社会保险费、住房公积金、工程排污费。

7. 税金:是指国家税法规定的应计入建筑安装工程造价内的营业税、城市维护建设税、教育费附加以及地方教育附加。按费用构成划分的建筑安装工程费组成见图 40－2。

(二)按造价形成划分

建筑安装工程费按照工程造价由分部分项工程费、措施项目费、其他项目费、规费、税金组成,分部分项工程费、措施项目费、其他项目费包含人工费、材料费、施工机具使用费、企业管理费和利润(见图 40－2)。

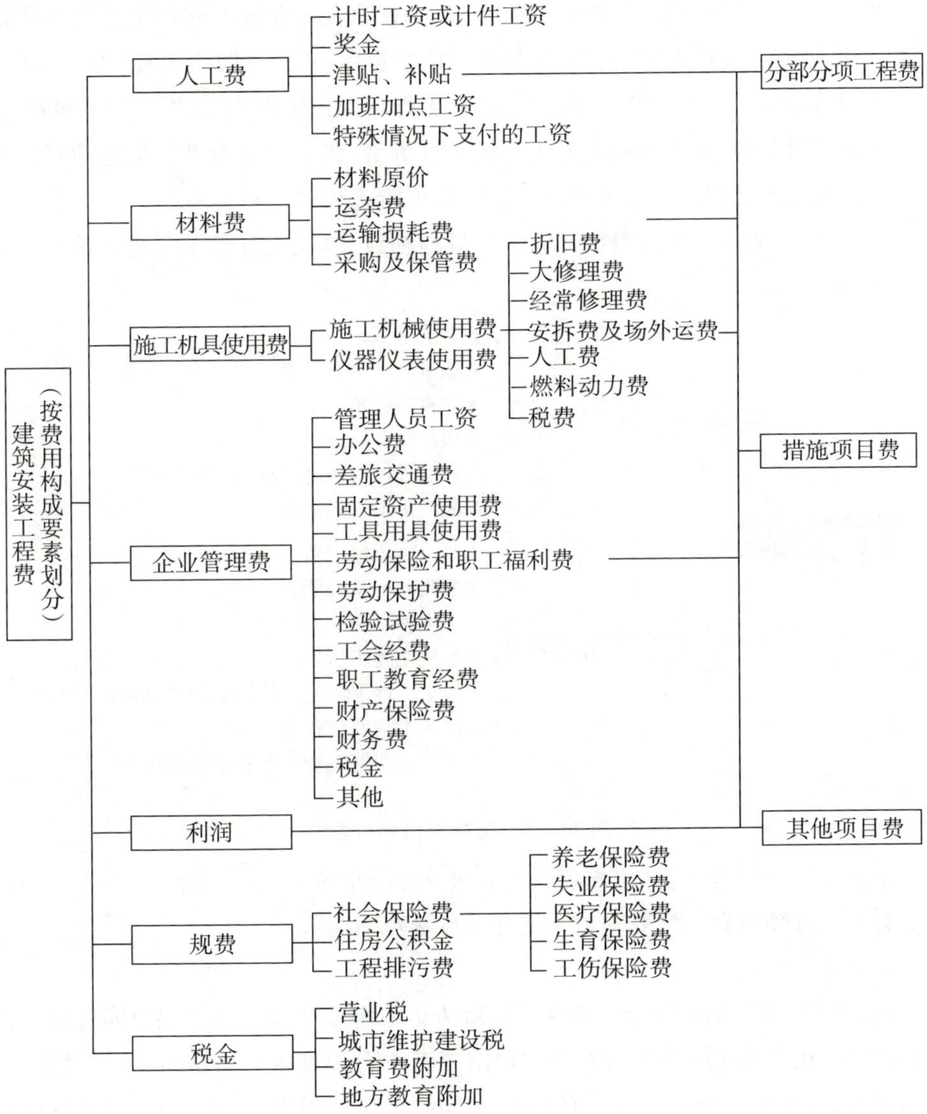

图 40－2　建筑安装工程费组成(按费用构成划分)

1. 分部分项工程费

分部分项工程费是指各专业工程的分部分项工程应予列支的各项费用。

分部分项工程费 = ∑(分部分项工程量 × 综合单价)

综合单价包括人工费、材料费、施工机具使用费、企业管理费和利润以及一定范围的风险费用。

2. 措施项目费

措施项目费是指为完成建设工程施工,发生于该工程施工前和施工过程中的技术、生活、安全、环境保护等方面的费用。内容包括:安全文明施工费、夜间施工增加费、二次搬运费、冬雨季施工增加费、已完工程及设备保护费、工程定位复测费、特殊地区施工增加费、大型机械设备进出场及安拆费、脚手架工程费。措施项目可以分为单价措施项目和总价措施项目,其中,单价措施项目即可以直接计算工程量的项目,总价措施项目即不能直接计算工程量的项目,以项为计量单位进行编制。具体分类(见图 40 - 3)。

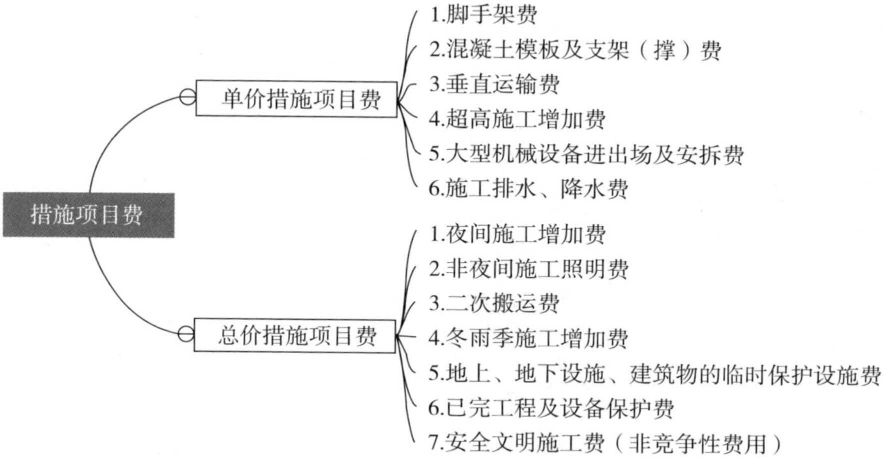

图 40 - 3　措施项目费分类

单价措施项目费 = ∑(措施项目工程量 × 综合单价)

总价措施项目费 = 计算基数 × 措施项目费费率

3. 其他项目费

(1)暂列金额:是指建设单位在工程量清单中暂定并包括在工程合同价款中的一笔款项。用于施工合同签订时尚未确定或者不可预见的所需材料、工程设备、服务的采购,施工中可能发生的工程变更、合同约定调整因素出现时的工程价款调整以及发生的索赔、现场签证确认等的费用。

（2）计日工：是指在施工过程中，施工企业完成建设单位提出的施工图纸以外的零星项目或工作所需的费用。

（3）总承包服务费：是指总承包人为配合、协调建设单位进行的专业工程发包，对建设单位自行采购的材料、工程设备等进行保管以及施工现场管理、竣工资料汇总整理等服务所需的费用。

4. 规费

5. 税金

按造价构成划分的建筑安装工程费项目组成（见图 40－4）。

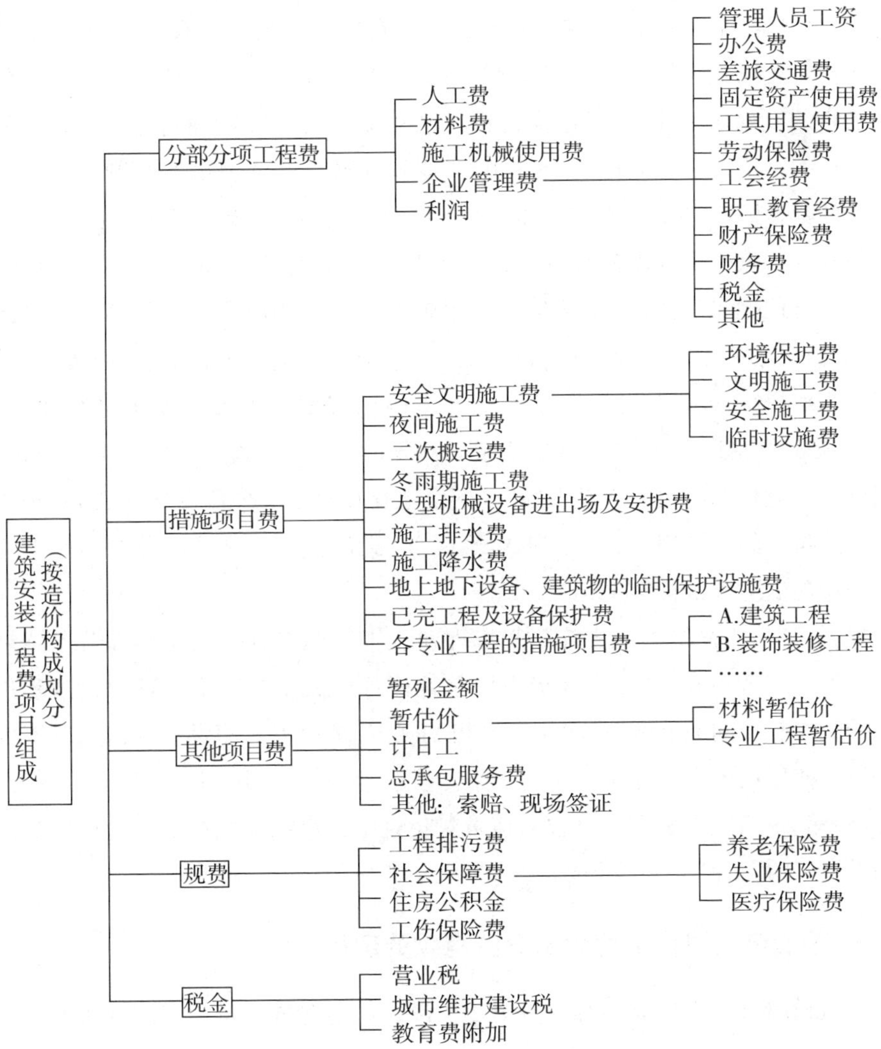

图 40－4　建筑安装工程费项目组成（按造价构成划分）

二、不宜折价、拍卖的建设工程

《民法典》第 807 条规定:“发包人未按照约定支付价款的,承包人可以催告发包人在合理期限内支付价款。发包人逾期不支付的,除根据建设工程的性质不宜折价、拍卖外,承包人可以与发包人协议将该工程折价,也可以请求人民法院将该工程依法拍卖。建设工程的价款就该工程折价或者拍卖的价款优先受偿。”什么是不宜折价、拍卖的建设工程呢?可以参照优先受偿权性质类似的一般担保物权的规定进行理解,但两者之间有明显差异。《民法典》第 399 条规定:“下列财产不得抵押:(一)土地所有权;(二)宅基地、自留地、自留山等集体所有土地的使用权,但是法律规定可以抵押的除外;(三)学校、幼儿园、医疗机构等为公益目的成立的非营利法人的教育设施、医疗卫生设施和其他公益设施;(四)所有权、使用权不明或者有争议的财产;(五)依法被查封、扣押、监管的财产;(六)法律、行政法规规定不得抵押的其他财产。”从该规定可知,优先受偿权的行使不能损害社会公益,对于像学校、医院、市政桥梁等以公益为目的的事业单位、教育机构和社会公共设施等,承包人不能行使优先受偿权。原《建设工程施工合同司法解释(二)》(征求意见稿)第 31 条曾规定:“建设工程具有下列情形之一,应当认定为不宜折价、拍卖:(一)建设工程未取得建设工程规划许可证或者未按照规划许可证的要求进行建设的;(二)建设工程经验收不合格,且无法予以修复的;(三)建设工程属于事业单位、社会团体以公益目的建设的教育设施、医疗设施及其他社会公益设施;(四)建设工程属于国家机关的办公用房或者军事建筑;(五)无法独立存在或者分割后影响主建筑使用功能的附属工程等工程。”

根据《四川省高级人民法院关于审理建设工程施工合同纠纷案件若干疑难问题的解答》第 38 条和《浙江省高级人民法院执行局关于执行中处理建设工程价款优先受偿权有关问题的解答》第 4 条等相关规定,承包人对建设工程占用范围内的建设用地使用权不享有优先受偿权。原《建设工程施工合同司法解释(二)》(征求意见稿)第 28 条也曾规定:“承包人请求对建设工程占用范围内的土地使用权享有优先受偿权的,人民法院不予支持。”

三、消费者交付商品房大部分购房款的理解

原《最高院优先受偿权的批复》第 2 条规定:“消费者交付购买商品房的全部或者大部分款项后,承包人就该商品房享有的工程价款优先受偿权不得对抗买受

人。"这条规定实际上体现了法律对价值的平衡，一边是实际施工人获得经营利益的权利，另一边是购房人取得生活场所的权利。如此规定是因为基本的居住权（生存权）要比经营利益更值得保护。这个规定有以下几点需要厘清：

一是购房的"消费者"应限定为自然人。最高院的回复中使用了"消费者"这一称谓，针对什么是消费者，一些地方性的法院出具了明确的指导性意见。例如，《重庆市高级人民法院关于对最高人民法院〈关于建设工程价款优先受偿权问题的批复〉应如何理解的意见》中明确："……购房消费者中消费者的含义应与《消费者权益保护法》中的'消费者'含义相同，即购房者购房是为生活消费需要而不是为经营需要。"《消费者权益保护法》第 2 条规定："消费者为其生活消费需要购买、使用商品或者接受服务，其权益受本法保护……"此处的消费者应当是指"自然人"，对于非自然人提出的对抗优先受偿权的主张，并不适用该条规定。

二是"商品房"的特殊性质和用途。在实践中，如果消费者购买了具有商业用途的商品房，其目的是投资经营的需要，而不是居住的需要，那么这种情形下的已购房消费者是否还能得到法律的特殊保护呢？对于这个问题，实践中争议比较大。一种观点认为：(1)最高院的批复是为了保护自然人的利益；(2)生活消费和投资，在实践中难以界定。另一种观点认为：《消费者权益保护法》所称的"消费"，其文意是相对于"生产"而言的，并不适用于"生产"情形下的"最终的消费"。[①] 最高院批复中"消费"的本质含义是和"生产"是相对的，而且该条法律是为了保护消费者的居住权，并不特殊保护一般主体的投资经营权。因此，不应当将购房者的一般的投资行为予以特殊保护。在(2017)最高法民终 762 号一案中，最高院认为，从立法本意来分析，平衡保护建设工程承包人与商品房买受人的基本权益，《最高院优先受偿权的批复》第 2 条中的"消费者"应作限缩解释，即非住宅商品房的买受人并非该批复第 2 条规定的"消费者"，不应受到该批复的保护。本案中，中铁建设集团主张优先受偿权的房产均属于商业性质，且海源公司也未提供证据证明买受人支付了全部或者大部分款项，故海源公司主张商铺买受人就相关房产享有优先权，于法无据，不予采信。在(2017)最高法民终 508 号一案中，购房者购买房屋的主要用途是为了投资，对于这种情形，最高院认为，林某珍已明确表示其购买案涉房产的用途系为了投资，故本案中林某珍作为房屋买受者不符合《消费者权益保护法》规定的"消费者"身份，其对案涉房产享有的权益不能对抗南通公司对案涉项目享有的工

---

① 参见张斌：《消费者主体、行为目的与相关法律制度研究》，复旦大学 2004 年硕士学位论文。

程价款优先受偿权。

三是如何确定购房消费者已支付大部分款项。在衡量消费者和承包人的权利保障时,实际上法律的天平在向购房消费者所处的一方倾斜。承包人的工程款优先受偿权是经营权益与生存权益(农民工薪酬)的综合,购房消费者的合法权益在很大程度上亦应归于生存性权益,即坚持生存利益优先于经营利益的原则。[①] 在房屋的交付过程中,还存在一种特殊的情形即是预告登记。预告登记使登记的不动产物权变动的请求权具备了对抗第三人的效力,即具备了一定的物权效力。从预告登记的性质上说,预告登记是债权物权化的一种具体表现。[②] 因此已经预告登记了的房屋也可以被视为取得了该房屋的物权,优先受偿权的权利范围不应及于此。

四、违章(法)建筑能否行使优先受偿权的问题

关于违章(法)建筑的定义,国家的法律没有统一的规定。一般而言,违章(法)建筑是指违反国家法律法规规章的强制性规定建造的建筑。在建筑工程领域,存在许多未取得建设用地规划许可证、建设工程规划许可证、建筑施工许可证等许可证书就先动工的情形,一旦这些未取得"四证"的建设工程由于发包人原因"烂尾"了,或者出现开发商"跑路"的情况,那么承包人能否就这些违章(法)建筑主张优先受偿权呢?

一种观点认为,《城乡规划法》第 39 条规定:"规划条件未纳入国有土地使用权出让合同的,该国有土地使用权出让合同无效;对未取得建设用地规划许可证的建设单位批准用地的,由县级以上人民政府撤销有关批准文件;占用土地的,应当及时退回;给当事人造成损失的,应当依法给予赔偿。"第 64 条规定:"未取得建设工程规划许可证或者未按照建设工程规划许可证的规定进行建设的,由县级以上地方人民政府城乡规划主管部门责令停止建设;尚可采取改正措施消除对规划实施的影响的,限期改正,处建设工程造价百分之五以上百分之十以下的罚款;无法采取改正措施消除影响的,限期拆除,不能拆除的,没收实物或者违法收入,可以并处建设工程造价百分之十以下的罚款。"由于违章建筑违反了法律法规的规定,不能取得权属凭证,相应的也就不能进行拍卖和转让。因为所有权的基础不存在,所以其优先受偿权当然不能存在。例如,宁波市中级人民法院发布的审判意见中表明:

---

① 参见曾文忠、肖斌:《建设工程优先权与其他权利的冲突及解决》,载《江西理工大学学报》2006 年第 5 期。

② 参见房绍坤、吕杰:《创设预告登记制度的几个问题》,载《法学家》2003 年第 4 期。

“建设工程优先受偿权适用的主体是合法建筑。”

与此相对应的另外一种观点认为，即使是违章建筑，在其被拆除前仍然具有一定的使用价值，因此其也可以适用优先受偿权。在违法建筑被相关部门行使公权力拆除或者自行拆除前，违法建筑仍然具有使用价值。违反了法律规定的违章建筑，其建设施工合同至多为无效，根据《建设工程施工合同司法解释（一）》的规定，建设工程施工合同无效，承包人仍然享有取得报酬的权利。因此在这种情形下如果建设工程质量合格，承包人仍然享有优先受偿权。即使建筑被拆除掉，承包人仍然对因拆除而获得的补偿款享有优先受偿权。

五、垫资是否属于优先受偿权的范围

带资承包是指建设单位未全额支付工程预付款或未按工程进度按月支付工程款（不含合同约定的质量保证金），由建筑业企业垫款施工。[①] 在实践中，建设工程的承包人垫资参与工程建设是十分常见的一种做法。垫资款表现形式多样，有的表现为先做后付的付款方式或延期付款的约定，有的以履约保证金等种类保证金实现垫资。《建设工程施工合同司法解释（一）》第 25 条的规定对垫资行为进行了一定程度上的保护：“当事人对垫资和垫资利息有约定，承包人请求按照约定返还垫资及其利息的，人民法院应予支持，但是约定的利息计算标准高于垫资时的同类贷款利率或者同期贷款市场报价利率的部分除外。当事人对垫资没有约定的，按照工程欠款处理。当事人对垫资利息没有约定，承包人请求支付利息的，人民法院不予支持。”由此可见，法律承认垫资这一现象存在的合理性，但是对其保护的程度是否等同于工程款呢？垫资款是否也属于工程价款受优先受偿权的范围呢？

如垫资款系出借给发包人用于支付土地款、前期费用等而未实际投入工程建设，则不应列入优先受偿权的保护范围。根据有关法律的规定，政府投资的项目不得以垫资的方式进行建设。2006 年《建设部、国家发展和改革委员会、财政部、中国人民银行关于严禁政府投资项目使用带资承包方式进行建设的通知》中规定：“……政府投资项目一律不得以建筑业企业带资承包的方式进行建设，不得将建筑业企业带资承包作为招投标条件；严禁将此类内容写入工程承包合同及补充条款，同时要对政府投资项目实行告知性合同备案制度……”此外，2016 年《国务院办公厅关于全面治理拖欠农民工工资问题的意见》第 15 条规定：“……政府投资项目一

① 《建设部、国家发展和改革委员会、财政部、中国人民银行关于严禁政府投资项目使用带资承包方式进行建设的通知》。

律不得以施工企业带资承包的方式进行建设,并严禁将带资承包有关内容写入工程承包合同及补充条款。"《保障农民工工资支付条例》第 23 条第 2 款规定:"政府投资项目所需资金,应当按照国家有关规定落实到位,不得由施工单位垫资建设。"

对于垫资款是否属于工程价款优先受偿权保护的范围,理论和实务界有两种不同的观点,一种观点认为垫资款不应当纳入优先受偿权范围,理由是垫资行为有企业间借贷的嫌疑,违反了法律的规定,如纳入优先受偿权范围,对其他债权人也不公平;另一种观点认为垫资款应当纳入优先受偿权范围,主要理由为:垫资款已实际物化入工程中,应属优先受偿权保护范围,应纳入优先权保障范围,除非当事人将垫资款用于其他用途。垫资行为在工程建设中十分普遍,如果将垫资行为排除在优先受偿权的范围之外,势必不能对建筑企业以及农民工权利起到良好的保护。

在实务中,如果垫资能够被证明用于建筑工程的物化,则垫资款项应当纳入优先受偿权的范围内。如果该垫资只是企业之间将借贷进行表面合法合理化的处理手段,则该垫资款项不属于优先受偿权范围。在(2018)鄂民终 824 号一案中,湖北省高级人民法院认为:"从合同的履行上来看,轻工公司虽然派员参与工程,但是根本就没有参与工程的管理,也没有对工程进行任何形式的付款和垫资……双方建立的是民间借贷法律关系,并且结合工程款性质来看,工程施工前或者施工中的借款,与工程垫资款不是一个法律概念,案涉款项是借款,故轻工公司不享有优先受偿权。"江苏省、浙江省等高级人民法院明确指出,未用于建设工程的借款不应当享有优先受偿权。

操作要点

1. 承包人优先权与抵押权并存时,承包人的优先受偿权在顺序上优先于抵押权。作为建设工程的商品房预售之后,为了保障社会大众的生存利益,即使此类商品房在性质上可以拍卖,承包人行使优先受偿权也会受到限制,要具体问题具体分析。

2. 购买房屋的消费者必须是自然人,能够对抗承包人工程款优先受偿权的购房消费者也必须是自然人。因此,对于非自然人提出的或者以非居住为目的的异议请求,建筑企业可以从消费者地位、非居住目的角度予以抗辩。

3. 承包人需做好工程造价的统计工作,细分可行使优先受偿权的款项,便于有针对性地提起优先受偿权诉讼请求。对利息、违约金等法律明确规定不属于优先受偿权范围的款项应及早兑付。例如，建筑企业可以和发包人在合同中约定发包人应当及时支付逾期支付建设工程价款的利息、违约金、损害赔偿金等，不足部分优先从下次工程款中扣除。

实务案例裁判要旨

表 40－1　优先受偿权的范围

法院及案号	法院观点	证明观点
最高院（2014）民一终字第 181 号	尽管南通六建主张《项目洽谈纪要》中约定的“1700 万元财务费用及其他部分”系由于工期延长所增加的人工费、水电费及机械设备，以及周转材料使用周期延长增加的费用，但是这些增加的费用实质上并没有“实际投入”到案涉天天家园建设工程之中，因此，该部分款项在性质上仍然属于工程拖期造成的违约金性质，而不属于建设工程优先受偿权的范围。从建设工程价款结算的惯例来看，对于建设工程拖期造成的人工费增加、租赁费增加在结算时普遍被列入工程延期造成的损失中，该损失在性质上被界定为违约损失，而非工程价款的范围	逾期支付建设工程价款的利息、违约金、损害赔偿金等不属于优先受偿的范围

表 40－2　建设工程不宜折价、拍卖

序号	法院及案号	法院观点	证明观点
1	阆中院（2016）川 1381 民初 1875 号	阆中机电职业学校未按结算单向李某林支付工程价款，李某林依法有对已完建设工程价款优先受偿权，但李某林建修的建设工程与教学活动有关，属于为公益目的建设的教育设施，依照原《合同法》第 286 条的规定，应是不宜折价、拍卖的建设工程，因此，对李某林主张建设工程价款的优先受偿权，本院不予支持	优先受偿权适用的建设工程标的物不属于不宜折价、拍卖的建设工程
2	最高院（2015）民申字第 2311 号	王某霖实际施工的工程是小区的部分道路排水工程，该排水工程属于分项工程，且在性质上不宜折价、拍卖，亦不符合法律及司法解释规定的该工程系其承包且按照工程性质可以折价或者拍卖的条件。因此主张建设工程价款优先受偿权没有法律依据	建设工程是市政设施的，承包人不享有优先受偿权

表 40 -3　消费者已支付大部分购房款且以居住为目的

序号	法院及案号	法院观点	证明观点
1	最高院(2017)最高法民终 762 号	从立法本意来分析,为平衡保护建设工程承包人与商品房买受人的基本权益,《最高院优先受偿权的批复》第 2 条中的"消费者"应作限缩解释,即非住宅商品房的买受人并非该批复第 2 条规定的"消费者",不应受到该批复的保护。本案中,中铁建设集团主张优先受偿权的房产均属于商业性质,且海源公司也未提供证据证明买受人支付了全部或者大部分款项,故海源公司主张商铺买受人就相关房产享有优先权,于法无据,不予采信	证明"消费者"含义应该是指购买住宅的普通消费者,不是购买投资性、经营性不动产的消费者
2	最高院(2017)最高法民终 508 号	林某珍已明确表示其购买案涉房产的用途系为了投资,故本案中林某珍作为房屋买受者不符合《消费者权益保护法》规定的"消费者"身份,其对案涉房产享有的权益不能对抗南通公司对案涉项目享有的工程价款优先受偿权	如果购买房屋的目的是投资的,则不能对抗建设工程价款优先受偿权
3	最高院(2017)最高法民再 154 号	根据《最高院优先受偿权的批复》第 2 条的规定,消费者交付购买商品房的全部或者大部分款项后,承包人就该商品房享有的工程价款优先受偿权不得对抗买受人。所以家树公司对案涉 31 套房屋的工程价款享有的优先受偿权不能对抗李某	购房人已支付价款的,可以对抗优先受偿权
4	最高院(2017)最高法民申 1430 号	郭某贵与鑫厦公司签订以物抵债协议,约定将案涉房屋归郭某贵所有,类似于消费者全款购买了商品房并支付了全款,参照《最高院优先受偿权的批复》的规定,消费者交付购买商品房的全部或者大部分款项后,承包人就该商品房享有的工程价款优先受偿权不得对抗买受人	消费者支付商品房全款的,承包人不享有建设工程价款优先受偿权

表 40 -4　建设工程为违章(法)建筑

序号	法院及案号	法院观点	证明观点
1	最高院(2018)最高法民申 4028 号	根据一审、二审查明的事实,案涉工程并未办理建设用地土地使用权证、建设用地规划许可证及建设工程规划许可证,其不能进行转让,应属原《合同法》第 286 条规定的"不宜折价、拍卖"的情形。故,金茂公司管理人关于案涉工程价款优先受偿权的主张不能得到支持	未取得相关许可证件的工程,鉴于其建筑不宜折价、拍卖,阻却承包人行使优先受偿权

续表

序号	法院及案号	法院观点	证明观点
2	最高院(2016)最高法执监161号	在违法建筑被相关部门行使公权力拆除或自行拆除前,违法建筑仍具有一定的使用价值。虽然福建高院(2004)闽民终字第83号及(2004)闽民初字第49号民事判决分别确认若世界金龙大厦第32层、第33层房屋可办理产权登记,应由中国工商银行福建省分行营业部及中国华融资产管理公司福州办事处享有优先受偿权,但该因抵押产生的优先受偿权不能对抗建筑工程承包人的优先受偿权	违法建筑在依法拆除前具有临时使用价值,承包人的优先受偿权不受影响

表40-5　承包人垫资行为

序号	法院及案号	法院观点	证明观点
1	最高院(2017)最高法民终766号	中扶公司于2012年12月进场开始垫资施工。法律规定承包人对工程价款享有优先受偿权,其目的是保障承包人获得其物化于建筑工程中的劳务及材料等对价的权利。无论建设工程施工合同是否有效,只要工程质量合格,发包人均有义务支付全部工程价款	垫资被用于建设工程的,承包人享有优先受偿权
2	湖北高院(2018)鄂民终824号	从合同的履行上来看,轻工公司虽然派员参与工程,但是根本就没有参与工程的管理,也没有对工程进行任何形式的付款和垫资,双方建立的是民间借贷法律关系,并且结合工程款性质来看,工程施工前或者施工中的借款,与工程垫资款不是一个法律概念,案涉款项是借款,故轻工公司不享有优先受偿权	名为垫资,实为借款的,承包人不享有优先受偿权

相关规定指引

《民法典》

第807条　发包人未按照约定支付价款的,承包人可以催告发包人在合理期限内支付价款。发包人逾期不支付的,除根据建设工程的性质不宜折价、拍卖外,承包人可以与发包人协议将该工程折价,也可以请求人民法院将该工程依法拍卖。建设工程的价款就该工程折价或者拍卖的价款优先受偿。

《江苏省高级人民法院关于审理建设工程施工合同纠纷案件若干问题的意见》

第21条　承包人的优先受偿权范围限于建设工程合同约定的工程价款,包括承包人应当支付的工作人员报酬、材料款、用于建设工程的垫资等实际支出的费用。

……

《浙江省高级人民法院执行局执行中处理建设工程价款优先受偿权有关问题的解答》

三、建设工程价款优先受偿权的范围如何掌握?

建设工程价款优先受偿权的范围为建设工程的工程价款,包括承包人应当支付的工作人员报酬、材料款和用于建设工程的垫资款等。工程价款的利息不在优先受偿范围内。

……

《四川省高级人民法院关于审理建设工程施工合同纠纷案件若干疑难问题的解答》

五、建设工程价款的优先受偿

38. 如何界定优先受偿权的范围?

建设工程经验收合格,工程的直接成本、间接成本、利润和税金属于优先受偿范围。

……

《河北省高级人民法院建设工程施工合同案件审理指南》

34. 承包人享有的优先受偿权的建设工程价款范围是指承包人完成的工作成果所产生的费用,包括直接费、间接费、利润、税金及工作人员报酬、材料款等实际支出的费用,不包括因发包人违约所产生的损失。

……

第四十一讲

建设工程价款优先受偿权的期限及起算时间

法条原文

第 41 条　承包人应当在合理期限内行使建设工程价款优先受偿权，但最长不得超过十八个月，自发包人应当给付建设工程价款之日起算。

思维导图

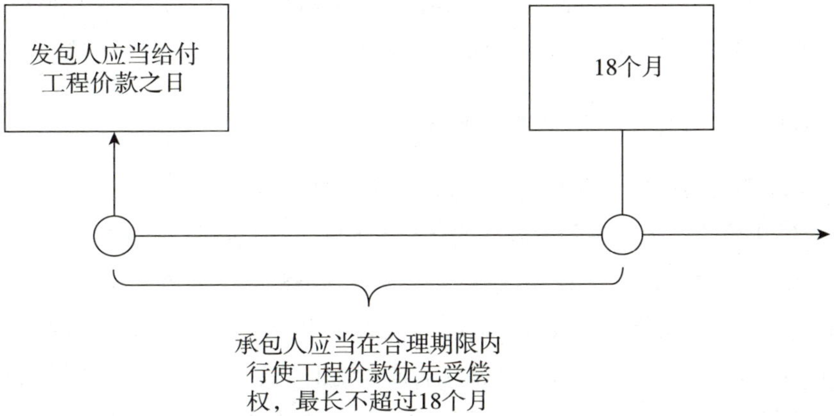

图 41－1　建设工程价款优先受偿权的期限及起算时间

条文释义

本条是关于建设工程价款优先受偿权行使期限及起算时间点的规定，行使期限最长不超过 18 个月，自发包人应当给付建设工程价款之日起算。优先受偿权的行使期限和起算点属于影响承包人优先受偿权能否最终实现的关键因素，本条对此予以了明确，但有些具体细节方面的问题还需要结合案件的具体情况予以解决。

一、优先受偿权的行使期限

关于优先受偿权行使的期限，在《建设工程施工合同司法解释（一）》颁布前，相关法律法规的规定比较一致，均为 6 个月。《最高院优先受偿权的批复》第 4 条规定："建设工程承包人行使优先权的期限为六个月，自建设工程竣工之日或者建设工程合同约定的竣工之日起计算。"《建设工程施工合同司法解释（二）》（征求意见稿)第34条规定:“承包人行使优先受偿权的期限为一年,自承包人催告发包人给付工程价款期间届满之日起算;承包人未履行催告义务的,以发包人应当给付工程价款之日起算。另一种意见:承包人行使优先受偿权的期限为六个月,自发包人应当给付工程价款之日起算。”虽然在原《建设工程施工合同司法解释(二)》(征求意见稿)中试图将优先受偿权的行使期限修改为1年,但在最终定稿的原《建设工程施工合同司法解释(二)》中,该行使期限仍规定为6个月。

根据《建设工程施工合同司法解释(一)》第41条的规定,建设工程价款优先受偿权的期限为18个月,该行使期限的性质为除斥期间,未在规定期间行使权利,权利即告消灭,不得适用时效中止、中断、延长的规定。

二、关于优先受偿权的起算时间点

关于优先受偿权的起算时间,一直是实务中的一个难点问题,争议一直存在。《最高人民法院关于建设工程价款优先受偿权问题的批复》规定自“从工程竣工之日”或“约定竣工之日”开始计算,该规定并没有解决实践中的争议问题。

由于建设工程结算周期长,流程较为复杂,工程竣工或者合同约定竣工后6个月的时间内一般难以完成结算,自“从工程竣工之日”或“约定竣工之日”开始计算,会出现尚在结算甚至未开始结算时即已超过优先受偿权行使期限的情形,显然这不是立法本意。将起算点规定为“应当给付建设工程价款之日”更为合理。

三、应当给付建设工程价款之日的确定

(一)当事人对支付时间有约定的,以当事人之间的约定为准

按照民法意思自治的原则,如果双方当事人对支付工程价款的时间有约定的,以约定之日为应当给付建设工程价款之日。在实践中,工程款的支付往往是随着工程进度进行的。如果是分期结算付款的,可以参照《民法典》第189条“当事人约定同一债务分期履行的,诉讼时效期间自最后一期履行期限届满之日起计算”的规定,以最后一期债务履行期限届满之日作为起算点。如果因为客观原因双方应付款的时间进行变更的情况下,如果没有恶意损害其他第三人的利益,应该以协议变更的时间为应付款时间。

(二)当事人对付款时间没有约定的,《建设工程施工合同司法解释(一)》规定的应付款时间具有借鉴意义

《建设工程施工合同司法解释(一)》第27条规定:“利息从应付工程价款之日

开始计付。当事人对付款时间没有约定或者约定不明的,下列时间视为应付款时间:(一)建设工程已实际交付的,为交付之日;(二)建设工程没有交付的,为提交竣工结算文件之日;(三)建设工程未交付,工程价款也未结算的,为当事人起诉之日。"如果按该条第2款第1项、第2项的规定确定应付款时间,将可能导致承包人无法得到应有的保护。在工程实践中,建设工程结算发生在交付之后,发包人若怠于结算,拖延的时间往往会很长。因此,如果按照《建设工程施工合同司法解释(二)》第27条第1项的规定来计算起算点的话,承包人的优先受偿权将不能得到很好的保护。如果建设工程没有交付,以提交竣工结算文件之日为起算点的话,发包人迟迟不予结算,拖延时间也可能超优先受偿权应主张的期的期限,承包人将不再享有优先受偿权。如此,显然也是与立法本意相冲突的。

综上所述,在合同当事人约定付款时间的情况下,优先受偿权的起算点为当事人的约定。在当事人对支付时间没有约定的前提下,以实际结算时间作为优先受偿权期限的起算点,未办理结算的,以当事人起诉之日作为起算点。具体流程(见图41－2)。

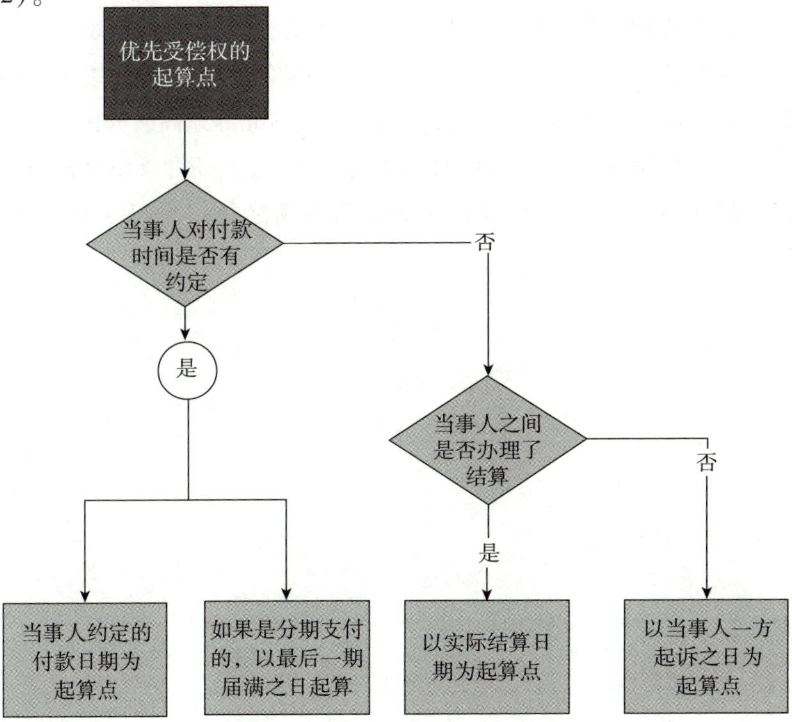

图41－2　优先受偿权的起算点

(三)建设工程施工合同无效时应付款时间的确定

在建设工程施工合同无效的情况下,如果承包的工程经竣工验收合格,则可参照建设工程施工合同约定的工程价款支付时间为应付工程价款之日。《民法典》第793条第1款规定:"建设工程施工合同无效,但是建设工程经验收合格的,可以参照合同关于工程价款的约定折价补偿承包人。"

实务难点

一、优先受偿权起算时间

原《最高院优先受偿权的批复》中规定的起算点为"自建设工程竣工之日或者建设工程合同约定的竣工之日起计算"。由于该条款的规定过于模糊,在适用中出现了很多争议。特别是当工程未竣工时,优先受偿权起算点的种类更多,各级各地人民法院的裁判规则不统一。

关于实际竣工日期与合同约定的竣工日期不一致时,以哪个日期作为起算点的问题,在司法实践中,存在两种处理方式。一种方式是比较实际竣工日期和合同约定日期的先后,以较后的时间作为起算点;另一种方式是以实际竣工日期为起算点。应该说第一种方式更具有合理性,广东、江苏、河北等地高级人民法院也是采取第一种方式。与此同时,在以较后的时间作为起算点的情形中,如果合同约定的付款期限尚未届满的,则以合同约定的付款期限届满之日作为起算点,其判断流程(见图41-3)。

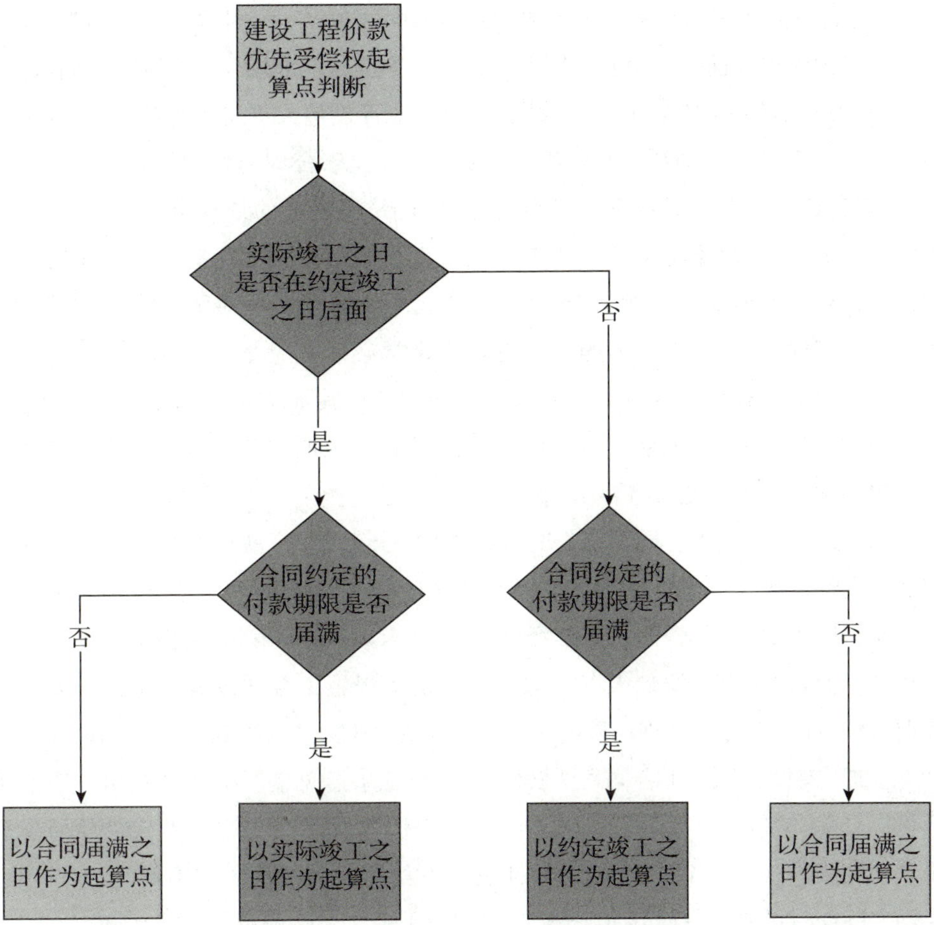

图 41－3　实际竣工日期与合同约定的竣工日期不一致时起算点的判断流程

二、承包人行使优先受偿权是否需要履行催告程序

《民法典》第 807 条规定："发包人未按照约定支付价款的，承包人可以催告发包人在合理期限内支付价款。发包人逾期不支付的，除根据建设工程的性质不宜折价、拍卖外，承包人可以与发包人协议将该工程折价，也可以请求人民法院将该工程依法拍卖。建设工程的价款就该工程折价或者拍卖的价款优先受偿。"在原《建设工程施工合同司法解释（二）》施行前，对该条的规定存在不同的理解，对催告是否为承包人行使优先受偿权的必经程序存有争议。

关于承包人行使优先受偿权是否需要催告程序，原《建设工程施工合同司法解释(二)》施行前在理论和实务中有两种截然不同的观点。一种观点认为:催告是承包人行使优先权的前提,承包人欲行使优先权,必先进行催告。根据原《合同法》第286条的规定,承包人在行使优先权之前,应当催告发包人支付工程价款,承包人发出的催告函中应当给予发包人合理的付款期限。关于合理的付款期限应为多长的问题,笔者认为首先应当尊重当事人的意思自治,有约定的依约定,在双方没有约定的情况下,可以参照建设部的建筑工程施工合同示范文本中有关支付工程价款的约定,15天至60天均应视为合理期限。[①] 另一种观点认为:原《合同法》在第286条的条文表述中,关于承包人的催告没有规定是必须或应当,在法律含义方面,可以与必须或应当有显著区别。况且,原《合同法》在其征求意见稿中使用的是"应当",正式施行的原《合同法》又改为"可以",就足以表明催告不是承包人行使优先受偿权必须履行的前置义务。

原《建设工程施工合同司法解释(二)》(征求意见稿)就催告是否为承包人行使优先受偿权的一项义务以及承包人应当如何进行催告的程序进行了详细的规定。原《建设工程施工合同司法解释(二)》(征求意见稿)第32条规定:"承包人主张优先受偿权的,应向发包人书面催告。建设工程施工合同没有约定催告履行合理期限的,催告履行的合理期限应不少于一个月,自发包人收到催告通知之次日起计算。"原《建设工程施工合同司法解释(二)》(征求意见稿)第33条规定:"具有下列情形之一,承包人可以催告发包人给付工程价款。(一)当事人约定的给付工程价款期间届满;(二)当事人没有约定工程价款给付时间或者约定不明,但建设工程已经实际交付的;(三)建设工程没有交付,但承包人已经提交竣工结算文件的;(四)建设工程施工合同终止履行,发包人应当给付工程价款的。"将原《合同法》第286条的规定与《建设工程施工合同司法解释(二)》(征求意见稿)进行对比,不难看出,前者针对催告规定的是"承包人可以催告";后者则规定的是"应向发包人书面催告"。据此,原《合同法》中未将催告作为优先权行使的前提条件,而原《建设工程施工合同司法解释(二)》(征求意见稿)中则将催告规定为承包人的义务,若承包人主张优先权,须以书面方式向发包人进行催告。最终,正式施行的原《建设工程施工合同司法解释(二)》并未采纳征求意见稿中有关催告的规定,明确了催告非承包人行使优先受偿权的必经程序。

---

① 参见江必新、何东宁等:《最高人民法院指导性案例裁判规则理解与适用(房地产卷)》,中国法制出版社2014年版,第261~262页。

三、建设工程优先受偿权的行使方式

行使权利的方式是否必须通过诉讼的方式进行?《建设工程施工合同司法解释(一)》并未予以明确。鉴于应当给付工程款之日也是诉讼时效的起算时点,而优先受偿权的行使期限为除斥期间,因此,如果行权必须以诉讼的方式进行,无疑缩短了承包人的诉讼时效。因此,主张优先受偿权并不必然以诉讼的方式,可以通过私下主张的方式行使权利。

根据《民法典》第807条的规定,承包人实现优先受偿权的方式有两种:一种方式是协议折价,另一种方式是司法程序。

(一)协议折价

在具备了优先权行使条件的情况下,承包人可以与发包人协议将建设工程本身或建设工程的一部分折价归承包人所有,以抵偿发包人所欠承包人的工程款;也可以协议将建筑物卖于第三人,由承包人从卖得的价款中优先受偿。[①] 协议折价要注意的问题是不得损害其他债权人的利益。其法律依据是《民法典》第53条的规定,该条规定:"债务人以放弃其债权、放弃债权担保、无偿转让财产等方式无偿处分财产权益,或者恶意延长其到期债权的履行期限,影响债权人的债权实现的,债权人可以请求人民法院撤销债务人的行为。"如果承包人与发包人协议折价损害了其他债权人的利益,其他债权人有权依法行使撤销权。

(二)当事人可以通过诉讼或者仲裁的方式请求确认其优先受偿权,然后以申请拍卖的方式行使优先受偿权

在承包人与发包人未能就折价的方式、内容达成一致意见时,承包人可以通过向法院申请拍卖的方式,在人民法院的主持下对建设工程进行拍卖,以所得价款实现其工程价款优先受偿权。根据《民法典》第807条的规定,承包人行使优先受偿权的方式还包括申请人民法院将该工程依法拍卖,依法拍卖的前提是确认承包人是否享有优先受偿权。在实践中,当事人可以通过诉讼或者仲裁的方式请求确认其优先受偿权。

(三)是否可以以书面发函的方式主张优先受偿权

有观点认为,承包人通过书面发函方式主张建设工程价款优先受偿权的,发函时工程价款的具体数额难以明确。故不能认定书面发函为优先受偿权行使的有效

---

① 参见李志泉:《论建设工程价款优先受偿权》,中国人民大学2003年硕士学位论文。

方式。《江苏省高级人民法院关于审理建设工程施工合同纠纷案件若干问题的解答》([2018]3 号)第 18 条规定:"……承包人通过提起诉讼或申请仲裁的方式,主张建设工程价款优先受偿权的,属于行使建设工程价款优先受偿权的有效方式。承包人通过发函形式主张建设工程价款优先受偿权的,不认可其行使的效力。"

但在司法实践中也有观点认为可以以书面发函的方式主张优先受偿权。至于工程欠款的数额可以通过后续程序确定,不能以工程款数额未定为由否定建设工程价款优先受偿权行使的有效性。工程价款优先受偿权可以通过发函、工作联系单等书面方式行使,赋予承包人通过发函、工作联系单等书面方式行使优先受偿权有利于有效维护承包人的合法权益、减少农民工工资拖欠问题的发生。

操作要点

1. 在合同解除或终止履行的情况下,应协商确定好工程价款的付款时间,并在约定的付款时间届满之日起 18 个月内主张工程价款的优先受偿权。

2. 实务中对于优先受偿权能否在执行程序中直接主张存在很多争议。为了确保优先受偿权,建议施工企业通过诉讼或仲裁的方式确认是否享有优先受偿权以及优先权的具体范围、数额。

3. 鉴于发函方式是否视为优先权形式的方式存在争议,为稳妥起见,承包人应在应付款之日起 18 个月内及时起诉或以申请仲裁的方式主张优先受偿权。

4. 发包人应当给付工程款的时间,需要结合建设施工合同的约定及具体施工项目的施工管理状况具体确定。如果在办理工程竣工结算中,承包人发现建设单位很可能失去工程结算款支付能力或者故意拖延结算时,施工单位应当在应付款的 18 个月之日起依约定或法律规定向法院或仲裁委提起诉讼或申请仲裁。否则,优先受偿权将可能归于消灭,在受偿顺序上变为普通债权。

5. 承包人在承接一个工程的若干标段时,应明确这些工程标段为独立施工承包范围还是作为一个整体工程进行施工。若承包的标段是单独立项、规划、单独签订施工合同及单独进行工程款的支付,则承包人应在该标段应付工程款之日起 18 个月内行使优先受偿权。若在一份建设施工合同承包范围内,则承包人的建设工程优先受偿权应自最后一个项目标段的应付款之日起 18 个月内行使。

实务案例裁判要旨

表 41－1　优先受偿权的行使期限为除斥期间

序号	法院及案号	法院观点	证明观点
1	最高院(2017)最高法民终 655 号	美联恒公司辩称,涉案合同约定的竣工日期为 2011 年 10 月 10 日,房屋购买人实际占有涉案房屋的时间为 2013 年 11 月 30 日,华冶公司于 2014 年 12 月提起诉讼,已超过法定除斥期间,优先权因除斥期间届满而归于消灭。经审查,庭审中,华冶公司已提供证据证明涉案工程于 2013 年 11 月 30 日交付业主实际使用,其于 2014 年 10 月 28 日向一审法院提起诉讼,已超过 6 个月的除斥期间。因此,华冶公司此节诉请不能成立,不予支持	优先受偿权的行使期限为除斥期间
2	最高院(2019)最高法民终 255 号	原《建设工程施工合同司法解释(二)》第 22 条规定:“承包人行使建设工程价款优先受偿权的期限为六个月,自发包人应当给付建设工程价款之日起算。”2014 年 11 月 3 日,德汇公司对案涉工程价款出具审核报告。2014 年 12 月 1 日,中天公司第九建设公司向焦作中院提交《关于恒和国际商务会展中心在建工程拍卖联系函》,请求依法确认对案涉建设工程的优先受偿权。2015 年 2 月 5 日,中天公司对案涉工程停止施工。2015 年 8 月 4 日,中天公司向恒和公司发送《关于主张恒和国际商务会展中心工程价款优先受偿权的工作联系单》,要求对案涉工程价款享有优先受偿权。2016 年 5 月 5 日,中天公司第九建设公司又向河南省洛阳市中级人民法院提交《优先受偿权参与分配申请书》请求参与分配,依法确认并保障其对案涉建设工程价款享有的优先受偿权。故中天公司行使建设工程价款优先受偿权未超过法定期限。恒和公司关于中天公司未在 6 个月除斥期间内以诉讼方式主张优先受偿权,其优先受偿权主张不应得到支持的上诉理由不能成立	优先受偿权的行使期限为除斥期间

表 41－2　优先受偿权可以直接向法院主张

序号	法院及案号	法院观点	证明观点
1	最高院(2017)最高法民再 389 号	建设工程款优先受偿权的行使期限属于除斥期间,且承包人需在法定期限内通过诉讼的方式予以主张。湖南高院认为优先受偿权须向相对方提出,审判机关不是其权利的行使对象,属于对法律规定的错误理解,本院予以纠正	优先受偿权可以直接向法院主张

续表

序号	法院及案号	法院观点	证明观点
2	最高院(2016)最高法民申2502号	建设工程款优先受偿权的行使期限属于除斥期间,承包人需在法定期限内通过诉讼的方式予以主张。锐建丰公司再审主张建设工程款优先受偿权是一种法定优先权,无须当事人另行予以明示主张的再审理由,于法无据	优先受偿权可以直接向法院主张

表41-3 优先受偿权的起算点

序号	法院及案号	法院观点	证明观点
1	最高院(2016)最高法民再295号	在发包人一方原因导致合同未竣工的情形下,工程价款往往无法结算,承包方此时难以行使优先受偿权,而非怠于行使自己的权利。此时如仍以合同约定竣工之日作为行使优先受偿权的起算点,相当于由承包人承担因发包人过错导致的不利后果,明显有违工程价款优先受偿权的立法本意	以合同约定的竣工之日作为起算点的不合理之处
2	最高院(2015)民一终字第379号	原《建设工程施工合同司法解释》第14条第3项规定:“建设工程未经竣工验收,发包人擅自使用的,以转移占有建设工程之日为竣工日期。”一审法院据此认定御园一期工程的竣工日期为2015年1月,以及华冶公司行使建设工程价款优先受偿权并未超过6个月的期限,并无不当	以擅自使用转移占有建设工程之日作为建设工程优先受偿权起算时间点
3	最高院(2013)民申字第1147号	因诉争工程并未经有关部门竣工验收,且《建设工程施工合同》对竣工日期也未作出明确约定,故二建集团行使优先受偿权应自建筑工程施工许可证载明的竣工日期2005年6月1日起算6个月	特定情形下,政府管理性文件中注明的竣工日期亦可作为起算时间点
4	最高院(2016)最高法民终463号	原《合同法》第286条规定承包人就未付工程款对所承建工程享有优先受偿权,系为保护承包人对工程价款的实际受偿,在认定该优先受偿权的行使期限时,应当遵循案件的客观事实,尊重当事人之间关于支付工程价款期限的约定,优先受偿权行使期限的起算点,不应早于当事人之间约定的工程价款支付期限,以保证实现该优先权权能。因此,以2013年10月24日,作为本案建设工程价款优先受偿权行使期限的起算点为宜	工程价款支付之日作为建设工程优先受偿权起算时间点

续表

序号	法院及案号	法院观点	证明观点
5	最高院(2017)最高法民终918号	根据本案已查明的事实,案涉《建设工程施工合同》约定的计划竣工时间为2016年9月1日、2016年11月5日(不同地块),实际上于2015年2月停工。《解除建设施工合同协议书》签订于2015年7月4日,其中第3条约定,北海湾春公司应在"2017年5月30日前将欠款242,935,394.56元及未交纳的建安劳保费向浙江横店公司全部支付完毕"。且北海湾春公司于2016年6月还向浙江横店公司出具还款承诺书,仍承诺按双方2015年7月4日《解除建设施工合同协议书》所确定的欠款数额还款。原判决认定浙江横店公司于2016年5月27日提起本案诉讼,未超出优先受偿权行使期限,符合上述法律的规定,并无不当	承诺的工程价款支付之日作为建设工程优先受偿权的起算时间点

相关规定指引

《全国民事审判工作会议纪要》(2011年)

(三)关于实际施工人的权利行使对象问题

对实际施工人向与其没有合同关系的转包人、分包人、总承包人、发包人提起的诉讼,要严格依照法律、司法解释的规定进行审查;不能随意扩大《关于审理建设工程施工合同纠纷案件适用法律问题的解释》第二十六条第二款的适用范围,并且要严格根据相关司法解释规定明确发包人只在欠付工程价款范围内对实际施工人承担责任。

《浙江省高级人民法院执行局关于执行中处理建设工程价款优先受偿权有关问题的解答》

一、行使优先权的六个月期限应该如何理解?

六个月期限的起算点应区分以下情况予以确定:发生建设工程施工合同纠纷时工程已实际竣工的,工程实际竣工之日为六个月的起算点;发生建设工程施工合同纠纷时工程未实际竣工的,约定的竣工之日为六个月的起算点;约定的竣工日期早于实际停工日期的,实际停工之日为六个月的起算点。

权利人未在上述期限内行使优先权的,建设工程价款优先受偿权丧失。

二、哪些方式可以认定为具有行使优先权的效力?

建设工程承包人自行与发包人协商以该工程折价抵偿尚未支付的工程价款,或者提起诉讼、申请仲裁要求确认其对该工程拍卖价款享有优先受偿权,或者直接申请法院将该工程拍卖以实现工程款债权,或者申请参加对建设工程变价款的参与分配程序主张优先受偿权,均属于对建设工程价款依法行使优先权。

建设工程承包人提起诉讼、申请仲裁仅要求判决或裁决由发包人向其支付工程款,未要求确认其对该工程拍卖价款享有优先受偿权的,不视为行使优先权。

《江苏省高级人民法院关于审理建设工程施工合同纠纷案件若干问题的意见》

第19条 建设工程已经竣工的,承包人的工程价款优先受偿权的行使期限自建设工程竣工之日起六个月;建设工程未竣工的,承包人的工程价款优先受偿权的行使期限自建设工程合同约定的竣工之日起六个月。

《江苏省高级人民法院关于审理建设工程施工合同纠纷案件若干问题的解答》

14. 建设工程价款优先受偿权起算如何确定?

建设工程施工合同的承包人行使建设工程价款优先受偿权的期限为六个月,具体起算按照以下方式确定:

(1)工程已竣工且工程结算款已届期的,自建设工程竣工之日或者建设工程施工合同约定的竣工之日起算;

(2)建设工程施工合同解除、终止履行的,自合同实际解除、终止之日起算;

(3)工程已竣工验收合格,但合同约定除质保金以外的工程款付款期限尚未届满的,自合同约定的工程款付款期限届满之日起算。

《河北省高级人民法院建设工程施工合同案件审理指南》

35. 建设工程承包人行使优先受偿权的期限为六个月,具体起算时间按照以下方式确定:(1)工程已竣工的,自建设工程竣工之日或者建设工程合同约定的竣工之日起算,上述日期不一致的,以在后日期作为起算点,但合同约定的付款期限尚未届满的,以合同约定的付款期限届满之日作为起算点;(2)工程尚未竣工而合同解除、终止履行的,以合同实际解除、终止之日作为起算点;(3)发包人主张以《最高人民法院建设工程案件司法解释》第十四条第(二)、(三)项作为承包人行使优先受偿权起算点的,不予支持。

第四十二讲

建设工程价款优先受偿权放弃的效力

法条原文

第 42 条　发包人与承包人约定放弃或者限制建设工程价款优先受偿权，损害建筑工人利益，发包人根据该约定主张承包人不享有建设工程价款优先受偿权的，人民法院不予支持。

思维导图

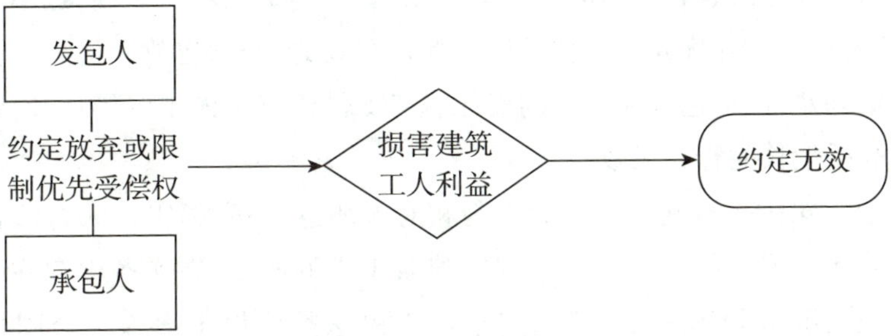

图 42－1　建设工程价款优先受偿权放弃的效力

条文释义

本条是关于约定放弃或限制建设工程价款优先受偿权条件是否有效的规定。以有效为原则、以无效为例外。发包人与承包人约定放弃或者限制建设工程价款优先受偿权原则上有效，但损害建筑工人利益的除外。

一、放弃建设工程价款优先受偿权原则上有效

民事财产权利可以由当事人约定放弃。只要放弃行为属于当事人的真实意思表示，且不违反法律效力性强制性规定，按照民法意思自治的原则，该放弃行为当然有效。发包人和承包人原则上可以自由协商约定放弃或者限制建设工程价款优先受偿权的行使。

在司法实践中，多数判决认为该放弃行为有效。例如，在（2016）最高法民终532 号判决中认为："安泰公司放弃优先受偿权不违反法律规定。参照《民事诉讼法》第 13 条第 2 款规定，当事人有权在法律规定的范围内处分自己的民事权利和诉

讼权利。……建设工程优先受偿权是法律赋予建设工程施工人的法定权利,属于具有担保性质的民事财产权利。作为民事财产权利,权利人当然可以自由选择是否行使,当然也应当允许其通过约定放弃。而且,放弃优先受偿权并不必然侵害建设工程承包人或建筑工人的合法权益,承包人或建筑工人的合法权益还可通过其他途径的保障予以实现。因此,安泰公司关于优先受偿权属于法定权利,不能通过约定放弃的上诉理由,于法无据,不应支持。"

二、损害建筑工人利益的除外

民事权利处分的意思自治原则是基本原则,并不是绝对的原则,也不能盲目扩大,并非所有约定放弃优先受偿权的行为都是有效的,若约定放弃优先受偿权损害建筑工人的利益,使承包人无充分的责任财产支付建筑工人工资等债务,则该放弃或限制优先受偿权的行为无效。

《民法典》第 154 条规定:"行为人与相对人恶意串通,损害他人合法权益的民事法律行为无效。"但如何认定是否损害建筑工人的利益,在实务中存在争议。最高人民法院民事审判第一庭编著的《最高人民法院建设工程施工合同司法解释(二)理解与适用》一书认为:在判断承包人放弃或者限制建设工程价款优先受偿权是否损害建筑工人的利益时,要将承包人这一行为是否影响其整体的清偿能力,要将承包人整体的资产负债情况以及现金流情况是否因此恶化到影响建筑工人工资支付的程度作为主要的考虑因素。[①] 至于损害建筑工人利益认定的举证责任问题,应由主张放弃或限制建设工程价款优先受偿权无效的一方承担举证证明责任。

实务难点

建设工程价款优先受偿权放弃行为之所以在理论界和实务界产生的分歧比较大,是因为建设工程价款优先受偿权性质的模糊性。建设工程价款优先受偿权本质上是一种法定优先权,但是其又有财产担保权的性质。如果认同优先受偿权是一种法定权利的话,其当然不可以通过约定的或者单方面承诺的方式放弃;如果认为优先受偿权的性质属于民事权利的话,其当然可以通过约定或者单方面承诺的方式予以放弃。在实践中主要有以下几种不同的观点。

---

① 参见最高人民法院民事审判第一庭编著:《最高人民法院建设工程施工合同司法解释(二)理解与适用》,人民法院出版社 2019 年版,第 475 页。

1. 有效说

有效说认为，优先受偿权是可以被提前放弃的一种权利，其主要理由有：(1)法无禁止即可为。建设工程价款优先受偿权虽然是法律规定的优先权，但是并没有法律明确规定其不可以放弃。(2)建设工程价款优先受偿权的性质是一种民事权利，发承包人双方当然可以约定放弃自己的权利。(3)承诺放弃优先受偿权符合意思自治原则。(4)民事主体在从事民事活动的过程中应当遵循诚实信用的原则。如果约定放弃后又反悔，便是违反了交易过程中的"禁反言原则"。(5)在建设市场资金紧张的形势下，若不认可承包人承诺放弃优先受偿权的效力，将可能影响到银行向建设单位发放贷款，最终仍会损害承包人的利益，也最终会损害建筑工人的利益。该观点的主要内容为，法律并未禁止承包人放弃建设工程价款优先受偿权。承包人自愿放弃建设工程价款优先受偿权的，只涉及承包人自身利益的，该放弃行为有效。但该放弃行为损害实际施工人等第三人利益的，对该第三人不产生效力。在(2018)最高法民终99号一案中，最高院即判决认为："友兰公司(承保方)放弃优先受偿权系自愿，应为真实意思表示，也不违反法律行政法规的效力性强制性规定，本案也不存在《中华人民共和国合同法》第52条规定的无效情形，故承诺书合法有效，对友兰公司依法具有约束力。"

2. 无效说

该说认为，建设工程价款优先受偿权的设立系保护承包人经营利益及农民工的生存权益，承包人在建设市场中处于弱势地位，如果允许预先放弃优先权，将使其合法权益受到严重侵犯，故当事人之间限制、放弃建设工程价款优先受偿权的行为无效。在《全国民事审判工作会议纪要》(2015年)第52条关于放弃优先受偿权行为的效力的第二种意见即该观点："发包人与承包人在建设工程施工合同中约定承包人预先放弃行使优先受偿权，承包人起诉请求确认上述约定无效的，人民法院应对该请求予以支持。"支持该理论的理由主要有：(1)工程价款优先受偿权与当事人约定无关，属于无须公示的法定担保物权，其创立和消灭都具有法定性，不能通过预先约定的形式放弃。[①] (2)建设工程价款优先受偿权往往涉及施工人的材料款和工人工资，材料款债权在一定程度上具有所有权取回权的性质，而工人工资债权则具有基本生存保障的性质，放弃行为在一定程度上牺牲了材料款权利和工人工

---

① 参见王洋洋：《论工程价款优先受偿权放弃行为的法律效力》，吉林大学2018年硕士学位论文。

资权利,明显侵害了第三人的利益。① (3)允许该权利的放弃违反了立法初衷,虽然表面上不违法,但是实际上属于以合法形式掩盖非法目的。在当前建筑市场上,承包人往往处于不利的地位,为了中标不得不放弃自身的权利,被迫接受发包方苛刻的条件,允许该权利的放弃也会导致原《合同法》第 286 条成为一个“无用条款”。(4)劳动法、合同法等在保障建筑工人工资债权方面并不尽如人意,在当下,工程价款优先受偿权在保障工人工资方面确有独特的制度优势。②

3. 相对有效说

工程价款优先受偿权的放弃行为相对有效说,以放弃时是否满足相关的构成要件为条件判断放弃行为是否有效。③ 也就是在确保建筑工人生存利益实现的前提下,当事人的提前放弃行为有效的一种学说。该学说同时兼顾了无效说和有效说的优缺点。在遵守民法意思自治原则的前提下,同时承认意思自治原则不能被滥用。也就是意思自治原则的施行也需要一定的限制条件。

司法实践中有判例支持这一观点,例如,(2013)通中民初字第 0046 号判决即认为:“法律创设建设工程价款优先受偿权即是为保护这些特定法益,如承包人放弃优先受偿权将损害这些特定法益,则承包人的放弃行为应属无效。但如果承包人放弃优先受偿权的同时,已经有一定的担保措施确保承包人工程款的有效实现,则承包人放弃优先受偿权的行为可以认定为有效。本案中,在润通公司无力支付工程款、农民工为索要工资到政府信访的背景下,从各方的行为看,农商行公司、润通公司、四建公司三方达成润通公司以在建工程抵押给农商行,四建公司承诺放弃 4000 万元贷款本息范围内的优先受偿权,农商行公司通过受托支付的方式将 4000 万元贷款直接支付给四建公司的一致意见。由此可见,四建公司放弃该部分建设工程价款优先受偿权,本身是为了保障这些特定法益得以实现而为,其承诺放弃工程款优先受偿权的条件即润通公司向农商行公司贷款 4000 万元用于支付其工程款已于承诺函出具之次日成就,故其放弃优先受偿权的行为应为有效。否则,如其在农商行公司抵押权之前实现工程款权利,事实上属于对同一法益进行了重复保护,会导致四建公司与农商行公司之间的权利义务明显失衡,有违公平原则与诚实信用原则。”

---

① 参见陈信勇:《建设工程价款优先受偿权放弃行为的效力分析》,载《浙江社会科学》2016 年第 2 期。

② 参见叶名怡:《论事前弃权的效力》,载《中外法学》2018 年第 2 期。

③ 参见王洋洋:《论工程价款优先受偿权放弃行为的法律效力》,吉林大学 2018 年硕士学位论文。

4. 部分有效说

这种观点认为放弃优先受偿权的承诺部分有效。如果放弃优先受偿权是建设单位为了贷款融资，银行等金融机构要求其放弃的，那么可以说优先受偿权的放弃仅对银行的抵押权而放弃，对其他第三人的优先权并不当然失效。如果银行的抵押权已经实现或者消除，那么承包人享有的优先受偿权依然可以对抗其他债权。如果该债权不存在，那么放弃优先受偿权的承诺也当然无效。最高院在贵州建工集团第一建筑工程有限责任公司、松原市金滩源房地产开发有限公司建设工程施工合同纠纷案①中认为："金滩源公司主张贵州一建放弃优先受偿权的依据，为贵州一建向吉林九台农村商业银行股份有限公司前郭支行（以下简称九台商业银行）出具的《放弃优先受让权承诺书》，贵州一建保证在借款人未结清银行贷款前，放弃对该工程的优先受让权。九台商业银行并非本案当事人，从上述表述的字面意思可认定贵州一建为特定范围内放弃权利，金滩源公司应当就未结清银行贷款的额度范围予以举证证明，金滩源公司未提供相应证据且明确表示《放弃优先受让权承诺书》所述的该笔贷款已经清偿，故金滩源公司的上述抗辩主张无事实依据，依据《合同法》第二百八十六条的规定，贵州一建可就其承建工程的折价款、拍卖价款优先受偿。"

操作要点

1. 发包人要求承包人放弃优先受偿权时，如果为了确保该放弃承诺有效，应保证建筑工人工资利益不受损害或者为建筑工人的工资另行提供足额担保。

2. 在项目开发过程中，有时发包人将在建工程予以抵押进行融资，而商业银行等债权人为确保债权的实现一般会通过不同形式让发包人（业主）要求承包人放弃工程价款优先受偿权。基于发包人的强势地位，承包人有时不得不放弃工程款优先受偿权。对此，建议施工企业在充分权衡利弊后作出是否同意放弃的决定。如放弃的，应要求发包人提供有效担保。施工企业必须在预付款、工程进度款及工程结算得到充分保障的前提下，才能出具放弃优先受偿权的承诺。

3. 对于承包方而言，在签订放弃优先受偿权承诺书的时候，应当明确放弃的金额、承诺放弃的对象，所针对的具体的债权、优先受偿权放弃的前置条件。

在实践中，部分开发商为融资需要将项目地块土地使用权及在建工程抵押至

---

① 最高人民法院民事判决书，(2017)最高法民终225号。

银行,银行通常会要求施工单位承诺放弃建设工程价款优先受偿权,以保障其抵押权的优先顺位。放弃或限制建设工程价款优先受偿权一旦被认定为损害建筑工人利益,则应属无效。

实务案例裁判要旨

表 42-1 约定放弃优先受偿权,原则上有效

序号	法院及案号	法院观点	证明观点
1	最高院(2016)最高法民终 532 号	安泰公司放弃优先受偿权不违反法律规定。2012 年《民事诉讼法》第 13 条第 2 款规定,当事人有权在法律规定的范围内处分自己的民事权利和诉讼权利。建设工程优先受偿权是法律赋予建设工程施工人的法定权利,属于具有担保性质的民事财产权利。作为民事财产权利,权利人当然可以自由选择是否行使,当然也应当允许其通过约定放弃。而且,放弃优先受偿权并不必然侵害建设工程承包人或建筑工人的合法权益,承包人或建筑工人的合法权益还可通过其他途径的保障予以实现。因此,安泰公司关于优先受偿权属于法定权利,不能通过约定放弃的上诉理由,于法无据,不应支持	放弃建设工程价款优先受偿权的约定,不损害建筑工人利益的,原则有效
2	广东高院(2017)粤民初 18 号	该法定优先权属于担保物权,该权利为当事人可以自由处分的财产权,被告恩平二建作为权利主体对该权利以明示方式,作出书面的《放弃优先受偿权声明书》予以放弃,并不违反法律、行政法规强制性规定,为合法有效的法律行为。被告恩平二建承诺放弃工程款优先权后又以工程款优先权系法定权利不能放弃为由主张该行为无效,既有违诚实信用原则,又缺乏法律依据,故本院不予支持。至于被告恩平二建提出损害建筑工人的合法权益的问题,因该类债权的支付主体是被告恩平二建本身,其放弃该优先权并不能免除其所应承担的支付建筑工人工资等债务的责任,也不能免除工程发包单位依法所应承担的其他义务,故恩平二建该项抗辩主张,本院亦不予支持	放弃建设工程价款优先受偿权的约定,不损害建筑工人利益的,原则有效
3	最高院(2018)最高法民终 99 号	友兰公司(承包方)放弃优先受偿权系自愿,应为真实意思表示,也不违反法律行政法规的效力性强制性规定,本案也不存在原《合同法》第 52 条规定的无效情形,故承诺书合法有效,对友兰公司依法具有约束力	放弃建设工程价款优先受偿权的约定,不损害建筑工人利益的,原则有效

表 42－2　放弃优先受偿权的范围特定,超出范围不必然丧失优先受偿权

序号	法院及案号	法院观点	证明观点
1	江苏高院(2015)苏民终字第00570号	南方公司向交行无锡分行出具承诺书放弃对涉案工程款的优先受偿权,该意思表示系对自身权利的处分,并不违反法律、行政法规的强制性规定,合法有效。但该承诺书系向特定主体即交行无锡分行作出,结合承诺书内容以及出具背景,该承诺书的意思表示系指南方公司同意交行无锡分行对涉案工程享有的相关权利优先于自己的工程款债权受偿。具体而言,南方公司在承诺书中承诺交行无锡分行对涉案工程所占用土地使用权及在建工程享有第一优先受偿权,并在本案诉讼中主张因中邦公司用土地使用权和在建工程为该授信合同设定了抵押权,且该授信合同项下实际发放贷款 2 亿元,故交行无锡分行仅在 2 亿元范围内享有第一优先权	承包人承诺在特定范围内放弃工程价款优先受偿权,对超出其承诺部分的工程价款,仍享有优先受其偿权
2	浙江省衢州市中院(2013)浙衢民终字第 687 号	住宅建公司享有建设工程价款优先受偿权,但在其承诺放弃的部分不得优先于工行常山支行的抵押权。其一,泰源公司 2012 年 8 月后已停产停业,本案所涉工程尚未施工完毕,并未实际竣工。根据《浙江省高级人民法院执行局执行中处理建设工程价款优先受偿权有关问题的解答》第 1 条的规定,原审法院以实际停工之日作为建设工程价款优先受偿权 6 个月行使期限的起算点并无不当。其二,住宅建公司作为企业法人,能够以自己的意思独立进行民事活动取得权利并承担相应义务,应对自身的民事行为承担相应的法律责任。建设工程价款优先受偿权系财产性权利,住宅建公司在出具给工行常山支行的承诺书中表示放弃该项权利,其行为并不违反法律强制性规定,住宅建公司理应受该承诺约束。故在其承诺放弃优先受偿权的 310 万元贷款范围内不得优先于工行常山支行的抵押权。其三,住宅建公司仅针对工行常山支行放弃建设工程价款优先受偿权,并未对泰源公司以及其他债权人放弃建设工程价款优先受偿权,故住宅建公司的建设工程价款优先受偿权依然存在	承包人承诺在特定范围内放弃工程价款优先受偿权,对超出其承诺部分的工程价款,其仍享有优先受偿权

表 42－3　预先放弃优先受偿权绝对无效

法院及案号	法院观点	证明观点
菏泽中院(2016)鲁17民终808号	承包人预先放弃建设工程优先受偿权牺牲了材料款权利和工人的工资权利,侵害了第三人利益。允许建设工程优先受偿权可以预先放弃违反了该制度设立的初衷。可能会导致工人的基本权利无法得到保障,引发社会不稳定因素。因此预先放弃建设工程优先受偿权无效	预先放弃工程价款优先受偿权的绝对无效的主张

相关规定指引

《全国民事审判工作会议纪要》(2015年)

(三)关于建设工程价款优先受偿权问题

52.第一种意见:发包人与承包人在建设工程施工合同中约定承包人预先放弃行使优先受偿权,承包人起诉请求确认上述约定无效的,人民法院应在确定该预先放弃承包人真实意思的基础上,对承包人的请求不予支持。

第二种意见:发包人与承包人在建设工程施工合同中约定承包人预先放弃行使优先受偿权,承包人起诉请求确认上述约定无效的,人民法院应对该请求予以支持。

《江苏省高级人民法院关于审理建设工程施工合同纠纷案件若干问题的解答》

19.承包人放弃建设工程价款优先受偿权的效力如何认定?

法律并未禁止承包人放弃建设工程价款优先受偿权。承包人自愿放弃建设工程价款优先受偿权的,只涉及承包人自身利益的,该放弃行为有效。但该放弃行为损害实际施工人等第三人利益的,对该第三人不产生效力。

第四十三讲

实际施工人的权利救济

法条原文

第43条　实际施工人以转包人、违法分包人为被告起诉的，人民法院应当依法受理。

实际施工人以发包人为被告主张权利的，人民法院应当追加转包人或者违法分包人为本案第三人，在查明发包人欠付转包人或者违法分包人建设工程价款的数额后，判决发包人在欠付建设工程价款范围内对实际施工人承担责任。

思维导图

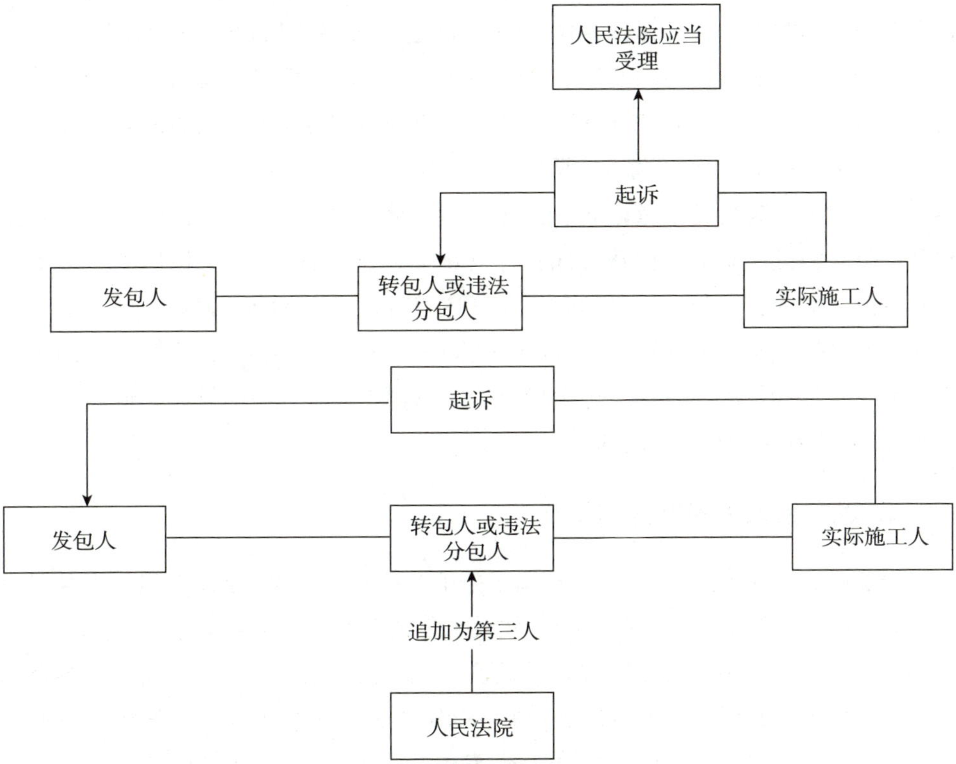

图43－1　实际施工人的权利救济

条文释义

本条是关于实际施工人权利如何救济的规定,实际施工人可基于合同相对性向转包人、违法分包人主张权利,也可突破合同相对性以发包人为被告提起诉讼。

一、实际施工人基于合同相对性起诉转包人、违法分包人

合同的相对性是指当事人双方签订的合同只能对当事人双方产生拘束力,不能对合同之外的第三人产生约束力,其主要体现在合同主体相对性、合同内容相对性、合同责任相对性。《民法典》第 465 条第 2 款规定:“依法成立的合同,仅对当事人具有法律约束力,但是法律另有规定的除外。”该条明确确立了合同相对性原则。实际施工人与转包人、违法分包人是建设工程施工合同的发承包双方,是建设工程施工合同的相对人。由于转包、违法分包合同违反法律的强制性规定而无效,但作为无效合同的当事人,实际施工人可以根据合同相对性原则和无效合同的相关规定要求转包人、违法分包人履行相应义务。在诉讼中,实际施工人就转包人或违法分包人存在欠付工程款的“事实”承担举证责任。

实际施工人应当优先考虑向合同相对方主张权利,而不是首选向发包人主张权利。合同相对性原则是构建合同具体规则的基础,司法实践中该原则一般不能轻易突破。笔者认为《建设工程施工合同司法解释(一)》将原《建设工程施工合同司法解释》第 26 条第 1 款和原《建设工程施工合同司法解释(二)》第 24 条的内容整合为一条,并进行这种前后两款的条文体例安排,也应是在倡导以合同相对性为原则、以突破为例外的基本法理。

二、以发包人为被告提起诉讼

为了保护实际施工人的合法权益,本条第二款延续了原《建设工程施工合同司法解释》第 26 条第 2 款的精神,与原《建设工程施工合同司法解释(二)》第 24 条的内容一致。对合同相对性原则进行了适度突破,允许实际施工人向没有直接合同关系的发包人提起诉讼。本质是赋予了实际施工人向发包人直接主张工程款的债权。在进行多重转包或者分包的情况下,发包人应仅指“建设单位”,不应包括转包合同或者分包合同的相对发包人(施工单位)。

三、应当追加转包人或者违法分包人为第三人

原《建设工程施工合同司法解释》第 26 条规定:“实际施工人以转包人、违法分

包人为被告起诉的，人民法院应当依法受理。实际施工人以发包人为被告主张权利的，人民法院可以追加转包人或者违法分包人为本案当事人。发包人只在欠付工程价款范围内对实际施工人承担责任。”该条规定在实际适用中引发了争议：转包人或者违法分包人是否必须追加为案件当事人，因为该条用的是“可以”。追加为案件当事人后是被告还是第三人亦未明确，实践中一般会将其追加为第三人。

本条在原《建设工程施工合同司法解释》第26条第2款规定的基础上，进一步明确：实际施工人以发包人为被告提起诉讼的，人民法院必须追加转包人或者违法分包人为本案第三人参加诉讼。即“必须、应当”追加而非“可以”追加，且明确为第三人。

四、须查明发包人实际的欠付金额

在此类建设工程施工合同纠纷案的审理过程中，人民法院必须查明发包人欠付转包人或者违法分包人建设工程价款的数额。如果根据现有证据确实无法查清发包人欠付工程款的具体数额，则由实际施工人承担举证不能的不利后果。在实务中，若发生转包人或者违法分包人不出庭、发包人与转包人或者违法分包人实际并未结算、发包人与转包人或者违法分包人恶意不配合等情形，都可能造成欠付工程款的数额难以查明，势必将会对实际施工人不利。

针对此问题，在具体的案件审理过程中，如何分配举证责任就显得尤为重要。一般情况下，发包人客观上更容易举证证明其已向转包人或违法分包人支付的工程款的具体数额，因此，发包人应该对合同履行中的付款情况承担举证责任。而实际施工人不是发包人的合同相对方，没有与发包人发生直接的经济往来，客观上对发包人的付款情况难以举证。发包人以其未欠付工程款为由提出抗辩的，应当对此承担举证责任，其应举证证明已向总承包人支付的工程款数额。若发包人和承包人已对工程款进行结算的，应按照工程结算款扣减已支付的工程款确定发包人欠付工程款的数额，但实际施工人有证据证明发包人与承包人恶意串通，签订虚假结算协议的除外。例如，《江苏省高级人民法院关于审理建设工程施工合同纠纷案件若干问题的解答》第22条规定：“……实际施工人依据《建设工程司法解释》第26条第2款的规定起诉发包人主张工程款的，发包人应举证证明已向总承包人支付的工程款数额。发包人未能举证已付工程款数额的，应当与承包人对工程欠款承担连带责任。”

实务难点

一、实际施工人的内涵

我国现行法律规范中尚没有出现实际施工人这一法律概念,原《建设工程施工合同司法解释》中首次出现"实际施工人"这样的提法,但该司法解释并没有对"实际施工人"的具体内涵及外延进行详细的说明。原《建设工程施工合同司法解释(二)》第 24 条关于实际施工人的范围,只规定了转包和违法分包两种情形,并没有明确借用资质情况下借用资质的挂靠人是否为实际施工人,这在司法实践中可能会产生很大争议。目前对于"实际施工人"的定义主要有以下几种。

1. 在《依法保护当事人权益促进建筑市场健康发展——最高人民法院副院长就〈关于审理建设工程施工合同纠纷案件适用法律问题的解释〉答记者问》中,相关负责人对"实际施工人"作了这样的说明:"从建筑市场的情况看,承包人与发包人订立建设工程施工合同后,往往又将建设工程转包或者违法分包给第三人,第三人就是实际施工人。"

2. 最高院民事审判庭第一庭编著的《最高人民法院建设工程施工合同司法解释的理解与适用》一书中就实际施工人的概念进行了比较具体的诠释:"为与《合同法》规定的合法施工人相区别而本条使用'实际施工人'的表述。且本解释中第 4 条、第 26 条和本条使用的'实际施工人'均是指无效合同的承包人,如违法分包合同的承包人、转承包人的承包人及无资质借用有资质的建筑施工企业的名义与他人签订建设工程施工合同的承包人。"也就是说,实际施工人应是无效合同的承包人。

3. "实际施工人"应该是与总承包人、分包人并列的,在概念内涵上不应当与总承包人、分包人概念重复,另外还要看承包人是不是无效合同的承包人,如果是,则属于"实际施工人",如果不是则不属于"实际施工人"而属于《民法典》中合法的施工人。"实际施工人"当然不仅指个人,还可以包括单位或者有资质的单位。①

4. "实际施工人"是指无效建设工程施工合同的承包人,即违法的专业工程分包和劳务作业分包合同的承包人、转承包人、借用资质的施工人(挂靠施工人);建设工程经数次转包的,实际施工人应当是最终实际投入资金、材料和劳力进行工程

---

① 参见朱树英:《工程合同实务问答》,法律出版社 2008 年版,第 399 页。

施工的法人、非法人企业、个人合伙、包工头等民事主体。[①]

从以上有关“实际施工人”的界定中不难发现，其有一个共同的特征，即认定“实际施工人”是以无效的建设工程施工合同为前提，只有无效的建设工程施工合同才有“实际施工人”。这一概念是与违法行为紧密联系的，而合同是否有效必须通过司法程序才能予以认定。如此，以“实际施工人”身份提起诉讼的案件，本质上是还未经审理即先认定了建设工程施工合同无效，这在逻辑上是解释不通的，故“实际施工人”的概念有待商榷，以避免“实际施工人”制度在实体法与程序法层面上产生混淆。

二、实际施工人的表现形式

根据现有的规定，实际施工人在工程实践中主要有三种表现形式，即转承包人、违法分包人、挂靠承包人[注：原《建设工程施工合同司法解释(二)》第 24 条中没有明确借用资质情况下借用资质的挂靠人为实际施工人]。例如，《北京市高级人民法院关于审理建设工程施工合同纠纷案件若干疑难问题的解答》(京高法发〔2012〕245 号)第 18 条就关于实际施工人的范围如何确定的问题做了这样的解答：“《解释》中的实际施工人是指无效建设工程施工合同的承包人，即违法的专业工程分包和劳务作业分包合同的承包人、转承包人、借用资质的施工人(挂靠施工人)；建设工程经数次转包的，实际施工人应当是最终实际投入资金、材料和劳力进行工程施工的法人、非法人企业、个人合伙、包工头等民事主体……”

1. 转承包人。承包单位承包工程后，不履行合同约定的责任和义务，将其承包的全部建设工程转给他人(实际施工人)或者将其承包的全部建设工程肢解后以分包的名义分别转给其他单位(实际施工人)承包。在此情形下承担具体施工任务的单位或者个人即为实际施工人。

2. 违法分包人。根据《建筑法》和《民法典》的规定，建筑工程总承包单位可以将承包工程中的部分工程发包给具有相应资质条件的分包单位；但是，除总承包合同中约定的分包外，必须经建设单位认可。施工总承包的，建筑工程主体结构的施工必须由总承包单位自行完成。禁止总承包单位将工程分包给不具备相应资质条件的单位。禁止分包单位将其承包的工程再分包。违反上述规定，签订相关施工合同并实际进行施工的相关主体均可认定为实际施工人。

3. 挂靠承包人。由于实际施工人不具备承包施工业务的主体资格，于是借用有

---

① 《北京市高级人民法院关于审理建设工程施工合同纠纷案件若干疑难问题的解答》(京高法发〔2012〕245 号)。

资质的施工企业的名义进行投标、签约、施工结算等活动。在实践中,其存在的形式主要有:不具有从事建筑活动主体资格的个人、合伙组织或企业以具备从事建筑活动资格的建筑施工企业的名义承揽工程;资质等级低的建筑施工企业以资质等级高的建筑施工企业的名义承揽工程;不具有施工总承包资质的建筑施工企业以具有施工总承包资质的建筑施工企业的名义承揽工程;有资质的建筑施工企业通过名义上的联营、合作、内部承包等其他方式变相允许他人以本企业的名义承揽工程。

是否存在挂靠行为,可以从以下方面加以识别:相互间有无资产产权联系;是否有统一的财务管理,是否各自实行或者变相实行独立核算;是否有符合规定要求的人事任免、调动和聘用手续、社保记录。

三、《建设工程施工合同司法解释》第 43 条是否适用于借用资质情况下的实际施工人

本条是否适用于借用资质情况下的实际施工人在实务中存有不同的观点。一种观点认为不适用,主要理由有:最高人民法院民事审判第一庭编著的《最高人民法院建设工程施工合同司法解释(二)理解与适用》一书中明确说明,本条规定不适用于借用资质的实际施工人,①条文只规定了实际施工人与转包人、违法分包人以及发包人之间的权利义务关系,没有规定实际施工人与出借资质的施工企业之间的权利义务关系,因此本条规定不适用于借用资质的实际施工人。

另一种观点认为,本条规定同样适用于借用资质的实际施工人,主要理由有:(1)虽然本条没有明确规定该条适用于借用资质的实际施工人,但是也没有明确规定借用资质的实际施工人不适用该条。(2)《建设工程施工合同司法解释(一)》第 43 条规定的宗旨是保护农民工的合法权益,在出借资质的情况下,为保护农民工的利益,也应保护借用资质的实际施工人。(3)根据原《建设工程施工合同司法解释》第 1 条的规定,借用有资质的建设施工企业名义与他人签订建设工程施工合同的承包人也属于实际施工人,在该种情况下,出借方并没有实际参与建设工程的施工与管理,借用方实际进行工程项目的管理与施工,符合实际施工人的本质。(4)由于建设工程施工合同是以出借人的名义与发包人签订,借用资质的当事人并不能根据《民法典》的规定以及施工合同向发包人直接主张工程款,出借方通常仅收取管理费,由于其没有实际支出成本,故对于追索工程款缺乏积极性。若本条的规定不

① 参见最高人民法院民事审判第一庭编著:《最高人民法院建设工程施工合同司法解释(二)理解与适用》,人民法院出版社 2019 年版,第 499 页。

适用于借用资质的实际施工人,则不利于保护农民工的利益。北京、四川、山东等地高级人民法院认为借用资质的承包人也是《建设工程施工合同司法解释(一)》第43条第2款中规定的实际施工人。

四、实际施工人直接以发包人为被告并主张优先受偿权应否支持

根据《建设工程施工合同司法解释(一)》第35条的规定,主张优先受偿权的主体应为与发包人订立建设工程施工合同的承包人。实际施工人没有与发包人订立建设工程施工合同,因此,实际施工人直接以发包人为被告主张工程价款时,若同时主张工程价款的优先受偿权,则该主张不应被支持。

也有观点认为,实际施工人可以向发包人主张权利,发包人在欠付工程款范围内承担责任,此时实际施工人以发包人应承担的责任为限,可以向发包人主张优先权。该观点虽有其合理性,但结合《建设工程施工合同司法解释(一)》第35条的规定看,从该条的文义理解,实际施工人的优先受偿权应被排除。该条规定:"与发包人订立建设工程施工合同的承包人,依据民法典第八百零七条的规定请求其承建工程的价款就工程折价或者拍卖的价款优先受偿的,人民法院应予支持。"

操作要点

资质等级低的施工企业、经验规模小的施工企业等以实际施工人身份出现时,因其缺乏法律意识、缺乏工程施工规范管理的经验,在工程款的结算上很有可能处于弱势地位,在此种情况下其合法权益如何保护就显得尤为重要。施工企业进行挂靠经营、"包工头"带领施工队伍进行施工是法律禁止的,国家也对此采取了相应的整治措施,但类似的情况在施工领域却是客观存在的。对于那些实际已经完工的施工项目,在实际施工人的劳动已经物化为建筑物、构筑物的情况下,实际施工人的利益如何保护?

就实际施工人而言,还是应当树立起法律风险意识和观念,在现有的法律框架内采取积极的风险防范措施,有效地保护自身的合法权益。笔者从几个容易发生纠纷的关键环节,提出一些法律风险防范建议。

1. 合同签订、履行过程中法律风险及防范

(1)合同的签订。实践中,很多工程承包合同书写得极不规范,意思表达不清,容易产生争议。合同中有关的工期、质量、价款等核心条款应详细具体。合同的签订主体要与盖章的单位名称保持一致。若是代表签字,则该签字的人员必须得到

相应的授权,且应留存其书面授权书的原件。例如,在工程价款的确定上,要根据自身的能力、工期、工程规模等选定切实可行的合同工程价款结算方式,围绕工程进度款的支付、工程质量标准、工期延误等制定具体明确的合同条款。在必要的情况下应求助专业法律人士起草、修订合同文本,确保争议产生时,有相应的书面凭证,避免因为合同签订方面的疏忽而给自身权益主张造成障碍,以致产生经济损失。

之所以强调签订书面合同,其理由在于:即使在合同可能被判定为无效的情况下,实际施工人请求参照合同关于工程价款的约定进行折价补偿的权利仍有法律保障。《民法典》第 793 条第 1 款规定:“建设工程施工合同无效,但是建设工程经验收合格的,可以参照合同关于工程价款的约定折价补偿承包人。”

(2)完善施工管理。在施工管理过程中注意如下方面的工作:收集涉及变更等原因引起的工期、工程量变化的事实证据;停工、窝工的责任原因以及损失赔偿的事实证据;及时严格依照约定进行索赔;依约进行工程进度款、工程余款的催收及证据保留等。

(3)积极进行竣工结算。竣工结算阶段,容易出现的问题主要有:无法提供翔实充分的竣工验收资料;实际工程量存在争议;工程迟迟未能通过验收;甲方故意不接收递交的竣工结算资料、相关结算资料的签收人是否具有相应权限、迟迟未能得到结算;甲方故意对结算资料不予审核以期达到拖欠工程款的目的等。

2. 及时通过法律途径保障自身权益

实际施工人提起诉讼前,应重点做好以下几方面的工作。

(1)收集工程质量合格的证据。因为在主张工程欠款时,对方很有可能在诉讼中以工程存在质量问题进行抗辩或者提起反诉。工程质量合格是实际施工人主张工程款的一个重要前提。如果工程质量不合格,实际施工人提起诉讼后,被对方反诉质量问题,实际施工人很可能会承担非常不利的法律后果。

(2)应当尽量了解发包人是否已经向合同相对方支付了全部工程款,如果发包人已经向转包人支付了全部工程款,而转包人没有向实际施工人付款。那么,此时实际施工人就应知晓将发包人列为被告只是一种诉讼策略,因为“发包人只在欠付工程价款范围内对实际施工人承担责任”。

(3)根据工程项目的具体情况制定行之有效的诉讼策略。实际施工人可直接以转包人或违法分包人作为被告,同时追加发包人或者总承包人为第三人参加诉讼;亦可根据案件情况将他们列为共同被告。发包人或者总承包人参与诉讼,有利于查明案件事实。此外,通过这种诉讼策略,实际施工人有可能取得通过其他方式难以获取的证据材料。

实务案例裁判要旨

表 43－1　实际施工人的定义及表现形式

序号	法院及案号	法院观点	证明观点
1	最高院(2017)最高法民终 167 号	所谓实际施工人,可以是转承包人、违法分包的分承包人和资质借用人等,即实际施工人可能是注册成立的企业,也可能是未注册登记的包工队等非正式组织	实际施工人的定义及表现形式
2	最高院(2015)民申字第 919 号	实际施工人是指因转包、违法分包、支解合同等违法行为导致施工合同被认定为无效,而实际从事工程建设的主体,其为有别于施工人、承包人、建筑施工企业等法定施工主体的表述方式,原《建设工程施工合同司法解释(二)》使用了实际施工人的概念。实际施工人可能是自然人、超资质等级施工的建筑施工企业、超资质许可施工范围从事工程基础或结构建设的劳务分包企业等。从实际施工人的人员构成看,在施工现场实际从事施工作业的人员多为农民工	实际施工人的定义及表现形式
3	最高院(2017)最高法民申 254 号	按照通常的社会观念,实际施工人是指独立于发包方和承包方之外的、实际承担了施工任务的人	实际施工人的定义

表 43－2　司法实践中,人民法院对是否为实际施工人的判断

序号	法院及案号	法院观点	证明观点
1	最高院(2016)最高法民终 361 号	当事人诉争法律关系的性质应当结合合同签订背景、合同约定内容、合同履行情况综合分析判断。 根据合同签订背景分析,2011 年 10 月 11 日,华隆煤业公司以《中标通知书》通知中兴建安公司中标,后中兴建安公司未签订合同,但陈某等人以中兴建安公司内部承包方式入场施工…… 从合同约定情况分析。2012 年 5 月 18 日,华隆煤业公司为发包人,六十五公司为承包人,签订《建设工程施工合同》,将新华煤矿中央风井施工区井巷工程发包给六十五公司建设。2012 年 5 月 24 日,六十五公司(甲方)与陈某、郭某辉(乙方)签订《内部承包协议》。《内部承包协议》约定,陈某等人“对工程项目的工期、质量、安全、成本全面负责”“工程项目亏损,由承包人全额承担,并承担由此引起的一切纠纷、诉讼责任”“本工程项目的利润全部归承包方,亏损完全由承包方承担”“承包方必须无条件履行发包方与建设方签订的施工合同的一切义务”。	对是否为实际施工人的判断

续表

序号	法院及案号	法院观点	证明观点
2		从陈某等人与六十五公司的关系分析,陈某等人在案涉工程建设之前并非六十五公司内部员工,亦不存在劳动关系,不是符合法律规定的内部承包。 陈某等人经营风险、财务管理等方面均独立于六十五公司,为实体义务的履行者、权利的最终享有者和盈亏的最终承受者,为本案的实际施工人	
2	最高院(2017)最高法民申3853号	邓某在本案审理中未提供有效证据证明其作为实际施工人的身份。在本案起诉中,邓某以自己是案涉工程的实际施工人为由主张工程款并提出享有优先受偿权,其提交了与博海公司签订的《工程项目内部承包合同》以及相关为案涉工程借款、出资凭证。原《建设工程施工合同司法解释(二)》中规定的实际施工人应当是采取投入资金、材料及劳动力的方式,对建设工程实际进行了施工或者组织施工的一方。从邓某在本案中提交的证据看,其并未提交任何与案涉工程施工有关的现场签证、工程验收单证等实际施工或者组织施工的有效证据。邓某提交的其与博海公司之间的内部承包合同仅能够证明其与博海公司以内部承包的名义,承揽了案涉相关工程,有关借款及相关出资凭证亦不能完全证明其对案涉工程进行了出资。无论是单独分析还是关联分析邓某提交的证据,均无法认定其对案涉工程进行了施工。邓某提交的合同及出资凭证并不能证明其自身为实际施工人,在没有其他有效证据进一步证明情况下,应由邓某自行承担举证不能的法律后果	对是否为实际施工人的判断

表43-3　北京、四川、山东、青海等地高院认为借用资质的承包人也是原《建设工程施工合同司法解释》第26条第2款中规定的实际施工人

序号	法院及案号	法院观点	证明观点
1	北京高院(2017)京民申3699号	对于任某全是否具备主体资格问题,两审法院结合双方在北京金通远建筑公司诉讼各阶段所作陈述及双方在审理过程中提交的证据,认定任某全借用平谷建筑总公司的资质,以四分公司的名义施工,是涉案工程的实际施工人,并无不妥。任某全作为实际施工人,其借用资质与中侨公司所签施工合同虽因违反法律的强制性规定而应当被确认无效,但基于任某全作为实际施工人已履行涉案工程除甩项外的施工义务,且建设工程已验收合格并交付使用的事实,其有权请求中侨公司(发包人)给付欠付工程款	借用资质的承包人也是《建设工程施工合同司法解释(一)》第43条第2款中规定的实际施工人

续表

序号	法院及案号	法院观点	证明观点
2	四川高院(2016)川民终1119号	诉讼中尤某康认为其借用广宇建司的资质承建案涉工程,二审中广宇建司也确认与尤某康系挂靠关系。因此,一审法院认定尤某康为本案实际施工人正确。原《建设工程施工合同司法解释》第26条规定:“实际施工人以转包人、违法分包人为被告起诉的,人民法院应当依法受理。实际施工人以发包人为被告主张权利的,人民法院可以追加转包人或者违法分包人为本案当事人。发包人只在欠付工程价款范围内对实际施工人承担责任。”本条司法解释第1款确立了实际施工人工程价款请求权的一般规则,即实际施工人可以依法起诉与其具有合同关系的转包人、违法分包人;第2款明确了实际施工人工程价款请求权的例外救济,即实际施工人可以要求发包人在欠付工程价款范围内对实际施工人承担责任	借用资质的承包人也是《建设工程施工合同司法解释(一)》第43条第2款中规定的实际施工人
3	山东高院(2017)鲁民终1760号	陈某民作为涉案工程的实际施工人,以方泰公司委托代理人名义与中核公司签订分包合同,属于借用资质的情形,违反了法律的强制性规定,故一审判决认定涉案原分包合同无效并无不当。 根据原《建设工程施工合同司法解释》第26条第2款关于“实际施工人以发包方为被告主张权利的,人民法院可以追加转包人或者违法分包人为本案当事人。发包人只在欠付工程价款范围内对实际施工人承担责任”的规定,一审判决发包人华昶公司在其欠付涉案工程款及利息的范围内对实际施工人陈某民承担连带责任存有不当,本院依法予以纠正	借用资质的承包人也是《建设工程施工合同司法解释(一)》第43条第2款中规定的实际施工人
4	青海高院(2017)青民终162号	本院认为,实际施工人的概念和制度源于原《建设工程施工合同司法解释》,根据该解释第4条、第26条、第26条的规定,实际施工人是指在施工合同无效情况下,实际履行工程施工义务的主体,即转包合同、违法分包合同和借用资质挂靠承包合同项下的承包方。实践中,实际施工人可能是法人、非法人团体、个人合伙、自然人等	借用资质的承包人也是《建设工程施工合同司法解释(一)》第43条第2款中规定的实际施工人

表 43-4　发包人应对其付款情况承担举证责任

序号	法院及案号	法院观点	证明观点
1	江苏高院(2016)苏民终 528 号	《民事诉讼证据规定》(2008 年)第 5 条第 2 款规定"对合同是否履行发生争议的,由负有履行义务的当事人承担举证责任"。天辰昶瀚公司作为发包方负有给付工程款的义务,其共举证 12 组支付凭证,其中第 8 组代垫水电费,有顾某付签字确认的与涉案工程有关的水电费 23,986.05 元应当予以认定外,其余代垫水电费均不足以证明与涉案工程有关,故不予认定,其可以另行解决。对于天辰昶瀚公司举证的其余 11 组证据直接或间接证明了向新东方公司的付款情况,均和涉案工程有关联,应当予以认定	发包人应对其付款情况承担举证责任
2	辽宁高院(2012)辽民一终字第 159 号	关于涉案工程的已付工程款问题。镇政府提出一审法院要求其举证证明其已付款情况的举证责任分配不当。《民事诉讼法》(2012 年)第 64 条第 1 款规定:当事人对自己提出的主张,有责任提供证据。《民事诉讼证据规定》(2008 年)第 2 条第 1 款规定:当事人对自己提出的诉讼请求所依据的事实或者反驳对方诉讼请求所依据的事实有责任提供证据加以证明。镇政府对迟某天自认的已付工程款数额不予认可,即有责任对其提出的反驳迟某天该自认所依据的事实提供证据加以证明。一审法院要求镇政府举证证明其在何时、以何方式支付工程款,否则承担不利后果,并无不当	发包人应对其付款情况承担举证责任

相关规定指引

《江苏省高级人民法院关于审理建设工程施工合同纠纷案件若干问题的解答》

22. 实际施工人起诉发包人主张工程款的,发包人的责任应如何认定?

实际施工人依据《建设工程司法解释》第 26 条第 2 款的规定起诉发包人主张工程款的,发包人应举证证明已向总承包人支付的工程款数额。发包人未能举证已付工程款数额的,应当与承包人对工程欠款承担连带责任。

《北京市高级人民法院关于审理建设工程施工合同纠纷案件若干疑难问题的解答》

18.《解释》中"实际施工人"的范围如何确定?

《解释》中的"实际施工人"是指无效建设工程施工合同的承包人,即违法的专业工程分包和劳务作业分包合同的承包人、转承包人、借用资质的施工人(挂靠施工人)；建设工程经数次转包的，实际施工人应当是最终实际投入资金、材料和劳力进行工程施工的法人、非法人企业、个人合伙、包工头等民事主体。法院应当严格实际施工人的认定标准，不得随意扩大《解释》第二十六条第二款的适用范围。对于不属于前述范围的当事人依据该规定以发包人为被告主张欠付工程款的，应当不予受理，已经受理的，应当裁定驳回起诉。

建筑工人追索欠付工资或劳务报酬的，按照工资支付的相关法律、法规规定及《北京市高级人民法院关于依法快速处理建设领域拖欠农民工工资相关案件的意见》妥善处理。

《山东省高级人民法院全省民事审判工作会议纪要》

三、(六)关于实际施工人的诉讼地位和发包人责任的性质问题

最高人民法院《关于审理建设工程施工合同纠纷案件适用法律问题的解释》第26条规定的实际施工人，是指工程转包合同的转承包人、违法分包合同的承包人、借用资质(资质挂靠)的承包人。司法实务中应当严格实际施工人的认定标准，不得随意扩大实际施工人的适用范围。实际施工人可以是法人、其他组织、个人合伙，也可以是自然人(俗称“包工头”)，但从事建筑业劳务作业的农民工不属于实际施工人。

依据最高人民法院《关于审理建设工程施工合同纠纷案件适用法律问题的解释》第26条的规定，实际施工人直接起诉发包人请求支付欠付工程价款的，为查明案件事实，应当追加转包人、违法分包人为共同被告；实际施工人直接起诉转包人或者违法分包人请求支付工程价款的，不得追加发包人为诉讼当事人。

依据最高人民法院《关于审理建设工程施工合同纠纷案件适用法律问题的解释》第26条的规定，实际施工人起诉发包人请求支付欠付工程价款的，发包人在欠付工程价款的范围内对实际施工人承担直接支付欠付工程价款的责任，发包人与转包人或者违法分包人承担支付工程价款的连带责任没有法律依据。

《四川省高级人民法院关于审理建设工程施工合同纠纷案件若干疑难问题的解答》

12.“实际施工人”的范围如何确定？

《建工司法解释》中的“实际施工人”是指转包、违法分包以及借用资质的无效建设工程施工合同的承包人。建设工程经数次转包或分包的，实际施工人应当是实际投入资金、材料和劳力进行工程施工的企业或个人。对于不属于前述范围的当事人依据《建工司法解释》第二十六条第二款规定以发包人为被告主张欠付工程

款的,应当不予受理,已经受理的,应当裁定驳回起诉。

建筑工人追索欠付工资或劳务报酬的,按照劳动关系或雇佣关系妥善处理。

13. 实际施工人主张欠付工程款的诉讼主体如何确定?发包人、转包人、违法分包人的责任如何承担?

《建工司法解释》第二十六条中的"发包人"应当理解为建设工程的业主,不应扩大理解为转包人、违法分包人等中间环节的相对发包人。

建设工程因转包、违法分包导致建设工程施工合同无效的,实际施工人以转包人、违法分包人为被告主张权利的,人民法院一般不主动依职权追加发包人作为共同被告参加诉讼。

实际施工人以发包人为被告主张权利的,人民法院应当追加与实际施工人存在直接合同关系的转包人、违法分包人作为共同被告参加诉讼,发包人在欠付工程价款范围内对实际施工人承担责任。

发包人以其未欠付工程价款为由提出抗辩的,应当承担举证责任。

实际施工人可以以发包人、转包人、违法分包人为共同被告主张权利,当事人之间依据相应的合同关系承担法律责任。

建设工程施工合同无效,实际施工人要求未与其建立合同关系的转包人、违法分包人对工程欠款承担支付责任的,不予支持。

14. 如何确定借用资质(挂靠)人主张欠付工程款的诉讼主体及责任承担?

发包人知晓并认可实际施工人借用资质施工,能够认定发包人实际与实际施工人建立建设工程施工合同关系,实际施工人要求发包人直接承担工程价款支付责任的,应予支持。

《南通市中级人民法院关于建设工程实际施工人对外从事商事行为引发纠纷责任认定问题的指导意见(试行)》

二、正确区分行为性质

8. 区分是行政隶属关系还是挂靠、转包、违法分包关系,可根据以下情形综合分析判断:施工合同约定的建筑单位与现场施工方之间有无产权关系、有无统一的财务管理;施工合同约定的建筑单位与施工现场的项目经理或其他现场实际施工人员之间有无合法的人事或劳动关系以及社会保险关系。

第四十四讲

实际施工人代位权的行使

法条原文

第 44 条　实际施工人依据民法典第五百三十五条规定，以转包人或者违法分包人怠于向发包人行使到期债权或者与该债权有关的从权利，影响其到期债权实现，提起代位权诉讼的，人民法院应予支持。

思维导图

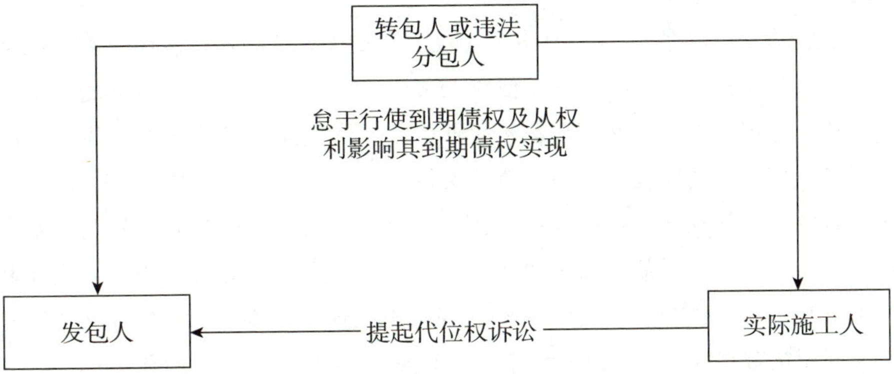

图 44－1　实际施工人代位权的行使

条文释义

本条是关于实际施工人行使代位权的规定。《建设工程施工合同司法解释(一)》为实际施工人主张合法权益提供了两种不同的救济路径，即第 43 条规定的直接以发包人为被告提起诉讼和本条规定的实际施工人提起的代位权诉讼。但二者在程序上和实体上均存在差别，实际施工人应当根据争议所涉项目的客观情况作出符合法律规定的选择。本条与第 43 条相同，同样没有明确规定什么是"实际施工人"，是仅指转包和违法分包情形下的"实际施工人"，还是包括挂靠(借用资质)情形下的实际施工人。

一、实际施工人行使代位权的条件

当转包人或者违法分包人怠于向发包人行使到期债权时，实际施工人有权根据《民法典》第535条的规定行使代位权。同时,在符合优先受偿权的相关法律规定的前提下提出的建设工程价款优先受偿权主张能够获得人民法院的支持。原《建设工程施工合同司法解释(二)》(征求意见稿)中曾提出了两种限制实际施工人权利的方案,一种是将实际施工人向发包人主张工程款的请求权基础界定为代位权;另一种是将实际施工人主张权利的范围限定为"实际施工人有证据证明与其具有合同关系的缔约人丧失履约能力或者具有下落不明等情形,导致其劳务分包工程价款债权无法实现"的情形。最终原《建设工程施工合同司法解释(二)》采纳了第一种方案,并为本条吸收,规定实际施工人向发包人主张工程款的请求权基础为《民法典》第535条的代位权。

《民法典》第535条规定:"因债务人怠于行使其债权或者与该债权有关的从权利,影响债权人的到期债权实现的,债权人可以向人民法院请求以自己的名义代位行使债务人对相对人的权利,但是该权利专属于债务人自身的除外。代位权的行使范围以债权人的到期债权为限。债权人行使代位权的必要费用,由债务人负担。相对人对债务人的抗辩,可以向债权人主张。"债务人怠于行使其到期债权,其主要是指债务人不履行其对债权人的到期债务,又不以诉讼方式或者仲裁方式向其债务人主张其享有的具有金钱给付内容的到期债权情况。根据《民法典》《建设工程施工合同司法解释(一)》及相关法律法规的规定,实际施工人行使代位权的构成要件包括以下方面:(1)实际施工人对转包人或者违法分包人享有到期债权;(2)转包人或者违法分包人怠于向发包人行使到期债权;(3)转包人或者违法分包人怠于行使权利的行为给实际施工人造成损害;(4)实际施工人的债权不是专属于转包人或违法分包人自身的债权。

二、实际施工人代位行使的债权的范围和限额

本条规定的实际施工人可代位行使的转包人或违法分包人对发包人的债权并不限于建设工程价款债权。即实际施工人行使代位权所主张的债权有可能是转包人或违法分包人就其承建的工程项目对发包人享有的工程价款的债权,也有可能是转包人或违法分包人对发包人享有的其他债权。[1] 也有观点认为,对实际施工人行使代位权必须进行一定的限制,实际施工人主张代位权的债权仅为转包人或违法分包人就其承建的工程项目对发包人享有的工程价款的债权,不能是转包人或

---

① 参见最高人民法院民事审判第一庭编著:《最高人民法院建设工程施工合同司法解释(二)理解与适用》,人民法院出版社2019年版,第511页。

违法分包人对发包人享有的其他债权。

代位行使的债权的具体数额应当确定，且代位权的权益限度不能超过原权利人所享有的权益。实际施工人可代位行使的转包人或违法分包人对发包人的债权，不能超过其对转包人或违法分包人享有的债权，亦不能超过转包人或违法分包人对发包人享有的债权。

三、是否适用于借用资质情况下的实际施工人

根据最高人民法院民事审判第一庭编著的《最高人民法院建设工程施工合同司法解释（二）理解与适用》，实际施工人行使代位受偿权的主体不包括借用资质情况下的实际施工人。本条在原《建设工程施工合同司法解释（二）》（征求意见稿）基础上进行了完善和修改，删除了关于实际施工人可代位出借资质的单位向发包人主张债权的规定。原《建设工程施工合同司法解释（二）》（征求意见稿）第25条（方案一）中规定，实际施工人向与其没有合同关系的发包人主张工程价款的，人民法院不予支持。实际施工人根据原《合同法》第73条规定，以转包人、违法分包人、出借资质的单位怠于向发包人、承包人行使到期的工程价款债权，对其造成损害为由，提起代位权诉讼的，人民法院应予受理。

实务难点

一、实际施工人提起代位诉讼的管辖法院

《民事诉讼法解释》第28条第2款规定："农村土地承包经营合同纠纷、房屋租赁合同纠纷、建设工程施工合同纠纷、政策性房屋买卖合同纠纷，按照不动产纠纷确定管辖。"代位权诉讼与一般的民事诉讼相同，适用《民事诉讼法》规定的"原告就被告"的原则，一般应当由被告住所地人民法院管辖。《民事诉讼法》第21条规定："对公民提起的民事诉讼，由被告住所地人民法院管辖；被告住所地与经常居住地不一致的，由经常居住地人民法院管辖。对法人或者其他组织提起的民事诉讼，由被告住所地人民法院管辖……"由此，如果发包人所在地与工程所在地不一致，则会出现建设工程施工合同纠纷案件专属管辖法院与一般地域管辖的行使代位权的管辖法院不一致的情况。这种矛盾出现时，在解决管辖法院的问题上，一般按以下原则处理：如果实际施工人对转包人或者违法分包人享有的债权与转包人或者违法分包人对发包人享有的债权均与建设工程项目相关，则应由建设工程所在地人

民法院管辖;如果转包人或者违法分包人对发包人享有的债权与建设工程项目无关,则应由发包人所在地人民法院管辖。

二、本条是否适用层层转包、层层违法分包的情况

实际施工人行使代位权诉讼,是基于转包人或者违法分包人怠于向发包人行使到期债权,即与实际施工人签订合同的是转包人或违法分包人。这里涉及两个不同的合同关系。首先是实际施工人与转包人或者违法分包人之间的合同关系。其次是转包人或者违法分包人与发包人之间的合同关系。若转包人或违法分包人与发包人没有合同关系,则实际施工人能否直接以发包人为被告提起代位诉讼?在层层转包、违法分包中,存在多层建设工程施工合同关系,实际施工人的合同相对方为转包人或违法分包人,而该转包人或违法分包人的另一合同相对方亦为转包人或违法分包人,而非发包人(建设单位)。此时,层层转包、违法分包中的实际施工人不应适用本条规定直接向发包人提起代位权诉讼,这也符合相关法律规定精神,如《四川省高级人民法院关于审理建设工程施工合同纠纷案件若干疑难问题的解答》(川高法民一〔2015〕3 号)第 13 规定:"……'发包人'应当理解为建设工程的业主,不应扩大理解为转包人、违法分包人等中间环节的相对发包人。……"

三、行使代位权时能否主张优先受偿权

实际施工人行使代位权时,其本质上是代转包人或违法分包人向发包人主张权利。转包人或违法分包人享有的包括优先受偿权在内的权利,实际施工人也能享有。转包人或违法分包人依法享有建设工程价款的优先受偿权,发包人未按期支付工程款,转包人或违法分包人可以依法行使建设工程价款优先受偿权。实际施工人是依据《建设工程施工合同司法解释(一)》第 44 条向发包人提起代位诉讼,主张的恰恰是发包人本应向转包人或违法分包人支付的工程款,转包人或违法分包人的优先受偿权不因提起代位权诉讼而丧失,因此实际施工人在此情形下仍然享有优先受偿权。若发包人与转包人或违法分包人约定放弃或限制建设工程价款的优先受偿权,且发包人以此作为抗辩理由时,承包人可以尝试依据《建设工程施工合同司法解释(一)》的规定主张该放弃或限制优先受偿权的行为因损害建筑工人的利益而无效。

操作要点

1. 实际施工人应根据工程项目、发包人、承包人、转包人、违法分包人等的客观

情况，结合法律的特别规定，选择不同的诉讼策略。

2. 实际施工人在提起代位权诉讼时应特别注意，怠于行使到期债权，应当仅限于转包人或违法分包人应通过诉讼或仲裁的方式向发包人主张权利却未在合理的期限内主张，若以口头、书面方式或者其他方式向发包人主张债权，均不能认为是转包人或违法分包人向发包人积极主张过权利。

实务案例裁判要旨

表 44－1　原《建设工程施工合同司法解释（二）》出台前，司法裁判中多认为实际施工人不享有代位权

序号	法院及案号	法院观点	证明观点
1	最高院（2014）民申字第 1575 号	原《建设工程施工合同司法解释》第 26 条第 2 款规定，实际施工人在一定条件下可以向与其没有合同关系的发包人主张权利。该规定是一定时期及背景下为解决拖欠农民工工资问题的一种特殊制度安排，其不等同于代位权诉讼，不具有代位请求的性质。实际施工人向发包人主张权利，不能简单地理解为是对承包人权利的承继	《建设工程施工合同司法解释（二）》出台前，司法裁判中多认为实际施工人不享有代位权
2	最高院（2013）民提字第 96 号	根据原《建设工程施工合同司法解释》第 26 条的规定，实际施工人对发包人欠付范围内的工程价款请求权，其性质并非代位权，而是基于实际施工人与发包人之间已经全面实际履行了发包人与承包人之间的合同并形成了事实上的权利义务关系而产生的法定债权。因此，上述二审判决关于本案债务抵销不存在损害实际施工人利益的问题，实际施工人黄某明应向振侨集团另行主张工程款的认定，在认定事实及适用法律方面均有错误，本院予以纠正	《建设工程施工合同司法解释（二）》出台前，司法裁判中多认为实际施工人不享有代位权
3	广东高院（2015）粤高法民申字第 114 号	原《建设工程施工合同司法解释》第 26 条是保护实际施工人利益的特殊规定，该规定突破了合同相对性，赋予实际施工人直接向发包人主张债权的权利，实际施工人据此可代位承包人向发包人主张权利。从上述条款的内容看，该项制度的适用范围涵盖了合法分包、转包以及违法分包等情形，实际施工人向发包人起诉并不要求符合《关于适用〈中华人民共和国合同法〉若干问题的解释（一）》第 11 条所规定的提起代位权诉讼的各项条件，故此项权利并非原《合同法》第 73 条所规定的代位权，不适用代位权行使的相关规定，代位权中次债务人对债务人的抗辩及于债权人的规定不适用于本案	《建设工程施工合同司法解释（二）》出台前，司法裁判中多认为实际施工人不享有代位权

续表

序号	法院及案号	法院观点	证明观点
4	四川高院(2014)川民提字第453号	该条的立法旨意是针对建筑领域普遍存在的非法转包、违法分包情形下,实际施工人与发包人已经形成了事实上的权利义务关系,但因与发包人没有合同关系导致其权利难以实现的问题,为保护实际施工人(主要是农民工)的合法权益而做出的突破合同相对性的特别规定。因此,该条规定并非单纯依据债权人代位权原理,而是针对现实生活中的实际问题,为保护特定群体利益而制定的	《建设工程施工合同司法解释(二)》出台前,司法裁判中多认为实际施工人不享有代位权

表44-2 发包人应当为建设工程的业主,不应扩大理解为转包人、违法分包人等中间环节的相对发包人

序号	法院及案号	法院观点	证明观点
1	四川高院(2016)川民再19号	原《建设工程施工合同司法解释》第26条第2款"实际施工人以发包人为被告主张权利的,人民法院可以追加转包人或者违法分包人为本案当事人。发包人只在欠付工程价款范围内对实际施工人承担责任"中的"发包人"应当理解为建设工程的业主,不应扩大理解为转包人、违法分包人等中间环节的相对发包人	发包人应当理解为建设工程的业主,不应扩大理解为转包人、违法分包人等中间环节的相对发包人
2	四川高院(2016)川民申2560号	原《建设工程施工合同司法解释》第26条第2款规定"实际施工人以发包人为被告主张权利的,人民法院可以追加转包人或者违法分包人为本案当事人。发包人只在欠付工程价款范围内对实际施工人承担责任",该解释中的发包人即为建设工程的业主,沱江路桥公司不是案涉工程的业主,本案不适用该规定	发包人应当理解为建设工程的业主,不应扩大理解为转包人、违法分包人等中间环节的相对发包人

表 44－3　债权人对债务人怠于行使其到期债权负有举证责任

法院及案号	法院观点	证明观点
江苏高院(2016)民申 231 号	闻某红提起本案代位权诉讼,就“债务人怠于行使其到期债权”负有举证责任,即闻某红对其主张的天乙第一分公司、訾某、新沂公路养护公司、新沂农路办欠付杜某工程款及欠付的具体数额应当举证证明,但闻某红提供的证据仅证明新沂农路办对 206 线改造工程有 675,191.35 元工程款尚未给付,并不能证明天乙第一分公司、訾某、新沂公路养护公司欠付杜某工程款	债权人对债务人怠于行使其到期债权负有举证责任

表 44－4　次债务人不认为债务人有怠于行使其到期债权情况的,应当承担举证责任

序号	法院及案号	法院观点	证明观点
1	湖北高院(2017)鄂民终 3262 号	关于中太建设公司是否怠于行使到期债权的问题。《最高人民法院关于适用〈中华人民共和国合同法〉若干问题解释(一)》第 13 条规定:“合同法第七十三条规定的‘债务人怠于行使其到期债权,对债权人造成损害的’,是指债务人不履行其对债权人的到期债务,又不以诉讼方式或者仲裁方式向其债务人主张其享有的具有金钱给付内容的到期债权,致使债权人的到期债权未能实现。次债务人(债务人的债务人)不认为债务人有怠于行使其到期债权情况的,应当承担举证责任。”湖北唯品会公司未能举证证明中太建设公司曾以诉讼方式或仲裁方式向其主张到期债权,应承担举证不能的不利后果	次债务人不认为债务人有怠于行使其到期债权情况的,应当承担举证责任
2	四川高院(2015)川民终字第 899 号	根据《最高人民法院关于适用〈中华人民共和国合同法〉若干问题解释(一)》第 13 条关于“原《合同法》第 73 条规定的‘债务人怠于行使其到期债权,对债权人造成损害的’,是指债务人不履行其对债权人的到期债务,又不以诉讼方式或仲裁方式向其债务人主张其享有的具有金钱给付内容的到期债权,致使债权人的到期债权未能实现”的规定,判断债务人是否怠于行使到期债权的标准是其在次债务人不履行到期债务时,是否以提起诉讼或者仲裁的方式向次债务人主张权利。本案大方公司既未向荣宝升公司履行支付到期货款的义务,也未以诉讼或仲裁的方式向中铁二十三局主张其到期债权,致使荣宝升公司的债权未能实现,应当认定为其怠于行使到期债权,给荣宝升公司造成了损害。因此,中铁二十三局关于大方公司并不存在怠于行使到期债权,给荣宝升公司造成损害行为的上诉理由不能成立,不予支持	次债务人不认为债务人有怠于行使其到期债权情况的,应当承担举证责任

续表

序号	法院及案号	法院观点	证明观点
3	宁夏高院(2016)宁民终第283号	对于双方的意见,本院认为,宁夏华创作为次债务人对于其主张的债务人中航惠腾没有怠于行使其到期债权负有举证责任,其虽提交了会议纪要证明中航惠腾同意华创各分、子公司欠其的部分欠款3100万元可暂不支付,但并没有进一步提供证据证明宁夏华创欠付中航惠腾的113,550,00元就包括在暂不支付的3100万元中,所以宁夏华创主张中航惠腾已同意其欠付的113,550,00元暂不支付,113,550,00元债权尚未到期的上诉意见不能成立,不予支持	次债务人不认为债务人有怠于行使其到期债权情况的,应当承担举证责任

表44-5　原《建设工程施工合同司法解释(二)》出台前,部分法院即已认为实际施工人享有工程价款的优先受偿权

序号	法院及案号	法院观点	证明观点
1	最高院(2013)民申字第39号	根据原《合同法》第286条和原《建设工程施工合同司法解释》第26条、《最高院优先受偿权的批复》的规定,实际施工人以发包人为被告主张权利的,发包人在欠付工程价款范围内对实际施工人承担责任。二审法院认定被申请人对涉案工程享有工程价款优先受偿权,有事实和法律依据	原《建设工程施工合同司法解释(二)》出台前,部分法院即已认为实际施工人享有工程价款的优先受偿权
2	江苏高院(2017)苏民终234号	既然实际施工人可以向发包人主张工程款债权,作为担保债务履行方式之一的工程价款优先受偿权,当然可以对实际施工人适用,只要实际施工人主张的工程款不超过发包人拖欠承包人的工程款数额。如果不允许实际施工人行使优先受偿权,则在发包人拖欠工程款,承包人无力支付工程款但又怠于行使优先受偿权时,由于优先受偿权并非债权,实际施工人也无法通过代位权行使该项权利,这将最终导致实际施工人的工程款债权无法实现,显然与建设工程价款优先受偿权的立法初衷相违背	原《建设工程施工合同司法解释(二)》出台前,部分法院即已认为实际施工人享有工程价款的优先受偿权

相关规定指引

《民法典》

第 535 条　因债务人怠于行使其债权或者与该债权有关的从权利，影响债权人的到期债权实现的，债权人可以向人民法院请求以自己的名义代位行使债务人对相对人的权利，但是该权利专属于债务人自身的除外。

代位权的行使范围以债权人的到期债权为限。债权人行使代位权的必要费用，由债务人负担。

相对人对债务人的抗辩，可以向债权人主张。

《民事诉讼法》

第 21 条　对公民提起的民事诉讼，由被告住所地人民法院管辖；被告住所地与经常居住地不一致的，由经常居住地人民法院管辖。

对法人或者其他组织提起的民事诉讼，由被告住所地人民法院管辖。

……

《民事诉讼法解释》

第 28 条　民事诉讼法第三十三条第一项规定的不动产纠纷是指因不动产的权利确认、分割、相邻关系等引起的物权纠纷。

农村土地承包经营合同纠纷、房屋租赁合同纠纷、建设工程施工合同纠纷、政策性房屋买卖合同纠纷，按照不动产纠纷确定管辖。

不动产已登记的，以不动产登记簿记载的所在地为不动产所在地；不动产未登记的，以不动产实际所在地为不动产所在地。

《全国民事审判工作会议纪要》(2011 年)

四、关于建设工程合同纠纷案件

28. 人民法院在受理建设工程施工合同纠纷时，不能随意扩大《关于审理建设工程施工合同纠纷案件适用法律问题的解释》第二十六条第二款的适用范围，要严格控制实际施工人向与其没有合同关系的转包人、违法分包人、总承包人、发包人提起的民事诉讼，且发包人只在欠付工程价款范围内对实际施工人承担责任。

《四川省高级人民法院关于审理建设工程施工合同纠纷案件若干疑难问题的解答》

13. 实际施工人主张欠付工程款的诉讼主体如何确定？发包人、转包人、违法分包人的责任如何承担？

《建工司法解释》第二十六条中的“发包人”应当理解为建设工程的业主，不应扩大理解为转包人、违法分包人等中间环节的相对发包人。

建设工程因转包、违法分包导致建设工程施工合同无效的,实际施工人以转包人、违法分包人为被告主张权利的,人民法院一般不主动依职权追加发包人作为共同被告参加诉讼。

实际施工人以发包人为被告主张权利的,人民法院应当追加与实际施工人存在直接合同关系的转包人、违法分包人作为共同被告参加诉讼,发包人在欠付工程价款范围内对实际施工人承担责任。

发包人以其未欠付工程价款为由提出抗辩的,应当承担举证责任。

实际施工人可以以发包人、转包人,违法分包人为共同被告主张权利,当事人之间依据相应的合同关系承担法律责任。

建设工程施工合同无效,实际施工人要求未与其建立合同关系的转包人、违法分包人对工程欠款承担支付责任的,不予支持。

《江苏省高级人民法院关于审理建设工程施工合同纠纷案件若干问题的意见》

第20条 承包人将建设工程价款债权转让的,建设工程价款的优先受偿权随之转让。

第四十五讲

生效时间

法条原文

第 45 条　本解释自 2021 年 1 月 1 日起施行。

思维导图

略

条文释义

本条是关于《建设工程施工合同司法解释(一)》生效时间的规定。司法解释的生效时间,是指司法解释对其所调整的社会关系开始发生法律效力的时间,即司法解释的施行时间。2020 年 12 月 29 日,《最高人民法院关于废止部分司法解释及相关规范性文件的决定》(法释〔2020〕16 号)决定废止包括原《建设工程施工合同司法解释》、原《建设工程施工合同司法解释(二)》在内的 116 件司法解释及相关规范性文件,2021 年 1 月 1 日起施行。司法解释被废止后,该司法解释不再适用于废止决定施行后发生的法律事实,自 2021 年 1 月 1 日起发生的法律事实需要适用《建设工程施工合同司法解释(一)》的规定。

实务难点

司法解释的溯及力问题

法律的溯及力又称法律溯及既往的效力,是指新法律可否适用于其生效以前发生的事件和行为的问题。如果可以适用,则该法律就有溯及力;如果不能适用,则没有溯及力。[①]《立法法》第 93 条规定:“法律、行政法规、地方性法规、自治条例和单行条例、规章不溯及既往,但为了更好地保护公民、法人和其他组织的权利和利益而作的特别规定除外。”该条确立了法律、行政法规的有利溯及原则,但对于司法解释是否具有溯及力并没有规定。实务中对司法解释的溯及力问题存在不同的观点。

---

① 参见公丕祥主编:《法理学》,复旦大学出版社 2002 年版,第 384 页。

一种观点认为司法解释应当溯及既往。如最高人民法院民二庭在其编著的《最高人民法院关于公司法司法解释(一)、(二)理解与适用》一书中就认为:“司法解释是对如何正确理解和执行法律的具体规定,其内容是法律的应有之义,最高司法机关不得超越法律的本来之意做出扩张解释,因此解释的内容不会超越社会成员的正当预期,溯及既往也就不会损害人们的信赖利益。”①

另一种观点认为司法解释应当坚持以不溯及既往为原则,以溯及既往为例外。根据《时间效力规定》第1条规定:“民法典施行后的法律事实引起的民事纠纷案件,适用民法典的规定。民法典施行前的法律事实引起的民事纠纷案件,适用当时的法律、司法解释的规定,但是法律、司法解释另有规定的除外。民法典施行前的法律事实持续至民法典施行后,该法律事实引起的民事纠纷案件,适用民法典的规定,但是法律、司法解释另有规定的除外。”该条实际上确立了司法解释也应当坚持“法不溯及既往”的原则。《时间效力规定》第2条规定,《民法典》可以“有利溯及”,即“《民法典》施行前的法律事实引起的民事纠纷案件,当时的法律、司法解释有规定,适用当时的法律、司法解释的规定,但是适用《民法典》的规定更有利于保护民事主体合法权益,更有利于维护社会和经济秩序,更有利于弘扬社会主义核心价值观的除外”。《时间效力规定》第3条规定,《民法典》可以“空白溯及”,即《民法典》施行前的法律事实引起的民事纠纷案件,当时的法律、司法解释没有规定而《民法典》有规定的,可以适用《民法典》的规定,但是明显减损当事人合法权益、增加当事人法定义务或者背离当事人合理预期的除外。施行前的法律事实引起的民事纠纷案件,当时的法律、司法解释仅有原则性规定而《民法典》有具体规定的,适用当时的法律、司法解释的规定,但是可以依据《民法典》具体规定进行裁判说理。关于司法解释的溯及力问题,最高院相关负责人就首批《民法典》配套司法解释答记者问中提道:“司法解释被废止后,该司法解释不再适用于废止决定施行后发生的法律事实。也就是说,自废止决定施行之日,即2021年1月1日后发生的法律事实引起的民事纠纷案件,人民法院不得再适用被废止的司法解释。至于2021年1月1日前的法律事实引起的民事纠纷案件,仍然要适用当时的法律和司法解释。但是,符合上面提到的溯及适用民法典例外情形的除外。”②

---

① 最高人民法院民事审判二庭:《最高人民法院关于公司法司法解释(一)、(二)理解与适用》,人民法院出版社2008年版,第25页。

② 参见《加强审判指导 严格公正司法 确保民法典统一正确适用——最高人民法院相关负责人就首批民法典配套司法解释答记者问》,载最高人民法院官网2021年4月19日,http://www.court.gov.cn/zixun-xiangqing-282471.html。

操作要点

略

实务案例裁判要旨

表 45－1　司法解释不应溯及既往

序号	法院及案号	法院观点	证明观点
1	最高院（2016）最高法民再 37 号	在 2008 年，《最高人民法院关于适用〈中华人民共和国公司法〉若干问题的规定（二）》颁布实施前，我国并无关于清算义务人未履行清算义务应承担连带清偿责任的规定。本案被清算公司发生的清算事由在 2001 年。在当时，尽管《公司法》有关于清算义务的规定，但并没有关于未履行清算义务应承担何种责任的明确规定，故在司法实务中，对清算义务人追究法律责任的案例极少。虽然根据“补缺例外”的法无溯及力的除外原则，本案应适用《最高人民法院关于适用〈中华人民共和国公司法〉若干问题的规定（二）》（2008 年）的规定，但考虑到对于当事人期限利益的保护，让当事人根据法律事实出现多年之后才颁布实施的《最高人民法院关于适用〈中华人民共和国公司法〉若干问题的规定（二）》（2008 年）的规定承担连带清偿责任，有失公正，尤其是在清算义务人已尽其所能，但仍未能在强制执行程序中使自己对被清算主体的 900 万元债权得到清偿的情形下	司法解释不应溯及既往
2	最高院（2013）民提字第 127 号	由于我国法律未对司法解释的时间效力问题做出明确规定，因此对于司法解释溯及力问题存在不同的理解：一是按照“法律不溯及既往”的一般原则，司法解释只能适用于其公布施行后起诉到人民法院的案件，对于案件受理于司法解释施行之前的，都不能适用该司法解释；二是基于司法解释对所依据法律的天然依附性，是对现有的法律在审判过程中如何具体运用做出规定，其效力当然及于被解释的法律的生效之日。本院认为，司法解释的时间效力不宜简单套用“溯及既往”原则而追溯到所解释的法律的生效时间，或者以“不溯及既往”原则将其时间效力确定为司法解释的施行之日。如果司法解释出于对其所解释的内容和审判实践的运用等方面考虑，专门确定溯及力的标准，则应依其规定	司法解释对溯及力问题有规定的，则应依其规定

续表

序号	法院及案号	法院观点	证明观点
3	最高院(2016)最高法民申704号	关于本案法律适用的问题。本案是新《民事诉讼法》(注:2012年)生效后新《民事诉讼法》的司法解释生效前受理的案件。"程序从新"是程序法的基本适用原则,新《民事诉讼法》第284条规定该法自公布之日施行,而司法解释是对现行法律的解释,时间效力范围与法律相同,人民法院尚未审结的一审、二审案件均应适用。"管辖恒定"是指取得管辖权的法院不因当事人反诉、变更诉讼请求等而改变管辖,与法律及司法解释溯及力问题无关。因此,航运公司关于新《民事诉讼法》司法解释不适用于本案的申请再审理由亦不能成立	司法解释中有关程序性规定可以溯及既往

相关规定指引

《最高人民法院关于废止部分司法解释及相关规范性文件的决定》

为切实实施民法典,保证国家法律统一正确适用,根据《中华人民共和国民法典》等法律规定,结合审判实际,现决定废止《最高人民法院关于适用〈中华人民共和国民法总则〉诉讼时效制度若干问题的解释》等116件司法解释及相关规范性文件(目录附后)。

本决定自2021年1月1日起施行。

最高人民法院关于适用《中华人民共和国民法典》时间效力的若干规定

第1条 民法典施行后的法律事实引起的民事纠纷案件,适用民法典的规定。

民法典施行前的法律事实引起的民事纠纷案件,适用当时的法律、司法解释的规定,但是法律、司法解释另有规定的除外。

民法典施行前的法律事实持续至民法典施行后,该法律事实引起的民事纠纷案件,适用民法典的规定,但是法律、司法解释另有规定的除外。

第2条 民法典施行前的法律事实引起的民事纠纷案件,当时的法律、司法解释有规定,适用当时的法律、司法解释的规定,但是适用民法典的规定更有利于保护民事主体合法权益,更有利于维护社会和经济秩序,更有利于弘扬社会主义核心价值观的除外。

第3条 民法典施行前的法律事实引起的民事纠纷案件,当时的法律、司法解释没有规定而民法典有规定的,可以适用民法典的规定,但是明显减损当事人合法权益、增加当事人法定义务或者背离当事人合理预期的除外。

第 4 条　民法典施行前的法律事实引起的民事纠纷案件，当时的法律、司法解释仅有原则性规定而民法典有具体规定的，适用当时的法律、司法解释的规定，但是可以依据民法典具体规定进行裁判说理。